Ich gebe euch ein neues Herz und einen neuen Geist

(Hesekiel 36,26a)

VON DEN RECHTEN GÄSTEN

Dann sagte er zu dem Gastgeber:
Wenn du mittags oder abends
ein Essen gibst,
lade nicht deine Freunde oder deine Brüder,
deine Verwandten oder reiche Nachbarn ein;
sonst laden auch sie dich wieder ein
und dir ist es vergolten.
Nein, wenn du ein Essen gibst,
dann lade Arme, Krüppel,
Lahme und Blinde ein.
Du wirst selig sein,
denn sie haben nichts,
um es dir zu vergelten.

Lukas 14,12–14

Karte aus Messbuch 2019. Butzon & Bercker GmbH, Hoogeweg 100,
47623 Kevelaer, Deutschland. www.bube.de
Titelbild: © mauritius images / RODRUN/Knöll/
Aquarell von Heidrun Füssenhäuser, Mischtechnik, Kreuz auf buntem Grund
Text aus: Einheitsübersetzung der Heiligen Schrift, vollständig durchgesehene
und überarbeitete Ausgabe. © 2016
Katholische Bibelanstalt GmbH, Stuttgart

Messbuch 2019

Die vollständigen Messtexte
für Sonn- und Festtage
nach den authentischen liturgischen Ausgaben
der Bistümer des deutschen Sprachgebietes.
Mit der Feier der Gemeindemesse
und der Wort-Gottes-Feier
an Sonn- und Festtagen

Lesejahr C

Begründet von Eleonore Beck
Herausgegeben von Dorothee Sandherr-Klemp
und Susanne Sandherr

Butzon & Bercker

Die STÄNDIGE KOMMISSION FÜR DIE HERAUSGABE DER GEMEINSAMEN LITURGISCHEN BÜCHER IM DEUTSCHEN SPRACHGEBIET erteilte für die aus diesen Büchern entnommenen Texte die Abdruckerlaubnis. Die darin enthaltenen biblischen Texte sind Bestandteil der von den Bischofskonferenzen des deutschen Sprachgebietes approbierten Einheitsübersetzung der Heiligen Schrift.

Das DEUTSCHE LITURGISCHE INSTITUT erteilte für die aus „Fünf Hochgebete“ und „Benediktionale“ entnommenen Texte die Abdruckerlaubnis.

Der VEREIN ZUR FÖRDERUNG DES DEUTSCHEN LITURGISCHEN INSTITUTS E.V. (VzF) erteilte für die aus „Wort-Gottes-Feier. Werkbuch für die Sonn- und Festtage“ entnommenen Texte die Abdruckerlaubnis.

Hinweis zu den Lesungen:
Anstelle des Wortes „Brüder“ können bei den Anfangsworten der Lesungen auch die Worte „Brüder und Schwestern“ bzw. „Schwestern und Brüder“ gebraucht werden.

Gemäß Ankündigung des „Forums Liturgie im deutschen Sprachgebiet“ der betroffenen Bischofskonferenzen und (Erz-)Diözesen wird das Messlektionar mit der revidierten Einheitsübersetzung der Heiligen Schrift zum 1. Advent 2018 für das dann beginnende Lesejahr C erscheinen. Aus drucktechnischen Gründen wird die revidierte Einheitsübersetzung in „Berckers Messbuch“ ab dem Jahrgang 2020 (beginnend mit dem 1. Advent 2019) Grundlage sein für die Wiedergabe der Texte aus der Heiligen Schrift.

ISBN 978-3-7666-2426-0

Mit kirchlicher Druckerlaubnis.
Nr. 3.6 – 1/2018
Münster, den 1. Juni 2018
Domvikar Dr. Jochen Reidegeld, Stellvertretender Generalvikar
Lektorat: Eva Dicks, Geldern
Satz: Schröder Media GbR, Dernbach
Druck und Bindung: Druckerei C.H.Beck, Nördlingen

Inhalt

ZU DIESEM BUCH

JETZT STEHE ICH AUF!
(MIT) GOTT GEGEN LÜGE UND MENSCHENVERACHTENDE GEWALT

In welchen Zeiten leben wir eigentlich? In einer Zeit der sogenannten alternativen Fakten, des schwindelfreien Lügens. In einer Zeit, da Rassismus, steinharter nationaler Egoismus und die zynische Verachtung armer und bedrängter Menschen hoffähig zu werden scheinen. In welchen Zeiten leben wir eigentlich? Nach unserer christlichen Überzeugung immer: im Jahr des Herrn.

Der Psalter als Lehr- und Lebensbuch

Ein unbestechliches Lehr-Buch im Blick auf Unrecht und Gewalt, auf Lug und Trug unter uns Menschen, aber genauso und noch mehr ein Lehr- und Lebensbuch der Ermutigung zum Handeln, im Hoffen und Vertrauen auf den rettenden Gott, ist der biblische Psalter. Mit diesem Gebetbuch Israels wissen sich auch Christenmenschen beschenkt. Hier können wir den Blick für Recht und Unrecht schärfen, vor allem aber dürfen wir hier hoffen und vertrauen lernen. Der zwölfte Psalm ist exemplarisch: ein bitteres Klagelied und zugleich überzeugendes Zeugnis der Hoffnung und des Gottvertrauens.

Der Ehrliche ist der Dumme

Mit wenigen starken Strichen wird uns eine Gesellschaft – heute wäre auch an die ungerechte Ordnung der Welt-Gesellschaft zu denken – vor Augen geführt, in der der Ehrliche der Dumme ist. Falsche Versprechungen und gezielte Irreführung sind die gängigen Mittel der Großen, um noch größer zu werden und die Kleinen – damals Kleinbauern, kleine Handwerker – in den Ruin zu treiben. Der Beter fleht Gott an, nicht tatenlos zuzuschauen, wenn die Täter sich auch noch ihrer Untaten rühmen: Haben wir das nicht fein eingefädelt – uns kann keiner was – wir haben Spitzenanwälte –; juristisch ist das alles wasserdicht!

„Der Herr vertilge alle falschen Zungen, jede Zunge, die vermessen redet. Sie sagen: ‚Durch unsre Zunge sind wir mächtig; unsre Lippen sind unsre Stärke. Wer ist uns überlegen?'" (V. 4–5)

Im Dunkeln sieht Gott besonders gut

Die Armen werden immer ärmer, die Not lässt sie nicht mehr schlafen. Doch solche kleinen Leute befinden sich unterhalb der Wahrnehmungsschwelle der Reichen. Mit denen haben wir nichts zu tun! Schau gar nicht erst hin, geh nicht zu nah heran – am Ende holst du dir doch nur Läuse! Aber gerade die im Dunkeln, die Kleingemachten und Bedrückten, sieht Gott besonders gut. Gott ist nicht einfach der liebe Gott, den man einen guten Mann sein lassen kann. „Die Schwachen werden unterdrückt, die Armen seufzen. / Darum spricht der Herr: ‚Jetzt stehe ich auf, dem Verachteten bringe ich Heil.'" Die Verachteten wird Achtung umkleiden wie ein warmer Mantel, Schande tauschen sie nach Gottes Willen gegen Ehre ein, Seufzen gegen Lachen. Gott sitzt nicht schläfrig im Ohrensessel, es hält ihn auch nicht länger auf seinem Himmelsthron: „Jetzt stehe ich auf, dem Verachteten bringe ich Heil."

Gerechtigkeit – jetzt

Heil anstelle des Unheils, jetzt – und nicht an einem mythisch fernen Tag. Gerechtigkeit, jetzt – nicht erst beim Jüngsten Gericht. Gott hat es nicht mit den Mächtigen, sondern mit der Gerechtigkeit. Gegen den kalten Terror der Machtmenschen, für die die Armen eine fremde Spezies sind, gegen das Falschgeld der Worte, das sie in Umlauf bringen, rühmt der Beter Gottes unbedingte Treue und Fürsorge und die Lauterkeit und Verlässlichkeit seiner schlackenlosen Verheißungs-Rede. „Die Worte des Herrn sind lautere Worte, / Silber, geschmolzen im Ofen, von Schlacken geschieden, geläutert siebenfach. / Du, Herr, wirst uns behüten und uns vor diesen Leuten für immer erretten"! (V. 7–8)

Widerstehen

Menschen sind so verletzlich. Es ist so leicht, sie klein zu siegen, sie herumzukriegen, sie krumm zu biegen. Wenn sich der verzweifelte

Beter des zwölften Psalms Unrecht und Terror nicht beugt, die ihn doch von allen Seiten umgeben, so kommt ihm solche Widerstands- und Willenskraft nicht aus Eigenem zu. Der Fromme kann aufrecht gehen und dem Bösen widerstehen, weil sein Gott für ihn einsteht – in Zorn, der aus herzzerreißendem Mitleid stammt, zuerst und zuletzt aber in Zärtlichkeit für alle Verlorenen und Verlachten:
„Jetzt stehe ich auf, dem Verachteten bringe ich Heil." – Wort des Herrn. Im Jahr des Herrn: (Wie) Stehen wir dazu?

Dorothee Sandherr-Klemp und Susanne Sandherr

EIN NEUES LESEJAHR: DAS EVANGELIUM NACH LUKAS

Erster Adventssonntag 2018: Nun beginnt im dreijährigen kirchlichen Lesezyklus das Lukasjahr (C). Eine erste Besonderheit des Lukas-Evangelisten: Aus seiner Feder stammt eine weitere bedeutende erzählende Schrift der Bibel, die Apostelgeschichte. Hier wie dort will der Autor verlässlich den wunderbaren Weg aufzeigen, den die Heilsbotschaft des jüdischen Messias Jesus von den kleinen Orten Nazaret und Betlehem ins große, mächtige Rom genommen hat, ins Herz der Heidenwelt – ohne je die Verbindung zum Volk Jesu und zur biblischen und bleibenden Gottesgeschichte und Gottesbeziehung Israels und des Judentums zu verlieren.

Das Lukas-Evangelium ist zwischen 80 und 90 nach Christus entstanden. Der uns namentlich nicht bekannte Verfasser, den die altkirchliche Tradition ab dem 2. Jahrhundert Lukas nennt, da sie in ihm den Paulusbegleiter Lukas (Phlm 24; Kol 4,14; 2 Tim 4,11) sieht, wendet sich an alle Gemeinden und Leser der damaligen Welt, aus dem Heidentum wie aus dem Judentum. Der souverän griechisch schreibende Evangelist verfügt über eine bemerkenswerte hellenistische Bildung. Er zeigt aber nicht minder enge Vertrautheit mit der Septuaginta, der griechischen Bibelübersetzung, mit Gesetz und Propheten, mit Synagogengottesdienst und frommen frühjüdischen Milieus. Lukas wendet sich in seinem Evangelium von der anbrechenden göttlichen Königsherrschaft gegen den heidnischen, sich selbst vergöttlichenden Kaiser und Staat und zeigt auf, wo die wahren Zukunftsperspektiven für eine neue Welt zu finden sind: im Handeln des einen Gottes in seinem Christus Jesus von Nazaret.

Außer dem Evangelium nach Markus, das Lukas verwendet, und weiteren, nur in sein Evangelium eingegangenen Jesusüberlieferungen, konnte Lukas auf eine besondere, Reden und Worte Jesu enthaltende Quelle zurückgreifen, die auch Matthäus benutzt.

Lukas, der Maler – dieser Evangelist verfügt über die Kunst anschaulicher Schilderung. Johannes, der schon im Mutterleib auf das noch ungeborene Jesuskind mit freudigem Hüpfen reagiert, die armselige und doch von Gottes Licht überstrahlte Geburt im Stall, der Engel über Betlehems Fluren, diese und viele andere einprägsame Bilder verdanken wir ihm.

Evangelist der Armen – auch dies charakterisiert den Lukas-Evangelisten. Er legt Wert auf Jesu Wirken „in Tat und Wort“ (Lk 24,19), und in Jesu Hinwendung zu den Kleinen und Niedrigen, den Armen, Hungernden, Trauernden und Verfolgten (Lk 6,20–22), zu Frauen (Lk 8,1–3; 13,10–17) und zu Zöllnern und Sündern (Lk 5,27–32; 19,1–10) wird Erlösung erwirkt, naht das Heil. Das Magnificat (Lk 1,46–55) singt davon, dass Gott hier und jetzt und zu jeder Zeit Partei ergreift für die Schwachen, die Armen, die Erniedrigten.

Lukas, Evangelist der Armen, ist auch Evangelist der Reichen – Nachfolge und Besitzverzicht gehören zusammen, so Jesu Mahnung (Lk 18,25). Freiheit von Besitz und Habenwollen wie die Bereitschaft zum Liebesdienst am Nächsten sollen das Zusammenleben in der Gemeinde für immer prägen. Die Vergötzung des Besitzes ist eine tödliche Gefahr: für Arme und für Reiche. „Lukas schrieb insofern ein Evangelium an die Reichen für die Armen“, notiert der evangelische Bibelwissenschaftler Udo Schnelle.

Evangelist des Gebets und des Heiligen Geistes – der lukanische Jesus betet und lehrt die Freunde beten; die Urgemeinde hält am Gebet fest. Bei der Taufe Jesu ergänzt Lukas Markus um die bedeutsame Nachricht, dass Jesus betete und dass der Heilige Geist Gottes in sichtbarer Gestalt aus dem geöffneten Himmel herabkommt. So wird die engste Verbindung zwischen Jesus und dem Vater hervorgehoben und anschaulich gesichert. Jesu Lebensbeginn verdankt sich dem Wirken des Gottesgeistes (Lk 1,35), und der heilige Lebensgeist führt ihn treu. Diese Erfahrung darf auf ihrem Weg auch die Gemeinde Jesu machen.

Lukas der Arzt – er stellt das heilende Handeln Jesu ganz besonders heraus. Unser Wort Heiland meint ja eben dies: Heiler, Therapeut, Arzt. Jesus ist bei Lukas aber kein „Gott in Weiß“. Sein Heilen ist Dienen. Sein Leben ist Heilen. Und dieses Heil, das den ganzen Menschen meint, kommt ganz von Gott her und ganz von Jesu Durchlässigkeit für Gottes Güte und sein machtvoll und gewaltlos nahendes Reich.

Susanne Sandherr

Der Advent

1. ADVENTSSONNTAG

2. Dezember 2018

Wachstum und Ausrichtung sind zentrale Begriffe zu Beginn des Kirchenjahres. Die erste Kerze des Adventskranzes will uns daran erinnern: Verheißen ist ein Spross, neues Leben, das ausgreifen und gedeihen will. Da hilft weder Ziehen noch Schieben – das Heil kommt von Gott, und der will es wachsen lassen. Auch der Mensch soll wachsen, und zwar in der Liebe. In allem betäubenden Trubel hilft die Orientierung an dem Einen, der das Leben ist. Gott ist Mensch geworden, damit wir hineinwachsen in Gott. Wunder des Wachstums: Es geschieht nicht durch uns; und doch, Gott will es so, nicht ohne uns.

ERÖFFNUNGSVERS — Ps 25(24),1–3

Zu dir, Herr, erhebe ich meine Seele.
Mein Gott, dir vertraue ich.
Lass mich nicht scheitern,
lass meine Feinde nicht triumphieren!
Denn niemand, der auf dich hofft, wird zuschanden.

KYRIE-RUFE

Herr Jesus Christus, du bist in die Welt
gekommen, um dein Volk zu retten.
V/A: Herr, erbarme dich.

Du wirst wiederkommen mit allen deinen Heiligen.
V/A: Christus, erbarme dich.
Du kommst mit großer Macht und Herrlichkeit.
V/A: Herr, erbarme dich.

TAGESGEBET

Herr, unser Gott, alles steht in deiner Macht; du schenkst das Wollen und das Vollbringen. Hilf uns, dass wir auf dem Weg der Gerechtigkeit Christus entgegengehen und uns durch Taten der Liebe auf seine Ankunft vorbereiten, damit wir den Platz zu seiner Rechten erhalten, wenn er wiederkommt in Herrlichkeit. Er, der in der Einheit des Heiligen Geistes mit dir lebt und herrscht in alle Ewigkeit.

WORTGOTTESDIENST

ZUR 1. LESUNG Gottes Wort gilt. Und diese Worte hat Gott seinem Volk gleich doppelt gegeben. Denn der Text dieser Lesung ist weitgehend die Wiederholung eines früheren Teils des Jeremiabuches (Jer 23,5–6). Besonders ist allerdings der Bezug des letzten Satzes: Wer wird „Der *Herr* ist unsere Gerechtigkeit" genannt? Es könnte der gerechte Spross sein, der selbst Recht und Gerechtigkeit wirken wird. Wahrscheinlich ist an dieser Stelle aber Jerusalem gemeint. Die Stadt selbst wird heißen „Der *Herr* ist unsere Gerechtigkeit". Denn Gott wird in ihr wohnen, sein Wort wird gelten, und dort wird gehegt und gepflegt werden, was von Gott her wachsen will.

ERSTE LESUNG

Jer 33,14–16

Ich werde für David einen gerechten Spross aufsprießen lassen

Lesung aus dem Buch Jeremia.

Seht, es werden Tage kommen – Spruch des Herrn –, da erfülle ich das Heilswort, das ich über das Haus Israel und über das Haus Juda gesprochen habe.

In jenen Tagen und zu jener Zeit werde ich für David einen gerechten Spross aufsprießen lassen. Er wird für Recht und Gerechtigkeit sorgen im Land. In jenen Tagen wird Juda gerettet werden. Jerusalem kann in Sicherheit wohnen. Man wird ihm den Namen geben: Jahwe ist unsere Gerechtigkeit.

ANTWORTPSALM

Ps 25(24),4–5.8–9.10 u. 14 (R: 1)

℟ Zu dir, o Herr, erhebe ich meine Seele. – ℟

Zeige mir, Herr, deine Wege, *
lehre mich deine Pfade!
Führe mich in deiner Treue und lehre mich, †
denn du bist der Gott meines Heiles. *
Auf dich hoffe ich allezeit. – (℟)

Gut und gerecht ist der Herr, *
darum weist er die Irrenden auf den rechten Weg.
Die Demütigen leitet er nach seinem Recht, *
die Gebeugten lehrt er seinen Weg. – (℟)

Alle Pfade des Herrn sind Huld und Treue *
denen, die seinen Bund und seine Gebote bewahren.
Die sind Vertraute des Herrn, die ihn fürchten; *
er weiht sie ein in seinen Bund. – ℟

ZUR 2. LESUNG Einen Halbsatz am Ende der heutigen Lesung aus dem Thessalonicherbrief hätte uns die Leseordnung noch zugestehen können. Da fällt nämlich ein Wort, das den Text gut auf den Punkt bringt. Er lautet: „Das ist es, was Gott will: eure Heiligung“

(1 Thess 4,3a). Wachstum, Liebe, Stärke des Herzens und Tadellosigkeit sind Zeichen der Heiligung des Menschen. Wir können und sollen uns danach ausstrecken. Selbst erarbeiten können wir uns die Heiligkeit jedoch nicht. Mit Blick auf das kommende Weihnachtsfest: Das größte Geschenk kommt von Gott, es besteht in unserer Heiligung. Wir können uns darauf freuen und uns vorbereiten. Wir können es behutsam oder auch etwas ungeduldig auspacken, und vor allem frohen Herzens – danken.

ZWEITE LESUNG

1 Thess 3,12 – 4,2

Der Herr möge euer Herz festigen, damit ihr ohne Tadel seid, wenn Jesus, unser Herr, kommt

Lesung aus dem ersten Brief des Apostels Paulus an die Thessalonicher.

Brüder! [*oder:* Brüder und Schwestern! *oder:* Schwestern und Brüder!] Der Herr lasse euch wachsen und reich werden in der Liebe zueinander und zu allen, wie auch wir euch lieben, damit euer Herz gefestigt wird und ihr ohne Tadel seid, geheiligt vor Gott, unserem Vater, wenn Jesus, unser Herr, mit allen seinen Heiligen kommt.

Im Übrigen, Brüder, bitten und ermahnen wir euch im Namen Jesu, des Herrn: Ihr habt von uns gelernt, wie ihr leben müsst, um Gott zu gefallen, und ihr lebt auch so; werdet darin noch vollkommener! Ihr wisst ja, welche Ermahnungen wir euch im Auftrag Jesu, des Herrn, gegeben haben.

RUF VOR DEM EVANGELIUM

Vers: Ps 85(84),8

Halleluja. Halleluja.
Erweise uns, Herr, deine Huld,
und gewähre uns dein Heil.
Halleluja.

ZUM EVANGELIUM Wenn Bestürzung und Ratlosigkeit um sich greifen, Angst und Erschütterung das Leben lähmen, dann ... Ja, was dann? Jesus empfiehlt: Dann richtet euch auf und erhebt euer Haupt. Darin steckt mehr, als man gemeinhin mit „Kopf hoch, das wird schon!" meint. Denn nicht nur die eigenen Reserven sollen aktiviert werden. Der aufgerichtete Blick sucht die Beziehung zu dem, der auch noch das Chaos des Lebens und alle Widrigkeiten umgreift. Er holt uns heraus, heute schon, und einmal ganz und gar: Eure Erlösung ist nahe!

EVANGELIUM

Lk 21,25–28.34–36

Eure Erlösung ist nahe

+ Aus dem heiligen Evangelium nach Lukas.

In jener Zeit sprach Jesus zu seinen Jüngern: Es werden Zeichen sichtbar werden an Sonne, Mond und Sternen, und auf der Erde werden die Völker bestürzt und ratlos sein über das Toben und Donnern des Meeres. Die Menschen werden vor Angst vergehen in der Erwartung der Dinge, die über die Erde kommen; denn die Kräfte des Himmels werden erschüttert werden. Dann wird man den Menschensohn mit großer Macht und Herrlichkeit auf einer Wolke kommen sehen.

Wenn all das beginnt, dann richtet euch auf, und erhebt eure Häupter; denn eure Erlösung ist nahe.

Nehmt euch in Acht, dass Rausch und Trunkenheit und die Sorgen des Alltags euch nicht verwirren und dass jener Tag euch nicht plötzlich überrascht, so, wie man in eine Falle gerät; denn er wird über alle Bewohner der ganzen Erde hereinbrechen. Wacht und betet allezeit, damit ihr allem, was geschehen wird, entrinnen und vor den Menschensohn hintreten könnt.

Glaubensbekenntnis, S. 492 ff.

FÜRBITTEN

Zu Beginn der Adventszeit bitten wir Gott, uns aus dem Schlaf der Sicherheit zu wecken, damit wir mit wachem Blick Freude, Leid und Not unserer Nächsten wahrnehmen. Erbitten wir Gottes Erbarmen:

- Für die Kirche, dass sie sichtbares Zeichen des Heils für die Mühseligen und Beladenen heute sei. V: Wir rufen zu dir. A: Dein Reich komme!
- Für die Menschen, die mit Sorgen in die Zukunft blicken, dass sie neue Hoffnung schöpfen können. V: Wir rufen zu dir. A: Dein Reich komme!
- Für alle, die in dieser Adventszeit Mitte und Ziel ihres Lebens suchen, dass ihre Sehnsucht einen Ort finde. V: Wir rufen zu dir. A: Dein Reich komme!
- Für alle, die sich vor Gewalt fürchten müssen, dass sie Frieden und Sicherheit erfahren. V: Wir rufen zu dir. A: Dein Reich komme!
- Für die Menschen, deren Lebenskreis durch Alter und Krankheit eng geworden ist, dass sie besucht und begleitet werden. V: Wir rufen zu dir. A: Dein Reich komme!

Lebendiger Gott, begleite uns durch diese Zeit der Erwartung und der Vorbereitung und hilf uns, gerecht und gut zu leben. Darum bitten wir durch Christus, unseren Herrn und Bruder.

EUCHARISTIEFEIER

GABENGEBET

Allmächtiger Gott, alles, was wir haben, kommt von dir. Nimm die Gaben an, die wir darbringen. Mache sie für uns in diesem Leben zum Sakrament der Erlösung und rufe uns an deinen Tisch im kommenden Reich. Darum bitten wir durch Christus, unseren Herrn.

Präfation, S. 499 ff.

KOMMUNIONVERS

Ps 85(84),13

Der Herr wird seinen Segen spenden
und unsere Erde bringt ihre Frucht hervor.

SCHLUSSGEBET

Herr, unser Gott, du hast uns an deinem Tisch mit neuer Kraft gestärkt. Zeige uns den rechten Weg durch diese vergängliche Welt und lenke unseren Blick auf das Unvergängliche, damit wir in allem dein Reich suchen. Darum bitten wir durch Christus, unseren Herrn.

FEIERLICHER SCHLUSSSEGEN

Der barmherzige Gott hat uns den Glauben an das Kommen seines Sohnes geschenkt; er segne und heilige euch durch das Licht seiner Gnade. – A: Amen.
Er mache euch standhaft im Glauben, froh in der Hoffnung und eifrig in Werken der Liebe. – A: Amen.
Die erste Ankunft des Erlösers sei euch Unterpfand der ewigen Herrlichkeit, die er uns schenken wird, wenn er wiederkommt auf den Wolken des Himmels. – A: Amen.
Das gewähre euch der dreieinige Gott, der Vater und der Sohn † und der Heilige Geist. – A: Amen.

***

WACHSEN

Zwischen
Geplapper
und Sprachlosigkeit

wächst mir
dein Wortgrün zu
und möglich

dass einst
eine Knospe aufblüht
herzerwacht.

Lisa F. Oesterheld

HOCHFEST DER OHNE ERBSÜNDE EMPFANGENEN JUNGFRAU UND GOTTESMUTTER MARIA

8. Dezember 2018

Viele Menschen sehnen sich nach einem neuen Anfang: Einmal alles hinter sich lassen und mit leichtem Gepäck und frischem Schwung neu starten. Doch so einfach ist das zumeist nicht. Jeder Mensch trägt sein eigenes selbst geschnürtes Paket mit sich herum, und nicht nur das: Noch vor jeder eigenen Entscheidung werden wir in Strukturen hineingeboren, die ungerecht und schief sind und uns selbst und anderen das Leben schwer machen. Schuld wird oft von Generation zu Generation weitergegeben. Kommt da je ein Mensch heraus? Das heutige Fest bezeugt, dass zumindest eine Frau durch Gottes Liebe frei von solchen Verstrickungen war: Maria, die Mutter Jesu. Sie war voll der Gnade. Mit ihr hat der Schöpfer einen neuen Anfang gemacht.

ERÖFFNUNGSVERS

Jes 61,10

Von Herzen will ich mich freuen über den Herrn.
Meine Seele soll jubeln über meinen Gott.
Denn er kleidet mich in Gewänder des Heils,
er hüllt mich in den Mantel der Rettung
und schmückt mich köstlich wie eine Braut.

KYRIE-RUFE

Herr Jesus Christus, du hast deine Mutter
Maria mit aller Gnade und allem Segen erfüllt.
V/A: Herr, erbarme dich.

Du lässt deine Mutter Maria
ganz und makellos schön sein.
V/A: Christus, erbarme dich.
Du hast deine Mutter Maria zur Freude deines
Volkes und zur Zierde der Menschheit gemacht.
V/A: Herr, erbarme dich.

Ehre sei Gott, S. 489 f.

TAGESGEBET

Großer und heiliger Gott, im Hinblick auf den Erlösertod Christi hast du die selige Jungfrau Maria schon im ersten Augenblick ihres Daseins vor jeder Sünde bewahrt, um deinem Sohn eine würdige Wohnung zu bereiten. Höre auf ihre Fürsprache: Mache uns frei von Sünden und erhalte uns in deiner Gnade, damit wir mit reinem Herzen zu dir gelangen. Darum bitten wir durch Jesus Christus.

WORTGOTTESDIENST

ZUR 1. LESUNG Am Anfang war doch alles gut, woher kommt dann das Böse, das Übel, das Leid in der Welt? Die Geschichte vom sogenannten Sündenfall stellt sich dieser Frage. Demnach ist es nicht zuerst der Mensch, der sich nicht einfügt in die Schöpfungsordnung Gottes. Überraschenderweise macht ein Tier den Anfang: Die Schlange sät Misstrauen und falsche Hoffnungen. In der Erzählung spiegelt sich die Erfahrung, dass Menschen meist nicht explizit Böses wollen, sondern zu üblem Tun veranlasst und verleitet werden. Der Urgrund des Bösen liegt demnach nicht allein im Menschen, sondern schon in der Schöpfung selbst, sofern sie beziehungslos auf sich selbst bezogen ist und sich vom Schöpfer distanziert. So entsteht eine Dynamik, in die Menschen sich einschwingen und in der sie schließlich Gottes Gebot zuwiderhandeln. Ein anderer macht den Anfang – und doch bleibt Verantwortung.

ERSTE LESUNG

Gen 3,9–15.20

Feindschaft setze ich zwischen dich und die Frau, zwischen deinen Nachwuchs und den Nachwuchs der Frau

Lesung aus dem Buch Genesis.

Nachdem Adam vom Baum gegessen hatte, rief Gott, der Herr, ihm zu und sprach: Wo bist du? Er antwortete: Ich habe dich im Garten kommen hören; da geriet ich in Furcht, weil ich nackt bin, und versteckte mich.

Darauf fragte er: Wer hat dir gesagt, dass du nackt bist? Hast du von dem Baum gegessen, von dem zu essen ich dir verboten habe? Adam antwortete: Die Frau, die du mir beigesellt hast, sie hat mir von dem Baum gegeben, und so habe ich gegessen.

Gott, der Herr, sprach zu der Frau: Was hast du da getan? Die Frau antwortete: Die Schlange hat mich verführt und so habe ich gegessen.

Da sprach Gott, der Herr, zur Schlange: Weil du das getan hast, bist du verflucht unter allem Vieh und allen Tieren des Feldes. Auf dem Bauch sollst du kriechen und Staub fressen alle Tage deines Lebens. Feindschaft setze ich zwischen dich und die Frau, zwischen deinen Nachwuchs und ihren Nachwuchs. Er trifft dich am Kopf und du triffst ihn an der Ferse.

Adam nannte seine Frau Eva – Leben –, denn sie wurde die Mutter aller Lebendigen.

ANTWORTPSALM

Ps 98(97),1.2–3b.3c–4 (R: 1)

℟ Singet dem Herrn ein neues Lied, *
denn er hat wunderbare Taten vollbracht. – ℟

Singet dem Herrn ein neues Lied, *
denn er hat wunderbare Taten vollbracht!
Er hat mit seiner Rechten geholfen *
und mit seinem heiligen Arm. – (℟)

Der Herr hat sein Heil bekannt gemacht *
und sein gerechtes Wirken enthüllt vor den Augen der Völker.
Er dachte an seine Huld *
und an seine Treue zum Hause Israel. – (℟)

Alle Enden der Erde *
sahen das Heil unsres Gottes.
Jauchzt vor dem Herrn, alle Länder der Erde, *
freut euch, jubelt und singt! – ℟

ZUR 2. LESUNG Geschöpf und Schöpfer? Der Mensch ist absolut abhängig und angewiesen, Gott selbst ist unabhängig und wirkmächtig. Das klingt plausibel, ist aber letztlich doch nur ein mageres Skelett der wirklichen Beziehung zwischen Gott und Mensch. Der Epheserbrief beginnt nach der allgemein üblichen Grußformel gleich mit dem Bekenntnis zu Gott-Vater, zum göttlichen Geist-Hauch und zu Jesus Christus im Himmel. Schon in Gott selbst existiert Differenzierung und Beziehung. Erst recht gilt das für Gott und Mensch: Da gibt es viel Freiheit und all das, was in den Stichworten der Lesung genannt wird: Gemeinschaft, Erwählung und Heiligkeit, Erbe, Bestimmung und Hoffnung. Chancen lebendiger, segensreicher Beziehung.

ZWEITE LESUNG

Eph 1,3–6.11–12

In Christus hat Gott uns erwählt vor der Erschaffung der Welt, zum Lob seiner herrlichen Gnade

Lesung aus dem Brief des Apostels Paulus an die Epheser.

Gepriesen sei Gott, der Gott und Vater unseres Herrn Jesus Christus. Er hat uns mit allem Segen seines Geistes gesegnet durch unsere Gemeinschaft mit Christus im Himmel. Denn in ihm hat er uns erwählt vor der Erschaffung der Welt, damit wir heilig und untadelig leben vor Gott; er hat uns aus Liebe im Voraus dazu bestimmt, seine Söhne zu werden durch Jesus Christus und zu ihm zu gelangen nach seinem gnädigen Willen, zum Lob seiner herrlichen Gnade. Er hat sie uns geschenkt in seinem geliebten Sohn.

Durch ihn sind wir auch als Erben vorherbestimmt und eingesetzt nach dem Plan dessen, der alles so verwirklicht, wie er es in seinem Willen beschließt; wir sind zum Lob seiner Herrlichkeit bestimmt, die wir schon früher auf Christus gehofft haben.

RUF VOR DEM EVANGELIUM

Vers: vgl. Lk 1,28.42

Halleluja. Halleluja.
Gegrüßet seist du, Maria, voll der Gnade,
der Herr ist mit dir,
du bist gebenedeit unter den Frauen.
Halleluja.

ZUM EVANGELIUM Es gibt die Ja-Sager, im Freundeskreis, in der Kirche oder in der Gesellschaft. Sie stimmen gerne zu, stärken den Zusammenhalt und haben die Grundeinstellung, dass schon irgendwie alles gut geht. Es gibt die Nein-Sager. Sie leben aus dem Widerspruch, sehen die Gefahren des Mitläufertums und gehen überzeugt andere Wege. Ob Maria aus Nazaret eher zu den Ja- oder eher zu den Nein-Sagerinnen gehörte? Wir wissen es nicht. Wurde sie gefragt? Sie selbst stellt die erste Frage: „Wie soll das geschehen?" Ob ihr Herz zuerst ein Ja oder ein Nein gedacht hat, ist nicht ausschlaggebend. Es zählt ihr Wissen um die Zugehörigkeit zu Gott – und das Vertrauen, dass der eine Gott es gut meint mit allen und dass er Großes im Kleinsten bewirken kann. Maria weiß in aller Ungewissheit Gottes gewisse Liebe.

EVANGELIUM

Lk 1,26–38

Sei gegrüßt, du Begnadete, der Herr ist mit dir

+ Aus dem heiligen Evangelium nach Lukas.

In jener Zeit wurde der Engel Gabriel von Gott in eine Stadt in Galiläa namens Nazaret zu einer Jungfrau gesandt. Sie war mit einem Mann namens Josef verlobt, der aus dem Haus David stammte. Der Name der Jungfrau war Maria.

Der Engel trat bei ihr ein und sagte: Sei gegrüßt, du Begnadete, der Herr ist mit dir. Sie erschrak über die Anrede und überlegte, was dieser Gruß zu bedeuten habe.

Da sagte der Engel zu ihr: Fürchte dich nicht, Maria; denn du hast bei Gott Gnade gefunden. Du wirst ein Kind empfangen, einen Sohn wirst du gebären: dem sollst du den Namen Jesus geben.

Er wird groß sein und Sohn des Höchsten genannt werden. Gott, der Herr, wird ihm den Thron seines Vaters David geben. Er wird über das Haus Jakob in Ewigkeit herrschen und seine Herrschaft wird kein Ende haben.

Maria sagte zu dem Engel: Wie soll das geschehen, da ich keinen Mann erkenne?

Der Engel antwortete ihr: Der Heilige Geist wird über dich kommen und die Kraft des Höchsten wird dich überschatten. Deshalb wird auch das Kind heilig und Sohn Gottes genannt werden.

Auch Elisabet, deine Verwandte, hat noch in ihrem Alter einen Sohn empfangen; obwohl sie als unfruchtbar galt, ist sie jetzt schon im sechsten Monat. Denn für Gott ist nichts unmöglich.

Da sagte Maria: Ich bin die Magd des Herrn; mir geschehe, wie du es gesagt hast. Danach verließ sie der Engel.

Glaubensbekenntnis, S. 492 ff.

FÜRBITTEN

Maria sagt Ja zu Gott, sie lässt sich auf Gottes Plan, auf Gottes Risiko ein, weil sie glaubt, dass er heilt und hilft und rettet. Wir rufen zu ihm, dem Gott des Lebens:

- Führe die getrennten Kirchen durch die Fürbitte Marias zur Einheit. V: Gott des Lebens. A: Höre und erhöre uns.
- Stärke alle in der Seelsorge Tätigen, sodass durch sie die Frohe Botschaft auch heute vernehmbar und erfahrbar werde. V: Gott des Lebens. A: Höre und erhöre uns.
- Gib uns ein waches Gespür für die Schwachen und Benachteiligten in unserer Gemeinde. V: Gott des Lebens. A: Höre und erhöre uns.
- Lass unsere Bereitschaft wachsen, dort zu helfen, wo es nottut – nah und fern. V: Gott des Lebens. A: Höre und erhöre uns.
- Nimm unsere Verstorbenen auf die Fürsprache Marias auf in dein ewiges Leben. V: Gott des Lebens. A: Höre und erhöre uns.

Erbarmender Gott, in Maria hast du uns einen beispielhaften Menschen voll Mut und Klarheit an die Seite gestellt. Dir sei Lob und Ehre, jetzt und in Ewigkeit.

EUCHARISTIEFEIER

GABENGEBET

Herr, unser Gott, in deiner Gnade hast du die selige Jungfrau Maria auserwählt und vor jeder Sünde bewahrt. An ihrem Fest feiern wir das Opfer, das alle Schuld der Menschen tilgt. Befreie uns auf ihre Fürsprache aus der Verstrickung in das Böse, damit auch wir heilig und makellos vor dir stehen. Darum bitten wir durch Christus, unseren Herrn.

PRÄFATION

In Wahrheit ist es würdig und recht, dir, Vater im Himmel, zu danken und das Werk deiner Liebe zu rühmen. Denn du hast Maria vor der Erbschuld bewahrt, du hast sie mit der Fülle der Gnade beschenkt, da sie erwählt war, die Mutter deines Sohnes zu werden. In unversehrter Jungfräulichkeit hat sie Christus geboren, der als schuldloses Lamm die Sünde der Welt hinwegnimmt. Sie ist Urbild und Anfang der Kirche, der makellosen Braut deines Sohnes. Vor allen Heiligen ist sie ein Vorbild der Heiligkeit, ihre Fürsprache erfleht uns deine Gnade durch unseren Herrn Jesus Christus. Durch ihn preisen dich Himmel und Erde, Engel und Menschen und singen wie aus einem Munde das Lob deiner Herrlichkeit: Heilig …

KOMMUNIONVERS

Großes hat man von dir gesagt, Maria,
denn aus dir ging hervor die Sonne der Gerechtigkeit,
Christus, unser Gott.

SCHLUSSGEBET

Herr und Gott, das Sakrament, das wir empfangen haben, heile in uns die Wunden jener Schuld, vor der du die allerseligste Jungfrau Maria vom ersten Augenblick ihres Daseins an auf einzigartige Weise bewahrt hast. Darum bitten wir durch Christus, unseren Herrn.

FEIERLICHER SCHLUSSSEGEN

Gott, der allmächtige Vater, segne euch durch den Erlöser der Welt, unseren Herrn Jesus Christus, den Sohn der jungfräulichen Mutter Maria. – A: Amen.

Sie hat den Urheber des Lebens geboren; ihre mütterliche Fürsprache erwirke euch Gottes Hilfe. – A: Amen.
Euch und allen, die heute das Hochfest der ohne Erbsünde empfangenen Jungfrau Maria begehen, schenke Gott die wahre Freude und den ewigen Lohn. – A: Amen.
Das gewähre euch der dreieinige Gott, der Vater und der Sohn † und der Heilige Geist. – A: Amen.

***

LEISES VERSTEHEN

Heut früh als das Licht
in helldunklen Streifen
durch die Jalousien fiel

war's wie ein Begreifen:

alles ist Dialog

die Luft und das Licht
das Helle und Dunkle
mein und d e i n Wort

dann kam eine Wolke
nichts war mehr
zu sehen

doch immer noch

dies leise Verstehen …

Lisa F. Oesterheld

2. ADVENTSSONNTAG

9. Dezember 2018

Dass Gott liebend in unser Leben kommt, daran möchte uns die zweite Kerze unseres Adventskranzes erinnern. Ja, Adonai ist immer schon da, aber er drängt sich nicht gewaltsam auf. Vielmehr klopft er scheu an die Türe des Herzens und bittet um Einlass, mit seinem hellen Schein, und doch unscheinbar und unaufdringlich. Doch er versucht es auch anders. Wo Gottes Liebe radikal verspielt, verstellt und, warum auch immer, uns Menschen nicht mehr erfahrbar ist, da sucht JHWH unermüdlich und kraftvoll neue Wege. Da sollen sich sogar Berge senken und Täler heben, auf dass unser Blick wieder frei werde auf ihn und sein Heil.

ERÖFFNUNGSVERS

Vgl. Jes 30,19.30

Der Herr wird kommen, um die Welt zu erlösen.
Volk Gottes, mach dich bereit.
Höre auf ihn und dein Herz wird sich freuen.

KYRIE-RUFE

Christus Jesus, unser Herr, du hast
eine herzliche Liebe zu uns.
V/A: Herr, erbarme dich.
Du bist das Heil, das von Gott kommt.
V/A: Christus, erbarme dich.
Du rufst uns, dir den Weg zu bereiten
und die Straßen zu ebnen.
V/A: Herr, erbarme dich.

TAGESGEBET

Allmächtiger und barmherziger Gott, deine Weisheit allein zeigt uns den rechten Weg. Lass nicht zu, dass irdische Aufgaben und Sorgen uns hindern, deinem Sohn entgegenzugehen. Führe uns durch dein Wort und deine Gnade zur Gemeinschaft mit ihm, der in der Einheit des Heiligen Geistes mit dir lebt und herrscht in alle Ewigkeit.

WORTGOTTESDIENST

ZUR 1. LESUNG Was tragen Menschen nicht alles mit sich herum: Enttäuschungen, Schuldgefühle, Trägheit, Verpflichtungen, Verletzungen, Wut und Trauer ... Für alles gibt es Gründe, zu allem gibt es eine (Vor-)Geschichte, und all das prägt ein Menschenleben nachhaltig. Auch Jerusalem kennt dieses Niedergedrückt-Sein zur Genüge. Doch es hört auch den Ruf Gottes: Leg dein Gewand der Trauer ab, leg an das Gewand der göttlichen Gerechtigkeit und Herrlichkeit. Das äußere Gewand wird zum Ausdruck innerer Bewegung. Berge des Unheils werden abgetragen, Abgründe der Angst werden aufgefüllt. Gott schenkt Veränderung. Erbarmen und Gerechtigkeit kommen von ihm.

ERSTE LESUNG

Bar 5,1–9

Gott will deinen Glanz dem ganzen Erdkreis zeigen

Lesung aus dem Buch Baruch.

Leg ab, Jerusalem, das Kleid deiner Trauer und deines Elends und bekleide dich mit dem Schmuck der Herrlichkeit, die Gott dir für immer verleiht. Leg den Mantel der göttlichen Gerechtigkeit an; setz dir die Krone der Herrlichkeit des Ewigen aufs Haupt! Denn Gott will deinen Glanz dem ganzen Erdkreis unter dem Himmel zeigen. Gott gibt dir für immer den Namen: Friede der Gerechtigkeit und Herrlichkeit der Gottesfurcht.

Steh auf, Jerusalem, und steig auf die Höhe! Schau nach Osten und sieh deine Kinder: Vom Untergang der Sonne bis zum Aufgang hat das Wort des Heiligen sie gesammelt. Sie freuen sich, dass Gott an sie gedacht hat. Denn zu Fuß zogen sie fort von dir, weggetrieben von Feinden; Gott aber bringt sie heim zu dir, ehrenvoll getragen wie in einer königlichen Sänfte. Denn Gott hat befohlen: Senken sollen sich alle hohen Berge und die ewigen Hügel und heben sollen sich die Täler zu ebenem Land, sodass Israel unter der Herrlichkeit Gottes sicher dahinziehen kann.

Wälder und duftende Bäume aller Art spenden Israel Schatten auf Gottes Geheiß. Denn Gott führt Israel heim in Freude, im Licht seiner Herrlichkeit; Erbarmen und Gerechtigkeit kommen von ihm.

ANTWORTPSALM

Ps 126(125),1–2b.2c–3.4–5.6 (℟: 3)

℟ Großes hat der Herr an uns getan.
Da waren wir fröhlich. – ℟

Als der Herr das Los der Gefangenschaft Zions wendete, *
da waren wir alle wie Träumende.
Da war unser Mund voll Lachen *
und unsere Zunge voll Jubel. – (℟)

Da sagte man unter den andern Völkern: *
„Der Herr hat an ihnen Großes getan."
Ja, Großes hat der Herr an uns getan. *
Da waren wir fröhlich. – (℟)

Wende doch, Herr, unser Geschick, *
wie du versiegte Bäche wieder füllst im Südland.
Die mit Tränen säen, *
werden mit Jubel ernten. – (℟)

Sie gehen hin unter Tränen *
und tragen den Samen zur Aussaat.

Sie kommen wieder mit Jubel *
und bringen ihre Garben ein. – ℟

ZUR 2. LESUNG Seine erste Gemeinde auf europäischem Boden ermutigt Paulus in seinem Brief dazu, das Wirken Gottes zuzulassen. Das gilt auch für uns europäische Gemeinden heute. Nach 2000-jähriger Geschichte wirken viele eher müde als inspiriert, eher einfallslos als vertrauend. Paulus betet für seine Gemeinde in Philippi, dass sie Gott wirken lasse. Er bittet nicht um mehr Stabilität oder um mehr Enthusiasmus, sondern darum, dass ihre Liebe an Einsicht und Verständnis reicher werde. Denn, so Paulus, in liebevoller Einsicht, in verstehender Liebe, lässt sich erkennen, worauf es ankommt. Wenn er kommt.

ZWEITE LESUNG

Phil 1,4–6.8–11

Seid rein und ohne Tadel für den Tag Christi

Lesung aus dem Brief des Apostels Paulus an die Philipper.

Brüder! [*oder:* Brüder und Schwestern! *oder:* Schwestern und Brüder!] Immer, wenn ich für euch alle bete, tue ich es mit Freude und danke Gott dafür, dass ihr euch gemeinsam für das Evangelium eingesetzt habt vom ersten Tag an bis jetzt. Ich vertraue darauf, dass er, der bei euch das gute Werk begonnen hat, es auch vollenden wird bis zum Tag Christi Jesu. Gott ist mein Zeuge, wie ich mich nach euch allen sehne mit der herzlichen Liebe, die Christus Jesus zu euch hat. Und ich bete darum, dass eure Liebe immer noch reicher an Einsicht und Verständnis wird, damit ihr beurteilen könnt, worauf es ankommt. Dann werdet ihr rein und ohne Tadel sein für den Tag Christi, reich an der Frucht der Gerechtigkeit, die Jesus Christus gibt, zur Ehre und zum Lob Gottes.

RUF VOR DEM EVANGELIUM

Vers: Lk 3,4b.6

Halleluja. Halleluja.
Bereitet dem Herrn den Weg!
Ebnet ihm die Straßen!
Und alle Menschen werden das Heil sehen, das von Gott kommt.
Halleluja.

ZUM EVANGELIUM Wenn liebe Gäste kommen, bereitet man ihnen gerne einen herzlichen Empfang. Man stellt etwas zu trinken bereit, sorgt für passende Sitzgelegenheiten und vieles mehr. Vor allem stellt man sich auf die erwarteten Menschen ein. Und wenn Gott kommt? Wie soll man ihn empfangen? Johannes der Täufer verkündet die Taufe der Umkehr zur Vergebung der Sünden. Das Wasser der Taufe soll den Schmutz des verstrickten oder einschläfernden Alltags abwaschen und in der Vergebung der Sünden alles aus dem Weg räumen, was Gott abwehren und abweisen könnte. Gott erwartet keine besonderen Leistungen, auch keine blitzblanke Wohnung. Er fühlt sich wohl, wo Menschen ihn froh empfangen.

EVANGELIUM

Lk 3,1–6

Alle Menschen werden das Heil sehen, das von Gott kommt

+ Aus dem heiligen Evangelium nach Lukas.

Es war im fünfzehnten Jahr der Regierung des Kaisers Tiberius; Pontius Pilatus war Statthalter von Judäa, Herodes Tetrarch von Galiläa, sein Bruder Philippus Tetrarch von Ituräa und Trachonitis, Lysanias Tetrarch von Abilene; Hohepriester waren Hannas und Kajaphas. Da erging in der Wüste das Wort an Johannes, den Sohn des Zacharias.

Und er zog in die Gegend am Jordan und verkündigte dort überall Umkehr und Taufe zur Vergebung der Sünden. So erfüllte sich, was im Buch der Reden des Propheten Jesaja steht: Eine Stimme ruft in der Wüste: Bereitet dem Herrn den Weg! Ebnet ihm die Straßen! Jede Schlucht soll aufgefüllt werden, jeder Berg und Hügel sich senken. Was krumm ist, soll gerade werden, was uneben ist, soll zum ebenen Weg werden. Und alle Menschen werden das Heil sehen, das von Gott kommt.

Glaubensbekenntnis, S. 492 ff.

FÜRBITTEN

Den Weg suchen, den Weg bereiten: Wir alle sind auf dem manchmal beschwerlichen Weg – und tragen unsere Bitten vor ihn, auf den wir hoffen:

- Wir bitten für alle, die auf der Suche sind, weil sie spüren, dass es mehr als den sorgenvollen Alltag, auch mehr als Konsum und Erfolg gibt. V: Sohn Davids. A: Erbarme dich unser.
- Wir beten für die Bischöfe, Priester und Diakone und für alle in der Seelsorge tätigen Männer und Frauen, die versuchen, das Heil von Gott her auch heute erfahrbar zu machen. V: Sohn Davids. A: Erbarme dich unser.
- Wir beten für diejenigen, die enttäuscht sind, weil ihre Lebensträume und Hoffnungen sich nicht erfüllt haben. V: Sohn Davids. A: Erbarme dich unser.
- Wir bitten für die vielen jungen Menschen weltweit, deren Chancen auf Bildung und Ausbildung schlecht sind. V: Sohn Davids. A: Erbarme dich unser.
- Wir beten für alle, die den Belasteten und Beladenen tragen helfen und sie auf ihrem Weg begleiten. V: Sohn Davids. A: Erbarme dich unser.

Du, Sohn Davids, gehst unsere Wege mit. Dafür danken wir dir und loben dich heute und alle Tage unseres Lebens.

EUCHARISTIEFEIER

GABENGEBET

Barmherziger Gott, wir bekennen, dass wir immer wieder versagen und uns nicht auf unsere Verdienste berufen können. Komm uns zu Hilfe, ersetze, was uns fehlt, und nimm unsere Gebete und Gaben gnädig an. Darum bitten wir durch Christus, unseren Herrn.

Präfation, S. 499 ff.

KOMMUNIONVERS Bar 5,5; 4,36

Jerusalem, erhebe dich,
steig auf den Berg und schau die Freude,
die von deinem Gott zu dir kommt.

SCHLUSSGEBET

Herr, unser Gott, im heiligen Mahl hast du uns mit deinem Geist erfüllt. Lehre uns durch die Teilnahme an diesem Geheimnis, die Welt im Licht deiner Weisheit zu sehen und das Unvergängliche mehr zu lieben als das Vergängliche. Darum bitten wir durch Christus, unseren Herrn.

FEIERLICHER SCHLUSSSEGEN S. 19

***

BEHERZTE AUGEN

Die Hornhaut meines Herzens
weichst du auf.
Den Schleier meines Auges
nimmst du fort.

Herz und Auge
werden sehend
für die Wirklichkeit.
Du in allem.

Beherzte Augen
und ein sehendes Herz
hast du mir gegeben,

vor denen sich
keiner
verstecken braucht.

Lisa F. Oesterheld

3. ADVENTSSONNTAG

16. Dezember 2018

Macht euch bereit, das heißt am dritten Adventssonntag: Gaudete! Freut euch! An manchem Adventskranz ist darum die dritte Kerze heller. Denn die liturgische Farbe ist an diesem Sonntag nicht dunkles Violett, sondern helles Violett oder Rosa. Zur Vorbereitung auf das Kommen des Herrn gehört, dass man das Böse (ver-)lässt. Aber es gilt, auch das Gute zu tun! Und dazu gehört zuallererst, Freude ins Herz zu lassen. Das kann ein leises Aufleuchten neuen, frohen Mutes sein. Das kann ein Trost sein, der das Herz erwärmt. Das kann ein Frohlocken sein in ungeahnter Erkenntnis der Großzügigkeit Gottes. Macht euch bereit. Das heißt: Freut euch!

ERÖFFNUNGSVERS

Phil 4,4.5b

Freut euch im Herrn zu jeder Zeit!
Noch einmal sage ich: Freut euch!
Denn der Herr ist nahe.

KYRIE-RUFE

Herr Jesus Christus, du erfüllst uns
mit großer Freude, denn du bist nahe.
V/A: Herr, erbarme dich.
Du taufst mit dem Heiligen Geist
und mit Feuer.
V/A: Christus, erbarme dich.
Du wirst die Spreu vom Weizen trennen.
V/A: Herr, erbarme dich.

TAGESGEBET

Allmächtiger Gott, sieh gütig auf dein Volk, das mit gläubigem Verlangen das Fest der Geburt Christi erwartet. Mache unser Herz bereit für das Geschenk der Erlösung, damit Weihnachten für uns alle ein Tag der Freude und der Zuversicht werde. Darum bitten wir durch Jesus Christus.

WORTGOTTESDIENST

ZUR 1. LESUNG Wann haben Sie sich zuletzt so richtig gefreut und gejubelt? Und wann haben Sie das letzte Mal einander zugejubelt? Zu zweit? Vielleicht erinnern Sie sich nicht nur an den Zeitpunkt, sondern auch an das Gefühl dabei. Solch tiefe und sich steigernde Freude greift der Prophet Zefanja auf, wenn er die rettende Begegnung von Gott und Mensch beschreibt. Es ist nicht selbstverständlich, dass sie zueinanderfinden. Der gute Gott hätte allen Grund, ablehnend zu reagieren, bei all dem Elend, das Menschen verursachen. Und vielleicht tut er es auch für einen Moment. Doch kann nichts seine Liebe und Zuneigung zunichtemachen. Wir dürfen einstimmen in die Freude und den Jubel!

ERSTE LESUNG

Zef 3, 14–17(14–18a)

Dein Gott jubelt über dich und frohlockt

Lesung aus dem Buch Zefanja.

Juble, Tochter Zion! Jauchze, Israel! Freu dich und frohlocke von ganzem Herzen, Tochter Jerusalem! Der Herr hat das Urteil gegen dich aufgehoben und deine Feinde zur Umkehr gezwungen. Der König Israels, der Herr, ist in deiner Mitte; du hast kein Unheil mehr zu fürchten.

An jenem Tag wird man zu Jerusalem sagen: Fürchte dich nicht, Zion! Lass die Hände nicht sinken! Der Herr, dein Gott, ist in deiner Mitte, ein Held, der Rettung bringt. Er freut sich und jubelt über dich, er erneuert seine Liebe zu dir, er jubelt über dich und frohlockt, wie man frohlockt an einem Festtag.

ANTWORTPSALM

Jes 12,2.3 u. 4bcd.5–6 (℟: vgl. 6)

℟ Freut euch und jubelt;
in eurer Mitte ist der Herr. – ℟

Gott ist meine Rettung; *
ihm will ich vertrauen und niemals verzagen.
Denn meine Stärke und mein Lied ist der Herr. *
Er ist für mich zum Retter geworden. – (℟)

Ihr werdet Wasser schöpfen voll Freude *
aus den Quellen des Heils.
Dankt dem Herrn! Ruft seinen Namen an! †
Macht seine Taten unter den Völkern bekannt, *
verkündet: Sein Name ist groß und erhaben! – (℟)

Preist den Herrn, denn herrliche Taten hat er vollbracht; *
auf der ganzen Erde soll man es wissen.
Jauchzt und jubelt, ihr Bewohner von Zion; *
denn groß ist in eurer Mitte der Heilige Israels. – ℟

ZUR 2. LESUNG Sorgt euch um nichts! Paulus fordert seine Gemeinde heraus. Denn Grund zur Sorge hat jeder Mensch, der mit Verstand auf sein Leben schaut. Es gibt so viel, das schiefgehen könnte. Und allzu viel ist auch schon schiefgegangen, bleibt schwierig, prekär oder ganz und gar leidvoll. Und da soll man sich keine Sorgen machen?! Es geht Paulus kaum um Ignoranz oder Naivität. Wir müssen nichts schönreden. Wir können nicht alles verstehen und es bleiben viele Fragen. Doch wer sich mit all dem an Gott wendet, nimmt Anteil am Auferstandenen, wird bewahrt in Christus Jesus. Es geht um eine Haltung der frohen Hoffnung, die ihren Anker immer wieder wie einen Ball in Gottes Arme wirft.

ZWEITE LESUNG

Phil 4,4–7

Der Herr ist nahe

Lesung aus dem Brief des Apostels Paulus an die Philipper.

Brüder! [*oder:* Brüder und Schwestern! *oder:* Schwestern und Brüder!] Freut euch im Herrn zu jeder Zeit! Noch einmal sage ich: Freut euch! Eure Güte werde allen Menschen bekannt. Der Herr ist nahe. Sorgt euch um nichts, sondern bringt in jeder Lage betend und flehend eure Bitten mit Dank vor Gott.

Und der Friede Gottes, der alles Verstehen übersteigt, wird eure Herzen und eure Gedanken in der Gemeinschaft mit Christus Jesus bewahren.

RUF VOR DEM EVANGELIUM

Vers: vgl. Jes 61,1ab (Lk 4,18)

Halleluja. Halleluja.
Der Geist des Herrn ruht auf mir.
Der Herr hat mich gesandt,
den Armen die Frohe Botschaft zu bringen.
Halleluja.

ZUM EVANGELIUM Wer sagt uns eigentlich noch, was wir tun sollen? Gemeint ist nicht die allgegenwärtige Werbung, die in uns ständig Bedürfnisse und Wünsche weckt. Gemeint ist auch nicht der Experten-Rat zum Küchenherd, zu den Autoreifen oder der passenden Versicherung. Es geht um die Frage nach dem guten Leben, um die Suche nach Gott. Johannes der Täufer scheint ein guter Ratgeber in solchen Fragen gewesen zu sein, einer, der zugleich um seine eigene Begrenztheit wusste. Viele Menschen kamen und fragten ihn. Sie vertrauten ihm, er faszinierte sie. Was er uns wohl geantwortet hätte …

EVANGELIUM

Lk 3,10–18

Was sollen wir also tun?

+ **Aus dem heiligen Evangelium nach Lukas.**

In jener Zeit fragten Leute Johannes den Täufer: Was sollen wir also tun? Er antwortete ihnen: Wer zwei Gewänder hat, der gebe eines davon dem, der keines hat, und wer zu essen hat, der handle ebenso.

Es kamen auch Zöllner zu ihm, um sich taufen zu lassen, und fragten: Meister, was sollen wir tun? Er sagte zu ihnen: Verlangt nicht mehr, als festgesetzt ist.

Auch Soldaten fragten ihn: Was sollen denn wir tun? Und er sagte zu ihnen: Misshandelt niemand, erpresst niemand, begnügt euch mit eurem Sold!

Das Volk war voll Erwartung und alle überlegten im Stillen, ob Johannes nicht vielleicht selbst der Messias sei. Doch Johannes gab ihnen allen zur Antwort: Ich taufe euch nur mit Wasser. Es kommt aber einer, der stärker ist als ich, und ich bin es nicht wert, ihm die Schuhe aufzuschnüren. Er wird euch mit dem Heiligen Geist und mit Feuer taufen.

Schon hält er die Schaufel in der Hand, um die Spreu vom Weizen zu trennen und den Weizen in seine Scheune zu bringen; die Spreu aber wird er in nie erlöschendem Feuer verbrennen.

Mit diesen und vielen anderen Worten ermahnte er das Volk in seiner Predigt.

Glaubensbekenntnis, S. 492 ff.

FÜRBITTEN

„Wer zwei Gewänder hat, der gebe eines davon dem, der keines hat“: So einfach und klar ist die wegweisende Botschaft des Johannes – und doch nicht einfach zu leben. Wir beten zu Gott, der uns ermutigt und ruft:

- Für die Kirche, dass sie durch demütiges, solidarisches Handeln wahres Teilen vorlebt. V/A: Höre und erhöre uns.
- Für alle, seien es Einzelne oder Gruppen, die in Spannung und Streit leben und keine Kraft zur Versöhnung und Erneuerung haben. V/A: Höre und erhöre uns.
- Um den Geist des Rates für alle, die auf der Suche sind nach einem tragfähigen Sinn ihres Lebens. V/A: Höre und erhöre uns.
- Für alle, die spenden, die teilen, die helfen, wo es nottut. V/A: Höre und erhöre uns.
- Für alle unsere Toten, dass sie Vollendung und Freude finden in Gottes hellem, heilendem Licht. V/A: Höre und erhöre uns.

Guter Gott, wir danken dir für dein Wort, das uns durch alle Tage unseres Lebens geleiten will, wir danken dir für deine Nähe, heute und allezeit.

EUCHARISTIEFEIER

GABENGEBET

Herr, unser Gott, in dieser Feier erfüllen wir den Auftrag deines Sohnes. Nimm unsere Gaben an und gib deiner Kirche die Gnade, immer und überall sein Opfer zu feiern. Schenke uns durch dieses Geheimnis dein Heil, das du der Welt bereitet hast. Darum bitten wir durch Christus, unseren Herrn.

Präfation, S. 499 ff.

KOMMUNIONVERS

Jes 35,4

Sagt den Verzagten: Habt Mut, fürchtet euch nicht!
Seht, hier ist euer Gott!
Er selbst wird kommen und euch erretten.

SCHLUSSGEBET

Barmherziger Gott, komm durch dieses heilige Mahl uns schwachen Menschen zu Hilfe. Reinige uns von Schuld und mache uns bereit für das kommende Fest. Darum bitten wir durch Christus, unseren Herrn.

FEIERLICHER SCHLUSSSEGEN S. 19

***

IM LICHTE GOTTES SEHEN

Sie fragen mich,
was heißt
„Im Lichte Gottes sehen"?

Und ich taste
wie eine Blinde
mit meinen Worten:

wie Künstler,
wie Kinder,
wie Liebende,

wie im Morgen-,
Abend- und
Sternenlicht,

wie wir gesehen
werden möchten,

mit Augen
voller
Herzens-Licht.

Lisa F. Oesterheld

4. ADVENTSSONNTAG

23. Dezember 2018

Die vierte Kerze am Adventskranz, so kurz vor Weihnachten, kann uns an die Verheißungen Gottes für die Menschheit, aber auch für unser eigenes Leben erinnern. Denn das Leben ist immer mehr als das, was jetzt ist. Über Vergangenheit und Zukunft wölbt sich der Horizont der Zusage Gottes: Ich bin da und ich werde kommen. Jedes Leben soll einmal voll in Blüte stehen, soll Erfüllung finden. Gott selbst will kommen im kleinen Kind Jesus und Stück für Stück sein Versprechen, das in allem Lebendigen steckt, einlösen. Die Vollendung liegt jenseits der Geschichte, doch ihr Licht scheint in diese Welt hinein.

ERÖFFNUNGSVERS

Vgl. Jes 45,8

Tauet, ihr Himmel, von oben!
Ihr Wolken, regnet herab den Gerechten!
Tu dich auf, o Erde, und sprosse den Heiland hervor!

KYRIE-RUFE

Herr Jesus Christus, du bist in die Welt
eingetreten, um Gottes Willen zu tun.
V/A: Herr, erbarme dich.
Du hast Fleisch angenommen durch den
Heiligen Geist von der Jungfrau Maria.
V/A: Christus, erbarme dich.
Du hast uns durch die Opfergabe deines
Leibes ein für alle Mal geheiligt.
V/A: Herr, erbarme dich.

TAGESGEBET

Allmächtiger Gott, gieße deine Gnade in unsere Herzen ein. Durch die Botschaft des Engels haben wir die Menschwerdung Christi, deines Sohnes, erkannt. Führe uns durch sein Leiden und Kreuz zur Herrlichkeit der Auferstehung. Darum bitten wir durch ihn, Jesus Christus.

WORTGOTTESDIENST

ZUR 1. LESUNG Ob Jesus tatsächlich in Betlehem geboren wurde, ist umstritten. Er wächst schließlich in Nazaret auf und wird auch Jesus von Nazaret genannt. Doch warum gibt es dann die Geschichte von Betlehem? Im Buch Micha findet sich eine alte Verheißung für diesen Ort. Dort soll einer geboren werden, dessen Ursprünge noch vor die Zeit zurückreichen und der als Hirte herrschen soll: Er wird der Friede sein. Die lukanischen Kindheits-Geschichten Jesu verweisen auf die Geburt dieses Königs, der Frieden und Heil bringt. Und ganz ausgeschlossen ist es nicht: Warum sollte Gott, der die ganze Welt in Händen hält, nicht für die Geburt seines Sohnes diesen bezeichnenden Ort Betlehem gewählt haben? Und das heißt vor allem: Das Buch Micha wird für uns Christen neu ins Licht gestellt. Der Ruf nach Gerechtigkeit drängt auch heute!

ERSTE LESUNG Mi 5,1–4a

Aus dir wird der hervorgehen, der über Israel herrschen soll

Lesung aus dem Buch Micha.

So spricht der Herr: Du, Betlehem-Efrata, so klein unter den Gauen Judas, aus dir wird mir einer hervorgehen, der über Israel herrschen soll. Sein Ursprung liegt in ferner Vorzeit, in längst vergangenen Tagen.

Darum gibt der Herr sie preis, bis die Gebärende einen Sohn geboren hat. Dann wird der Rest seiner Brüder heimkehren zu den Söhnen Israels. Er wird auftreten und ihr Hirt sein in der Kraft des Herrn, im hohen Namen Jahwes, seines Gottes.
Sie werden in Sicherheit leben; denn nun reicht seine Macht bis an die Grenzen der Erde. Und er wird der Friede sein.

ANTWORTPSALM

Ps 80(79),2ac u. 3bc.15–16.18–19 (℟: vgl. 4)

℟ Richte uns wieder auf, o Gott!
Lass dein Angesicht leuchten, und wir sind gerettet. – ℟

Du Hirte Israels, höre. *
Der du auf den Kerubim thronst, erscheine.
Biete deine gewaltige Macht auf *
und komm uns zu Hilfe! – (℟)

Gott der Heerscharen, wende dich uns wieder zu! *
Blick vom Himmel herab, und sieh auf uns!
Sorge für diesen Weinstock *
und für den Garten, den deine Rechte gepflanzt hat. – (℟)

Deine Hand schütze den Mann zu deiner Rechten, *
den Menschensohn, den du für dich groß und stark gemacht.
Erhalt uns am Leben! *
Dann wollen wir deinen Namen anrufen
und nicht von dir weichen. – ℟

ZUR 2. LESUNG **Auch in dieser Lesung geht es um die Anfänge Jesu Christi. Die kleine beschriebene Szene spielt sozusagen auf seinem Weg aus dem Himmel hinab auf die Erde, aus der göttlichen Herrlichkeit in die ärmliche Krippe von Betlehem. Auf diesem Weg legt ihm der Hebräerbrief einen Psalm in den Mund: „Schlacht- und Speiseopfer hast du nicht gefordert, doch einen Leib hast du mir bereitet."**

(Ps 40,7) Folgt man der heutigen Übersetzung aus dem hebräischen Urtext, heißt es da: „Schlacht- und Speiseopfer hast du nicht gefordert, doch Ohren hast du mir gegraben." Das trifft den Kern der leiblichen Existenz Jesu einmal mehr: Von Anfang an ist Gottes Sohn der im besten Sinne Aufmerksame, Hörende, Gehorsame. Er ist der Psalmbeter schlechthin, der sich mit seiner ganzen Existenz hineinbegibt in die Bewegung von Gott zum Menschen und vom Menschen zu Gott.

ZWEITE LESUNG

Hebr 10,5–10

Ja, ich komme, um deinen Willen, Gott, zu tun

Lesung aus dem Hebräerbrief.

Brüder! [*oder:* Brüder und Schwestern! *oder:* Schwestern und Brüder!] Bei seinem Eintritt in die Welt spricht Christus: Schlacht- und Speiseopfer hast du nicht gefordert, doch einen Leib hast du mir geschaffen; an Brand- und Sündopfern hast du kein Gefallen. Da sagte ich: Ja, ich komme – so steht es über mich in der Schriftrolle –, um deinen Willen, Gott, zu tun.

Zunächst sagt er: Schlacht- und Speiseopfer, Brand- und Sündopfer forderst du nicht, du hast daran kein Gefallen, obgleich sie doch nach dem Gesetz dargebracht werden; dann aber hat er gesagt: Ja, ich komme, um deinen Willen zu tun. So hebt Christus das Erste auf, um das Zweite in Kraft zu setzen. Aufgrund dieses Willens sind wir durch die Opfergabe des Leibes Jesu Christi ein für alle-mal geheiligt.

RUF VOR DEM EVANGELIUM

Vers: vgl. Lk 1,38

Halleluja. Halleluja.
Maria sagte:
Siehe, ich bin die Magd des Herrn;
mir geschehe nach deinem Wort.
Halleluja.

ZUM EVANGELIUM Maria trifft Elisabet: Die Begegnung zweier Frauen, die erfahren haben, dass Gott völlig überraschend ihr Leben auf den Kopf gestellt hat. Als sie voreinander stehen, ist es Elisabet, die – vom Heiligen Geist erfüllt – unmittelbar begreift, was mit Maria los ist. Sie weiß, wovon sie spricht: „Selig, die geglaubt hat …" Der Glaube, der beide Frauen eint, ist weder beruhigend noch romantisch, noch folkloristisch. Er ist ganz lebendig, herausfordernd und lebensverändernd. Auf diesem Boden wächst die Freude über das neue Leben, das von Gott her in ihnen wächst.

EVANGELIUM Lk 1,39–45

Wer bin ich, dass die Mutter meines Herrn zu mir kommt?

+ Aus dem heiligen Evangelium nach Lukas.

In jenen Tagen machte sich Maria auf den Weg und eilte in eine Stadt im Bergland von Judäa. Sie ging in das Haus des Zacharias und begrüßte Elisabet.

Als Elisabet den Gruß Marias hörte, hüpfte das Kind in ihrem Leib. Da wurde Elisabet vom Heiligen Geist erfüllt und rief mit lauter Stimme:

Gesegnet bist du mehr als alle anderen Frauen und gesegnet ist die Frucht deines Leibes.

Wer bin ich, dass die Mutter meines Herrn zu mir kommt? In dem Augenblick, als ich deinen Gruß hörte, hüpfte das Kind vor Freude in meinem Leib.

Selig ist die, die geglaubt hat, dass sich erfüllt, was der Herr ihr sagen ließ.

Glaubensbekenntnis, S. 492 ff.

FÜRBITTEN

Mit Maria, der Gesegneten, rufen wir voll Hoffnung auf Gottes Güte und Treue und bitten:

- Um Beistand und Schutz für menschliches Leben in jeder Lebensphase. V: Gnädiger Gott. A: Wir bitten dich, erhöre uns.
- Um gegenseitige Achtung und um Wohlwollen in der Begegnung der Religionen und Kulturen. V: Gnädiger Gott. A: Wir bitten dich, erhöre uns.
- Um Stärke und Hilfe für die Frauen und Männer, die für Monate oder Jahre ihre Familien verlassen müssen, um im Ausland Geld zu verdienen. V: Gnädiger Gott. A: Wir bitten dich, erhöre uns.
- Um Frieden für alle Menschen, die in Gebieten leben müssen, wo Hass und Zwietracht, Terror und Krieg zu Hause sind. V: Gnädiger Gott. A: Wir bitten dich, erhöre uns.

Du Gott unserer Hoffnung, du willst, dass dein Reich des Friedens wachse. Wir danken dir und bitten dich: Stärke unsere Hoffnung auf dein Kommen, in dieser Adventszeit und alle Tage unseres Lebens.

EUCHARISTIEFEIER

GABENGEBET

Herr, unser Gott, wir legen die Gaben auf den Altar. Heilige sie durch deinen Geist, der mit seiner Kraft die Jungfrau Maria überschattet hat. Darum bitten wir durch Christus, unseren Herrn.

Präfation, S. 499 ff.

KOMMUNIONVERS Jes 7,14

Seht, die Jungfrau wird empfangen
und einen Sohn gebären.
Sein Name ist Immanuel, Gott mit uns.

SCHLUSSGEBET

Allmächtiger Gott, du hast uns in diesem Mahl das Heil zugesagt und uns schon jetzt Anteil daran gegeben. Lass uns das Kommen deines Sohnes in Freude erwarten und mache uns umso eifriger in deinem Dienst, je näher das Fest seiner Geburt heranrückt. Darum bitten wir durch Christus, unseren Herrn.

FEIERLICHER SCHLUSSSEGEN S. 19

***

HINHÖREN

In stillen Stunden
nachts und am Morgen,
wenn dein Herz ungebunden
von lärmenden Sorgen
ruht, weckt Gott dein Ohr
und sein Geist tritt hervor.

Er will dir was sagen,
nicht auf all deine Fragen
Antworten geben,
doch ein Wort für den Tag
oder gar für dein Leben.
O staune, was Gottes Wort vermag!

Lisa F. Oesterheld

Die Weihnachtszeit

HOCHFEST DER GEBURT DES HERRN
WEIHNACHTEN – CHRISTTAG

ICH LAG IN TIEFSTER TODESNACHT

Ich lag in tiefster Todesnacht,
du warest meine Sonne,
die Sonne, die mir zugebracht
Licht, Leben, Freud und Wonne.
O Sonne, die das werte Licht
des Glaubens in mir zugericht',
wie schön sind deine Strahlen.

Paul Gerhardt

Das beliebteste Fest der Christenheit ist nicht das älteste. Erst im 4. Jahrhundert findet sich Weihnachten im kirchlichen Kalender, während das Osterfest seit dem 2. Jahrhundert bezeugt ist. Als das Christentum seine Gedenktage festlegte, übernahm es überwiegend eingeführte Festtermine, die es mit neuem Sinn füllte. Das christliche Weihnachtsfest wird am Tag der römischen und germanischen Wintersonnwendfeier gefeiert. Den am 25. Dezember begangenen „Geburtstag der unbesiegten Sonne" hatte Aurelian im Jahre 275 eingeführt. Bereits unter Kaiser Konstantin erfolgte die christliche Umgestaltung. Dass das Geburtsfest der wahren Sonne Christus, der „Sonne der Gerechtigkeit" (Mal 4,2), am Tag der Wintersonnwende gefeiert werden musste, leuchtet ein. Heute hat dieses Datum, eher schleichend, eine neuerliche Umdeutung erfahren. Weihnachten ist das Fest der Geschäfte und der Geschenke, der Familie und der Ferien. Gelingt es

uns, in unseren Gemeinden und Familien den 25. Dezember so zu begehen, dass das Licht der „Sonne der Gerechtigkeit" aufscheint?
Die Kirche entfaltet das Geheimnis der Weihnacht in vier Eucharistiefeiern. Am Vorabend und in der Nacht steht die Geburt des Retters im Mittelpunkt. Die Messfeier in der Morgenfrühe, die Hirtenmesse, ist von der Freude geprägt, die Menschen an der Krippe geschenkt wird. In der Messe am Tag feiern wir die Menschwerdung des Wortes, das für immer unter uns wohnt.

AM HEILIGEN ABEND

24. Dezember 2018

Nicht so viele Menschen feiern am Morgen des Heiligen Abend eine Messe. Zu viel zu tun. Doch birgt der Eröffnungsvers eine wunderbare Zusammenfassung des Advents und damit unserer existenziellen Situation als glaubende Menschen: „Heute sollt ihr es erfahren: / Der Herr kommt, um uns zu erlösen, / und morgen werdet ihr seine Herrlichkeit schauen." Heute, das heißt: In dieser Welt, in Zeit und Raum, sollen wir Menschen wissen, erfahren und spüren, dass Gott uns erlösend nahe kommt. Wir sollen es begreifen, erhoffen und verstehen. Und morgen werden wir seine Herrlichkeit schauen, sowohl in der Gegenwart des Kindes von Betlehem als auch jenseits von Zeit und Raum, wenn Gott einmal alles in allem sein wird.

ERÖFFNUNGSVERS

Vgl. Ex 16,6–7

Heute sollt ihr es erfahren:
Der Herr kommt, um uns zu erlösen,
und morgen werdet ihr seine Herrlichkeit schauen.

KYRIE-RUFE

Herr Jesus Christus, du hast dich
all deiner Gewalt entäußert.
V/A: Herr, erbarme dich.
Du bist niedrig und gering geworden.
V/A: Christus, erbarme dich.
Du hast die Gestalt eines Knechts angenommen.
V/A: Herr, erbarme dich.

Ehre sei Gott, S. 489 f.

TAGESGEBET

Gütiger Gott, Jahr für Jahr erwarten wir voll Freude das Fest unserer Erlösung. Gib, dass wir deinen Sohn von ganzem Herzen als unseren Retter und Heiland aufnehmen, damit wir ihm voll Zuversicht entgegengehen können, wenn er am Ende der Zeiten als Richter wiederkommt. Er, der in der Einheit des Heiligen Geistes mit dir lebt und herrscht in alle Ewigkeit.

WORTGOTTESDIENST

ZUR 1. LESUNG Hochzeit feiern, das gehört zu den schönsten und wichtigsten Erfahrungen von Menschen. Ob es die eigene Ehe ist, die an diesem Tag geschlossen wird, ob es Kinder, Geschwister, Freunde oder Freundinnen sind, die sich trauen: der Tag der Hochzeit markiert einen mutigen und vertrauensvollen, von Liebe und Freude getragenen Schritt ins Leben. Diese allgemein menschliche Erfahrung greift das Jesaja-Buch auf, um sie auf Gott zu beziehen, der sein Volk Israel liebt. Jesaja kündigt eine Hochzeit an: Gott will sich fest an sein Volk binden und mit ihm gemeinsam in die Zukunft gehen. An Weihnachten feiern wir die innige Verbindung Gottes mit der Menschheit in Jesus Christus.

ERSTE LESUNG

Jes 62,1–5

Der Herr hat an dir seine Freude

Lesung aus dem Buch Jesaja.

Um Zions willen kann ich nicht schweigen, um Jerusalems willen nicht still sein, bis das Recht in ihm aufstrahlt wie ein helles Licht und sein Heil aufleuchtet wie eine brennende Fackel.

Dann sehen die Völker deine Gerechtigkeit und alle Könige deine strahlende Pracht. Man ruft dich mit einem neuen Namen, den der Mund des Herrn für dich bestimmt. Du wirst zu einer prächtigen Krone in der Hand des Herrn, zu einem königlichen Diadem in der Rechten deines Gottes.

Nicht länger nennt man dich „Die Verlassene“ und dein Land nicht mehr „Das Ödland“, sondern man nennt dich „Meine Wonne“ und dein Land „Die Vermählte“. Denn der Herr hat an dir seine Freude und dein Land wird mit ihm vermählt.

Wie der junge Mann sich mit der Jungfrau vermählt, so vermählt sich mit dir dein Erbauer. Wie der Bräutigam sich freut über die Braut, so freut sich dein Gott über dich.

ANTWORTPSALM

Ps 89(88),20a u. 4–5.16–17.27 u. 29 (℟: 2a)

℟ Von den Taten deiner Huld,
o Herr, will ich ewig singen. – ℟

Einst hast du in einer Vision zu deinen Frommen gesprochen: †
„Ich habe einen Bund geschlossen mit meinem Erwählten *
und David, meinem Knecht, geschworen:
Deinem Haus gebe ich auf ewig Bestand *
und von Geschlecht zu Geschlecht richte ich deinen Thron auf.“ – (℟)

Wohl dem Volk, das dich als König zu feiern weiß! *
Herr, sie gehen im Licht deines Angesichts.
Sie freuen sich über deinen Namen zu jeder Zeit, *
über deine Gerechtigkeit jubeln sie. – (℟)

Er wird zu mir rufen: Mein Vater bist du, *
mein Gott, der Fels meines Heiles.
Auf ewig werde ich ihm meine Huld bewahren, *
mein Bund mit ihm bleibt allzeit bestehen.“ – ℟

ZUR 2. LESUNG Die Geschichte Gottes mit seinem Volk ist voller Bewegung – und voller Spannung. Paulus deutet es nur an. Ihm ist in seiner Predigt wichtig, den roten Faden aufzuzeigen, der die Geschichte durchzieht. Es spannt sich ein großer Bogen von der Befreiung aus Zwangsarbeit in Ägypten über die Königszeit Davids – eines Mannes nach Gottes Herzen – bis zur kraftvollen Umkehrpredigt des Täufers und schließlich zur Sendung des Retters Jesus. Es ist der Bogen des Bundes Gottes mit seinem Volk und mit allen Menschen, die an Christus glauben.

ZWEITE LESUNG Apg 13,16–17.22–25

Aus Davids Geschlecht hat Gott dem Volk Israel Jesus als Retter geschickt

Lesung aus der Apostelgeschichte.

In der Synagoge von Antiochia in Pisidien stand Paulus auf, gab mit der Hand ein Zeichen und sagte:

Ihr Israeliten und ihr Gottesfürchtigen, hört! Der Gott dieses Volkes Israel hat unsere Väter erwählt und das Volk in der Fremde erhöht, in Ägypten; er hat sie mit hoch erhobenem Arm von dort herausgeführt. Dann erhob er David zu ihrem König, von dem er bezeugte: Ich habe David, den Sohn des Isai, als einen Mann nach meinem Herzen gefunden, der alles, was ich will, vollbringen wird.

Aus seinem Geschlecht hat Gott dem Volk Israel, der Verheißung gemäß, Jesus als Retter geschickt. Vor dessen Auftreten hat Johannes dem ganzen Volk Israel Umkehr und Taufe verkündigt.

Als Johannes aber seinen Lauf vollendet hatte, sagte er: Ich bin nicht der, für den ihr mich haltet; aber seht, nach mir kommt einer, dem die Sandalen von den Füßen zu lösen ich nicht wert bin.

RUF VOR DEM EVANGELIUM

Halleluja. Halleluja.
Morgen wird die Sünde der Erde getilgt
und über uns herrscht der Retter der Welt.
Halleluja.

ZUM EVANGELIUM Ahnenforschung ist auch heute noch ein großes Thema. Viele beschäftigen sich systematisch mit ihrer Familiengeschichte, reisen in die Städte und Länder ihrer Vorfahren oder forschen in Kommunalarchiven nach alten Urkunden. Die eigenen Wurzeln entdecken, die eigenen Eltern und sich selbst ein bisschen besser verstehen, darum geht es. Matthäus setzt an den Anfang seines Evangeliums einen Stammbaum. Viele Namen sind aus dem Alten Testament bekannt und man kann kleine Geschichten mit ihnen verbinden. Die mit literarischer Sorgfalt gestaltete, ebenmäßige Form der drei mal 14 Generationen täuscht nicht über Brüche und Unregelmäßigkeiten der Familiengeschichte Jesu hinweg. Die Dirne Rahab oder König David, der mit der Frau des Urija seinen Sohn Salomo zeugte, sind nur zwei Beispiele. Was Matthäus damit wohl sagen will: Es kommt nicht auf eine tadellose Ahnenreihe an. Der Heilige Geist wirkt im Konkreten, auch in schwierigen Umständen, vor allem aber und fraglos zum Heil der Menschen. Das Ende des Stammbaumes ist ein neuer Anfang: Jesus – Gott rettet.

EVANGELIUM

Mt 1,1–25

Stammbaum Jesu Christi, des Sohnes Davids, des Sohnes Abrahams

+ Aus dem heiligen Evangelium nach Matthäus.

Stammbaum Jesu Christi, des Sohnes Davids, des Sohnes Abrahams: Abraham war der Vater von Isaak, Isaak von Jakob, Jakob von Juda und seinen Brüdern. Juda war der Vater von Perez und Serach; ihre Mutter war Tamar. Perez war der Vater von Hezron, Hezron von Aram, Aram von Amminadab, Amminadab von Nachschon, Nachschon von Salmon. Salmon war der Vater von Boas; dessen Mutter war Rahab. Boas war der Vater von Obed; dessen Mutter war Rut. Obed war der Vater von Isai, Isai der Vater des Königs David.

David war der Vater von Salomo, dessen Mutter die Frau des Urija war. Salomo war der Vater von Rehabeam, Rehabeam von Abija, Abija von Asa, Asa von Joschafat, Joschafat von Joram, Joram von Usija. Usija war der Vater von Jotam, Jotam von Ahas, Ahas von Hiskija, Hiskija von Manasse, Manasse von Amos, Amos von Joschija. Joschija war der Vater von Jojachin und seinen Brüdern; das war zur Zeit der Babylonischen Gefangenschaft.

Nach der Babylonischen Gefangenschaft war Jojachin der Vater von Schealtiël, Schealtiël von Serubbabel, Serubbabel von Abihud, Abihud von Eljakim, Eljakim von Azor. Azor war der Vater von Zadok, Zadok von Achim, Achim von Eliud, Eliud von Eleasar, Eleasar von Mattan, Mattan von Jakob.

Jakob war der Vater von Josef, dem Mann Marias; von ihr wurde Jesus geboren, der der Christus – der Messias – genannt wird.

Im Ganzen sind es also von Abraham bis David vierzehn Generationen, von David bis zur Babylonischen Gefangenschaft vierzehn Generationen und von der Babylonischen Gefangenschaft bis zu Christus vierzehn Generationen.

Mit der Geburt Jesu Christi war es so: Maria, seine Mutter, war mit Josef verlobt; noch bevor sie zusammengekommen waren, zeigte sich, dass sie ein Kind erwartete – durch das Wirken des Heiligen Geistes. Josef, ihr Mann, der gerecht war und sie nicht bloßstellen wollte, beschloss, sich in aller Stille von ihr zu trennen.

Während er noch darüber nachdachte, erschien ihm ein Engel des Herrn im Traum und sagte: Josef, Sohn Davids, fürchte dich nicht, Maria als deine Frau zu dir zu nehmen; denn das Kind, das sie erwartet, ist vom Heiligen Geist. Sie wird einen Sohn gebären; ihm sollst du den Namen Jesus geben; denn er wird sein Volk von seinen Sünden erlösen.

Dies alles ist geschehen, damit sich erfüllte, was der Herr durch den Propheten gesagt hat: Seht, die Jungfrau wird ein Kind empfangen, einen Sohn wird sie gebären, und man wird ihm den Namen Immanuel geben, das heißt übersetzt: Gott ist mit uns.

Als Josef erwachte, tat er, was der Engel des Herrn ihm befohlen hatte, und nahm seine Frau zu sich. Er erkannte sie aber nicht, bis sie ihren Sohn gebar. Und er gab ihm den Namen Jesus.

Oder:

KURZFASSUNG Mt 1,18–25

Maria wird einen Sohn gebären; ihm sollst du den Namen Jesus geben

+ Aus dem heiligen Evangelium nach Matthäus.

Mit der Geburt Jesu Christi war es so: Maria, seine Mutter, war mit Josef verlobt; noch bevor sie zusammengekommen waren, zeigte sich, dass sie ein Kind erwartete – durch das Wirken des Heiligen Geistes. Josef, ihr Mann, der gerecht war und sie nicht bloßstellen wollte, beschloss, sich in aller Stille von ihr zu trennen.

Während er noch darüber nachdachte, erschien ihm ein Engel des Herrn im Traum und sagte: Josef, Sohn Davids, fürchte dich nicht, Maria als deine Frau zu dir zu nehmen; denn das Kind, das sie erwartet, ist vom Heiligen Geist. Sie wird einen Sohn gebären; ihm sollst du den Namen Jesus geben; denn er wird sein Volk von seinen Sünden erlösen.

Dies alles ist geschehen, damit sich erfüllte, was der Herr durch den Propheten gesagt hat: Seht, die Jungfrau wird ein Kind empfangen, einen Sohn wird sie gebären, und man wird ihm den Namen Immanuel geben, das heißt übersetzt: Gott ist mit uns.

Als Josef erwachte, tat er, was der Engel des Herrn ihm befohlen hatte, und nahm seine Frau zu sich. Er erkannte sie aber nicht, bis sie ihren Sohn gebar. Und er gab ihm den Namen Jesus.

Glaubensbekenntnis, S. 492 ff.

(*Kniebeuge zu den Worten:* „hat Fleisch angenommen“ bis „Mensch geworden“)

FÜRBITTEN

Gottes Sohn wird in Jesus Menschenkind – einer von uns und göttlicher Helfer zugleich. In den Sorgen und Nöten unserer Zeit bitten wir ihn:

- Um Segen für alle, die sich mühen und sorgen, dass das Fest der Geburt Christi zu einem Tag der Freude für viele werde. V/A: Kyrie, eleison.
- Um deine Nähe für alle, die an diesen Tagen der Freude einsam sind. V/A: Kyrie, eleison.
- Um deinen Segen für alle, die sich für den Frieden einsetzen, in der Nähe und in der Ferne. V/A: Kyrie, eleison.
- Um dein Hoffnungslicht für alle, deren Lebenslicht in diesen Tagen verlischt. V/A: Kyrie, eleison.
- Für unsere Gemeinde und für alle Getauften, dass deine Liebe durch sie sichtbar und erfahrbar werde. V/A: Kyrie, eleison.

Herr Jesus Christus, du willst uns nahe sein an jedem Tag unseres Lebens. Gemeinsam mit allen Engeln und Heiligen loben wir dich und danken dir.

EUCHARISTIEFEIER

GABENGEBET

Herr, unser Gott, mit der Menschwerdung deines Sohnes hat unsere Rettung begonnen. Nimm diese Gaben an und mache uns durch diese Opferfeier bereit für das Geheimnis der Heiligen Nacht, in der wir den Ursprung unserer Erlösung festlich begehen. Darum bitten wir durch Christus, unseren Herrn.

Präfation, S. 501 f.

KOMMUNIONVERS

Vgl. Jes 40,5

Die Herrlichkeit des Herrn wird offenbar
und alle Menschen erfahren Gottes Heil.

SCHLUSSGEBET

Allmächtiger Gott, gib uns Anteil am göttlichen Leben durch die Menschwerdung deines Sohnes, dessen Fleisch und Blut wir im Sakrament empfangen haben. Darum bitten wir durch ihn, Christus, unseren Herrn.

FEIERLICHER SCHLUSSSEGEN

S. 70

***

WIR SIND GOTTESKINDER

Dünnhäutig seine Güte ertasten
Blind seine Schönheit sehen
Stotternd Gott loben
Schwerhörig seiner Stimme lauschen
Hinkend ihm entgegeneilen

Glückliche Gotteskinder
sind wir
mit versehrten,
heilenden Herzen!

Lisa F. Oesterheld

IN DER HEILIGEN NACHT

24./25. Dezember 2018

Der Eröffnungsvers aus dem Psalter (Ps 2,7) ist kurz, aber bedeutungsvoll. In dem Psalm treten Menschen auf, Könige, Große und Richter der Erde, die sich von Gott abwenden und ihn gewaltsam von sich weisen. Diesen Menschen tritt der Psalmist betend entgegen und bekennt Gott als den Einzigen, dem die Macht auf Erden zusteht. Er spricht als Gesalbter des Herrn, der die Stimme Gottes vernimmt: „Mein Sohn bist du. Ich selber habe dich heute gezeugt." Jesus Christus ist der Sohn Gottes. Er kommt von Gott, ist Gottes Gesalbter und hat alle Macht auf Erden. Auch wenn er damit so zurückhaltend umgeht? Krippe und Kreuz.

ERÖFFNUNGSVERS Ps 2,7

Der Herr sprach zu mir:
Mein Sohn bist du, heute habe ich dich gezeugt.

Oder:

Freut euch im Herrn,
heute ist uns der Heiland geboren.
Heute ist der wahre Friede vom Himmel herabgestiegen.

KYRIE-RUFE

Herr Jesus Christus, Gottes eingeborener Sohn,
du bist von Gott als Retter gesandt.
V/A: Herr, erbarme dich.

Du hast den in seiner Würde wunderbar
geschaffenen Menschen noch wunderbarer
wiederhergestellt.
V/A: Christus, erbarme dich.
Du hast die Wunden der ganzen Schöpfung
geheilt und den verlorenen Menschen ins Reich
deines Friedens gerufen.
V/A: Herr, erbarme dich.

Ehre sei Gott, S. 489 f.

TAGESGEBET

Herr, unser Gott, in dieser hochheiligen Nacht ist uns das wahre Licht aufgestrahlt. Lass uns dieses Geheimnis im Glauben erfassen und bewahren, bis wir im Himmel den unverhüllten Glanz deiner Herrlichkeit schauen. Darum bitten wir durch Jesus Christus.

WORTGOTTESDIENST

ZUR 1. LESUNG Das bekannte Lied des Jesaja über die Befreiung des Volkes aus Dunkelheit und Todesschatten hat einen eher unbekannten Bezugspunkt, den „Tag von Midian" (Ri 6–8). In Kürze: Die Israeliten waren sieben Jahre lang von den Midianitern überfallen und beraubt worden. Ernten waren zerstört und Herden gestohlen worden, bis Israel völlig verarmt zurückblieb. In dieser Situation beruft der Engel des Herrn Gideon, der gerade damit beschäftigt ist, wenigstens einen Teil der Ernte in Sicherheit zu bringen. Gideon lässt sich auf Gott ein und bringt sogar 32.000 Kämpfer zusammen, um dem Auftrag gemäß gegen die Midianiter zu ziehen. Doch da heißt Gott ihn, alle wieder nach Hause schicken, bis auf 300 Mann. Was für ein Wahnsinn. Welche Zumutung! Doch am „Tag von Midian" siegt das lachhafte Trüpplein Israeliten nur mit Fackeln, Krügen und Trompeten gegen die erdrückende Übermacht der mit Schwertern bewaffneten Midianiter. Die Schlacht findet nicht statt – aber es gibt einen wunderbaren Sieg. Im Kern steckt darin die Botschaft von Weihnachten: Die Übermacht derer, die Leben erschweren und verstören, wird, wie bei der Geburt des Kindes von Betlehem, durch Gottes überraschendes, unvorstellbares, befreiendes Handeln gebrochen.

ERSTE LESUNG

Jes 9,1–6

Ein Sohn ist uns geschenkt; man nennt ihn: Fürst des Friedens

Lesung aus dem Buch Jesaja.

Das Volk, das im Dunkel lebt, sieht ein helles Licht; über denen, die im Land der Finsternis wohnen, strahlt ein Licht auf. Du erregst lauten Jubel und schenkst große Freude. Man freut sich in deiner Nähe, wie man sich freut bei der Ernte, wie man jubelt, wenn Beute verteilt wird. Denn wie am Tag von Midian zerbrichst du das drückende Joch, das Tragholz auf unserer Schulter und den Stock des Treibers. Jeder Stiefel, der dröhnend daherstampft, jeder Mantel, der mit Blut befleckt ist, wird verbrannt, wird ein Fraß des Feuers.

Denn uns ist ein Kind geboren, ein Sohn ist uns geschenkt. Die Herrschaft liegt auf seiner Schulter; man nennt ihn: Wunderbarer Ratgeber, Starker Gott, Vater in Ewigkeit, Fürst des Friedens. Seine Herrschaft ist groß und der Friede hat kein Ende. Auf dem Thron Davids herrscht er über sein Reich; er festigt und stützt es durch Recht und Gerechtigkeit, jetzt und für alle Zeiten. Der leidenschaftliche Eifer des Herrn der Heere wird das vollbringen.

ANTWORTPSALM

Ps 96(95),1–2.3 u. 11.12–13a (R: vgl. Lk 2,11)

℟ Heute ist uns der Heiland geboren:
Christus, der Herr. – ℟

Singet dem Herrn ein neues Lied, *
singt dem Herrn, alle Länder der Erde!
Singt dem Herrn und preist seinen Namen, *
verkündet sein Heil von Tag zu Tag! – (℟)

Erzählt bei den Völkern von seiner Herrlichkeit, *
bei allen Nationen von seinen Wundern!
Der Himmel freue sich, die Erde frohlocke, *
es brause das Meer und alles, was es erfüllt. – (℟)

Es jauchze die Flur und was auf ihr wächst. *
Jubeln sollen alle Bäume des Waldes
vor dem Herrn, wenn er kommt, *
wenn er kommt, um die Erde zu richten. – ℟

ZUR 2. LESUNG Weihnachten ist kein Fest einer Vollendung, sondern das Fest eines neuen, für immer gültigen Anfangs. Die Gnade Gottes ist erschienen, sie ist als Kind auf die Welt gekommen, um so der Ausweglosigkeit und Armut unseres Lebens zu begegnen. Gnade hat hier mit Zuwendung und Kontaktaufnahme zu tun. Vor einem Kind, einem Säugling oder Krabbelkind, werden alle Menschen im Nu gleich. Ob jung oder alt, reich oder arm, ein Kind zaubert ein Lächeln aufs Gesicht und entlockt Leuten die schönsten Laute. Als Kind begegnet uns die Gnade Gottes: ein Geschenk, das uns Besonnenheit lehrt und alles, was ein gutes und gelingendes Leben mit Gott ausmacht.

ZWEITE LESUNG Tit 2,11–14

Die Gnade Gottes ist erschienen, um alle Menschen zu retten

Lesung aus dem Brief des Apostels Paulus an Titus.

Die Gnade Gottes ist erschienen, um alle Menschen zu retten.
Sie erzieht uns dazu, uns von der Gottlosigkeit und den irdischen Begierden loszusagen und besonnen, gerecht und fromm in

dieser Welt zu leben, während wir auf die selige Erfüllung unserer Hoffnung warten: auf das Erscheinen der Herrlichkeit unseres großen Gottes und Retters Christus Jesus.

Er hat sich für uns hingegeben, um uns von aller Schuld zu erlösen und sich ein reines Volk zu schaffen, das ihm als sein besonderes Eigentum gehört und voll Eifer danach strebt, das Gute zu tun.

RUF VOR DEM EVANGELIUM

Vers: vgl. Lk 2,10–11

Halleluja. Halleluja.
Ich verkünde euch eine große Freude:
Heute ist uns der Retter geboren;
er ist der Messias, der Herr.
Halleluja.

ZUM EVANGELIUM Die Umstände der Geburt waren alles andere als göttlich: Es ist die Rede von Steuerlisten, ausgebuchten Herbergen, von Windeln und einem Futtertrog, der zur Wiege umfunktioniert wird. Doch unter genau diesen Umständen erfüllt Gott seine alte Verheißung an König David (2 Sam 7,16), die Herrlichkeit des HERRN strahlt auf und Engel loben ihn und verkünden Frieden. Dass das ewige Gotteswort, der Sohn, Mensch wird, und das unter diesen Umständen, bleibt bei allen Erklärungsversuchen ein tiefes Geheimnis. Es zeigt uns aber, wie wertvoll unser Leben mit all seinen Armseligkeiten für Gott ist. Nichts ist ihm zu profan, nichts ist ihm zu intim und nichts ist ihm zu schlicht, dass er nicht an unserer Seite einen Platz finden würde.

EVANGELIUM

Lk 2,1–14

Heute ist euch der Retter geboren

+ Aus dem heiligen Evangelium nach Lukas.

In jenen Tagen erließ Kaiser Augustus den Befehl, alle Bewohner des Reiches in Steuerlisten einzutragen. Dies geschah zum ersten Mal; damals war Quirinius Statthalter von Syrien. Da ging jeder in seine Stadt, um sich eintragen zu lassen.

So zog auch Josef von der Stadt Nazaret in Galiläa hinauf nach Judäa in die Stadt Davids, die Betlehem heißt; denn er war aus dem Haus und Geschlecht Davids. Er wollte sich eintragen lassen mit Maria, seiner Verlobten, die ein Kind erwartete.

Als sie dort waren, kam für Maria die Zeit ihrer Niederkunft, und sie gebar ihren Sohn, den Erstgeborenen. Sie wickelte ihn in Windeln und legte ihn in eine Krippe, weil in der Herberge kein Platz für sie war.

In jener Gegend lagerten Hirten auf freiem Feld und hielten Nachtwache bei ihrer Herde.

Da trat der Engel des Herrn zu ihnen und der Glanz des Herrn umstrahlte sie. Sie fürchteten sich sehr, der Engel aber sagte zu ihnen: Fürchtet euch nicht, denn ich verkünde euch eine große Freude, die dem ganzen Volk zuteil werden soll: Heute ist euch in der Stadt Davids der Retter geboren; er ist der Messias, der Herr.

Und das soll euch als Zeichen dienen: Ihr werdet ein Kind finden, das, in Windeln gewickelt, in einer Krippe liegt.

Und plötzlich war bei dem Engel ein großes himmlisches Heer, das Gott lobte und sprach: Verherrlicht ist Gott in der Höhe und auf Erden ist Friede bei den Menschen seiner Gnade.

Glaubensbekenntnis, S. 492 ff.

(*Kniebeuge zu den Worten:* „hat Fleisch angenommen“ bis „Mensch geworden“)

FÜRBITTEN

In Jesus Christus ist die Fülle der Zeit angebrochen. Wir rufen zu ihm, der unser Menschenbruder geworden ist:

- Wir bitten um Hoffnung und Licht für alle, die das Fest deiner Geburt begehen. V: Jesus Christus, Licht der Welt. A: Höre unser Rufen.
- Wir bitten um Beistand und Nahrung für alle, die Krieg erleben und im Elend leben müssen. V: Jesus Christus, Licht der Welt. A: Höre unser Rufen.
- Wir beten um Erneuerung und Versöhnung für alle, die unversöhnt mit ihrem Nächsten leben. V: Jesus Christus, Licht der Welt. A: Höre unser Rufen.
- Wir bitten um Heilung für all das, was in uns unruhig und unheil ist. V: Jesus Christus, Licht der Welt. A: Höre unser Rufen.
- Wir bitten um deine lichtvolle Gegenwart für unsere Verstorbenen. V: Jesus Christus, Licht der Welt. A: Höre unser Rufen.

Herr Jesus Christus, du bist bei uns in leuchtenden und in dunklen Stunden. Dich loben wir mit Herz und Mund und danken dir in dieser Heiligen Nacht, dass du gekommen bist, uns nahe zu sein.

EUCHARISTIEFEIER

GABENGEBET

Allmächtiger Gott, in dieser heiligen Nacht bringen wir dir unsere Gaben dar. Nimm sie an und gib, dass wir durch den wunderbaren Tausch deinem Sohn gleichgestaltet werden, in dem unsere menschliche Natur mit deinem göttlichen Wesen vereint ist. Darum bitten wir durch ihn, Christus, unseren Herrn.

Präfation, S. 501 f.

KOMMUNIONVERS

Joh 1,14

Das Wort ist Fleisch geworden
und wir haben seine Herrlichkeit geschaut.

SCHLUSSGEBET

Herr, unser Gott, in der Freude über die Geburt unseres Erlösers bitten wir dich: Gib uns die Gnade, ihm unser ganzes Leben zu weihen, damit wir einst Anteil erhalten an der ewigen Herrlichkeit deines Sohnes, der mit dir lebt und herrscht in alle Ewigkeit.

FEIERLICHER SCHLUSSSEGEN

Der barmherzige Gott hat durch die Geburt seines Sohnes die Finsternis vertrieben und (diese Nacht) diesen Tag erleuchtet mit dem Glanz seines Lichtes; er mache eure Herzen hell mit dem Licht seiner Gnade. – A: Amen.
Den Hirten ließ er durch den Engel die große Freude verkünden; mit dieser Freude erfülle er euer ganzes Leben. – A: Amen.
In Christus hat Gott Himmel und Erde verbunden; durch ihn schenke er allen Menschen guten Willens seinen Frieden, durch ihn vereine er euch mit der Kirche des Himmels. – A: Amen.
Das gewähre euch der dreieinige Gott, der Vater und der Sohn † und der Heilige Geist. – A: Amen.

***

ZUMUTUNG

du bist eine Zumutung
Gott
und du willst
eine Zumutung sein

lass nicht zu
dass wir dich einsperren
im netten Geschenkkarton
mit Schleifchen

dass wir dich vorhersagen
dass wir dich berechnen
dass wir dich erpressen
dass wir von dir fordern

sei anders
damit wir
anders
sein können

entzieh dich
bleibe fremd
sei unbegreiflich
erhöre nicht

und lehre uns
dein Geheimnis
nicht lösen
zu wollen

Andrea Schwarz

AM MORGEN

25. Dezember 2018

Der Introitus des Weihnachtsmorgens entfaltet das Programm dieses großen Festtages in wenigen Worten: Uns ist der Herr geboren! Ein Licht strahlt auf, das Hoffnung und Zuversicht in die Dunkelheit bringen will. Er, der geboren wird, will uns Gott, Friedensfürst und Vater sein, auch in der kommenden Welt. Das Geschehen der Heiligen Nacht hat Auswirkungen, die bis in die Ewigkeit reichen, denn seine Herrschaft wird kein Ende haben. Sie ist nicht zeitlich begrenzt und sie ist, dies wird in der ersten Lesung deutlich, auch räumlich nicht begrenzt, denn sie wird bis an die Enden der Erde bekannt sein. Und wir sind mit hineingenommen in dieses großartige Geschehen, auch uns gilt die Rettung!

ERÖFFNUNGSVERS

Vgl. Jes 9,1.5; Lk 1,33

Ein Licht strahlt heute über uns auf,
denn geboren ist uns der Herr.
Und man nennt ihn: Starker Gott, Friedensfürst,
Vater der kommenden Welt.
Seine Herrschaft wird kein Ende haben.

KYRIE-RUFE

Herr Jesus Christus, du bist unser Retter.
V/A: Herr, erbarme dich.
Du bringst die Güte und Menschenliebe
Gottes zur Erscheinung.
V/A: Christus, erbarme dich.

Du hast uns durch deine Gnade gerecht gemacht.
V/A: Herr, erbarme dich.

Ehre sei Gott, S. 489 f.

TAGESGEBET

Allmächtiger Gott, dein ewiges Wort ist Fleisch geworden, um uns mit dem Glanz deines Lichtes zu erfüllen. Gib, dass in unseren Werken widerstrahlt, was durch den Glauben in unserem Herzen leuchtet. Darum bitten wir durch ihn, Jesus Christus.

WORTGOTTESDIENST

ZUR 1. LESUNG „Siehe!" Nicht nur einmal, gleich dreimal findet sich dieser Aufruf in diesem kurzen Textabschnitt. „Siehe!", das kurze, unscheinbare Wort kommt in der hebräischen Bibel viele Male vor. Es will uns aufschrecken, es markiert: Achtung, hier geschieht etwas Wichtiges! Es will sagen: Pass auf! An dieser Stelle erklingt es gleich dreimal in Folge, um unsere Aufmerksamkeit zu erlangen, denn die Rettung kommt. Siehe, deine Rettung kommt! Obacht! Dieser Ruf gilt uns – an diesem Weihnachtsmorgen. Heute.

ERSTE LESUNG Jes 62,11–12

Sieh her, jetzt kommt deine Rettung

Lesung aus dem Buch Jesaja.

Hört, was der Herr bis ans Ende der Erde bekanntmacht: Sagt der Tochter Zion: Sieh her, jetzt kommt deine Rettung. Siehe, er bringt seinen Siegespreis mit: Alle, die er gewonnen hat, gehen vor ihm her. Dann nennt man sie „Das heilige Volk", „Die Erlösten des Herrn“. Und dich nennt man „Die begehrte, die nicht mehr verlassene Stadt“.

ANTWORTPSALM

Ps 97(96),1 u. 6.11–12

℟ Ein Licht strahlt heute über uns auf:
geboren ist Christus, der Herr. – ℟

Der Herr ist König. Die Erde frohlocke. *
Freuen sollen sich die vielen Inseln.
Seine Gerechtigkeit verkünden die Himmel, *
seine Herrlichkeit schauen alle Völker. – (℟)

Ein Licht erstrahlt den Gerechten *
und Freude den Menschen mit redlichem Herzen.
Ihr Gerechten, freut euch am Herrn, *
und lobt seinen heiligen Namen! – ℟

ZUR 2. LESUNG Die Rettung, von deren Bekanntgabe der Prophet in der ersten Lesung sprach, ist für den Verfasser des Titus-Briefes schon geschehen: unser Retter ist erschienen! Wir haben keinen Anspruch auf diese Rettung, wir können sie uns nicht verdienen, sondern sie geschieht an uns. Wir sind nicht gerecht, sondern werden von Gott gerecht gemacht. Nicht aufgrund unserer eigenen Leistung oder weil wir einen Anspruch darauf hätten, sind wir gerettet, nein! Wir sind gerettet, weil Gott uns retten will, in der Taufe, in der Erfüllung mit dem Heiligen Geist. Er will uns Zukunft, Hoffnung, Leben schenken.

ZWEITE LESUNG

Tit 3,4–7

Gott hat uns gerettet aufgrund seines Erbarmens

Lesung aus dem Brief des Apostels Paulus an Titus.

Als die Güte und Menschenliebe Gottes, unseres Retters, erschien, hat er uns gerettet – nicht weil wir Werke vollbracht hätten, die uns gerecht machen können, sondern aufgrund seines Erbarmens – durch das Bad der Wiedergeburt und der Erneuerung im Heiligen Geist.

Ihn hat er in reichem Maß über uns ausgegossen durch Jesus Christus, unseren Retter, damit wir durch seine Gnade gerecht gemacht werden und das ewige Leben erben, das wir erhoffen.

RUF VOR DEM EVANGELIUM

Vers: Lk 2,14

Halleluja. Halleluja.
Verherrlicht ist Gott in der Höhe
und auf Erden ist Friede bei den Menschen seiner Gnade.
Halleluja.

ZUM EVANGELIUM Die Hirten finden Maria und Josef und das Kind, das in der Krippe liegt, in einer Futterkrippe, in einem Schuppen, draußen, vor der Stadt. Sie bleiben eine Weile dort bei dem Kind, sie sehen mit eigenen Augen, hören mit ihren Ohren. Eine Begegnung, die sie verändert hat: Sie kehren zurück, erfüllt von einer Freude, die sie jubeln lässt. Der Weihnachtstag liegt vor uns! Mit hörendem Herzen und offenen Sinnen können wir das Staunen der Hirten mitvollziehen, verweilen beim Kind, das unser Retter sein will – das gefunden sein will in der Armut der Krippe, hier und heute, von uns.

EVANGELIUM

Lk 2,15–20

Die Hirten fanden Maria und Josef und das Kind

+ Aus dem heiligen Evangelium nach Lukas.

Als die Engel die Hirten verlassen hatten und in den Himmel zurückgekehrt waren, sagten die Hirten zueinander: Kommt, wir gehen nach Betlehem, um das Ereignis zu sehen, das uns der Herr verkünden ließ. So eilten sie hin und fanden Maria und Josef und das Kind, das in der Krippe lag. Als sie es sahen, erzählten sie, was ihnen über dieses Kind gesagt worden war. Und alle, die es hörten, staunten über die Worte der Hirten. Maria aber bewahrte alles, was geschehen war, in ihrem Herzen und dachte darüber nach. Die Hirten kehrten zurück, rühmten Gott und priesen ihn für das, was sie gehört und gesehen hatten; denn alles war so gewesen, wie es ihnen gesagt worden war.

Glaubensbekenntnis, S. 492 ff.

(*Kniebeuge zu den Worten:* „hat Fleisch angenommen“ bis „Mensch geworden“)

FÜRBITTEN

Die Hirten eilten nach Betlehem, weil sie den Gottesboten vertrauten. Wir bitten Gott um seine heilvolle Gegenwart:

- Für die ganze Kirche;
  dass Gerechtigkeit und Friede durch sie eine starke Stimme bekommen. V: Gott des Lebens. A: Höre unser Rufen.
- Für unsere Gemeinde;
  lass sie offen und dadurch Heimat für viele sein, lass sie immer mehr erfüllt sein von deinem Friedenswillen. V: Gott des Lebens. A: Höre unser Rufen.
- Für die Menschen in Krieg und Not;
  lass sie erfahren, dass sie nicht vergessen sind. V: Gott des Lebens. A: Höre unser Rufen.
- Für alle, die chronisch krank sind;
  lass sie deine Nähe spüren und Zuwendung erleben. V: Gott des Lebens. A: Höre unser Rufen.

- Für die Menschen, denen viele Türen zugeschlagen wurden; schenke ihnen die Erfahrung echten Interesses und solidarischer Hilfe. V: Gott des Lebens. A: Höre unser Rufen.

Im Kind in der Krippe hat unsere Hoffnung Gestalt angenommen. Hilf uns, aus dieser größeren Hoffnung heraus zu leben. So bitten wir mit ihm und durch ihn, Jesus Christus, heute und alle Tage.

EUCHARISTIEFEIER

GABENGEBET

Himmlischer Vater, erfülle die Gaben dieser Erde mit deinem Segen, damit sie das Geheimnis dieses Tages darstellen: Wie Christus als neugeborener Mensch und als wahrer Gott vor uns aufleuchtet, so lass uns durch diese irdische Speise das göttliche Leben empfangen. Darum bitten wir durch ihn, Christus, unseren Herrn.

Präfation, S. 501 f.

KOMMUNIONVERS

Vgl. Sach 9,9

Juble laut, Tochter Zion, jauchze, Tochter Jerusalem,
siehe, dein König kommt zu dir,
der Heilige, der Heiland der Welt.

SCHLUSSGEBET

Herr, unser Gott, die Menschwerdung deines Sohnes erfülle uns mit Freude und Dank. Lass uns dieses unergründliche Geheimnis im Glauben erfassen und in tätiger Liebe bekennen. Darum bitten wir durch Christus, unseren Herrn.

FEIERLICHER SCHLUSSSEGEN S. 70

***

WIE WIR

Welch eine Zärtlichkeit: ein Gott, der bedürftig wird wie wir; der das Glück der Freundschaft und der Liebe kennt wie wir; der früh auf der Flucht ist wie viele von uns und den das Leben aufs Kreuz legt wie andere auch. Die pure Macht, Stärke und Größe hat noch niemanden gerettet.

Fulbert Steffensky

AM TAG

25. Dezember 2018

Ein Weihnachtsfest ohne Weihnachtslieder – undenkbar! Sowohl die kirchliche Liturgie als auch die Feier in der Familie sind geprägt vom gemeinsamen Singen. Unsere Freude kommt im Singen zum Ausdruck. So ist es auch in der ersten Lesung: Jubel bricht an, wenn sich die Freude über die Rückkehr aus dem Exil Bahn bricht. Die Festmesse am Weihnachtstag wird oft von einem Chor mit feierlichem Gesang unterstützt und auch das Evangelium des heutigen Festtages ist ein Hymnus und will eigentlich gesungen werden. Jede und jeder von uns hat wohl ein Lieblingsweihnachtslied. Oft sind damit Erinnerungen an frühere Weihnachtstage verbunden. Jetzt ist die Zeit, sie zu singen, die Jubellieder auf unseren Gott.

ERÖFFNUNGSVERS

Vgl. Jes 9,5

Ein Kind ist uns geboren, ein Sohn ist uns geschenkt.
Auf seinen Schultern ruht die Herrschaft.

KYRIE-RUFE

Herr Jesus Christus, du bist Gottes ewiges
Wort, alles ist durch dich geworden.
V/A: Herr, erbarme dich.
Du bist in die Welt gekommen, und die
Welt ist durch dich geworden.
V/A: Christus, erbarme dich.
Du hast allen, die dich aufnehmen, Macht
gegeben, Kinder Gottes zu werden.
V/A: Herr, erbarme dich.

Ehre sei Gott, S. 489 f.

TAGESGEBET

Allmächtiger Gott, du hast den Menschen in seiner Würde wunderbar erschaffen und noch wunderbarer wiederhergestellt. Lass uns teilhaben an der Gottheit deines Sohnes, der unsere Menschennatur angenommen hat. Er, der in der Einheit des Heiligen Geistes mit dir lebt und herrscht in alle Ewigkeit.

WORTGOTTESDIENST

ZUR 1. LESUNG „Dein Gott ist König" – das ist die Botschaft des Freudenboten, der die Rückkehr aus dem Exil ankündigt und Zion so eine neue Zukunft verheißt. Die Rettung kommt nicht durch mächtige Könige, nicht durch reiche und einflussreiche Politiker; sie kommt allein von Gott. Er ist der König, der sein Volk rettet. Die Stadt Jerusalem, die in Trümmern liegt, findet nicht nur Trost, sie bricht in Jubel aus. Auch in unsere Verwundungen, Abgründe und Zerrissenheiten will der Freudenbote vordringen und Rettung verheißen. Rettung, die Gott uns schenken will.

ERSTE LESUNG Jes 52,7–10

Alle Enden der Erde sehen das Heil unseres Gottes

Lesung aus dem Buch Jesaja.

Wie willkommen sind auf den Bergen die Schritte des Freudenboten, der Frieden ankündigt, der eine frohe Botschaft bringt und Rettung verheißt, der zu Zion sagt: Dein Gott ist König.

Horch, deine Wächter erheben die Stimme, sie beginnen alle zu jubeln. Denn sie sehen mit eigenen Augen, wie der Herr nach Zion zurückkehrt.

Brecht in Jubel aus, jauchzt alle zusammen, ihr Trümmer Jerusalems! Denn der Herr tröstet sein Volk, er erlöst Jerusalem. Der Herr macht seinen heiligen Arm frei vor den Augen aller Völker. Alle Enden der Erde sehen das Heil unseres Gottes.

ANTWORTPSALM

Ps 98(97),1.2–3b.3c–4.5–6 (℟: vgl. 3cd)

℟ Alle Enden der Erde
sehen das Heil unsres Gottes. – ℟

Singet dem Herrn ein neues Lied; *
denn er hat wunderbare Taten vollbracht!
Er hat mit seiner Rechten geholfen *
und mit seinem heiligen Arm. – (℟)

Der Herr hat sein Heil bekannt gemacht *
und sein gerechtes Wirken enthüllt vor den Augen der Völker.
Er dachte an seine Huld *
und an seine Treue zum Hause Israel. – (℟)

Alle Enden der Erde *
sahen das Heil unsres Gottes.
Jauchzt vor dem Herrn, alle Länder der Erde, *
freut euch, jubelt und singt! – (℟)

Spielt dem Herrn auf der Harfe, *
auf der Harfe zu lautem Gesang!
Zum Schall der Trompeten und Hörner *
jauchzt vor dem Herrn, dem König! – ℟

ZUR 2. LESUNG Was ist das für ein Kind, das da geboren wurde? Der Text aus dem Hebräerbrief macht sehr eindrücklich deutlich: Nicht irgendein Kind ist es, nein: der Sohn unseres Gottes, Abbild des göttlichen Wesens (Hebr 1,3), göttliches Wort, das mit Gott untrennbar schon im Anfang verbunden ist und nun Mensch wird. Dabei ist es dem Verfasser wichtig, deutlich zu machen: Das Wesen dieses göttlichen Kindes ist ohne das Zeugnis des Ersten, des Alten Testamentes nicht zu verstehen. So finden sich allein in diesem kurzen Abschnitt, der mit einem Verweis auf die Propheten beginnt, drei Zitate aus den alttestamentlichen Schriften, die die Erhabenheit des Kindes unterstreichen, das als Sohn Gottes in die Welt gekommen ist und uns alle zu Söhnen und Töchtern Gottes macht.

ZWEITE LESUNG Hebr 1,1–6

Gott hat zu uns gesprochen durch den Sohn

Lesung aus dem Hebräerbrief.

Viele Male und auf vielerlei Weise hat Gott einst zu den Vätern gesprochen durch die Propheten; in dieser Endzeit aber hat er zu uns gesprochen durch den Sohn, den er zum Erben des Alls eingesetzt und durch den er auch die Welt erschaffen hat; er ist der Abglanz seiner Herrlichkeit und das Abbild seines Wesens; er trägt das All durch sein machtvolles Wort, hat die Reinigung von den Sünden bewirkt und sich dann zur Rechten der Majestät in der Höhe gesetzt; er ist um so viel erhabener geworden als die Engel, wie der Name, den er geerbt hat, ihren Namen überragt.

Denn zu welchem Engel hat er jemals gesagt: Mein Sohn bist du, heute habe ich dich gezeugt, und weiter: Ich will für ihn Vater sein und er wird für mich Sohn sein? Wenn er aber den Erstgeborenen wieder in die Welt einführt, sagt er: Alle Engel Gottes sollen sich vor ihm niederwerfen.

RUF VOR DEM EVANGELIUM

Halleluja. Halleluja.
Aufgeleuchtet ist uns aufs Neue der Tag der Erlösung:
Ein großes Licht ist heute auf Erden erschienen.

Kommt, ihr Völker, und betet an den Herrn, unseren Gott!
Halleluja.

ZUM EVANGELIUM Das Lied, das am Beginn des Johannes-Evangeliums steht, schlägt eine Brücke zum Anfang der Bibel, zu Gen 1,1: „Im Anfang schuf Gott Himmel und Erde." Weihnachten hat zu tun mit diesem Anfang, der sich fortsetzt in der Geburt des göttlichen Kindes. Der Text ist geprägt von Worten, die auch diese biblische Schöpfungserzählung prägen: Es geht um das Werden durch das Wort, vom Licht ist die Rede, von der Finsternis und vom Leben. Das Wort gehört so zu Gott, dass es schon im Anfang nicht von ihm zu trennen ist. Es ist zugleich Gott und Mensch. An Weihnachten will dieses göttliche Licht-Wort von uns aufgenommen werden. Das Ziel der Menschwerdung Gottes ist das Herz der Menschen, die Kinder Gottes und damit wahrhaft Menschen werden können.

EVANGELIUM

Joh 1,1–18

Das Wort ist Fleisch geworden und hat unter uns gewohnt

+ Aus dem heiligen Evangelium nach Johannes.

Im Anfang war das Wort, und das Wort war bei Gott, und das Wort war Gott. Im Anfang war es bei Gott. Alles ist durch das Wort geworden und ohne das Wort wurde nichts, was geworden ist. In ihm war das Leben und das Leben war das Licht der Menschen. Und das Licht leuchtet in der Finsternis und die Finsternis hat es nicht erfasst.

Es trat ein Mensch auf, der von Gott gesandt war; sein Name war Johannes. Er kam als Zeuge, um Zeugnis abzulegen für das Licht, damit alle durch ihn zum Glauben kommen. Er war nicht selbst das Licht, er sollte nur Zeugnis ablegen für das Licht.

Das wahre Licht, das jeden Menschen erleuchtet, kam in die Welt. Er war in der Welt und die Welt ist durch ihn geworden, aber die

Welt erkannte ihn nicht. Er kam in sein Eigentum, aber die Seinen nahmen ihn nicht auf.

Allen aber, die ihn aufnahmen, gab er Macht, Kinder Gottes zu werden, allen, die an seinen Namen glauben, die nicht aus dem Blut, nicht aus dem Willen des Fleisches, nicht aus dem Willen des Mannes, sondern aus Gott geboren sind.

Und das Wort ist Fleisch geworden und hat unter uns gewohnt und wir haben seine Herrlichkeit gesehen, die Herrlichkeit des einzigen Sohnes vom Vater, voll Gnade und Wahrheit.

Johannes legte Zeugnis für ihn ab und rief: Dieser war es, über den ich gesagt habe: Er, der nach mir kommt, ist mir voraus, weil er vor mir war. Aus seiner Fülle haben wir alle empfangen, Gnade über Gnade.

Denn das Gesetz wurde durch Mose gegeben, die Gnade und die Wahrheit kamen durch Jesus Christus. Niemand hat Gott je gesehen. Der Einzige, der Gott ist und am Herzen des Vaters ruht, er hat Kunde gebracht.

Oder:

KURZFASSUNG

Joh 1,1–5.9–14

Das Wort ist Fleisch geworden und hat unter uns gewohnt

+ **Aus dem heiligen Evangelium nach Johannes.**

Im Anfang war das Wort, und das Wort war bei Gott, und das Wort war Gott. Im Anfang war es bei Gott. Alles ist durch das Wort geworden und ohne das Wort wurde nichts, was geworden ist. In ihm war das Leben und das Leben war das Licht der Menschen. Und das Licht leuchtet in der Finsternis und die Finsternis hat es nicht erfasst.

Das wahre Licht, das jeden Menschen erleuchtet, kam in die Welt. Er war in der Welt und die Welt ist durch ihn geworden, aber die Welt erkannte ihn nicht. Er kam in sein Eigentum, aber die Seinen nahmen ihn nicht auf.

Allen aber, die ihn aufnahmen, gab er Macht, Kinder Gottes zu werden, allen, die an seinen Namen glauben, die nicht aus dem Blut, nicht aus dem Willen des Fleisches, nicht aus dem Willen des Mannes, sondern aus Gott geboren sind.

Und das Wort ist Fleisch geworden und hat unter uns gewohnt und wir haben seine Herrlichkeit gesehen, die Herrlichkeit des einzigen Sohnes vom Vater, voll Gnade und Wahrheit.

Glaubensbekenntnis, S. 492 ff.

(*Kniebeuge zu den Worten:* „hat Fleisch angenommen“ bis „Mensch geworden“)

FÜRBITTEN

Gottes Wort hat Fleisch angenommen, es will unter uns wohnen. Deshalb rufen wir heute, am heiligen Weihnachtstag, voll Vertrauen zu Gott:

- Wir bitten um Trost für die Einsamen und Trauernden. V: Du Licht der Welt. A: Wir bitten dich, erhöre uns.
- Wir bitten um Geborgenheit für die Heimatlosen. V: Du Licht der Welt. A: Wir bitten dich, erhöre uns.
- Wir bitten um das Geschenk der Hoffnung und um erneuerte Kraft für die Kranken. V: Du Licht der Welt. A: Wir bitten dich, erhöre uns.
- Wir bitten um deinen Beistand für alle, die gegen Unrecht aufstehen. V: Du Licht der Welt. A: Wir bitten dich, erhöre uns.
- Wir bitten um Hartnäckigkeit für jene, die sich um den Frieden mühen. V: Du Licht der Welt. A: Wir bitten dich, erhöre uns.
- Wir bitten um Freude für alle, die das Fest deiner Geburt feiern. V: Du Licht der Welt. A: Wir bitten dich, erhöre uns.
- Wir bitten um dein Licht für die Menschen, deren Lebenslicht in diesen Tagen verlöschen wird. V: Du Licht der Welt. A: Wir bitten dich, erhöre uns.

Du bist das wahre Licht. Du erhellst die Dunkelheit und schenkst Hoffnung. Dafür danken wir dir und preisen dich, an diesem heiligen Weihnachtstag und an allen Tagen, die uns geschenkt sind.

EUCHARISTIEFEIER

GABENGEBET

Gott, unser Vater, in diesen Gaben willst du uns Versöhnung schenken und uns wieder mit dir verbinden. Nimm sie an und gib durch sie unserem heiligen Dienst die höchste Vollendung. Darum bitten wir durch Christus, unseren Herrn.

Präfation, S. 501 f.

KOMMUNIONVERS Ps 98(97),3

Alle Enden der Erde sahen
die rettende Tat unseres Gottes.

SCHLUSSGEBET

Barmherziger Gott, in dieser heiligen Feier hast du uns deinen Sohn geschenkt, der heute als Heiland der Welt geboren wurde. Durch ihn sind wir wiedergeboren zum göttlichen Leben, führe uns auch zur ewigen Herrlichkeit durch ihn, der mit dir lebt und herrscht in alle Ewigkeit.

FEIERLICHER SCHLUSSSEGEN S. 70

***

CHRIST WIRD GEBOREN

Christ wird geboren: jauchzt und singt!
Christus vom Himmel: lauft Ihm entgegen!
Christus auf Erden: erhebt euch!
Singt, alle Lande, dem Herrn!
Ihr Menschen aber, frohlocket –
Denn herrlich hat
Er Sich kundgetan.

Erster Irmos der ersten Ode des
Weihnachtskanons im byzantinischen Ritus

HEILIGER STEPHANUS, ERSTER MÄRTYRER
FEST

26. Dezember 2018

In den Weihnachtsdarstellungen des orthodoxen Christentums wird die Geburt Jesu oft in einer Höhle verortet. Manchmal sind sogar auf der Anhöhe über der Geburtshöhle drei Kreuze abgebildet, die das scheinbar so idyllische Bild stören. Auch aus mittelalterlichen Krippendarstellungen kennen wir Bilder, die im Stall ein Kruzifix zeigen. So wird in der Darstellung der Geburt des göttlichen Kindes schon auf dessen Tod verwiesen. Auch das Gedenken an den heiligen Stephanus erinnert uns in dieser weihnachtlichen Zeit daran, dass der Blick auf die Krippe die Bedrohtheit des Lebens des göttlichen Kindes nicht ausblenden kann, dass wir Menschen ihm von Beginn an auch mit Ablehnung und Hartherzigkeit begegnen.

ERÖFFNUNGSVERS

Das Tor des Himmels öffnete sich für Stephanus.
Er zog als Erster der Blutzeugen ein
und empfing die Krone der Herrlichkeit.

KYRIE-RUFE

Herr Jesus Christus, du hast den heiligen Diakon
Stephanus zum Dienst an den Tischen bestellt.
V/A: Herr, erbarme dich.
Du hast den heiligen Stephanus als ersten Märtyrer
berufen, zum Zeugnis für den Glauben sein Leben
hinzugeben.
V/A: Christus, erbarme dich.

Du hast dem heiligen Stephanus die Herrlichkeit
Gottes im Himmel aufgeschlossen.
V/A: Herr, erbarme dich.

Ehre sei Gott, S. 489 f.

TAGESGEBET

Allmächtiger Gott, wir ehren am heutigen Fest den ersten Märtyrer deiner Kirche. Gib, dass auch wir unsere Feinde lieben und so das Beispiel des heiligen Stephanus nachahmen, der sterbend für seine Verfolger gebetet hat. Darum bitten wir durch Jesus Christus.

WORTGOTTESDIENST

ZUR 1. LESUNG Die Darstellung der Steinigung des griechisch sprechenden Judenchristen Stephanus legt einen besonderen Akzent darauf, die Parallelen zwischen dem Schicksal Jesu und dem seines Nachfolgers Stephanus freizulegen. Der geistbegabte Stephanus erregt unter den Frommen Anstoß und soll mundtot gemacht werden. Er hält jedoch an seinem Zeugnis für Jesus, den Messias, fest. Der gewaltlose Glaube an Jesus, Gottes Christus, Gottes Mensch gewordene Liebe, den Stephanus bis in den Tod bezeugt hat, er trägt die Kirche bis heute.

ERSTE LESUNG Apg 6,8–10; 7,54–60

Ich sehe den Himmel offen

Lesung aus der Apostelgeschichte.

In jenen Tagen tat Stephanus, voll Gnade und Kraft, Wunder und große Zeichen unter dem Volk. Doch einige von der sogenannten

Synagoge der Libertiner und Zyrenäer und Alexandriner und Leute aus Zilizien und der Provinz Asien erhoben sich, um mit Stephanus zu streiten; aber sie konnten der Weisheit und dem Geist, mit dem er sprach, nicht widerstehen.

Als sie seine Rede hörten, waren sie aufs Äußerste über ihn empört und knirschten mit den Zähnen.

Er aber, erfüllt vom Heiligen Geist, blickte zum Himmel empor, sah die Herrlichkeit Gottes und Jesus zur Rechten Gottes stehen und rief: Ich sehe den Himmel offen und den Menschensohn zur Rechten Gottes stehen.

Da erhoben sie ein lautes Geschrei, hielten sich die Ohren zu, stürmten gemeinsam auf ihn los, trieben ihn zur Stadt hinaus und steinigten ihn. Die Zeugen legten ihre Kleider zu Füßen eines jungen Mannes nieder, der Saulus hieß.

So steinigten sie Stephanus; er aber betete und rief: Herr Jesus, nimm meinen Geist auf! Dann sank er in die Knie und schrie laut: Herr, rechne ihnen diese Sünde nicht an!

Nach diesen Worten starb er.

ANTWORTPSALM

Ps 31(30),3b–4.6 u. 8.16–17 (R: vgl. 6a)

℟ Herr, in deine Hände
lege ich meinen Geist. – ℟

Sei mir ein schützender Fels, *
eine feste Burg, die mich rettet.
Denn du bist mein Fels und meine Burg; *
um deines Namens willen wirst du mich führen und leiten. – (℟)

In deine Hände lege ich voll Vertrauen meinen Geist; *
du hast mich erlöst, Herr, du treuer Gott.
Ich will jubeln und über deine Huld mich freuen; †
denn du hast mein Elend angesehn, *
du bist mit meiner Not vertraut. – (℟)

In deiner Hand liegt mein Geschick; *
entreiß mich der Hand meiner Feinde und Verfolger!
Lass dein Angesicht leuchten über deinem Knecht, *
hilf mir in deiner Güte! – ℞

RUF VOR DEM EVANGELIUM

Vers: Ps 118(117),26a.27a

Halleluja. Halleluja.
Gesegnet sei, der kommt im Namen des Herrn.
Gott, der Herr, erleuchte uns.
Halleluja.

ZUM EVANGELIUM Was für Aussichten: Man wird euch vor die Gerichte bringen und euch foltern. Furchtbar. Furchterregend. Und dann noch die Aufforderung, dies alles geschehen zu lassen, ohne sich zu verteidigen! Mit dem Verstand allein ist nicht zu erklären, was Menschen immer wieder dazu bewegt hat, Jesus auf seinem Weg nachzufolgen und die Konsequenzen zu tragen. Aus den Worten der Zeugen spricht eine eindrucksvolle innere Überzeugung und bejahte Ergriffenheit. Deutlich wird: Auf dem Weg der Nachfolge geht es darum, Zeugnis abzulegen für den Weg Jesu. Keine Angst vor der Angst. „Es geht ums Tun und nicht ums Siegen." (Konstantin Wecker)

EVANGELIUM

Mt 10,17–22

Nicht ihr werdet dann reden, sondern der Geist eures Vaters wird durch euch reden

+ **Aus dem heiligen Evangelium nach Matthäus.**

In jener Zeit sprach Jesus zu seinen Jüngern: Nehmt euch vor den Menschen in Acht! Denn sie werden euch vor die Gerichte bringen und in ihren Synagogen auspeitschen. Ihr werdet um meinetwillen vor Statthalter und Könige geführt, damit ihr vor ihnen und den Heiden Zeugnis ablegt. Wenn man euch vor Gericht stellt, macht euch keine Sorgen, wie und was ihr reden sollt; denn es wird euch in jener Stunde eingegeben, was ihr sagen sollt. Nicht ihr werdet dann reden, sondern der Geist eures Vaters wird durch euch reden.

Brüder werden einander dem Tod ausliefern und Väter ihre Kinder, und die Kinder werden sich gegen ihre Eltern auflehnen und sie in den Tod schicken.

Und ihr werdet um meines Namens willen von allen gehasst werden; wer aber bis zum Ende standhaft bleibt, der wird gerettet.

FÜRBITTEN

Auch in äußerster Bedrohung, auch in Todesnot, bleibt der Diakon Stephanus ein Liebender. Bitten wir Gott um die Kraft seines Geistes:

- Für die Kirche in den Ländern, in denen der Einsatz für Recht und Gerechtigkeit Mut verlangt. V/A: Herr, stehe ihnen bei.
- Für die Opfer von Diskriminierung und Verfolgung. V/A: Herr, stehe ihnen bei.
- Für die entwurzelten und von Hass-Ideologien fehlgeleiteten Jugendlichen. V/A: Herr, stehe ihnen bei.
- Für Menschen, die nach einem Streit die Hand zur Versöhnung ausstrecken. V/A: Herr, stehe ihnen bei.
- Für alle, die in Krisenzeiten schwerwiegende Entscheidungen fällen müssen. V/A: Herr, stehe ihnen bei.
- Für alle, die sich schützend vor andere stellen. V/A: Herr, stehe ihnen bei.

Dein Atem, ewiger Gott, ist es, wenn Menschen zueinanderfinden, einander annehmen und verzeihen. Dafür loben wir dich und danken wir, heute und allezeit.

EUCHARISTIEFEIER

GABENGEBET

Herr, unser Gott, schau gütig auf dein Volk, das mit Freude und Hingabe den Festtag des heiligen Stephanus feiert, und nimm unsere Gaben an. Darum bitten wir durch Christus, unseren Herrn.

Präfation, S. 501 f.

KOMMUNIONVERS Apg 7,59

Die Menge steinigte den Stephanus.
Er aber betete und rief:
Herr Jesus, nimm meinen Geist auf!

SCHLUSSGEBET

Herr, unser Gott, wir danken dir für die Gnade dieser festlichen Tage. In der Geburt deines Sohnes schenkst du uns das Heil; im Sterben des heiligen Stephanus zeigst du uns das Beispiel eines unerschrockenen Glaubenszeugen. Wir bitten dich: Stärke unsere Bereitschaft, deinen Sohn, unseren Herrn Jesus Christus, standhaft zu bekennen, der mit dir lebt und herrscht in alle Ewigkeit.

FEIERLICHER SCHLUSSSEGEN S. 70

***

WO ANDRE SCHWIEGEN

Ihr habt geschrien,
wo andre schwiegen,
obwohl ein Schrei nichts ändern kann,
ihr habt gewartet, ihr seid geblieben,
ihr habt geschrien,
wo andre schwiegen –
es ging ums Tun und nicht ums Siegen!

Konstantin Wecker
(über die Mitglieder der Widerstandsbewegung
„Die weiße Rose", die von den Nationalsozialisten
1943 in München hingerichtet wurden)

FEST DER HEILIGEN FAMILIE

30. Dezember 2018

Das Fest der Heiligen Familie hat seinen Ursprung im 19. Jahrhundert und wurde 1920 als Festtag in den kirchlichen Kalender aufgenommen. Die Familie Jesu sollte zum Vorbild für die christlichen Familien werden. Gerade die Weihnachtszeit kennt die Sehnsucht nach familiärer Harmonie. Harmonieselig sind die Texte des Tages eher nicht; sie sind gezeichnet vom so oft schwierigen Ringen um ein gutes und gerechtes Miteinander.

ERÖFFNUNGSVERS Lk 2,16

Die Hirten eilten hin und fanden Maria und Josef
und das Kind, das in einer Krippe lag.

KYRIE-RUFE

Herr Jesus Christus, du hast wie wir als Mensch gelebt,
in allem uns gleich außer der Sünde.
V/A: Herr, erbarme dich.
Du führst Menschen aus der Freude der Liebe
zur Familie zusammen.
V/A: Christus, erbarme dich.
Du hast die Familie zur Keimzelle
von Kirche und Gesellschaft bestimmt.
V/A: Herr, erbarme dich.

Ehre sei Gott, S. 489 f.

TAGESGEBET

Herr, unser Gott, in der Heiligen Familie hast du uns ein leuchtendes Vorbild geschenkt. Gib unseren Familien die Gnade, dass auch sie in Frömmigkeit und Eintracht leben und einander in der Liebe verbunden bleiben. Führe uns alle zur ewigen Gemeinschaft in deinem Vaterhaus. Darum bitten wir durch Jesus Christus.

WORTGOTTESDIENST

ZUR 1. LESUNG Nicht nur hier, im dritten Kapitel, sondern ein weiteres Mal im siebten Kapitel (Sir 7,27–30) greift der Verfasser oder die Verfasserin des Sirach-Buches die Weisung, Vater und Mutter zu ehren, aus den Zehn Geboten auf. Der Text ist gerichtet an einen erwachsenen Sohn und legt den Fokus auf die Versorgung der Eltern im Alter. Dabei geht es nicht allein um die Beziehung zwischen Eltern und Kindern. Vielmehr findet in dieser Fürsorge die Liebe zu Gott einen Ausdruck: Wer seinen Eltern Ehre erweist, der erweist sie dem Ewigen. Und umgekehrt.

ERSTE LESUNG

Sir 3,2–6.12–14 (3–7.14–17a)

Der Herr hat den Kindern befohlen, ihren Vater zu ehren und das Recht ihrer Mutter zu achten

Lesung aus dem Buch Jesus Sirach.

Der Herr hat den Kindern befohlen, ihren Vater zu ehren, und die Söhne verpflichtet, das Recht ihrer Mutter zu achten. Wer den Vater ehrt, erlangt Verzeihung der Sünden, und wer seine Mutter achtet, gleicht einem Menschen, der Schätze sammelt. Wer den Vater ehrt, wird Freude haben an den eigenen Kindern, und wenn er betet, wird er Erhörung finden. Wer den Vater achtet, wird lange leben, und wer seiner Mutter Ehre erweist, der erweist sie dem Herrn.

Mein Sohn, wenn dein Vater alt ist, nimm dich seiner an, und betrübe ihn nicht, solange er lebt. Wenn sein Verstand abnimmt, sieh es ihm nach, und beschäme ihn nicht in deiner Vollkraft! Denn die Liebe zum Vater wird nicht vergessen, sie wird als Sühne für deine Sünden eingetragen.

ANTWORTPSALM

Ps 128(127), 1–2.3.4–5 (℟: vgl. 1)

℟ Selig der Mensch, der den Herrn fürchtet und ehrt
und auf seinen Wegen geht! – ℟

Wohl dem Mann, der den Herrn fürchtet und ehrt *
und der auf seinen Wegen geht!
Was deine Hände erwarben, kannst du genießen; *
wohl dir, es wird dir gut ergehn. – (℟)

Wie ein fruchtbarer Weinstock ist deine Frau *
drinnen in deinem Haus.
Wie junge Ölbäume sind deine Kinder *
rings um deinen Tisch. – (℟)

So wird der Mann gesegnet, *
der den Herrn fürchtet und ehrt.
Es segne dich der Herr vom Zion her. *
Du sollst dein Leben lang das Glück Jerusalems schauen. – ℟

Oder:

ZUR 1. LESUNG Wie die Erzählungen von der Kindheit Jesu im Lukas-Evangelium sind auch die Schilderungen der Kindheit Samuels von dem besonderen Auftrag bestimmt, den der erwachsene Mann für sein Volk erfüllen wird. Samuel wird, so sagt es das erste der nach ihm benannten Bücher, in eine Krisenzeit geboren. Israel ist bedroht durch die militärische Übermacht der Philister und durch die Glaubensschwäche, die bis hinein in den Kreis der Priester reicht. Der heute gelesene Abschnitt folgt auf das innige Gebet Hannas, in dem sie Gott um einen Sohn bittet und gelobt, das ihr geschenkte Kind dem Herrn zu überlassen. Samuel, das ist seiner Mutter bereits zu Beginn seines Lebens klar, wird eine große Bedeutung für sein Volk haben. Er ist, wie letztlich jedes Kind, nicht ihr allein geschenkt, sondern hat eine Aufgabe von Gott her.

ERSTE LESUNG 1 Sam 1,20–22.24–28

Er soll für sein ganzes Leben ein vom Herrn Zurückgeforderter sein

Lesung aus dem ersten Buch Samuel.

Hanna, die Frau Elkanas, wurde schwanger. Als die Zeit abgelaufen war, gebar sie einen Sohn und nannte ihn Samuel, denn sie sagte: Ich habe ihn vom Herrn erbeten.

Als dann Elkana mit seiner ganzen Familie wieder nach Schilo hinaufzog, um dem Herrn das jährliche Opfer und die Gaben, die er gelobt hatte, darzubringen, zog Hanna nicht mit, sondern sagte zu ihrem Mann: Ich werde den Knaben erst, wenn er entwöhnt ist, hinaufbringen; dann soll er vor dem Angesicht des Herrn erscheinen und für immer dort bleiben.

Als sie ihn entwöhnt hatte, nahm sie ihn mit hinauf, dazu einen dreijährigen Stier, ein Efa Mehl und einen Schlauch Wein. So brachte sie ihn zum Haus des Herrn in Schilo; der Knabe aber war damals noch sehr jung.

Als sie den Stier geschlachtet hatten, brachten sie den Knaben zu Eli, und Hanna sagte: Bitte, mein Herr, so wahr du lebst, mein Herr, ich bin die Frau, die damals neben dir stand, um zum Herrn zu beten. Ich habe um diesen Knaben gebetet, und der Herr hat mir die Bitte erfüllt, die ich an ihn gerichtet habe. Darum lasse ich ihn auch vom Herrn zurückfordern. Er soll für sein ganzes Leben ein vom Herrn Zurückgeforderter sein. Und sie beteten dort den Herrn an.

ANTWORTPSALM

Ps 84 (83),2–3.5–6.9–10 (℟: vgl. 5)

℟ Selig, die in deinem Hause wohnen, Herr,
die dich loben alle Zeit. – ℟

Wie liebenswert ist deine Wohnung, Herr der Heerscharen! †
Meine Seele verzehrt sich in Sehnsucht *
nach dem Tempel des Herrn.
Mein Herz und mein Leib jauchzen ihm zu, *
ihm, dem lebendigen Gott. – (℟)

Wohl denen, die wohnen in deinem Haus, *
die dich allezeit loben.
Wohl den Menschen, die Kraft finden in dir, *
wenn sie sich zur Wallfahrt rüsten. – (℟)

Herr der Heerscharen, höre mein Beten, *
vernimm es, Gott Jakobs!
Gott, sieh her auf unsern Schild, *
schau auf das Antlitz deines Gesalbten! – ℟

ZUR 2. LESUNG Wie die alttestamentliche Lesung aus dem Buch Jesus Sirach ist auch der Abschnitt aus dem Brief an die Gemeinde in Kolossä geprägt durch Mahnungen und Empfehlungen, die das Zusammenleben in der Familie betreffen. Von Erbarmen, Güte, Demut, Milde und Geduld soll das Miteinander geprägt sein. Der Glaube an den Gott und Vater Jesu erweist und bewährt sich im familiären Alltag. Auch wenn die familiären Rollen – Eltern und Kinder, Mann und Frau – den Geist der Zeit atmen, zeitlos gültig sind die Grundhaltungen, die aus der Erfahrung entspringen, von Gott geliebt zu sein: Geduld haben mit dem anderen, Macht nicht missbrauchen, den anderen achten, einander verzeihen. So fängt der Friede an, so hält die Freude an.

ZWEITE LESUNG Kol 3,12–21

Die Liebe ist das Band, das alles zusammenhält

Lesung aus dem Brief des Apostels Paulus an die Kolosser.

Brüder! [*oder:* Brüder und Schwestern! *oder:* Schwestern und Brüder!] Ihr seid von Gott geliebt, seid seine auserwählten Heiligen. Darum bekleidet euch mit aufrichtigem Erbarmen, mit Güte, Demut, Milde, Geduld! Ertragt euch gegenseitig und vergebt einander, wenn einer dem andern etwas vorzuwerfen hat. Wie der Herr euch vergeben hat, so vergebt auch ihr! Vor allem aber liebt einander, denn die Liebe ist das Band, das alles zusammenhält und vollkommen macht.

In eurem Herzen herrsche der Friede Christi; dazu seid ihr berufen als Glieder des einen Leibes. Seid dankbar!

Das Wort Christi wohne mit seinem ganzen Reichtum bei euch. Belehrt und ermahnt einander in aller Weisheit! Singt Gott in eurem Herzen Psalmen, Hymnen und Lieder, wie sie der Geist eingibt, denn ihr seid in Gottes Gnade. Alles, was ihr in Worten und Werken tut, geschehe im Namen Jesu, des Herrn. Durch ihn dankt Gott, dem Vater!

Ihr Frauen, ordnet euch euren Männern unter, wie es sich im Herrn geziemt. Ihr Männer, liebt eure Frauen und seid nicht aufgebracht gegen sie! Ihr Kinder, gehorcht euren Eltern in allem; denn so ist es gut und recht im Herrn. Ihr Väter, schüchtert eure Kinder nicht ein, damit sie nicht mutlos werden.

RUF VOR DEM EVANGELIUM Vers: Kol 3,15a.16a

Halleluja. Halleluja.
In eurem Herzen herrsche der Friede Christi.
Das Wort Christi wohne
mit seinem ganzen Reichtum bei euch.
Halleluja.

Oder:

ZUR 2. LESUNG Als Glaubende sind wir eingeladen, Teil der neuen Familie Jesu zu sein, seine Brüder und Schwestern, und so wahrhaft Kinder Gottes, des Vaters. Diese neue Gemeinschaft ist geprägt von der Liebe untereinander, in der die Verbundenheit zu Gott zum Ausdruck kommt. Die Lesung kann uns heute neu zu einem geschwisterlichen Miteinander von Christen und Christinnen ermutigen.

ZWEITE LESUNG

1 Joh 3,1–2.21–24

Wir heißen Kinder Gottes und wir sind es

Lesung aus dem ersten Johannesbrief.

Brüder! [*oder:* Brüder und Schwestern! *oder:* Schwestern und Brüder!] Seht, wie groß die Liebe ist, die der Vater uns geschenkt hat: Wir heißen Kinder Gottes und wir sind es. Die Welt erkennt uns nicht, weil sie ihn nicht erkannt hat.

Liebe Brüder, jetzt sind wir Kinder Gottes. Aber was wir sein werden, ist noch nicht offenbar geworden. Wir wissen, dass wir ihm ähnlich sein werden, wenn er offenbar wird; denn wir werden ihn sehen, wie er ist.

Liebe Brüder, wenn das Herz uns aber nicht verurteilt, haben wir gegenüber Gott Zuversicht; alles, was wir erbitten, empfangen wir von ihm, weil wir seine Gebote halten und tun, was ihm gefällt.

Und das ist sein Gebot: Wir sollen an den Namen seines Sohnes Jesus Christus glauben und einander lieben, wie es seinem Gebot entspricht.

Wer seine Gebote hält, bleibt in Gott und Gott in ihm. Und dass er in uns bleibt, erkennen wir an dem Geist, den er uns gegeben hat.

RUF VOR DEM EVANGELIUM

Vers: vgl. Apg 16,14b

Halleluja. Halleluja.
Herr, öffne uns das Herz,

dass wir auf die Worte deines Sohnes hören.
Halleluja.

ZUM EVANGELIUM Mit der Perikope vom 12-jährigen Jesus im Tempel wird bei Lukas die Überlieferung zur Kindheit Jesu abgeschlossen. Dabei kommt Jesus erstmals selbst in diesem Evangelium zu Wort, seine Worte bleiben jedoch unverstanden. Es ist davon auszugehen, dass Jesus sich bis zu seinem 30. Lebensjahr in seine irdische Familie und deren Lebensentwürfe eingefügt hat. Josef wird außerhalb der Kindheitserzählungen nicht mehr genannt, und in der Zeit seines öffentlichen Wirkens löst sich Jesus von seiner Herkunftsfamilie und fühlt sich einer neuen Familie von Glaubenden zugehörig, die einander als Kinder Gottes, des Vaters, verbunden sind.

EVANGELIUM Lk 2,41–52

Sie fanden Jesus im Tempel; er saß mitten unter den Lehrern

+ Aus dem heiligen Evangelium nach Lukas.

Die Eltern Jesu gingen jedes Jahr zum Paschafest nach Jerusalem. Als er zwölf Jahre alt geworden war, zogen sie wieder hinauf, wie es dem Festbrauch entsprach.

Nachdem die Festtage zu Ende waren, machten sie sich auf den Heimweg. Der junge Jesus aber blieb in Jerusalem, ohne dass seine Eltern es merkten. Sie meinten, er sei irgendwo in der Pilgergruppe, und reisten eine Tagesstrecke weit; dann suchten sie ihn bei den Verwandten und Bekannten. Als sie ihn nicht fanden, kehrten sie nach Jerusalem zurück und suchten ihn dort.

Nach drei Tagen fanden sie ihn im Tempel; er saß mitten unter den Lehrern, hörte ihnen zu und stellte Fragen. Alle, die ihn hörten, waren erstaunt über sein Verständnis und über seine Antworten.

Als seine Eltern ihn sahen, waren sie sehr betroffen und seine Mutter sagte zu ihm: Kind, wie konntest du uns das antun? Dein Vater und ich haben dich voll Angst gesucht.

Da sagte er zu ihnen: Warum habt ihr mich gesucht? Wusstet ihr nicht, dass ich in dem sein muss, was meinem Vater gehört? Doch sie verstanden nicht, was er damit sagen wollte.
Dann kehrte er mit ihnen nach Nazaret zurück und war ihnen gehorsam. Seine Mutter bewahrte alles, was geschehen war, in ihrem Herzen.
Jesus aber wuchs heran und seine Weisheit nahm zu und er fand Gefallen bei Gott und den Menschen.

Glaubensbekenntnis, S. 492 ff.

FÜRBITTEN

„Kind, wie konntest du uns das antun?", fragt die bestürzte Maria ihren zwölfjährigen Sohn. Auch in der Familie Jesu gab es Missverständnisse und Enttäuschungen, ja sogar Anfeindungen. Wir bitten Gott um seinen Beistand für alle, die in Verbundenheit leben wollen:

- Wir beten für die Kinder, die in Liebe und Treue ihren alt gewordenen oder kranken Eltern verbunden sind und Sorge für sie tragen. V/A: Höre und erhöre uns.
- Wir beten für die Großeltern, Tanten und Onkel, die solidarisch da sind, wenn in jungen Familien Hilfe nottut. V/A: Höre und erhöre uns.
- Wir bitten für die vielen sich selbst überlassenen Kinder in den Armutsvierteln der Mega-Städte dieser Erde. V/A: Höre und erhöre uns.
- Wir beten für Menschen, die ihre Heimat verlassen; wir beten für Kinder, die ihre Freunde, ihren Alltag, ihre Spielsachen zurücklassen mussten. V/A: Höre und erhöre uns.

Wir danken dir für unsere Familien, für die Liebe und Verbundenheit, die wir erfahren haben. Stärke unser Verständnis füreinander, stärke unsere Gemeinschaft und sei bei uns an allen Tagen, die wir zusammen erleben dürfen.

EUCHARISTIEFEIER

GABENGEBET

Herr, unser Gott, am Fest der Heiligen Familie bringen wir das Opfer der Versöhnung dar. Höre auf die Fürsprache der jungfräulichen Gottesmutter und des heiligen Josef. Erhalte unsere Familien in deiner Gnade und in deinem Frieden. Darum bitten wir durch Christus, unseren Herrn.

Präfation, S. 501 f.

KOMMUNIONVERS

Bar 3, 38

Unser Gott ist auf der Erde erschienen,
als Mensch unter den Menschen.

SCHLUSSGEBET

Gott, unser Vater, du hast uns mit dem Brot des Himmels gestärkt. Bleibe bei uns mit deiner Gnade, damit wir das Vorbild der Heiligen Familie nachahmen und nach der Mühsal dieses Lebens in ihrer Gemeinschaft das Erbe erlangen, das du deinen Kindern bereitet hast. Darum bitten wir durch Christus, unseren Herrn.

FEIERLICHER SCHLUSSSEGEN

S. 70

***

EINANDER

Füreinander
das Brot brechen.
Miteinander
teilen.
Voneinander
nehmen.
Aufeinander
hören.
Zueinander
kommen.
Voreinander
sich bücken.
Einander
die Hand geben,
in die Arme schließen:
tun, wie er uns getan.

Eleonore Beck

OKTAVTAG VON WEIHNACHTEN
HOCHFEST DER GOTTESMUTTER MARIA

1. Januar 2019 – Neujahr

Wir beginnen das Jahr mit Blick auf Maria. Allerdings nicht eigentlich, weil wir des mütterlichen Segens bedürfen; das bestimmt auch, und wir können uns ihrer Fürsprache gewiss sein. Es geht aber zunächst um einen anderen Aspekt: Maria hat mit Josef ihren Sohn als Messias erzogen; sie hat ihn als solchen angenommen. Auf jedem Neugeborenen liegt dieser Schimmer des unschuldigen Anfangs, aber dann wird jedes Kind durch seine Eltern unweigerlich in deren komplexe und schuldhafte Weltsituation eingeführt. Maria ist von dieser Schuld befreit, darum konnte sie ihren Sohn zum und als Messias erziehen. Wann gelingt es uns, in einem anderen Menschen den Messias zu erkennen, den, der für mich Heil bedeutet?

ERÖFFNUNGSVERS

Sedulius

Gruß dir, heilige Mutter, du hast den König geboren,
der in Ewigkeit herrscht über Himmel und Erde.

KYRIE-RUFE

Herr Jesus Christus, du hast das Jahr
mit deiner Güte gekrönt.
V/A: Herr, erbarme dich.
Du stellst das Jahr unter den Schutz
der Gottesmutter Maria.
V/A: Christus, erbarme dich.
Du gibst uns deinen Frieden.
V/A: Herr, erbarme dich.

Ehre sei Gott, S. 489 f.

TAGESGEBET

Barmherziger Gott, durch die Geburt deines Sohnes aus der Jungfrau Maria hast du der Menschheit das ewige Heil geschenkt. Lass uns (auch im neuen Jahr) immer und überall die Fürbitte der gnadenvollen Mutter erfahren, die uns den Urheber des Lebens geboren hat, Jesus Christus, deinen Sohn, unseren Herrn und Gott, der in der Einheit des Heiligen Geistes mit dir lebt und herrscht in alle Ewigkeit.

WORTGOTTESDIENST

ZUR 1. LESUNG Segen bedeutet Heil in Fülle; mehr kann man von Gott nicht erwarten, erhoffen und ersehnen. Er will sich seinem Volk zuwenden und Aaron und seine Söhne sollen den Segen erflehen. Eines nur macht stutzig: Hatte Gott nicht seinem Diener Mose verwehrt, sein Angesicht zu sehen? Mose wollte dies unbedingt, doch Gott stellte ihn in eine Felsspalte und Mose durfte nur seinen Rücken schauen. Dies geschah zu Moses Schutz, denn hätte er den Herrn gesehen, hätte er dies nicht überlebt. Warum bedeutet Gottes Angesicht im einen Fall Segen, im anderen Fall aber den sicheren Tod? Vielleicht kommt es darauf an, wer die Initiative hat. Mose wollte Gott mit eigenen Augen sehen, von sich aus, und das ist unmöglich; wem der Herr aber Segen von sich aus spendet, für den bedeutet sein Angesicht Leben in Fülle.

ERSTE LESUNG Num 6,22–27

So sollen sie meinen Namen auf die Israeliten legen und ich werde sie segnen

Lesung aus dem Buch Numeri.

Der Herr sprach zu Mose: Sag zu Aaron und seinen Söhnen: So sollt ihr die Israeliten segnen; sprecht zu ihnen: Der Herr segne dich und behüte dich. Der Herr lasse sein Angesicht über dich leuchten und sei dir gnädig. Der Herr wende sein Angesicht dir zu und schenke dir Heil.

So sollen sie meinen Namen auf die Israeliten legen und ich werde sie segnen.

ANTWORTPSALM

Ps 67(66),2–3.5.6 u. 8 (℟: 2a)

℟ Gott sei uns gnädig und segne uns. – ℟

Gott sei uns gnädig und segne uns. *
Er lasse über uns sein Angesicht leuchten,
damit auf Erden sein Weg erkannt wird *
und unter allen Völkern sein Heil. – (℟)

Die Nationen sollen sich freuen und jubeln. *
Denn du richtest den Erdkreis gerecht.
Du richtest die Völker nach Recht *
und regierst die Nationen auf Erden. – (℟)

Die Völker sollen dir danken, o Gott, *
danken sollen dir die Völker alle.
Es segne uns Gott! *
Alle Welt fürchte und ehre ihn! – ℟

ZUR 2. LESUNG Der Jude Jesus handelte nach der Tora, dem Gesetz, er hat es erfüllt. Seine Gesetzeserfüllung ermöglicht es auch uns, also Menschen aus dem Heidentum, zu Söhnen und Töchtern Gottes zu werden. Gottes Bundeszusage war an sein ersterwähltes geliebtes Volk Israel gegangen. Paulus erkennt aber, dass auch Heiden zum Glauben an den Messias und Gottessohn Jesus gelangen, und darum blickt er noch weiter zurück als zum Sinai-Ereignis, zur Gabe der Tora und zur Verpflichtung auf die Tora. Er bezieht sich auf Gottes Bund mit Abraham, den Gott aufgrund des Glaubens gerechtfertigt hat, ohne Gesetzesgehorsam, denn das Gesetz wurde erst später, eben am Sinai, gegeben.

ZWEITE LESUNG

Gal 4,4–7

Gott sandte seinen Sohn, geboren von einer Frau, damit wir die Sohnschaft erlangen

Lesung aus dem Brief des Apostels Paulus an die Galater.

Brüder! [*oder:* Brüder und Schwestern! *oder:* Schwestern und Brüder!] Als die Zeit erfüllt war, sandte Gott seinen Sohn, geboren von einer Frau und dem Gesetz unterstellt, damit er die freikaufe, die unter dem Gesetz stehen, und damit wir die Sohnschaft erlangen.

Weil ihr aber Söhne seid, sandte Gott den Geist seines Sohnes in unser Herz, den Geist, der ruft: Abba, Vater.

Daher bist du nicht mehr Sklave, sondern Sohn; bist du aber Sohn, dann auch Erbe, Erbe durch Gott.

RUF VOR DEM EVANGELIUM

Vers: vgl. Hebr 1,1–2

Halleluja. Halleluja.
Einst hat Gott zu den Vätern gesprochen
durch die Propheten;
heute aber hat er zu uns gesprochen durch den Sohn.
Halleluja.

ZUM EVANGELIUM Am achten Tag wurde Jesus beschnitten und ihm wurde der Name gegeben, der über ihm ausgerufen war, noch ehe er empfangen wurde. „Gott ist Heil" bedeutet dieser Name und sein Träger wird zum Heilsmittler schlechthin. Jesus hat sich seinen Namen offenbar zu Herzen genommen, denn konsequent weist er auf Gott als den einzigen Heilsgaranten hin; er allein ist gut. So lenkt er unseren Blick weg von allen innerweltlichen Heilsversprechungen und orientiert uns neu, weist uns den Weg, auf dass wir den Beginn der Gottesherrschaft allein von dem erhoffen, der sie wirklich anfangen lassen und durchsetzen kann.

EVANGELIUM

Lk 2,16–21

Sie fanden Maria und Josef und das Kind.
Als acht Tage vorüber waren, gab man dem Kind den Namen Jesus

+ **Aus dem heiligen Evangelium nach Lukas.**

In jener Zeit eilten die Hirten nach Betlehem und fanden Maria und Josef und das Kind, das in der Krippe lag. Als sie es sahen, erzählten sie, was ihnen über dieses Kind gesagt worden war. Und alle, die es hörten, staunten über die Worte der Hirten.

Maria aber bewahrte alles, was geschehen war, in ihrem Herzen und dachte darüber nach.

Die Hirten kehrten zurück, rühmten Gott und priesen ihn für das, was sie gehört und gesehen hatten; denn alles war so gewesen, wie es ihnen gesagt worden war.

Als acht Tage vorüber waren und das Kind beschnitten werden sollte, gab man ihm den Namen Jesus, den der Engel genannt hatte, noch ehe das Kind im Schoß seiner Mutter empfangen wurde.

Glaubensbekenntnis, S. 492 ff.

FÜRBITTEN

Die Hirten haben es erfahren: Jetzt ist die Zeit und jetzt ist die Stunde für einen Neubeginn! Hilf uns, die uns geschenkte Zeit bewusst zu leben. – Wir bitten Gott um sein Erbarmen:

- Für alle, die sich aus Abhängigkeiten, Gewohnheiten und Süchten lösen wollen. V: Gott, Herr der Zeit. A: Wir bitten dich, erhöre uns.
- Für alle, die bereit sind, ihren Nächsten mit neuen Augen zu sehen. V: Gott, Herr der Zeit. A: Wir bitten dich, erhöre uns.
- Für alle, die sich um der Gerechtigkeit und des Friedens willen politisch engagieren. V: Gott, Herr der Zeit. A: Wir bitten dich, erhöre uns.
- Für alle, die ihr Herz öffnen und sich aus lang gehegten Feindschaften befreien. V: Gott, Herr der Zeit. A: Wir bitten dich, erhöre uns.
- Für alle, die lieb gewordene Vorurteile über Bord werfen wollen. V: Gott, Herr der Zeit. A: Wir bitten dich, erhöre uns.
- Für alle, die Verantwortung übernehmen und helfen – in der Nähe und in der Ferne. V: Gott, Herr der Zeit. A: Wir bitten dich, erhöre uns.
- Für alle, die im neuen Jahr etwas anders, besser machen wollen. V: Gott, Herr der Zeit. A: Wir bitten dich, erhöre uns.

Unsere Zeit liegt in deinen Händen, guter Gott. Hilf uns, sie recht zu nutzen! Darum bitten wir durch deinen Sohn, unseren Bruder und Heiland.

EUCHARISTIEFEIER

GABENGEBET

Barmherziger Gott, von dir kommt alles Gute und du führst es zum Ziel. Wir danken dir für den Anfang des Heiles, das du uns in der Geburt deines Sohnes aus der Jungfrau Maria eröffnet hast. Höre auf ihre Fürsprache und führe uns (in diesem Jahr) näher zu dir. Darum bitten wir durch Christus, unseren Herrn.

PRÄFATION

In Wahrheit ist es würdig und recht, dir, Herr, heiliger Vater, immer und überall zu danken, weil du Großes getan hast an der seligen Jungfrau Maria. Vom Heiligen Geist überschattet, hat sie deinen eingeborenen Sohn empfangen und im Glanz unversehrter Jungfräulichkeit der Welt das ewige Licht geboren, unseren Herrn Jesus Christus. Durch ihn loben die Engel deine Herrlichkeit, beten dich an die Mächte, erbeben die Gewalten. Die Himmel und die himmlischen Kräfte und die seligen Serafim feiern dich jubelnd im Chore. Mit ihrem Lobgesang lass auch unsere Stimmen sich vereinen und voll Ehrfurcht rufen: Heilig …

KOMMUNIONVERS Hebr 13,8

Jesus Christus ist derselbe
gestern und heute und in Ewigkeit.

SCHLUSSGEBET

Herr, unser Gott, am Fest der seligen Jungfrau Maria, die wir als Mutter deines Sohnes und Mutter der Kirche bekennen, haben wir voll Freude das heilige Sakrament empfangen. Lass es uns eine Hilfe sein, die uns zum ewigen Leben führt. Darum bitten wir durch Christus, unseren Herrn.

FEIERLICHER SCHLUSSSEGEN

Gott, unser Vater, der Quell und Ursprung alles Guten, gewähre euch seinen Segen und erhalte euch im neuen Jahr unversehrt an Leib und Seele. – A: Amen.
Er bewahre euch im rechten Glauben, in unerschütterlicher Hoffnung und in der Geduld unbeirrbarer Liebe. – A: Amen.

Eure Tage ordne er in seinem Frieden, eure Bitten erhöre er heute und immerdar; am Ende eurer Jahre schenke er euch das ewige Leben. – A: Amen.
Das gewähre euch der dreieinige Gott, der Vater und der Sohn † und der Heilige Geist. – A: Amen.

***

EIN NEUES JA-HR

Mit ihrem „Ja“
begann alles

Kann auch ich
mit einem „Ja“
das Jahr beginnen?

Wie Maria
„Ja“ sagen
zum Unbekannten
das Gott
für mich bereithält?

Wie Maria
vertrauen
dass Gott
nur Gutes
mit mir vorhat?

J – – – A

Heinz Detlef Stäps

ERSCHEINUNG DES HERRN – HOCHFEST

6. Januar 2019

Der Herr erscheint. Aber was heißt das? Erscheinung oder Schein? Wer erkennt den Herrn als solchen? Ich übersehe im Alltag viel zu vieles, eher fast alles. Scheuklappen helfen mir, mich nicht ablenken zu lassen, fokussiert zu sein. Aber erkenne ich dann noch? Erkenntnis ist etwas sehr Tiefgehendes, verlangt einen ganz anderen Blick, Weite. Geben wir dieser Weite Raum, lassen wir uns sensibilisieren von den Worten der Schrift und erkennen wir die ganze Tiefendimension von Wirklichkeit. Das geht nur mit Ihm.

ERÖFFNUNGSVERS

Vgl. Mal 3,1; 1 Chr 19,12

Seht, gekommen ist der Herrscher, der Herr.
In seiner Hand ist die Macht und das Reich.

KYRIE-RUFE

Herr Jesus Christus, du bist das Licht der Völker.
V/A: Herr, erbarme dich.
Du erfüllst uns mit sehr großer Freude,
Christ, in deiner Geburt.
V/A: Christus, erbarme dich.
Du versammelst dein Volk von allen Enden der Erde.
V/A: Herr, erbarme dich.

Ehre sei Gott, S. 489 f.

TAGESGEBET

Allherrschender Gott, durch den Stern, dem die Weisen gefolgt sind, hast du am heutigen Tag den Heidenvölkern deinen Sohn geoffenbart. Auch wir haben dich schon im Glauben erkannt. Führe uns vom Glauben zur unverhüllten Anschauung deiner Herrlichkeit. Darum bitten wir durch Jesus Christus.

WORTGOTTESDIENST

ZUR 1. LESUNG Licht zu werden, weil das Licht des Herrn über uns aufgeht – wem wird da nicht das Herz warm und die Seele hell? Es fühlt sich gut an, von Gott beschienen, zu seinem, in seinem unvergleichlichen Licht zu wandeln. Allerdings zeigt sich neben dem strahlenden Licht hier auch ein Schatten dort, der dunkel auf die anderen fällt. Stehe ich jemandem im Licht oder gehöre ich zu denen, zu denen andere auf dem Weg sind? Sie scheinen zum Gelobten Land unterwegs zu sein, und doch ist auch dieses nicht für sich da; es hat vielmehr die Funktion, Segensträger für die anderen zu sein. Dem Land wird Segen zuteil, und es teilt diesen aus. Kann auch ich alles – und mehr geben, als ich erhalten habe?

ERSTE LESUNG Jes 60,1–6

Die Herrlichkeit des Herrn geht leuchtend auf über dir

Lesung aus dem Buch Jesaja.

Auf, werde licht, Jerusalem, denn es kommt dein Licht und die Herrlichkeit des Herrn geht leuchtend auf über dir.

Denn siehe, Finsternis bedeckt die Erde und Dunkel die Völker, doch über dir geht leuchtend der Herr auf, seine Herrlichkeit erscheint über dir. Völker wandern zu deinem Licht und Könige zu deinem strahlenden Glanz.

Blick auf und schau umher: Sie alle versammeln sich und kommen zu dir. Deine Söhne kommen von fern, deine Töchter trägt man auf den Armen herbei. Du wirst es sehen und du wirst strahlen, dein Herz bebt vor Freude und öffnet sich weit.
Denn der Reichtum des Meeres strömt dir zu, die Schätze der Völker kommen zu dir. Zahllose Kamele bedecken dein Land, Dromedare aus Midian und Efa. Sie alle kommen von Saba, bringen Weihrauch und Gold und verkünden die ruhmreichen Taten des Herrn.

ANTWORTPSALM

Ps 72(71),1–2.7–8.10–11.12–13 (R: 11)

R Alle Könige müssen ihm huldigen,
alle Völker ihm dienen. – R

Verleih dein Richteramt, o Gott, dem König, *
dem Königssohn gib dein gerechtes Walten!
Er regiere dein Volk in Gerechtigkeit *
und deine Armen durch rechtes Urteil. – (R)

Die Gerechtigkeit blühe auf in seinen Tagen *
und großer Friede, bis der Mond nicht mehr da ist.
Er herrsche von Meer zu Meer, *
vom Strom bis an die Enden der Erde. – (R)

Die Könige von Tarschisch und von den Inseln bringen Geschenke, *
die Könige von Saba und Seba kommen mit Gaben.
Alle Könige müssen ihm huldigen, *
alle Völker ihm dienen. – (R)

Er rettet den Gebeugten, der um Hilfe schreit, *
den Armen und den, der keinen Helfer hat.
Er erbarmt sich des Gebeugten und Schwachen, *
er rettet das Leben der Armen. – R

ZUR 2. LESUNG Welch wunderbarer Text, welche Verheißung wird da den Heiden, wird da uns zuteil! Israel war Gottes Segen verheißen und es wird diesen weiterhin genießen dürfen, und oft auch ertragen und erdulden müssen. Aber Segen und Verheißungen sind nicht auf Israel beschränkt, sondern gehen über das Volk im engeren Sinne hinaus. Es ist nicht mehr allein das Gesetz, das demjenigen Leben verheißt, der das Gesetz hält (Röm 2,13; Gal 3,12). In Jesus Christus ist das Gesetz erfüllt, sodass durch ihn auch wir Anschluss erhalten an Gottes Bund mit seinem Volk. So wird Jesus zum Messias aller Menschen; er ist Heil für uns.

ZWEITE LESUNG

Eph 3,2–3a.5–6

Jetzt ist offenbart worden: Auch die Heiden haben an der Verheißung in Christus Jesus teil

Lesung aus dem Brief des Apostels Paulus an die Epheser.

Brüder! [*oder:* Brüder und Schwestern! *oder:* Schwestern und Brüder!] Ihr habt gehört, welches Amt die Gnade Gottes mir für euch verliehen hat. Durch eine Offenbarung wurde mir das Geheimnis Christi mitgeteilt. Den Menschen früherer Generationen war es nicht bekannt; jetzt aber ist es seinen heiligen Aposteln und Propheten durch den Geist offenbart worden: dass nämlich die Heiden Miterben sind, zu demselben Leib gehören und an derselben Verheißung in Christus Jesus teilhaben durch das Evangelium.

RUF VOR DEM EVANGELIUM

Vers: vgl. Mt 2,2

Halleluja. Halleluja.
Wir haben seinen Stern gesehen
und sind gekommen, dem Herrn zu huldigen.
Halleluja.

ZUM EVANGELIUM Der Evangelist malt ein Bild von größter Dichte: Im Lauf der Gestirne ist ein Hinweis auf Gottes Heilsweg und Heilswerk für den Menschen zu erkennen. Wir erfahren Natur auch heute in unterschiedlichsten Varianten: als fraglos bebau- und nutzbar, als übermächtig und widerständig, als bloße Basis unserer Bedürfniserfüllung oder romantisch-verklärend. Aber haben wir verlernt, aus ihr und in ihr zu lesen? Der Kosmos scheint in seiner Übergröße nichts von unserem menschlichen Schicksal zu wissen (Astrologen sehen es anders ...), und doch spüren wir, dass wir in ihn verwoben sind. Trauen wir uns, diesen Verknüpfungen nachzugehen?

EVANGELIUM Mt 2,1–12

Wir haben seinen Stern aufgehen sehen und sind gekommen, um ihm zu huldigen

+ **Aus dem heiligen Evangelium nach Matthäus.**

Als Jesus zur Zeit des Königs Herodes in Betlehem in Judäa geboren worden war, kamen Sterndeuter aus dem Osten nach Jerusalem und fragten: Wo ist der neugeborene König der Juden? Wir haben seinen Stern aufgehen sehen und sind gekommen, um ihm zu huldigen.

Als König Herodes das hörte, erschrak er und mit ihm ganz Jerusalem. Er ließ alle Hohenpriester und Schriftgelehrten des Volkes zusammenkommen und erkundigte sich bei ihnen, wo der Messias geboren werden solle.

Sie antworteten ihm: In Betlehem in Judäa; denn so steht es bei dem Propheten: Du, Betlehem im Gebiet von Juda, bist keineswegs die unbedeutendste unter den führenden Städten von Juda; denn aus dir wird ein Fürst hervorgehen, der Hirt meines Volkes Israel. Danach rief Herodes die Sterndeuter heimlich zu sich und ließ sich von ihnen genau sagen, wann der Stern erschienen war. Dann schickte er sie nach Betlehem und sagte: Geht und forscht sorgfältig nach, wo das Kind ist; und wenn ihr es gefunden habt, berichtet mir, damit auch ich hingehe und ihm huldige.

Nach diesen Worten des Königs machten sie sich auf den Weg. Und der Stern, den sie hatten aufgehen sehen, zog vor ihnen her bis zu dem Ort, wo das Kind war; dort blieb er stehen. Als sie den Stern sahen, wurden sie von sehr großer Freude erfüllt. Sie gingen in das Haus und sahen das Kind und Maria, seine Mutter; da fielen sie nieder und huldigten ihm. Dann holten sie ihre Schätze hervor und brachten ihm Gold, Weihrauch und Myrrhe als Gaben dar.
Weil ihnen aber im Traum geboten wurde, nicht zu Herodes zurückzukehren, zogen sie auf einem anderen Weg heim in ihr Land.

Glaubensbekenntnis, S. 492 ff.

FÜRBITTEN

„Wir haben seinen Stern aufgehen sehen", so verkünden es die drei Weisen aus dem Morgenland. Wir bitten Gott um seine Weisheit und sein Erbarmen für unsere Gegenwart:

- Hilf allen Glaubenden, deinem Stern, deinem Licht, deinem Wort zu folgen. V: Licht der Welt. A: Weise den Weg.
- Leite die Suchenden und Fragenden hin zu Sinn, Mitte und Ziel ihres Lebens. V: Licht der Welt. A: Weise den Weg.
- Stärke die Kranken, dass sie den Verlust an Sicherheit und Selbstbestimmung tragen und wieder Hoffnung schöpfen können. V: Licht der Welt. A: Weise den Weg.
- Segne die Kinder, die als Sternsinger deinem Stern folgen, und lass sie zu gebenden, zu verantwortlichen Menschen heranwachsen. V: Licht der Welt. A: Weise den Weg.
- Segne die Kinder in Armut und Verlassenheit und schenke ihnen die Erfahrung verlässlicher Hilfe. V: Licht der Welt. A: Weise den Weg.

Guter Gott, du weist uns den Weg! Hilf uns, deiner Spur zu folgen und so unsere Nächsten nicht aus dem Blick zu verlieren. Wir danken dir für das Licht, das uns leiten will, heute und alle Tage unseres Lebens.

EUCHARISTIEFEIER

GABENGEBET

Allmächtiger Gott, nimm die Gaben deiner Kirche an. Sie bringt nicht mehr Gold, Weihrauch und Myrrhe dar, sondern er, den diese Gaben bezeichnen, wird für uns geopfert und uns zur Speise gegeben, unser Herr Jesus Christus, der mit dir lebt und herrscht in alle Ewigkeit.

PRÄFATION

In Wahrheit ist es würdig und recht, dir, Herr, heiliger Vater, allmächtiger, ewiger Gott, immer und überall zu danken. Denn heute enthüllst du das Geheimnis unseres Heiles, heute offenbarst du das Licht der Völker, deinen Sohn Jesus Christus. Er ist als sterblicher Mensch auf Erden erschienen und hat uns neu geschaffen im Glanz seines göttlichen Lebens. Darum singen wir mit den Engeln und Erzengeln, den Thronen und Mächten und mit all den Scharen des himmlischen Heeres den Hochgesang von deiner göttlichen Herrlichkeit: Heilig …

KOMMUNIONVERS

Vgl. Mt 2, 2

Wir haben seinen Stern aufgehen sehen
und sind gekommen,
dem Herrn mit Geschenken zu huldigen.

SCHLUSSGEBET

Wir danken dir, allmächtiger Gott, für die heiligen Gaben und bitten dich: Erhelle unsere Wege mit dem Licht deiner Gnade, damit wir in Glauben und Liebe erfassen, was du uns im Geheimnis der Eucharistie geschenkt hast. Darum bitten wir durch Christus, unseren Herrn.

FEIERLICHER SCHLUSSSEGEN

Gott, unser Vater, hat uns aus der Finsternis in sein wunderbares Licht gerufen; er segne euch und stärke euch im Glauben, in der Hoffnung und in der Liebe. – A: Amen.
Und Christus, der heute der Welt erschienen ist als Licht in der Finsternis, leuchte auf in euren Herzen und mache euer Leben zum Licht für eure Brüder. – A: Amen.
Die Weisen sind dem Stern gefolgt und haben Christus gefunden; Gott führe auch euch auf dem Weg der irdischen Pilgerschaft zur Anschauung seiner Herrlichkeit. – A: Amen.
Das gewähre euch der dreieinige Gott, der Vater und der Sohn † und der Heilige Geist. – A: Amen.

***

FOLGE DEINEM STERN

drei Verrückte
rennen einem Stern
hinterher
einem Hirngespinst
– die Tagträumer

und sie finden
den Herrn der Welt
erkennbar nur
mit träumenden Augen

einem Stern zu folgen
kann die Welt
verändern
und ein Leben
zu seinem Ziel
führen

Heinz Detlef Stäps

Zeit im Jahreskreis

TAUFE DES HERRN – FEST

13. Januar 2019

Jesus von Nazaret. Eine Generation. Dort hat er den größten Teil seiner Lebenszeit verbracht. Erst nach einem Menschenleben tritt er aus dem Schatten des kleinen Fleckens heraus. Wir vermuten, dass Jesus in den letzten Regierungsjahren des Königs Herodes geboren wurde. In Nazaret wird er aufgewachsen sein. Vermutlich hat er den Beruf seines Vaters Josef erlernt und als Bauhandwerker gearbeitet. Er sprach Aramäisch und konnte die hebräische Bibel lesen. Vielleicht verstand er auch, besser oder schlechter, die Geschäftssprache Griechisch. Jesu Leben vor der Begegnung mit dem Täufer Johannes ist ein verborgenes Leben. Johannes und Jesus, da ist Nähe und Unterschiedenheit. Johannes predigt das kommende Gericht und fordert zur Buße auf angesichts des Kommenden. Auch Jesus predigt das Gericht und Gottes Angebot an alle, umzukehren. Vor allem aber wendet er sich so lebhaft an die „verlorenen Schafe Israels" (Mt 25,24; 18,12–14). Mit seiner Botschaft vom hier und jetzt angebrochenen Reich Gottes stellt Jesus Gottes bedingungsloses Heilsangebot in den Mittelpunkt.

ERÖFFNUNGSVERS Vgl. Mt 3,16–17

Als Jesus getauft war, öffnete sich der Himmel,
und er sah den Geist Gottes wie eine Taube
auf sich herabkommen.
Und die Stimme des Vaters aus dem Himmel sprach:
Das ist mein geliebter Sohn, an dem ich Gefallen habe.

KYRIE-RUFE

Herr Jesus Christus, du hast in deiner Taufe
den Heiligen Geist empfangen.
V/A: Herr, erbarme dich.
Du bist Gottes geliebter Sohn,
an dir hat er sein Gefallen.
V/A: Christus, erbarme dich.
Du hast dich für uns hingegeben,
um dir ein reines Volk zu schaffen.
V/A: Herr, erbarme dich.

Ehre sei Gott, S. 489 f.

TAGESGEBET

Allmächtiger, ewiger Gott, bei der Taufe im Jordan kam der Heilige Geist auf unseren Herrn Jesus Christus herab und du hast ihn als deinen geliebten Sohn geoffenbart. Gib, dass auch wir, die aus dem Wasser und dem Heiligen Geist wiedergeboren sind, in deinem Wohlgefallen stehen und als deine Kinder aus der Fülle dieses Geistes leben. Darum bitten wir durch Jesus Christus.

WORTGOTTESDIENST

ZUR 1. LESUNG Vier Lieder vom Gottesknecht überliefert der Prophet. Manchmal scheint eine konkrete Einzelperson im Blick zu sein, dann wieder könnte der Gottesknecht für ganz Israel stehen. Heute hören wir das erste Lied. Es schildert einen von Gott erwählten und eingesetzten Herrscher, oder ist vom Gottesvolk Israel die Rede? So oder so, fehlt dem Gottesknecht nicht alles, was man so braucht, um an die Macht zu kommen und dauerhaft an der Macht zu bleiben: Durchsetzungsfreude, Unempfindlichkeit bis zur Eiseskälte, Härte, ergebene einflussreiche und wohlhabende Freunde, eine gut geölte

Kriegsmaschinerie? Was kann das schon für eine Macht sein, die keine andere Grundlage hat als den Einsatz für die Schwachen und Bedrängten, für die Blinden, für die Gefangenen und in Dunkelhaft Liegenden; für ihr Recht, für Gerechtigkeit? Ist das nicht vielmehr Ohnmacht? Kann das gut gehen? Kann das gut ausgehen? Der Glaube fragt anders: Kann das scheitern? Kann der scheitern? Kann ein Mensch zugrunde gehen, der in seinem Handeln Gott gleicht, dem Schöpfer des Himmels und der Erde, und den Gott stützend, hilfreich, liebend an der Hand fasst? Jener Gott, von dem der Psalmist sagt: „Gerechtigkeit und Recht sind die Stützen seines Throns"? (Ps 97,2)

ERSTE LESUNG Jes 42,5a.1–4.6–7

Seht, das ist mein Knecht, an ihm finde ich Gefallen

Lesung aus dem Buch Jesaja.

So spricht Gott, der Herr: Seht, das ist mein Knecht, den ich stütze; das ist mein Erwählter, an ihm finde ich Gefallen. Ich habe meinen Geist auf ihn gelegt, er bringt den Völkern das Recht. Er schreit nicht und lärmt nicht und lässt seine Stimme nicht auf der Straße erschallen. Das geknickte Rohr zerbricht er nicht und den glimmenden Docht löscht er nicht aus; ja, er bringt wirklich das Recht. Er wird nicht müde und bricht nicht zusammen, bis er auf der Erde das Recht begründet hat. Auf sein Gesetz warten die Inseln.

Ich, der Herr, habe dich aus Gerechtigkeit gerufen, ich fasse dich an der Hand. Ich habe dich geschaffen und dazu bestimmt, der Bund für mein Volk und das Licht für die Völker zu sein: blinde Augen zu öffnen, Gefangene aus dem Kerker zu holen und alle, die im Dunkel sitzen, aus ihrer Haft zu befreien.

ANTWORTPSALM Ps 29(28),1–2.3ac–4.3b u. 9b–10 (℟: vgl. 11b)

℟ Der Herr schenkt seinem Volk den Frieden. – ℟

Bringt dar dem Herrn, ihr Himmlischen, *
bringt dar dem Herrn Lob und Ehre!
Bringt dar dem Herrn die Ehre seines Namens, *
werft euch nieder vor dem Herrn in heiligem Schmuck! – (℟)

Die Stimme des Herrn erschallt über den Wassern, *
der Herr über gewaltigen Wassern.
Die Stimme des Herrn ertönt mit Macht, *
die Stimme des Herrn voll Majestät. – (℟)

Der Gott der Herrlichkeit donnert. *
In seinem Palast rufen alle: O herrlicher Gott!
Der Herr thront über der Flut, *
der Herr thront als König in Ewigkeit. – ℟

Oder:

ZUR 1. LESUNG Die Trostlosen trösten – sie freundlich ansprechen, nicht herablassend, nachlässig oder lässig; nicht von oben herab, sondern auf Augenhöhe, von Gleich zu Gleich; Hoffnung wecken, vernichtetes Vertrauen neu erbitten: dazu sind alle berufen, die Gott anspricht, alle, die sein Wort hören. Vor mehr als zweieinhalbtausend Jahren in Babel, und mitten unter uns, im Hier und Jetzt. Warum nur? Weil Gott, der gute Hirte, voll Erbarmen ist. „Tröstet, tröstet mein Volk." Ein Volk aus guten Hirtinnen und Hirten? Steht auf, geht aus euch heraus, sprecht und handelt von Herz zu Herz.

ERSTE LESUNG

Jes 40,1–5.9–11

Dann offenbart sich die Herrlichkeit des Herrn, alle Sterblichen werden sie sehen

Lesung aus dem Buch Jesaja.

Tröstet, tröstet mein Volk, spricht euer Gott. Redet Jerusalem zu Herzen und verkündet der Stadt, dass ihr Frondienst zu Ende geht, dass ihre Schuld beglichen ist; denn sie hat die volle Strafe erlitten von der Hand des Herrn für all ihre Sünden.

Eine Stimme ruft: Bahnt für den Herrn einen Weg durch die Wüste! Baut in der Steppe eine ebene Straße für unseren Gott! Jedes Tal soll sich heben, jeder Berg und Hügel sich senken. Was krumm ist, soll gerade werden, und was hüglig ist, werde eben. Dann offenbart sich die Herrlichkeit des Herrn, alle Sterblichen werden sie sehen. Ja, der Mund des Herrn hat gesprochen.

Steig auf einen hohen Berg, Zion, du Botin der Freude! Erheb deine Stimme mit Macht, Jerusalem, du Botin der Freude! Erheb deine Stimme, fürchte dich nicht! Sag den Städten in Juda: Seht, da ist euer Gott.

Seht, Gott, der Herr, kommt mit Macht, er herrscht mit starkem Arm. Seht, er bringt seinen Siegespreis mit: Alle, die er gewonnen hat, gehen vor ihm her. Wie ein Hirt führt er seine Herde zur Weide, er sammelt sie mit starker Hand. Die Lämmer trägt er auf dem Arm, die Mutterschafe führt er behutsam.

ANTWORTPSALM Ps 104(103),1–2.3–4.24–25.27–28.29–30 (R: 1ab)

℟ Lobe den Herrn, meine Seele!
Herr, mein Gott, wie groß bist du! – ℟

Lobe den Herrn, meine Seele! †
Herr, mein Gott, wie groß bist du! *
Du bist mit Hoheit und Pracht bekleidet.
Du hüllst dich in Licht wie in ein Kleid, *
du spannst den Himmel aus wie ein Zelt. – (℟)

Du verankerst die Balken deiner Wohnung im Wasser. †
Du nimmst dir die Wolken zu Wagen, *
du fährst einher auf den Flügeln des Sturmes.
Du machst dir die Winde zu Boten *
und lodernde Feuer zu deinen Dienern. – (℟)

Herr, wie zahlreich sind deine Werke! †
Mit Weisheit hast du sie alle gemacht, *
die Erde ist voll von deinen Geschöpfen.
Da ist das Meer, so groß und weit, *
darin ein Gewimmel ohne Zahl: kleine und große Tiere. – (℟)

Sie alle warten auf dich, *
dass du ihnen Speise gibst zur rechten Zeit.
Gibst du ihnen, dann sammeln sie ein, *
öffnest du deine Hand, werden sie satt an Gutem. – (℟)

Verbirgst du dein Gesicht, sind sie verstört; †
nimmst du ihnen den Atem, so schwinden sie hin *
und kehren zurück zum Staub der Erde.
Sendest du deinen Geist aus, so werden sie alle erschaffen, *
und du erneuerst das Antlitz der Erde. – ℟

ZUR 2. LESUNG Dass auch Heiden zur Gottesgemeinschaft in Christus berufen sind und durch ihn gerettet werden können, ist für Petrus keine Selbstverständlichkeit. Es bedarf besonderer Zeichen, um ihn davon zu überzeugen, auch vor diesen Leuten zu predigen. Der Apostel kann nicht einfach loslassen, was ihm von Kindheit an eingeprägt wurde und selbstverständlich ist. Muss man nicht erst Jude werden, bevor man auf den Namen Jesu getauft werden kann? Der Heilige Geist wird diese Bedenken bald geradezu hinwegfegen, um Petrus zu überzeugen. Wo der Geist wirkt, darf der Mensch sich nicht verweigern. Vielleicht kann das ein Anlass sein, zu überlegen, wo wir uns das Wirken des Geistes nicht vorstellen können und welche von uns festgehaltenen Vorbedingungen Gottes Geist heute infrage stellt.

ZWEITE LESUNG

Apg 10,34–38

Gott hat Jesus gesalbt mit dem Heiligen Geist

Lesung aus der Apostelgeschichte.

In jenen Tagen begann Petrus zu reden und sagte: Wahrhaftig, jetzt begreife ich, dass Gott nicht auf die Person sieht, sondern dass ihm in jedem Volk willkommen ist, wer ihn fürchtet und tut, was recht ist.

Er hat das Wort den Israeliten gesandt, indem er den Frieden verkündete durch Jesus Christus; dieser ist der Herr aller.

Ihr wisst, was im ganzen Land der Juden geschehen ist, angefangen in Galiläa, nach der Taufe, die Johannes verkündet hat: wie Gott Jesus von Nazaret gesalbt hat mit dem Heiligen Geist und mit Kraft, wie dieser umherzog, Gutes tat und alle heilte, die in der Gewalt des Teufels waren; denn Gott war mit ihm.

RUF VOR DEM EVANGELIUM

Vers: vgl. Mt 3,16.17; Mk 9,7

Halleluja. Halleluja.
Der Himmel tat sich auf, und eine Stimme sprach:
Das ist mein geliebter Sohn; auf ihn sollt ihr hören.
Halleluja.

Oder:

ZUR 2. LESUNG Schein oder Sein? Nur schöner Schein? Dreimal ist in der heutigen Lesung aus dem Titusbrief die Rede vom Erscheinen. Die Gnade Gottes ist uns erschienen, als Christus in die Welt kam. Aber wir warten noch auf das Erscheinen der Herrlichkeit Gottes in Christus Jesus. Die Güte und Menschenliebe Gottes, unseres Retters, erschien aufgrund göttlichen Erbarmens. Das Erscheinen von Gottes Güte und rettender Gnade bedeutet also nicht, dass wir uns spannungslos-entspannt zurücklehnen werden. Sie ermutigt uns im Gegenteil dazu, das Gute zu tun; sie ermöglicht es erst. Es ist eine Erziehung zum Guten, nicht durch Drohung, sondern durch Hoffnung, ja durch Liebeswerben und bedingungslose Vorleistung, letztlich durch Befähigung, durch Begabung: Erlösung von Schwerfälligkeit und Hinfälligkeit, von harter Schuldenlast, macht frei, das Gute zu tun. Gott erscheint nicht zum Schein. Sein Erscheinen verlockt uns, ein Leben zu wagen, in dem sein Für-uns-Sein hell aufscheint.

ZWEITE LESUNG

Tit 2,11–14; 3,4–7

Er hat uns gerettet durch das Bad der Wiedergeburt und der Erneuerung im Heiligen Geist

Lesung aus dem Brief des Apostels Paulus an Titus.

Die Gnade Gottes ist erschienen, um alle Menschen zu retten. Sie erzieht uns dazu, uns von der Gottlosigkeit und den irdischen Begierden loszusagen und besonnen, gerecht und fromm in dieser Welt zu leben, während wir auf die selige Erfüllung unserer Hoffnung warten: auf das Erscheinen der Herrlichkeit unseres großen Gottes und Retters Christus Jesus.

Er hat sich für uns hingegeben, um uns von aller Schuld zu erlösen und sich ein reines Volk zu schaffen, das ihm als sein besonderes Eigentum gehört und voll Eifer danach strebt, das Gute zu tun.

Als die Güte und Menschenliebe Gottes, unseres Retters, erschien, hat er uns gerettet – nicht weil wir Werke vollbracht hätten, die uns gerecht machen können, sondern aufgrund seines Erbarmens – durch das Bad der Wiedergeburt und der Erneuerung im Heiligen Geist.

Ihn hat er in reichem Maß über uns ausgegossen durch Jesus Christus, unseren Retter, damit wir durch seine Gnade gerecht gemacht werden und das ewige Leben erben, das wir erhoffen.

RUF VOR DEM EVANGELIUM

Vers: vgl. Lk 3,16

Halleluja. Halleluja.
Johannes sagte:
Es kommt einer, der stärker ist als ich.
Mit dem Heiligen Geist und mit Feuer wird er euch taufen.
Halleluja.

ZUM EVANGELIUM Zur Taufe Jesu gehört bei Lukas entscheidend das Gebet. Umwerfend. Das Lukas-Evangelium stellt uns vor Augen, dass Jesus gebetet und seine Jünger und Jüngerinnen beten gelehrt hat. Von der Urgemeinde sagt der Evangelist, dass sie festhält am Gebet. Indem er uns einen betenden Jesus zeigt, betont Lukas die engste Gottesbeziehung Jesu. Dem Gebet bei der Taufe im Jordan kommt dabei besonderes Gewicht zu. Die Taufe Jesu ist kein Monolog, sondern ein Dialog, ein Taufgespräch. Das Evangelium ruft uns zu: Beten macht empfänglich für Gottes Nähe! Beten öffnet den Himmel.

EVANGELIUM

Lk 3,15–16.21–22

Jesus ließ sich taufen; und während er betete, öffnete sich der Himmel

+ Aus dem heiligen Evangelium nach Lukas.

In jener Zeit war das Volk voll Erwartung und alle überlegten im Stillen, ob Johannes nicht vielleicht selbst der Messias sei.

Doch Johannes gab ihnen allen zur Antwort: Ich taufe euch nur mit Wasser. Es kommt aber einer, der stärker ist als ich, und ich bin es nicht wert, ihm die Schuhe aufzuschnüren. Er wird euch mit dem Heiligen Geist und mit Feuer taufen.

Zusammen mit dem ganzen Volk ließ auch Jesus sich taufen. Und während er betete, öffnete sich der Himmel, und der Heilige Geist kam sichtbar in Gestalt einer Taube auf ihn herab, und eine Stimme aus dem Himmel sprach: Du bist mein geliebter Sohn, an dir habe ich Gefallen gefunden.

Glaubensbekenntnis, S. 492 ff.

FÜRBITTEN

Voll Erwartung kommen die Menschen am Jordan zusammen. – Was erwarten *wir* von Gott? Wir rufen zu ihm und bitten ihn:

- Um den Willen zur Erneuerung in deiner Kirche. V: Gott der Hoffnung. A: Höre uns.
- Um deinen Heiligen Geist für alle, die die Frohe Botschaft in die Welt tragen. V: Gott der Hoffnung. A: Höre uns.
- Um deinen Segen für die Kinder, die in diesem Jahr als Getaufte in die Gemeinschaft der Glaubenden aufgenommen werden. V: Gott der Hoffnung. A: Höre uns.
- Um Gottes Beistand für alle, die als Christen leben wollen. V: Gott der Hoffnung. A: Höre uns.
- Um Hilfe für alle Menschen, die ihre Heimat aufgeben mussten. V: Gott der Hoffnung. A: Höre uns.
- Um Leben, Licht und Heimat für die Toten. V: Gott der Hoffnung. A: Höre uns.

Guter Gott, in der uns geschenkten Gabe des Geistes nimmst du auch uns als deine Kinder an. Stärke uns, damit wir erneuert und bewusst leben, im Heiligen Geist, verbunden mit Jesus Christus, deinem Sohn.

EUCHARISTIEFEIER

GABENGEBET

Gott, unser Vater, wir feiern den Tag, an dem du Jesus als deinen geliebten Sohn geoffenbart hast. Nimm unsere Gaben an und mache sie zum Opfer Christi, der die Sünden der ganzen Welt abgewaschen hat. Er, der mit dir lebt und herrscht in alle Ewigkeit.

PRÄFATION

In Wahrheit ist es würdig und recht, dir, allmächtiger Vater, zu danken und deine Größe zu preisen. Denn bei der Taufe im Jordan offenbarst du das Geheimnis deines Sohnes durch wunderbare Zeichen: Die Stimme vom Himmel verkündet ihn als deinen geliebten Sohn, der auf Erden erschienen ist, als dein ewiges Wort, das unter uns Menschen wohnt. Der Geist schwebt über ihm in Gestalt einer Taube und bezeugt ihn als deinen Knecht, den du gesalbt hast, den Armen die Botschaft der Freude zu bringen. Darum singen wir mit den Engeln und Erzengeln, den Thronen und Mächten und mit all den Scharen des himmlischen Heeres den Hochgesang von deiner göttlichen Herrlichkeit: Heilig …

KOMMUNIONVERS

Joh 1,30.34

Dieser ist es, über den Johannes gesagt hat:
Ich habe es gesehen und lege Zeugnis ab:
Dieser ist der Sohn Gottes.

SCHLUSSGEBET

Gütiger Gott, du hast uns mit deinem Wort und dem Brot des Lebens genährt. Gib, dass wir gläubig auf deinen Sohn hören, damit wir deine Kinder heißen und es in Wahrheit sind. Darum bitten wir durch Christus, unseren Herrn.

***

DEINE STIMME

Herr, unser Gott,
sei mit allen, die, ihres Weges nicht sicher,
suchen und nicht wissen, wohin.
Lass deinen Himmel aufgehen über allen,
denen in langen Nächten
Zweifel zur Verzweiflung ward
und zur Furcht vor dem Tag.
Komm allen entgegen, die niedergedrückt
unter der Last ihrer Schwäche leiden,
sich selbst nicht mehr lieben können.
Schenk uns deinen Geist,
lass deine Stimme uns hören:
Du bist mein Sohn, meine Tochter, die ich liebe.
Ich habe Gefallen gefunden an dir.

Eleonore Beck

2. SONNTAG IM JAHRESKREIS

20. Januar 2019

Die Lesungen des zweiten Sonntags im Jahreskreis führen den wesentlichen Gedanken der Weihnachtszeit fort. Jesus Christus ist als Licht in die Welt gekommen; nichts ist mehr so, wie es vorher war. Und doch steht das Eigentliche noch aus: die Verwandlung der Welt am Ende der Zeiten, wenn Gott endgültig sein Zelt unter den Menschen aufschlagen wird (Offb 21,3f.). Seit Gott Mensch geworden ist, leuchtet schon jetzt das Licht der Ewigkeit in der Zeit. In allem können wir Gottes Wirken, den Samen des Reiches Gottes, entdecken. Die Ehe ist ein Zeichen dafür, dass Gott sich an den Menschen gebunden hat; in der Gemeinde ist Gott am Werk und lässt die Einheit in Vielfalt aufblühen; jedes Fest ist ein Fingerzeig auf das himmlische Gastmahl, zu dem wir alle eingeladen sind.

ERÖFFNUNGSVERS

Ps 66(65),4

Alle Welt bete dich an, o Gott, und singe dein Lob,
sie lobsinge deinem Namen, du Allerhöchster.

KYRIE-RUFE

Herr Jesus Christus, ganz Gott und ganz Mensch,
wir preisen dich wegen deiner großen Herrlichkeit.
V/A: Herr, erbarme dich.
Du allein bist der Heilige, du allein der Herr,
du allein der Höchste.
V/A: Christus, erbarme dich.
Du hast deine Herrlichkeit offenbart,
und deine Jünger haben an dich geglaubt.
V/A: Herr, erbarme dich.

Ehre sei Gott, S. 489 f.

TAGESGEBET

Allmächtiger Gott, du gebietest über Himmel und Erde, du hast Macht über die Herzen der Menschen. Darum kommen wir voll Vertrauen zu dir; stärke alle, die sich um die Gerechtigkeit mühen, und schenke unserer Zeit deinen Frieden. Darum bitten wir durch Jesus Christus.

WORTGOTTESDIENST

ZUR 1. LESUNG Im Jesajabuch sind zahlreiche Lieder verarbeitet, in denen die künftige Herrlichkeit Zions besungen wird. Zion, die einstige Jebusiterstadt auf einem Hügel im Südosten Jerusalems, die David eroberte (2 Sam 5,7), wird zum heiligen Berg (Ps 2,6), auf dem Jahwe wohnt. Von dort aus erwarten in der Tradition der Propheten (Jes 2,1–5; Mi 4,1–5) auch die Autoren des Neuen Testaments das Heil für die Völker (Hebr 12,22; Offb 14,1). Das Gedicht in der Lesung verdeutlicht, dass Gott die Initiative zur Errettung der Völker ergreifen wird. Es ist die Liebe, die ihn dazu treibt, alle Verlorenen heimzubringen. So wie Liebende sich nach der Nähe des anderen sehnen, so geht Gott jedem einzelnen Menschen nach. Aus dem Propheten bricht diese Freudenbotschaft geradezu heraus. Ist uns diese Botschaft schon zu selbstverständlich geworden, dass wir so oft davon schweigen?

ERSTE LESUNG

Jes 62,1–5

Wie der Bräutigam sich freut über die Braut, so freut sich dein Gott über dich

Lesung aus dem Buch Jesaja.

Um Zions willen kann ich nicht schweigen, um Jerusalems willen nicht still sein, bis das Recht in ihm aufstrahlt wie ein helles Licht und sein Heil aufleuchtet wie eine brennende Fackel.

Dann sehen die Völker deine Gerechtigkeit und alle Könige deine strahlende Pracht. Man ruft dich mit einem neuen Namen, den der Mund des Herrn für dich bestimmt. Du wirst zu einer prächtigen Krone in der Hand des Herrn, zu einem königlichen Diadem in der Rechten deines Gottes.

Nicht länger nennt man dich „Die Verlassene" und dein Land nicht mehr „Das Ödland", sondern man nennt dich „Meine Wonne" und dein Land „Die Vermählte". Denn der Herr hat an dir seine Freude und dein Land wird mit ihm vermählt.

Wie der junge Mann sich mit der Jungfrau vermählt, so vermählt sich mit dir dein Erbauer. Wie der Bräutigam sich freut über die Braut, so freut sich dein Gott über dich.

ANTWORTPSALM

Ps 96(95),1–2.3–4.6–7.10 (R: vgl. 3a)

℟ Kündet den Völkern die Herrlichkeit des Herrn! – ℟

Singet dem Herrn ein neues Lied, *
singt dem Herrn, alle Länder der Erde!
Singt dem Herrn und preist seinen Namen, *
verkündet sein Heil von Tag zu Tag! – (℟)

Erzählt bei den Völkern von seiner Herrlichkeit, *
bei allen Nationen von seinen Wundern!
Denn groß ist der Herr und hoch zu preisen, *
mehr zu fürchten als alle Götter. – (℟)

Hoheit und Pracht sind vor seinem Angesicht, *
Macht und Glanz in seinem Heiligtum.
Bringt dar dem Herrn, ihr Stämme der Völker, *
bringt dar dem Herrn Lob und Ehre! – (℟)

Verkündet bei den Völkern: *
Der Herr ist König.
Den Erdkreis hat er gegründet, sodass er nicht wankt. *
Er richtet die Nationen so, wie es recht ist. – R

ZUR 2. LESUNG In der Gemeinde Korinth war es zu einem regelrechten Wettbewerb gekommen, wer die wichtigsten Gnadengaben besitzt. Dies führte zu Spaltungen und zerstörerischer Rivalität. Paulus mahnt: Keiner hat Grund, sich seiner Gaben zu rühmen; es ist Gott, der in allen wirkt. Die Gaben sollen dienen, keiner soll sich an ihnen privat bereichern oder sich über den anderen erheben. Damit rückt Paulus auch das Gemeindeleben in den Horizont des künftigen Reiches Gottes. Schon jetzt wirkt Gott Dinge, in denen Funken der Ewigkeit in unserer Zeit aufblitzen. Unser Wirken dient stets dem einen Zweck, dass sich die Freudenbotschaft ausbreitet und unser Herz für das Kommen des Erlösers bereitet wird. Der Text kann dazu anregen, in der Gemeinde erneut auf die Suche nach „Gnadengaben" zu gehen, auch auf die Gefahr hin, dass der Heilige Geist einige Überraschungen bereithält.

ZWEITE LESUNG 1 Kor 12,4–11

Ein und derselbe Geist teilt einem jeden seine besondere Gabe zu, wie er will

Lesung aus dem ersten Brief des Apostels Paulus an die Korinther.

Brüder! [*oder:* Brüder und Schwestern! *oder:* Schwestern und Brüder!] Es gibt verschiedene Gnadengaben, aber nur den einen Geist. Es gibt verschiedene Dienste, aber nur den einen Herrn. Es gibt verschiedene Kräfte, die wirken, aber nur den einen Gott: Er bewirkt alles in allen.

Jedem aber wird die Offenbarung des Geistes geschenkt, damit sie anderen nützt. Dem einen wird vom Geist die Gabe geschenkt,

Weisheit mitzuteilen, dem andern durch den gleichen Geist die Gabe, Erkenntnis zu vermitteln, dem dritten im gleichen Geist Glaubenskraft, einem andern – immer in dem einen Geist – die Gabe, Krankheiten zu heilen, einem andern Wunderkräfte, einem andern prophetisches Reden, einem andern die Fähigkeit, die Geister zu unterscheiden, wieder einem andern verschiedene Arten von Zungenrede, einem andern schließlich die Gabe, sie zu deuten.

Das alles bewirkt ein und derselbe Geist; einem jeden teilt er seine besondere Gabe zu, wie er will.

RUF VOR DEM EVANGELIUM

Vers: vgl. 2 Thess 2,14

Halleluja. Halleluja.
Durch das Evangelium hat Gott uns berufen
zur Herrlichkeit Jesu Christi, unseres Herrn.
Halleluja.

ZUM EVANGELIUM Die Verwandlung von Wasser in Wein ist das erste von insgesamt sieben Zeichen, mit denen das Johannes-Evangelium das Wirken Jesu Christi schildert. Das erste Zeichen bereitet die anderen vor, indem es die Fülle aufzeigt, die in Jesus Christus angebrochen ist. Mit der fast unvorstellbaren Menge von Wein will der Evangelist andeuten: Wo Jesus Christus am Werk ist, da quillt der Segen geradezu über, da herrscht die pure Freude. Der Wein ist eine Gabe göttlichen Segens (Ps 80,9; Jes 5,1), er ist auch ein Zeichen der messianischen Heilszeit (Jes 25,6; Lk 10,34). Johannes weist damit auf, dass in Jesus Christus die messianische Zeit angebrochen ist. So wie Jesus das Wasser in den segensreichen Wein verwandelt, wird auch die Erde einst neu geschaffen werden. In dem für uns schroffen Umgang mit Jesu Mutter zeigt der Evangelist: Das Reich Gottes lässt sich nicht „machen“, auch Jesus erliegt nicht der Versuchung, sich als Messias feiern zu lassen. Er schafft jetzt Freude, bringt heute Segen, seine wahre „Stunde“ steht aber noch aus.

EVANGELIUM

Joh 2,1–11

So tat Jesus sein erstes Zeichen – in Kana in Galiläa

+ Aus dem heiligen Evangelium nach Johannes.

In jener Zeit fand in Kana in Galiläa eine Hochzeit statt und die Mutter Jesu war dabei. Auch Jesus und seine Jünger waren zur Hochzeit eingeladen.

Als der Wein ausging, sagte die Mutter Jesu zu ihm: Sie haben keinen Wein mehr. Jesus erwiderte ihr: Was willst du von mir, Frau? Meine Stunde ist noch nicht gekommen. Seine Mutter sagte zu den Dienern: Was er euch sagt, das tut!

Es standen dort sechs steinerne Wasserkrüge, wie es der Reinigungsvorschrift der Juden entsprach; jeder fasste ungefähr hundert Liter. Jesus sagte zu den Dienern: Füllt die Krüge mit Wasser! Und sie füllten sie bis zum Rand. Er sagte zu ihnen: Schöpft jetzt und bringt es dem, der für das Festmahl verantwortlich ist. Sie brachten es ihm.

Er kostete das Wasser, das zu Wein geworden war. Er wusste nicht, woher der Wein kam; die Diener aber, die das Wasser geschöpft hatten, wussten es. Da ließ er den Bräutigam rufen und sagte zu ihm: Jeder setzt zuerst den guten Wein vor und erst, wenn die Gäste zu viel getrunken haben, den weniger guten. Du jedoch hast den guten Wein bis jetzt zurückgehalten.

So tat Jesus sein erstes Zeichen, in Kana in Galiläa, und offenbarte seine Herrlichkeit und seine Jünger glaubten an ihn.

Glaubensbekenntnis, S. 492 ff.

FÜRBITTEN

Gott des Lebens, in deinem Sohn Jesus Christus hast du dich der Welt und den Menschen ganz und gar zugewandt. Wir bitten für die Menschen in Freude und Leid:

- Für die Kirche und alle, die ein Amt in ihr haben, dass sie mit dir verbunden bleiben: V: Gott des Lebens. A: Wir bitten dich, erhöre uns.
- Für deine Getauften, dass sie das Frohmachende der Geschichte Gottes mit den Menschen auch heute glaubwürdig bezeugen. V: Gott des Lebens. A: Wir bitten dich, erhöre uns.
- Für alle, die ihre Lebensbindungen als Last empfinden, dass dein Geist ihnen den Weg weise. V: Gott des Lebens. A: Wir bitten dich, erhöre uns.
- Für alle Paare, die unter der Zertrennung der Christenheit leiden, dass sie ihren Glauben gemeinsam leben können und so mitwirken am Aufbau der Einheit. V: Gott des Lebens. A: Wir bitten dich, erhöre uns.
- Für die Ethnien und Völker, die verfeindet sind, dass sie Pfade zum Frieden suchen und finden. V: Gott des Lebens. A: Wir bitten dich, erhöre uns.
- Für alle, die um einen geliebten Menschen trauern, dass die Hoffnung auf das Licht, das keinen Abend kennt, in ihnen lebendig ist. V: Gott des Lebens. A: Wir bitten dich, erhöre uns.

Gott des Lebens, du hast uns deinen Sohn gesandt, damit wir leben können. Hilf uns, unser Leben anzunehmen und dankbar auf das Befreiende und Gute zu schauen. Darum bitten wir durch Jesus Christus, unseren Freund und Bruder.

EUCHARISTIEFEIER

GABENGEBET

Herr, gib, dass wir das Geheimnis des Altares ehrfürchtig feiern; denn sooft wir die Gedächtnisfeier dieses Opfers begehen, vollzieht sich an uns das Werk der Erlösung. Durch Christus, unseren Herrn.

Präfation, S. 504 ff.

KOMMUNIONVERS

1 Joh 4,16

Wir haben die Liebe erkannt und an die Liebe geglaubt,
die Gott zu uns hat.

SCHLUSSGEBET

Barmherziger Gott, du hast uns alle mit dem einen Brot des Himmels gestärkt. Erfülle uns mit dem Geist deiner Liebe, damit wir ein Herz und eine Seele werden. Darum bitten wir durch Christus, unseren Herrn.

***

Für eine Wort-Gottes-Feier:

ERÖFFNUNGSGEBET ZUR WAHL

Gütiger Gott, du rufst uns aus dem Alltag zur Feier deiner Gegenwart. Erfülle uns mit deinen Gaben und wandle uns nach dem Bild deines Sohnes, unseres Herrn Jesus Christus, der mit dir lebt und herrscht in der Einheit des Heiligen Geistes heute und alle Tage und in Ewigkeit.

***

ZUR EWGEN HOCHZEITSFREUD

Ach Herr, durch deine Güte
führ mich auf rechter Bahn;
Herr Christ, mich wohl behüte,
sonst möcht ich irre gahn.
Halt mich im Glauben feste
in dieser bösen Zeit,
hilf, dass ich mich stets rüste
zur ewgen Hochzeitsfreud.

Johann Walter

3. SONNTAG IM JAHRESKREIS

27. Januar 2019

In der Heiligen Schrift wird immer wieder deutlich, dass zwischen dem Alten und dem Neuen Testament kein Bruch besteht. Schon in den verschiedenen Abschnitten der Geschichte Israels vergewissert sich das Volk stets dessen, was Gott zu den Vätern gesprochen hat. In Jesus Christus erfüllen sich die Verheißungen. Wenn sich in der Gemeinde verschiedene Teile abspalten, dann widerspricht das der von Gott nicht nur gewollten, sondern bereits geschenkten Einheit. Die Lesungen des heutigen Sonntags mahnen, sich die eigene Geschichte und die Verbundenheit mit dem Volk Israel und mit allen Gliedern des Leibes Christi immer neu vor Augen zu führen. Was Gott zusammengefügt hat, darf der Mensch nicht scheiden.

ERÖFFNUNGSVERS Ps 96(95),1.6

Singet dem Herrn ein neues Lied,
singt dem Herrn, alle Lande!
Hoheit und Pracht sind vor seinem Angesicht,
Macht und Glanz in seinem Heiligtum!

KYRIE-RUFE

Herr Jesus Christus, du bist gesandt, damit du
den Armen eine frohe Botschaft bringst.
V/A: Herr, erbarme dich.
Du verkündest den Gefangenen die Entlassung
und den Blinden das Augenlicht.
V/A: Christus, erbarme dich.

Du setzest die Zerschlagenen in Freiheit
und rufst ein Gnadenjahr des Herrn aus.
V/A: Herr, erbarme dich.

Ehre sei Gott, S. 489 f.

TAGESGEBET

Allmächtiger, ewiger Gott, lenke unser Tun nach deinem Willen und gib, dass wir im Namen deines geliebten Sohnes reich werden an guten Werken. Darum bitten wir durch ihn, Jesus Christus.

WORTGOTTESDIENST

ZUR 1. LESUNG Simchat Torah heißt bis heute ein Fest im Judentum, an dem sich alle darüber freuen, dass sie das Gesetz von Gott erhalten haben. Die Gemeinde tanzt mit der Rolle der fünf Bücher Mose durch die Synagoge und feiert ein rauschendes Fest. So erinnern sich die Juden an den Anfang des Bundes Gottes mit seinem Volk, als Mose die Gesetzestafeln auf dem Sinai erhielt (Ex 19–24). Diese Vergewisserung steht auch am Beginn des Neuanfangs in Jerusalem. Nach der Rückkehr aus dem babylonischen Exil liest der Statthalter Nehemia seinem Volk die Leviten. Und sie erkennen, wie sie sich vor der großen Katastrophe der Vertreibung von Gott entfernt hatten. Das Gesetz ist keine Last, sondern der Beweis, dass Gott sein Volk liebt und ihm mit dem Gesetz dieser Liebe auch einen lebenspraktischen Rahmen gibt. Vielleicht kann der heutige Gottesdienst für uns ein ähnlicher Neuanfang sein? „Die Befehle des Herrn sind richtig, sie erfreuen das Herz" (Ps 19,9).

ERSTE LESUNG

Neh 8,2–4a.5–6.8–10

Man las aus dem Buch, dem Gesetz Gottes, vor und gab dazu Erklärungen, sodass die Leute verstehen konnten

Lesung aus dem Buch Nehemia.

In jenen Tagen brachte der Priester Esra das Gesetz vor die Versammlung; zu ihr gehörten die Männer und die Frauen und alle, die das Gesetz verstehen konnten. Vom frühen Morgen bis zum Mittag las Esra auf dem Platz vor dem Wassertor den Männern und Frauen und denen, die es verstehen konnten, das Gesetz vor. Das ganze Volk lauschte auf das Buch des Gesetzes.

Der Schriftgelehrte Esra stand auf einer Kanzel aus Holz, die man eigens dafür errichtet hatte. Esra öffnete das Buch vor aller Augen; denn er stand höher als das versammelte Volk; als er das Buch aufschlug, erhoben sich alle. Dann pries Esra den Herrn, den großen Gott; darauf antworteten alle mit erhobenen Händen: Amen, amen! Sie verneigten sich, warfen sich vor dem Herrn nieder, mit dem Gesicht zur Erde.

Man las aus dem Buch, dem Gesetz Gottes, in Abschnitten vor und gab dazu Erklärungen, sodass die Leute das Vorgelesene verstehen konnten.

Der Statthalter Nehemia, der Priester und Schriftgelehrte Esra und die Leviten, die das Volk unterwiesen, sagten dann zum ganzen Volk: Heute ist ein heiliger Tag zu Ehren des Herrn, eures Gottes. Seid nicht traurig und weint nicht! Alle Leute weinten nämlich, als sie die Worte des Gesetzes hörten. Dann sagte Esra zu ihnen: Nun geht, haltet ein festliches Mahl und trinkt süßen Wein! Schickt auch denen etwas, die selbst nichts haben, denn heute ist ein heiliger Tag zur Ehre des Herrn. Macht euch keine Sorgen; denn die Freude am Herrn ist eure Stärke.

ANTWORTPSALM

Ps 19(18),8.9.10.12 u. 15 (℟: vgl. Joh 6,63b)

℟ Deine Worte, o Herr, sind Geist und Leben. – ℟

Die Weisung des Herrn ist vollkommen und gut, *
sie erquickt den Menschen.
Das Gesetz des Herrn ist verlässlich, *
den Unwissenden macht es weise. – (℟)

Die Befehle des Herrn sind richtig, *
sie erfreuen das Herz;
das Gebot des Herrn ist lauter, *
es erleuchtet die Augen. – (℟)

Die Furcht des Herrn ist rein, *
sie besteht für immer.
Die Urteile des Herrn sind wahr, *
gerecht sind sie alle. – (℟)

Auch dein Knecht lässt sich von ihnen warnen; *
wer sie beachtet, hat reichen Lohn.
Die Worte meines Mundes mögen dir gefallen; †
was ich im Herzen erwäge, stehe dir vor Augen, *
Herr, mein Fels und mein Erlöser. – ℟

ZUR 2. LESUNG Die Lesung knüpft direkt an den Abschnitt des vergangenen Sonntags an. Es sind nicht nur in der Gemeinde verschiedene Gaben zu finden. Sie besteht auch aus verschiedenen Gliedern, die ohne einander gar keinen Sinn haben. Verschiedenheit ist keine Verlegenheitslösung, sondern Ausdruck des lebendigen Leibes Christi. Aber es ist nur *ein* Leib. Die Lesung mahnt uns eindrücklich, nicht bloß innerhalb der Gemeinde Spaltungen zu überwinden, sondern auch unablässig auf das Wort Jesu hinzuwirken, dass alle eins sein sollen (Joh 17,21). Dazu gehört es auch, die schwächeren Glieder zu stützen. Vielleicht nehmen wir die Lesung zum Anlass, eine kleine, uns bislang fremde christliche Gemeinde einer anderen Konfession am Ort einmal zum Gespräch einzuladen? „Gerade die schwächer scheinenden Glieder des Leibes sind unentbehrlich“ (1 Kor 12,22).

ZWEITE LESUNG

1 Kor 12,12–31a

Ihr seid der Leib Christi und jeder Einzelne ist ein Glied an ihm

Lesung aus dem ersten Brief des Apostels Paulus an die Korinther.

Brüder! [*oder:* Brüder und Schwestern! *oder:* Schwestern und Brüder!] Wie der Leib eine Einheit ist, doch viele Glieder hat, alle Glieder des Leibes aber, obgleich es viele sind, einen einzigen Leib bilden: so ist es auch mit Christus. Durch den einen Geist wurden wir in der Taufe alle in einen einzigen Leib aufgenommen, Juden und Griechen, Sklaven und Freie; und alle wurden wir mit dem einen Geist getränkt. Auch der Leib besteht nicht nur aus *einem* Glied, sondern aus vielen Gliedern.

Wenn der Fuß sagt: Ich bin keine Hand, ich gehöre nicht zum Leib!, so gehört er doch zum Leib. Und wenn das Ohr sagt: Ich bin kein Auge, ich gehöre nicht zum Leib!, so gehört es doch zum Leib. Wenn der ganze Leib nur Auge wäre, wo bliebe dann das Gehör? Wenn er nur Gehör wäre, wo bliebe dann der Geruchssinn? Nun aber hat Gott jedes einzelne Glied so in den Leib eingefügt, wie es seiner Absicht entsprach. Wären alle zusammen nur *ein* Glied, wo bliebe dann der Leib? So aber gibt es viele Glieder und doch nur *einen* Leib. Das Auge kann nicht zur Hand sagen: Ich bin nicht auf dich angewiesen. Der Kopf kann nicht zu den Füßen sagen: Ich brauche euch nicht. Im Gegenteil, gerade die schwächer scheinenden Glieder des Leibes sind unentbehrlich. Denen, die wir für weniger edel ansehen, erweisen wir umso mehr Ehre und unseren weniger anständigen Gliedern begegnen wir mit mehr Anstand, während die anständigen das nicht nötig haben. Gott aber hat den Leib so zusammengefügt, dass er dem geringsten Glied mehr Ehre zukommen ließ, damit im Leib kein Zwiespalt entstehe, sondern alle Glieder einträchtig füreinander sorgen. Wenn darum *ein* Glied leidet, leiden alle Glieder mit; wenn *ein* Glied geehrt wird, freuen sich alle anderen mit ihm.

Ihr aber seid der Leib Christi und jeder Einzelne ist ein Glied an ihm.

So hat Gott in der Kirche die einen als Apostel eingesetzt, die andern als Propheten, die dritten als Lehrer; ferner verlieh er die Kraft,

Wunder zu tun, sodann die Gaben, Krankheiten zu heilen, zu helfen, zu leiten, endlich die verschiedenen Arten von Zungenrede. Sind etwa alle Apostel, alle Propheten, alle Lehrer? Haben alle die Kraft, Wunder zu tun? Besitzen alle die Gabe, Krankheiten zu heilen? Reden alle in Zungen? Können alle solches Reden auslegen?
Strebt aber nach den höheren Gnadengaben.

Oder:

KURZFASSUNG 1 Kor 12,12–14.27

Ihr seid der Leib Christi und jeder Einzelne ist ein Glied an ihm

Lesung aus dem ersten Brief des Apostels Paulus an die Korinther.

Brüder! [*oder:* Brüder und Schwestern! *oder:* Schwestern und Brüder!] Wie der Leib eine Einheit ist, doch viele Glieder hat, alle Glieder des Leibes aber, obgleich es viele sind, einen einzigen Leib bilden: so ist es auch mit Christus. Durch den einen Geist wurden wir in der Taufe alle in einen einzigen Leib aufgenommen, Juden und Griechen, Sklaven und Freie; und alle wurden wir mit dem einen Geist getränkt. Auch der Leib besteht nicht nur aus *einem* Glied, sondern aus vielen Gliedern.
Ihr aber seid der Leib Christi und jeder Einzelne ist ein Glied an ihm.

RUF VOR DEM EVANGELIUM Vers: vgl. Jes 61,1 (Lk 4,18)

Halleluja. Halleluja.
Der Herr hat mich gesandt,
den Armen die Frohe Botschaft zu bringen
und den Gefangenen die Freiheit zu verkünden.
Halleluja.

ZUM EVANGELIUM An den kommenden Sonntagen folgen wir dem Bericht des Evangelisten Lukas. Im Stil der griechischen Geschichtsschreibung versichert Lukas seinen Lesern, dass er sorgfältig die Quellen studiert hat und einen möglichst genauen Ablauf der Geschichte von Jesus Christus vorlegt. Und doch ist sein Bericht ein Bekenntnis. Keiner kann distanziert über Jesus berichten, auch der Historiker Lukas nicht. Von Beginn an macht er klar: In Jesus Christus haben sich die Verheißungen an das Volk Israel erfüllt, er ist der Messias. Das Geschichtswerk des Evangelisten Lukas ist daher wie ein Rückblick auf das eigene Leben, nachdem einem aufgegangen ist, warum dies oder das passierte.

EVANGELIUM Lk 1,1–4; 4,14–21

Heute hat sich dieses Schriftwort erfüllt

+ Aus dem heiligen Evangelium nach Lukas.

Schon viele haben es unternommen, einen Bericht über all das abzufassen, was sich unter uns ereignet und erfüllt hat. Dabei hielten sie sich an die Überlieferung derer, die von Anfang an Augenzeugen und Diener des Wortes waren. Nun habe auch ich mich entschlossen, allem von Grund auf sorgfältig nachzugehen, um es für dich, hochverehrter Theophilus, der Reihe nach aufzuschreiben. So kannst du dich von der Zuverlässigkeit der Lehre überzeugen, in der du unterwiesen wurdest.

In jener Zeit kehrte Jesus, erfüllt von der Kraft des Geistes, nach Galiläa zurück. Und die Kunde von ihm verbreitete sich in der ganzen Gegend. Er lehrte in den Synagogen und wurde von allen gepriesen.

So kam er auch nach Nazaret, wo er aufgewachsen war, und ging, wie gewohnt, am Sabbat in die Synagoge. Als er aufstand, um aus der Schrift vorzulesen, reichte man ihm das Buch des Propheten Jesaja. Er schlug das Buch auf und fand die Stelle, wo es heißt: Der Geist des Herrn ruht auf mir; denn der Herr hat mich gesalbt. Er hat mich gesandt, damit ich den Armen eine gute Nachricht bringe; damit ich den Gefangenen die Entlassung verkünde und

den Blinden das Augenlicht; damit ich die Zerschlagenen in Freiheit setze und ein Gnadenjahr des Herrn ausrufe.
Dann schloss er das Buch, gab es dem Synagogendiener und setzte sich. Die Augen aller in der Synagoge waren auf ihn gerichtet. Da begann er, ihnen darzulegen: Heute hat sich das Schriftwort, das ihr eben gehört habt, erfüllt.

Glaubensbekenntnis, S. 492 ff.

FÜRBITTEN

Gott will, dass wir eins sind im Glauben. Sein Wort ist Geist und Leben für alle. Wir rufen zu ihm:

- Stärke den Willen der Leitenden in der Kirche, gerade in unserer Zeit die Einheit zu suchen. V/A: Höre und erhöre uns.
- Hilf allen Christinnen und Christen, die Schätze der jeweils anderen Konfession zu sehen und so zu finden, was eint. V/A: Höre und erhöre uns.
- Ermutige deine Getauften, aus dem Geist deiner Liebe Verantwortung zu übernehmen für so vielfältiges Leid und die Not in der Welt. V/A: Höre und erhöre uns.
- Befähige die jungen Kirchen, Anwalt der Armen zu sein. V/A: Höre und erhöre uns.
- Erbarme dich der Toten und nimm sie auf zum Mahl an deinem Tisch. V/A: Höre und erhöre uns.

Gott, dein Wort ist Licht und Wahrheit. Hilf du uns, unbeirrt diesem Licht zu folgen und die Einheit im Heiligen Geist zu suchen. Darum bitten wir durch Jesus, unseren Lehrer und Heiland.

EUCHARISTIEFEIER

GABENGEBET

Herr, nimm unsere Gaben an und heilige sie, damit sie zum Sakrament der Erlösung werden, das uns Heil und Segen bringt. Darum bitten wir durch Christus, unseren Herrn.

Präfation, S. 504 ff.

KOMMUNIONVERS

Joh 8,12

Ich bin das Licht der Welt – so spricht der Herr.
Wer mir nachfolgt, wird nicht in der Finsternis gehen.
Er wird das Licht des Lebens haben.

SCHLUSSGEBET

Allmächtiger Gott, in deinem Mahl schenkst du uns göttliches Leben. Gib, dass wir dieses Sakrament immer neu als dein großes Geschenk empfangen und aus seiner Kraft leben. Darum bitten wir durch Christus, unseren Herrn.

***

Für eine Wort-Gottes-Feier:

ERÖFFNUNGSGEBET ZUR WAHL

Gütiger Gott, du hast deinen Sohn gesandt, um deine frohe Botschaft zu verkünden. Öffne unsere Ohren für seine Stimme, bereite unsere Herzen für sein heilendes Wort und erfülle deine Verheißung durch deinen Sohn Jesus Christus, der mit dir und dem Heiligen Geist lebt jetzt und in Ewigkeit.

***

WIE EIN GAST

Herr, wir hören auf dein Wort,
das du uns gegeben hast
und in dem du wie ein Gast
bei uns weilest immerfort.

Lass dein Wort uns allezeit
treu in Herz und Sinnen stehn
und mit uns durchs Leben gehn
bis zur lichten Ewigkeit.

Maria Luise Thurmair

DARSTELLUNG DES HERRN – FEST

2. Februar 2019

Das Fest „Darstellung des Herrn“ wird vierzig Tage nach Weihnachten als Abschluss der weihnachtlichen Feste gefeiert. Das Fest ist schon Ende des 4. Jahrhunderts in Jerusalem bezeugt, ab dem 7. Jahrhundert breitet es sich rasch aus. Seit der Liturgiereform von 1960 wird das früher „Mariä Lichtmess“ benannte Fest als „Darstellung des Herrn“ begangen. An Lichtmess wurde früher der Jahresbedarf an Kerzen für die Kirchen und auch für eigene Haushalte geweiht. Die Kerzenweihe ist bis heute Bestandteil des Festes. Papst Johannes Paul II. hat 1997 das Fest zum „Tag des geweihten Lebens“ erklärt. So wie Jesus im Evangelium zum Tempel gebracht wird, wird für alle gebetet, die in besonderer Weise für den Dienst in der Kirche berufen worden sind.

Kerzenweihe und Prozession

(An vielen Orten versammelt sich die Gemeinde mit dem Priester vor der Kirche oder in einem Nebenraum. Alle tragen Kerzen, die der Priester segnet. Nach der Weihe zieht man singend mit brennenden Kerzen in feierlicher Prozession in die Kirche ein. Die Messe beginnt dann mit dem Eröffnungsvers. An anderen Orten versammeln sich die Gläubigen in der Kirche. Auch sie bringen Kerzen, die gesegnet werden. Die Prozession und auch die brennenden Kerzen, mit denen wir die Messfeier dieses Tages beginnen, sind Zeichen für unseren Weg zu Gott, jenen Weg, auf dem sein Licht leuchtet.)

(Der Priester segnet die Kerzen:)

Lasset uns beten. Gott, du Quell und Ursprung allen Lichtes, du hast am heutigen Tag dem greisen Simeon Christus geoffenbart als das

Licht zur Erleuchtung der Heiden. Segne † die Kerzen, die wir in unseren Händen tragen und zu deinem Lob entzünden. Führe uns auf dem Weg des Glaubens und der Liebe zu jenem Licht, das nie erlöschen wird. Darum bitten wir durch Christus, unseren Herrn.

(Der Priester fordert zur Prozession auf:)

Lasst uns ziehen in Frieden,
Christus, dem Herrn, entgegen!

(Während der Prozession wird der Lobgesang des Simeon gesungen oder ein anderes passendes Lied.)

DER LOBGESANG DES SIMEON Lk 2,29–32

℟ Ein Licht, das die Heiden erleuchtet,
und Herrlichkeit für dein Volk Israel. – ℟

Nun lässt du, Herr, deinen Knecht, *
wie du gesagt hast, in Frieden scheiden. – (℟)

Meine Augen haben das Heil gesehen, *
das du vor allen Völkern bereitet hast. – ℟

MESSFEIER

ERÖFFNUNGSVERS Vgl. Ps 48(47),10–11

Wir haben dein Heil empfangen, o Gott,
inmitten deines Tempels.
Wie dein Name, Gott, so reicht dein Ruhm
bis an die Enden der Erde;
deine rechte Hand ist voll von Gerechtigkeit.

KYRIE-RUFE

Herr Jesus Christus, du bist das Heil,
das Gott vor allen Völkern bereitet hat.
V/A: Herr, erbarme dich.
Du bist das Licht, das die Heiden erleuchtet.
V/A: Christus, erbarme dich.
Du bist Herrlichkeit für dein Volk Israel.
V/A: Herr, erbarme dich.

Ehre sei Gott, S. 489 f.

TAGESGEBET

Allmächtiger, ewiger Gott, dein eingeborener Sohn hat unsere menschliche Natur angenommen und wurde am heutigen Tag im Tempel dargestellt. Läutere unser Leben und Denken, damit wir mit reinem Herzen vor dein Antlitz treten. Darum bitten wir durch Jesus Christus.

WORTGOTTESDIENST

ZUR 1. LESUNG Maleachi wirkte nach dem Wiederaufbau des Tempels (516 vor Christus) vermutlich in der Mitte des 5. Jahrhunderts vor Christus. Nach dem Babylonischen Exil waren die Hoffnungen des Volkes enttäuscht, der versprochene Wohlstand blieb aus, die Moral sank rasch. Der Prophet führt dem Volk seine eigenen Sünden vor Augen. Vor allem beklagt der Prophet die Halbherzigkeit des Gottesdienstes im neuen Tempel. Um im Gericht bestehen zu können, mahnt der Prophet, muss das Volk wieder mit dem Herzen feiern und nicht nur an Ritualen festhalten. Der „Tag des Herrn", der Tag des Gerichts, wird dies wieder zurechtrücken. Der Tempel wird gereinigt und die Priester werden geläutert werden. Ein Bote wird dem Herrn dabei vorausgehen. Im Neuen Testament wird Johannes der Täufer als dieser Bote verstanden (Mt 17,10–13). Jesus war es, der den Tempel gereinigt hat. Das Reich Gottes ist in ihm schon herbeigekommen.

ERSTE LESUNG

Mal 3,1–4

Dann kommt zu seinem Tempel der Herr, den ihr sucht

Lesung aus dem Buch Maleachi.

So spricht Gott, der Herr: Seht, ich sende meinen Boten; er soll den Weg für mich bahnen. Dann kommt plötzlich zu seinem Tempel der Herr, den ihr sucht, und der Bote des Bundes, den ihr herbeiwünscht. Seht, er kommt!, spricht der Herr der Heere.

Doch wer erträgt den Tag, an dem er kommt? Wer kann bestehen, wenn er erscheint? Denn er ist wie das Feuer im Schmelzofen und wie die Lauge im Waschtrog. Er setzt sich, um das Silber zu schmelzen und zu reinigen: Er reinigt die Söhne Levis, er läutert sie wie Gold und Silber. Dann werden sie dem Herrn die richtigen Opfer darbringen. Und dem Herrn wird das Opfer Judas und Jerusalems angenehm sein wie in den Tagen der Vorzeit, wie in längst vergangenen Jahren.

ANTWORTPSALM

Ps 24(23),7–8.9–10 (℟: 10b)

℟ Der Herr der Heere,
er ist der König der Herrlichkeit. – ℟

Ihr Tore, hebt euch nach oben, †
hebt euch, ihr uralten Pforten; *
denn es kommt der König der Herrlichkeit.
Wer ist der König der Herrlichkeit? *
Der Herr, stark und gewaltig, der Herr, mächtig im Kampf. – (℟)

Ihr Tore, hebt euch nach oben, †
hebt euch, ihr uralten Pforten; *

denn es kommt der König der Herrlichkeit.
Wer ist der König der Herrlichkeit? *
Der Herr der Heerscharen, er ist der König der Herrlichkeit. – ℟

ZUR 2. LESUNG Der Verfasser des Hebräerbriefes beschreibt in seinen Worten, was an Weihnachten geschah. Das eigentliche Unfassbare ist, dass das ewige Wort zu Fleisch und Blut geworden ist und sich dem Menschen damit an die Seite gestellt hat. Jesus Christus ruft nicht aus sicherer Distanz wohlgeformte Parolen auf die Erde herab, sondern begibt sich in die tiefsten Niederungen, dorthin, wo gelitten, gefoltert und gestorben wird. So nimmt er uns die Furcht vor dem Tod (V. 15), denn er ist uns gleich geworden. Er selbst zitterte und hatte Angst vor dem eigenen Tod. Er wurde versucht und hat Qualen gelitten so wie wir. Aber weil er das tat, ist ihm nichts Menschliches fremd. Er hat unsere Hand ergriffen und lässt sie nun nicht mehr los. Nimmermehr.

ZWEITE LESUNG Hebr 2,11–12.13c–18

Er musste in allem seinen Brüdern gleich sein

Lesung aus dem Hebräerbrief.

Er, der heiligt, und sie, die geheiligt werden, stammen alle von Einem ab; darum scheut er sich nicht, sie Brüder zu nennen und zu sagen: Ich will deinen Namen meinen Brüdern verkünden, inmitten der Gemeinde dich preisen; und ferner: Seht, ich und die Kinder, die Gott mir geschenkt hat.

Da nun die Kinder Menschen von Fleisch und Blut sind, hat auch Jesus in gleicher Weise Fleisch und Blut angenommen, um durch seinen Tod den zu entmachten, der die Gewalt über den Tod hat, nämlich den Teufel, und um die zu befreien, die durch die Furcht vor dem Tod ihr Leben lang der Knechtschaft verfallen waren. Denn er nimmt sich keineswegs der Engel an, sondern der Nachkommen Abrahams nimmt er sich an.

Darum musste er in allem seinen Brüdern gleich sein, um ein barmherziger und treuer Hoherpriester vor Gott zu sein und die Sünden des Volkes zu sühnen. Denn da er selbst in Versuchung geführt wurde und gelitten hat, kann er denen helfen, die in Versuchung geführt werden.

RUF VOR DEM EVANGELIUM

Vers: vgl. Lk 2,32

Halleluja. Halleluja.
Ein Licht, das die Heiden erleuchtet,
und Herrlichkeit für das Volk Israel.
Halleluja.

ZUM EVANGELIUM Das Evangelium erläutert den Namen des heutigen Festes. Nach dem Gesetz ist eine Mutter vierzig Tage nach der Geburt eines Kindes kultisch unrein. Nach dieser Zeit müssen die Eltern ein Reinigungsopfer darbringen (Lev 12,6-8). So pilgerten auch Maria und Josef zur „Reinigung" in den Tempel nach Jerusalem. Als Erstgeborener galt Jesus als Eigentum Gottes und musste von den Eltern ausgelöst werden. Er wurde zu den Priestern gebracht und vor Gott „dargestellt". Der betagte Simeon hat nur auf diesen Tag gewartet. So wie die Prophetin Hanna erkennt er in Jesus den Erlöser, den Messias. Maria hört, dass sie den Leidensweg ihres Sohnes teilen wird. Lukas zeigt von Beginn an, dass in dem so unscheinbar geborenen Erlöser Gott selbst auf dem Plan ist. In ihm erfüllen sich alle Verheißungen.

EVANGELIUM

Lk 2,22–40

Meine Augen haben das Heil gesehen

+ Aus dem heiligen Evangelium nach Lukas.

Es kam für die Eltern Jesu der Tag der vom Gesetz des Mose vorgeschriebenen Reinigung. Sie brachten das Kind nach Jerusalem hinauf, um es dem Herrn zu weihen, gemäß dem Gesetz des Herrn, in dem es heißt: Jede männliche Erstgeburt soll dem Herrn geweiht sein. Auch wollten sie ihr Opfer darbringen, wie es das Gesetz des Herrn vorschreibt: ein Paar Turteltauben oder zwei junge Tauben.

In Jerusalem lebte damals ein Mann namens Simeon. Er war gerecht und fromm und wartete auf die Rettung Israels und der Heilige Geist ruhte auf ihm. Vom Heiligen Geist war ihm offenbart worden, er werde den Tod nicht schauen, ehe er den Messias des Herrn gesehen habe.

Jetzt wurde er vom Geist in den Tempel geführt; und als die Eltern Jesus hereinbrachten, um zu erfüllen, was nach dem Gesetz üblich war, nahm Simeon das Kind in seine Arme und pries Gott mit den Worten: Nun lässt du, Herr, deinen Knecht, wie du gesagt hast, in Frieden scheiden. Denn meine Augen haben das Heil gesehen, das du vor allen Völkern bereitet hast, ein Licht, das die Heiden erleuchtet, und Herrlichkeit für dein Volk Israel.

Sein Vater und seine Mutter staunten über die Worte, die über Jesus gesagt wurden. Und Simeon segnete sie und sagte zu Maria, der Mutter Jesu: Dieser ist dazu bestimmt, dass in Israel viele durch ihn zu Fall kommen und viele aufgerichtet werden, und er wird ein Zeichen sein, dem widersprochen wird. Dadurch sollen die Gedanken vieler Menschen offenbar werden. Dir selbst aber wird ein Schwert durch die Seele dringen.

Damals lebte auch eine Prophetin namens Hanna, eine Tochter Penuëls, aus dem Stamm Ascher. Sie war schon hochbetagt. Als junges Mädchen hatte sie geheiratet und sieben Jahre mit ihrem Mann gelebt; nun war sie eine Witwe von vierundachtzig Jahren. Sie hielt sich ständig im Tempel auf und diente Gott Tag und Nacht mit Fasten und Beten.

In diesem Augenblick nun trat sie hinzu, pries Gott und sprach über das Kind zu allen, die auf die Erlösung Jerusalems warteten.

Als seine Eltern alles getan hatten, was das Gesetz des Herrn vorschreibt, kehrten sie nach Galiläa in ihre Stadt Nazaret zurück.

Das Kind wuchs heran und wurde kräftig; Gott erfüllte es mit Weisheit und seine Gnade ruhte auf ihm.

Oder:

KURZFASSUNG

Lk 2,22–32

Meine Augen haben das Heil gesehen

+ **Aus dem heiligen Evangelium nach Lukas.**

Es kam für die Eltern Jesu der Tag der vom Gesetz des Mose vorgeschriebenen Reinigung. Sie brachten das Kind nach Jerusalem hinauf, um es dem Herrn zu weihen, gemäß dem Gesetz des Herrn, in dem es heißt: Jede männliche Erstgeburt soll dem Herrn geweiht sein. Auch wollten sie ihr Opfer darbringen, wie es das Gesetz des Herrn vorschreibt: ein Paar Turteltauben oder zwei junge Tauben.

In Jerusalem lebte damals ein Mann namens Simeon. Er war gerecht und fromm und wartete auf die Rettung Israels und der Heilige Geist ruhte auf ihm. Vom Heiligen Geist war ihm offenbart worden, er werde den Tod nicht schauen, ehe er den Messias des Herrn gesehen habe.

Jetzt wurde er vom Geist in den Tempel geführt; und als die Eltern Jesus hereinbrachten, um zu erfüllen, was nach dem Gesetz üblich war, nahm Simeon das Kind in seine Arme und pries Gott mit den Worten: Nun lässt du, Herr, deinen Knecht, wie du gesagt hast, in Frieden scheiden. Denn meine Augen haben das Heil gesehen, das du vor allen Völkern bereitet hast, ein Licht, das die Heiden erleuchtet, und Herrlichkeit für dein Volk Israel.

FÜRBITTEN

Allen Menschen soll das Heil von Gott her aufleuchten. Wir rufen zu ihm:

- Für die Jungen und die Alten: Lass sie ein gutes und lebendiges Miteinander finden und in Verbundenheit leben. V: Licht der Welt. A: Leuchte uns.

- Für die Ordenschristen und alle, die in einer geistlichen Gemeinschaft leben. Lass sie dein Heil schauen und schenke ihrem gemeinsamen Warten Fülle und Erfüllung. V: Licht der Welt. A: Leuchte uns.
- Für die alten Menschen, für die Kranken und Einsamen: Hilf ihnen, die Last ihres Lebens zu tragen, und lege ihnen Hoffnung und Freude ins Herz. V: Licht der Welt. A: Leuchte uns.
- Für alle, deren Lebensweg früh zu Ende ging: Vollende und runde du ihr Leben in deinem Haus des Lichts. V: Licht der Welt. A: Leuchte uns.

Guter Gott, in Jesus Christus, dem Licht der Welt, ermutigst du alle Getauften, gerecht und fromm zu leben. Lass uns täglich neu unseren Weg gehen in seinem Licht und in seiner Kraft. Darum bitten wir durch deinen Sohn Jesus Christus, unseren Herrn.

EUCHARISTIEFEIER

GABENGEBET

Allmächtiger Gott, nach deinem Ratschluss hat dein eigener Sohn sich als makelloses Lamm für das Leben der Welt geopfert. Nimm die Gabe an, die deine Kirche in festlicher Freude darbringt. Darum bitten wir durch Christus, unseren Herrn.

PRÄFATION

In Wahrheit ist es würdig und recht, dir, Herr, heiliger Vater, allmächtiger, ewiger Gott, immer und überall zu danken. Denn heute hat die jungfräuliche Mutter deinen ewigen Sohn zum Tempel getragen; Simeon, vom Geist erleuchtet, preist ihn als Ruhm deines Volkes Israel, als Licht zur Erleuchtung der Heiden. Darum gehen auch wir dem Erlöser freudig entgegen und singen mit den Engeln und Heiligen das Lob deiner Herrlichkeit: Heilig …

KOMMUNIONVERS

Lk 2,30–31

Meine Augen haben das Heil gesehen,
das du vor allen Völkern bereitet hast.

SCHLUSSGEBET

Barmherziger Gott, stärke unsere Hoffnung durch das Sakrament, das wir empfangen haben, und vollende in uns das Werk deiner Gnade. Du hast die Erwartung Simeons erfüllt und ihn Christus schauen lassen. Erfülle auch unser Verlangen: Lass uns Christus entgegengehen und in ihm das ewige Leben finden, der mit dir lebt und herrscht in alle Ewigkeit.

***

STEHE AUF, DU STADT DES HERRN

Sieh, dein Licht will kommen,
stehe auf, du Stadt des Herrn;
über dir erstrahlt der Stern,
ist der Tag erglommen.
Werde licht, Jerusalem,
Christus ist erschienen.

Maria Luise Thurmair

4. SONNTAG IM JAHRESKREIS

3. Februar 2019

Wer die Freudenbotschaft des Evangeliums weitergibt, muss auch mit Widerstand rechnen. Das war schon immer so. Die Propheten kämpfen gegen gewalttätigen Unmut und aggressive Selbstgenügsamkeit. Jesus selbst entgeht hier nur knapp dem Tod durch die aufgebrachte Menge. Wie kann es gelingen, nicht zu verzweifeln? Paulus fasst es in einem Wort zusammen: Liebe. Selbst der beste Redner, selbst der begeistertste Zeuge Jesu bleibt eine klingende Schelle, wenn die Liebe fehlt. Sie zieht sich wie ein roter Faden durch die heutigen Lesungen. Letztlich ist es die Liebe Gottes, die durch uns hindurchströmt und die uns erst befähigt, Zeuginnen und Zeugen des Evangeliums zu werden.

ERÖFFNUNGSVERS

Ps 106(105),47

Hilf uns, Herr, unser Gott,
führe uns aus den Völkern zusammen!
Wir wollen deinen heiligen Namen preisen,
uns rühmen, weil wir dich loben dürfen.

KYRIE-RUFE

Herr Jesus Christus, du hast in deiner
Heimat keine Anerkennung erfahren.
V/A: Herr, erbarme dich.
Du hattest keinen Ort, wo du dein Haupt
hinlegen konntest.
V/A: Christus, erbarme dich.

Du bist deinem Weg treu geblieben
bis zum Kreuz.
V/A: Herr, erbarme dich.

Ehre sei Gott, S. 489 f.

TAGESGEBET

Herr, unser Gott, du hast uns erschaffen, damit wir dich preisen. Gib, dass wir dich mit ungeteiltem Herzen anbeten und die Menschen lieben, wie du sie liebst. Darum bitten wir durch Jesus Christus.

WORTGOTTESDIENST

ZUR 1. LESUNG Zum Propheten wird man nicht durch spontanen Beschluss. Fast alle Propheten werden davon überrascht, dass Gott sie in die Pflicht nehmen will. Dabei steht die Berufung schon fest, bevor das Kind sich im Mutterleib bildet. Diese Gewissheit soll Jeremia ermutigen, auch vor den Mächtigsten nicht zu kuschen. Seine Berufung ist wie eine Festung (V. 18), die selbst im Kampf niemals fallen wird. Solche Worte können auch mir Trost geben. Auch wir kämpfen oft gegen Gleichgültigkeit und Ablehnung. Sich als Christ zu bekennen, braucht Mut. Gott aber ist mit mir, er liebt mich, noch bevor ich das Licht der Welt erblickte. Es gibt einen, der sich zu mir bekennt, wer ich auch bin.

ERSTE LESUNG Jer 1,4–5.17–19

Zum Propheten für die Völker habe ich dich bestimmt

Lesung aus dem Buch Jeremia.

In den Tagen Joschijas, des Königs von Juda, erging das Wort des Herrn an mich: Noch ehe ich dich im Mutterleib formte, habe ich dich ausersehen, noch ehe du aus dem Mutterschoß hervorkamst, habe ich dich geheiligt, zum Propheten für die Völker habe ich dich bestimmt.

Du aber gürte dich, tritt vor sie hin und verkünde ihnen alles, was ich dir auftrage. Erschrick nicht vor ihnen, sonst setze ich dich vor ihren Augen in Schrecken. Ich selbst mache dich heute zur befestigten Stadt, zur eisernen Säule und zur ehernen Mauer gegen das ganze Land, gegen die Könige, Beamten und Priester von Juda und gegen die Bürger des Landes.

Mögen sie dich bekämpfen, sie werden dich nicht bezwingen; denn ich bin mit dir, um dich zu retten – Spruch des Herrn.

ANTWORTPSALM

Ps 71 (70), 1–2.3.5–6.15 u. 17 (℟: 15a)

℟ Mein Mund soll künden von deiner Gerechtigkeit. – ℟

Herr, ich suche Zuflucht bei dir. *
Lass mich doch niemals scheitern!
Reiß mich heraus und rette mich in deiner Gerechtigkeit, *
wende dein Ohr mir zu und hilf mir! – (℟)

Sei mir ein sicherer Hort, *
zu dem ich allzeit kommen darf.
Du hast mir versprochen zu helfen, *
denn du bist mein Fels und meine Burg. – (℟)

Herr, mein Gott, du bist ja meine Zuversicht, *
meine Hoffnung von Jugend auf.
Vom Mutterleib an stütze ich mich auf dich, †
vom Mutterschoß an bist du mein Beschützer, *
dir gilt mein Lobpreis allezeit. – (℟)

Mein Mund soll von deiner Gerechtigkeit künden †
und von deinen Wohltaten sprechen den ganzen Tag, *
denn ich kann sie nicht zählen.
Gott, du hast mich gelehrt von Jugend auf *
und noch heute verkünde ich dein wunderbares Walten. – ℟

ZUR 2. LESUNG Nachdem Paulus in den vorherigen Abschnitten erklärt hat, dass in der Gemeinde viele Gnadengaben bestehen und der eine Leib Christi verschiedene Glieder hat, zeigt er nun, was diesen Leib im Innersten zusammenhält. Es ist die Liebe. Ohne sie bleibt unser Zusammenleben blutleer. Liebe kann man nicht lernen, man kann sie sich nur schenken lassen, indem man sich, wie damals das Volk nach dem babylonischen Exil, vorlesen lässt, wie sehr Gott einen selbst liebt (Neh 8). Paulus beruhigt sich selbst und seine Gemeinde: Wir verstehen jetzt noch nicht alles, vieles bleibt rätselhaft und dunkel, aber eines ist gewiss – die Liebe hört nicht auf. Gott liebt mich, was auch immer geschehen mag. Das ist es, was mich demütig und langmütig werden lässt.

ZWEITE LESUNG 1 Kor 12,31–13,13

Für jetzt bleiben Glaube, Hoffnung, Liebe, diese drei; doch am größten unter ihnen ist die Liebe

Lesung aus dem ersten Brief des Apostels Paulus an die Korinther.

Brüder! [*oder:* Brüder und Schwestern! *oder:* Schwestern und Brüder!] Strebt nach den höheren Gnadengaben! Ich zeige euch jetzt noch einen anderen Weg, einen, der alles übersteigt: Wenn ich in den Sprachen der Menschen und Engel redete, hätte aber die Liebe nicht, wäre ich dröhnendes Erz oder eine lärmende Pauke.

Und wenn ich prophetisch reden könnte und alle Geheimnisse wüsste und alle Erkenntnis hätte; wenn ich alle Glaubenskraft besäße und Berge damit versetzen könnte, hätte aber die Liebe nicht, wäre ich nichts.

Und wenn ich meine ganze Habe verschenkte und wenn ich meinen Leib dem Feuer übergäbe, hätte aber die Liebe nicht, nützte es mir nichts.

Die Liebe ist langmütig, die Liebe ist gütig. Sie ereifert sich nicht, sie prahlt nicht, sie bläht sich nicht auf. Sie handelt nicht ungehörig, sucht nicht ihren Vorteil, lässt sich nicht zum Zorn reizen, trägt das Böse nicht nach. Sie freut sich nicht über das Unrecht, sondern freut sich an der Wahrheit. Sie erträgt alles, glaubt alles, hofft alles, hält allem stand.

Die Liebe hört niemals auf. Prophetisches Reden hat ein Ende, Zungenrede verstummt, Erkenntnis vergeht. Denn Stückwerk ist unser Erkennen, Stückwerk unser prophetisches Reden; wenn aber das Vollendete kommt, vergeht alles Stückwerk.

Als ich ein Kind war, redete ich wie ein Kind, dachte wie ein Kind und urteilte wie ein Kind. Als ich ein Mann wurde, legte ich ab, was Kind an mir war.

Jetzt schauen wir in einen Spiegel und sehen nur rätselhafte Umrisse, dann aber schauen wir von Angesicht zu Angesicht. Jetzt erkenne ich unvollkommen, dann aber werde ich durch und durch erkennen, so wie ich auch durch und durch erkannt worden bin.

Für jetzt bleiben Glaube, Hoffnung, Liebe, diese drei; doch am größten unter ihnen ist die Liebe.

Oder:

KURZFASSUNG 1 Kor 13,4–13

Für jetzt bleiben Glaube, Hoffnung, Liebe, diese drei; doch am größten unter ihnen ist die Liebe

Lesung aus dem ersten Brief des Apostels Paulus an die Korinther.

Brüder! [*oder:* Brüder und Schwestern! *oder:* Schwestern und Brüder!] Die Liebe ist langmütig, die Liebe ist gütig. Sie ereifert sich nicht, sie prahlt nicht, sie bläht sich nicht auf. Sie handelt nicht ungehörig, sucht nicht ihren Vorteil, lässt sich nicht zum Zorn reizen, trägt das Böse nicht nach. Sie freut sich nicht über das Unrecht, sondern freut sich an der Wahrheit. Sie erträgt alles, glaubt alles, hofft alles, hält allem stand.

Die Liebe hört niemals auf. Prophetisches Reden hat ein Ende, Zungenrede verstummt, Erkenntnis vergeht. Denn Stückwerk ist unser Erkennen, Stückwerk unser prophetisches Reden; wenn aber das Vollendete kommt, vergeht alles Stückwerk.

Als ich ein Kind war, redete ich wie ein Kind, dachte wie ein Kind und urteilte wie ein Kind. Als ich ein Mann wurde, legte ich ab, was Kind an mir war.

Jetzt schauen wir in einen Spiegel und sehen nur rätselhafte Umrisse, dann aber schauen wir von Angesicht zu Angesicht. Jetzt erkenne ich unvollkommen, dann aber werde ich durch und durch erkennen, so wie ich auch durch und durch erkannt worden bin.

Für jetzt bleiben Glaube, Hoffnung, Liebe, diese drei; doch am größten unter ihnen ist die Liebe.

RUF VOR DEM EVANGELIUM

Vers: vgl. Jes 61,1 (Lk 4,18)

Halleluja. Halleluja.
Der Herr hat mich gesandt,
den Armen die Frohe Botschaft zu bringen
und den Gefangenen die Freiheit zu verkünden.
Halleluja.

ZUM EVANGELIUM Jesu Predigt findet Beifall – zunächst. Mit der Frage, ob man ihn nicht aber doch „nur" als den netten Handwerkersohn von nebenan erkennt, kommen die Zweifel auf, wie die Parallelberichte bei Markus (Mk 6,1–6) und Matthäus (Mt 13,53–58) zeigen. Der Prophet gilt nichts im eigenen Lande, wer wüsste das nicht aus eigener Erfahrung. Aber Lukas geht es nicht darum, die Bewohner von Nazaret als Provinzler abzutun, die den Anspruch Jesu nicht auszuhalten vermögen. Er deutet vielmehr an, dass die Botschaft Jesu an die ganze Welt auch außerhalb Israels gerichtet ist. Darauf weisen auch schon die alttestamentlichen Vorbilder hin, die Jesus zitiert (1 Kön 17; 2 Kön 5). So erinnert der aufkommende Tumult an seine Passion. Er aber schreitet mitten hindurch und bringt das Evangelium aller Welt.

EVANGELIUM

Lk 4,21–30

Wie Elija und Elischa, so ist Jesus nicht nur zu den Juden gesandt

+ Aus dem heiligen Evangelium nach Lukas.

In jener Zeit begann Jesus in der Synagoge in Nazaret darzulegen: Heute hat sich das Schriftwort, das ihr eben gehört habt, erfüllt. Seine Rede fand bei allen Beifall; sie staunten darüber, wie begnadet er redete, und sagten: Ist das nicht der Sohn Josefs?

Da entgegnete er ihnen: Sicher werdet ihr mir das Sprichwort vorhalten: Arzt, heile dich selbst! Wenn du in Kafarnaum so große Dinge getan hast, wie wir gehört haben, dann tu sie auch hier in deiner Heimat!

Und er setzte hinzu: Amen, das sage ich euch: Kein Prophet wird in seiner Heimat anerkannt.

Wahrhaftig, das sage ich euch: In Israel gab es viele Witwen in den Tagen des Elija, als der Himmel für drei Jahre und sechs Monate verschlossen war und eine große Hungersnot über das ganze Land kam. Aber zu keiner von ihnen wurde Elija gesandt, nur zu einer Witwe in Sarepta bei Sidon.

Und viele Aussätzige gab es in Israel zur Zeit des Propheten Elischa. Aber keiner von ihnen wurde geheilt, nur der Syrer Naaman.

Als die Leute in der Synagoge das hörten, gerieten sie alle in Wut. Sie sprangen auf und trieben Jesus zur Stadt hinaus; sie brachten ihn an den Abhang des Berges, auf dem ihre Stadt erbaut war, und wollten ihn hinabstürzen. Er aber schritt mitten durch die Menge hindurch und ging weg.

Glaubensbekenntnis, S. 492 ff.

FÜRBITTEN

Gottes Wort ist immer wieder auch sperrig für uns. Und doch – und gerade deshalb – ist es wirksam und heilsam, wo wir ihm Raum geben. Wir bitten Gott um seine heilsame Gegenwart in unserer Zeit und beten:

- Für alle, die schuldig geworden sind, dass sie Einsicht und Reue, Verzeihung und Befreiung finden. V: Gott, du unsere Hoffnung. A: Wir bitten dich, erhöre uns.
- Für alle, die sich im Gewohnten eingerichtet haben, dass sie empfindlich bleiben für die Nöte und Sorgen der anderen. V: Gott, du unsere Hoffnung. A: Wir bitten dich, erhöre uns.
- Für die Menschen, die dort leben müssen, wo sie ihres Lebens nicht sicher sind, dass der Friede auch für sie Wirklichkeit wird. V: Gott, du unsere Hoffnung. A: Wir bitten dich, erhöre uns.
- Für die jungen Menschen, die aufbrechen und ein besseres Leben suchen, dass sie Heimat und wirkliche Lebenschancen finden. V: Gott, du unsere Hoffnung. A: Wir bitten dich, erhöre uns.
- Für die Verstorbenen, die in ihrem Leben verkannt wurden und keine Anerkennung und wenig Widerhall gefunden haben, dass sich ihr Leben einmal vollende bei dir. V: Gott, du unsere Hoffnung. A: Wir bitten dich, erhöre uns.

Gott, du hast unseren Bruder Jesus, der Offenheit und Liebe, aber auch Ablehnung und Hass bis zum Tod erfahren hat, in dein ewiges Leben gerufen. Hilf uns, auf dich zu vertrauen, heute und alle Tage unseres Lebens.

EUCHARISTIEFEIER

GABENGEBET

Herr, unser Gott, wir legen die Gaben als Zeichen unserer Hingabe auf deinen Altar. Nimm sie entgegen und mach sie zum Sakrament unserer Erlösung. Darum bitten wir durch Christus, unseren Herrn.

Präfation, S. 504 ff.

KOMMUNIONVERS

Mt 5,3.5

Selig, die vor Gott arm sind;
denn ihnen gehört das Himmelreich.
Selig, die keine Gewalt anwenden;
denn sie werden das Land erben.

SCHLUSSGEBET

Barmherziger Gott, das Sakrament der Erlösung, das wir empfangen haben, nähre uns auf dem Weg zu dir und schenke dem wahren Glauben beständiges Wachstum. Darum bitten wir durch Christus, unseren Herrn.

***

Für eine Wort-Gottes-Feier:

ERÖFFNUNGSGEBET ZUR WAHL

Gott, unser Heil, durch den Mund deiner Propheten hast du zu den Völkern gesprochen, im Evangelium sprichst du durch deinen Sohn zu uns. Gib uns ein waches Herz für dein Wort, damit wir ihn aufnehmen, den du gesandt hast, Jesus Christus, unseren Herrn, der mit dir und dem Heiligen Geist lebt und herrscht in Ewigkeit.

***

DER WILLE DER LIEBE

Das Wesentliche des Christentums, wie es von Jesus verkündet ist und wie es vom Denken begriffen wird, ist dies, dass wir durch die Liebe allein in Gemeinschaft mit Gott gelangen können. Alle lebendige Erkenntnis Gottes geht darauf zurück, dass wir ihn als Wille der Liebe in unseren Herzen erleben.

Albert Schweitzer

5. SONNTAG IM JAHRESKREIS

10. Februar 2019

Noch einmal steht das Thema der Berufung im Mittelpunkt der Lesungen. Doch eigentlich geht es um die Frage: Wer bin ich? Was macht mich eigentlich aus? Die Antwort auf diese Frage kann ich mir nicht selbst geben. Ich kann sie mir sagen, zusagen lassen. Nicht immer ereignet sich Berufung so spektakulär wie bei dem Propheten Jesaja oder dem Apostel Paulus. Vielmehr klopft Jesus jeden Tag neu an meine Tür und sagt mir, dass er mich liebt und bei mir ist. Das macht mich aus, das ist meine Berufung. Das kann mich aufrichten für den Alltag.

ERÖFFNUNGSVERS

Ps 95(94),6–7

Kommt, lasst uns niederfallen,
uns verneigen vor dem Herrn, unserem Schöpfer!
Denn er ist unser Gott.

KYRIE-RUFE

Herr Jesus Christus, du führst uns hinaus ins Weite.
V/A: Herr, erbarme dich.
Du lädst die Menschen ein, alles zu verlassen
und dir nachzufolgen.
V/A: Christus, erbarme dich.
Du verheißt denen, die dir nachfolgen, dass ihnen gegeben wird –
ein gutes, volles, gehäuftes, überfließendes Maß.
V/A: Herr, erbarme dich.

Ehre sei Gott, S. 489 f.

TAGESGEBET

Gott, unser Vater, wir sind dein Eigentum und setzen unsere Hoffnung allein auf deine Gnade. Bleibe uns nahe in jeder Not und Gefahr und schütze uns. Darum bitten wir durch Jesus Christus.

WORTGOTTESDIENST

ZUR 1. LESUNG Jesaja empfängt seine Berufung in einer Vision. Der Thron Gottes ist so erhaben, dass gerade einmal der Saum des Gewandes den Tempel ausfüllt. Rings um den Thron marschiert der göttliche Hofstaat auf. Das eigentliche Wunder ist, dass Gott in all seiner Pracht und Erhabenheit sich letztlich ganz tief herabbeugt, um Jesaja die Schuld zu vergeben und ihn zu fragen, ob er sich für die Freudenbotschaft senden lassen will. In jeder Eucharistiefeier erleben wir dieses Wunder. Nach dem Ruf „Heilig, heilig, heilig!" beugt sich Gott ganz tief zu jedem von uns herab und geht ein unter unser Dach. Wen soll ich senden? Hier bin ich, sende mich!

ERSTE LESUNG

Jes 6,1–2a.3–8

Hier bin ich, sende mich

Lesung aus dem Buch Jesaja.

Im Todesjahr des Königs Usija sah ich den Herrn. Er saß auf einem hohen und erhabenen Thron. Der Saum seines Gewandes füllte den Tempel aus. Serafim standen über ihm.

Sie riefen einander zu: Heilig, heilig, heilig ist der Herr der Heere. Von seiner Herrlichkeit ist die ganze Erde erfüllt. Die Türschwellen bebten bei ihrem lauten Ruf und der Tempel füllte sich mit Rauch.

Da sagte ich: Weh mir, ich bin verloren. Denn ich bin ein Mann mit unreinen Lippen und lebe mitten in einem Volk mit unreinen Lippen und meine Augen haben den König, den Herrn der Heere, gesehen.

Da flog einer der Serafim zu mir; er trug in seiner Hand eine glühende Kohle, die er mit einer Zange vom Altar genommen hatte. Er berührte damit meinen Mund und sagte: Das hier hat deine Lippen berührt: Deine Schuld ist getilgt, deine Sünde gesühnt.

Danach hörte ich die Stimme des Herrn, der sagte: Wen soll ich senden? Wer wird für uns gehen? Ich antwortete: Hier bin ich, sende mich!

ANTWORTPSALM

Ps 138(137),1–2b.2c–3.4–5.7c–8 (℟: 1b)

℟ Vor den Engeln will ich dir singen und spielen, o Herr. – ℟

Ich will dir danken aus ganzem Herzen, *
dir vor den Engeln singen und spielen;
ich will mich niederwerfen zu deinem heiligen Tempel hin *
und deinem Namen danken für deine Huld und Treue. – (℟)

Denn du hast die Worte meines Mundes gehört, *
deinen Namen und dein Wort über alles verherrlicht.
Du hast mich erhört an dem Tag, als ich rief; *
du gabst meiner Seele große Kraft. – (℟)

Dich sollen preisen, Herr, alle Könige der Welt, *
wenn sie die Worte deines Mundes vernehmen.
Sie sollen singen von den Wegen des Herrn; *
denn groß ist die Herrlichkeit des Herrn. – (℟)

Du streckst die Hand aus gegen meine wütenden Feinde *
und deine Rechte hilft mir.
Der Herr nimmt sich meiner an. †
Herr, deine Huld währt ewig. *
Lass nicht ab vom Werk deiner Hände! – ℟

ZUR 2. LESUNG Wer bin ich? Paulus beantwortet diese Frage mit dem Hinweis auf das Evangelium. Christus ist für uns gestorben, er vergibt uns unsere Sünden und führt uns zum ewigen Leben. Sein Leben und seine Berufung als Apostel gründen in der Begegnung mit dem Auferstandenen. Jesus lebt! Diese Botschaft gibt er weiter. Diesen Glauben haben auch wir angenommen, er wurde uns verkündigt. Bei allen Zweifeln, die an Paulus genauso wie an uns nagen, können wir uns immer wieder auf dieses wohl älteste Glaubensbekenntnis im Neuen Testament berufen: Christus ist für unsere Sünden gestorben, er ist auferstanden und lebt. Wer bin ich? Geliebt von der Kraft des Lebens, die auch meinen Tod überwinden wird. Dein bin ich, o Herr.

ZWEITE LESUNG 1 Kor 15,1–11

Das ist unsere Botschaft, und das ist der Glaube, den ihr angenommen habt

Lesung aus dem ersten Brief des Apostels Paulus an die Korinther.

Ich erinnere euch, Brüder, [*oder:* Brüder und Schwestern, *oder:* Schwestern und Brüder,] an das Evangelium, das ich euch verkündet habe. Ihr habt es angenommen; es ist der Grund, auf dem ihr steht. Durch dieses Evangelium werdet ihr gerettet, wenn ihr an dem Wortlaut festhaltet, den ich euch verkündet habe. Oder habt ihr den Glauben vielleicht unüberlegt angenommen?

Denn vor allem habe ich euch überliefert, was auch ich empfangen habe: Christus ist für unsere Sünden gestorben, gemäß der Schrift, und ist begraben worden. Er ist am dritten Tag auferweckt worden, gemäß der Schrift, und erschien dem Kephas, dann den Zwölf. Danach erschien er mehr als fünfhundert Brüdern zugleich; die meisten von ihnen sind noch am Leben, einige sind entschlafen. Danach erschien er dem Jakobus, dann allen Aposteln. Als Letztem von allen erschien er auch mir, dem Unerwarteten, der „Missgeburt".

Denn ich bin der geringste von den Aposteln; ich bin nicht wert, Apostel genannt zu werden, weil ich die Kirche Gottes verfolgt habe.

Doch durch Gottes Gnade bin ich, was ich bin, und sein gnädiges Handeln an mir ist nicht ohne Wirkung geblieben. Mehr als sie alle habe ich mich abgemüht – nicht ich, sondern die Gnade Gottes zusammen mit mir.

Ob nun ich verkündige oder die anderen: das ist unsere Botschaft, und das ist der Glaube, den ihr angenommen habt.

Oder:

KURZFASSUNG

1 Kor 15,3–8.11

Das ist unsere Botschaft, und das ist der Glaube, den ihr angenommen habt

Lesung aus dem ersten Brief des Apostels Paulus an die Korinther.

Brüder! [*oder:* Brüder und Schwestern! *oder:* Schwestern und Brüder!] Vor allem habe ich euch überliefert, was auch ich empfangen habe: Christus ist für unsere Sünden gestorben, gemäß der Schrift, und ist begraben worden. Er ist am dritten Tag auferweckt worden, gemäß der Schrift, und erschien dem Kephas, dann den Zwölf. Danach erschien er mehr als fünfhundert Brüdern zugleich; die meisten von ihnen sind noch am Leben, einige sind entschlafen. Danach erschien er dem Jakobus, dann allen Aposteln. Als Letztem von allen erschien er auch mir, dem Unerwarteten, der „Missgeburt".

Ob nun ich verkündige oder die anderen: das ist unsere Botschaft, und das ist der Glaube, den ihr angenommen habt.

RUF VOR DEM EVANGELIUM

Vers: Mt 4,19

Halleluja. Halleluja.
(So spricht der Herr:)
Folgt mir nach!
Ich werde euch zu Menschenfischern machen.
Halleluja.

ZUM EVANGELIUM Auf sein Wort hin wagt es Petrus noch einmal mit dem Fischfang. Er vertraut dem Wanderprediger, obwohl doch eigentlich er der Fachmann für das Fischen ist. Jesus tritt eben nicht mit Autorität auf und erteilt lediglich Befehle. Er will Vertrauen gewinnen. Selbst das Wunder bringt Petrus nicht zum blinden Kadavergehorsam, sondern zunächst zur Erkenntnis der eigenen Sünde und seines mangelnden Vertrauens. Menschen fangen wir nicht, weil wir selbst die Fachleute dafür sind. Sondern weil wir es wagen, auf Jesu Wort hin die Netze auszuwerfen, frohe Botschaft zu verkünden. Erst im Hören auf Gottes Wort, in der Stille, schöpfen wir Kraft, Zeuginnen und Zeugen zu werden.

EVANGELIUM Lk 5,1–11

Sie ließen alles zurück und folgten ihm nach

+ Aus dem heiligen Evangelium nach Lukas.

In jener Zeit, als Jesus am Ufer des Sees Gennesaret stand, drängte sich das Volk um ihn und wollte das Wort Gottes hören. Da sah er zwei Boote am Ufer liegen. Die Fischer waren ausgestiegen und wuschen ihre Netze. Jesus stieg in das Boot, das dem Simon gehörte, und bat ihn, ein Stück weit vom Land wegzufahren. Dann setzte er sich und lehrte das Volk vom Boot aus.

Als er seine Rede beendet hatte, sagte er zu Simon: Fahr hinaus auf den See! Dort werft eure Netze zum Fang aus!

Simon antwortete ihm: Meister, wir haben die ganze Nacht gearbeitet und nichts gefangen. Doch wenn du es sagst, werde ich die Netze auswerfen.

Das taten sie, und sie fingen eine so große Menge Fische, dass ihre Netze zu reißen drohten. Deshalb winkten sie ihren Gefährten im anderen Boot, sie sollten kommen und ihnen helfen. Sie kamen und gemeinsam füllten sie beide Boote bis zum Rand, sodass sie fast untergingen.

Als Simon Petrus das sah, fiel er Jesus zu Füßen und sagte: Herr, geh weg von mir; ich bin ein Sünder. Denn er und alle seine Begleiter waren erstaunt und erschrocken, weil sie so viele Fische gefangen

hatten; ebenso ging es Jakobus und Johannes, den Söhnen des Zebedäus, die mit Simon zusammenarbeiteten.
Da sagte Jesus zu Simon: Fürchte dich nicht! Von jetzt an wirst du Menschen fangen. Und sie zogen die Boote an Land, ließen alles zurück und folgten ihm nach.

Glaubensbekenntnis, S. 492 ff.

FÜRBITTEN

Gottes Wort wirkt durch die Gegenwart seines Sohnes mitten unter den Menschen. Bitten wir Jesus um seinen Beistand für alle Menschen in Bedrängnis und Not:

- Wir beten für die Menschen, die von ihrer Hände Arbeit nicht leben können. V: Kyrie, eleison. A: Christe, eleison.
- Wir beten für die Kinder, die nicht zur Schule gehen dürfen und keine Ausbildung erhalten. V: Kyrie, eleison. A: Christe, eleison.
- Wir beten für die vielen, die keinen Zugang zu sauberem Trinkwasser haben. V: Kyrie, eleison. A: Christe, eleison.
- Wir bitten für die Kinder, die permanenten Streit, Abwertung und Unversöhnlichkeit in ihrer Familie erleben müssen. V: Kyrie, eleison. A: Christe, eleison.
- Wir beten für alle, die ihrer inneren Stimme folgen und für andere da sind. V: Kyrie, eleison. A: Christe, eleison.

Barmherziger Gott, wir brauchen die Gemeinschaft, die Unterstützung anderer, die mit uns glauben. Zeig du uns den Weg, der zum Guten führt, der du lebst und Leben schenkst in Ewigkeit.

EUCHARISTIEFEIER

GABENGEBET

Herr, unser Gott, du hast Brot und Wein geschaffen, um uns Menschen in diesem vergänglichen Leben Nahrung und Freude zu schenken. Mache diese Gaben zum Sakrament, das uns ewiges Leben bringt. Darum bitten wir durch Christus, unseren Herrn.

Präfation, S. 504 ff.

KOMMUNIONVERS Mt 5,4.6

Selig, die trauern; denn sie werden getröstet werden.
Selig, die hungern und dürsten nach der Gerechtigkeit;
denn sie werden satt werden.

SCHLUSSGEBET

Barmherziger Gott, du hast uns teilhaben lassen an dem einen Brot und dem einen Kelch. Lass uns eins werden in Christus und Diener der Freude sein für die Welt. Darum bitten wir durch Christus, unseren Herrn.

***

Für eine Wort-Gottes-Feier:

ERÖFFNUNGSGEBET ZUR WAHL

Gott, immer wieder rufst du uns, dir zu folgen. Gib uns das Vertrauen in deine Verheißung und lass uns glaubwürdige Zeugen deiner frohen Botschaft sein. Darum bitten wir durch Jesus Christus, deinen Sohn, der in der Einheit des Heiligen Geistes mit dir lebt und herrscht in Ewigkeit.

***

EIN HERZ FASSEN

Jesus, der zu den Fischern lief
und Simon und Andreas rief,
sich doch ein Herz zu fassen,
die Netze zu verlassen –
vielleicht kommt er auch heut vorbei,
ruft mich und dich, zwei oder drei,
doch alles aufzugeben,
und treu ihm nachzuleben.

Der durch die Welt geht und die Zeit,
ruft nicht, wie man beim Jahrmarkt schreit.
Er spricht das Herz an, heute,
und sammelt seine Leute.
Und blieben wir auch lieber stehn –
zu wem denn sollen wir sonst gehn?
Er will uns alles geben,
die Wahrheit und das Leben.

Jürgen Henkys

6. SONNTAG IM JAHRESKREIS

17. Februar 2019

Wenn Gott in der Mitte meines Lebens nicht vorkommt, spielt er auch an seinen Rändern keine Rolle mehr. Wenn es wirklich stimmt, dass Christus von den Toten auferstanden ist und lebt, dann sehe ich die Welt mit anderen Augen. Dann sind die Leiden, die Katastrophen, dann hat alles, was mir Angst macht, nicht das letzte Wort. Vielmehr ahne ich, dass die Schöpfung einst befreit werden wird (Röm 8,21). Wenn ich aus der Hoffnung lebe, die Gott mir schenken will, dann schöpfe ich schon jetzt aus der eigentlichen Quelle, aus der das Leben sprudelt. Die Lesungen des heutigen Sonntags führen uns an diese Quelle. Sie rütteln uns auf: Wer mit Gott rechnet, ist der wahre Realist.

ERÖFFNUNGSVERS

Ps 31(30),3–4

Sei mir ein schützender Fels,
eine feste Burg, die mich rettet.
Denn du bist mein Fels und meine Burg;
um deines Namens willen wirst du mich führen
und leiten.

KYRIE-RUFE

Herr Jesus Christus, du hast die Armen seliggepriesen
und ihnen das Reich Gottes zugesprochen.
V/A: Herr, erbarme dich.
Du verpflichtest dein Volk, Kirche für die Armen zu sein.
V/A: Christus, erbarme dich.

Du rufst deine Gläubigen in den Geist der Armut
und befreist sie von allen falschen Bindungen.
V/A: Herr, erbarme dich.

Ehre sei Gott, S. 489 f.

TAGESGEBET

Gott, du liebst deine Geschöpfe, und es ist deine Freude, bei den Menschen zu wohnen. Gib uns ein neues und reines Herz, das bereit ist, dich aufzunehmen. Darum bitten wir durch Jesus Christus.

WORTGOTTESDIENST

ZUR 1. LESUNG Der Psalm, der hier im Buch Jeremia zitiert wird, stammt vermutlich aus der Liturgie des Volkes Israel. Jährlich wurde das Bundeserneuerungsfest gefeiert, an dem sich das Volk erneut zum Bund, den Gott mit seinem Volk geschlossen hat, bekannte. So wie ein Baum verdorrt, der kein Wasser bekommt, so geht auch der Mensch zugrunde, der sich nicht immer wieder dessen vergewissert, wie Gott unser eigenes Leben verwandeln kann. Jeder Gottesdienst, den wir feiern, ist ein kleines Bundeserneuerungsfest. Ich lasse mir das Wort der Vergebung zusagen und werde in meiner Hoffnung gestärkt. So brauche ich auf den dürren Wüstenstraßen meines Alltags nichts zu fürchten. Die Blätter meines Lebensbaumes grünen.

ERSTE LESUNG Jer 17,5–8

Verflucht, wer auf Menschen vertraut; gesegnet, wer auf den Herrn sich verlässt

Lesung aus dem Buch Jeremia.

So spricht der Herr: Verflucht der Mann, der auf Menschen vertraut, auf schwaches Fleisch sich stützt, und dessen Herz sich abwendet vom Herrn.

Er ist wie ein kahler Strauch in der Steppe, der nie einen Regen kommen sieht; er bleibt auf dürrem Wüstenboden, im salzigen Land, wo niemand wohnt.

Gesegnet der Mann, der auf den Herrn sich verlässt und dessen Hoffnung der Herr ist.

Er ist wie ein Baum, der am Wasser gepflanzt ist und am Bach seine Wurzeln ausstreckt:

Er hat nichts zu fürchten, wenn Hitze kommt; seine Blätter bleiben grün; auch in einem trockenen Jahr ist er ohne Sorge, unablässig bringt er seine Früchte.

ANTWORTPSALM

Ps 1, 1–2.3.4 u. 6 (℟: Jer 17,7)

℟ Gesegnet, wer auf den Herrn sich verlässt. – ℟

Wohl dem Mann, der nicht dem Rat der Frevler folgt, †
nicht auf dem Weg der Sünder geht, *
nicht im Kreis der Spötter sitzt,
sondern Freude hat an der Weisung des Herrn, *
über seine Weisung nachsinnt bei Tag und bei Nacht. – (℟)

Er ist wie ein Baum, der an Wasserbächen gepflanzt ist, †
der zur rechten Zeit seine Frucht bringt *
und dessen Blätter nicht welken.
Alles, was er tut, *
wird ihm gut gelingen. – (℟)

Nicht so die Frevler: *
Sie sind wie die Spreu, die der Wind verweht.
Denn der Herr kennt den Weg der Gerechten, *
der Weg der Frevler aber führt in den Abgrund. – ℟

ZUR 2. LESUNG Der Philosoph Sokrates sagte einmal, es sei klug, den Tod nicht vom Leben, sondern das Leben vom Tod aus zu verstehen. Für Christen bedeutet dies nicht nur, sich der eigenen Endlichkeit bewusst zu sein. Das lehrt Demut und relativiert vieles. Christen verstehen ihr Leben vom Tod und der Auferstehung Jesu her. Paulus schärft es den Korinthern ein: Wir wissen, dass dem Tod nicht das letzte Wort gehört. Der Glaube an die Auferstehung schenkt eine souveräne Zuversicht und macht uns Mut für unseren Alltag. Es ist die maßlose christliche Hoffnung, die nicht nur meine eigene Zukunft, sondern die Zukunft der ganzen Welt umgreift. Es ist eine gewisse Hoffnung, denn in Christi Auferstehung ist die Wirklichkeit dieser Hoffnung bereits angebrochen.

ZWEITE LESUNG 1 Kor 15,12.16–20

Wenn Christus nicht auferweckt worden ist, dann ist euer Glaube nutzlos

Lesung aus dem ersten Brief des Apostels Paulus an die Korinther.

Brüder [*oder:* Brüder und Schwestern! *oder:* Schwestern und Brüder!]! Wenn verkündet wird, dass Christus von den Toten auferweckt worden ist, wie können dann einige von euch sagen: Eine Auferstehung der Toten gibt es nicht?

Denn wenn Tote nicht auferweckt werden, ist auch Christus nicht auferweckt worden. Wenn aber Christus nicht auferweckt worden ist, dann ist euer Glaube nutzlos und ihr seid immer noch in euren Sünden; und auch die in Christus Entschlafenen sind dann verloren.

Wenn wir unsere Hoffnung nur in diesem Leben auf Christus gesetzt haben, sind wir erbärmlicher daran als alle anderen Menschen.

Nun aber ist Christus von den Toten auferweckt worden als der Erste der Entschlafenen.

RUF VOR DEM EVANGELIUM

Vers: Lk 6,23ab

Halleluja. Halleluja.
(So spricht der Herr:)
Freut euch und jubelt!
Euer Lohn im Himmel wird groß sein.
Halleluja.

ZUM EVANGELIUM Die sogenannte Feldrede (Lk 6,17–49) ähnelt der Bergpredigt aus dem Matthäus-Evangelium (Mt 5–7). Vielleicht hat Lukas daraus eine Kurzfassung gemacht, die sich für die Situation seiner Gemeinde besser eignete. Die Predigt beginnt mit einer Gegenüberstellung zweier Gruppen von Menschen in je vier Seligpreisungen bzw. Weherufen. Arme, Hungernde, Weinende und Verhasste nennt er selig. Damit meint Jesus nicht, dass dieser Zustand im Alltag eine Eintrittskarte in den Himmel garantiert. Wie Parallelen aus dem Alten Testament nahelegen (Ps 37; Jes 55; 61,12), versteht Jesus darunter vielmehr eine geistliche Not, die Sehnsucht nach Gott. Wer selbstzufrieden lebt und aus materiellen Gütern Sicherheit bezieht, der ist trostlos (V. 24). Wer aber nach Gott und seinem Reich sucht, der wird einst gesättigt werden (V. 21). Und der oder die wird schon jetzt frei davon, sich an die Verhältnisse dieser Welt klammern zu müssen. Wer den Blick auf die Ewigkeit richtet, rückt die Welt ins rechte Licht.

EVANGELIUM

Lk 6,17.20–26

Selig, ihr Armen! – Weh euch, ihr Reichen!

+ Aus dem heiligen Evangelium nach Lukas.

In jener Zeit stieg Jesus mit seinen Jüngern den Berg hinab. In der Ebene blieb er mit einer großen Schar seiner Jünger stehen und viele Menschen aus ganz Judäa und Jerusalem und dem Küstengebiet von Tyrus und Sidon strömten herbei.

Jesus richtete seine Augen auf seine Jünger und sagte: Selig, ihr Armen, denn euch gehört das Reich Gottes. Selig, die ihr jetzt hungert, denn ihr werdet satt werden. Selig, die ihr jetzt weint, denn ihr werdet lachen. Selig seid ihr, wenn euch die Menschen hassen und aus ihrer Gemeinschaft ausschließen, wenn sie euch beschimpfen und euch in Verruf bringen um des Menschensohnes willen. Freut euch und jauchzt an jenem Tag; euer Lohn im Himmel wird groß sein. Denn ebenso haben es ihre Väter mit den Propheten gemacht.

Aber weh euch, die ihr reich seid; denn ihr habt keinen Trost mehr zu erwarten. Weh euch, die ihr jetzt satt seid; denn ihr werdet hungern. Weh euch, die ihr jetzt lacht; denn ihr werdet klagen und weinen. Weh euch, wenn euch alle Menschen loben; denn ebenso haben es ihre Väter mit den falschen Propheten gemacht.

Glaubensbekenntnis, S. 492 ff.

FÜRBITTEN

Jesus preist die Menschen selig, die belastet und benachteiligt sind. Wir rufen zu ihm und bitten ihn:

- Für alle, die in Armut leben müssen. V: Herr, Jesus Christus. A: Wir bitten dich, höre und erhöre uns.
- Für alle, die wissen, was hungern heißt. V: Herr, Jesus Christus. A: Wir bitten dich, höre und erhöre uns.
- Für alle, die an den Rand gedrängt und ausgeschlossen werden. V: Herr, Jesus Christus. A: Wir bitten dich, höre und erhöre uns.
- Für alle, die von Traurigkeit umfangen sind. V: Herr, Jesus Christus. A: Wir bitten dich, höre und erhöre uns.
- Für alle, die missverstanden werden und über die übel geredet wird. V: Herr, Jesus Christus. A: Wir bitten dich, höre und erhöre uns.

Gott und Vater Jesu Christi, öffne du unsere Augen, damit wir erkennen, wann und wo wir aufstehen und handeln müssen. Darum bitten wir heute und alle Tage unseres Lebens durch Jesus, unseren Bruder und erhöhten Herrn.

EUCHARISTIEFEIER

GABENGEBET

Barmherziger Gott, das heilige Opfer reinige uns von Sünden und mache uns zu neuen Menschen. Es helfe uns, nach deinem Willen zu leben, damit wir den verheißenen Lohn erlangen. Darum bitten wir durch Christus, unseren Herrn.

Präfation, S. 504 ff.

KOMMUNIONVERS Joh 3,16

Gott hat die Welt so geliebt,
dass er seinen einzigen Sohn hingab,
damit jeder, der an ihn glaubt, nicht zugrunde geht,
sondern das ewige Leben hat.

SCHLUSSGEBET

Gott, du Spender alles Guten, du hast uns das Brot des Himmels geschenkt. Erhalte in uns das Verlangen nach dieser Speise, die unser wahres Leben ist. Darum bitten wir durch Christus, unseren Herrn.

***

Für eine Wort-Gottes-Feier:

ERÖFFNUNGSGEBET ZUR WAHL

Gott und Vater aller Menschen, du bist allen nahe, die ihre Hoffnung auf dich setzen. Nimm von uns, was uns bedrückt, und tröste uns in aller Not. Darum bitten wir durch Jesus Christus, deinen Sohn, unseren Herrn, der in der Einheit des Heiligen Geistes mit dir lebt jetzt und in Ewigkeit.

***

DENEN, DIE HUNGERN

Denen, die hungern, wirst du zum Brot,
und denen, die sinken, zum Rettungsboot.
Denen mit Ängsten machst du Mut,
denen, die krank sind, tust du nur gut.
Ehre sei Gott in der Höhe.
Und Frieden, der trägt und hält.
Und Frieden aller Welt.
Und Friede, der Flügel kriegt,
uns zeigt, dass das Leben siegt.

Eugen Eckert

7. SONNTAG IM JAHRESKREIS

24. Februar 2019

Christus hat dem Tod die Macht genommen. Wenn wir unser Herz von dieser Botschaft verwandeln lassen, dann pumpt es das Blut in alle Gliedmaßen, dann wird auch unser Denken und Handeln verwandelt werden. Rache, Hass, Verachtung gehören nicht zum christlichen Lebensvokabular. Meine Feinde kann ich getrost Gott überlassen und ihnen so begegnen, wie Gott mir entgegengekommen ist. Mit Liebe und Großmut und der Gewissheit, dass auch sie von Gott geliebt sind. Ein solcher Lebensstil gelingt nicht von heute auf morgen. Er will immer wieder neu eingeübt sein.

ERÖFFNUNGSVERS

Ps 13(12),6

Herr, ich baue auf deine Huld,
mein Herz soll über deine Hilfe frohlocken.
Singen will ich dem Herrn, weil er mir Gutes getan hat.

KYRIE-RUFE

Herr Jesus Christus, du gebietest, unsere Feinde zu lieben
und denen Gutes zu tun, die uns hassen.
V/A: Herr, erbarme dich.
Du durchbrichst den Kreislauf
von Gewalt und Gegengewalt.
V/A: Christus, erbarme dich.
Du setzt der Logik der Vergeltung ein Ende.
V/A: Herr, erbarme dich.

Ehre sei Gott, S. 489 f.

TAGESGEBET

Barmherziger Gott, du hast durch deinen Sohn zu uns gesprochen. Lass uns immer wieder über dein Wort nachsinnen, damit wir reden und tun, was dir gefällt. Darum bitten wir durch Jesus Christus.

WORTGOTTESDIENST

ZUR 1. LESUNG Bereits zum zweiten Mal wird Saul von David verschont (2 Sam 24,1–8). An dem Gesalbten des Herrn will er sich nicht vergreifen. David weiß, dass nicht er es ist, der über Leben und Tod entscheidet, sondern allein Gott. Im Licht des heutigen Evangeliums prägt David so vor, was Jesus von seinen Jüngern fordern wird, nämlich selbst diejenigen ins Gebet zu nehmen, die uns übel nachstellen. Der David dieser Erzählung durchbricht wie einst Jesus das Echogesetz. Vergebung reagiert nicht auf die Reue des anderen, sondern reißt in das verstrickende Netz von „Wie du mir, so ich dir" ein Loch. Zu solcher Vergebung kann ich nur bereit sein, weil Gottes Gesalbter mir die Sünden vergeben hat und mir eine neue Chance einräumt.

ERSTE LESUNG 1 Sam 26,2.7–9.12–13.22–23

Der Herr hat dich in meine Hand gegeben; doch ich wollte mich an dir nicht vergreifen

Lesung aus dem ersten Buch Samuel.

In jenen Tagen machte sich Saul mit dreitausend Mann, ausgesuchten Kriegern aus Israel, auf den Weg und zog in die Wüste von Sif hinab, um dort nach David zu suchen.

David und Abischai kamen in der Nacht zu den Leuten Sauls und fanden Saul mitten im Lager schlafend; sein Speer steckte neben seinem Kopf in der Erde und rings um ihn schliefen Abner und seine Leute. Da sagte Abischai zu David: Heute hat Gott deinen

Feind in deine Hand gegeben. Jetzt werde ich ihn mit einem einzigen Speerstoß auf den Boden spießen, einen zweiten brauche ich nicht dafür. David aber erwiderte Abischai: Bring ihn nicht um! Denn wer hat je seine Hand gegen den Gesalbten des Herrn erhoben und ist ungestraft geblieben?

David nahm den Speer und den Wasserkrug, die neben Sauls Kopf waren, und sie gingen weg. Niemand sah und niemand bemerkte etwas, und keiner wachte auf; alle schliefen, denn der Herr hatte sie in einen tiefen Schlaf fallen lassen.

David ging auf die andere Seite des Tals hinüber und stellte sich in größerer Entfernung auf den Gipfel des Berges, sodass ein weiter Zwischenraum zwischen ihnen war. David sagte: Seht her, hier ist der Speer des Königs. Einer von den jungen Männern soll herüberkommen und ihn holen. Der Herr wird jedem seine Gerechtigkeit und Treue vergelten. Obwohl dich der Herr heute in meine Hand gegeben hatte, wollte ich meine Hand nicht an den Gesalbten des Herrn legen.

ANTWORTPSALM

Ps 103(102),1–2.3–4.8 u. 10.12–13 (℟: vgl. 8)

℟ Gnädig und barmherzig ist der Herr,
voll Langmut und reich an Güte. – ℟

Lobe den Herrn, meine Seele, *
und alles in mir seinen heiligen Namen!
Lobe den Herrn, meine Seele, *
und vergiss nicht, was er dir Gutes getan hat: – (℟)

der dir all deine Schuld vergibt *
und all deine Gebrechen heilt;
der dein Leben vor dem Untergang rettet *
und dich mit Huld und Erbarmen krönt. – (℟)

Der Herr ist barmherzig und gnädig, *
langmütig und reich an Güte.
Er handelt an uns nicht nach unsern Sünden *
und vergilt uns nicht nach unsrer Schuld. – (℟)

So weit der Aufgang entfernt ist vom Untergang, *
so weit entfernt er die Schuld von uns.
Wie ein Vater sich seiner Kinder erbarmt, *
so erbarmt sich der Herr über alle, die ihn fürchten. – ℟

ZUR 2. LESUNG Paulus erklärt seiner Gemeinde, warum der christliche Glaube die scheinbar ewig geltenden Gesetze dieser Welt auf den Kopf stellt. Aus Hass wird Liebe, aus Rache Vergebung, aus dem Tod bricht das Leben hervor. Adam ist das Urbild des Menschen, der sich gegen Gott aufzulehnen versucht, der „sein will wie Gott" (Gen 3,5). Doch er bleibt gerade so in die irdischen Zusammenhänge verstrickt. Aus uns selbst heraus können wir uns nicht erlösen. Erst durch Jesus Christus bricht das Licht aus der Ewigkeit in die Vergänglichkeit. Das verwandelt nicht nur unser Denken, sondern unser Wesen. Durch die Taufe sind wir „nach dem Bild des Himmlischen" (V. 49) gestaltet.

ZWEITE LESUNG 1 Kor 15,45–49

Wie wir nach dem Bild des Irdischen gestaltet wurden, so werden wir auch nach dem Bild des Himmlischen gestaltet werden

Lesung aus dem ersten Brief des Apostels Paulus an die Korinther.

Brüder [*oder:* Brüder und Schwestern! *oder:* Schwestern und Brüder!]! So steht es in der Schrift: Adam, der Erste Mensch, wurde ein irdisches Lebewesen. Der Letzte Adam wurde lebendig machender Geist.

Aber zuerst kommt nicht das Überirdische; zuerst kommt das Irdische, dann das Überirdische.

Der Erste Mensch stammt von der Erde und ist Erde; der Zweite Mensch stammt vom Himmel. Wie der von der Erde irdisch war, so sind es auch seine Nachfahren. Und wie der vom Himmel himmlisch ist, so sind es auch seine Nachfahren.

Wie wir nach dem Bild des Irdischen gestaltet wurden, so werden wir auch nach dem Bild des Himmlischen gestaltet werden.

RUF VOR DEM EVANGELIUM

Vers: Joh 13,34ac

Halleluja. Halleluja.
(So spricht der Herr:)
Ein neues Gebot gebe ich euch:
Wie ich euch geliebt habe,
so sollt auch ihr einander lieben.
Halleluja.

Oder:

Dies ist mein Gebot:
Liebet einander, wie ich euch geliebt.

ZUM EVANGELIUM Jesus fällt aus dem Rahmen. Er lehrt uns nicht nur, die zu lieben, die uns lieben. Dann reagieren wir ja nur und drehen uns im Karussell. Die Liebe, die Jesus uns lehrt, ergreift die Initiative, sie kommt dem anderen zuvor. Es könnte ja sein, dass diese Liebe den anderen erst liebenswert macht. Sie setzt einen neuen Anfang. Sie durchbricht den Bann von Interessenskonflikten und Aggressionen. Sie sieht auch im Feind den Menschen, nicht nur sein Zerrbild, das Inbild dessen, was mir verhasst ist. Das bedeutet nicht, in völliger Selbstlosigkeit aufzugehen. Auch Jesus nennt das Böse böse. Aber er sah selbst in den Soldaten, die um seine Kleider würfeln, nicht bloß Repräsentanten eines gegnerischen Systems, sondern Kinder seines Vaters im Himmel. Gott liebt uns nicht, weil wir so wertvoll sind, sondern wir sind wertvoll, weil Gott uns liebt. Das fordert uns und schenkt uns gleichzeitig eine bislang ungeahnte Freiheit.

EVANGELIUM

Lk 6,27–38

Seid barmherzig, wie es euer Vater ist

+ Aus dem heiligen Evangelium nach Lukas.

In jener Zeit sprach Jesus zu seinen Jüngern: Euch, die ihr mir zuhört, sage ich: Liebt eure Feinde; tut denen Gutes, die euch hassen. Segnet die, die euch verfluchen; betet für die, die euch misshandeln.

Dem, der dich auf die eine Wange schlägt, halte auch die andere hin, und dem, der dir den Mantel wegnimmt, lass auch das Hemd. Gib jedem, der dich bittet; und wenn dir jemand etwas wegnimmt, verlang es nicht zurück.

Was ihr von anderen erwartet, das tut ebenso auch ihnen.

Wenn ihr nur die liebt, die euch lieben, welchen Dank erwartet ihr dafür? Auch die Sünder lieben die, von denen sie geliebt werden.

Und wenn ihr nur denen Gutes tut, die euch Gutes tun, welchen Dank erwartet ihr dafür? Das tun auch die Sünder.

Und wenn ihr nur denen etwas leiht, von denen ihr es zurückzubekommen hofft, welchen Dank erwartet ihr dafür? Auch die Sünder leihen Sündern in der Hoffnung, alles zurückzubekommen.

Ihr aber sollt eure Feinde lieben und sollt Gutes tun und leihen, auch wo ihr nichts dafür erhoffen könnt. Dann wird euer Lohn groß sein und ihr werdet Söhne des Höchsten sein; denn auch er ist gütig gegen die Undankbaren und Bösen. Seid barmherzig, wie es auch euer Vater ist!

Richtet nicht, dann werdet auch ihr nicht gerichtet werden. Verurteilt nicht, dann werdet auch ihr nicht verurteilt werden. Erlasst einander die Schuld, dann wird auch euch die Schuld erlassen werden.

Gebt, dann wird auch euch gegeben werden. In reichem, vollem, gehäuftem, überfließendem Maß wird man euch beschenken; denn nach dem Maß, mit dem ihr messt und zuteilt, wird auch euch zugeteilt werden.

Glaubensbekenntnis, S. 492 ff.

FÜRBITTEN

Jesus verrückt die Maßstäbe unseres Handelns. Unsere Fürsorglichkeit, unsere Verantwortung soll nicht bei den Freunden, Vertrauten und Verwandten enden. Sie gilt auch dem, der uns fern oder unsympathisch ist. Wir bitten Jesus um seinen Beistand und seine Hilfe:

- Segne unseren Papst, die Bischöfe, Priester und Diakone und hilf ihnen, sich immer wieder neu von deinem Wort ergreifen zu lassen. V/A: Höre unser Rufen.
- Beunruhige die Männer und Frauen, die politische Macht haben, und leite sie, nach dem Willen Gottes und dem Wohl der Menschen zu fragen. V/A: Höre unser Rufen.
- Wecke uns, deine Getauften, auf, wenn wir uns behaglich eingerichtet haben, und schenke uns Augen, Ohren und ein Herz für Menschen, die mühselig und beladen sind. V/A: Höre unser Rufen.
- Bestärke die Helferinnen und Helfer in Menschenrechtsorganisationen darin, für Wert, Würde und Wohl jedes einzelnen Menschen zu streiten. V/A: Höre unser Rufen.
- Bestärke alle Menschen, die in Sicherheit und Wohlstand leben, denen zu geben, die hungern und frieren. V/A: Höre unser Rufen.

Gütiger Gott, hilf uns zu teilen, was wir empfangen. So bitten wir durch ihn, Jesus Christus, unseren Lehrer und Bruder.

EUCHARISTIEFEIER

GABENGEBET

Allmächtiger Gott, in der Feier der göttlichen Geheimnisse erfüllen wir den Dienst, der uns aufgetragen ist. Gib, dass wir deine Größe würdig loben und preisen und aus diesem Opfer Heil empfangen. Darum bitten wir durch Christus, unseren Herrn.

Präfation, S. 504 ff.

KOMMUNIONVERS

Joh 11,27

Ja, Herr, ich glaube, dass du der Messias bist,
der Sohn Gottes, der in die Welt kommen soll.

SCHLUSSGEBET

Getreuer Gott, du hast uns das heilige Sakrament als Unterpfand der kommenden Herrlichkeit gegeben. Schenke uns einst das Heil in seiner ganzen Fülle. Darum bitten wir durch Christus, unseren Herrn.

***

Für eine Wort-Gottes-Feier:

ERÖFFNUNGSGEBET ZUR WAHL

Barmherziger und gütiger Gott, dein Sohn Jesus Christus ist uns vorausgegangen in der Liebe zu allen Menschen. Hilf uns, seinem Beispiel zu folgen, damit wir den verheißenen Lohn empfangen. Darum bitten wir durch ihn, Jesus Christus, deinen Sohn, der in der Einheit des Heiligen Geistes mit dir lebt jetzt und in Ewigkeit.

***

VERGIBST MIR TÄGLICH

Vergibst mir täglich so viel Schuld,
du Herr von meinen Tagen;
ich aber sollte nicht Geduld
mit meinen Brüdern tragen,
dem nicht verzeihn, dem du vergibst,
und den nicht lieben, den du liebst?

Christian Fürchtegott Gellert (1757)

8. SONNTAG IM JAHRESKREIS

3. März 2019

Noch einmal greifen die Lesungen in der Fortsetzung des vergangenen Sonntags unseren Umgang mit dem Nächsten auf. Zunächst mahnen sie dazu, sich vom anderen nicht vorschnell ein Bild zu machen und vor allem die eigenen Schwächen dabei mit einzubeziehen. Paulus aber weitet diesen aus Lebenserfahrung gesättigten Rat, indem er unser Handeln in den Horizont der Heilsgeschichte einzeichnet. Es wird deutlich: Christsein ist eben nicht nur eine Haltung, eine Überzeugung oder besondere Sichtweise auf die Welt. Es ist zuerst die Beziehung zu einer Person, zu Jesus Christus. Im Lichte der Heiligen Schriften Israels.

ERÖFFNUNGSVERS

Ps 18(17),19.20

Der Herr wurde mein Halt.
Er führte mich hinaus ins Weite,
er befreite mich, denn er hat an mir Gefallen.

KYRIE-RUFE

Herr Jesus Christus, du rufst zu Buße und Umkehr.
V/A: Herr, erbarme dich.
Du erschaffst uns ein reines Herz
und erneuerst in unserm Innern einen festen Geist.
V/A: Christus, erbarme dich.
Du bist unser Meister und unser Herr.
V/A: Herr, erbarme dich.

Ehre sei Gott, S. 489 f.

TAGESGEBET

Allmächtiger Gott, deine Vorsehung bestimmt den Lauf der Dinge und das Schicksal der Menschen. Lenke die Welt in den Bahnen deiner Ordnung, damit die Kirche in Frieden deinen Auftrag erfüllen kann. Darum bitten wir durch Jesus Christus.

WORTGOTTESDIENST

ZUR 1. LESUNG Nicht nur beim Tag vor dem Abend, sondern auch beim Menschen, den man keiner eingehenden Prüfung unterzogen hat, soll man mit dem Lob umsichtig sein. Das ist aber keine Anleitung, so lange zu suchen, bis man die Fehler des anderen endlich gefunden hat. Der Rat soll uns vor einem vorschnellen Urteil bewahren, vor der Anpassung an die öffentliche oder die veröffentlichte Meinung. Jemanden nur nach dem ersten Eindruck zu beurteilen, wird ihm oder ihr nicht gerecht. Es braucht den zweiten und dritten Blick. Wes Geistes Kind bist du? Auch ich selbst will ja nicht aufgrund äußerer Faktoren, meines Kontostandes, meiner Beliebtheit unter angesagten Leuten, meiner Erfolgskurve, beurteilt werden. Und ohne den Blick auf meine eigenen Grenzen schwinge ich mich ganz absurd zum Richter über den anderen auf. „Richtet nicht, damit ihr nicht gerichtet werdet!" (Mt 7,1)

ERSTE LESUNG

Sir 27,4–7(5–8)

Lobe keinen Menschen, ehe du ihn beurteilt hast

Lesung aus dem Buch Jesus Sirach.

Im Sieb bleibt, wenn man es schüttelt, der Abfall zurück; so entdeckt man die Fehler eines Menschen, wenn man über ihn nachdenkt.

Töpferware wird nach der Brennhitze des Ofens eingeschätzt, ebenso der Mensch nach dem Urteil, das man über ihn fällt.

Der Art des Baumes entspricht seine Frucht; so wird ein jeder nach seiner Gesinnung beurteilt.
Lobe keinen Menschen, ehe du ihn beurteilt hast; denn das ist die Prüfung für jeden.

ANTWORTPSALM

Ps 92 (91),2–3.13–14.15–16 (℟: 2a)

℟ Wie schön ist es, dem Herrn zu danken! – ℟

Wie schön ist es, dem Herrn zu danken, *
deinem Namen, du Höchster, zu singen,
am Morgen deine Huld zu verkünden *
und in den Nächten deine Treue. – (℟)

Der Gerechte gedeiht wie die Palme, *
er wächst wie die Zedern des Libanon.
Gepflanzt im Hause des Herrn, *
gedeihen sie in den Vorhöfen unseres Gottes. – (℟)

Sie tragen Frucht noch im Alter *
und bleiben voll Saft und Frische;
sie verkünden: Gerecht ist der Herr; *
mein Fels ist er, an ihm ist kein Unrecht. – ℟

ZUR 2. LESUNG Schon über unserem jetzigen Leben strahlt das Licht der Ewigkeit. Die Wurzel allen Übels, die Sünde, ist schon jetzt gekappt. Aber noch immer leben wir in der Welt, die auf ihre Erlösung harrt (Röm 8,19–22). Unsere Vergänglichkeit wird einst „bekleidet" (V. 54) werden. Bis dahin können wir aber schon nach den Regeln leben, die im Reich Gottes gelten. Wir können das, weil Christus uns erlöst und befreit hat. Paulus betont dies, weil für uns oft erst umgekehrt ein Schuh daraus wird: Wir werden erlöst, weil wir uns an die Gebote Jesu halten. Dazu wären wir gar nicht fähig, wenn er uns nicht gebend, liebend, zuvorgekommen wäre.

ZWEITE LESUNG

1 Kor 15,54–58

Gott hat uns den Sieg geschenkt durch Jesus Christus

Lesung aus dem ersten Brief des Apostels Paulus an die Korinther.

Brüder [*oder:* Brüder und Schwestern! *oder:* Schwestern und Brüder!]! Wenn sich dieses Vergängliche mit Unvergänglichkeit bekleidet und dieses Sterbliche mit Unsterblichkeit, dann erfüllt sich das Wort der Schrift: Verschlungen ist der Tod vom Sieg. Tod, wo ist dein Sieg? Tod, wo ist dein Stachel? Der Stachel des Todes aber ist die Sünde, die Kraft der Sünde ist das Gesetz. Gott aber sei Dank, der uns den Sieg geschenkt hat durch Jesus Christus, unseren Herrn.

Daher, geliebte Brüder, seid standhaft und unerschütterlich, nehmt immer eifriger am Werk des Herrn teil und denkt daran, dass im Herrn eure Mühe nicht vergeblich ist.

RUF VOR DEM EVANGELIUM

Vers: vgl. Phil 2,15d.16a

Halleluja. Halleluja.
Haltet fest am Worte Christi;
dann leuchtet ihr als Lichter in der Welt.
Halleluja.

ZUM EVANGELIUM Was Paulus schon angedeutet hat, schärft uns der Evangelist im heutigen Evangelium noch einmal ein. Aus einem bitteren Herzen können keine guten Taten hervorgehen. Es kommt eben nicht darauf an, was ich tue, sondern, warum ich es tue. Und wie es in meinem Inneren aussieht. Wenn ich selbst blind bin für meine eigenen Schwächen, werde ich überheblich und hart. Wenn ich mein Herz nicht verwandeln lasse, kann ich letztlich nichts Gutes hervorbringen. In der Gemeinde kann und muss es auch deutliche Worte geben (Röm 12,8; 2 Kor 13,11). Aber die Regel des heutigen Evangeliums ist dafür die Grundvoraussetzung: Nur wer sich selbst gegenüber illusionslos ehrlich und dem anderen gegenüber demütig geworden ist, darf dies wagen.

EVANGELIUM

Lk 6,39–45

Wovon das Herz voll ist, davon spricht der Mund

+ Aus dem heiligen Evangelium nach Lukas.

In jener Zeit sprach Jesus zu seinen Jüngern: Kann ein Blinder einen Blinden führen? Werden nicht beide in eine Grube fallen?

Der Jünger steht nicht über seinem Meister; jeder aber, der alles gelernt hat, wird wie sein Meister sein. Warum siehst du den Splitter im Auge deines Bruders, aber den Balken in deinem eigenen Auge bemerkst du nicht? Wie kannst du zu deinem Bruder sagen: Bruder, lass mich den Splitter aus deinem Auge herausziehen!, während du den Balken in deinem eigenen Auge nicht siehst? Du Heuchler! Zieh zuerst den Balken aus deinem Auge; dann kannst du versuchen, den Splitter aus dem Auge deines Bruders herauszuziehen.

Es gibt keinen guten Baum, der schlechte Früchte hervorbringt, noch einen schlechten Baum, der gute Früchte hervorbringt. Jeden Baum erkennt man an seinen Früchten: von den Disteln pflückt man keine Feigen und vom Dornstrauch erntet man keine Trauben.

Ein guter Mensch bringt Gutes hervor, weil in seinem Herzen Gutes ist; und ein böser Mensch bringt Böses hervor, weil in seinem Herzen Böses ist. Wovon das Herz voll ist, davon spricht der Mund.

Glaubensbekenntnis, S. 492 ff.

FÜRBITTEN

Wie oft übersehen wir die eigenen Defizite und Mängel; aber wie unter einem Vergrößerungsglas sehen wir die unserer Nachbarn und Nächsten. Wir bitten Gott um seinen Beistand:

- Für die Kirche, dass sie erkennt, wo sie Menschen verletzt, zurückgesetzt und übersehen hat. V: Erbarmender Gott. A: Wir bitten dich, erhöre uns.
- Für alle, die anderen Leid zugefügt haben und sich doch wünschen, es ungeschehen machen zu können. V: Erbarmender Gott. A: Wir bitten dich, erhöre uns.
- Für alle, die zu Selbstgerechtigkeit neigen und sich wirklich ändern wollen. V: Erbarmender Gott. A: Wir bitten dich, erhöre uns.
- Für alle, die einen Neuanfang wagen. V: Erbarmender Gott. A: Wir bitten dich, erhöre uns.
- Für alle, die Kindern und Jugendlichen ein gutes Vorbild sind. V: Erbarmender Gott. A: Wir bitten dich, erhöre uns.
- Für alle, die ihren eigenen Konsum überdenken. V: Erbarmender Gott. A: Wir bitten dich, erhöre uns.
- Für alle, die bewusst aus der Spirale des Konkurrierens und Neidens aussteigen. V: Erbarmender Gott. A: Wir bitten dich, erhöre uns.

Gott, du willst den Untergang des Sünders nicht. Hilf uns, deine Wege zu gehen, heute und alle Tage unseres Seins.

EUCHARISTIEFEIER

GABENGEBET

Gütiger Gott, du selber hast uns die Gaben geschenkt, die wir auf den Altar legen. Nimm sie an als Zeichen unserer Hingabe und gib uns die Kraft zu einem Leben nach deinem Willen, damit wir einst den ewigen Lohn empfangen. Darum bitten wir durch Christus, unseren Herrn.

Präfation, S. 504 ff.

KOMMUNIONVERS

Ps 13(12),6

Singen will ich dem Herrn, weil er mir Gutes getan hat,
den Namen des Höchsten will ich preisen.

Oder: Mt 28,20

Ich bin bei euch alle Tage bis zum Ende der Welt – so spricht der Herr.

SCHLUSSGEBET

Barmherziger Gott, du hast uns in diesem Mahl die Gabe des Heiles geschenkt. Dein Sakrament gebe uns Kraft in dieser Zeit und in der kommenden Welt das ewige Leben. Darum bitten wir durch Christus, unseren Herrn.

***

Für eine Wort-Gottes-Feier:

ERÖFFNUNGSGEBET ZUR WAHL

Gott, Vater im Himmel, du hast uns dir zum Ebenbild erschaffen und siehst in unser Herz. Leite uns durch das Wort deines Sohnes, damit unser Denken und Tun dir gefällt. Darum bitten wir durch ihn, Jesus Christus, deinen Sohn, unseren Herrn und Gott, der in der Einheit des Heiligen Geistes mit dir lebt und herrscht in Ewigkeit.

***

WAS ICH HAB UND BIN

Lass mich, o Herr, in allen Dingen
auf deinen Willen sehn und dir mich weihn;
gib selbst das Wollen und Vollbringen
und lass mein Herz dir ganz geheiligt sein.
Nimm meinen Leib und Geist zum Opfer hin;
dein, Herr, ist alles, was ich hab und bin.

Georg Joachim Zollikofer

Die Fastenzeit – Österliche Bußzeit

ASCHERMITTWOCH

6. März 2019

Mit dem heutigen Aschermittwoch beginnt die vierzigtägige Fastenzeit, und damit die Vorbereitungszeit auf Ostern. Um diesen Beginn sinnlich erfahrbar werden zu lassen, werden alle Gläubigen mit einem Kreuz aus Asche auf der Stirn bezeichnet; ein Zeichen für die eigene Vergänglichkeit. Wer diese symbolische Handlung, die seit dem 11. Jahrhundert praktiziert wird, an sich heranlässt, dürfte sich der eigenen Schwäche bewusst werden – und zugleich und umso tiefer den Zuspruch von der frohen Botschaft Gottes erfahren. Nicht das Dunkel unserer Existenz soll im Zentrum unseres Bewusstseins stehen, nicht die kalte Asche, die aus den im Osterfeuer verbrannten Palmzweigen des Vorjahres gewonnen wurde, sondern das „Licht der Völker" (Jes 49,6), „jener wahre Morgenstern, der in Ewigkeit nicht untergeht" (Osterlob). Das Aschenkreuz will uns also nicht kleinmachen und uns nicht Angst machen, sondern uns aufrufen, das eigene Leben ehrlich zu betrachten und vom Licht Gottes erleuchten zu lassen. Zeichen der Hoffnung.

ERÖFFNUNG UND WORTGOTTESDIENST

ERÖFFNUNGSVERS

Weish 11,24–25.27

Du erbarmst dich aller, o Herr,
und hast Nachsicht mit den Sünden der Menschen,

damit sie sich bekehren;
denn du bist der Herr, unser Gott.

(Das Allgemeine Schuldbekenntnis entfällt. Es wird ersetzt durch die Austeilung der Asche nach der Homilie.)

KYRIE-RUFE

Herr Jesus Christus, du rufst uns
zu Buße und Umkehr.
V/A: Herr, erbarme dich.
Ein zerbrochenes und zerschlagenes Herz
verschmähst du nicht.
V/A: Christus, erbarme dich.
Du führst uns, die wir Staub sind, auf den Weg
zur Auferstehung und zum ewigen Leben.
V/A: Herr, erbarme dich.

TAGESGEBET

Getreuer Gott, im Vertrauen auf dich beginnen wir die vierzig Tage der Umkehr und Buße. Gib uns die Kraft zu christlicher Zucht, damit wir dem Bösen absagen und mit Entschiedenheit das Gute tun. Darum bitten wir durch Jesus Christus.

ZUR 1. LESUNG Wir alle kennen schmerzvolle Erfahrungen. Leid und Schicksalsschläge, Krankheiten und Tod auch und gerade im engsten Familien- oder Freundeskreis. Angesichts solcher Erfahrungen rückt die Frage, die Kritiker des Gottesglaubens an uns richten, bedrohlich nahe: „Wo ist denn nun ihr Gott?" Der Prophet Joël kennt diesen Gedanken; aber er bleibt dabei nicht stehen. Im Gegenteil: Die prophetische Rede, die er verkündet, fordert Umkehr – Umkehr aber nicht als bloß äußeres Zeichen, sondern als Umkehr des Herzens. Eine solche Umkehr ist nichts weniger als die Antwort auf das Wort Gottes, das in unserem Innersten vernehmbar geworden ist. Die Reue Gottes, die auf unsere Umkehr zu folgen scheint, liegt ihr in Wahrheit voraus – als Treue Gottes, auf die wir bauen können.

ERSTE LESUNG Joël 2,12–18

Zerreißt eure Herzen, nicht eure Kleider

Lesung aus dem Buch Joël.

So spricht der Herr: Kehrt um zu mir von ganzem Herzen mit Fasten, Weinen und Klagen. Zerreißt eure Herzen, nicht eure Kleider, und kehrt um zum Herrn, eurem Gott! Denn er ist gnädig und barmherzig, langmütig und reich an Güte und es reut ihn, dass er das Unheil verhängt hat. Vielleicht kehrt er um und es reut ihn, und er lässt Segen zurück, sodass ihr Speise- und Trankopfer darbringen könnt für den Herrn, euren Gott.

Auf dem Zion stoßt in das Horn, ordnet ein heiliges Fasten an, ruft einen Gottesdienst aus! Versammelt das Volk, heiligt die Gemeinde! Versammelt die Alten, holt die Kinder zusammen, auch die Säuglinge! Der Bräutigam verlasse seine Kammer und die Braut ihr Gemach.

Zwischen Vorhalle und Altar sollen die Priester klagen, die Diener des Herrn sollen sprechen: Hab Mitleid, Herr, mit deinem Volk und überlass dein Erbe nicht der Schande, damit die Völker nicht über uns spotten. Warum soll man bei den Völkern sagen: Wo ist denn ihr Gott?

Da erwachte im Herrn die Leidenschaft für sein Land und er hatte Erbarmen mit seinem Volk.

ANTWORTPSALM Ps 51(50),3–4.5–6b.12–13.14 u. 17 (℞: vgl. 3)

℞ Erbarme dich unser, o Herr,
denn wir haben gesündigt. – ℞

Gott, sei mir gnädig nach deiner Huld, *
tilge meine Frevel nach deinem reichen Erbarmen!
Wasch meine Schuld von mir ab *
und mach mich rein von meiner Sünde! – (℟)

Denn ich erkenne meine bösen Taten, *
meine Sünde steht mir immer vor Augen.
Gegen dich allein habe ich gesündigt, *
ich habe getan, was dir missfällt. – (℟)

Erschaffe mir, Gott, ein reines Herz *
und gib mir einen neuen, beständigen Geist!
Verwirf mich nicht von deinem Angesicht *
und nimm deinen heiligen Geist nicht von mir! – (℟)

Mach mich wieder froh mit deinem Heil; *
mit einem willigen Geist rüste mich aus!
Herr, öffne mir die Lippen *
und mein Mund wird deinen Ruhm verkünden. – ℟

ZUR 2. LESUNG Der Apostel Paulus verkündet die Zeit des Messias als die messianische Zeit. Eine entscheidende Rolle spielt dabei das Wörtchen „Jetzt". Darum zitiert Paulus den Propheten Jesaja und den Zuspruch Gottes: „Zur Zeit der Gnade erhöre ich dich, am Tag der Rettung helfe ich dir." (2 Kor 6,2, vgl. Jes 49,8) Und Paulus erhebt den Anspruch, dass jetzt, in diesem Augenblick, diese Zeit der Gnade und der Tag der Rettung gekommen sei. Die Deutung, die Paulus anbietet, ist kühn: Er sieht in der messianischen Zeit eine Zeit, in der Gegenwart und Vergangenheit ineinander verschränkt sind. Die Gegenwart ist im Licht der Vergangenheit zu lesen – und umgekehrt. Gilt diese Verschränkung der Zeiten auch für uns heute? Leben wir in der Zeit des Messias, zweitausend Jahre nach seinem Tod? Ist das Jetzt der Gnade und der Rettung auch uns heute ein Weckruf, eine Sendung, um als Gesandte des Messias zu leben? Spüren wir den bohrenden Stachel des Vergangenen als Zeit der Gnade im Fleisch unserer Gegenwart?

ZWEITE LESUNG
2 Kor 5,20 – 6,2

Lasst euch mit Gott versöhnen! Jetzt ist sie da, die Zeit der Gnade

Lesung aus dem zweiten Brief des Apostels Paulus an die Korinther.

Brüder! [*oder:* Brüder und Schwestern! *oder:* Schwestern und Brüder!] Wir sind Gesandte an Christi Statt, und Gott ist es, der durch uns mahnt. Wir bitten an Christi Statt: Lasst euch mit Gott versöhnen! Er hat den, der keine Sünde kannte, für uns zur Sünde gemacht, damit wir in ihm Gerechtigkeit Gottes würden.

Als Mitarbeiter Gottes ermahnen wir euch, dass ihr seine Gnade nicht vergebens empfangt.

Denn es heißt: Zur Zeit der Gnade erhöre ich dich, am Tag der Rettung helfe ich dir. Jetzt ist sie da, die Zeit der Gnade; jetzt ist er da, der Tag der Rettung.

RUF VOR DEM EVANGELIUM
Vers: vgl. Ps 95(94),7d.8a

Herr Jesus, dir sei Ruhm und Ehre! – ℟
Wenn ihr heute seine Stimme hört,
verhärtet nicht euer Herz!
Herr Jesus, dir sei Ruhm und Ehre!

ZUM EVANGELIUM Auf den ersten Blick erscheint die Forderung Jesu selbstverständlich: Mit der eigenen Gerechtigkeit nicht prahlen, nicht sich ins Rampenlicht stellen, sondern Gottes Licht leuchten lassen. Bei näherem Zusehen aber und angesichts der Beispiele, die Jesus gibt, wird mehr und mehr die Problematik deutlich. Almosen geben, beten, fasten – sind das nicht Taten und Tugenden, die wir gerne zeigen, um Zeugnis abzulegen für unseren Glauben? Aber verdunkeln wir durch das Zeigen-Wollen nicht das Gute, das wir wollen? Doch wer gibt schon Almosen mit beiden Händen, ohne zu beachten, was und wem und wie viel er gibt? Die Radikalität des Evangeliums besteht darin, dass ein gläubiges Leben ohne Kalkül auskommt. „Unterm Strich zähl ich", so der Werbeslogan eines Finanzinstituts. Wer so denkt, hat nicht das Himmelreich im Sinn. Glauben heißt, wenn es darauf ankommt, Prioritäten zu setzen: Credo oder Kredit.

EVANGELIUM

Mt 6,1–6.16–18

Dein Vater, der das Verborgene liebt, wird es dir vergelten

+ **Aus dem heiligen Evangelium nach Matthäus.**

In jener Zeit sprach Jesus zu seinen Jüngern: Hütet euch, eure Gerechtigkeit vor den Menschen zur Schau zu stellen; sonst habt ihr keinen Lohn von eurem Vater im Himmel zu erwarten.

Wenn du Almosen gibst, lass es also nicht vor dir herposaunen, wie es die Heuchler in den Synagogen und auf den Gassen tun, um von den Leuten gelobt zu werden. Amen, das sage ich euch: Sie haben ihren Lohn bereits erhalten.

Wenn du Almosen gibst, soll deine linke Hand nicht wissen, was deine rechte tut. Dein Almosen soll verborgen bleiben und dein Vater, der auch das Verborgene sieht, wird es dir vergelten.

Wenn ihr betet, macht es nicht wie die Heuchler. Sie stellen sich beim Gebet gern in die Synagogen und an die Straßenecken, damit sie von den Leuten gesehen werden. Amen, das sage ich euch: Sie haben ihren Lohn bereits erhalten.

Du aber geh in deine Kammer, wenn du betest, und schließ die Tür zu; dann bete zu deinem Vater, der im Verborgenen ist. Dein Vater, der auch das Verborgene sieht, wird es dir vergelten.

Wenn ihr fastet, macht kein finsteres Gesicht wie die Heuchler. Sie geben sich ein trübseliges Aussehen, damit die Leute merken, dass sie fasten. Amen, das sage ich euch: Sie haben ihren Lohn bereits erhalten.

Du aber salbe dein Haar, wenn du fastest, und wasche dein Gesicht, damit die Leute nicht merken, dass du fastest, sondern nur dein Vater, der auch das Verborgene sieht; und dein Vater, der das Verborgene sieht, wird es dir vergelten.

SEGNUNG UND AUSTEILUNG DER ASCHE

(Nach der Homilie lädt der Priester zum Gebet ein:)

Liebe Brüder und Schwestern, wir wollen Gott, unseren Vater, bitten, dass er diese Asche segne, die wir als Zeichen der Buße empfangen.

(Nach einer kurzen Gebetsstille betet der Priester:)

Barmherziger Gott, du bist den Demütigen nahe und lässt dich durch Buße versöhnen. Neige dein Ohr unseren Bitten und segne † alle, die gekommen sind, um das Aschenkreuz zu empfangen. Hilf uns, die vierzig Tage der Buße in rechter Gesinnung zu begehen, damit wir das heilige Osterfest mit geläutertem Herzen feiern. Darum bitten wir durch Christus, unseren Herrn.

Oder:

Gott, du willst nicht den Tod des Sünders, du willst, dass er sich bekehrt und lebt. Erhöre gnädig unsere Bitten: Segne † diese Asche, mit der wir uns bezeichnen lassen, weil wir wissen, dass wir Staub sind und zum Staub zurückkehren. Hilf uns, die vierzig Tage der Buße in rechter Gesinnung zu begehen. Verzeih uns unsere Sünden, erneuere uns nach dem Bild deines Sohnes und schenke uns durch seine Auferstehung das unvergängliche Leben. Darum bitten wir durch ihn, Christus, unseren Herrn.

(Danach legt der Priester allen, die vor ihn hintreten, die Asche auf und spricht zu jedem Einzelnen:)

Bekehrt euch und glaubt an das Evangelium. Mk 1,15

Oder: Vgl. Gen 3,19

Bedenke, Mensch, dass du Staub bist
und wieder zum Staub zurückkehren wirst.

(Während der Austeilung der Asche wird gesungen.)

ANTIPHON

Joël 2,13

Lasst uns umkehren zum Herrn, unserem Gott,
denn er ist gnädig und barmherzig und langmütig.
Groß ist seine Güte
und es reut ihn, dass er Unheil verhängt hat.

Oder: Joël 2,17; Est 4,17

Zwischen Vorhalle und Altar sollen die Priester klagen,
die Diener des Herrn sollen sprechen:
Hab Mitleid, Herr, mit deinem Volk,
lass den Mund derer, die dich loben, nicht verstummen.

Oder: Ps 51(50),3

Tilge, Herr, meine Frevel
nach deinem reichen Erbarmen.

RESPONSORIUM

Vgl. Bar 3,2; Ps 79(78),9

Wir wollen Buße tun für das, was wir gefehlt haben, und uns bessern, damit wir nicht, plötzlich vom Tod überrascht, nach einer Gnadenfrist suchen, die uns niemand geben kann.
℟ Höre, Herr, und hab Erbarmen,
denn wir haben gesündigt vor dir.

V: Hilf uns, du Gott unseres Heils!
Um der Ehre deines Namens willen reiß uns heraus! – ℟

FÜRBITTEN

Gott, du schenkst Neubeginn und Hoffnung. Zu dir rufen wir heute und bitten dich:

- Für die Kirche, dass sie der Versuchung, an der Seite der Mächtigen zu stehen, widersteht. V: Vater im Himmel. A: Höre unser Rufen.

- Für alle, die bewusst nicht den Weg des geringsten Widerstands gehen, sondern – in Gottes Namen – einen Neuanfang wagen. V: Vater im Himmel. A: Höre unser Rufen.
- Für alle Politikerinnen und Politiker, die ihr eigenes Verhältnis zur Macht überprüfen und Verantwortung für die Schwachen und Benachteiligten übernehmen. V: Vater im Himmel. A: Höre unser Rufen.
- Für alle, die mit ihren geringen Mitteln Leid lindern und dort helfen, wo es nottut. V: Vater im Himmel. A: Höre unser Rufen.
- Für alle Kranken, deren Tage gezählt sind, dass die Hoffnung auf dein Licht sie stärke und durch ihre Tage trage. V: Vater im Himmel. A: Höre unser Rufen.

Barmherziger Gott, sieh unseren ernsthaften Willen zum Guten und lass uns in der Hinwendung zu dir einander und uns selbst neu begegnen. Dir sei Lob und Dank in Ewigkeit.

EUCHARISTIEFEIER

GABENGEBET

Herr, unser Gott, zu Beginn der heiligen vierzig Tage bringen wir dieses Opfer dar und bitten dich: Hilf uns, umzukehren und Taten der Buße und der Liebe zu vollbringen, damit wir unseren bösen Neigungen nicht nachgeben. Reinige uns von Sünden und mache uns fähig, das Gedächtnis des Leidens unseres Herrn Jesus Christus mit ganzer Hingabe zu begehen, der mit dir lebt und herrscht in alle Ewigkeit.

Präfation, S. 502 f.

KOMMUNIONVERS

Ps 1,2–3

Wer über die Weisung des Herrn nachsinnt
bei Tag und Nacht,
bringt seine Frucht zur rechten Zeit.

SCHLUSSGEBET

Barmherziger Gott, stärke uns durch dieses heilige Mahl, damit wir fasten können, wie es dir gefällt, und durch die Feier dieser Tage Heilung finden. Darum bitten wir durch Christus, unseren Herrn.

***

VIELE NAMEN

Der Tod trägt viele Namen:
Personenschaden,
Herzversagen,
der Sünde Sold,
des Lebens Gold.
Tod ist Tod,
sagt einer, und
wendet sich dem Leben zu.
Die Auferstehung
korrigiert diesen Satz
mit dem Rotstift und schreibt:
Tod ist tot,
es lebe das Leben
in Ewigkeit.

René Dausner

1. FASTENSONNTAG

10. März 2019

Der Sonntag ist der wöchentliche Ausnahmetag. Zu keiner Zeit im Jahr wird die besondere Stellung des Sonntags als Erinnerungs- und Gedenktag der Auferstehung Jesu deutlicher als eben in der Fastenzeit. Denn von Aschermittwoch bis Karsamstag sind es exakt vierzig Tage, vorausgesetzt, dass man die Sonntage nicht mitzählt. Der erste Fastensonntag steht insofern ganz am Anfang der Fastenzeit und weist zugleich auf den Ostersonntag voraus, auf den Tag, an dem Jesus von den Toten geweckt wurde. Wer die Fastenzeit bewusst als Zeit der Umkehr, des Verzichts und der Erneuerung lebt, kann am Sonntag die Fülle des Lebens umso intensiver erleben.

ERÖFFNUNGSVERS

Ps 91(90),15–16

Wenn er mich anruft, dann will ich ihn erhören.
Ich bin bei ihm in der Not,
befreie ihn und bringe ihn zu Ehren.
Ich sättige ihn mit langem Leben
und lasse ihn mein Heil schauen.

KYRIE-RUFE

Herr Jesus Christus, vor deinem öffentlichen Wirken
hast du dich in die Wüste zurückgezogen.
V/A: Herr, erbarme dich.
Du hast gefastet und gebetet.
V/A: Christus, erbarme dich.

Du bist wie wir in Versuchung geraten,
hast aber nicht gesündigt.
V/A: Herr, erbarme dich.

TAGESGEBET

Allmächtiger Gott, du schenkst uns die heiligen vierzig Tage als eine Zeit der Umkehr und der Buße. Gib uns durch ihre Feier die Gnade, dass wir in der Erkenntnis Jesu Christi voranschreiten und die Kraft seiner Erlösungstat durch ein Leben aus dem Glauben sichtbar machen. Darum bitten wir durch ihn, der in der Einheit des Heiligen Geistes mit dir lebt und herrscht in alle Ewigkeit.

WORTGOTTESDIENST

ZUR 1. LESUNG Fremde, Exil und Flucht sind menschliche Grunderfahrungen, die prägend sind für die biblischen Erzählungen. Im Zentrum dieser Erzählungen stehen allerdings weniger die Not und die Bedrängnis als vielmehr die Hoffnung auf Rettung durch Gott. „Mit starker Hand und hoch erhobenem Arm" habe Gott die damaligen Flüchtlinge durch die Gefahren geführt. Wie lesen wir heute diesen Text? Sprechen die Bilder von den weltweiten Flüchtlingsströmen, die zunehmen, nicht eine andere Sprache? Können wir, können diese Menschen auf Gottes Hilfe in Extremsituationen hoffen? Sicherlich nur dann, wenn wir, die wir Europa sind, neu lernen, unsere Verantwortung und Humanität als Zeugnis des Glaubens an den „Gott, der den Fremden liebt" (Dtn 10,18) unter Beweis zu stellen.

ERSTE LESUNG Dtn 26,4–10

Glaubensbekenntnis des auserwählten Volkes

Lesung aus dem Buch Deuteronomium.

In jenen Tagen sprach Mose zum Volk: Wenn du die ersten Erträge von den Früchten des Landes darbringst, dann soll der Priester den Korb aus deiner Hand entgegennehmen und ihn vor den Altar des Herrn, deines Gottes, stellen. Du aber sollst vor dem Herrn, deinem Gott, folgendes Bekenntnis ablegen:

Mein Vater war ein heimatloser Aramäer. Er zog nach Ägypten, lebte dort als Fremder mit wenigen Leuten und wurde dort zu einem großen, mächtigen und zahlreichen Volk.

Die Ägypter behandelten uns schlecht, machten uns rechtlos und legten uns harte Fronarbeit auf. Wir schrien zum Herrn, dem Gott unserer Väter, und der Herr hörte unser Schreien und sah unsere Rechtlosigkeit, unsere Arbeitslast und unsere Bedrängnis. Der Herr führte uns mit starker Hand und hoch erhobenem Arm, unter großem Schrecken, unter Zeichen und Wundern aus Ägypten, er brachte uns an diese Stätte und gab uns dieses Land, ein Land, in dem Milch und Honig fließen.

Und siehe, nun bringe ich hier die ersten Erträge von den Früchten des Landes, das du mir gegeben hast, Herr.

Wenn du den Korb vor den Herrn, deinen Gott, gestellt hast, sollst du dich vor dem Herrn, deinem Gott, niederwerfen.

ANTWORTPSALM Ps 91(90),1–2.10–11.12–13.14–15 (℟: vgl. 15b)

℟ Herr, sei bei mir in der Not! – ℟

Wer im Schutz des Höchsten wohnt *
und ruht im Schatten des Allmächtigen,
der sagt zum Herrn: „Du bist für mich Zuflucht und Burg, *
mein Gott, dem ich vertraue.“ – (℟)

Dir begegnet kein Unheil, *
kein Unglück naht sich deinem Zelt.
Denn er befiehlt seinen Engeln, *
dich zu behüten auf all deinen Wegen. – (℟)

Sie tragen dich auf ihren Händen, *
damit dein Fuß nicht an einen Stein stößt;
du schreitest über Löwen und Nattern, *
trittst auf Löwen und Drachen. – (℟)

Weil er an mir hängt, will ich ihn retten; *
ich will ihn schützen, denn er kennt meinen Namen.
Wenn er mich anruft, dann will ich ihn erhören. †
Ich bin bei ihm in der Not, *
befreie ihn und bringe ihn zu Ehren. – ℟

ZUR 2. LESUNG Die Botschaft von der rettenden Auferweckung Jesu steht im Zentrum der Verkündigung des Apostels Paulus. Der Brief, den Paulus an die Gemeinde in Rom schreibt, eine Gemeinde, die er nicht selbst gegründet hat, formuliert sein Anliegen höchst eindrücklich. Das Grundproblem, dem sich Paulus dabei stellt, ist die Frage, wie diejenigen, die Jesus nicht persönlich kennengelernt haben, durch den Glauben an seine Auferweckung Anteil erhalten können an der Erwählung und Rettung durch Gott. Klar für Paulus ist, dass Gott aufgrund seiner Treue (vgl. Röm 11,29) zu seiner Ersterwählung des Volkes Israel steht. Klar für Paulus ist auch, dass der Tod und die Auferweckung Jesu die Welt verändert haben. Die Lebenszeit wird für die Glaubenden zu einer verwandelten Zeit, die keine Todes-Zeit mehr ist, sondern Zeit bereits des messianisch befreiten Lebens. Glauben wir, dass diese Perspektive auch für uns und jetzt und hier gilt, fast 21 Jahrhunderte später?

ZWEITE LESUNG Röm 10,8–13

Bekenntnis der an Christus Glaubenden

Lesung aus dem Brief des Apostels Paulus an die Römer.

Brüder! [*oder:* Brüder und Schwestern! *oder:* Schwestern und Brüder!] Was sagt die Schrift? Das Wort ist dir nahe, es ist in deinem

Mund und in deinem Herzen. Gemeint ist das Wort des Glaubens, das wir verkündigen; denn wenn du mit deinem Mund bekennst: „Jesus ist der Herr“ und in deinem Herzen glaubst: „Gott hat ihn von den Toten auferweckt“, so wirst du gerettet werden.
Wer mit dem Herzen glaubt und mit dem Mund bekennt, wird Gerechtigkeit und Heil erlangen.
Denn die Schrift sagt: Wer an ihn glaubt, wird nicht zugrunde gehen. Darin gibt es keinen Unterschied zwischen Juden und Griechen. Alle haben denselben Herrn; aus seinem Reichtum beschenkt er alle, die ihn anrufen.
Denn jeder, der den Namen des Herrn anruft, wird gerettet werden.

RUF VOR DEM EVANGELIUM

Vers: vgl. Mt 4,4b

Christus, du ewiges Wort des Vaters, Ehre sei dir!
Nicht nur von Brot lebt der Mensch,
sondern von jedem Wort aus Gottes Mund.
Christus, du ewiges Wort des Vaters, Ehre sei dir!

ZUM EVANGELIUM Kaum zu glauben – aber wahr? Die Erzählungen des Lebens Jesu in den Evangelien sind keine Reportagen, sondern narrative Ausgestaltung von Erfahrungen des Lebens Jesu und mit ihm. Die Versuchungen, die im heutigen Evangelium geschildert werden, bestehen in Verlockungen der Macht und der Herrschaft. Demgegenüber macht die bildhafte Darstellung deutlich, dass es ein Missverständnis wäre, den Anspruch Jesu als Durchbrechung von Naturgesetzen zu verstehen. Die Erzählung von den vierzig Tagen Jesu in der Wüste zeigt eine neue Perspektive auf: Jesus weitet den Blick von unserer Fixierung auf die gegenständliche und sinnliche erfahrbare Welt. Mehr noch: Jesus will nicht selbst im Fokus der Aufmerksamkeit stehen, sondern er rückt Gott und sein Reich ins Zentrum.

EVANGELIUM

Lk 4,1–13

Der Geist führte ihn in der Wüste umher, und dabei wurde er vom Teufel in Versuchung geführt

+ Aus dem heiligen Evangelium nach Lukas.

In jener Zeit verließ Jesus, erfüllt vom Heiligen Geist, die Jordangegend. Darauf führte ihn der Geist vierzig Tage lang in der Wüste umher, und dabei wurde Jesus vom Teufel in Versuchung geführt. Die ganze Zeit über aß er nichts; als aber die vierzig Tage vorüber waren, hatte er Hunger. Da sagte der Teufel zu ihm: Wenn du Gottes Sohn bist, so befiehl diesem Stein, zu Brot zu werden. Jesus antwortete ihm: In der Schrift heißt es: Der Mensch lebt nicht nur von Brot.

Da führte ihn der Teufel auf einen Berg hinauf und zeigte ihm in einem einzigen Augenblick alle Reiche der Erde. Und er sagte zu ihm: All die Macht und Herrlichkeit dieser Reiche will ich dir geben; denn sie sind mir überlassen und ich gebe sie, wem ich will. Wenn du dich vor mir niederwirfst und mich anbetest, wird dir alles gehören. Jesus antwortete ihm: In der Schrift steht: Vor dem Herrn, deinem Gott, sollst du dich niederwerfen und ihm allein dienen. Darauf führte ihn der Teufel nach Jerusalem, stellte ihn oben auf den Tempel und sagte zu ihm: Wenn du Gottes Sohn bist, so stürz dich von hier hinab; denn es heißt in der Schrift: Seinen Engeln befiehlt er, dich zu behüten; und: Sie werden dich auf ihren Händen tragen, damit dein Fuß nicht an einen Stein stößt. Da antwortete ihm Jesus: Die Schrift sagt: Du sollst den Herrn, deinen Gott, nicht auf die Probe stellen. Nach diesen Versuchungen ließ der Teufel für eine gewisse Zeit von ihm ab.

Glaubensbekenntnis, S. 492 ff.

FÜRBITTEN

Bekehre uns Herr, vergib uns die Sünden und schenke uns neu dein Erbarmen. Voll Vertrauen auf dieses Erbarmen rufen wir zu Gott, der uns in seine Gemeinschaft ruft:

- Wir beten für alle, die nach Sinn und Mitte ihres Lebens suchen, dass sie finden, was ihnen fehlt. V/A: Höre und erhöre uns.
- Wir bitten für alle, die diese Fastenzeit zu wirklichem Neuanfangen nutzen wollen, dass ihnen Kraft und Beständigkeit geschenkt werde. V/A: Höre und erhöre uns.
- Wir beten für alle, die in Feindschaft oder nur nebeneinanderher leben, dass sie einander ansehen und die Hand zur Versöhnung reichen. V/A: Höre und erhöre uns.
- Wir bitten dich für alle, die hungern müssen, die in Unsicherheit und Not leben, dass sie Sicherheit finden. V/A: Höre und erhöre uns.
- Wir beten für unsere Verstorbenen, die an dich geglaubt und auf dich gehofft haben, und für alle Toten, dass sie Heimat finden bei dir. V/A: Höre und erhöre uns.

Gott, unser Heil, du bist wie ein guter Vater und wie eine treusorgende Mutter. Dafür danken wir dir und preisen dich, heute und alle Tage unseres Lebens.

EUCHARISTIEFEIER

GABENGEBET

Herr, unser Gott, wir bringen Brot und Wein für das heilige Opfer, das wir zum Beginn dieser Fastenzeit feiern. Nimm mit diesen Gaben uns selbst an und vereine unsere Hingabe mit dem Opfer deines Sohnes, der mit dir lebt und herrscht in alle Ewigkeit.

PRÄFATION

In Wahrheit ist es würdig und recht, dir, Herr, heiliger Vater, allmächtiger, ewiger Gott, immer und überall zu danken durch unseren

Herrn Jesus Christus. Denn er hat in der Wüste vierzig Tage gefastet und durch sein Beispiel diese Zeit der Buße geheiligt. Er macht die teuflische List des Versuchers zunichte und lässt uns die Bosheit des Feindes durchschauen. Er gibt uns die Kraft, den alten Sauerteig zu entfernen, damit wir Ostern halten mit lauterem Herzen und zum ewigen Ostern gelangen. Darum preisen wir dich mit den Kerubim und Serafim und singen mit allen Chören der Engel das Lob deiner Herrlichkeit: Heilig …

KOMMUNIONVERS

Ps 91(90),4

Mit seinen Flügeln schirmt dich der Herr,
unter seinen Schwingen findest du Zuflucht.

SCHLUSSGEBET

Gütiger Gott, du hast uns das Brot des Himmels gegeben, damit Glaube, Hoffnung und Liebe in uns wachsen. Erhalte in uns das Verlangen nach diesem wahren Brot, das der Welt das Leben gibt, und stärke uns mit jedem Wort, das aus deinem Mund hervorgeht. Darum bitten wir durch Christus, unseren Herrn.

FEIERLICHER SCHLUSSSEGEN

Der barmherzige Gott, der seinen Sohn für uns dahingegeben und uns in ihm ein Beispiel der Liebe geschenkt hat, segne euch und mache euch bereit, Gott und den Menschen zu dienen. – A: Amen.
Und Christus, der Herr, der uns durch sein Sterben dem ewigen Tode entrissen hat, stärke euren Glauben und führe euch zur unvergänglichen Herrlichkeit. – A: Amen.
Und allen, die ihm folgen auf dem Weg der Entäußerung, gebe er Anteil an seiner Auferstehung und an seiner Herrlichkeit. – A: Amen.

Das gewähre euch der dreieinige Gott, der Vater und der Sohn † und der Heilige Geist. – A: Amen.

***

GESCHNITTEN BROT

Wie geschnittenes Brot
geht ein tröstendes Wort
von Mund zu Mund
Der Mensch lebt
nicht allein
nicht allein vom Brot
Teilung ist keine Schwäche
Geben keine Dummheit
Zuhören kein Fehler

René Dausner

2. FASTENSONNTAG

17. März 2019

Die Zeit des Fastens bietet die Chance der Konzentration auf Wesentliches. Meist geht diese Konzentration mit neuen Bewegungen einher: von selbstbezogener Nabelschau zur Wahrnehmung der Not des anderen, von der Angst vor meinem Nachteil zur Sorge um dich. Diese sensible Wahrnehmung meiner Um- und Mitwelt kann leichter werden, wenn ich mir bewusst mache, wie wenig ich für mich persönlich zum Leben benötige. Auch die Festzeit des zweiten Fastensonntags ist in dieser Hinsicht Fastzeit. An biblischen Beispielen für ein solches Fasten, wie es Gott gefällt, mangelt es nicht: Hungrigen das eigene Brot zu geben, Obdachlose ins Haus aufzunehmen oder Nackte zu bekleiden (vgl. Jes 58,7).

ERÖFFNUNGSVERS

Ps 27(26),8–9

Mein Herz denkt an dein Wort:
Sucht mein Angesicht!
Dein Angesicht, Herr, will ich suchen.
Verbirg nicht dein Gesicht vor mir.

KYRIE-RUFE

Herr Jesus Christus, du hast bei deiner Verklärung
deine Herrlichkeit kundgetan.
V/A: Herr, erbarme dich.
Du hast den Aposteln deinen Kreuzestod
in Jerusalem offenbart.
V/A: Christus, erbarme dich.

Du führst uns durch diese heiligen vierzig Tage
zum Glanz des Ostermorgens.
V/A: Herr, erbarme dich.

TAGESGEBET

Gott, du hast uns geboten, auf deinen geliebten Sohn zu hören. Nähre uns mit deinem Wort und reinige die Augen unseres Geistes, damit wir fähig werden, deine Herrlichkeit zu erkennen. Darum bitten wir durch Jesus Christus.

WORTGOTTESDIENST

ZUR 1. LESUNG Abraham steht wie kaum eine zweite biblische Figur für den Glauben. Der Aufbruch aus der vertrauten Heimat in ein unbekanntes Land, die gastfreundliche Aufnahme der drei Fremden, das Vertrauen in Gottes Wort, auch wenn es ihm gebietet, den einzigen Sohn zu opfern – wie sehr wurde Abraham auf die Probe gestellt, ohne dass er gezögert hätte, seinen Glauben zu bezeugen. Darum ist Abraham der Vater des Glaubens nicht nur im Judentum, sondern auch im Christentum und im Islam. Der Lesungstext, der mit dem Bundesschluss endet, enthält den gewichtigen Satz, dass Abraham Gott Glauben schenkte und dass Gott Abrahams Glauben als seine Gerechtigkeit anerkannt habe (Gen 15,6). Gerade an Abraham kann dabei gelernt werden, dass der biblische Glaube kein blinder Gehorsamsglaube ist; die Rückfrage, woran er erkennen soll, dass ihm das Land zugeeignet werde, steht exemplarisch für einen Glauben, der von dem Glaubenden selbst verantwortet werden muss.

ERSTE LESUNG Gen 15,5–12.17–18

Abraham glaubte dem Herrn – der Herr schloss mit ihm einen Bund

Lesung aus dem Buch Genesis.

In jenen Tagen führte der Herr Abram hinaus und sprach: Sieh zum Himmel hinauf und zähl die Sterne, wenn du sie zählen kannst. Und er sprach zu ihm: So zahlreich werden deine Nachkommen sein. Abram glaubte dem Herrn und der Herr rechnete es ihm als Gerechtigkeit an.

Er sprach zu ihm: Ich bin der Herr, der dich aus Ur in Chaldäa herausgeführt hat, um dir dieses Land zu eigen zu geben.

Da sagte Abram: Herr, mein Herr, woran soll ich erkennen, dass ich es zu eigen bekomme?

Der Herr antwortete ihm: Hol mir ein dreijähriges Rind, eine dreijährige Ziege, einen dreijährigen Widder, eine Turteltaube und eine Haustaube! Abram brachte ihm alle diese Tiere, zerteilte sie und legte je eine Hälfte der andern gegenüber; die Vögel aber zerteilte er nicht. Da stießen Raubvögel auf die Fleischstücke herab, doch Abram verscheuchte sie. Bei Sonnenuntergang fiel auf Abram ein tiefer Schlaf, große unheimliche Angst überfiel ihn.

Die Sonne war untergegangen und es war dunkel geworden. Auf einmal waren ein rauchender Ofen und eine lodernde Fackel da; sie fuhren zwischen jenen Fleischstücken hindurch. An diesem Tag schloss der Herr mit Abram folgenden Bund: Deinen Nachkommen gebe ich dieses Land vom Grenzbach Ägyptens bis zum großen Strom, dem Eufrat.

ANTWORTPSALM

Ps 27(26),1.7–8.9.13–14 (℟: 1a)

℟ Der Herr ist mein Licht und mein Heil. – ℟

Der Herr ist mein Licht und mein Heil: *
Vor wem sollte ich mich fürchten?
Der Herr ist die Kraft meines Lebens: *
Vor wem sollte mir bangen? – (℟)

Vernimm, o Herr, mein lautes Rufen; *
sei mir gnädig und erhöre mich!

Mein Herz denkt an dein Wort: „Sucht mein Angesicht!“ *
Dein Angesicht, Herr, will ich suchen. – (℟)

Verbirg nicht dein Gesicht vor mir; †
weise deinen Knecht im Zorn nicht ab! *
Du wurdest meine Hilfe.
Verstoß mich nicht, verlass mich nicht, *
du Gott meines Heiles! – (℟)

Ich bin gewiss, zu schauen *
die Güte des Herrn im Land der Lebenden.
Hoffe auf den Herrn und sei stark! *
Hab festen Mut und hoffe auf den Herrn! – ℟

ZUR 2. LESUNG Das Geheimnis der Verwandlung, von dem der Apostel Paulus in seinem Brief an die Korinther schreibt (vgl. 1 Kor 15), betrifft die Auferstehung nach dem Tod. Im heutigen Lesungstext aus dem Philipperbrief kommt die Hoffnung auf diese transformierende Kraft bereits vor dem Tod zum Ausdruck. Christus Jesus, der Retter, verwandelt uns bis hinein in unsere Leiblichkeit, sodass wir auch den Tod nicht mehr fürchten müssen. Es wäre falsch, diese Hoffnung als Weltfremdheit zu deuten, denn die Verwandlung und die Verortung im Himmel zielen auf eine Unbefangenheit und eine Freiheit, die wir in dieser Welt und für diese leben können. Friedrich Nietzsche hatte daher vollkommen recht, wenn er spöttisch bemerkte, die Gesichter der Christinnen und Christen müssten erlöster aussehen. Die Auferstehung Jesu, dem wir in der Taufe gleichgestaltet sind, gibt uns allen Grund dazu.

ZWEITE LESUNG

Phil 3,17 – 4,1

Christus wird uns verwandeln in die Gestalt seines verherrlichten Leibes

Lesung aus dem Brief des Apostels Paulus an die Philipper.

Ahmt auch ihr mich nach, Brüder, [*oder:* Brüder und Schwestern, *oder:* Schwestern und Brüder,] und achtet auf jene, die nach dem Vorbild leben, das ihr an uns habt.

Denn viele – von denen ich oft zu euch gesprochen habe, doch jetzt unter Tränen spreche – leben als Feinde des Kreuzes Christi.

Ihr Ende ist das Verderben, ihr Gott der Bauch; ihr Ruhm besteht in ihrer Schande; Irdisches haben sie im Sinn.

Unsere Heimat aber ist im Himmel. Von dorther erwarten wir auch Jesus Christus, den Herrn, als Retter, der unseren armseligen Leib verwandeln wird in die Gestalt seines verherrlichten Leibes, in der Kraft, mit der er sich alles unterwerfen kann.

Darum, meine geliebten Brüder, nach denen ich mich sehne, meine Freude und mein Ehrenkranz, steht fest in der Gemeinschaft mit dem Herrn, liebe Brüder.

Oder:

KURZFASSUNG Phil 3,20 – 4,1

Christus wird uns verwandeln in die Gestalt seines verherrlichten Leibes

Lesung aus dem Brief des Apostels Paulus an die Philipper.

Brüder! [*oder:* Brüder und Schwestern! *oder:* Schwestern und Brüder!] Unsere Heimat ist im Himmel. Von dorther erwarten wir auch Jesus Christus, den Herrn, als Retter, der unseren armseligen Leib verwandeln wird in die Gestalt seines verherrlichten Leibes, in der Kraft, mit der er sich alles unterwerfen kann.

Darum, meine geliebten Brüder, nach denen ich mich sehne, meine Freude und mein Ehrenkranz, steht fest in der Gemeinschaft mit dem Herrn, liebe Brüder.

RUF VOR DEM EVANGELIUM

Christus, du ewiges Wort des Vaters, Ehre sei dir! – R
Aus der leuchtenden Wolke rief die Stimme des Vaters:
Das ist mein geliebter Sohn; auf ihn sollt ihr hören.
Christus, du ewiges Wort des Vaters, Ehre sei dir!

ZUM EVANGELIUM Wer ist Jesus von Nazaret? Und wie kann angemessen von ihm gesprochen werden, von dem es heißt, er sei der Sohn Gottes? Für den Evangelisten Lukas ist ebenso wie für die anderen neutestamentlichen Autoren klar, dass die Heilige Schrift die Bibel Israels – und so schließlich auch unser Altes Testament – ist. Um zu erläutern, wer dieser Jesus ist, bedarf es daher des begründenden Rückgriffs auf die bekannten Texte und Autoritäten der Heiligen Schrift. Mose und Elija, mit denen Jesus im heutigen Evangelium in einem Atemzug genannt wird, verkörpern diese Autorität. Mose, der das Volk Israel aus der Knechtschaft in Ägypten herausgeführt, dem Volk die Weisungen zu einem gelingenden Leben verkündet und den Glauben an den Einen Gott eingeführt hat; Elija, der große Prophet, der den Glauben an den Einen Gott auch gegen Widerstände verteidigt hat – zwei Lichtgestalten, durch die auch Jesus ins rechte Licht gerückt werden soll. Ohne das „Alte Testament" wären die Botschaft Jesu und die Botschaft über Jesus nicht verständlich zu machen.

EVANGELIUM Lk 9,28b–36

Während er betete, veränderte sich das Aussehen seines Gesichtes

+ Aus dem heiligen Evangelium nach Lukas.

In jener Zeit nahm Jesus Petrus, Johannes und Jakobus beiseite und stieg mit ihnen auf einen Berg, um zu beten. Und während er betete, veränderte sich das Aussehen seines Gesichtes und sein Gewand wurde leuchtend weiß.

Und plötzlich redeten zwei Männer mit ihm. Es waren Mose und Elija; sie erschienen in strahlendem Licht und sprachen von seinem Ende, das sich in Jerusalem erfüllen sollte.

Petrus und seine Begleiter aber waren eingeschlafen, wurden jedoch wach und sahen Jesus in strahlendem Licht und die zwei Männer, die bei ihm standen.

Als die beiden sich von ihm trennen wollten, sagte Petrus zu Jesus: Meister, es ist gut, dass wir hier sind. Wir wollen drei Hütten bauen, eine für dich, eine für Mose und eine für Elija. Er wusste aber nicht, was er sagte. Während er noch redete, kam eine Wolke und warf ihren Schatten auf sie. Sie gerieten in die Wolke hinein und bekamen Angst.

Da rief eine Stimme aus der Wolke: Das ist mein auserwählter Sohn, auf ihn sollt ihr hören.

Als aber die Stimme erklang, war Jesus wieder allein. Die Jünger schwiegen jedoch über das, was sie gesehen hatten, und erzählten in jenen Tagen niemand davon.

Glaubensbekenntnis, S. 492 ff.

FÜRBITTEN

Im Taborlicht leuchtet der Weg Jesu auf. Wir bitten um Gottes Beistand für alle, die ihren Weg suchen:

- Wir beten für diejenigen, die in der Kirche ein Leitungsamt innehaben und ernsthaft nach neuen, nach guten Wegen suchen. V/A: Herr, lass dein Licht leuchten.
- Wir beten um deinen Segen für Kinder und Jugendliche, die ihren eigenen Weg finden wollen. V/A: Herr, lass dein Licht leuchten.
- Wir beten um deine Nähe für alle, die krank sind und Wege gehen müssen, die sie nicht selbst gewählt haben. V/A: Herr, lass dein Licht leuchten.
- Wir beten um dein Licht für alle, die sich verrannt und verirrt haben. V/A: Herr, lass dein Licht leuchten.

- Wir beten für unsere Verstorbenen, dass sie in deinem Licht leben dürfen. V/A: Herr, lass dein Licht leuchten.

Gott, dein Licht scheint hell, es ruft uns zur Umkehr, zu Fülle und Freude in dir. Auf dich hoffen wir, dich loben wir und preisen dich, heute und allezeit.

EUCHARISTIEFEIER

GABENGEBET

Herr, das Opfer, das wir feiern, nehme alle Schuld von uns. Es heilige uns an Leib und Seele, damit wir uns in rechter Weise auf das Osterfest vorbereiten. Darum bitten wir durch Christus, unseren Herrn.

PRÄFATION

In Wahrheit ist es würdig und recht, dir, Vater im Himmel, zu danken durch unseren Herrn Jesus Christus. Denn er hat den Jüngern seinen Tod vorausgesagt und ihnen auf dem heiligen Berg seine Herrlichkeit kundgetan. In seiner Verklärung erkennen wir, was Gesetz und Propheten bezeugen: dass wir durch das Leiden mit Christus zur Auferstehung gelangen. Durch ihn rühmen wir deine Größe und singen mit den Chören der Engel das Lob deiner Herrlichkeit: Heilig …

KOMMUNIONVERS Mt 17,5

Dies ist mein geliebter Sohn,
an dem ich Gefallen gefunden habe:
Auf ihn sollt ihr hören.

SCHLUSSGEBET

Herr, du hast uns im Sakrament an der Herrlichkeit deines Sohnes Anteil gegeben. Wir danken dir, dass du uns schon auf Erden teilnehmen lässt an dem, was droben ist. Durch Christus, unseren Herrn.

FEIERLICHER SCHLUSSSEGEN

S. 223 f.

***

GEHEIMNIS DER VERWANDLUNG

Wer den Himmel
beobachtet und beachtet
gilt nicht zu Recht
als Hans-Guck-in-die-Luft
Der Himmel
verrät
die Geschehnisse
der Erde
Von einem Augenblick
zum nächsten wechseln
Licht und Wolken
Sonne und Schnee
wie Tränen
der Freude
wie Tränen
des Leides

René Dausner

HEILIGER JOSEF, BRÄUTIGAM DER GOTTESMUTTER MARIA – HOCHFEST

19. März 2019

Die Frage nach dem Vater Jesu ist eine Konsequenz aus seiner einzigartigen Gottessohnschaft und aus Jesu Anspruch, Gott als seinen Vater zu bezeichnen. Wer ist dann Josef, der Bräutigam der Mutter Jesu, und in welcher Beziehung steht er zu Jesus? Eine mögliche und in der Antike tatsächlich geäußerte Erklärung, Jesus sei ein uneheliches Kind, wird in den Evangelien nicht aufgegriffen; stattdessen wird betont, Maria sei schwanger geworden, ohne eine intime Beziehung zu einem Mann unterhalten zu haben. Dennoch wird Josef nicht einfach übergangen, sondern als Versorger der Familie wertgeschätzt. Auch durch diese besonderen Familienumstände wird die Einzigkeit Jesu herausgestellt. Von ihm her und auf ihn hin ist auch das Hochfest zu verstehen.

ERÖFFNUNGSVERS

Vgl. Lk 12,42

Seht, das ist der treue und kluge Hausvater,
dem der Herr seine Familie anvertraut,
damit er für sie sorge.

KYRIE-RUFE

Herr Jesus Christus, du hast die väterliche Fürsorge
des heiligen Josef angenommen.
V/A: Herr, erbarme dich.
Du bist der väterlichen Führung des heiligen Josef gefolgt.
V/A: Christus, erbarme dich.

Du hast von dem väterlichen Vorbild des heiligen Josef gelernt.
V/A: Herr, erbarme dich.

Ehre sei Gott, S. 489 f.

TAGESGEBET

Allmächtiger Gott, du hast Jesus, unseren Heiland, und seine Mutter Maria der treuen Sorge des heiligen Josef anvertraut. Höre auf seine Fürsprache und hilf deiner Kirche, die Geheimnisse der Erlösung treu zu verwalten, bis das Werk des Heiles vollendet ist. Darum bitten wir durch Jesus Christus.

WORTGOTTESDIENST

ZUR 1. LESUNG Mit der Verkündigungsszene verbinden wir die Verkündigung der Geburt Jesu an Maria durch den Erzengel Gabriel, vielfach dargestellt mit allen Mitteln der Kunst. In der ersten Lesung findet eine alttestamentliche Verkündigungsszene statt: Der Prophet Natan wird beauftragt, dem König David das Wort Gottes zu verkünden. Und in dieser Verkündigung wird David nicht nur der Bestand seiner königlichen Familie und auch nicht nur der Bau eines Tempels vorausgesagt. Mit Blick auf die Lebensgeschichte Jesu noch entscheidender ist die Aussage, Gott werde Davids Sohn Salomo als seinen eigenen Sohn annehmen und ihm Vater sein. Liest sich vor diesem Hintergrund die Geschichte von der sog. Heiligen Familie Maria, Josef und Jesus nicht anders?

ERSTE LESUNG 2 Sam 7,4–5a.12–14a.16

Der Herr wird ihm den Thron seines Vaters David geben (Lk 1,32)

Lesung aus dem zweiten Buch Samuel.

Das Wort des Herrn erging an Natan: Geh zu meinem Knecht David und sag zu ihm: So spricht der Herr: Wenn deine Tage erfüllt sind und du dich zu deinen Vätern legst, werde ich deinen leiblichen Sohn als deinen Nachfolger einsetzen und seinem Königtum Bestand verleihen. Er wird für meinen Namen ein Haus bauen und ich werde seinem Königsthron ewigen Bestand verleihen.

Ich will für ihn Vater sein und er wird für mich Sohn sein. Dein Haus und dein Königtum sollen durch mich auf ewig bestehen bleiben; dein Thron soll auf ewig Bestand haben.

ANTWORTPSALM

Ps 89(88),2–3.4–5.27 u. 29 (℟: Lk 1,32b)

℟ Gott, der Herr, wird ihm den Thron seines Vaters David geben. – ℟

Von den Taten deiner Huld, Herr, will ich ewig singen, *
bis zum fernsten Geschlecht laut deine Treue verkünden.
Denn ich bekenne: Deine Huld besteht für immer und ewig; *
deine Treue steht fest im Himmel. – (℟)

„Ich habe einen Bund geschlossen mit meinem Erwählten *
und David, meinem Knecht, geschworen:
Deinem Haus gebe ich auf ewig Bestand *
und von Geschlecht zu Geschlecht richte ich deinen Thron auf. – (℟)

Er wird zu mir rufen: Mein Vater bist du, *
mein Gott, der Fels meines Heiles.
Auf ewig werde ich ihm meine Huld bewahren, *
mein Bund mit ihm bleibt allzeit bestehen.“ – ℟

ZUR 2. LESUNG Wer ist Josef? In welcher Beziehung steht er zu Jesus von Nazaret? Lässt sich Vaterschaft anders denken als im Denkrahmen leiblicher Vaterschaft? Vor dem Hintergrund des heutigen

Festtags rückt neben David eine zweite alttestamentliche Vaterfigur ins Zentrum der Überlegung: Abraham. Denn nach Aussage des Apostels Paulus ist Abraham „unser aller Vater vor Gott" (V. 17). Der Glaube Abrahams wird als entscheidender Grund genannt für die zahlreiche Nachkommenschaft. In diesem Text geht es in keiner Weise um eine Abwertung der leiblichen Geschlechterfolge, sondern um den Versuch, eine neue Geschlechterfolge – neben der biologischen – zu begründen: eine Nachkommenschaft aus Glauben.

ZWEITE LESUNG

Röm 4,13.16–18.22

Gegen alle Hoffnung hat er voll Hoffnung geglaubt

Lesung aus dem Brief des Apostels Paulus an die Römer.

Brüder! [*oder:* Brüder und Schwestern! *oder:* Schwestern und Brüder!] Abraham und seine Nachkommen erhielten nicht aufgrund des Gesetzes die Verheißung, Erben der Welt zu sein, sondern aufgrund der Glaubensgerechtigkeit.

Deshalb gilt: „aus Glauben", damit auch gilt: „aus Gnade". Nur so bleibt die Verheißung für alle Nachkommen gültig, nicht nur für die, welche das Gesetz haben, sondern auch für die, welche wie Abraham den Glauben haben.

Nach dem Schriftwort: Ich habe dich zum Vater vieler Völker bestimmt, ist er unser aller Vater vor Gott, dem er geglaubt hat, dem Gott, der die Toten lebendig macht und das, was nicht ist, ins Dasein ruft.

Gegen alle Hoffnung hat er voll Hoffnung geglaubt, dass er der Vater vieler Völker werde, nach dem Wort: So zahlreich werden deine Nachkommen sein.

Darum wurde der Glaube ihm als Gerechtigkeit angerechnet.

RUF VOR DEM EVANGELIUM

Vers: vgl. Ps 84(83), 5

Dein ist die Ehre, dein ist die Macht, Christus, Herr und Erlöser. – ℟
Selig, die in deinem Hause wohnen, Herr,

die dich loben allezeit.
Dein ist die Ehre, dein ist die Macht, Christus, Herr und Erlöser.

ZUM EVANGELIUM Im Matthäus-Evangelium wird die Reaktion Josefs geschildert, als er von der Schwangerschaft Marias erfährt. Seine spontane Reaktion, Maria in aller Stille verlassen zu wollen, macht auch seine tiefe Enttäuschung deutlich. Betrogensein, Schmerz; keine Rachsucht. Das ist gut. Die nächtliche Vision im Traum belehrt ihn eines noch Besseren und bekehrt ihn schließlich. Das ist die eine Lesart des Evangeliums. Eine zweite Lesart fokussiert die heilsgeschichtliche Stellung Jesu, dessen Geburt und dessen Bedeutung Josef als dem Vater mitgeteilt wird. Entscheidend in dieser Lesart ist der wörtliche Sinn des Namens Jesu: Jehoschua ist der Retter und der Erlöser. Der Evangelist Matthäus greift die Rede von der Vergebung der Sünden später wieder auf, nämlich im Kelchwort Jesu: „Das ist mein Blut des Bundes, das für viele vergossen wird zur Vergebung der Sünden" (Mt 26,28).

EVANGELIUM Mt 1,16.18–21.24a

Josef tat, was der Engel des Herrn ihm befohlen hatte

+ **Aus dem heiligen Evangelium nach Matthäus.**

Jakob war der Vater von Josef, dem Mann Marias; von ihr wurde Jesus geboren, der der Christus – der Messias – genannt wird.

Mit der Geburt Jesu Christi war es so: Maria, seine Mutter, war mit Josef verlobt; noch bevor sie zusammengekommen waren, zeigte sich, dass sie ein Kind erwartete – durch das Wirken des Heiligen Geistes. Josef, ihr Mann, der gerecht war und sie nicht bloßstellen wollte, beschloss, sich in aller Stille von ihr zu trennen.

Während er noch darüber nachdachte, erschien ihm ein Engel des Herrn im Traum und sagte: Josef, Sohn Davids, fürchte dich nicht, Maria als deine Frau zu dir zu nehmen; denn das Kind, das sie erwartet, ist vom Heiligen Geist.

Sie wird einen Sohn gebären; ihm sollst du den Namen Jesus geben; denn er wird sein Volk von seinen Sünden erlösen.
Als Josef erwachte, tat er, was der Engel des Herrn ihm befohlen hatte.

Oder:

ZUM EVANGELIUM Über Jesus als Kind und Jugendlichen erfahren wir nicht viel in den Evangelien. Umso wertvoller – gerade in der Glaubensweitergabe für heutige Kinder und Jugendliche – ist daher diese Erzählung vom zwölfjährigen Jesus im Tempel. Bildreich und nachvollziehbar wird Jesus vorgestellt, der sich von seinen Eltern entfernt, um seinen eigenen Weg zu gehen. Dass die Eltern ihn suchen, weil sie ihn vermissen, ist eine Hilfestellung für eine Identifikation; eine zweite Hilfestellung ist, dass die Eltern Jesus nicht verstehen. Das Wort, er müsse im Haus seines Vaters sein, verstört selbstverständlich die Eltern. Und gerade dieses unverständliche Wort mag Kindern und Jugendlichen verständlich machen, was Gottessohnschaft Jesu bedeuten soll.

EVANGELIUM Lk 2,41–51a

Dein Vater und ich haben dich voll Angst gesucht

+ Aus dem heiligen Evangelium nach Lukas.

Die Eltern Jesu gingen jedes Jahr zum Paschafest nach Jerusalem. Als er zwölf Jahre alt geworden war, zogen sie wieder hinauf, wie es dem Festbrauch entsprach.
Nachdem die Festtage zu Ende waren, machten sie sich auf den Heimweg. Der junge Jesus aber blieb in Jerusalem, ohne dass seine Eltern es merkten. Sie meinten, er sei irgendwo in der Pilgergruppe, und reisten eine Tagesstrecke weit; dann suchten sie ihn bei den Verwandten und Bekannten. Als sie ihn nicht fanden, kehrten sie nach Jerusalem zurück und suchten ihn dort.
Nach drei Tagen fanden sie ihn im Tempel; er saß mitten unter den Lehrern, hörte ihnen zu und stellte Fragen. Alle, die ihn hörten,

waren erstaunt über sein Verständnis und über seine Antworten.

Als seine Eltern ihn sahen, waren sie sehr betroffen und seine Mutter sagte zu ihm: Kind, wie konntest du uns das antun? Dein Vater und ich haben dich voll Angst gesucht.

Da sagte er zu ihnen: Warum habt ihr mich gesucht? Wusstet ihr nicht, dass ich in dem sein muss, was meinem Vater gehört? Doch sie verstanden nicht, was er damit sagen wollte.

Dann kehrte er mit ihnen nach Nazaret zurück und war ihnen gehorsam.

Glaubensbekenntnis, S. 492 ff.

FÜRBITTEN

Gott, du hast Josef einen Engel als Beistand gesandt. Wir bitten dich um deinen Beistand für alle, die mit Sorgen und Not belastet sind:

- Für die Kirche: dass sie nach dem Vorbild des heiligen Josef immer wieder neu nach dem Willen Gottes fragt. V/A: Wir bitten dich, erhöre uns.
- Für alle, denen Kinder anvertraut sind: Hilf ihnen, zugewandt, liebevoll und glaubwürdig zu sein. V/A: Wir bitten dich, erhöre uns.
- Für die Kinder, für die niemand da ist: Lass sie dennoch Wege finden, die nicht ins Abseits, sondern ins Leben führen. V/A: Wir bitten dich, erhöre uns.
- Für die vielen Menschen weltweit, die trotz schwerer Arbeit nicht genug zum Leben haben und Mangel leiden müssen: dass sie Hilfe zur Selbsthilfe bekommen. V/A: Wir bitten dich, erhöre uns.
- Für alle, die vor eine schwere Lebensentscheidung gestellt sind: Sende du ihnen deinen Geist. V/A: Wir bitten dich, erhöre uns.

Josef vertraute dem Engel; so konnte er den Weg des Heils gehen. Hilf auch uns zu vertrauen und lass uns die richtigen Wege finden. Darum bitten wir durch Jesus Christus, unseren Herrn und Bruder.

EUCHARISTIEFEIER

GABENGEBET

Herr, unser Gott, der heilige Josef hat deinem ewigen Sohn, den die Jungfrau Maria geboren hat, in Treue gedient. Lass auch uns Christus dienen und dieses Opfer mit reinem Herzen feiern. Darum bitten wir durch Christus, unseren Herrn.

PRÄFATION

In Wahrheit ist es würdig und recht, dir, allmächtiger Vater, zu danken und am Fest des heiligen Josef die Wege deiner Weisheit zu rühmen. Denn ihm, dem Gerechten, hast du die jungfräuliche Gottesmutter anvertraut, ihn, deinen treuen und klugen Knecht, bestellt zum Haupt der Heiligen Familie. An Vaters statt sollte er deinen eingeborenen Sohn beschützen, der durch die Überschattung des Heiligen Geistes empfangen war, unseren Herrn Jesus Christus. Durch ihn loben die Engel deine Herrlichkeit, beten dich an die Mächte, erbeben die Gewalten. Die Himmel und die himmlischen Kräfte und die seligen Serafim feiern dich jubelnd im Chore. Mit ihrem Lobgesang lass auch unsere Stimmen sich vereinen und voll Ehrfurcht rufen: Heilig …

KOMMUNIONVERS

Mt 25,21

Komm, du guter und getreuer Knecht;
nimm teil am Festmahl deines Herrn.

SCHLUSSGEBET

Herr, unser Gott, du hast uns am Fest des heiligen Josef um deinen Altar versammelt und mit dem Brot des Lebens gestärkt. Schütze deine Familie und erhalte in ihr deine Gaben. Darum bitten wir durch Christus, unseren Herrn.

***

VATER UNSER

Vater unser
auf Erden
Dein Name
reicht von Abraham
bis Josef
Du lenkst den Blick auf
Himmel und Erde
Du sorgst
für das tägliche Brot
Du empfiehlst dem Sohn
Deiner Frau uns
vom Bösen
zu erlösen

René Dausner

3. FASTENSONNTAG

24. März 2019

Unterbrechung, so hat es der katholische Theologe Johann-Baptist Metz treffend auf den Punkt gebracht, ist die kürzeste Definition von Religion. Die Fastenzeit unterbricht den Alltagslauf durch „Fasten, Gebet und Werke der Liebe", wie es im heutigen Tagesgebet heißt; der dritte Fastensonntag wiederum unterbricht die Fastenzeit. Die bewusste Feier des Kirchenjahres bietet darum eine ausgezeichnete Einführung in den christlichen Glauben. Nicht zuletzt für Kinder und Jugendliche könnte die Unterbrechung, die Störung des Normalen, als Chance genutzt werden, Fragen zu stellen und Anknüpfungspunkte zu finden für die verwandelnde Kraft des Glaubens. Schulen und Gemeinden könnten diese Sollbruchstellen des Alltags aufgreifen und als Quellen des Verstehens werten. Durch Anleitung und Hinleitung zum Geheimnis des Glaubens – zur Zukunft des Glaubens unter uns?

ERÖFFNUNGSVERS — Ez 36,22–26

Wort Gottes, des Herrn:
Ich werde euch beweisen, dass ich heilig bin.
Ich sammle euch aus allen Ländern.
Ich gieße reines Wasser über euch, damit ihr rein werdet,
und gebe euch einen neuen Geist.

KYRIE-RUFE

Herr Jesus Christus, du willst, dass wir
uns bekehren und uns vergeben lassen.
V/A: Herr, erbarme dich.

Du willst, dass wir leben
und dass wir das Leben in Fülle haben.
V/A: Christus, erbarme dich.
Du willst, dass wir Frucht bringen
und dass unsere Frucht bleibt.
V/A: Herr, erbarme dich.

TAGESGEBET

Gott, unser Vater, du bist der Quell des Erbarmens und der Güte, wir stehen als Sünder vor dir, und unser Gewissen klagt uns an. Sieh auf unsere Not und lass uns Vergebung finden durch Fasten, Gebet und Werke der Liebe. Darum bitten wir durch Jesus Christus.

WORTGOTTESDIENST

ZUR 1. LESUNG Aus dem Vaterunser ist uns die Bitte vertraut: „geheiligt werde dein Name". Aber was bedeutet die Heiligung des göttlichen Namens? Wie lautet der Name? Und was verrät der Name über Gott selbst? Ist nicht ein Name die Verhüllung und Auflösung inhaltlicher Aussagen? In dem ersten Lesungstext wird der Name Gottes übersetzt in eine Zusage des Daseins. Ist dieses Dasein aber für Gott nicht zu wenig? Im hebräischen Original lautet die Übersetzung des Namens eher: *Ich werde sein als der, als der ich sein werde.* Die Zukünftigkeit und die Symmetrie der Aussage retten den Aspekt des Heiligen und der Besonderheit dieses Namens. Es war eine kluge Entscheidung, in der neuen Einheitsübersetzung den hebräischen Gottesnamen, der im Judentum aus Ehrfurcht nie ausgesprochen wird, konsequent mit dem Verschweige-Wort „HERR" wiederzugeben. Im Geheimnis sind sich, so Martin Buber, Judentum und Christentum unendlich nah.

ERSTE LESUNG

Ex 3,1–8a.13–15

Der „Ich-bin-da“ hat mich zu euch gesandt

Lesung aus dem Buch Exodus.

In jenen Tagen weidete Mose die Schafe und Ziegen seines Schwiegervaters Jitro, des Priesters von Midian. Eines Tages trieb er das Vieh über die Steppe hinaus und kam zum Gottesberg Horeb. Dort erschien ihm der Engel des Herrn in einer Flamme, die aus einem Dornbusch emporschlug. Er schaute hin: Da brannte der Dornbusch und verbrannte doch nicht. Mose sagte: Ich will dorthin gehen und mir die außergewöhnliche Erscheinung ansehen. Warum verbrennt denn der Dornbusch nicht?

Als der Herr sah, dass Mose näher kam, um sich das anzusehen, rief Gott ihm aus dem Dornbusch zu: Mose, Mose! Er antwortete: Hier bin ich. Der Herr sagte: Komm nicht näher heran! Leg deine Schuhe ab, denn der Ort, wo du stehst, ist heiliger Boden. Dann fuhr er fort: Ich bin der Gott deines Vaters, der Gott Abrahams, der Gott Isaaks und der Gott Jakobs. Da verhüllte Mose sein Gesicht, denn er fürchtete sich, Gott anzuschauen.

Der Herr sprach: Ich habe das Elend meines Volkes in Ägypten gesehen und ihre laute Klage über ihre Antreiber habe ich gehört. Ich kenne ihr Leid. Ich bin herabgestiegen, um sie der Hand der Ägypter zu entreißen und aus jenem Land hinaufzuführen in ein schönes, weites Land, in ein Land, in dem Milch und Honig fließen.

Da sagte Mose zu Gott: Ich werde also zu den Israeliten kommen und ihnen sagen: Der Gott eurer Väter hat mich zu euch gesandt. Da werden sie mich fragen: Wie heißt er? Was soll ich ihnen darauf sagen?

Da antwortete Gott dem Mose: Ich bin der „Ich-bin-da“. Und er fuhr fort: So sollst du zu den Israeliten sagen: Der „Ich-bin-da“ hat mich zu euch gesandt. Weiter sprach Gott zu Mose: So sag zu den Israeliten: Jahwe, der Gott eurer Väter, der Gott Abrahams, der Gott Isaaks und der Gott Jakobs, hat mich zu euch gesandt. Das ist mein Name für immer und so wird man mich nennen in allen Generationen.

ANTWORTPSALM

Ps 103(102),1–2.3–4.6–7.8 u. 11 (℟: vgl. 8)

℟ Gnädig und barmherzig ist der Herr,
voll Langmut und reich an Güte. – ℟

Lobe den Herrn, meine Seele, *
und alles in mir seinen heiligen Namen!
Lobe den Herrn, meine Seele, *
und vergiss nicht, was er dir Gutes getan hat: – (℟)

der dir all deine Schuld vergibt *
und all deine Gebrechen heilt;
der dein Leben vor dem Untergang rettet *
und dich mit Huld und Erbarmen krönt. – (℟)

Der Herr vollbringt Taten des Heiles, *
Recht verschafft er allen Bedrängten.
Er hat Mose seine Wege kundgetan, *
den Kindern Israels seine Werke. – (℟)

Der Herr ist barmherzig und gnädig, *
langmütig und reich an Güte.
So hoch der Himmel über der Erde ist, *
so hoch ist seine Huld über denen, die ihn fürchten. – ℟

ZUR 2. LESUNG „Ich setzte meinen Fuß in die Luft und sie trug", schreibt Hilde Domin in ihrem Gedichtband „Nur eine Rose als Stütze". Könnte die Situation der Glaubenden treffender und schöner formuliert werden? Ohne Netz und doppelten Boden – ohne sicherndes Wissen und ohne Rückversicherung, aber nie ohne Hoffnung und Zuversicht. Die Warnung, die Paulus mit Bezug auf den Exodus des Volkes Israel schildert, zeigt, dass der Glaube kein Ruhekissen sein kann. Im Gegenteil: Der Glaube versetzt in Unruhe, rüttelt wach, macht aufmerksam und sensibel. „Wer also zu stehen meint, der gebe acht, dass er nicht fällt." So die Mahnung des Paulus, an die der sprachspielerische Satz des jüdischen Dichters Elazar Benyoëtz erinnert: „Der Mensch" – zumal der gläubige – „besteht von Fall zu Fall".

ZWEITE LESUNG

1 Kor 10,1–6.10–12

Das Leben des Volkes mit Mose in der Wüste wurde uns zur Warnung aufgeschrieben

Lesung aus dem ersten Brief des Apostels Paulus an die Korinther.

Ihr sollt wissen, Brüder [*oder:* Brüder und Schwestern, *oder:* Schwestern und Brüder,], dass unsere Väter alle unter der Wolke waren, alle durch das Meer zogen und alle auf Mose getauft wurden in der Wolke und im Meer. Alle aßen auch die gleiche gottgeschenkte Speise und alle tranken den gleichen gottgeschenkten Trank; denn sie tranken aus dem lebenspendenden Felsen, der mit ihnen zog. Und dieser Fels war Christus. Gott aber hatte an den meisten von ihnen kein Gefallen; denn er ließ sie in der Wüste umkommen.

Das aber geschah als warnendes Beispiel für uns: damit wir uns nicht von der Gier nach dem Bösen beherrschen lassen, wie jene sich von der Gier beherrschen ließen. Murrt auch nicht, wie einige von ihnen murrten; sie wurden vom Verderber umgebracht.

Das aber geschah an ihnen, damit es uns als Beispiel dient; uns zur Warnung wurde es aufgeschrieben, uns, die das Ende der Zeiten erreicht hat. Wer also zu stehen meint, der gebe acht, dass er nicht fällt.

RUF VOR DEM EVANGELIUM

Vers: Mt 4,17

Christus, du ewiges Wort des Vaters, Ehre sei dir! – ℟
(So spricht der Herr:)
Kehrt um!
Denn das Himmelreich ist nahe.
Christus, du ewiges Wort des Vaters, Ehre sei dir!

ZUM EVANGELIUM Die Rede von der Sündhaftigkeit des Menschen steht heute nicht allzu hoch im Kurs. Zu unverständlich groß das Wort. Zu groß der Verdacht, die Sünde werde verkündet, um anschließend die Lösung, die Erlösung, patent anbieten zu können. In der Predigt Jesu wird jedoch deutlich: der Universalität der Sünde steht die Universalität des Heiles gegenüber. Der Ruf nach Umkehr ist keine hohle Floskel, sondern bitterer Ernst. Diese Ernsthaftigkeit aber kann gerade heute angesichts globaler Entwicklungen Gehör finden, vorausgesetzt, dass nicht vorschnelle Lösungen propagiert werden. Die Klimakatastrophe, Armut, weltweite Flüchtlingsströme sind nur drei Beispiele für Herausforderungen, auf die wir keine einfachen Antworten haben. Wäre aus dem Evangelium nicht zumindest Bescheidenheit und – positiv – Umkehr zu lernen, ohne bescheidwisserisch aufzutreten?

EVANGELIUM Lk 13,1–9

Ihr alle werdet genauso umkommen, wenn ihr euch nicht bekehrt

+ Aus dem heiligen Evangelium nach Lukas.

Zu jener Zeit kamen einige Leute zu Jesus und berichteten ihm von den Galiläern, die Pilatus beim Opfern umbringen ließ, sodass sich ihr Blut mit dem ihrer Opfertiere vermischte.

Da sagte er zu ihnen: Meint ihr, dass nur diese Galiläer Sünder waren, weil das mit ihnen geschehen ist, alle anderen Galiläer aber nicht? Nein, im Gegenteil: Ihr alle werdet genauso umkommen, wenn ihr euch nicht bekehrt.

Oder jene achtzehn Menschen, die beim Einsturz des Turms von Schiloach erschlagen wurden – meint ihr, dass nur sie Schuld auf sich geladen hatten, alle anderen Einwohner von Jerusalem aber nicht? Nein, im Gegenteil: Ihr alle werdet genauso umkommen, wenn ihr euch nicht bekehrt.

Und er erzählte ihnen dieses Gleichnis: Ein Mann hatte in seinem Weinberg einen Feigenbaum; und als er kam und nachsah, ob er Früchte trug, fand er keine. Da sagte er zu seinem Weingärtner: Jetzt komme ich schon drei Jahre und sehe nach, ob dieser Feigenbaum Früchte trägt, und finde nichts. Hau ihn um! Was soll er weiter dem Boden seine Kraft nehmen?

Der Weingärtner erwiderte: Herr, lass ihn dieses Jahr noch stehen; ich will den Boden um ihn herum aufgraben und düngen. Vielleicht trägt er doch noch Früchte; wenn nicht, dann lass ihn umhauen.

Glaubensbekenntnis, S. 492 ff.

FÜRBITTEN

Aus unserer Heillosigkeit, unserer Zerrissenheit und unseren Verstrickungen rufen wir zu Gott, der das Heil der Menschen will. Wir bitten ihn:

- Um den Willen zu Erneuerung und Umkehr für deine Kirche, dass sie erkenne, wo sie Menschen verletzt, zurückgesetzt und übersehen hat. V/A: Höre und erhöre uns.
- Um die Kraft für uns, eigene Verhaltensweisen und Gewohnheiten zu ändern und so zur Bewahrung deiner Schöpfung beizutragen. V/A: Höre und erhöre uns.
- Um das Geschenk der Hoffnung für all jene Paare und Familien, die unter der Last der Erstarrung und des Schweigens leiden. V/A: Höre und erhöre uns.
- Um deine liebende Nähe für die Kranken, die sich ausgegrenzt fühlen durch ihr Leiden. V/A: Höre und erhöre uns.
- Um Trost für die Hinterbliebenen, denen der Kummer über versäumte Chancen zu Verständigung und Versöhnung das Herz beschwert. V/A: Höre und erhöre uns.

Treuer Gott, du zeigst uns Wege aus der Heillosigkeit. Hilf uns, sie tatsächlich zu gehen und die Not unserer Nächsten nicht zu übersehen, durch Christus, unseren Heiland und Lehrer.

EUCHARISTIEFEIER

GABENGEBET

Barmherziger Gott, befreie uns durch dieses Opfer von unseren Sünden und schenke uns die Kraft, auch den Brüdern zu vergeben, wenn sie an uns schuldig geworden sind. Darum bitten wir durch Christus, unseren Herrn.

Präfation, S. 502 f.

KOMMUNIONVERS

Ps 84(83),4–5

Der Sperling findet ein Haus
und die Schwalbe ein Nest für ihre Jungen
– deine Altäre, Herr der Heerscharen,
mein Gott und mein König!
Selig, die wohnen in deinem Haus, die dich allezeit loben!

SCHLUSSGEBET

Herr und Gott, du hast uns mit dem Brot des Himmels gesättigt und uns in dieser Speise ein Unterpfand dessen gegeben, was unseren Augen noch verborgen ist. Lass in unserem Leben sichtbar werden, was wir im Sakrament empfangen haben. Darum bitten wir durch Christus, unseren Herrn.

FEIERLICHER SCHLUSSSEGEN

S. 223 f.

***

SCHUBUMKEHR

Durchatmen,
Energie sparen und
Kraft tanken
Denn wenn die Richtung
nicht stimmt,
hilft eine verstärkte
Anstrengung
nicht weiter

René Dausner

VERKÜNDIGUNG DES HERRN – HOCHFEST

25. März 2019

Wer sich ein wenig mit christlicher Theologie vertraut gemacht hat, weiß, dass Jesus als „wahrer Gott und wahrer Mensch" bekannt wird, und weiß auch, wie schwierig es ist, die Balance beider Aussagen zu halten. Denn wie schnell besteht die Gefahr, eine Seite zu isolieren und die andere Seite zu vernachlässigen. Mit dem Festtag der Verkündigung des Herrn wird zunächst die menschliche Seite betont: Wie bei einem Schwangerschaftstest wird neun Monate vor der Feier der Geburt Jesu – der 25.12. ist der erste Weihnachtstag – gefeiert, dass Maria ein Kind erwartet. Historisch ist der liturgische Festtag in der östlichen Tradition seit der Mitte des 6. Jahrhunderts bezeugt, in der westlichen Tradition seit dem 7. Jahrhundert.

ERÖFFNUNGSVERS

Vgl. Hebr 10,5.7

Als Christus in diese Welt eintrat,
sprach er zu seinem Vater:
Siehe, ich komme, um deinen Willen zu erfüllen.

KYRIE-RUFE

Herr Jesus Christus, du hast Fleisch
angenommen durch den Heiligen Geist
von der Jungfrau Maria.
V/A: Herr, erbarme dich.
Du bist in die Welt eingetreten,
um Gottes Willen zu tun.
V/A: Christus, erbarme dich.

Du hast uns durch die Opfergabe deines
Leibes ein für alle Mal geheiligt.
V/A: Herr, erbarme dich.

Ehre sei Gott, S. 489 f.

TAGESGEBET

Gott, du bist groß und unbegreiflich. Nach deinem Willen ist dein ewiges Wort im Schoß der Jungfrau Maria Mensch geworden. Gläubig bekennen wir, dass unser Erlöser wahrer Gott und wahrer Mensch ist. Mache uns würdig, Anteil zu erhalten an seinem göttlichen Leben. Darum bitten wir durch ihn, Jesus Christus.

WORTGOTTESDIENST

ZUR 1. LESUNG Gleichsam als ein Vorgeschmack auf die weihnachtliche und vorweihnachtliche Zeit – oder als deren Nachklang – wird die Ankündigung des Messias durch den Propheten Jesaja gelesen. Der hebräische Name „Immanuel", der auf Jesus hin gedeutet wird, bedeutet wörtlich: Gott mit uns. Dieser Name ist eine Verheißung und eine Zusage: Gott ist uns nah. In der Begegnung mit Menschen, die das Gute tun, und in der Begegnung mit Menschen, die das Gute suchen, keimt Hoffnung auf. Immanuel – Gott mit uns – ist dabei nicht einfach noch ein Name Jesu, sondern Ausdruck für die Nähe Gottes im Menschen und für die Zuneigung Gottes zu jedem und jeder Einzelnen von uns.

ERSTE LESUNG Jes 7,10–14

Seht, die Jungfrau wird ein Kind empfangen;
sie wird ihm den Namen Immanuel – Gott mit uns – geben

Lesung aus dem Buch Jesaja.

In jenen Tagen sprach der Herr zu Ahas – dem König von Juda; er sagte: Erbitte dir vom Herrn, deinem Gott, ein Zeichen, sei es von unten, aus der Unterwelt, oder von oben, aus der Höhe.

Ahas antwortete: Ich will um nichts bitten und den Herrn nicht auf die Probe stellen.

Da sagte Jesaja: Hört her, ihr vom Haus David! Genügt es euch nicht, Menschen zu belästigen? Müsst ihr auch noch meinen Gott belästigen? Darum wird euch der Herr von sich aus ein Zeichen geben: Seht, die Jungfrau wird ein Kind empfangen, sie wird einen Sohn gebären und sie wird ihm den Namen Immanuel – Gott mit uns – geben.

ANTWORTPSALM

Ps 40(39),7–8.9–10.11 (℟: 8a.9a)

℟ Mein Gott, ich komme;
deinen Willen zu tun macht mir Freude. – ℟

An Schlacht- und Speiseopfern hast du kein Gefallen, *
Brand- und Sündopfer forderst du nicht.
Doch das Gehör hast du mir eingepflanzt; †
darum sage ich: Ja, ich komme. *
In dieser Schriftrolle steht, was an mir geschehen ist. – (℟)

Deinen Willen zu tun, mein Gott, macht mir Freude, *
deine Weisung trag' ich im Herzen.
Gerechtigkeit verkünde ich in großer Gemeinde, *
meine Lippen verschließe ich nicht; Herr, du weißt es. – (℟)

Deine Gerechtigkeit verberge ich nicht im Herzen, *
ich spreche von deiner Treue und Hilfe,
ich schweige nicht über deine Huld und Wahrheit *
vor der großen Gemeinde. – ℟

ZUR 2. LESUNG Inkarnation wird gemeinhin als „Menschwerdung Gottes" übersetzt. Genau genommen ist diese Erklärung mindestens ergänzungsbedürftig, wenn nicht grob verkürzend. Denn der aus dem Lateinischen stammende Begriff Inkarnation bedeutet wörtlich: Einfleischung. Gemeint ist, mit einem denkbar präzisen Wort von Karl Rahner, das „Geheimnis der Menschwerdung des Wortes Gottes". Wenn Gott spricht, nimmt dieses Wort Gottes Gestalt an – und zwar als Mensch aus Fleisch und Blut. Das Alleralltäglichste, das Menschsein, wird nun selbst zu einem Geheimnis. Der Leib ist unsere Seinsweise in dieser Welt, wir können nicht ohne Leib sein; aber gerade diese unsere Leiblichkeit bedeutet nicht nur Zerbrechlichkeit, Verwundbarkeit, ja Sterblichkeit, sondern zugleich auch die Möglichkeit, mit vollen Händen in dieser Welt Gutes zu tun. Jesus war zu dieser letzten Konsequenz bereit; er hielt nichts für sich zurück, sondern setzte sich selbst ein – mit Leib und Leben.

ZWEITE LESUNG Hebr 10,4–10

Ja, ich komme – so steht es über mich in der Schriftrolle –, um deinen Willen, Gott, zu tun

Lesung aus dem Hebräerbrief.

Brüder! [*oder:* Brüder und Schwestern! *oder:* Schwestern und Brüder!] Das Blut von Stieren und Böcken kann unmöglich Sünden wegnehmen. Darum spricht Christus bei seinem Eintritt in die Welt: Schlacht- und Speiseopfer hast du nicht gefordert, doch einen Leib hast du mir geschaffen; an Brand- und Sündopfern hast du kein Gefallen. Da sagte ich: Ja, ich komme – so steht es über mich in der Schriftrolle –, um deinen Willen, Gott, zu tun. Zunächst sagt er: Schlacht- und Speiseopfer, Brand- und Sündopfer forderst du nicht, du hast daran kein Gefallen, obgleich sie doch nach dem Gesetz dargebracht werden; dann aber hat er gesagt: Ja, ich komme, um deinen Willen zu tun. So hebt Christus das Erste auf, um das Zweite in Kraft zu setzen.

Aufgrund dieses Willens sind wir durch die Opfergabe des Leibes Jesu Christi ein für alle Mal geheiligt.

RUF VOR DEM EVANGELIUM

Vers: vgl. Joh 1,14ab

Halleluja, Halleluja.
Das Wort ist Fleisch geworden und hat unter uns gewohnt
und wir haben seine Herrlichkeit geschaut.
Halleluja.

ZUM EVANGELIUM Wer kennt sie nicht, diese Szene: Mit flatterndem Gewand rauscht der Engel heran, er stürmt ins Bild, um Maria die Nachricht zu verkünden, dass sie ein Kind erwartet. Maria, in die Lektüre vertieft, erschrickt, verständlicherweise, angesichts einer solchen unverständlichen Botschaft. Das Außergewöhnliche könnte, so lehrt die bewegte und bewegende Darstellung, kaum dramatischer ins Bild gesetzt werden. Himmel und Mächte werden in Bewegung gesetzt, um die Geburt Jesu anzuzeigen. In diesem überraschenden, weil unvorhersehbaren, einzigartigen Augenblick spricht der Engel Maria an, und seine Begrüßung bereits bringt zum Ausdruck, was das Bild dem Betrachtenden verrät: Furcht und Zittern herrscht vor, Angst und Sorge. Das erste Wort lautet daher: „Fürchte dich nicht!" Diesen englischen Zuspruch dürfen auch wir uns sagen lassen, zumal wenn wir eher skeptisch reagieren auf Nachrichten von derartigen, beinahe unglaublichen Geschichten. Sich nicht zu fürchten, auf Gottes Beistand zu vertrauen, weil für Gott nichts unmöglich ist (V. 37).

EVANGELIUM

Lk 1,26–38

Du hast bei Gott Gnade gefunden, Maria; du wirst ein Kind empfangen, einen Sohn wirst du gebären

+ Aus dem heiligen Evangelium nach Lukas.

In jener Zeit wurde der Engel Gabriel von Gott in eine Stadt in Galiläa namens Nazaret zu einer Jungfrau gesandt. Sie war mit einem Mann namens Josef verlobt, der aus dem Haus David stammte. Der Name der Jungfrau war Maria.

Der Engel trat bei ihr ein und sagte: Sei gegrüßt, du Begnadete, der Herr ist mit dir. Sie erschrak über die Anrede und überlegte, was dieser Gruß zu bedeuten habe.

Da sagte der Engel zu ihr: Fürchte dich nicht, Maria; denn du hast bei Gott Gnade gefunden. Du wirst ein Kind empfangen, einen Sohn wirst du gebären: dem sollst du den Namen Jesus geben. Er wird groß sein und Sohn des Höchsten genannt werden. Gott, der Herr, wird ihm den Thron seines Vaters David geben. Er wird über das Haus Jakob in Ewigkeit herrschen und seine Herrschaft wird kein Ende haben.

Maria sagte zu dem Engel: Wie soll das geschehen, da ich keinen Mann erkenne?

Der Engel antwortete ihr: Der Heilige Geist wird über dich kommen, und die Kraft des Höchsten wird dich überschatten. Deshalb wird auch das Kind heilig und Sohn Gottes genannt werden.

Auch Elisabet, deine Verwandte, hat noch in ihrem Alter einen Sohn empfangen; obwohl sie als unfruchtbar galt, ist sie jetzt schon im sechsten Monat. Denn für Gott ist nichts unmöglich.

Da sagte Maria: Ich bin die Magd des Herrn; mir geschehe, wie du es gesagt hast.

Danach verließ sie der Engel.

Glaubensbekenntnis, S. 492 ff.

(*Kniebeuge bei den Worten:* „hat Fleisch angenommen“ bis „Mensch geworden“)

FÜRBITTEN

Maria vertraut Gott. Das lässt sie Ja sagen zu seinem Heilsplan für die Welt. Vereint mit ihrer Fürbitte beten wir zu dem großen Gott, der uns in seiner Güte unbegreiflich nahe sein will:

- Guter Gott, erneuere und belebe das Ja der ganzen Kirche zu deiner frohen Botschaft. V/A: Höre unser Rufen.

- Guter Gott, bewege die Angehörigen der unterschiedlichen Kulturen und Religionen zu einem klaren Ja für den Frieden. V/A: Höre unser Rufen.
- Guter Gott, stärke das Ja der Eheleute zueinander, das Ja der Eltern zu ihren Kindern und der erwachsenen Kinder zu ihren alt gewordenen Eltern. V/A: Höre unser Rufen.
- Guter Gott, lass die Menschen in Armut, die Menschen am Rande, durch unser Ja zu ihnen erneut Lebensmut und Lebenszuversicht finden. V/A: Höre unser Rufen.
- Guter Gott, hilf uns, die Menschen zu begleiten und zu trösten, deren Leben zu Ende geht, und lass sie in der Freude des Himmels dein umfassendes Ja zu ihnen erfahren. V/A: Höre unser Rufen.

Hilf auch uns, zu glauben und zu vertrauen – in Marias Spur. Stärke unseren Glauben, unsere Hoffnung und unsere Liebe, damit auch wir zuversichtlich deine Wege gehen, mit unserer Schwester Maria und mit Jesus, ihrem Sohn, unserem Bruder und Herrn.

EUCHARISTIEFEIER

GABENGEBET

Allmächtiger Gott, nimm die Gaben deiner Kirche gütig an. Sie erkennt in der Menschwerdung deines Sohnes ihren eigenen Ursprung; lass uns heute in der Feier dieses Geheimnisses seine Liebe erfahren. Darum bitten wir durch Christus, unseren Herrn.

PRÄFATION

In Wahrheit ist es würdig und recht, dir, Vater im Himmel, zu danken und das Werk deiner Liebe zu rühmen. Denn heute brachte der Engel Maria die Botschaft und deine Magd nahm sie auf mit gläubigem Herzen. Durch die Kraft des Heiligen Geistes empfing die Jungfrau dein ewiges Wort, und das Wort wurde Mensch in ihrem Schoß, um unter uns Menschen zu wohnen. So hast du an Israel deine Verheißung erfüllt und den gesandt, den die Völker erwarten, deinen Sohn, unseren Herrn Jesus Christus. Durch ihn preisen wir dein Erbarmen und singen mit den Chören der Engel das Lob deiner Herrlichkeit: Heilig …

KOMMUNIONVERS

Jes 7,14

Seht, die Jungfrau wird empfangen
und einen Sohn gebären.
Sein Name ist: Immanuel – Gott mit uns.

SCHLUSSGEBET

Ewiger Gott, bewahre, was du uns im Sakrament des Glaubens geschenkt hast. Lass uns festhalten am Bekenntnis, dass dein Sohn, den die Jungfrau empfangen hat, wahrer Gott und wahrer Mensch ist, und führe uns in der Kraft seiner Auferstehung zur ewigen Freude. Darum bitten wir durch ihn, Christus, unseren Herrn.

***

GABRIEL

Und spränge die Tür auf
und strömte uns ein Sturm entgegen
und hörten wir die Stimme
und verstünden wir die Worte –
reagieren wir dann wie du
oder sagen wir nicht lieber:
Ich kenne dich nicht.

René Dausner

4. FASTENSONNTAG

31. März 2019

Ein jüngerer Sohn ohne Chance auf den väterlichen Hof lässt sich auszahlen und wandert aus. Er will rasch auf eigenen Füßen stehen, aber sein Projekt scheitert. Das Elend der Welt erfährt er am eigenen Leibe. Doch in der Fremde kommt auch die Wende. Der Gestrandete schaut sein Leben an. Er beschuldigt nicht den fernen Vater, nicht die Umstände; er selbst übernimmt Verantwortung für sein Leben. Darum kann er die Heimkehr beschließen. Der Vater begrüßt den tot Geglaubten mit spontaner Freude. Er macht dem Verschuldeten keine Schuldgefühle, sondern gibt ihm Würde und Ansehen zurück. Er demütigt den Verlierer nicht, sondern gibt ihm ein Fest. Das Gleichnis vom barmherzigen Vater ist auch eine Geschichte vom Umgang mit dem eigenen Scheitern und mit einem Gescheiterten. Wie gehe ich mit Niederlagen in meinem Leben um? Wie reagiere ich auf Erfahrungen des Scheiterns in meiner Familie? Wie begegne ich Angehörigen von Randgruppen, Menschen, die nach meinen Maßstäben gescheitert sind? Was kann ich von diesem Vater lernen – und von diesem Sohn?

ERÖFFNUNGSVERS

Vgl. Jes 66,10–11

Freue dich, Stadt Jerusalem!
Seid fröhlich zusammen mit ihr, alle, die ihr traurig wart.
Freut euch und trinkt euch satt
an der Quelle göttlicher Tröstung.

KYRIE-RUFE

Herr Jesus Christus, du schaust nach
uns aus und hast Mitleid mit uns.
V/A: Herr, erbarme dich.

Du suchst die Verlorenen,
bis sie wiedergefunden sind.
V/A: Christus, erbarme dich.
Du freust dich über jeden
einzelnen Sünder, der umkehrt.
V/A: Herr, erbarme dich.

TAGESGEBET

Herr, unser Gott, du hast in deinem Sohn die Menschheit auf wunderbare Weise mit dir versöhnt. Gib deinem Volk einen hochherzigen Glauben, damit es mit froher Hingabe dem Osterfest entgegeneilt. Darum bitten wir durch Jesus Christus.

WORTGOTTESDIENST

ZUR 1. LESUNG In der ersten Pessach-Nacht hat der Auszug aus Ägypten begonnen. Ein Weg, der Israel aus der Sklaverei holt, aber auch in Gefahr bringt. In der Wüste, in Entbehrung und Not, träumt sich das Volk in die Sicherheit des Gefängnisses zurück. Die Fleischtöpfe Ägyptens. Doch Gott lässt sein Volk nicht umkommen. Gott rettet. Das Manna hält Israel am Leben. Die Ankunft im Gelobten Land bedeutet Erfüllung. Wieder wird Pessach gefeiert – zum ersten Mal mit Brot und Getreide aus eigener Ernte. Das Wüsten-Manna wird nicht mehr gebraucht. Und doch wissen die Menschen: Adonaj löst die Fesseln, der Herr füllt die Hände. Sie feiern die Gaben des Befreier-Gottes.

ERSTE LESUNG

Jos 5,9a.10–12

Als die Israeliten in das verheißene Land eingezogen waren, feierten sie das Pascha

Lesung aus dem Buch Josua.

In jenen Tagen sagte der Herr zu Josua: Heute habe ich die ägyptische Schande von euch abgewälzt.

Als die Israeliten in Gilgal ihr Lager hatten, feierten sie am Abend des vierzehnten Tages jenes Monats in den Steppen von Jericho das Pascha.

Am Tag nach dem Pascha, genau an diesem Tag, aßen sie ungesäuerte Brote und geröstetes Getreide aus den Erträgen des Landes. Vom folgenden Tag an, nachdem sie von den Erträgen des Landes gegessen hatten, blieb das Manna aus; von da an hatten die Israeliten kein Manna mehr, denn sie aßen in jenem Jahr von der Ernte des Landes Kanaan.

ANTWORTPSALM

Ps 34(33),2–3.4–5.6–7 (R: 9a)

R Kostet und seht, wie gütig der Herr ist! – R

Ich will den Herrn allezeit preisen; *
immer sei sein Lob in meinem Mund.
Meine Seele rühme sich des Herrn; *
die Armen sollen es hören und sich freuen. – (R)

Verherrlicht mit mir den Herrn, *
lasst uns gemeinsam seinen Namen rühmen.
Ich suchte den Herrn und er hat mich erhört, *
er hat mich all meinen Ängsten entrissen. – (R)

Blickt auf zu ihm, so wird euer Gesicht leuchten *
und ihr braucht nicht zu erröten.
Da ist ein Armer; er rief und der Herr erhörte ihn. *
Er half ihm aus all seinen Nöten. – R

ZUR 2. LESUNG „Das Alte ist vergangen, Neues ist geworden“: Wo Menschen nicht mehr in Angst und Sorge an sich selbst gebunden sind, wo sie zur Wahrnehmung des Nächsten fähig werden, da ist neue Schöpfung schon in ihren Umrissen zu erahnen. Der Apostel lädt die Gemeinde ein, sich vom schöpferischen Gott ergreifen und erneuern zu lassen. Im Auftrag Christi bittet er die Gemeinde: Lasst euch mit Gott versöhnen. Die große Versöhnung ist ja bereits geschehen. Alles ist getan. Gott hat alles gegeben. Doch alles liegt daran, dass wir die Gaben annehmen.

ZWEITE LESUNG

2 Kor 5,17–21

Gott hat uns durch Christus mit sich versöhnt

Lesung aus dem zweiten Brief des Apostels Paulus an die Korinther.

Brüder! [*oder:* Brüder und Schwestern! *oder:* Schwestern und Brüder!] Wenn jemand in Christus ist, dann ist er eine neue Schöpfung: Das Alte ist vergangen, Neues ist geworden. Aber das alles kommt von Gott, der uns durch Christus mit sich versöhnt und uns den Dienst der Versöhnung aufgetragen hat.

Ja, Gott war es, der in Christus die Welt mit sich versöhnt hat, indem er den Menschen ihre Verfehlungen nicht anrechnete und uns das Wort von der Versöhnung zur Verkündigung anvertraute. Wir sind also Gesandte an Christi statt, und Gott ist es, der durch uns mahnt.

Wir bitten an Christi statt: Lasst euch mit Gott versöhnen! Er hat den, der keine Sünde kannte, für uns zur Sünde gemacht, damit wir in ihm Gerechtigkeit Gottes würden.

RUF VOR DEM EVANGELIUM

Vers: Lk 15,18

Christus, du ewiges Wort des Vaters, Ehre sei dir! – R
Ich will zu meinem Vater gehen
und ihm sagen:
Vater, ich habe mich versündigt gegen den Himmel und gegen dich.
Christus, du ewiges Wort des Vaters, Ehre sei dir!

ZUM EVANGELIUM Warum sind Krimis so beliebt? Weil die Fronten klar sind: hier das Verbrechen, die Finsternis, dort das Gute, das Licht. Zwei radikal verschiedene Welten, die sich nach festen Regeln begegnen – und wieder sauber trennen. Im religiösen Bereich besteht die Neigung, ähnlich klare Fronten zu schaffen: Hier die Sünder, dort die Gerechten. Hier blütenweiß, da rabenschwarz. Jesus ist kein Freund solcher Weltanschauung. Weil Gott die Welt anders anschaut. Jesus sucht unsere Schwarz-weiß-Sicht aufzubrechen. So auch im Gleichnis vom barmherzigen Vater. Da löst sich einer eher ruppig vom Elternhaus, lebt auf eigene Gefahr. Der Bruder bleibt zu Haus. Der eine scheitert elend, belässt es nicht dabei, kehrt um – und begegnet dem Vater. Der andere fühlt sich verraten und verkauft. Er, der Gute, Treue, der dem Vater ergeben gedient hat, gerät in eine schwere Krise. Begreift er die Krise als Chance? Wird er sich öffnen, für den wiedergeschenkten Bruder, die unerhörte Liebe des Vaters? Fragen, die weiterwirken, die offenbleiben, über das Ende hinaus. Jesu Gleichnisse sind keine Krimis.

EVANGELIUM Lk 15,1–3.11–32

Dein Bruder war tot und lebt wieder

+ Aus dem heiligen Evangelium nach Lukas.

In jener Zeit kamen alle Zöllner und Sünder zu Jesus, um ihn zu hören.

Die Pharisäer und die Schriftgelehrten empörten sich darüber und sagten: Er gibt sich mit Sündern ab und isst sogar mit ihnen.

Da erzählte er ihnen ein Gleichnis und sagte: Ein Mann hatte zwei Söhne. Der jüngere von ihnen sagte zu seinem Vater: Vater, gib mir das Erbteil, das mir zusteht. Da teilte der Vater das Vermögen auf. Nach wenigen Tagen packte der jüngere Sohn alles zusammen und zog in ein fernes Land. Dort führte er ein zügelloses Leben und verschleuderte sein Vermögen.

Als er alles durchgebracht hatte, kam eine große Hungersnot über das Land und es ging ihm sehr schlecht. Da ging er zu einem Bürger des Landes und drängte sich ihm auf; der schickte ihn aufs Feld zum Schweinehüten. Er hätte gern seinen Hunger mit den Futterschoten gestillt, die die Schweine fraßen; aber niemand gab ihm davon.

Da ging er in sich und sagte: Wie viele Tagelöhner meines Vaters haben mehr als genug zu essen und ich komme hier vor Hunger um. Ich will aufbrechen und zu meinem Vater gehen und zu ihm sagen: Vater, ich habe mich gegen den Himmel und gegen dich versündigt. Ich bin nicht mehr wert, dein Sohn zu sein; mach mich zu einem deiner Tagelöhner.

Dann brach er auf und ging zu seinem Vater. Der Vater sah ihn schon von Weitem kommen und er hatte Mitleid mit ihm. Er lief dem Sohn entgegen, fiel ihm um den Hals und küsste ihn.

Da sagte der Sohn: Vater, ich habe mich gegen den Himmel und gegen dich versündigt; ich bin nicht mehr wert, dein Sohn zu sein.

Der Vater aber sagte zu seinen Knechten: Holt schnell das beste Gewand und zieht es ihm an, steckt ihm einen Ring an die Hand und zieht ihm Schuhe an. Bringt das Mastkalb her, und schlachtet es; wir wollen essen und fröhlich sein. Denn mein Sohn war tot und lebt wieder; er war verloren und ist wiedergefunden worden. Und sie begannen, ein fröhliches Fest zu feiern.

Sein älterer Sohn war unterdessen auf dem Feld. Als er heimging und in die Nähe des Hauses kam, hörte er Musik und Tanz.

Da rief er einen der Knechte und fragte, was das bedeuten solle. Der Knecht antwortete: Dein Bruder ist gekommen und dein Vater hat das Mastkalb schlachten lassen, weil er ihn heil und gesund wiederbekommen hat. Da wurde er zornig und wollte nicht hineingehen. Sein Vater aber kam heraus und redete ihm gut zu.

Doch er erwiderte dem Vater: So viele Jahre schon diene ich dir, und nie habe ich gegen deinen Willen gehandelt; mir aber hast du nie auch nur einen Ziegenbock geschenkt, damit ich mit meinen Freunden ein Fest feiern konnte. Kaum aber ist der hier gekommen, dein Sohn, der dein Vermögen mit Dirnen durchgebracht hat, da hast du für ihn das Mastkalb geschlachtet.

Der Vater antwortete ihm: Mein Kind, du bist immer bei mir, und alles, was mein ist, ist auch dein. Aber jetzt müssen wir uns doch freuen und ein Fest feiern; denn dein Bruder war tot und lebt wieder; er war verloren und ist wiedergefunden worden.

Glaubensbekenntnis, S. 492 ff.

FÜRBITTEN

Du bist für uns wie ein verlässlicher Vater, wie eine umsichtige Mutter, weil du unser Wohl und unser Heil willst. Deshalb rufen wir voll Vertrauen zu dir und bitten dich:

- Für alle, denen von klein auf Geborgenheit und Ermutigung gefehlt haben. V: Erbarmender Gott. A: Höre und erhöre uns.
- Für alle, für die nie ein Festmahl bereitet wurde. V: Erbarmender Gott. A: Höre und erhöre uns.
- Für alle, die kein Zuhause haben. V: Erbarmender Gott. A: Höre und erhöre uns.
- Für alle, die Hunger und Durst leiden. V: Erbarmender Gott. A: Höre und erhöre uns.
- Für alle, über die moralisch der Stab gebrochen wurde. V: Erbarmender Gott. A: Höre und erhöre uns.
- Für alle, die vergeben und verzeihen können. V: Erbarmender Gott. A: Höre und erhöre uns.
- Für alle, die fürsorglich leben. V: Erbarmender Gott. A: Höre und erhöre uns.
- Für alle, die großzügig und großherzig sind. V: Erbarmender Gott. A: Höre und erhöre uns.

Treuer Gott, du gewährst uns immer wieder die Chance, umzukehren und neu zu beginnen. Begleite uns auf dem Weg, sei bei uns, wenn wir schwanken, und hilf uns, das Ziel unseres Weges nicht aus den Augen zu verlieren. So bitten wir durch Jesus Christus, unseren Bruder.

EUCHARISTIEFEIER

GABENGEBET

Herr, unser Gott, in der Freude auf das Osterfest bringen wir unsere Gaben dar. Hilf uns, gläubig und ehrfürchtig das Opfer zu feiern, das der Welt Heilung schenkt und den Tod überwindet. Darum bitten wir durch Christus, unseren Herrn.

Präfation, S. 502 f.

KOMMUNIONVERS Vgl. Lk 15,32

Freue dich, mein Sohn,
denn dein Bruder war tot und lebt wieder;
er war verloren und wurde wiedergefunden.

SCHLUSSGEBET

Allmächtiger Gott, dein ewiges Wort ist das wahre Licht, das jeden Menschen erleuchtet. Heile die Blindheit unseres Herzens, damit wir erkennen, was vor dir recht ist, und dich aufrichtig lieben. Darum bitten wir durch Christus, unseren Herrn.

FEIERLICHER SCHLUSSSEGEN S. 223 f.

***

ENTGEGEN

Den Rücken habe ich dir gekehrt,
doch du kommst mir entgegen!
Du vertreibst meine Furcht,
du beschämst mich nicht!
Du steckst mich an
mit deiner Freude,
mit deiner Fröhlichkeit:
Ein Fest willst du feiern
mit mir!

Dorothee Sandherr-Klemp

5. FASTENSONNTAG

7. April 2019

Diese Situation haben wir alle schon einmal erlebt: Wie ich es mache – ich mache es falsch. In dieser Lage befindet sich Jesus in der Erzählung von der Ehebrecherin (vgl. das Evangelium), einem vermutlich frühen Text, der jedoch spät ins Johannes-Evangelium gefunden hat. Worum geht es? Jesus lehrt im Tempel. Er wird vom Volk als Schriftgelehrter anerkannt. Auch die Schriftgelehrten und Pharisäer sprechen ihn als „Lehrer" an. Nun wollen sie ihn aber bei einem Fehlurteil packen. Die *in flagranti* Ertappte kommt da gerade recht. Jesus kann jetzt nicht ausweichen. Wenn er die Frau schützt, kann man ihm Missachtung der Ehe vorwerfen. Empfiehlt er aber, die Ehe, wie es das Gesetz vorsieht, mit der schärfsten Waffe zu sichern, der Todesstrafe, wie steht es dann um seine Glaubwürdigkeit als menschenfreundlicher Heiland? Abgesehen davon, dass ein jüdisches Todesurteil eine Widersetzlichkeit gegen den römischen Staat bedeuten würde. Jesus steht mit dem Rücken zur Wand. Wie er es macht, er macht es falsch. Doch das ist unsere Logik. Jesus lebt aus der Logik Gottes, der Logik der Liebe – und die Welt gerät aus den Fugen, die Wand weicht.

ERÖFFNUNGSVERS

Ps 43(42),1–2

Verschaff mir Recht, o Gott,
und führe meine Sache gegen ein treuloses Volk!
Rette mich vor bösen und tückischen Menschen,
denn du bist mein starker Gott.

KYRIE-RUFE

Jesus, gütiger Herr, du richtest
uns auf, wenn wir hinfallen.
V/A: Herr, erbarme dich.
Du verurteilst uns nicht, sondern
hebst unsern Blick auf das Neue,
das du schaffst.
V/A: Christus, erbarme dich.
Du rufst uns, umzukehren.
V/A: Herr, erbarme dich.

TAGESGEBET

Herr, unser Gott, dein Sohn hat sich aus Liebe zur Welt dem Tod überliefert. Lass uns in seiner Liebe bleiben und mit deiner Gnade aus ihr leben. Darum bitten wir durch Jesus Christus.

WORTGOTTESDIENST

ZUR 1. LESUNG Wer ist Gott? Einer, der zupackt, wo Menschen definitiv im Schlamm stecken. Der Türen öffnet, wo eiserne Riegel hemmen. Der Licht macht, wo es stockfinster wird. Der Zukunft gibt, wo kein Morgen dämmern will. So hat es das Volk Israel erfahren, beim Ausbruch aus dem Gefängnis, zu dem Ägypterland geworden war. Nun aber, nach dem Siegeszug der babylonischen Heere, jetzt ist wirklich alles aus! Einige wenige halten mutig dagegen. Kühn und gläubig hoffen sie auch jetzt auf den Gott, der sein Volk befreit. Das Jesaja-Buch rühmt ihn in neuen, wunderbaren Bildern. Die Wüste wird zur fruchtbaren Flusslandschaft, und die wilden Bewohner der Wüste, Schakale und Strauße, sammeln sich zum Gotteslob. Gott der Überraschungen! Die Bibel – Mittel gegen einen allzu gesunden Menschenverstand.

ERSTE LESUNG

Jes 43,16–21

Seht her, ich schaffe Neues; ich tränke mein Volk

Lesung aus dem Buch Jesaja.

So spricht der Herr, der einen Weg durchs Meer bahnt, einen Pfad durch das gewaltige Wasser, der Wagen und Rosse ausziehen lässt, zusammen mit einem mächtigen Heer; doch sie liegen am Boden und stehen nicht mehr auf, sie sind erloschen und verglüht wie ein Docht.

Der Herr spricht: Denkt nicht mehr an das, was früher war; auf das, was vergangen ist, sollt ihr nicht achten. Seht her, nun mache ich etwas Neues. Schon kommt es zum Vorschein, merkt ihr es nicht? Ja, ich lege einen Weg an durch die Steppe und Straßen durch die Wüste.

Die wilden Tiere werden mich preisen, die Schakale und Strauße, denn ich lasse in der Steppe Wasser fließen und Ströme in der Wüste, um mein Volk, mein erwähltes, zu tränken. Das Volk, das ich mir erschaffen habe, wird meinen Ruhm verkünden.

ANTWORTPSALM

Ps 126(125),1–2b.2c–3.4–5.6 (℟: 3)

℟ Großes hat der Herr an uns getan.
Da waren wir fröhlich. – ℟

Als der Herr das Los der Gefangenschaft Zions wendete, *
da waren wir alle wie Träumende.
Da war unser Mund voll Lachen *
und unsere Zunge voll Jubel. – (℟)

Da sagte man unter den andern Völkern: *
„Der Herr hat an ihnen Großes getan."
Ja, Großes hat der Herr an uns getan. *
Da waren wir fröhlich. – (℟)

Wende doch, Herr, unser Geschick, *
wie du versiegte Bäche wieder füllst im Südland.
Die mit Tränen säen, *
werden mit Jubel ernten. – (℟)

Sie gehen hin unter Tränen *
und tragen den Samen zur Aussaat.
Sie kommen wieder mit Jubel *
und bringen ihre Garben ein. – ℟

ZUR 2. LESUNG Paulus betont das Unterwegssein im Glauben. Auch der Apostel ist nicht am Ziel, doch er streckt sich aus nach dem Ziel. Und er ist von der Bereitschaft geprägt, in Christus neu anzufangen, vermeintliche Gewissheiten zu relativieren angesichts der neuen Wirklichkeit, auf die er sich zubewegt und die ihn bewegt. Dass er selbst durch Christus ein anderer geworden ist, ist sein stärkstes Argument. Paulus ist der Leibbürge der Frohen Botschaft.

ZWEITE LESUNG Phil 3,8–14

Um Christi willen habe ich alles aufgegeben – sein Tod soll mich prägen

Lesung aus dem Brief des Apostels Paulus an die Philipper.

Brüder! [*oder:* Brüder und Schwestern! *oder:* Schwestern und Brüder!] Ich sehe alles als Verlust an, weil die Erkenntnis Christi Jesu, meines Herrn, alles übertrifft. Seinetwegen habe ich alles aufgegeben und halte es für Unrat, um Christus zu gewinnen und in ihm zu sein.

Nicht meine eigene Gerechtigkeit suche ich, die aus dem Gesetz hervorgeht, sondern jene, die durch den Glauben an Christus kommt, die Gerechtigkeit, die Gott aufgrund des Glaubens schenkt. Christus will ich erkennen und die Macht seiner Auferstehung und die

Gemeinschaft mit seinen Leiden; sein Tod soll mich prägen. So hoffe ich, auch zur Auferstehung von den Toten zu gelangen.

Nicht dass ich es schon erreicht hätte oder dass ich schon vollendet wäre. Aber ich strebe danach, es zu ergreifen, weil auch ich von Christus Jesus ergriffen worden bin.

Brüder, ich bilde mir nicht ein, dass ich es schon ergriffen hätte. Eines aber tue ich: Ich vergesse, was hinter mir liegt, und strecke mich nach dem aus, was vor mir ist. Das Ziel vor Augen, jage ich nach dem Siegespreis: der himmlischen Berufung, die Gott uns in Christus Jesus schenkt.

RUF VOR DEM EVANGELIUM

Vers: vgl. Joël 2,12–13

Christus, du ewiges Wort des Vaters, Ehre sei dir! – R
Kehrt um zum Herrn von ganzem Herzen;
denn er ist gnädig und barmherzig,
voll Langmut und reich an Güte.
Christus, du ewiges Wort des Vaters, Ehre sei dir!

ZUM EVANGELIUM Jesus lässt sich nicht aus der Ruhe bringen. Als die Fragen nicht aufhören, der berühmte Satz. „Wer von euch ohne Sünde ist, werfe als Erster einen Stein auf sie." Keine Polemik, nichts, was verletzt, nur dieser eine Satz. Weil dieser Satz gefallen ist, wird kein Stein fallen. Die Frager hören auf, eine geschlossene Gruppe zu sein, in der sich jeder im Recht fühlen kann und keiner Recht zu sprechen braucht. Jeder Einzelne sieht jetzt die verängstigte Frau, die sein Stein treffen wird. Jedem Einzelnen wird jetzt das Richteramt zugemutet. Und jeder Einzelne muss sich jetzt fragen, ob er als Sünder richten darf. Jesus hat sich als Lehrer erwiesen. Die Schriftgelehrten und Pharisäer werden nicht nur beschämt; sie lassen sich auch beschämen. Sie haben in aller Tiefe etwas verstanden, die Ältesten zuerst. Sie nehmen die Lehre an. Und auch die Frau kann neu anfangen. Jesus hat sie wirklich befreit.

EVANGELIUM

Joh 8,1–11

Wer von euch ohne Sünde ist, werfe als Erster einen Stein auf sie

+ **Aus dem heiligen Evangelium nach Johannes.**

In jener Zeit ging Jesus zum Ölberg. Am frühen Morgen begab er sich wieder in den Tempel. Alles Volk kam zu ihm. Er setzte sich und lehrte es.

Da brachten die Schriftgelehrten und die Pharisäer eine Frau, die beim Ehebruch ertappt worden war. Sie stellten sie in die Mitte und sagten zu ihm: Meister, diese Frau wurde beim Ehebruch auf frischer Tat ertappt. Mose hat uns im Gesetz vorgeschrieben, solche Frauen zu steinigen. Nun, was sagst du? Mit dieser Frage wollten sie ihn auf die Probe stellen, um einen Grund zu haben, ihn zu verklagen.

Jesus aber bückte sich und schrieb mit dem Finger auf die Erde. Als sie hartnäckig weiterfragten, richtete er sich auf und sagte zu ihnen: Wer von euch ohne Sünde ist, werfe als Erster einen Stein auf sie. Und er bückte sich wieder und schrieb auf die Erde. Als sie seine Antwort gehört hatten, ging einer nach dem andern fort, zuerst die Ältesten. Jesus blieb allein zurück mit der Frau, die noch in der Mitte stand.

Er richtete sich auf und sagte zu ihr: Frau, wo sind sie geblieben? Hat dich keiner verurteilt? Sie antwortete: Keiner, Herr. Da sagte Jesus zu ihr: Auch ich verurteile dich nicht. Geh und sündige von jetzt an nicht mehr!

Glaubensbekenntnis, S. 492 ff.

FÜRBITTEN

„Hat dich keiner verurteilt?“, fragt Jesus am Ende die des Ehebruchs überführte Frau. Er ruft uns, Menschen nicht auf das Vergangene festzulegen und unsere vermeintliche moralische Überlegenheit kritisch zu sehen. Wir rufen nun zu Gott, der barmherzig ist:

- Wir bitten für die Kirche, um deinen Geist des Erbarmens. V: Gott, du Freund des Lebens. A: Wir bitten dich, erhöre uns.
- Wir bitten für alle, die sich in ihrer Tadellosigkeit eingerichtet haben, um deinen Geist der Offenheit. V: Gott, du Freund des Lebens. A: Wir bitten dich, erhöre uns.
- Wir beten für alle, die in Friedlosigkeit gefangen sind, um deinen Geist des Friedens. V: Gott, du Freund des Lebens. A: Wir bitten dich, erhöre uns.
- Wir beten für alle, die auf der Suche sind, dass dein Geist der Weisheit sie leite. V: Gott, du Freund des Lebens. A: Wir bitten dich, erhöre uns.
- Wir beten für die Trauernden um deinen Geist des Trostes. V: Gott, du Freund des Lebens. A: Wir bitten dich, erhöre uns.

Guter Gott, öffne auch unsere Augen, damit wir sehen. Öffne die Augen unseres Herzens, damit wir aus der Hoffnung leben können. So bitten wir mit Christus, unserem Bruder und Erlöser.

EUCHARISTIEFEIER

GABENGEBET

Erhöre uns, allmächtiger Gott. Du hast uns durch dein Wort zum Zeugnis eines christlichen Lebens berufen. Reinige uns durch dieses Opfer und stärke uns zum Kampf gegen das Böse. Darum bitten wir durch Christus, unseren Herrn.

Präfation, S. 502 f.

KOMMUNIONVERS

Joh 8,10–11

Frau, hat dich keiner verurteilt? – Keiner, Herr!
Auch ich verurteile dich nicht.
Geh und sündige von jetzt an nicht mehr!

SCHLUSSGEBET

Allmächtiger Gott, du hast uns das Sakrament der Einheit geschenkt. Lass uns immer lebendige Glieder Christi bleiben, dessen Leib und Blut wir empfangen haben. Darum bitten wir durch ihn, Christus, unseren Herrn.

FEIERLICHER SCHLUSSSEGEN

S. 223 f.

***

WASSER IN DER WÜSTE

Die wilden Tiere
haben es gleich gewittert –
Wasser in der Wüste!

Schakale und Strauße
lobten Gott
als Erste dafür.

Die Menschen hatten
wie immer
an alles gedacht,
aber doch nicht an so etwas.

Dabei war es ihnen
angekündigt worden,

und nicht nur
einmal.

„Seht her,
nun mache ich etwas
Neues.
Schon kommt es zum
Vorschein,
merkt ihr es nicht?“

Und eindringlich, auf-
dringlich, hatte der Herr
gerufen:

„Denkt nicht mehr an das,
was früher war;
auf das, was vergangen ist,
sollt ihr nicht
achten.“

Aber die wilden Tiere
haben es zuerst gewusst –
Wasser in der Wüste!

Susanne Sandherr

Heilige Woche – Karwoche

PALMSONNTAG

14. April 2019

Die letzte Woche der österlichen Bußzeit beginnt. Die besondere Bedeutung dieser Heiligen Woche erschließt bereits der Palmsonntag. An diesem Tag wartet die Liturgie mit zwei Evangelientexten auf. Zur Eröffnung wird des Einzugs Jesu in Jerusalem gedacht, dann stehen Jesu Passion und Tod im Mittelpunkt. Durch die Spannung zwischen diesen in Ton und Botschaft so unterschiedlichen Schriftlesungen wird den Betenden und Hörenden deutlich: Die Aussicht auf Frieden und Befreiung, die sich in der Palmprozession ausdrückt, verlangt den freien Gehorsam Jesu, der seinen Weg als gerechter Gottesknecht zu Ende geht – da wir es nicht vermögen. Größe zeigt dieser König im Dienen.

FEIER DES EINZUGS CHRISTI IN JERUSALEM

1. PROZESSION

(Die Gemeinde versammelt sich vor der Kirche oder in einer Nebenkirche. Alle tragen Zweige in den Händen. Falls keine Prozession stattfindet, beginnt die Feier mit dem Einzug, siehe S. 282.)

ERÖFFNUNGSVERS Mt 21,9

Hosanna dem Sohne Davids!
Gepriesen, der da kommt im Namen des Herrn,

der König von Israel.
Hosanna in der Höhe!

(Der Priester begrüßt die Gemeinde und lädt sie zur gemeinsamen Feier ein.)

KYRIE-RUFE

Herr Jesus Christus, du hast dich entäußert
und wurdest wie ein Sklave.
V/A: Herr, erbarme dich.
Du warst gehorsam bis zum Tod am Kreuz.
V/A: Christus, erbarme dich.
Du bist von Gott über alle erhöht,
alle beugen vor dir die Knie.
V/A: Herr, erbarme dich.

GEBET

Allmächtiger, ewiger Gott, segne † diese (grünen) Zweige, die Zeichen des Lebens und des Sieges, mit denen wir Christus, unserem König, huldigen. Mit Lobgesängen begleiten wir ihn in seine heilige Stadt; gib, dass wir durch ihn zum himmlischen Jerusalem gelangen, der mit dir lebt und herrscht in alle Ewigkeit.

ZUM EVANGELIUM **Jesu Einzug in Jerusalem ist festlich. Jesus tritt mit Autorität auf und wird von seinen Jüngern und der Menge als König begrüßt. Wissen sie, dass sie einem Herrn ganz besonderer Art zujubeln? Er trägt keine Waffen und reitet auf einem Esel. Sein einziger Reichtum sind die Zeichen, die ihn begleiten, und die Stimme Gottes, die er in sich hört.**

EVANGELIUM

Lk 19,28–40

Gesegnet sei der König, der kommt im Namen des Herrn

\+ **Aus dem heiligen Evangelium nach Lukas.**

In jener Zeit ging Jesus nach Jerusalem hinauf. Als er in die Nähe von Betfage und Betanien kam, an den Berg, der Ölberg heißt, schickte er zwei seiner Jünger voraus und sagte: Geht in das Dorf, das vor uns liegt. Wenn ihr hineinkommt, werdet ihr dort einen jungen Esel angebunden finden, auf dem noch nie ein Mensch gesessen hat. Bindet ihn los und bringt ihn her! Und wenn euch jemand fragt: Warum bindet ihr ihn los?, dann antwortet: Der Herr braucht ihn.

Die beiden machten sich auf den Weg und fanden alles so, wie er es ihnen gesagt hatte. Als sie den jungen Esel losbanden, sagten die Leute, denen er gehörte: Warum bindet ihr den Esel los?

Sie antworteten: Der Herr braucht ihn. Dann führten sie ihn zu Jesus, legten ihre Kleider auf das Tier und halfen Jesus hinauf.

Während er dahinritt, breiteten die Jünger ihre Kleider auf der Straße aus. Als er an die Stelle kam, wo der Weg vom Ölberg hinabführt, begannen alle Jünger freudig und mit lauter Stimme Gott zu loben wegen all der Wundertaten, die sie erlebt hatten. Sie riefen: Gesegnet sei der König, der kommt im Namen des Herrn. Im Himmel Friede und Herrlichkeit in der Höhe!

Da riefen ihm einige Pharisäer aus der Menge zu: Meister, bring deine Jünger zum Schweigen!

Er erwiderte: Ich sage euch: Wenn sie schweigen, werden die Steine schreien.

(Der Priester fordert die Gemeinde zur Prozession auf. Während der Prozession singen Schola und Volk.)

HYMNUS

Chor: Ruhm und Preis und Ehre sei dir,
Erlöser und König!
Jubelnd rief einst das Volk sein Hosianna dir zu.

Alle: Ruhm und Preis und Ehre …

Chor: Du bist Israels König,
Davids Geschlechte entsprossen,
der im Namen des Herrn als der Gesegnete kommt.
Alle: Ruhm und Preis und Ehre …

Chor: Dir lobsingen im Himmel der Seligen Chöre;
so auch preist dich der Mensch,
so alle Schöpfung zugleich.
Alle: Ruhm und Preis und Ehre …

Chor: Einst mit Zweigen in Händen
eilte das Volk dir entgegen;
so mit Lied und Gebet ziehen wir heute mit dir.
Alle: Ruhm und Preis und Ehre …

Chor: Dort erklang dir der Jubel,
als du dahingingst zu leiden;
dir, dem König der Welt,
bringen wir hier unser Lob.
Alle: Ruhm und Preis und Ehre …

Chor: Hat ihr Lob dir gefallen,
nimm auch das unsre entgegen,
großer König und Herr, du, dem das Gute gefällt.
Alle: Ruhm und Preis und Ehre …

ANTWORTGESANG ZUM EINZUG IN DIE KIRCHE

Chor: Gepriesen, der kommt im Namen des Herrn!
Alle: Gepriesen …

Chor: Als das Volk hörte,
dass Jesus nach Jerusalem komme,
da zogen sie ihm entgegen.
Sie trugen Palmzweige in den Händen und riefen:
Hosanna, hosanna, hosanna in der Höhe.
Alle: Hosanna …

2. EINFACHER EINZUG

(Wenn keine Prozession oder ein feierlicher Einzug stattfindet, beginnt die Messe mit dem folgenden Eröffnungsvers.)

ERÖFFNUNGSVERS Ps 24(23),9–10

Sechs Tage vor dem Osterfest
kam der Herr in die Stadt Jerusalem.
Da liefen ihm Kinder entgegen
mit Palmzweigen in den Händen und riefen:
Hosanna in der Höhe!
Sei gepriesen, der du kommst als Heiland der Welt.

Ihr Tore, hebt euch nach oben,
hebt euch, ihr uralten Pforten;
denn es kommt der König der Herrlichkeit.

Wer ist der König der Herrlichkeit?
Der Herr der Heerscharen,
er ist der König der Herrlichkeit.

Hosanna in der Höhe!
Sei gepriesen, der du kommst als Heiland der Welt.

MESSE

KYRIE-RUFE

Herr Jesus Christus, Gott gleich, du hast
dich entäußert und wurdest wie ein Sklave.
V/A: Herr, erbarme dich.
Du warst gehorsam bis zum Tod am Kreuz.
V/A: Christus, erbarme dich.

Du bist von Gott über alle erhöht,
alle beugen vor dir die Knie.
V/A: Herr, erbarme dich.

TAGESGEBET

Allmächtiger, ewiger Gott, deinem Willen gehorsam, hat unser Erlöser Fleisch angenommen, er hat sich selbst erniedrigt und sich unter die Schmach des Kreuzes gebeugt. Hilf uns, dass wir ihm auf dem Weg des Leidens nachfolgen und an seiner Auferstehung Anteil erlangen. Darum bitten wir durch ihn, Jesus Christus.

WORTGOTTESDIENST

ZUR 1. LESUNG Ein Mensch spricht von Gott wie ein dankbarer Schüler von seinem guten Lehrer. Aufrecht und stolz spricht er, obwohl man versucht, ihn zu demütigen; der Gottesknecht weiß das Recht auf seiner Seite. Durch seine Treue wird er zum besonderen Repräsentanten eines besonderen Regenten. Gott und sein Vertrauter suchen nicht das Vertrauen der Mächtigen, sondern der Versehrten; sie sehen nicht diejenigen, die an der Spitze sind, sondern die, die nicht nachkommen. Könnten doch immer solche Maßstäbe gelten!

ERSTE LESUNG

Jes 50,4–7

Mein Gesicht verbarg ich nicht vor Schmähungen, doch ich weiß, dass ich nicht in Schande gerate (Drittes Lied vom Gottesknecht)

Lesung aus dem Buch Jesaja.

Gott, der Herr, gab mir die Zunge eines Jüngers, damit ich verstehe, die Müden zu stärken durch ein aufmunterndes Wort. Jeden Morgen weckt er mein Ohr, damit ich auf ihn höre wie ein Jünger. Gott, der Herr, hat mir das Ohr geöffnet.

Ich aber wehrte mich nicht und wich nicht zurück. Ich hielt meinen Rücken denen hin, die mich schlugen, und denen, die mir den Bart ausrissen, meine Wangen. Mein Gesicht verbarg ich nicht vor Schmähungen und Speichel.

Doch Gott, der Herr, wird mir helfen; darum werde ich nicht in Schande enden. Deshalb mache ich mein Gesicht hart wie einen Kiesel; ich weiß, dass ich nicht in Schande gerate.

ANTWORTPSALM

Ps 22(21),8–9.17–18.19–20.23–24 (℟: 2a)

℟ Mein Gott, mein Gott,
warum hast du mich verlassen? – ℟

Alle, die mich sehen, verlachen mich, *
verziehen die Lippen, schütteln den Kopf:
„Er wälze die Last auf den Herrn, †
der soll ihn befreien! *
Der reiße ihn heraus, wenn er an ihm Gefallen hat." – (℟)

Viele Hunde umlagern mich, †
eine Rotte von Bösen umkreist mich. *
Sie durchbohren mir Hände und Füße.
Man kann all meine Knochen zählen; *
sie gaffen und weiden sich an mir. – (℟)

Sie verteilen unter sich meine Kleider *
und werfen das Los um mein Gewand.
Du aber, Herr, halte dich nicht fern! *
Du, meine Stärke, eil mir zu Hilfe! – (℟)

Ich will deinen Namen meinen Brüdern verkünden, *
inmitten der Gemeinde dich preisen.
Die ihr den Herrn fürchtet, preist ihn, †
ihr alle vom Stamm Jakobs, rühmt ihn; *
erschauert alle vor ihm, ihr Nachkommen Israels! – ℟

ZUR 2. LESUNG Paulus führt in seinem Brief einen Christushymnus an, in dem unser Glaube verdichtet zur Sprache kommt. Christus Jesus, so heißt es hier, war gottgleich, doch er wählte aus Liebe zum sterblichen Menschen das Leben eines Sterblichen. Angesichts eines solchen Liebesdienstes, dieser Gedanke drängt sich auf, sollten wir achtsamer mit unserem Leben umgehen. Denn da ist einer, der hält es für kostbar.

ZWEITE LESUNG Phil 2,6–11

Christus Jesus erniedrigte sich; darum hat ihn Gott über alle erhöht

Lesung aus dem Brief des Apostels Paulus an die Philipper.

Christus Jesus war Gott gleich, hielt aber nicht daran fest, wie Gott zu sein, sondern er entäußerte sich und wurde wie ein Sklave und den Menschen gleich. Sein Leben war das eines Menschen; er erniedrigte sich und war gehorsam bis zum Tod, bis zum Tod am Kreuz. Darum hat ihn Gott über alle erhöht und ihm den Namen verliehen, der größer ist als alle Namen, damit alle im Himmel, auf der Erde und unter der Erde ihre Knie beugen vor dem Namen Jesu und jeder Mund bekennt: „Jesus Christus ist der Herr" – zur Ehre Gottes, des Vaters.

RUF VOR DER PASSION Vers: vgl. Phil 2,8b–9

Christus Sieger, Christus König, Christus Herr in Ewigkeit! – ℟
Christus war für uns gehorsam bis zum Tod,
bis zum Tod am Kreuz.
Darum hat ihn Gott über alle erhöht
und ihm den Namen verliehen, der größer ist als alle Namen.
Christus Sieger, Christus König, Christus Herr in Ewigkeit!

ZUR PASSION Die Liturgie der Karwoche dient dem Gedächtnis des Leidens Jesu Christi. Durch Zeiten des Eingedenkens, der Klage und der Stille hindurch wird uns die Tragweite und Tiefe des Christusereignisses vor Augen geführt. Da ist jemand, der die dunklen Seiten des Menschen kennt. Gewaltlos erneuert er den Bund, den wir mit Gewalt brechen.

(Die Passion wird meist mit verteilten Rollen gelesen:
E = Evangelist, † = Worte Jesu, S = Worte sonstiger Personen)

PASSION Lk 22,14 – 23,56

Das Leiden unseres Herrn Jesus Christus

Das Leiden unseres Herrn Jesus Christus nach Lukas.

Das Mahl

E Als die Stunde gekommen war, begab sich Jesus mit den Aposteln zu Tisch. Und er sagte zu ihnen: † Ich habe mich sehr danach gesehnt, vor meinem Leiden dieses Paschamahl mit euch zu essen. Denn ich sage euch: Ich werde es nicht mehr essen, bis das Mahl seine Erfüllung findet im Reich Gottes. E Und er nahm den Kelch, sprach das Dankgebet und sagte: † Nehmt den Wein und verteilt ihn untereinander! Denn ich sage euch: Von nun an werde ich nicht mehr von der Frucht des Weinstocks trinken, bis das Reich Gottes kommt. E Und er nahm Brot, sprach das Dankgebet, brach das Brot und reichte es ihnen mit den Worten: † Das ist mein Leib, der für euch hingegeben wird. Tut dies zu meinem Gedächtnis! E Ebenso nahm er nach dem Mahl den Kelch und sagte: † Dieser Kelch ist der Neue Bund in meinem Blut, das für euch vergossen wird. Doch seht, der Mann, der mich verrät und ausliefert, sitzt mit mir am Tisch. Der Menschensohn muss zwar den Weg gehen, der ihm bestimmt ist. Aber weh dem Menschen, durch den er verraten wird. E Da fragte einer den andern, wer von ihnen das wohl sei, der so etwas tun werde.

Vom Herrschen und vom Dienen

Es entstand unter ihnen ein Streit darüber, wer von ihnen wohl der Größte sei. Da sagte Jesus: † Die Könige herrschen über ihre Völker und die Mächtigen lassen sich Wohltäter nennen. Bei euch aber soll es nicht so sein, sondern der Größte unter euch soll werden wie der Kleinste und der Führende soll werden wie der Dienende. Welcher von beiden ist größer: wer bei Tisch sitzt oder wer bedient? Natürlich der, der bei Tisch sitzt. Ich aber bin unter euch wie der, der bedient. In allen meinen Prüfungen habt ihr bei mir ausgeharrt. Darum vermache ich euch das Reich, wie es mein Vater mir vermacht hat: Ihr sollt in meinem Reich mit mir an meinem Tisch essen und trinken, und ihr sollt auf Thronen sitzen und die zwölf Stämme Israels richten.

Die Ankündigung der Verleugnung und der Umkehr des Petrus

Simon, Simon, der Satan hat verlangt, dass er euch wie Weizen sieben darf. Ich aber habe für dich gebetet, dass dein Glaube nicht erlischt. Und wenn du dich wieder bekehrt hast, dann stärke deine Brüder. E Darauf sagte Petrus zu ihm: S Herr, ich bin bereit, mit dir sogar ins Gefängnis und in den Tod zu gehen. E Jesus erwiderte: † Ich sage dir, Petrus, ehe heute der Hahn kräht, wirst du dreimal leugnen, mich zu kennen.

Die Stunde der Entscheidung

E Dann sagte Jesus zu ihnen: † Als ich euch ohne Geldbeutel aussandte, ohne Vorratstasche und ohne Schuhe, habt ihr da etwa Not gelitten? E Sie antworteten: S Nein. E Da sagte er: † Jetzt aber soll der, der einen Geldbeutel hat, ihn mitnehmen, und ebenso die Tasche. Wer aber kein Geld hat, soll seinen Mantel verkaufen und sich dafür ein Schwert kaufen. Ich sage euch: An mir muss sich das Schriftwort erfüllen: Er wurde zu den Verbrechern gerechnet. Denn alles, was über mich gesagt ist, geht in Erfüllung. E Da sagten sie: S Herr, hier sind zwei Schwerter. E Er erwiderte: † Genug davon!

Das Gebet am Ölberg

E Dann verließ Jesus die Stadt und ging, wie er es gewohnt war, zum Ölberg; seine Jünger folgten ihm. Als er dort war, sagte er zu ihnen: † Betet darum, dass ihr nicht in Versuchung geratet! E Dann entfernte er sich von ihnen ungefähr einen Steinwurf weit, kniete nieder und betete: † Vater, wenn du willst, nimm diesen Kelch von mir! Aber nicht mein, sondern dein Wille soll geschehen. E Da erschien ihm ein Engel vom Himmel und gab ihm neue Kraft. Und er betete in seiner Angst noch inständiger und sein Schweiß war wie Blut, das auf die Erde tropfte. Nach dem Gebet stand er auf, ging zu den Jüngern zurück und fand sie schlafend; denn sie waren vor Kummer erschöpft. Da sagte er zu ihnen: † Wie könnt ihr schlafen? Steht auf und betet, damit ihr nicht in Versuchung geratet.

Die Gefangennahme

E Während er noch redete, kam eine Schar Männer; Judas, einer der Zwölf, ging ihnen voran. Er näherte sich Jesus, um ihn zu küssen. Jesus aber sagte zu ihm: † Judas, mit einem Kuss verrätst du den Menschensohn? E Als seine Begleiter merkten, was ihm drohte, fragten sie: S Herr, sollen wir mit dem Schwert dreinschlagen? E Und einer von ihnen schlug auf den Diener des Hohenpriesters ein und hieb ihm das rechte Ohr ab. Jesus aber sagte: † Hört auf damit! E Und er berührte das Ohr und heilte den Mann. Zu den Hohenpriestern aber, den Hauptleuten der Tempelwache und den Ältesten, die vor ihm standen, sagte Jesus: † Wie gegen einen Räuber seid ihr mit Schwertern und Knüppeln ausgezogen. Tag für Tag war ich bei euch im Tempel und ihr habt nicht gewagt, gegen mich vorzugehen. Aber das ist eure Stunde, jetzt hat die Finsternis die Macht.

Die Verleugnung durch Petrus

E Darauf nahmen sie ihn fest, führten ihn ab und brachten ihn in das Haus des Hohenpriesters. Petrus folgte von Weitem. Mitten im Hof hatte man ein Feuer angezündet und Petrus setzte sich zu den Leuten, die dort beieinandersaßen. Eine Magd sah ihn am Feuer sitzen, schaute ihn genau an und sagte: S Der war auch mit ihm zusammen. E Petrus aber leugnete es und sagte: S Frau, ich kenne ihn nicht. E Kurz danach sah ihn ein anderer und bemerkte: S Du gehörst auch zu ihnen. E Petrus aber sagte: S Nein, Mensch, ich nicht! E Etwa eine Stunde später behauptete wieder einer: S Wahrhaftig, der war auch mit ihm zusammen; er ist doch auch ein Galiläer. E Petrus aber erwiderte: S Mensch, ich weiß nicht, wovon du sprichst. E Im gleichen

Augenblick, noch während er redete, krähte ein Hahn. Da wandte sich der Herr um und blickte Petrus an. Und Petrus erinnerte sich an das, was der Herr zu ihm gesagt hatte: Ehe heute der Hahn kräht, wirst du mich dreimal verleugnen. Und er ging hinaus und weinte bitterlich.

Die Verspottung durch die Wächter

Die Wächter trieben ihren Spott mit Jesus. Sie schlugen ihn, verhüllten ihm das Gesicht und fragten ihn: S Du bist doch ein Prophet! Sag uns: Wer hat dich geschlagen? E Und noch mit vielen anderen Lästerungen verhöhnten sie ihn.

Das Verhör vor dem Hohen Rat

Als es Tag wurde, versammelten sich die Ältesten des Volkes, die Hohenpriester und die Schriftgelehrten, also der Hohe Rat, und sie ließen Jesus vorführen. Sie sagten zu ihm: S Wenn du der Messias bist, dann sag es uns! E Er antwortete ihnen: † Auch wenn ich es euch sage – ihr glaubt mir ja doch nicht; und wenn ich euch etwas frage, antwortet ihr nicht. Von nun an wird der Menschensohn zur Rechten des allmächtigen Gottes sitzen. E Da sagten alle: S Du bist also der Sohn Gottes. E Er antwortete ihnen: † Ihr sagt es – ich bin es. E Da riefen sie: S Was brauchen wir noch Zeugenaussagen? Wir haben es selbst aus seinem eigenen Mund gehört.

Die Auslieferung an Pilatus

E Daraufhin erhob sich die ganze Versammlung und man führte Jesus zu Pilatus. Dort brachten sie ihre Anklage gegen ihn vor; sie sagten: S Wir haben festgestellt, dass dieser Mensch unser Volk verführt, es davon abhält, dem Kaiser Steuer zu zahlen, und behauptet, er sei der Messias und König. E Pilatus fragte ihn: S Bist du der König der Juden? E Er antwortete ihm: † Du sagst es. E Da sagte Pilatus zu den Hohenpriestern und zum Volk: S Ich finde nicht, dass dieser Mensch eines Verbrechens schuldig ist. E Sie aber blieben hartnäckig und sagten: S Er wiegelt das Volk auf und verbreitet seine Lehre im ganzen jüdischen Land von Galiläa bis hierher.

Die Verspottung durch Herodes

E Als Pilatus das hörte, fragte er, ob der Mann ein Galiläer sei. Und als er erfuhr, dass Jesus aus dem Gebiet des Herodes komme, ließ er ihn zu Herodes bringen, der in jenen Tagen ebenfalls in Jerusalem war. Herodes freute sich sehr, als er Jesus sah; schon lange hatte er sich gewünscht, mit ihm zusammenzutreffen, denn er hatte von ihm gehört. Nun hoffte er, ein Wunder von ihm zu sehen. Er stellte ihm viele Fragen, doch Jesus gab ihm keine Antwort. Die Hohenpriester und die Schriftgelehrten, die dabeistanden, erhoben schwere Beschuldigungen gegen ihn. Herodes und seine Soldaten zeigten ihm offen ihre Verachtung. Er trieb seinen Spott mit Jesus, ließ ihm ein Prunkgewand umhängen und schickte ihn so zu Pilatus zurück. An diesem Tag wurden Herodes und Pilatus Freunde; vorher waren sie Feinde gewesen.

Die Verhandlung vor Pilatus

Pilatus rief die Hohenpriester und die anderen führenden Männer und das Volk zusammen und sagte zu ihnen: S Ihr habt mir diesen Menschen hergebracht und behauptet, er wiegle das Volk auf. Ich selbst habe ihn in eurer Gegenwart verhört und habe keine der Anklagen, die ihr gegen diesen Menschen vorgebracht habt, bestätigt gefunden, auch Herodes nicht, denn er hat ihn zu uns zurückgeschickt. Ihr seht also: Er hat nichts getan, worauf die Todesstrafe steht. Daher will ich ihn nur auspeitschen lassen und dann werde ich ihn freilassen.

E Zum Fest aber musste er ihnen einen Gefangenen freilassen. Da schrien sie alle miteinander: S Weg mit ihm; lass den Barabbas frei! E Dieser Mann war wegen eines Aufruhrs in der Stadt und wegen Mordes ins Gefängnis geworfen worden. Pilatus aber redete wieder auf sie ein, denn er wollte Jesus freilassen. Doch sie schrien: S Kreuzige ihn, kreuzige ihn! E Zum dritten Mal sagte er zu ihnen: S Was für ein Verbrechen hat er denn begangen? Ich habe nichts feststellen können, wofür er den Tod verdient. Daher will ich ihn auspeitschen lassen und dann werde ich ihn freilassen. E Sie aber schrien und forderten immer lauter, er solle Jesus kreuzigen lassen, und mit ihrem Geschrei setzten sie sich durch: Pilatus entschied, dass ihre Forderung erfüllt werden solle. Er ließ den Mann frei, der wegen Aufruhr und Mord im Gefängnis saß und den sie gefordert hatten. Jesus aber lieferte er ihnen aus, wie sie es verlangten.

Die Kreuzigung

Als sie Jesus hinausführten, ergriffen sie einen Mann aus Zyrene namens Simon, der gerade vom Feld kam. Ihm luden sie das Kreuz auf, damit er es hinter Jesus hertrage. Es folgte eine große Menschenmenge, darunter auch Frauen, die um ihn klagten und weinten. Jesus wandte sich zu ihnen um und sagte: † Ihr Frauen von Jerusalem, weint nicht über mich; weint über euch und eure Kinder! Denn es kommen Tage, da wird man sagen: Wohl den Frauen, die unfruchtbar sind, die nicht geboren und nicht gestillt haben. Dann wird man zu den Bergen sagen: Fallt auf uns!, und zu den Hügeln: Deckt uns zu! Denn wenn das mit dem grünen Holz geschieht, was wird dann erst mit dem dürren werden?
E Zusammen mit Jesus wurden auch zwei Verbrecher zur Hinrichtung geführt. Sie kamen zur Schädelhöhe; dort kreuzigten sie ihn und die Verbrecher, den einen rechts von ihm, den andern links. Jesus aber betete: † Vater, vergib ihnen, denn sie wissen nicht, was sie tun. E Dann warfen sie das Los und verteilten seine Kleider unter sich. Die Leute standen dabei und schauten zu; auch die führenden Männer des Volkes verlachten ihn und sagten: S Anderen hat er geholfen, nun soll er sich selbst helfen, wenn er der erwählte Messias Gottes ist. E Auch die Soldaten verspotteten ihn; sie traten vor ihn hin, reichten ihm Essig und sagten: S Wenn du der König der Juden bist, dann hilf dir selbst! E Über ihm war eine Tafel angebracht; auf ihr stand: Das ist der König der Juden. Einer der Verbrecher, die neben ihm hingen, verhöhnte ihn: S Bist du denn nicht der Messias? Dann hilf dir selbst und auch uns! E Der andere aber wies ihn zurecht und sagte: S Nicht einmal du fürchtest Gott? Dich hat doch das gleiche Urteil getroffen. Uns geschieht recht, wir erhalten den Lohn für unsere Taten; dieser aber hat nichts Unrechtes getan. E Dann sagte er: S Jesus, denk an mich, wenn du in dein Reich kommst. E Jesus antwortete ihm: † Amen, ich sage dir: Heute noch wirst du mit mir im Paradies sein.

(Hier stehen alle auf.)

Der Tod Jesu

E Es war etwa um die sechste Stunde, als eine Finsternis über das ganze Land hereinbrach. Sie dauerte bis zur neunten Stunde. Die Sonne verdunkelte sich. Der Vorhang im Tempel riss mitten entzwei, und Jesus rief laut: † Vater, in deine Hände lege ich meinen Geist. E Nach diesen Worten hauchte er den Geist aus.

(Hier knien alle zu einer kurzen Gebetsstille nieder.)

Als der Hauptmann sah, was geschehen war, pries er Gott und sagte: S Das war wirklich ein gerechter Mensch. E Und alle, die zu diesem Schauspiel herbeigeströmt waren und sahen, was sich ereignet hatte, schlugen sich an die Brust und gingen betroffen weg. Alle seine Bekannten aber standen in einiger Entfernung vom Kreuz, auch die Frauen, die ihm seit der Zeit in Galiläa nachgefolgt waren und die alles mit ansahen.

Das Begräbnis Jesu

Damals gehörte zu den Mitgliedern des Hohen Rates ein Mann namens Josef, der aus der jüdischen Stadt Arimathäa stammte. Er wartete auf das Reich Gottes und hatte dem, was die anderen beschlossen und taten, nicht zugestimmt, weil er gut und gerecht war. Er ging zu Pilatus und bat um den Leichnam Jesu. Und er nahm ihn vom Kreuz, hüllte ihn in ein Leinentuch und legte ihn in ein Felsengrab, in dem noch niemand bestattet worden war. Das war am Rüsttag, kurz bevor der Sabbat anbrach. Die Frauen, die mit Jesus aus Galiläa gekommen waren, gaben ihm das Geleit und sahen zu, wie der Leichnam in das Grab gelegt wurde. Dann kehrten sie heim und bereiteten wohlriechende Öle und Salben zu. Am Sabbat aber hielten sie die vom Gesetz vorgeschriebene Ruhe ein.

Oder:

KURZFASSUNG

Lk 23,1–49

Das Leiden unseres Herrn Jesus Christus

Das Leiden unseres Herrn Jesus Christus nach Lukas.

Die Auslieferung an Pilatus

E Die Ältesten des Volkes, die Hohenpriester und die Schriftgelehrten erhoben sich, und man führte Jesus zu Pilatus. Dort brachten sie ihre Anklage gegen ihn vor; sie sagten: S Wir haben festgestellt, dass dieser Mensch unser Volk verführt, es davon abhält, dem Kaiser Steuer zu zahlen, und behauptet, er sei der Messias und König. E Pilatus fragte ihn: S Bist du der König der Juden? E Er antwortete ihm: † Du sagst es. E Da sagte Pilatus zu den Hohenpriestern und zum Volk: S Ich finde nicht, dass dieser Mensch eines Verbrechens schuldig ist. E Sie aber blieben hartnäckig und sagten: S Er wiegelt das Volk auf und verbreitet seine Lehre im ganzen jüdischen Land von Galiläa bis hierher.

Die Verspottung durch Herodes

E Als Pilatus das hörte, fragte er, ob der Mann ein Galiläer sei. Und als er erfuhr, dass Jesus aus dem Gebiet des Herodes komme, ließ er ihn zu Herodes bringen, der in jenen Tagen ebenfalls in Jerusalem war. Herodes freute sich sehr, als er Jesus sah; schon lange hatte er sich gewünscht, mit ihm zusammenzutreffen, denn er hatte von ihm gehört. Nun hoffte er, ein Wunder von ihm zu sehen. Er stellte ihm viele Fragen, doch Jesus gab ihm keine Antwort. Die Hohenpriester und die Schriftgelehrten, die dabeistanden, erhoben schwere Beschuldigungen gegen ihn. Herodes und seine Soldaten zeigten ihm offen ihre Verachtung. Er trieb seinen Spott mit Jesus, ließ ihm ein Prunkgewand umhängen und schickte ihn so zu Pilatus zurück. An diesem Tag wurden Herodes und Pilatus Freunde; vorher waren sie Feinde gewesen.

Die Verhandlung vor Pilatus

Pilatus rief die Hohenpriester und die anderen führenden Männer und das Volk zusammen und sagte zu ihnen: S Ihr habt mir diesen

Menschen hergebracht und behauptet, er wiegle das Volk auf. Ich selbst habe ihn in eurer Gegenwart verhört und habe keine der Anklagen, die ihr gegen diesen Menschen vorgebracht habt, bestätigt gefunden, auch Herodes nicht, denn er hat ihn zu uns zurückgeschickt. Ihr seht also: Er hat nichts getan, worauf die Todesstrafe steht. Daher will ich ihn nur auspeitschen lassen und dann werde ich ihn freilassen.
E Zum Fest aber musste er ihnen einen Gefangenen freilassen. Da schrien sie alle miteinander: S Weg mit ihm; lass den Barabbas frei! E Dieser Mann war wegen eines Aufruhrs in der Stadt und wegen Mordes ins Gefängnis geworfen worden. Pilatus aber redete wieder auf sie ein, denn er wollte Jesus freilassen. Doch sie schrien: S Kreuzige ihn, kreuzige ihn! E Zum dritten Mal sagte er zu ihnen: S Was für ein Verbrechen hat er denn begangen? Ich habe nichts feststellen können, wofür er den Tod verdient. Daher will ich ihn auspeitschen lassen und dann werde ich ihn freilassen. E Sie aber schrien und forderten immer lauter, er solle Jesus kreuzigen lassen, und mit ihrem Geschrei setzten sie sich durch: Pilatus entschied, dass ihre Forderung erfüllt werden solle. Er ließ den Mann frei, der wegen Aufruhr und Mord im Gefängnis saß und den sie gefordert hatten. Jesus aber lieferte er ihnen aus, wie sie es verlangten.

Die Kreuzigung

Als sie Jesus hinausführten, ergriffen sie einen Mann aus Zyrene namens Simon, der gerade vom Feld kam. Ihm luden sie das Kreuz auf, damit er es hinter Jesus hertrage. Es folgte eine große Menschenmenge, darunter auch Frauen, die um ihn klagten und weinten. Jesus wandte sich zu ihnen um und sagte: † Ihr Frauen von Jerusalem, weint nicht über mich; weint über euch und eure Kinder! Denn es kommen Tage, da wird man sagen: Wohl den Frauen, die unfruchtbar sind, die nicht geboren und nicht gestillt haben. Dann wird man zu den Bergen sagen: Fallt auf uns!, und zu den Hügeln: Deckt uns zu! Denn wenn das mit dem grünen Holz geschieht, was wird dann erst mit dem dürren werden?
E Zusammen mit Jesus wurden auch zwei Verbrecher zur Hinrichtung geführt. Sie kamen zur Schädelhöhe; dort kreuzigten sie ihn

und die Verbrecher, den einen rechts von ihm, den andern links. Jesus aber betete: † Vater, vergib ihnen, denn sie wissen nicht, was sie tun. E Dann warfen sie das Los und verteilten seine Kleider unter sich. Die Leute standen dabei und schauten zu; auch die führenden Männer des Volkes verlachten ihn und sagten: S Anderen hat er geholfen, nun soll er sich selbst helfen, wenn er der erwählte Messias Gottes ist. E Auch die Soldaten verspotteten ihn; sie traten vor ihn hin, reichten ihm Essig und sagten: S Wenn du der König der Juden bist, dann hilf dir selbst! E Über ihm war eine Tafel angebracht; auf ihr stand: Das ist der König der Juden. Einer der Verbrecher, die neben ihm hingen, verhöhnte ihn: S Bist du denn nicht der Messias? Dann hilf dir selbst und auch uns! E Der andere aber wies ihn zurecht und sagte: S Nicht einmal du fürchtest Gott? Dich hat doch das gleiche Urteil getroffen. Uns geschieht recht, wir erhalten den Lohn für unsere Taten; dieser aber hat nichts Unrechtes getan. E Dann sagte er: S Jesus, denk an mich, wenn du in dein Reich kommst. E Jesus antwortete ihm: † Amen, ich sage dir: Heute noch wirst du mit mir im Paradies sein.

(Hier stehen alle auf.)

Der Tod Jesu

E Es war etwa um die sechste Stunde, als eine Finsternis über das ganze Land hereinbrach. Sie dauerte bis zur neunten Stunde. Die Sonne verdunkelte sich. Der Vorhang im Tempel riss mitten entzwei, und Jesus rief laut: † Vater, in deine Hände lege ich meinen Geist. E Nach diesen Worten hauchte er den Geist aus.

(Hier knien alle zu einer kurzen Gebetsstille nieder.)

Als der Hauptmann sah, was geschehen war, pries er Gott und sagte: S Das war wirklich ein gerechter Mensch. E Und alle, die zu diesem Schauspiel herbeigeströmt waren und sahen, was sich ereignet hatte, schlugen sich an die Brust und gingen betroffen weg. Alle seine Bekannten aber standen in einiger Entfernung vom Kreuz, auch die Frauen, die ihm seit der Zeit in Galiläa nachgefolgt waren und die alles mit ansahen.

Glaubensbekenntnis, S. 492 ff.

FÜRBITTEN

Wir rufen zu Jesus Christus, dem Gefeierten und Geschundenen, der an seiner Liebe bis zur Vollendung festgehalten hat:

- Bewege deine Kirche, sich an die Seite der Kleinen, der Geschundenen und Geschlagenen zu stellen. V: Kyrie, eleison. A: Christe, eleison.
- Stärke deine Getauften, dass sie auf dein Wort hören und so deiner Spur der Liebe und Treue folgen können. V: Kyrie, eleison. A: Christe, eleison.
- Lass uns erkennen, dass die Hungernden, die Geflüchteten, die Menschen in vielfältiger Not unserer Liebe anvertraut sind. V: Kyrie, eleison. A: Christe, eleison.
- Hilf den Verantwortlichen in Justiz und Politik, zu Gerechtigkeit und Frieden beizutragen. V: Kyrie, eleison. A: Christe, eleison.
- Schenke den Menschen, die einsam sterben, dein Licht und dein Leben. V: Kyrie, eleison. A: Christe, eleison.

Jesus Christus, der du unser Bruder und Erlöser bist: Dein Weg führte durch das Dunkel des Leidens ins Licht der Lebens. Wir danken dir, dass du uns auch im Leiden nahe bist und dein Kreuz auch für uns getragen hast. Lass uns wachsen im Glauben, Hoffen und Lieben.

EUCHARISTIEFEIER

GABENGEBET

Herr, unser Gott, schenke uns Verzeihung durch das Leiden deines Sohnes. Wir haben sie zwar durch unsere Taten nicht verdient, aber wir vertrauen auf dein Erbarmen. Darum versöhne uns mit dir durch das einzigartige Opfer unseres Herrn Jesus Christus, der mit dir lebt und herrscht in alle Ewigkeit.

PRÄFATION

In Wahrheit ist es würdig und recht, dir, allmächtiger Vater, zu danken und das Werk deiner Liebe zu rühmen durch unseren Herrn Jesus Christus. Er war ohne Sünde und hat für die Sünder gelitten. Er war ohne Schuld und hat sich ungerechtem Urteil unterworfen. Sein Tod hat unsere Vergehen getilgt, seine Auferstehung uns Gnade und Leben erworben. Darum preisen wir jetzt und in Ewigkeit dein Erbarmen und singen mit den Chören der Engel das Lob deiner Herrlichkeit: Heilig …

KOMMUNIONVERS

Mt 26,42

Mein Vater,
wenn dieser Kelch an mir nicht vorübergehen kann
und ich ihn trinken muss, so geschehe dein Wille.

SCHLUSSGEBET

Herr, unser Gott, du hast uns im heiligen Mahl gestärkt. Durch das Sterben deines Sohnes gibst du uns die Kraft, das Leben zu erhoffen, das uns der Glaube verheißt. Gib uns durch seine Auferstehung die Gnade, das Ziel unserer Pilgerschaft zu erreichen. Darum bitten wir durch ihn, Christus, unseren Herrn.

FEIERLICHER SCHLUSSSEGEN

S. 223 f.

* * *

HEILIG

Heilig!
Du bist im Anfang,
und du bist im Ende.
Lob sei dir, Herr,
der du die Liebe erschufst.
Geweckt ist der Christus.
Lob IHM, der kommt im Namen des Herrn:
Dein ist das Reich,
Bruder Menschensohn.
Dein ist die Kraft,
Geliebter des Vaters.
Dein ist die Herrlichkeit,
erstandener Christus.
Geheilt und geheiligt
sind Himmel und Erde.
Hosanna!

Kurt Weigel

GRÜNDONNERSTAG – HOHER DONNERSTAG

18. April 2019

Am Abend vor seinem Leiden hält Jesus mit den Jüngern Mahlgemeinschaft. Die zentrale Bedeutung dieses letzten Mahls für die Christenheit spiegeln und vertiefen die Texte der Gründonnerstagsliturgie, die ausgespannt ist zwischen der alttestamentlichen Lesung vom Pessach-Fest und der johanneischen Darstellung der Fußwaschung. Jesus stiftet ein Sakrament, das Dank, Gedächtnis und Zuspruch in unlöslicher Einheit ausdrückt. Die Feier der Eucharistie wäre ohne die Erfahrung Israels, dass Vergangenes vergegenwärtigt und nicht bloß memoriert werden kann, unverständlich. Dies sagt auch der Gestus der Fußwaschung. Wer zu der Gemeinschaft gehören will, die den Geist Jesu trägt, scheut sich nicht, den anderen Menschen zu berühren und ihm und ihr zur Hilfe zu sein.

MESSE VOM LETZTEN ABENDMAHL

ERÖFFNUNGSVERS

Vgl. Gal 6,14

Wir rühmen uns des Kreuzes unseres Herrn Jesus Christus.
In ihm ist uns Heil geworden und Auferstehung und Leben.
Durch ihn sind wir erlöst und befreit.

KYRIE-RUFE

Herr Jesus Christus, du hast uns
ein Zeichen deiner Liebe gegeben.
V/A: Herr, erbarme dich.

Du liebst uns bis zur Vollendung
und bleibst allezeit in unserer Mitte.
V/A: Christus, erbarme dich.
Du heißt auch uns, so zu handeln, wie du an
uns gehandelt hast – zu deinem Gedächtnis.
V/A: Herr, erbarme dich.

Ehre sei Gott, S. 489 f.

(Die Glocken läuten zu unserem Preislied. Danach verstummen sie bis zur Feier der Osternacht.)

TAGESGEBET

Allmächtiger, ewiger Gott, am Abend vor seinem Leiden hat dein geliebter Sohn der Kirche das Opfer des Neuen und Ewigen Bundes anvertraut und das Gastmahl seiner Liebe gestiftet. Gib, dass wir aus diesem Geheimnis die Fülle des Lebens und der Liebe empfangen. Darum bitten wir durch ihn, Jesus Christus.

WORTGOTTESDIENST

ZUR 1. LESUNG Das Pessach-Fest ist ein Dankopfer, das ursprünglich mit einem Blutritus verbunden war. Es vergegenwärtigt die Ereignisse, die einst das Volk Israel zur Gemeinde des Herrn machte. Das Fest, das rituell die Schlachtung eines Lammes vorsieht, übersteigt bald schon seinen lokalen Charakter und wird zu einem großen Wallfahrtsfest, das zum zentralen Heiligtum nach Jerusalem führt. Dort wird das Opfer dargebracht im Namen und zum Wohl des ganzen Volkes.

ERSTE LESUNG Ex 12, 1 – 8.11 – 14

Die Feier des Paschamahles

Lesung aus dem Buch Exodus.

In jenen Tagen sprach der Herr zu Mose und Aaron in Ägypten: Dieser Monat soll die Reihe eurer Monate eröffnen, er soll euch als der erste unter den Monaten des Jahres gelten. Sagt der ganzen Gemeinde Israel:

Am Zehnten dieses Monats soll jeder ein Lamm für seine Familie holen, ein Lamm für jedes Haus. Ist die Hausgemeinschaft für ein Lamm zu klein, so nehme er es zusammen mit dem Nachbarn, der seinem Haus am nächsten wohnt, nach der Anzahl der Personen. Bei der Aufteilung des Lammes müsst ihr berücksichtigen, wie viel der Einzelne essen kann. Nur ein fehlerfreies, männliches, einjähriges Lamm darf es sein, das Junge eines Schafes oder einer Ziege müsst ihr nehmen. Ihr sollt es bis zum vierzehnten Tag dieses Monats aufbewahren. Gegen Abend soll die ganze versammelte Gemeinde Israel die Lämmer schlachten. Man nehme etwas von dem Blut und bestreiche damit die beiden Türpfosten und den Türsturz an den Häusern, in denen man das Lamm essen will. Noch in der gleichen Nacht soll man das Fleisch essen. Über dem Feuer gebraten und zusammen mit ungesäuertem Brot und Bitterkräutern soll man es essen.

So aber sollt ihr es essen: eure Hüften gegürtet, Schuhe an den Füßen, den Stab in der Hand. Esst es hastig! Es ist die Paschafeier für den Herrn – das heißt: der Vorübergang des Herrn.

In dieser Nacht gehe ich durch Ägypten und erschlage in Ägypten jeden Erstgeborenen bei Mensch und Vieh. Über alle Götter Ägyptens halte ich Gericht, ich, der Herr. Das Blut an den Häusern, in denen ihr wohnt, soll ein Zeichen zu eurem Schutz sein. Wenn ich das Blut sehe, werde ich an euch vorübergehen und das vernichtende Unheil wird euch nicht treffen, wenn ich in Ägypten dreinschlage.

Diesen Tag sollt ihr als Gedenktag begehen. Feiert ihn als Fest zur Ehre des Herrn! Für die kommenden Generationen macht euch diese Feier zur festen Regel!

ANTWORTPSALM Ps 116(115),12–13.15–16.17–18 (℟: vgl. 1 Kor 10,16)

℟ Der Kelch des Segens gibt uns Anteil an Christi Blut. – ℟

Wie kann ich dem Herrn all das vergelten, *
was er mir Gutes getan hat?
Ich will den Kelch des Heils erheben *
und anrufen den Namen des Herrn. – (℟)

Kostbar ist in den Augen des Herrn *
das Sterben seiner Frommen.
Ach Herr, ich bin doch dein Knecht, †
dein Knecht bin ich, der Sohn deiner Magd. *
Du hast meine Fesseln gelöst. – (℟)

Ich will dir ein Opfer des Dankes bringen *
und anrufen den Namen des Herrn.
Ich will dem Herrn meine Gelübde erfüllen *
offen vor seinem ganzen Volk. – ℟

ZUR 2. LESUNG Paulus greift in Streitigkeiten ein, die sich an der eucharistischen Mahlfeier entzündet haben. Die ersten christlichen Mahlfeiern waren zugleich Sättigungsmähler. Und anscheinend gab es in der Korinther-Gemeinde Menschen, die sich beim Herrenmahl satt aßen, ohne Rücksicht auf andere zu nehmen. Kommen wir zusammen, so der Apostel, um im Namen des Herrn zu trinken und zu essen, dann verkünden wir als Mahlgemeinschaft, die aufeinander achtet und aufeinander wartet, das Sterben des Herrn zu unserer Rettung. Halten wir jedoch Mahl unter Missachtung der Gemeinschaft, so verletzen wir Jesu Geist und machen uns aneinander schuldig. Diese Worte der Überlieferung werfen ein Licht auf die Bedeutung der Gemeinde, der Gemeinschaft, für die sonntägliche Feier.

ZWEITE LESUNG

1 Kor 11,23–26

Sooft ihr von diesem Brot esst und aus diesem Kelch trinkt, verkündet ihr den Tod des Herrn, bis er kommt

Lesung aus dem ersten Brief des Apostels Paulus an die Korinther.

Brüder! [*oder:* Brüder und Schwestern! *oder:* Schwestern und Brüder!] Ich habe vom Herrn empfangen, was ich euch dann überliefert habe:

Jesus, der Herr, nahm in der Nacht, in der er ausgeliefert wurde, Brot, sprach das Dankgebet, brach das Brot und sagte: Das ist mein Leib für euch. Tut dies zu meinem Gedächtnis!

Ebenso nahm er nach dem Mahl den Kelch und sprach: Dieser Kelch ist der Neue Bund in meinem Blut. Tut dies, sooft ihr daraus trinkt, zu meinem Gedächtnis!

Denn sooft ihr von diesem Brot esst und aus dem Kelch trinkt, verkündet ihr den Tod des Herrn, bis er kommt.

RUF VOR DEM EVANGELIUM

Vers: Joh 13,34ac

Herr Jesus, dir sei Ruhm und Ehre! – R̸
(So spricht der Herr:)
Ein neues Gebot gebe ich euch:
Wie ich euch geliebt habe, so sollt auch ihr einander lieben.
Herr Jesus, dir sei Ruhm und Ehre!

Oder:

Dies ist mein Gebot:
Liebet einander, wie ich euch geliebt.

ZUM EVANGELIUM Die Gesten Jesu sprechen. Während er im Begriff ist, ein Leiden auf sich zu nehmen, das schlimmer nicht vorzustellen ist, unterweist er seine Freunde achtsam, mit Zartheit. Indem er ihnen die Füße wäscht, lehrt er sie die Hinordnung auf die anderen als den einzigen Weg zum Heil. Es geht nicht um Leistungsethik oder Askese, sondern um die Reinigung, die wir einander geben können.

EVANGELIUM

Joh 13,1–15

Er erwies ihnen seine Liebe bis zur Vollendung

+ Aus dem heiligen Evangelium nach Johannes.

Es war vor dem Paschafest. Jesus wusste, dass seine Stunde gekommen war, um aus dieser Welt zum Vater hinüberzugehen. Da er die Seinen, die in der Welt waren, liebte, erwies er ihnen seine Liebe bis zur Vollendung.

Es fand ein Mahl statt, und der Teufel hatte Judas, dem Sohn des Simon Iskariot, schon ins Herz gegeben, ihn zu verraten und auszuliefern. Jesus, der wusste, dass ihm der Vater alles in die Hand gegeben hatte und dass er von Gott gekommen war und zu Gott zurückkehrte, stand vom Mahl auf, legte sein Gewand ab und umgürtete sich mit einem Leinentuch. Dann goss er Wasser in eine Schüssel und begann, den Jüngern die Füße zu waschen und mit dem Leinentuch abzutrocknen, mit dem er umgürtet war.

Als er zu Simon Petrus kam, sagte dieser zu ihm: Du, Herr, willst mir die Füße waschen? Jesus antwortete ihm: Was ich tue, verstehst du jetzt noch nicht; doch später wirst du es begreifen.

Petrus entgegnete ihm: Niemals sollst du mir die Füße waschen!

Jesus erwiderte ihm: Wenn ich dich nicht wasche, hast du keinen Anteil an mir.

Da sagte Simon Petrus zu ihm: Herr, dann nicht nur meine Füße, sondern auch die Hände und das Haupt.

Jesus sagte zu ihm: Wer vom Bad kommt, ist ganz rein und braucht sich nur noch die Füße zu waschen. Auch ihr seid rein, aber nicht alle. Er wusste nämlich, wer ihn verraten würde; darum sagte er: Ihr seid nicht alle rein.

Als er ihnen die Füße gewaschen, sein Gewand wieder angelegt und Platz genommen hatte, sagte er zu ihnen: Begreift ihr, was ich an euch getan habe? Ihr sagt zu mir Meister und Herr und ihr nennt mich mit Recht so; denn ich bin es. Wenn nun ich, der Herr und Meister, euch die Füße gewaschen habe, dann müsst auch ihr einander die Füße waschen. Ich habe euch ein Beispiel gegeben, damit auch ihr so handelt, wie ich an euch gehandelt habe.

FUSSWASCHUNG

(Nach der Homilie kann die Fußwaschung folgen. Sie ist Zeichen dafür, dass wir als Kirche uns an Jesu Weisung binden. Dabei können die folgenden Antiphonen gesungen werden.)

ANTIPHON 1

Joh 13,35

Daran werden alle erkennen, dass ihr meine Jünger seid,
wenn ihr Liebe habt zueinander.
V: Jesus sagte zu seinen Jüngern:
A: Daran werden alle erkennen, dass ihr meine Jünger seid,
wenn ihr Liebe habt zueinander.

ANTIPHON 2

Joh 13,34

Ein neues Gebot gebe ich euch: „Liebt einander!"
Wie ich euch geliebt habe, so sollt auch ihr einander lieben.

ANTIPHON 3

1 Kor 13,13

In euch sollen bleiben Glaube, Hoffnung, Liebe, diese drei:
am größten unter ihnen ist die Liebe.
V: Jetzt bleiben Glaube, Hoffnung, Liebe, diese drei:
am größten unter ihnen ist die Liebe.
A: In euch sollen bleiben Glaube, Hoffnung, Liebe, diese drei:
am größten unter ihnen ist die Liebe.

FÜRBITTEN

In den Gaben von Brot und Wein hat sich Jesus uns für immer geschenkt. Voll Dankbarkeit und voll Vertrauen rufen wir zum Vater:

- Aus Liebe hast du dich zum Diener aller gemacht: Hilf deiner Kirche, immer neu und immer klarer dienende Kirche zu sein. V: Christus, du Brot des Lebens. A: Wir bitten dich, stärke uns.
- Du willst, dass wir eins sind: Lass uns immer mutigere und kraftvollere Schritte aufeinander zugehen, sodass die Zertrennung der Christenheit überwunden werde. V: Christus, du Brot des Lebens. A: Wir bitten dich, stärke uns.
- Jesus, du musstest Verrat und Untreue erfahren. Kräftige unsere innere Bindung an dich und hilf uns, gerecht und klar zu leben – in Ehe und Familie, in Ordensgemeinschaften, im Beruf und im Freundeskreis. V: Christus, du Brot des Lebens. A: Wir bitten dich, stärke uns.
- Du willst den Tod des Sünders nicht. Hilf allen Menschen, in der Kraft dieser lebenspendenden Speise zu Mitte und Ziel ihres Lebens zu gelangen. V: Christus, du Brot des Lebens. A: Wir bitten dich, stärke uns.

Herr Jesus Christus, du bist für uns zum Brot des Lebens geworden. Hilf uns, dieses Brot als Zeichen deiner Liebe zu empfangen und mit anderen zu teilen, was du uns schenkst. Darum bitten wir dich heute und allezeit.

EUCHARISTIEFEIER

OPFERGANG

(Zu Beginn der Eucharistiefeier können die Gläubigen einen Opfergang mit Gaben für die Armen halten. Dazu kann man singen:)

℟ Wo Güte und Liebe, da wohnet Gott. – ℟

1. Christi Liebe hat uns geeint,
lasst uns frohlocken und jubeln in ihm!
Fürchten und lieben wollen wir den lebendigen Gott
und einander lieben aus lauterem Herzen. – (℟)

2. Da wir allesamt eines geworden,
hüten wir uns, getrennt zu werden im Geiste!
Es fliehe der Streit, böser Hader entweiche;
in unserer Mitte wohne der Herr. – (℟)

3. Christus spricht zu den Seinen:
Wo zwei oder drei
in meinem Namen versammelt sind,
da bin ich mitten unter ihnen. – (℟)

4. So lasst uns Gott anhangen aus ganzer Seele
und nichts soll stehen vor seiner Liebe.
Lasst uns in Gott dem Nächsten gut sein wie uns selbst
und Gottes wegen lieben auch den Feind. – (℟)

5. Mit den Heiligen wollen wir schauen
dein Antlitz, Christus, dereinst in der Herrlichkeit.
O, welch unermessliche Freude
durch die grenzenlose Weite der Ewigkeit. Amen. – ℟

GABENGEBET

Herr, gib, dass wir das Geheimnis des Altares ehrfürchtig feiern; denn sooft wir die Gedächtnisfeier dieses Opfers begehen, vollzieht sich an uns das Werk der Erlösung. Durch Christus, unseren Herrn.

PRÄFATION

In Wahrheit ist es würdig und recht, dir, Herr, heiliger Vater, allmächtiger, ewiger Gott, immer und überall zu danken durch unseren Herrn Jesus Christus. Als der wahre und ewige Hohepriester hat er die Feier eines immerwährenden Opfers gestiftet. Er hat sich selbst als Opfergabe dargebracht für das Heil der Welt und uns geboten, dass auch wir diese Gabe darbringen zu seinem Gedächtnis. Er stärkt uns, wenn wir seinen Leib empfangen, den er für uns geopfert hat. Er heiligt uns, wenn wir sein Blut trinken, das er für uns vergossen hat. Darum singen wir mit den Engeln und Erzengeln, den Thronen und Mächten und mit all den Scharen des himmlischen Heeres den Hochgesang von deiner göttlichen Herrlichkeit: Heilig …

KOMMUNIONVERS

1 Kor 11,24.25

Das ist mein Leib, der für euch hingegeben wird.
Dieser Kelch ist der neue Bund in meinem Blut.
Sooft ihr dieses Brot esst und diesen Kelch trinkt,
tut es zum Gedenken an mich – so spricht der Herr.

SCHLUSSGEBET

Allmächtiger Gott, du hast uns heute im Abendmahl deines Sohnes gestärkt. Sättige uns beim himmlischen Gastmahl mit dem ewigen Leben. Darum bitten wir durch ihn, Christus, unseren Herrn.

(Nach dem Schlussgebet wird die heilige Eucharistie in eine Kapelle oder an einen Nebenaltar getragen. Während der Prozession singt die Gemeinde. Nach der Feier wird der Altar abgedeckt, die Kreuze werden aus der Kirche entfernt oder verhüllt. In vielen Gemeinden beten die Gläubigen in dieser Nacht vor der Eucharistie.)

***

PESSAH II

Schließ auf das Ostertor
mit der Schlüsselblume

Jenseits
teilt sich das Meer
mit Schneehänden
pflücken wir Salz
ziehn in die Wüste
wo Samen das Mannabrot bäckt

Uhr ohne Zeiger
der Kompass hat keine Magnetnadel
Fünftausend Jahre
Goldsandgeraun

Wieder vom Keller
Rosinenwein holen
grüne und bittere Kräuter
auf den Lichttisch

Öffne die Tür
Schoschannah
unsichtbar mit der Zukunftluft
kommt der Bote

Rose Ausländer

KARFREITAG

19. April 2019

Traditionell ist der Karfreitag ein Tag des Fastens. Die Dunkelheit des Kreuzes, an die wir heute denken, unterbricht in vielen Häusern die Gesetzmäßigkeit des Alltags. Womit werden diejenigen konfrontiert, die fasten? Mit etwas Neuem? Nein, mit etwas Exemplarischem. Jesu Passion zeigt uns, was schon immer galt: Menschen leiden, trauern, werden verletzt und verletzen, sind egoistisch oder müssen den Egoismus anderer ertragen. Jesu Passion zeigt uns aber auch, auf welchen Gott er sein Vertrauen wider alle Hoffnung setzt. Wenn Jesus mit den Vätern und Müttern Israels betet: „In deine Hände empfehle ich meinen Geist", dann spricht er zu einem Gott, der seinem Volk Rettung versprach.

GEBET

Gedenke, Herr, der großen Taten, die dein Erbarmen gewirkt hat. Schütze und heilige deine Diener, für die dein Sohn Jesus Christus sein Blut vergossen und das österliche Geheimnis eingesetzt hat, der mit dir lebt und herrscht in alle Ewigkeit.

Oder:

Allmächtiger, ewiger Gott, durch das Leiden deines Sohnes hast du den Tod vernichtet, der vom ersten Menschen auf alle Geschlechter übergegangen ist. Nach dem Gesetz der Natur tragen wir das Abbild des ersten Adam an uns; hilf uns durch deine Gnade, das Bild des neuen Adam in uns auszuprägen und Christus ähnlich zu werden, der mit dir lebt und herrscht in alle Ewigkeit.

WORTGOTTESDIENST

ZUR 1. LESUNG Im Dankopfer des Letzten Abendmahles macht Jesus sich zur Gabe für die Welt. Er hat gesehen, was viele nicht sehen wollten, die Verhärtung des Menschen. In Liebe zum Menschen wird er zum Gottesknecht und geht in die tiefste Tiefe hinein. Damit Gott Gefallen an den Menschen finde, blieb er, ein Mensch wie wir, ein Gerechter – mit ihm hoffen wir, dass seine Gerechtigkeit für uns alle zählt.

ERSTE LESUNG

Jes 52,13 – 53,12

Er wurde durchbohrt wegen unserer Verbrechen (Viertes Lied vom Gottesknecht)

Lesung aus dem Buch Jesaja.

Seht, mein Knecht hat Erfolg, er wird groß sein und hoch erhaben. Viele haben sich über ihn entsetzt, so entstellt sah er aus, nicht mehr wie ein Mensch, seine Gestalt war nicht mehr die eines Menschen. Jetzt aber setzt er viele Völker in Staunen, Könige müssen vor ihm verstummen. Denn was man ihnen noch nie erzählt hat, das sehen sie nun; was sie niemals hörten, das erfahren sie jetzt.

Wer hat unserer Kunde geglaubt? Der Arm des Herrn – wem wurde er offenbar? Vor seinen Augen wuchs er auf wie ein junger Spross, wie ein Wurzeltrieb aus trockenem Boden. Er hatte keine schöne und edle Gestalt, sodass wir ihn anschauen mochten. Er sah nicht so aus, dass wir Gefallen fanden an ihm. Er wurde verachtet und von den Menschen gemieden, ein Mann voller Schmerzen, mit Krankheit vertraut. Wie einer, vor dem man das Gesicht verhüllt, war er verachtet; wir schätzten ihn nicht.

Aber er hat unsere Krankheit getragen und unsere Schmerzen auf sich geladen. Wir meinten, er sei von Gott geschlagen, von ihm getroffen und gebeugt. Doch er wurde durchbohrt wegen unserer Verbrechen, wegen unserer Sünden zermalmt. Zu unserem Heil lag die Strafe auf ihm, durch seine Wunden sind wir geheilt.

Wir hatten uns alle verirrt wie Schafe, jeder ging für sich seinen Weg. Doch der Herr lud auf ihn die Schuld von uns allen. Er wurde misshandelt und niedergedrückt, aber er tat seinen Mund nicht auf. Wie ein Lamm, das man zum Schlachten führt, und wie ein Schaf angesichts seiner Scherer, so tat auch er seinen Mund nicht auf.

Durch Haft und Gericht wurde er dahingerafft, doch wen kümmerte sein Geschick? Er wurde vom Land der Lebenden abgeschnitten und wegen der Verbrechen seines Volkes zu Tode getroffen. Bei den Ruchlosen gab man ihm sein Grab, bei den Verbrechern seine Ruhestätte, obwohl er kein Unrecht getan hat und kein trügerisches Wort in seinem Mund war.

Doch der Herr fand Gefallen an seinem zerschlagenen Knecht, er rettete den, der sein Leben als Sühnopfer hingab. Er wird Nachkommen sehen und lange leben. Der Plan des Herrn wird durch ihn gelingen. Nachdem er so vieles ertrug, erblickt er das Licht. Er sättigt sich an Erkenntnis. Mein Knecht, der gerechte, macht die vielen gerecht; er lädt ihre Schuld auf sich.

Deshalb gebe ich ihm seinen Anteil unter den Großen und mit den Mächtigen teilt er die Beute, weil er sein Leben dem Tod preisgab und sich unter die Verbrecher rechnen ließ. Denn er trug die Sünden von vielen und trat für die Schuldigen ein.

ANTWORTPSALM Ps 31(30),2 u. 6.12–13.15–16.17 u. 25 (℟: Lk 23,46)

℟ Vater, in deine Hände lege ich meinen Geist. – ℟

Herr, ich suche Zuflucht bei dir. †
Lass mich doch niemals scheitern; *
rette mich in deiner Gerechtigkeit!
In deine Hände lege ich voll Vertrauen meinen Geist; *
du hast mich erlöst, Herr, du treuer Gott. – (℟)

Zum Spott geworden bin ich all meinen Feinden, †
ein Hohn den Nachbarn, ein Schrecken den Freunden; *
wer mich auf der Straße sieht, der flieht vor mir.

Ich bin dem Gedächtnis entschwunden wie ein Toter, *
bin geworden wie ein zerbrochenes Gefäß. – (℟)

Ich aber, Herr, ich vertraue dir, *
ich sage: „Du bist mein Gott."
In deiner Hand liegt mein Geschick; *
entreiß mich der Hand meiner Feinde und Verfolger. – (℟)

Lass dein Angesicht leuchten über deinem Knecht, *
hilf mir in deiner Güte!
Euer Herz sei stark und unverzagt, *
ihr alle, die ihr wartet auf den Herrn. – ℟

ZUR 2. LESUNG In Jesus Christus erkennen wir Einen als unseren Weg zum Heil, der fühlte wie wir, der die Schwäche kannte wie wir, der genauso voll Sehnsucht war nach Leben und sich vor dem Tod ängstigte, wie wir es tun. Durch und dank Jesus, der den Weg als Erster ging, spüren wir, vielleicht nur augenblickshaft, die Gewissheit in uns, dass er den wahren Weg ging, einen Weg, gesäumt von der Barmherzigkeit Gottes.

ZWEITE LESUNG Hebr 4,14–16; 5,7–9

Er hat den Gehorsam gelernt und ist für alle, die ihm gehorchen, der Urheber des ewigen Heils geworden

Lesung aus dem Hebräerbrief.

Brüder! [*oder:* Brüder und Schwestern! *oder:* Schwestern und Brüder!] Da wir einen erhabenen Hohenpriester haben, der die Himmel durchschritten hat, Jesus, den Sohn Gottes, lasst uns an dem Bekenntnis festhalten. Wir haben ja nicht einen Hohenpriester, der nicht mitfühlen könnte mit unserer Schwäche, sondern einen, der in allem wie wir in Versuchung geführt worden ist, aber nicht gesündigt hat.

Lasst uns also voll Zuversicht hingehen zum Thron der Gnade, damit wir Erbarmen und Gnade finden und so Hilfe erlangen zur rechten Zeit.

Als Christus auf Erden lebte, hat er mit lautem Schreien und unter Tränen Gebete und Bitten vor den gebracht, der ihn aus dem Tod retten konnte, und er ist erhört und aus seiner Angst befreit worden. Obwohl er der Sohn war, hat er durch Leiden den Gehorsam gelernt; zur Vollendung gelangt, ist er für alle, die ihm gehorchen, der Urheber des ewigen Heils geworden.

RUF VOR DER PASSION

Vers: vgl. Phil 2,8b–9

Herr Jesus, dir sei Ruhm und Ehre! – R
Christus war für uns gehorsam bis zum Tod,
bis zum Tod am Kreuz.
Darum hat ihn Gott über alle erhöht
und ihm den Namen verliehen, der größer ist als alle Namen.
Herr Jesus, dir sei Ruhm und Ehre!

ZUR PASSION Die Passion nach dem Evangelisten Johannes bezeugt einen königlichen Jesus. Während Petrus auf die verzagte Seite des Menschseins hinweist, lässt uns Jesus im Gespräch mit Pilatus das Gegenteil schauen. Mit Jesus kommt ein Königreich in den Blick, das so quer steht zu aller real existierenden Herrschaft, dass es fabelhaft anmutet; ein Reich der Wahrheit. Warum verkündet er es in einer Welt, in der ihn nicht Wertschätzung, sondern Ignoranz und gewalttätige Abwehr erwarten? Indem Jesus das Unannehmbare mit königlicher Würde trägt, kann Gott sich in ihm als der barmherzige Höchste zeigen, als derjenige, von dem die Schriften wissen, dass er um sein Volk weint: „Mein Volk, was habe ich dir getan, dass du so ungehorsam gegen mich bist?" Josef aus Arimathäa und Nikodemus haben die Würde Jesu erkannt. In ihren Handlungen bezeugen sie das Gesetz, wie es vom Herrn gesetzt und durch Jesus gelebt wurde: Es ist das Gesetz der Liebe.

(Die Passion wird meist mit verteilten Rollen gelesen:
E = Evangelist, † = Worte Jesu, S = Worte sonstiger Personen)

PASSION

Joh 18,1–19,42

Das Leiden unseres Herrn Jesus Christus

Das Leiden unseres Herrn Jesus Christus nach Johannes.

Die Verhaftung

E Jesus ging mit seinen Jüngern hinaus, auf die andere Seite des Baches Kidron. Dort war ein Garten; in den ging er mit seinen Jüngern hinein. Auch Judas, der Verräter, der ihn auslieferte, kannte den Ort, weil Jesus dort oft mit seinen Jüngern zusammengekommen war. Judas holte die Soldaten und die Gerichtsdiener der Hohenpriester und der Pharisäer und sie kamen dorthin mit Fackeln, Laternen und Waffen. Jesus, der alles wusste, was mit ihm geschehen sollte, ging hinaus und fragte sie: † Wen sucht ihr? E Sie antworteten ihm: S Jesus von Nazaret. E Er sagte zu ihnen: † Ich bin es. E Auch Judas, der Verräter, stand bei ihnen. Als er zu ihnen sagte: Ich bin es!, wichen sie zurück und stürzten zu Boden. Er fragte sie noch einmal: † Wen sucht ihr? E Sie sagten: S Jesus von Nazaret. E Jesus antwortete: † Ich habe euch gesagt, dass ich es bin. Wenn ihr mich sucht, dann lasst diese gehen! E So sollte sich das Wort erfüllen, das er gesagt hatte: Ich habe keinen von denen verloren, die du mir gegeben hast. Simon Petrus aber, der ein Schwert bei sich hatte, zog es, schlug nach dem Diener des Hohenpriesters und hieb ihm das rechte Ohr ab; der Diener hieß Malchus. Da sagte Jesus zu Petrus: † Steck das Schwert in die Scheide! Der Kelch, den mir der Vater gegeben hat – soll ich ihn nicht trinken?

Das Verhör vor Hannas und die Verleugnung durch Petrus

E Die Soldaten, ihre Befehlshaber und die Gerichtsdiener der Juden nahmen Jesus fest, fesselten ihn und führten ihn zuerst zu Hannas; er war nämlich der Schwiegervater des Kajaphas, der in jenem Jahr

Hoherpriester war. Kajaphas aber war es, der den Juden den Rat gegeben hatte: S Es ist besser, dass ein einziger Mensch für das Volk stirbt.
E Simon Petrus und ein anderer Jünger folgten Jesus. Dieser Jünger war mit dem Hohenpriester bekannt und ging mit Jesus in den Hof des hohepriesterlichen Palastes. Petrus aber blieb draußen am Tor stehen. Da kam der andere Jünger, der Bekannte des Hohenpriesters, heraus; er sprach mit der Pförtnerin und führte Petrus hinein. Da sagte die Pförtnerin zu Petrus: S Bist du nicht auch einer von den Jüngern dieses Menschen? E Er antwortete: S Nein. E Die Diener und die Knechte hatten sich ein Kohlenfeuer angezündet und standen dabei, um sich zu wärmen; denn es war kalt. Auch Petrus stand bei ihnen und wärmte sich.
Der Hohepriester befragte Jesus über seine Jünger und über seine Lehre. Jesus antwortete ihm: † Ich habe offen vor aller Welt gesprochen. Ich habe immer in der Synagoge und im Tempel gelehrt, wo alle Juden zusammenkommen. Nichts habe ich im Geheimen gesprochen. Warum fragst du mich? Frag doch die, die mich gehört haben, was ich zu ihnen gesagt habe; sie wissen, was ich geredet habe. E Auf diese Antwort hin schlug einer von den Knechten, der dabeistand, Jesus ins Gesicht und sagte: S Redest du so mit dem Hohenpriester?
E Jesus entgegnete ihm: † Wenn es nicht recht war, was ich gesagt habe, dann weise es nach; wenn es aber recht war, warum schlägst du mich? E Danach schickte ihn Hannas gefesselt zum Hohenpriester Kajaphas.
Simon Petrus aber stand am Feuer und wärmte sich. Sie sagten zu ihm: S Bist nicht auch du einer von seinen Jüngern? E Er leugnete und sagte: S Nein. E Einer von den Dienern des Hohenpriesters, ein Verwandter dessen, dem Petrus das Ohr abgehauen hatte, sagte:
S Habe ich dich nicht im Garten bei ihm gesehen? E Wieder leugnete Petrus und gleich darauf krähte ein Hahn.

Das Verhör und die Verurteilung durch Pilatus

Von Kajaphas brachten sie Jesus zum Prätorium; es war früh am Morgen. Sie selbst gingen nicht in das Gebäude hinein, um nicht unrein zu werden, sondern das Paschalamm essen zu können. Deshalb kam Pilatus zu ihnen heraus und fragte: S Welche Anklage erhebt ihr gegen diesen Menschen? E Sie antworteten ihm: S Wenn er kein Übeltäter wäre, hätten wir ihn dir nicht ausgeliefert. E Pilatus sagte zu ihnen: S Nehmt ihr ihn doch und richtet ihn nach eurem Gesetz! E Die Juden antworteten ihm: S Uns ist es nicht gestattet, jemand hinzurichten. E So sollte sich das Wort Jesu erfüllen, mit dem er angedeutet hatte, auf welche Weise er sterben werde. Pilatus ging wieder in das Prätorium hinein, ließ Jesus rufen und fragte ihn: S Bist du der König der Juden? E Jesus antwortete: † Sagst du das von dir aus, oder haben es dir andere über mich gesagt? E Pilatus entgegnete: S Bin ich denn ein Jude? Dein eigenes Volk und die Hohenpriester haben dich an mich ausgeliefert. Was hast du getan? E Jesus antwortete: † Mein Königtum ist nicht von dieser Welt. Wenn es von dieser Welt wäre, würden meine Leute kämpfen, damit ich den Juden nicht ausgeliefert würde. Aber mein Königtum ist nicht von hier. E Pilatus sagte zu ihm: S Also bist du doch ein König? E Jesus antwortete: † Du sagst es, ich bin ein König. Ich bin dazu geboren und dazu in die Welt gekommen, dass ich für die Wahrheit Zeugnis ablege. Jeder, der aus der Wahrheit ist, hört auf meine Stimme. E Pilatus sagte zu ihm: S Was ist Wahrheit?

E Nachdem er das gesagt hatte, ging er wieder zu den Juden hinaus und sagte zu ihnen: S Ich finde keinen Grund, ihn zu verurteilen. Ihr seid gewohnt, dass ich euch am Paschafest einen Gefangenen freilasse. Wollt ihr also, dass ich euch den König der Juden freilasse? E Da schrien sie wieder: S Nicht diesen, sondern Barabbas! E Barabbas aber war ein Straßenräuber.

Darauf ließ Pilatus Jesus geißeln. Die Soldaten flochten einen Kranz aus Dornen; den setzten sie ihm auf und legten ihm einen purpurroten Mantel um. Sie stellten sich vor ihn hin und sagten: S Heil dir, König der Juden! E Und sie schlugen ihm ins Gesicht. Pilatus ging wieder hinaus und sagte zu ihnen: S Seht, ich bringe ihn zu euch heraus; ihr sollt wissen, dass ich keinen Grund finde, ihn zu verurteilen. E Jesus kam heraus; er trug die Dornenkrone und den purpurroten Mantel. Pilatus sagte zu ihnen: S Seht, da ist der Mensch! E Als die Hohenpriester und ihre Diener ihn sahen, schrien sie: S Ans Kreuz mit ihm, ans Kreuz mit ihm! E Pilatus sagte zu ihnen: S Nehmt ihr ihn und kreuzigt ihn! Denn ich finde keinen Grund, ihn zu verurteilen. E Die Juden entgegneten ihm: S Wir haben ein Gesetz, und

nach diesem Gesetz muss er sterben, weil er sich als Sohn Gottes ausgegeben hat.
E Als Pilatus das hörte, wurde er noch ängstlicher. Er ging wieder in das Prätorium hinein und fragte Jesus: S Woher stammst du? E Jesus aber gab ihm keine Antwort. Da sagte Pilatus zu ihm: S Du sprichst nicht mit mir? Weißt du nicht, dass ich Macht habe, dich freizulassen, und Macht, dich zu kreuzigen? E Jesus antwortete: † Du hättest keine Macht über mich, wenn es dir nicht von oben gegeben wäre; darum liegt größere Schuld bei dem, der mich dir ausgeliefert hat.
E Daraufhin wollte Pilatus ihn freilassen, aber die Juden schrien: S Wenn du ihn freilässt, bist du kein Freund des Kaisers; jeder, der sich als König ausgibt, lehnt sich gegen den Kaiser auf. E Auf diese Worte hin ließ Pilatus Jesus herausführen und er setzte sich auf den Richterstuhl an dem Platz, der Lithostrotos, auf hebräisch Gabbata, heißt. Es war am Rüsttag des Paschafestes, ungefähr um die sechste Stunde. Pilatus sagte zu den Juden: S Da ist euer König! E Sie aber schrien: S Weg mit ihm, kreuzige ihn! E Pilatus aber sagte zu ihnen: S Euren König soll ich kreuzigen? E Die Hohenpriester antworteten: S Wir haben keinen König außer dem Kaiser. E Da lieferte er ihnen Jesus aus, damit er gekreuzigt würde.

Die Hinrichtung Jesu

Sie übernahmen Jesus. Er trug sein Kreuz und ging hinaus zur sogenannten Schädelhöhe, die auf hebräisch Golgota heißt. Dort kreuzigten sie ihn und mit ihm zwei andere, auf jeder Seite einen, in der Mitte Jesus.
Pilatus ließ auch ein Schild anfertigen und oben am Kreuz befestigen; die Inschrift lautete: Jesus von Nazaret, der König der Juden. Dieses Schild lasen viele Juden, weil der Platz, wo Jesus gekreuzigt wurde, nahe bei der Stadt lag. Die Inschrift war hebräisch, lateinisch und griechisch abgefasst. Die Hohenpriester der Juden sagten zu Pilatus: S Schreib nicht: Der König der Juden, sondern dass er gesagt hat: Ich bin der König der Juden. E Pilatus antwortete: S Was ich geschrieben habe, habe ich geschrieben.
E Nachdem die Soldaten Jesus ans Kreuz geschlagen hatten, nahmen sie seine Kleider und machten vier Teile daraus, für jeden Soldaten

einen. Sie nahmen auch sein Untergewand, das von oben her ganz durchgewebt und ohne Naht war. Sie sagten zueinander: S Wir wollen es nicht zerteilen, sondern darum losen, wem es gehören soll. E So sollte sich das Schriftwort erfüllen: Sie verteilten meine Kleider unter sich und warfen das Los um mein Gewand. Dies führten die Soldaten aus.
Bei dem Kreuz Jesu standen seine Mutter und die Schwester seiner Mutter, Maria, die Frau des Klopas, und Maria von Magdala. Als Jesus seine Mutter sah und bei ihr den Jünger, den er liebte, sagte er zu seiner Mutter: † Frau, siehe, dein Sohn! E Dann sagte er zu dem Jünger: † Siehe, deine Mutter! E Und von jener Stunde an nahm sie der Jünger zu sich.

(Hier stehen alle auf.)

Danach, als Jesus wusste, dass nun alles vollbracht war, sagte er, damit sich die Schrift erfüllte: † Mich dürstet. E Ein Gefäß mit Essig stand da. Sie steckten einen Schwamm mit Essig auf einen Ysopzweig und hielten ihn an seinen Mund. Als Jesus von dem Essig genommen hatte, sprach er: † Es ist vollbracht! E Und er neigte das Haupt und gab seinen Geist auf.

(Hier knien alle zu einer kurzen Gebetsstille nieder.)

Die Bestattung des Leichnams

Weil Rüsttag war und die Körper während des Sabbats nicht am Kreuz bleiben sollten, baten die Juden Pilatus, man möge den Gekreuzigten die Beine zerschlagen und ihre Leichen dann abnehmen; denn dieser Sabbat war ein großer Feiertag. Also kamen die Soldaten und zerschlugen dem Ersten die Beine, dann dem andern, der mit ihm gekreuzigt worden war.
Als sie aber zu Jesus kamen und sahen, dass er schon tot war, zerschlugen sie ihm die Beine nicht, sondern einer der Soldaten stieß mit der Lanze in seine Seite, und sogleich floss Blut und Wasser heraus. Und der, der es gesehen hat, hat es bezeugt, und sein Zeugnis ist wahr. Und er weiß, dass er Wahres berichtet, damit auch ihr glaubt. Denn das ist geschehen, damit sich das Schriftwort erfüllte:

Man soll an ihm kein Gebein zerbrechen. Und ein anderes Schriftwort sagt: Sie werden auf den blicken, den sie durchbohrt haben.
Josef aus Arimathäa war ein Jünger Jesu, aber aus Furcht vor den Juden nur heimlich. Er bat Pilatus, den Leichnam Jesu abnehmen zu dürfen, und Pilatus erlaubte es. Also kam er und nahm den Leichnam ab.
Es kam auch Nikodemus, der früher einmal Jesus bei Nacht aufgesucht hatte. Er brachte eine Mischung aus Myrrhe und Aloë, etwa hundert Pfund. Sie nahmen den Leichnam Jesu und umwickelten ihn mit Leinenbinden, zusammen mit den wohlriechenden Salben, wie es beim jüdischen Begräbnis Sitte ist.
An dem Ort, wo man ihn gekreuzigt hatte, war ein Garten, und in dem Garten war ein neues Grab, in dem noch niemand bestattet worden war. Wegen des Rüsttages der Juden und weil das Grab in der Nähe lag, setzten sie Jesus dort bei.

GROSSE FÜRBITTEN

1. Für die heilige Kirche
Lasst uns beten, Brüder und Schwestern, für die heilige Kirche Gottes, dass unser Gott und Herr ihr Frieden schenke auf der ganzen Erde, sie eine und behüte und uns ein Leben gewähre in Ruhe und Sicherheit zum Lob seines Namens.
(Beuget die Knie. – Erhebet euch.)

Allmächtiger, ewiger Gott, du hast in Christus allen Völkern deine Herrlichkeit geoffenbart. Behüte, was du in deinem Erbarmen geschaffen hast, damit deine Kirche auf der ganzen Erde in festem Glauben verharre. Darum bitten wir durch Christus, unseren Herrn.

2. Für den Papst
Lasst uns auch beten für unsern Papst N.: Der allmächtige Gott, der ihn zum Bischofsamt erwählt hat, erhalte ihn seiner Kirche und gebe ihm Kraft, das heilige Volk Gottes zu leiten.
(Beuget die Knie. – Erhebet euch.)

Allmächtiger, ewiger Gott, du Hirte deines Volkes, in deiner Weisheit ist alles begründet. Höre auf unser Gebet und bewahre in deiner Güte unseren Papst N. Leite durch ihn deine Kirche und gib, dass sie wachse im Glauben und in der Liebe. Darum bitten wir durch Christus, unseren Herrn.

3. Für alle Stände der Kirche
Lasst uns beten für unseren Bischof N., für alle Bischöfe, Priester, Diakone, für alle, die zum Dienst in der Kirche bestellt sind, und für das ganze Volk Gottes.
(Beuget die Knie. – Erhebet euch.)

Allmächtiger, ewiger Gott, dein Geist heiligt den ganzen Leib der Kirche und leitet ihn. Erhöre unser Gebet für alle Stände deines Volkes und gib ihnen die Gnade, dir in Treue zu dienen. Darum bitten wir durch Christus, unseren Herrn.

4. Für die Katechumenen
Lasst uns auch beten für die (unsere) Katechumenen: Unser Herr und Gott öffne ihre Herzen für sein Wort, er schenke ihnen in der Taufe die Vergebung aller Sünden und nehme sie auf in sein Vaterhaus, damit sie das Leben finden in unserem Herrn Jesus Christus.
(Beuget die Knie. – Erhebet euch.)

Allmächtiger, ewiger Gott, du gibst deiner Kirche immer neue Fruchtbarkeit. Schenke allen, die sich auf die Taufe vorbereiten, Wachstum im Glauben und in der Erkenntnis. Führe sie zur Wiedergeburt aus dem Quell der Taufe und nimm sie an als deine Kinder. Darum bitten wir durch Christus, unseren Herrn.

5. Für die Einheit der Christen
Lasst uns beten für alle Brüder und Schwestern, die an Christus glauben, dass unser Herr und Gott sie leite auf dem Weg der Wahrheit und sie zusammenführe in der Einheit der heiligen Kirche.
(Beuget die Knie. – Erhebet euch.)

Allmächtiger Gott, du allein kannst die Spaltung überwinden und die Einheit bewahren. Erbarme dich deiner Christenheit, die geheiligt ist durch die eine Taufe. Einige sie im wahren Glauben und schließe sie zusammen durch das Band der Liebe. Darum bitten wir durch Christus, unseren Herrn.

6. Für die Juden
Lasst uns auch beten für die Juden, zu denen Gott, unser Herr, zuerst gesprochen hat: Er bewahre sie in der Treue zu seinem Bund und in der Liebe zu seinem Namen, damit sie das Ziel erreichen, zu dem sein Ratschluss sie führen will.
(Beuget die Knie. – Erhebet euch.)

Allmächtiger, ewiger Gott, du hast Abraham und seinen Kindern deine Verheißung gegeben. Erhöre das Gebet deiner Kirche für das Volk, das du als erstes zu deinem Eigentum erwählt hast: Gib, dass es zur Fülle der Erlösung gelangt. Darum bitten wir durch Christus, unseren Herrn.

7. Für alle, die nicht an Christus glauben
Lasst uns beten für alle, die nicht an Christus glauben, dass der Heilige Geist sie erleuchte und sie auf den Weg des Heils führe.
(Beuget die Knie. – Erhebet euch.)

Allmächtiger, ewiger Gott, steh allen bei, die sich nicht zu Christus bekennen, damit sie mit redlichem Herzen vor dir leben und die Wahrheit finden. Uns aber gib, dass wir das Geheimnis deines Lebens immer tiefer erfassen und in der brüderlichen Liebe wachsen, damit wir immer mehr zu glaubhaften Zeugen deiner Güte werden. Darum bitten wir durch Christus, unseren Herrn.

8. Für alle, die nicht an Gott glauben
Lasst uns auch beten für alle, die Gott nicht erkennen, dass sie mit seiner Hilfe ihrem Gewissen folgen und so zum Gott und Vater aller Menschen gelangen.
(Beuget die Knie. – Erhebet euch.)

Allmächtiger, ewiger Gott, du hast den Menschen geschaffen, dass er dich suche und in dir Ruhe finde. Gib dich zu erkennen in den Beweisen deines Erbarmens und in den Taten deiner Gläubigen, damit die Menschen trotz aller Hindernisse dich finden und als den wahren Gott und Vater bekennen. Darum bitten wir durch Christus, unseren Herrn.

9. Für die Regierenden
Lasst uns beten für die Regierenden: Unser Herr und Gott lenke ihren Geist und ihr Herz nach seinem Willen, damit sie den wahren Frieden und die Freiheit suchen zum Heil aller Völker.
(Beuget die Knie. – Erhebet euch.)

Allmächtiger, ewiger Gott, in deiner Hand sind die Herzen der Menschen und das Recht der Völker. Schau gnädig auf jene, die uns regieren, damit auf der ganzen Welt Sicherheit und Frieden herrschen, Wohlfahrt der Völker und Freiheit des Glaubens. Darum bitten wir durch Christus, unseren Herrn.

10. Für alle notleidenden Menschen
Lasst uns Gott, den allmächtigen Vater, bitten für alle, die der Hilfe bedürfen: Er reinige die Welt von allem Irrtum, nehme die Krankheiten hinweg, vertreibe den Hunger, löse ungerechte Fesseln, gebe den Heimatlosen Sicherheit, den Pilgernden und Reisenden eine glückliche Heimkehr, den Kranken die Gesundheit und den Sterbenden das ewige Leben.
(Beuget die Knie. – Erhebet euch.)

Allmächtiger, ewiger Gott, du Trost der Betrübten, du Kraft der Leidenden, höre auf alle, die in ihrer Bedrängnis zu dir rufen, und lass sie in jeder Not deine Barmherzigkeit erfahren. Darum bitten wir durch Christus, unseren Herrn.

KREUZVEREHRUNG

(Nach dem Wortgottesdienst folgt die feierliche Kreuzverehrung. Das Kreuz ist Zeichen der Niederlage, aber auch Zeichen des Sieges, es ist das Zeichen unserer Hoffnung. Im Zeichen des Kreuzes ehren wir Christus und bekennen uns zu ihm und seinem Weg.)

RUF ZUR KREUZERHEBUNG

V: Ecce lignum Crucis,
in quo salus mundi
pependit.
A: Venite, adoremus.

V: Seht das Kreuz, an dem
der Herr gehangen, das
Heil der Welt.
A: Kommt, lasset uns anbeten.

GESÄNGE ZUR KREUZVEREHRUNG

ANTWORTGESANG

A: Dein Kreuz, o Herr, verehren wir
und deine heilige Auferstehung
preisen und rühmen wir:
Denn siehe, durch das Holz des Kreuzes
kam Freude in alle Welt.

V: Gott sei uns gnädig und segne uns. Vgl. Ps 67(66),2
Er lasse sein Angesicht über uns leuchten
und erbarme sich unser.

A: Dein Kreuz, o Herr, verehren wir
und deine heilige Auferstehung
preisen und rühmen wir:
Denn siehe, durch das Holz des Kreuzes
kam Freude in alle Welt.

IMPROPERIEN

A: Mein Volk, was habe ich dir getan, womit nur habe ich dich betrübt? Antworte mir.
V: Aus der Knechtschaft Ägyptens habe ich dich herausgeführt. Du aber bereitest das Kreuz deinem Erlöser.
A: Mein Volk …

Hagios, ho Theos,
Sanctus Deus.
Heiliger Gott.

Hagios Ischyros.
Sanctus Fortis.
Heiliger, starker Gott.

Hagios Athanatos, eleison hemas.
Sanctus Immortalis, miserere nobis.
Heiliger, unsterblicher Gott, erbarme dich unser.

V: Vierzig Jahre habe ich dich geleitet durch die Wüste. Ich habe dich mit Manna gespeist und dich hineingeführt in das Land der Verheißung. Du aber bereitest das Kreuz deinem Erlöser.

Hagios, ho Theos,
Sanctus Deus.
Heiliger Gott.

Hagios Ischyros.
Sanctus Fortis.
Heiliger, starker Gott.

Hagios Athanatos, eleison hemas.
Sanctus Immortalis, miserere nobis.
Heiliger, unsterblicher Gott, erbarme dich unser.

V: Was hätte ich dir mehr tun sollen und tat es nicht? Als meinen erlesenen Weinberg pflanzte ich dich, du aber brachtest mir bittere Trauben, du hast mich in meinem Durst mit Essig getränkt und mit der Lanze deinem Erlöser die Seite durchstoßen.

Hagios, ho Theos,
Sanctus Deus.
Heiliger Gott.

Hagios Ischyros.
Sanctus Fortis.
Heiliger, starker Gott.

Hagios Athanatos, eleison hemas.
Sanctus Immortalis, miserere nobis.
Heiliger, unsterblicher Gott, erbarme dich unser.

V: Deinetwegen habe ich Ägypten geschlagen und seine Erstgeburt, du aber hast mich geschlagen und dem Tod überliefert.
A: Mein Volk, was habe ich dir getan, womit nur habe ich dich betrübt? Antworte mir.
V: Ich habe dich aus Ägypten herausgeführt und den Pharao versinken lassen im Roten Meer, du aber hast mich den Hohenpriestern überliefert.
A: Mein Volk …
V: Ich habe vor dir einen Weg durch das Meer gebahnt, du aber hast mit der Lanze meine Seite geöffnet.
A: Mein Volk …
V: In einer Wolkensäule bin ich dir vorangezogen, du aber hast mich vor den Richterstuhl des Pilatus geführt.
A: Mein Volk …
V: Ich habe dich in der Wüste mit Manna gespeist, du aber hast mich ins Gesicht geschlagen und mich gegeißelt.
A: Mein Volk …
V: Ich habe dir Wasser aus dem Felsen zu trinken gegeben und dich gerettet, du aber hast mich getränkt mit Galle und Essig.
A: Mein Volk …
V: Deinetwegen habe ich die Könige Kanaans geschlagen, du aber schlugst mir mit einem Rohr auf mein Haupt.
A: Mein Volk …
V: Ich habe dir ein Königszepter in die Hand gegeben, du aber hast mich gekrönt mit einer Krone von Dornen.
A: Mein Volk …
V: Ich habe dich erhöht und ausgestattet mit großer Kraft, du aber erhöhtest mich am Holz des Kreuzes.
A: Mein Volk …

HYMNUS

Hier kann der Hymnus Pange, lingua, gloriosi proelium certaminis *eingefügt werden.*

KOMMUNION

(Das Allerheiligste wird zum Altar gebracht. Der Priester tritt zum Altar und spricht mit gefalteten Händen:)

Dem Wort unseres Herrn und Erlösers gehorsam und getreu seiner göttlichen Weisung, wagen wir zu sprechen:

(Er breitet die Hände aus und betet mit der Gemeinde:)

Vater unser im Himmel, geheiligt werde dein Name. Dein Reich komme. Dein Wille geschehe, wie im Himmel so auf Erden. Unser tägliches Brot gib uns heute. Und vergib uns unsere Schuld, wie auch wir vergeben unsern Schuldigern. Und führe uns nicht in Versuchung, sondern erlöse uns von dem Bösen.

(Der Priester fährt allein fort mit ausgebreiteten Händen:)

Erlöse uns, Herr, allmächtiger Vater, von allem Bösen und gib Frieden in unseren Tagen. Komm uns zu Hilfe mit deinem Erbarmen und bewahre uns vor Verwirrung und Sünde, damit wir voll Zuversicht das Kommen unseres Erlösers Jesus Christus erwarten.

(Die Gemeinde beschließt das Gebet mit dem Ruf:)

Denn dein ist das Reich und die Kraft
und die Herrlichkeit in Ewigkeit. Amen.

(Der Priester faltet die Hände und spricht leise:)

Herr Jesus Christus, der Empfang deines Leibes bringe mir nicht Gericht und Verdammnis, sondern Segen und Heil.

(Der Priester macht eine Kniebeuge, nimmt eine Hostie, hält sie über der Schale und spricht, zur Gemeinde gewendet, laut:)

Seht das Lamm Gottes,
das hinwegnimmt die Sünde der Welt.

(Zusammen mit der Gemeinde spricht er einmal:)

Herr, ich bin nicht würdig,
dass du eingehst unter mein Dach,
aber sprich nur ein Wort,
so wird meine Seele gesund.

SCHLUSSGEBET

Allmächtiger, ewiger Gott, durch den Tod und die Auferstehung deines Sohnes hast du uns das neue Leben geschenkt. Bewahre in uns, was deine Barmherzigkeit gewirkt hat, und gib uns durch den Empfang dieses Sakramentes die Kraft, dir treu zu dienen. Darum bitten wir durch Christus, unseren Herrn.

SEGENSGEBET ÜBER DAS VOLK

Herr, unser Gott, reicher Segen komme herab auf dein Volk, das den Tod deines Sohnes gefeiert hat und die Auferstehung erwartet. Schenke ihm Verzeihung und Trost, Wachstum im Glauben und die ewige Erlösung. Darum bitten wir durch Christus, unseren Herrn.

⋆⋆⋆

ECCE HOMO

Weniger als die Hoffnung auf ihn
Das ist der Mensch
einarmig
immer

Nur der gekreuzigte
beide Arme
weit offen
der Hier-Bin-Ich

Hilde Domin

Die Osterzeit

HOCHFEST DER AUFERSTEHUNG DES HERRN

OSTERSONNTAG

20./21. April 2019

DIE FEIER DER OSTERNACHT

Die Liturgie der Osternacht ist reich an Symbolen, die das unsichtbare Ereignis der Auferstehung sinnenfällig werden lassen. In den Bildern von Licht und Dunkel, Nacht und Stern dürfen die Gläubigen ihren eigenen Vorstellungen vom unvorstellbaren Ostergeschehen Raum geben. Die Wort gewordenen Erfahrungen Israels, die in den Lesungen der Osterliturgie ausführlich erinnert werden, leiten uns dabei. Ihre Worte stärken unseren Glauben und nähren unsere Hoffnung, im Auferstandenen dem Heil für alle Zeit begegnet zu sein.

LICHTFEIER

(In der Lichtfeier wird das Osterfeuer gesegnet. An ihm wird die Osterkerze entzündet und in feierlichem Zug in die dunkle Kirche getragen. Wenn es nicht möglich ist, das Osterfeuer anzuzünden, beginnt die Feier mit dem Einzug der Osterkerze.)

BEGRÜSSUNG

Liebe Brüder und Schwestern!
In der Osternacht ist unser Herr Jesus Christus vom Tode auferstanden und zum Leben hinübergegangen. Darum hält die Kirche in der ganzen Welt diese Nacht heilig; sie lädt ihre Söhne und Töchter, wo immer sie wohnen, ein, zu wachen und zu beten. Auch wir sind in (zu Beginn – am Ende) dieser Nacht der Einladung gefolgt. Wir begehen das Gedächtnis des österlichen Heilswerkes Christi, indem wir das Wort Gottes hören und die heiligen Mysterien feiern in der zuversichtlichen Hoffnung, dass wir einst am Sieg Christi über den Tod und an seinem Leben in Gott teilnehmen dürfen.

SEGEN ÜBER DAS FEUER

Lasset uns beten. Allmächtiger, ewiger Gott, du hast durch Christus allen, die an dich glauben, das Licht deiner Herrlichkeit geschenkt. Segne † dieses neue Feuer, das die Nacht erhellt, und entflamme in uns die Sehnsucht nach dir, dem unvergänglichen Licht, damit wir mit reinem Herzen zum ewigen Osterfest gelangen. Darum bitten wir durch Christus, unseren Herrn.

BEREITUNG DER OSTERKERZE

(Nach der Segnung des Feuers wird die Osterkerze herbeigebracht. Der Zelebrant ritzt mit einem Griffel ein Kreuz in die Kerze, darüber zeichnet er den ersten Buchstaben des griechischen Alphabets, Alpha, darunter den letzten, Omega. Zwischen die Kreuzesarme schreibt er die Jahreszahl. Dabei spricht er:)

Christus, gestern und heute *(senkrechter Balken)*,
Anfang und Ende *(Querbalken)*,
Alpha *(über dem Kreuz)*
und Omega *(unter dem Kreuz)*.

A
2 | 0
1 | 9
Ω

Sein ist die Zeit *(1. Ziffer)*
und die Ewigkeit *(2. Ziffer).*
Sein ist die Macht
und die Herrlichkeit *(3. Ziffer)*
in alle Ewigkeit. Amen *(4. Ziffer).*

(Der Priester kann in das geritzte Kreuz fünf Weihrauchkörner einfügen. Dabei spricht er:)

Durch seine heiligen Wunden *(1),*
die leuchten in Herrlichkeit *(2),*
behüte uns *(3)*
und bewahre uns *(4),*
Christus, der Herr. Amen *(5).*

	1	
4	2	5
	3	

(Danach zündet der Priester die Osterkerze am Feuer an und spricht:)

Christus ist glorreich auferstanden vom Tod.
Sein Licht vertreibe das Dunkel der Herzen.

PROZESSION

(Der Priester oder ein Diakon nimmt die Osterkerze, hebt sie empor und singt:)

Lumen Christi.	Christus, das Licht.
A: Deo gratias.	A: Dank sei Gott.

(Alle ziehen in die Kirche ein. Am Eingang wird der Preisruf wiederholt. Die Mitfeiernden zünden ihre Kerzen an der Osterkerze an. Vor dem Altar wendet sich der Priester dem Volk zu und singt zum dritten Mal den Preisruf. Nun werden in der Kirche die Lichter angezündet.)

DAS OSTERLOB

Frohlocket, ihr Chöre der Engel, frohlocket, ihr himmlischen Scharen, lasset die Posaune erschallen, preiset den Sieger, den erhabenen König! Lobsinge, du Erde, überstrahlt vom Glanz aus der Höhe! Licht des großen Königs umleuchtet dich. Siehe, geschwunden ist allerorten das Dunkel. Auch du freue dich, Mutter Kirche, umkleidet von Licht und herrlichem Glanze! Töne wider, heilige Halle, töne von des Volkes mächtigem Jubel.

(V: Der Herr sei mit euch.
A: Und mit deinem Geiste.)
V: Erhebet die Herzen.
A: Wir haben sie beim Herrn.
V: Lasset uns danken dem Herrn, unserm Gott.
A: Das ist würdig und recht.

In Wahrheit ist es würdig und recht, den verborgenen Gott, den allmächtigen Vater, mit aller Glut des Herzens zu rühmen und seinen eingeborenen Sohn, unseren Herrn Jesus Christus, mit jubelnder Stimme zu preisen. Er hat für uns beim ewigen Vater Adams Schuld bezahlt und den Schuldbrief ausgelöscht mit seinem Blut, das er aus Liebe vergossen hat. Gekommen ist das heilige Osterfest, an dem das wahre Lamm geschlachtet ward, dessen Blut die Türen der Gläubigen heiligt und das Volk bewahrt vor Tod und Verderben. Dies ist die Nacht, die unsere Väter, die Söhne Israels, aus Ägypten befreit und auf trockenem Pfad durch die Fluten des Roten Meeres geführt hat. Dies ist die Nacht, in der die leuchtende Säule das Dunkel der Sünde vertrieben hat. Dies ist die Nacht, die auf der ganzen Erde alle, die an Christus glauben, scheidet von den Lastern der Welt, dem Elend der Sünde entreißt, ins Reich der Gnade heimführt und einfügt in die heilige Kirche. Dies ist die selige Nacht, in der Christus die Ketten des Todes zerbrach und aus der Tiefe als Sieger emporstieg. O unfassbare Liebe des Vaters: Um den Knecht zu erlösen, gabst du den Sohn dahin! O wahrhaft heilbringende Sünde des Adam, du wurdest uns zum Segen, da Christi Tod dich vernichtet hat. O glückliche Schuld, welch großen Erlöser hast du gefunden. Der Glanz dieser heiligen Nacht nimmt den Frevel hinweg, reinigt von Schuld, gibt den Sün-

dern die Unschuld, den Trauernden Freude. O wahrhaft selige Nacht, die Himmel und Erde versöhnt, die Gott und Menschen verbindet! In dieser gesegneten Nacht, heiliger Vater, nimm an das Abendopfer unseres Lobes, nimm diese Kerze entgegen als unsere festliche Gabe! Aus dem köstlichen Wachs der Bienen bereitet, wird sie dir dargebracht von deiner heiligen Kirche durch die Hand ihrer Diener. So bitten wir dich, o Herr: Geweiht zum Ruhm deines Namens, leuchte die Kerze fort, um in dieser Nacht das Dunkel zu vertreiben. Nimm sie an als lieblich duftendes Opfer, vermähle ihr Licht mit den Lichtern am Himmel. Sie leuchte, bis der Morgenstern erscheint, jener wahre Morgenstern, der in Ewigkeit nicht untergeht: dein Sohn, unser Herr Jesus Christus, der von den Toten erstand, der den Menschen erstrahlt im österlichen Licht, der lebt und herrscht in Ewigkeit!
A: Amen.

WORTGOTTESDIENST

ZUR 1. LESUNG Die Geschichte der Schöpfung, wie sie hier vorgetragen wird, ist ein Lobgesang auf das Dasein. Alle Elemente des Lebens, so heißt es hier, sind gut und nach Gottes Willen geschaffen. Besonders eindrucksvoll ist an diesem Text, dass er von Israeliten geschrieben wurde, die durch die Not von Krieg und Exil hindurch die Weisheit ihres Gottes bekennen wollen. Sie, und wir mit ihnen, vertrauen darauf, dass Gottes Hand von Anbeginn an alles gut geordnet hat.

ERSTE LESUNG Gen 1,1–2,2

Gott sah alles an, was er gemacht hatte: Es war sehr gut

Lesung aus dem Buch Genesis.

Im Anfang schuf Gott Himmel und Erde; die Erde aber war wüst und wirr, Finsternis lag über der Urflut und Gottes Geist schwebte über dem Wasser. Gott sprach: Es werde Licht. Und es wurde

Licht. Gott sah, dass das Licht gut war. Gott schied das Licht von der Finsternis und Gott nannte das Licht Tag und die Finsternis nannte er Nacht. Es wurde Abend und es wurde Morgen: erster Tag.

Dann sprach Gott: Ein Gewölbe entstehe mitten im Wasser und scheide Wasser von Wasser. Gott machte also das Gewölbe und schied das Wasser unterhalb des Gewölbes vom Wasser oberhalb des Gewölbes. So geschah es und Gott nannte das Gewölbe Himmel. Es wurde Abend und es wurde Morgen: zweiter Tag.

Dann sprach Gott: Das Wasser unterhalb des Himmels sammle sich an einem Ort, damit das Trockene sichtbar werde. So geschah es. Das Trockene nannte Gott Land und das angesammelte Wasser nannte er Meer. Gott sah, dass es gut war. Dann sprach Gott: Das Land lasse junges Grün wachsen, alle Arten von Pflanzen, die Samen tragen, und von Bäumen, die auf der Erde Früchte bringen mit ihrem Samen darin. So geschah es. Das Land brachte junges Grün hervor, alle Arten von Pflanzen, die Samen tragen, alle Arten von Bäumen, die Früchte bringen mit ihrem Samen darin. Gott sah, dass es gut war. Es wurde Abend und es wurde Morgen: dritter Tag.

Dann sprach Gott: Lichter sollen am Himmelsgewölbe sein, um Tag und Nacht zu scheiden. Sie sollen Zeichen sein und zur Bestimmung von Festzeiten, von Tagen und Jahren dienen; sie sollen Lichter am Himmelsgewölbe sein, die über die Erde hin leuchten. So geschah es. Gott machte die beiden großen Lichter, das größere, das über den Tag herrscht, das kleinere, das über die Nacht herrscht, auch die Sterne. Gott setzte die Lichter an das Himmelsgewölbe, damit sie über die Erde hin leuchten, über Tag und Nacht herrschen und das Licht von der Finsternis scheiden. Gott sah, dass es gut war. Es wurde Abend und es wurde Morgen: vierter Tag.

Dann sprach Gott: Das Wasser wimmle von lebendigen Wesen und Vögel sollen über dem Land am Himmelsgewölbe dahinfliegen. Gott schuf alle Arten von großen Seetieren und anderen Lebewesen, von denen das Wasser wimmelt, und alle Arten von gefiederten Vögeln. Gott sah, dass es gut war. Gott segnete sie und sprach: Seid fruchtbar und vermehrt euch und bevölkert das Wasser im Meer und die Vögel sollen sich auf dem Land vermehren. Es wurde Abend und es wurde Morgen: fünfter Tag.

Dann sprach Gott: Das Land bringe alle Arten von lebendigen Wesen hervor, von Vieh, von Kriechtieren und von Tieren des Feldes. So geschah es. Gott machte alle Arten von Tieren des Feldes, alle Arten von Vieh und alle Arten von Kriechtieren auf dem Erdboden. Gott sah, dass es gut war.

Dann sprach Gott: Lasst uns Menschen machen als unser Abbild, uns ähnlich. Sie sollen herrschen über die Fische des Meeres, über die Vögel des Himmels, über das Vieh, über die ganze Erde und über alle Kriechtiere auf dem Land. Gott schuf also den Menschen als sein Abbild; als Abbild Gottes schuf er ihn. Als Mann und Frau schuf er sie.

Gott segnete sie und Gott sprach zu ihnen: Seid fruchtbar und vermehrt euch, bevölkert die Erde, unterwerft sie euch und herrscht über die Fische des Meeres, über die Vögel des Himmels und über alle Tiere, die sich auf dem Land regen. Dann sprach Gott: Hiermit übergebe ich euch alle Pflanzen auf der ganzen Erde, die Samen tragen, und alle Bäume mit samenhaltigen Früchten. Euch sollen sie zur Nahrung dienen. Allen Tieren des Feldes, allen Vögeln des Himmels und allem, was sich auf der Erde regt, was Lebensatem in sich hat, gebe ich alle grünen Pflanzen zur Nahrung. So geschah es. Gott sah alles an, was er gemacht hatte: Es war sehr gut. Es wurde Abend und es wurde Morgen: der sechste Tag.

So wurden Himmel und Erde vollendet und ihr ganzes Gefüge. Am siebten Tag vollendete Gott das Werk, das er geschaffen hatte, und er ruhte am siebten Tag, nachdem er sein ganzes Werk vollbracht hatte.

Oder:

KURZFASSUNG Gen 1, 1.26–31a

Gott sah alles an, was er gemacht hatte: Es war sehr gut

Lesung aus dem Buch Genesis.

Im Anfang schuf Gott Himmel und Erde. Und Gott sprach: Lasst uns Menschen machen als unser Abbild, uns ähnlich. Sie sollen herrschen über die Fische des Meeres, über die Vögel des Him-

mels, über das Vieh, über die ganze Erde und über alle Kriechtiere auf dem Land. Gott schuf also den Menschen als sein Abbild; als Abbild Gottes schuf er ihn. Als Mann und Frau schuf er sie.
Gott segnete sie und Gott sprach zu ihnen: Seid fruchtbar und vermehrt euch, bevölkert die Erde, unterwerft sie euch und herrscht über die Fische des Meeres, über die Vögel des Himmels und über alle Tiere, die sich auf dem Land regen. Dann sprach Gott: Hiermit übergebe ich euch alle Pflanzen auf der ganzen Erde, die Samen tragen, und alle Bäume mit samenhaltigen Früchten. Euch sollen sie zur Nahrung dienen. Allen Tieren des Feldes, allen Vögeln des Himmels und allem, was sich auf der Erde regt, was Lebensatem in sich hat, gebe ich alle grünen Pflanzen zur Nahrung. So geschah es.
Gott sah alles an, was er gemacht hatte: Es war sehr gut.

ANTWORTPSALM

Ps 104(103),1–2.5–6.10 u. 12.13–14b.24 u. 1ab (℟: vgl. 30)

℟ Sende aus deinen Geist
und das Antlitz der Erde wird neu. – ℟

Lobe den Herrn, meine Seele! †
Herr, mein Gott, wie groß bist du! *
Du bist mit Hoheit und Pracht bekleidet.
Du hüllst dich in Licht wie in ein Kleid, *
du spannst den Himmel aus wie ein Zelt. – (℟)

Du hast die Erde auf Pfeiler gegründet; *
in alle Ewigkeit wird sie nicht wanken.
Einst hat die Urflut sie bedeckt wie ein Kleid, *
die Wasser standen über den Bergen. – (℟)

Du lässt die Quellen hervorsprudeln in den Tälern, *
sie eilen zwischen den Bergen dahin.
An den Ufern wohnen die Vögel des Himmels, *
aus den Zweigen erklingt ihr Gesang. – (℟)

Du tränkst die Berge aus deinen Kammern, *
aus deinen Wolken wird die Erde satt.
Du lässt Gras wachsen für das Vieh, *
auch Pflanzen für den Menschen, die er anbaut. – (℟)

Herr, wie zahlreich sind deine Werke! †
Mit Weisheit hast du sie alle gemacht, *
die Erde ist voll von deinen Geschöpfen.
Lobe den Herrn, meine Seele! *
Herr, mein Gott, wie groß bist du! – ℟

Oder:

ANTWORTPSALM Ps 33 (32), 4–5.6–7.12–13.20 u. 22 (℟: vgl. 5b)

℟ Von deiner Huld, o Herr, ist die Erde erfüllt. – ℟

Das Wort des Herrn ist wahrhaftig, *
all sein Tun ist verlässlich.
Er liebt Gerechtigkeit und Recht, *
die Erde ist erfüllt von der Huld des Herrn. – (℟)

Durch das Wort des Herrn wurden die Himmel geschaffen, *
ihr ganzes Heer durch den Hauch seines Mundes.
Wie in einem Schlauch fasst er das Wasser des Meeres, *
verschließt die Urflut in Kammern. – (℟)

Wohl dem Volk, dessen Gott der Herr ist, *
die Nation, die er sich zum Erbteil erwählt hat.
Der Herr blickt herab vom Himmel, *
er sieht auf alle Menschen. – (℟)

Unsre Seele hofft auf den Herrn; *
er ist für uns Schild und Hilfe.
Lass deine Güte über uns walten, o Herr, *
denn wir schauen aus nach dir. – ℟

GEBET

Allmächtiger Gott, du bist wunderbar in allem, was du tust. Lass deine Erlösten erkennen, dass deine Schöpfung groß ist, doch größer noch das Werk der Erlösung, die du uns in der Fülle der Zeit geschenkt hast durch den Tod des Osterlammes, unseres Herrn Jesus Christus, der mit dir lebt und herrscht in alle Ewigkeit.

ZUR 2. LESUNG

Das Leben mit Gott beansprucht den Menschen in seiner ganzen Existenz. Die Bindung Isaaks, die Gott von Abraham verlangt, ist eine wahre Herausforderung. Sie droht eine Familie zu zerstören, die wider alle Wahrscheinlichkeit entstanden ist. Wie sollen wir handeln, wenn wir Gottes Willen nicht begreifen? Gegen unseren Willen? Eine jüdische Auslegung von Gen 22 zeigt uns den Weg. Dort werden Gott und Abraham entlastet durch den jungen Isaak selbst, der sich, gerade volljährig geworden, freiwillig der Weisung Gottes unterstellt. Eine solche Interpretation macht den Menschen Isaak zum Mittelpunkt der Geschichte und erlaubt es, die freie Treue von Vater und Sohn zu sehen. Im Mittelpunkt steht der Mensch, das befreite Ebenbild Gottes.

ZWEITE LESUNG Gen 22, 1–18

Das Opfer unseres Vaters Abraham (Messbuch: 1. Hochgebet)

Lesung aus dem Buch Genesis.

In jenen Tagen stellte Gott Abraham auf die Probe. Er sprach zu ihm: Abraham! Er antwortete: Hier bin ich. Gott sprach: Nimm deinen Sohn, deinen einzigen, den du liebst, Isaak, geh in das Land Morija und bring ihn dort auf einem der Berge, den ich dir nenne, als Brandopfer dar.

Frühmorgens stand Abraham auf, sattelte seinen Esel, holte seine beiden Jungknechte und seinen Sohn Isaak, spaltete Holz zum Opfer und machte sich auf den Weg zu dem Ort, den ihm Gott genannt hatte. Als Abraham am dritten Tag aufblickte, sah er den Ort von Weitem.

Da sagte Abraham zu seinen Jungknechten: Bleibt mit dem Esel hier! Ich will mit dem Knaben hingehen und anbeten; dann kommen wir zu euch zurück. Abraham nahm das Holz für das Brandopfer und lud es seinem Sohn Isaak auf. Er selbst nahm das Feuer und das Messer in die Hand. So gingen beide miteinander. Nach einer Weile sagte Isaak zu seinem Vater Abraham: Vater! Er antwortete: Ja, mein Sohn! Dann sagte Isaak: Hier ist Feuer und Holz. Wo aber ist das Lamm für das Brandopfer? Abraham entgegnete: Gott wird sich das Opferlamm aussuchen, mein Sohn. Und beide gingen miteinander weiter.

Als sie an den Ort kamen, den ihm Gott genannt hatte, baute Abraham den Altar, [und] schichtete das Holz auf, fesselte seinen Sohn Isaak und legte ihn auf den Altar, oben auf das Holz. Schon streckte Abraham seine Hand aus und nahm das Messer, um seinen Sohn zu schlachten. Da rief ihm der Engel des Herrn vom Himmel her zu: Abraham, Abraham! Er antwortete: Hier bin ich. Jener sprach: Streck deine Hand nicht gegen den Knaben aus und tu ihm nichts zuleide! Denn jetzt weiß ich, dass du Gott fürchtest; du hast mir deinen einzigen Sohn nicht vorenthalten. Als Abraham aufschaute, sah er: Ein Widder hatte sich hinter ihm mit seinen Hörnern im Gestrüpp verfangen. Abraham ging hin, nahm den Widder und brachte ihn statt seines Sohnes als Brandopfer dar.

Abraham nannte jenen Ort Jahwe-Jire – Der Herr sieht –, wie man noch heute sagt: Auf dem Berg lässt sich der Herr sehen.

Der Engel des Herrn rief Abraham zum zweiten Mal vom Himmel her zu und sprach: Ich habe bei mir geschworen – Spruch des Herrn: Weil du das getan hast und deinen einzigen Sohn mir nicht vorenthalten hast, will ich dir Segen schenken in Fülle und deine Nachkommen zahlreich machen wie die Sterne am Himmel und den Sand am Meeresstrand. Deine Nachkommen sollen das Tor ihrer Feinde einnehmen. Segnen sollen sich mit deinen Nachkommen alle Völker der Erde, weil du auf meine Stimme gehört hast.

Oder:

KURZFASSUNG

Gen 22,1–2.9a.10–13.15–18

Das Opfer unseres Vaters Abraham (Messbuch: 1. Hochgebet)

Lesung aus dem Buch Genesis.

In jenen Tagen stellte Gott Abraham auf die Probe. Er sprach zu ihm: Abraham! Er antwortete: Hier bin ich. Gott sprach: Nimm deinen Sohn, deinen einzigen, den du liebst, Isaak, geh in das Land Morija und bring ihn dort auf einem der Berge, den ich dir nenne, als Brandopfer dar.

Als sie an den Ort kamen, den ihm Gott genannt hatte, streckte Abraham seine Hand aus und nahm das Messer, um seinen Sohn zu schlachten. Da rief ihm der Engel des Herrn vom Himmel her zu: Abraham, Abraham! Er antwortete: Hier bin ich. Jener sprach: Streck deine Hand nicht gegen den Knaben aus und tu ihm nichts zuleide! Denn jetzt weiß ich, dass du Gott fürchtest; du hast mir deinen einzigen Sohn nicht vorenthalten. Als Abraham aufschaute, sah er: Ein Widder hatte sich hinter ihm mit seinen Hörnern im Gestrüpp verfangen. Abraham ging hin, nahm den Widder und brachte ihn statt seines Sohnes als Brandopfer dar.

Der Engel des Herrn rief Abraham zum zweiten Mal vom Himmel her zu und sprach: Ich habe bei mir geschworen – Spruch des Herrn: Weil du das getan hast und deinen einzigen Sohn mir nicht vorenthalten hast, will ich dir Segen schenken in Fülle und deine Nachkommen zahlreich machen wie die Sterne am Himmel und den Sand am Meeresstrand. Deine Nachkommen sollen das Tor ihrer Feinde einnehmen. Segnen sollen sich mit deinen Nachkommen alle Völker der Erde, weil du auf meine Stimme gehört hast.

ANTWORTPSALM

Ps 16(15),5 u. 8.9–10.2 u. 11 (R: 1)

R Behüte mich, Gott,
denn ich vertraue auf dich. – R

Du, Herr, gibst mir das Erbe und reichst mir den Becher; *
du hältst mein Los in deinen Händen.

Ich habe den Herrn beständig vor Augen. *
Er steht mir zur Rechten, ich wanke nicht. – (℟)

Darum freut sich mein Herz und frohlockt meine Seele; *
auch mein Leib wird wohnen in Sicherheit.
Denn du gibst mich nicht der Unterwelt preis; *
du lässt deinen Frommen das Grab nicht schauen. – (℟)

Ich sage zum Herrn: „Du bist mein Herr; *
mein ganzes Glück bist du allein."
Du zeigst mir den Pfad zum Leben. †
Vor deinem Angesicht herrscht Freude in Fülle, *
zu deiner Rechten Wonne für alle Zeit. – ℟

GEBET

Gott, du Vater aller Gläubigen, durch deine Gnade mehrst du auf dem ganzen Erdenrund die Kinder deiner Verheißung. Durch das österliche Sakrament der Taufe erfüllst du den Eid, den du Abraham geschworen hast, und machst ihn zum Vater aller Völker. Gib allen, die du zu deinem Volke berufen hast, die Gnade, diesem Ruf zu folgen. Darum bitten wir durch Christus, unseren Herrn.

ZUR 3. LESUNG Das Leben ist Wagnis und Hoffnung. In der Erzählung vom Auszug aus Ägypten besitzt Israel ein eindrucksvolles Beispiel lebenslanger Pilgerschaft. Das kleine Volk Israel flieht vor der übermächtigen Weltmacht Ägypten durch die Tiefen des Meeres. Siegreich ist nicht, wer über schwere Waffen verfügt, sondern wer den Gerechten auf seiner Seite weiß. Diese Aussage, gekleidet in einen Gründungstext des Judentums, bestärkt auch Christusgläubige in ihrer Hoffnung auf Gerechtigkeit.

DRITTE LESUNG

Ex 14,15 – 15,1

Die Israeliten zogen auf trockenem Boden mitten durch das Meer

Lesung aus dem Buch Exodus.

In jenen Tagen, als die Israeliten sahen, dass die Ägypter ihnen nachrückten, erschraken sie sehr und schrien zum Herrn. Da sprach der Herr zu Mose: Was schreist du zu mir? Sag den Israeliten, sie sollen aufbrechen. Und du heb deinen Stab hoch, streck deine Hand über das Meer und spalte es, damit die Israeliten auf trockenem Boden in das Meer hineinziehen können. Ich aber will das Herz der Ägypter verhärten, damit sie hinter ihnen hineinziehen. So will ich am Pharao und an seiner ganzen Streitmacht, an seinen Streitwagen und Reitern meine Herrlichkeit erweisen. Die Ägypter sollen erkennen, dass ich der Herr bin, wenn ich am Pharao, an seinen Streitwagen und Reitern meine Herrlichkeit erweise.

Der Engel Gottes, der den Zug der Israeliten anführte, erhob sich und ging an das Ende des Zuges und die Wolkensäule vor ihnen erhob sich und trat an das Ende. Sie kam zwischen das Lager der Ägypter und das Lager der Israeliten. Die Wolke war da und Finsternis und Blitze erhellten die Nacht. So kamen sie die ganze Nacht einander nicht näher.

Mose streckte seine Hand über das Meer aus und der Herr trieb die ganze Nacht das Meer durch einen starken Ostwind fort. Er ließ das Meer austrocknen und das Wasser spaltete sich. Die Israeliten zogen auf trockenem Boden ins Meer hinein, während rechts und links von ihnen das Wasser wie eine Mauer stand. Die Ägypter setzten ihnen nach; alle Pferde des Pharao, seine Streitwagen und Reiter zogen hinter ihnen ins Meer hinein.

Um die Zeit der Morgenwache blickte der Herr aus der Feuer- und Wolkensäule auf das Lager der Ägypter und brachte es in Verwirrung. Er hemmte die Räder an ihren Wagen und ließ sie nur schwer vorankommen. Da sagte der Ägypter: Ich muss vor Israel fliehen; denn Jahwe kämpft an ihrer Seite gegen Ägypten.

Darauf sprach der Herr zu Mose: Streck deine Hand über das Meer, damit das Wasser zurückflutet und den Ägypter, seine Wagen und

Reiter zudeckt. Mose streckte seine Hand über das Meer und gegen Morgen flutete das Meer an seinen alten Platz zurück, während die Ägypter auf der Flucht ihm entgegenliefen. So trieb der Herr die Ägypter mitten ins Meer. Das Wasser kehrte zurück und bedeckte Wagen und Reiter, die ganze Streitmacht des Pharao, die den Israeliten ins Meer nachgezogen war. Nicht ein Einziger von ihnen blieb übrig. Die Israeliten aber waren auf trockenem Boden mitten durch das Meer gezogen, während rechts und links von ihnen das Wasser wie eine Mauer stand.

So rettete der Herr an jenem Tag Israel aus der Hand der Ägypter. Israel sah die Ägypter tot am Strand liegen. Als Israel sah, dass der Herr mit mächtiger Hand an den Ägyptern gehandelt hatte, fürchtete das Volk den Herrn. Sie glaubten an den Herrn und an Mose, seinen Knecht.

Damals sang Mose mit den Israeliten dem Herrn dieses Lied; sie sagten: Ich singe dem Herrn ein Lied, denn er ist hoch und erhaben. Rosse und Wagen warf er ins Meer.

ANTWORTPSALM Ex 15,1b–2b.2c–3.4–5.6 u. 13.17–18 (℟: vgl. 2ab)

℟ Dem Herrn will ich singen,
machtvoll hat er sich kundgetan. – ℟

Ich singe dem Herrn ein Lied, †
denn er ist hoch und erhaben. *
Rosse und Wagen warf er ins Meer.
Meine Stärke und mein Lied ist der Herr, *
er ist für mich zum Retter geworden. – (℟)

Er ist mein Gott, ihn will ich preisen; *
den Gott meines Vaters will ich rühmen.
Der Herr ist ein Krieger, *
Jahwe ist sein Name. – (℟)

Pharaos Wagen und seine Streitmacht warf er ins Meer. *
Seine besten Kämpfer versanken im Schilfmeer.

Fluten deckten sie zu, *
sie sanken in die Tiefe wie Steine. – (℟)

Deine Rechte, Herr, ist herrlich an Stärke; *
deine Rechte, Herr, zerschmettert den Feind.
Du lenktest in deiner Güte das Volk, das du erlöst hast, *
du führtest sie machtvoll zu deiner heiligen Wohnung. – (℟)

Du brachtest sie hin und pflanztest sie ein *
auf dem Berg deines Erbes.
Einen Ort, wo du thronst, Herr, hast du gemacht; †
ein Heiligtum, Herr, haben deine Hände gegründet. *
Der Herr ist König für immer und ewig. – ℟

GEBET

Gott, deine uralten Wunder leuchten noch in unseren Tagen. Was einst dein mächtiger Arm an *einem* Volk getan hat, das tust du jetzt an allen Völkern: Einst hast du Israel aus der Knechtschaft des Pharao befreit und durch die Fluten des Roten Meeres geführt; nun aber führst du alle Völker durch das Wasser der Taufe zur Freiheit. Gib, dass alle Menschen Kinder Abrahams werden und zur Würde des auserwählten Volkes gelangen. Darum bitten wir durch Christus, unseren Herrn.

ZUR 4. LESUNG Das Leben hinterlässt Spuren in den Gesichtern der Menschen. Seht nur die Frau Israel mit all ihrem Kummer aus zwei Vertreibungen! Doch Gott liebt sie und erneuert seinen Treuebund mit ihr. Dass Gott Trost will für sein Volk Israel, trotz dessen Schwachheit und Fehlern, davon ist das Prophetenbuch Jesaja, das dieses schöne Bild der Liebenden komponiert hat, überzeugt. Gott gibt die Geborgenheit, die der Mensch benötigt, um an ein Leben in Frieden zu glauben. So schafft Gott selbst das Fundament für eine menschliche Zukunft in Gerechtigkeit.

VIERTE LESUNG Jes 54,5–14

Mit ewiger Huld habe ich Erbarmen mit dir, spricht dein Erlöser, der Herr

Lesung aus dem Buch Jesaja.

Jerusalem, dein Schöpfer ist dein Gemahl, „Herr der Heere" ist sein Name. Der Heilige Israels ist dein Erlöser, „Gott der ganzen Erde" wird er genannt.

Ja, der Herr hat dich gerufen als verlassene, bekümmerte Frau. Kann man denn die Frau verstoßen, die man in der Jugend geliebt hat?, spricht dein Gott. Nur für eine kleine Weile habe ich dich verlassen, doch mit großem Erbarmen hole ich dich heim. Einen Augenblick nur verbarg ich vor dir mein Gesicht in aufwallendem Zorn; aber mit ewiger Huld habe ich Erbarmen mit dir, spricht dein Erlöser, der Herr.

Wie in den Tagen Noachs soll es für mich sein: So wie ich damals schwor, dass die Flut Noachs die Erde nie mehr überschwemmen wird, so schwöre ich jetzt, dir nie mehr zu zürnen und dich nie mehr zu schelten. Auch wenn die Berge von ihrem Platz weichen und die Hügel zu wanken beginnen – meine Huld wird nie von dir weichen und der Bund meines Friedens nicht wanken, spricht der Herr, der Erbarmen hat mit dir.

Du Ärmste, vom Sturm Gepeitschte, die ohne Trost ist, sieh her: Ich selbst lege dir ein Fundament aus Malachit und Grundmauern aus Saphir. Aus Rubinen mache ich deine Zinnen, aus Beryll deine Tore und alle deine Mauern aus kostbaren Steinen. Alle deine Söhne werden Jünger des Herrn sein und groß ist der Friede deiner Söhne. Du wirst auf Gerechtigkeit gegründet sein. Du bist fern von Bedrängnis, denn du brauchst dich nicht mehr zu fürchten und bist fern von Schrecken; er kommt an dich nicht heran.

ANTWORTPSALM Ps 30(29), 2 u. 4.5–6b.6cd u. 12a u. 13b (℟: vgl. 2ab)

℟ Herr, du zogst mich empor aus der Tiefe;
ich will dich rühmen in Ewigkeit. – ℟

Ich will dich rühmen, Herr, †
denn du hast mich aus der Tiefe gezogen *
und lässt meine Feinde nicht über mich triumphieren.
Herr, du hast mich herausgeholt aus dem Reich des Todes, *
aus der Schar der Todgeweihten mich zum Leben gerufen. – (℞)

Singt und spielt dem Herrn, ihr seine Frommen, *
preist seinen heiligen Namen!
Denn sein Zorn dauert nur einen Augenblick, *
doch seine Güte ein Leben lang. – (℞)

Wenn man am Abend auch weint, *
am Morgen herrscht wieder Jubel.
Du hast mein Klagen in Tanzen verwandelt, *
Herr, mein Gott, ich will dir danken in Ewigkeit. – ℞

GEBET

Allmächtiger, ewiger Gott, verherrliche deinen Namen. Gewähre, was du den Vätern um ihres Glaubens willen versprochen hast, und mehre durch die Taufe die Zahl deiner Kinder. Lass deine Kirche erfahren, dass sich erfüllt, was die Heiligen des Alten Bundes gläubig erhofft haben. Darum bitten wir durch Christus, unseren Herrn.

ZUR 5. LESUNG Wie ein roter Faden, der immer offensichtlicher wird, zeigt sich in den Lesungen der Osternacht die Treue Gottes als bleibende Einladung zur Heimkehr. Gottes Bund steht im Zeichen der Beständigkeit. Um Zion wiederherzustellen, braucht es einzig und allein die Einsicht, dass die Möglichkeiten des Menschen begrenzt sind und dass er einer größeren Schöpferkraft bedarf. Das Jesajabuch ist voller Geschichten, die vor Augen führen, wie menschliche Selbstherrlichkeit Menschen in die Katastrophe geführt hat. Ließe sich dieses Buch nicht bis heute weiterschreiben?

FÜNFTE LESUNG

Jes 55,1–11

Kommt zu mir, dann werdet ihr leben. Ich will einen ewigen Bund mit euch schließen

Lesung aus dem Buch Jesaja.

So spricht der Herr: Auf, ihr Durstigen, kommt alle zum Wasser! Auch wer kein Geld hat, soll kommen. Kauft Getreide und esst, kommt und kauft ohne Geld, kauft Wein und Milch ohne Bezahlung! Warum bezahlt ihr mit Geld, was euch nicht nährt, und mit dem Lohn eurer Mühen, was euch nicht satt macht? Hört auf mich, dann bekommt ihr das Beste zu essen und könnt euch laben an fetten Speisen. Neigt euer Ohr mir zu und kommt zu mir, hört, dann werdet ihr leben. Ich will einen ewigen Bund mit euch schließen gemäß der beständigen Huld, die ich David erwies. Seht her: Ich habe ihn zum Zeugen für die Völker gemacht, zum Fürsten und Gebieter der Nationen. Völker, die du nicht kennst, wirst du rufen; Völker, die dich nicht kennen, eilen zu dir, um des Herrn, deines Gottes, des Heiligen Israels willen, weil er dich herrlich gemacht hat.

Sucht den Herrn, solange er sich finden lässt, ruft ihn an, solange er nahe ist. Der Ruchlose soll seinen Weg verlassen, der Frevler seine Pläne. Er kehre um zum Herrn, damit er Erbarmen hat mit ihm, und zu unserem Gott; denn er ist groß im Verzeihen. Meine Gedanken sind nicht eure Gedanken und eure Wege sind nicht meine Wege – Spruch des Herrn. So hoch der Himmel über der Erde ist, so hoch erhaben sind meine Wege über eure Wege und meine Gedanken über eure Gedanken.

Denn wie der Regen und der Schnee vom Himmel fällt und nicht dorthin zurückkehrt, sondern die Erde tränkt und sie zum Keimen und Sprossen bringt, wie er dem Sämann Samen gibt und Brot zum Essen, so ist es auch mit dem Wort, das meinen Mund verlässt: Es kehrt nicht leer zu mir zurück, sondern bewirkt, was ich will, und erreicht all das, wozu ich es ausgesandt habe.

ANTWORTPSALM

Jes 12,2.3 u. 4bcd.5–6 (℟: 3)

℟ Ihr werdet Wasser schöpfen voll Freude
aus den Quellen des Heils. – ℟

Gott ist meine Rettung; *
ihm will ich vertrauen und niemals verzagen.
Denn meine Stärke und mein Lied ist der Herr. *
Er ist für mich zum Retter geworden. – (℟)

Ihr werdet Wasser schöpfen voll Freude *
aus den Quellen des Heils.
Dankt dem Herrn! Ruft seinen Namen an! †
Macht seine Taten unter den Völkern bekannt, *
verkündet: Sein Name ist groß und erhaben! – (℟)

Preist den Herrn; denn herrliche Taten hat er vollbracht; *
auf der ganzen Erde soll man es wissen.
Jauchzt und jubelt, ihr Bewohner von Zion; *
denn groß ist in eurer Mitte der Heilige Israels. – ℟

GEBET

Allmächtiger, ewiger Gott, du einzige Hoffnung der Welt, durch die Propheten hast du die Heilsereignisse angekündigt, die sich in unseren Tagen erfüllen. Erwecke du selbst in uns das Verlangen, dir immer treuer zu dienen; denn niemand macht Fortschritte im Guten, wenn ihn nicht deine Gnade führt. Darum bitten wir durch Christus, unseren Herrn.

ZUR 6. LESUNG Mögen Originalsprache und Abfassungszeit des Buches Baruch im Dunkeln liegen, sein Anliegen ist klar zu sehen: Baruch verbindet biblische Traditionen, verknüpft Themen der Bücher Jeremia, Ijob, Sprüche, des Deuteronomiums und der Psalmen zu einer langen Rede über die Weisheit des Gesetzes. Dem Volk im Exil ruft Baruch zu, es solle die Gebote des Lebens halten, gleich, wo es auch sei, ob in der Heimat oder im Feindesland. Das Buch Baruch sucht nicht die Originalität, sondern die Vergewisserung am Wesentlichen, an der Tora. Nur die Weisung dessen, der mit Weisheit die Erde gegründet hat, ermöglicht ein gutes Zusammenleben.

SECHSTE LESUNG

Bar 3,9–15.32–4,4

Geh deinen Weg im Licht der Weisheit Gottes

Lesung aus dem Buch Baruch.

Höre, Israel, die Gebote des Lebens; merkt auf, um Einsicht zu erlangen. Warum, Israel, warum lebst du im Gebiet der Feinde, siechst dahin in einem fremden Land, bist unrein geworden, den Toten gleich, wurdest zu den Abgeschiedenen gezählt? Du hast den Quell der Weisheit verlassen. Wärest du auf Gottes Weg gegangen, du wohntest in Frieden für immer. Nun lerne, wo die Einsicht ist, wo Kraft und wo Klugheit, dann erkennst du zugleich, wo langes Leben und Lebensglück, wo Licht für die Augen und Frieden zu finden sind.

Wer hat je den Ort der Weisheit gefunden? Wer ist zu ihren Schatzkammern vorgedrungen? Doch der Allwissende kennt sie; er hat sie in seiner Einsicht entdeckt. Er hat ja die Erde für immer gegründet, er hat sie mit Tieren bevölkert. Er entsendet das Licht und es eilt dahin; er ruft es zurück und zitternd gehorcht es ihm. Froh leuchten die Sterne auf ihren Posten. Ruft er sie, so antworten sie: Hier sind wir. Sie leuchten mit Freude für ihren Schöpfer. Das ist unser Gott; kein anderer gilt neben ihm. Er hat den Weg der Weisheit ganz erkundet und hat sie Jakob, seinem Diener, verliehen, Israel, seinem Liebling. Dann erschien sie auf der Erde und hielt sich unter den Menschen auf.

Sie ist das Buch der Gebote Gottes, das Gesetz, das ewig besteht. Alle, die an ihr festhalten, finden das Leben; doch alle, die sie verlassen, verfallen dem Tod. Kehr um, Jakob, ergreif sie! Geh deinen Weg im Glanz ihres Lichtes! Überlass deinen Ruhm keinem andern, dein Vorrecht keinem fremden Volk! Glücklich sind wir, das Volk Israel; denn wir wissen, was Gott gefällt.

ANTWORTPSALM

Ps 19(18), 8.9.10.11–12 (℟: Joh 6,68c)

℟ Herr, du hast Worte des ewigen Lebens. – ℟

Die Weisung des Herrn ist vollkommen, *
sie erquickt den Menschen.
Das Gesetz des Herrn ist verlässlich, *
den Unwissenden macht es weise. – (℟)

Die Befehle des Herrn sind richtig, *
sie erfreuen das Herz;
das Gebot des Herrn ist lauter, *
es erleuchtet die Augen. – (℟)

Die Furcht des Herrn ist rein, *
sie besteht für immer.
Die Urteile des Herrn sind wahr, *
gerecht sind sie alle. – (℟)

Sie sind kostbarer als Gold, als Feingold in Menge. *
Sie sind süßer als Honig, als Honig aus Waben.
Auch dein Knecht lässt sich von ihnen warnen; *
wer sie beachtet, hat reichen Lohn. – ℟

GEBET

Gott, unser Vater, du mehrst die Zahl deiner Kinder und rufst aus allen Völkern Menschen in deine Kirche. Beschütze gütig die Täuflinge, damit sie den Quell der Weisheit niemals verlassen und auf deinen Wegen gehen. Darum bitten wir durch Christus, unseren Herrn.

ZUR 7. LESUNG Schlimmer und zugleich glücklicher kann es mit einem Volk nicht gehen. Im Wort des Herrn, wie es Ezechiel verkündet, zeigt sich die ganze Schwäche und Unreinheit Israels. Obwohl das Volk bereits im Besitz von Gottes Geboten ist, die es unterstützen sollen, ein gerechtes Leben zu führen, tut es Unrecht und entweiht sich und den Namen Gottes. Doch damit soll nach der Prophetie des Ezechiel nun Schluss sein. Um der Heiligung seines eigenen Namens und um des Volkes willen, das wieder und wieder an sich selbst scheitert, will ihm Gott Rettung zuteilwerden lassen. Wie sieht diese Rettung aus? Gott verlangt vom Menschen, Mensch zu werden. Die berührende Antwort JHWHs durch den Mund des Propheten lautet: „Ich schenke euch ein neues Herz, ein Herz aus Fleisch, statt eures kalten steinernen Herzens."

SIEBTE LESUNG Ez 36,16–17a.18–28

Ich gieße reines Wasser über euch aus und schenke euch ein neues Herz

Lesung aus dem Buch Ezechiel.

Das Wort des Herrn erging an mich: Hör zu, Menschensohn! Als Israel in seinem Land wohnte, machten sie das Land durch ihr Verhalten und ihre Taten unrein. Da goss ich meinen Zorn über sie aus, weil sie Blut vergossen im Land und das Land mit ihren Götzen befleckten. Ich zerstreute sie unter die Völker; in alle Länder wurden sie vertrieben. Nach ihrem Verhalten und nach ihren Taten habe ich sie gerichtet.

Als sie aber zu den Völkern kamen, entweihten sie überall, wohin sie kamen, meinen heiligen Namen; denn man sagte von ihnen: Das ist das Volk Jahwes und doch mussten sie sein Land verlassen. Da tat mir mein heiliger Name leid, den das Haus Israel bei den Völkern entweihte, wohin es auch kam.

Darum sag zum Haus Israel: So spricht Gott, der Herr: Nicht euretwegen handle ich, Haus Israel, sondern um meines heiligen Namens willen, den ihr bei den Völkern entweiht habt, wohin ihr auch gekommen seid. Meinen großen, bei den Völkern entweihten Namen, den ihr mitten unter ihnen entweiht habt, werde ich wieder heiligen. Und die Völker – Spruch Gottes, des Herrn – werden erkennen, dass ich der Herr bin, wenn ich mich an euch vor ihren Augen als heilig erweise. Ich hole euch heraus aus den Völkern, ich sammle euch aus allen Ländern und bringe euch in euer Land. Ich gieße reines Wasser über euch aus, dann werdet ihr rein. Ich reinige euch von aller Unreinheit und von allen euren Götzen.

Ich schenke euch ein neues Herz und lege einen neuen Geist in euch. Ich nehme das Herz von Stein aus eurer Brust und gebe euch ein Herz von Fleisch. Ich lege meinen Geist in euch und bewirke, dass ihr meinen Gesetzen folgt und auf meine Gebote achtet und sie erfüllt. Dann werdet ihr in dem Land wohnen, das ich euren Vätern gab. Ihr werdet mein Volk sein und ich werde euer Gott sein.

ANTWORTPSALM

Ps 42(41), 3.5 u. 10a; 43(42), 3–4 (℟: vgl. 42[41], 2)

℟ Wie der Hirsch verlangt nach frischem Wasser,
so verlangt meine Seele, Gott, nach dir. – ℟

Meine Seele dürstet nach Gott, *
nach dem lebendigen Gott.
Wann darf ich kommen *
und Gottes Antlitz schauen? – (℟)

Das Herz geht mir über, wenn ich daran denke: †
wie ich zum Haus Gottes zog in festlicher Schar, *
mit Jubel und Dank in feiernder Menge.
Ich sage zu Gott, meinem Fels: *
„Warum hast du mich vergessen?" – (℟)

Sende dein Licht und deine Wahrheit, damit sie mich leiten; *
sie sollen mich führen zu deinem heiligen Berg
und zu deiner Wohnung.
So will ich zum Altar Gottes treten, zum Gott meiner Freude. *
Jauchzend will ich dich auf der Harfe loben, Gott, mein Gott. – ℟

[Falls eine Taufe gespendet wird:
Jes 12,2.3 u. 4bcd.5–6 (wie nach der fünften Lesung, s. S. 349)]

Oder:

ANTWORTPSALM

Ps 51(50),12–13.14–15.18–19 (R: vgl. 12a)

℟ Ein reines Herz erschaffe mir, o Gott! – ℟

Erschaffe mir, Gott, ein reines Herz *
und gib mir einen neuen, beständigen Geist!
Verwirf mich nicht von deinem Angesicht *
und nimm deinen heiligen Geist nicht von mir! – (℟)

Mach mich wieder froh mit deinem Heil; *
mit einem willigen Geist rüste mich aus!
Dann lehre ich Abtrünnige deine Wege *
und die Sünder kehren um zu dir. – (℟)

Schlachtopfer willst du nicht, ich würde sie dir geben; *
an Brandopfern hast du kein Gefallen.
Das Opfer, das Gott gefällt, ist ein zerknirschter Geist, *
ein zerbrochenes und zerschlagenes Herz wirst du, Gott,
nicht verschmähen. – ℟

GEBET

Gott, du unwandelbare Kraft, du ewiges Licht, schau gütig auf deine Kirche und wirke durch sie das Heil der Menschen. So erfahre die Welt, was du von Ewigkeit her bestimmt hast: Was alt ist, wird neu, was dunkel ist, wird licht, was tot war, steht auf zum Leben, und alles wird wieder heil in dem, der der Ursprung von allem ist, in unserem Herrn Jesus Christus, der mit dir lebt und herrscht in alle Ewigkeit.

Oder (wenn eine Taufe folgt):

Sei uns nahe, allmächtiger Gott, und wirke in den Sakramenten, die uns deine Liebe schenkt: Sende den Geist aus, der uns zu deinen Kindern macht, den Geist, durch den dir aus dem Wasser der Taufe ein neues Volk geboren wird. Was wir unter heiligen Zeichen vollziehen, das vollende du mit deiner Kraft. Darum bitten wir durch Christus, unseren Herrn.

Ehre sei Gott, S. 489 f.

(Es läuten die Glocken.)

TAGESGEBET

Lasset uns beten. Gott, du hast diese Nacht hell gemacht durch den Glanz der Auferstehung unseres Herrn. Erwecke in deiner Kirche den Geist der Kindschaft, den du uns durch die Taufe geschenkt hast, damit wir neu werden an Leib und Seele und dir mit aufrichtigem Herzen dienen. Darum bitten wir durch Jesus Christus.

ZUR EPISTEL Die Osternacht war in der alten Kirche ein bevorzugtes Datum für die Aufnahme in die Kirche. Der Brauch, die Erneuerung des Menschen durch Taufen in der Osternacht zu feiern, kehrt heute wieder zurück. Für Täuflinge und Gemeinde ist dies ein besonderes Geschenk. Für alle in der Gemeinde wird durch eine Taufe in dieser Nacht die Bedeutung der eigenen Taufe sinnenfällig. Dass mit der Taufe eine neue Wirklichkeit beginnt, können die Täuflinge am heilsgeschichtlichen Ursprungsort erfahren. Auf Christi Tod getauft, glauben wir, dass die Erneuerung unserer Herzen uns über den Tod hinaus weist.

EPISTEL Röm 6,3–11

Sind wir mit Christus gestorben, so glauben wir, dass wir auch mit ihm leben werden

Lesung aus dem Brief des Apostels Paulus an die Römer.

Brüder! [*oder:* Brüder und Schwestern! *oder:* Schwestern und Brüder!] Wir alle, die wir auf Christus Jesus getauft wurden, sind auf seinen Tod getauft worden. Wir wurden mit ihm begraben durch die Taufe auf den Tod; und wie Christus durch die Herrlichkeit des Vaters von den Toten auferweckt wurde, so sollen auch wir als neue Menschen leben.

Wenn wir nämlich ihm gleich geworden sind in seinem Tod, dann werden wir mit ihm auch in seiner Auferstehung vereinigt sein. Wir wissen doch: Unser alter Mensch wurde mitgekreuzigt, damit der von der Sünde beherrschte Leib vernichtet werde und wir nicht Sklaven der Sünde bleiben. Denn wer gestorben ist, der ist frei geworden von der Sünde.

Sind wir nun mit Christus gestorben, so glauben wir, dass wir auch mit ihm leben werden. Wir wissen, dass Christus, von den Toten auferweckt, nicht mehr stirbt; der Tod hat keine Macht mehr über ihn. Denn durch sein Sterben ist er ein für alle Mal gestorben für die Sünde, sein Leben aber lebt er für Gott. So sollt auch ihr euch als Menschen begreifen, die für die Sünde tot sind, aber für Gott leben in Christus Jesus.

ANTWORTPSALM

Ps 118(117),1–2.16–17.22–23

℟ Halleluja, halleluja, halleluja. – ℟

Danket dem Herrn, denn er ist gütig, *
denn seine Huld währt ewig.
So soll Israel sagen: *
Denn seine Huld währt ewig. – (℟)

„Die Rechte des Herrn ist erhoben, *
die Rechte des Herrn wirkt mit Macht!“
Ich werde nicht sterben, sondern leben, *
um die Taten des Herrn zu verkünden. – (℟)

Der Stein, den die Bauleute verwarfen, *
er ist zum Eckstein geworden.
Das hat der Herr vollbracht, *
vor unseren Augen geschah dieses Wunder. – ℟

ZUM EVANGELIUM Jesus von Nazaret ist nicht nur Erinnerung, sondern lebendige Wirklichkeit. Die Frauen, die in aller Frühe zum Grab gehen, werden als Erste mit dieser Wahrheit konfrontiert. Sie wollen den Leichnam salben und finden ein leeres Grab. Vor den Fremden, die versuchen, ihnen die Augen zu öffnen, erschrecken sie ebenso wie vor der Tatsache, dass hier Unerhörtes in Gang ist. Glauben verlangt den Mut, von der herrschenden Logik abzuweichen. Die Jünger, die den Bericht der Frauen für Geschwätz halten, zeigen diesen Mut nicht.

EVANGELIUM Lk 24,1–12

Was sucht ihr den Lebenden bei den Toten?

+ Aus dem heiligen Evangelium nach Lukas.

Am ersten Tag der Woche gingen die Frauen mit den wohlriechenden Salben, die sie zubereitet hatten, in aller Frühe zum Grab.

Da sahen sie, dass der Stein vom Grab weggewälzt war; sie gingen hinein, aber den Leichnam Jesu, des Herrn, fanden sie nicht.

Während sie ratlos dastanden, traten zwei Männer in leuchtenden Gewändern zu ihnen. Die Frauen erschraken und blickten zu Boden. Die Männer aber sagten zu ihnen: Was sucht ihr den Lebenden bei den Toten? Er ist nicht hier, sondern er ist auferstanden. Erinnert euch an das, was er euch gesagt hat, als er noch in Galiläa war: Der Menschensohn muss den Sündern ausgeliefert und gekreuzigt werden und am dritten Tag auferstehen. Da erinnerten sie sich an seine Worte. Und sie kehrten vom Grab in die Stadt zurück und berichteten alles den Elf und den anderen Jüngern.

Es waren Maria Magdalene, Johanna und Maria, die Mutter des Jakobus; auch die übrigen Frauen, die bei ihnen waren, erzählten es den Aposteln. Doch die Apostel hielten das alles für Geschwätz und glaubten ihnen nicht.

Petrus aber stand auf und lief zum Grab. Er beugte sich vor, sah aber nur die Leinenbinden dort liegen. Dann ging er nach Hause, voll Verwunderung über das, was geschehen war.

TAUFFEIER

(Die Tauffeier besteht, je nach den Umständen, aus drei Teilen: Segnung des Taufwassers, Spendung der Taufe, Erneuerung des Taufversprechens. Die Täuflinge kommen mit Eltern und Paten zum Taufbrunnen und werden der Gemeinde vorgestellt.)

LITANEI

(Die Namen der Kirchen- und Ortspatrone oder der Namenspatrone der Täuflinge können in die Litanei eingefügt werden.)

V/A: Kyrie, eleison. *Oder:* Herr, erbarme dich.
V/A: Christe, eleison. Christus, erbarme dich.
V/A: Kyrie, eleison. Herr, erbarme dich.

V: Heilige Maria, Mutter Gottes A: Bitte für uns.
Heiliger Michael
Ihr heiligen Engel Gottes A: Bittet für uns.
Heiliger Johannes der Täufer A: Bitte für uns.
Heiliger Josef
Heilige Apostel Petrus und Paulus A: Bittet für uns.
Heiliger Andreas A: Bitte für uns.
Heiliger Johannes
Heilige Maria Magdalena
Heiliger Stephanus
Heiliger Ignatius von Antiochien

Heiliger Laurentius
Heilige Perpetua und Felizitas — A: Bittet für uns.
Heilige Agnes — A: Bitte für uns.
Heiliger Gregor
Heiliger Augustinus
Heiliger Athanasius
Heiliger Basilius
Heiliger Martin
Heiliger Benedikt
Heiliger Franziskus
Heiliger Dominikus
Heiliger Franz Xaver
Heiliger Pfarrer von Ars
Heilige Katharina von Siena
Heilige Theresia von Jesus
Alle Heiligen Gottes — A: Bittet für uns.
Jesus, sei uns gnädig — A: Herr, befreie uns.
Von allem Bösen
Von aller Sünde
Von der ewigen Verdammnis
Durch deine Menschwerdung
und dein heiliges Leben
Durch dein Sterben und dein Auferstehn
Durch die Sendung des Heiligen Geistes
Wir armen Sünder — A: Wir bitten dich, erhöre uns.

(Wenn Täuflinge anwesend sind:)

V: Schenke diesen Erwählten im Wasser der Taufe
das neue Leben.

(Wenn keine Täuflinge anwesend sind:)

V: Heilige in deiner Gnade dieses Wasser für die Taufe
deiner Kinder.
V: Jesus, Sohn des lebendigen Gottes.
V: Christus, höre uns. — A: Christus, erhöre uns.

TAUFWASSERWEIHE

(Der Priester segnet das Taufwasser und singt oder spricht mit gefalteten Händen:)

Allmächtiger, ewiger Gott, deine unsichtbare Macht bewirkt das Heil der Menschen durch sichtbare Zeichen. Auf vielfältige Weise hast du das Wasser dazu erwählt, dass es hinweise auf das Geheimnis der Taufe: Schon im Anfang der Schöpfung schwebte dein Geist über dem Wasser und schenkte ihm die Kraft, zu retten und zu heiligen. Selbst die Sintflut war ein Zeichen der Taufe, denn das Wasser brachte der Sünde den Untergang und heiligem Leben einen neuen Anfang. Als die Kinder Abrahams, aus Pharaos Knechtschaft befreit, trockenen Fußes das Rote Meer durchschritten, da waren sie ein Bild deiner Gläubigen, die durch das Wasser der Taufe aus der Knechtschaft des Bösen befreit sind.
Allmächtiger, ewiger Gott, dein geliebter Sohn wurde von Johannes im Jordan getauft und von dir gesalbt mit Heiligem Geiste. Als er am Kreuz hing, flossen aus seiner Seite Blut und Wasser. Nach seiner Auferstehung befahl er den Jüngern: „Geht hin und lehret alle Völker und taufet sie im Namen des Vaters und des Sohnes und des Heiligen Geistes."
Allmächtiger, ewiger Gott, schau gnädig auf deine Kirche und öffne ihr den Brunnen der Taufe. Dieses Wasser empfange die Gnade deines eingeborenen Sohnes vom Heiligen Geiste, damit der Mensch, der auf dein Bild hin geschaffen ist, durch das Sakrament der Taufe gereinigt wird von der alten Schuld und aus Wasser und Heiligem Geiste aufersteht zum neuen Leben deiner Kinder.

(Bei den folgenden Worten senkt der Priester die Osterkerze – einmal oder dreimal – in das Wasser:)

Durch deinen geliebten Sohn steige herab in dieses Wasser die Kraft des Heiligen Geistes, damit alle, die durch die Taufe mit Christus begraben sind in seinen Tod, durch die Taufe mit Christus auferstehen zum ewigen Leben. Darum bitten wir durch Jesus Christus, deinen Sohn, unseren Herrn und Gott, der in der Einheit des Heiligen Geistes mit dir lebt und herrscht in Ewigkeit. – A: Amen.

(Die Kerze wird aus dem Wasser genommen. Dabei singt man:)

Preist, ihr Quellen, den Herrn, Dan 3,77
lobt und erhebt ihn in Ewigkeit.

TAUFSPENDUNG

(Die einzelnen Täuflinge versprechen Christus die Treue. Sie werden nach ihrem Glauben befragt und getauft. Erwachsene Täuflinge empfangen sofort nach der Taufe die Firmung, wenn ein Bischof oder ein Priester mit Firmvollmacht anwesend ist.)

(SEGNUNG DES WASSERS)

(Wenn keine Taufe stattfindet und auch kein Taufwasser gesegnet wird, so segnet der Priester das Wasser mit dem folgenden Gebet:)

Liebe Brüder und Schwestern!
Wir bitten den Herrn, dass er dieses Wasser segne, mit dem wir nun besprengt werden. Das geweihte Wasser soll uns an die Taufe erinnern; Gott aber erneuere in uns seine Gnade, damit wir dem Geist treu bleiben, den wir empfangen haben.

(Nach einer kurzen Gebetsstille spricht der Priester mit gefalteten Händen:)

Herr, unser Gott, sei deinem Volk nahe, das wachend und betend diese Osternacht feiert. Du hast uns wunderbar erschaffen und noch wunderbarer wiederhergestellt. Wir gedenken deiner großen Taten und bitten dich:

† Segne dieses Wasser, das uns an deine Sorge für uns Menschen erinnert. Im Anfang hast du das Wasser erschaffen, damit es der Erde Fruchtbarkeit bringt und uns Menschen zum frischen Trunk und zum reinigenden Bad wird. Du hast das Wasser in Dienst genommen für das Werk deines Erbarmens: Im Roten Meer hast du dein Volk durch das Wasser aus der Knechtschaft Ägyptens befreit, in der Wüste

mit Wasser aus dem Felsen seinen Durst gestillt. Die Propheten sahen im Bild des lebendigen Wassers den Neuen Bund, den du mit uns Menschen schließen wolltest.

Durch das Wasser, das Christus im Jordan geheiligt hat, reinigst du im Bad der Taufe den sündigen Menschen und schenkst ihm das neue Leben deiner Kinder. Darum sei dieses Wasser eine Erinnerung an unsere Taufe, es vereinige uns in österlicher Freude mit unseren Brüdern und Schwestern, die in dieser heiligen Nacht getauft werden, und mit allen, die aus dem Wasser und dem Heiligen Geist wiedergeboren sind zum ewigen Leben. Darum bitten wir durch Christus, unseren Herrn. A: Amen.

ERNEUERUNG DES TAUFVERSPRECHENS

(Nach der Spendung der Taufe oder nach der Segnung des Wassers erneuern alle, mit brennenden Kerzen in den Händen, ihr Taufversprechen. Der Priester führt dazu mit etwa folgenden Worten ein:)

Liebe Brüder und Schwestern!
Wir alle sind einst durch das österliche Geheimnis der Taufe mit Christus begraben worden, damit wir mit ihm auferstehen zu einem neuen Leben. Nach den vierzig Tagen der Fastenzeit, in denen wir uns auf Ostern vorbereitet haben, wollen wir darum das Taufversprechen erneuern, mit dem wir einst dem Satan abgeschworen und Gott versprochen haben, ihm, unserem Herrn, in der heiligen katholischen Kirche zu dienen.

Deshalb frage ich euch:
P: Widersagt ihr dem Bösen, um in der Freiheit der Kinder Gottes leben zu können?
A: Ich widersage.
P: Widersagt ihr den Verlockungen des Bösen, damit es nicht Macht über euch gewinnt?
A: Ich widersage.
P: Widersagt ihr dem Satan, dem Urheber des Bösen?
A: Ich widersage.

P: Glaubt ihr an Gott, den Vater, den Allmächtigen, den Schöpfer des Himmels und der Erde?

A: Ich glaube.

P: Glaubt ihr an Jesus Christus, seinen eingeborenen Sohn, unseren Herrn, der geboren ist von der Jungfrau Maria, der gelitten hat und begraben wurde, von den Toten auferstand und zur Rechten des Vaters sitzt?

A: Ich glaube.

P: Glaubt ihr an den Heiligen Geist, die heilige katholische Kirche, die Gemeinschaft der Heiligen, die Vergebung der Sünden, die Auferstehung der Toten und das ewige Leben?

A: Ich glaube.

P: Der allmächtige Gott, der Vater unseres Herrn Jesus Christus, hat uns aus dem Wasser und dem Heiligen Geist neues Leben geschenkt und uns alle Sünden vergeben. Er bewahre uns durch seine Gnade in Christus Jesus, unserem Herrn, zum ewigen Leben.

A: Amen.

(Der Priester besprengt die Gemeinde mit gesegnetem Wasser; alle singen die Antiphon oder ein Tauflied.)

ANTIPHON

Vgl. Ez 47,1–2.9

Ich sah ein Wasser ausgehen vom Tempel,
von dessen rechter Seite.
Halleluja, halleluja.
Und alle, zu denen das Wasser kam, wurden gerettet,
und sie werden rufen:
Halleluja, halleluja.

FÜRBITTEN

Der Schein der Osterkerze vertreibt das Dunkel. Das Licht der Osterfreude macht unser Leben hell. Wir rufen zu Jesus, der die Nacht durchlitt und von Gott ins Licht getragen wurde, und bitten ihn:

- Für die Kirche: Bestärke sie in der Verkündigung der frohen Botschaft deiner Auferstehung. V: Erlöser der Welt. A: Höre und erhöre uns.
- Für die Christinnen und Christen auf der ganzen Welt: Hilf ihnen, als österliche, als befreite Menschen zu leben. V: Erlöser der Welt. A: Höre und erhöre uns.
- Für alle, die Schuld auf sich geladen haben und bereuen: Nimm von ihnen zerstörerische Sorge und die drückende Last der Schuld und lass sie Verzeihung erfahren. V: Erlöser der Welt. A: Höre und erhöre uns.
- Für alle, deren Leben in Kriegs- und Krisengebieten bedroht ist: Lass Gerechtigkeit und Frieden wachsen. V: Erlöser der Welt. A: Höre und erhöre uns.
- Für unsere lieben Verstorbenen und für alle Toten: Schenke ihnen Anteil an deiner Auferstehung, an deinem Leben in Gottes Licht. V: Erlöser der Welt. A: Höre und erhöre uns.

Herr Jesus Christus, Erlöser der Welt, wir danken dir, dass auch für uns das Tor zu Freude und Frieden offen steht. Wir loben und preisen dich, heute und alle Tage unseres Seins.

EUCHARISTIEFEIER

GABENGEBET

Herr, unser Gott, nimm die Gebete und Gaben deines Volkes an und gib, dass diese österliche Feier, die im Opfer des wahren Osterlammes ihren Ursprung hat, uns zum ewigen Heil führt. Darum bitten wir durch Christus, unseren Herrn.

Präfation, S. 503 f.

KOMMUNIONVERS

1 Kor 5,7–8

Unser Osterlamm ist geopfert, Christus, der Herr.
Halleluja!
Wir sind befreit von Sünde und Schuld.
So lasst uns Festmahl halten in Freude.
Halleluja!

SCHLUSSGEBET

Herr, unser Gott, du hast uns durch die österlichen Sakramente gestärkt. Schenke uns den Geist deiner Liebe, damit deine Gemeinde ein Herz und eine Seele wird. Darum bitten wir durch Christus, unseren Herrn.

FEIERLICHER SCHLUSSSEGEN

In dieser Nacht, die erhellt ist durch die Auferstehung unseres Herrn Jesus Christus, segne euch der gütige Gott und bewahre euch vor der Finsternis der Sünde. – A: Amen.
In Christus haben wir Anteil am ewigen Leben; in ihm führe euch Gott zur unvergänglichen Herrlichkeit. – A: Amen.
Unser Erlöser hat uns durch die Tage seines Leidens zur österlichen Freude geführt; er geleite euch alle Tage des Lebens bis zu jener Osterfreude, die niemals endet. – A: Amen.

Das gewähre euch der dreieinige Gott, der Vater und der Sohn † und der Heilige Geist. – A: Amen.

***

OSTERNACHT

Wir danken dir, Gott,
der du deine Osternacht
auf unsere Erde gelegt hast.
Wir danken dir für Jesus Christus,
der durch unsere Osternacht
hindurchgestorben ist,
unser Grab geteilt hat.
Wir danken dir für den Morgen,
den du uns ahnen lässt
an einem leeren Grab.
Wir danken dir für den Lebendigen,
der mit uns lebt,
neben uns, in uns,
der auf uns zukommt,
wenn alle Türen hinter uns zufallen.

Eleonore Beck

AM TAG

21. April 2019

Die Lesungen des Ostersonntags haben direkt oder indirekt das leere Grab zum Thema. Nicht Jesus spricht, kein Prophet verkündet uns Gottes Wort, sondern die Jüngerinnen und Jünger und wir mit ihnen erproben unseren Glauben. Lassen wir die Sehnsucht nach Veränderung zu!

ERÖFFNUNGSVERS

Vgl. Ps 139(138),18.5–6

Ich bin erstanden und bin immer bei dir. Halleluja.
Du hast deine Hand auf mich gelegt. Halleluja.
Wie wunderbar ist für mich dieses Wissen. Halleluja.

Oder: Vgl. Lk 24,34; Offb 1,6

Der Herr ist auferstanden,
er ist wahrhaft auferstanden. Halleluja.
Sein ist die Macht und die Herrlichkeit in Ewigkeit.
Halleluja.

KYRIE-RUFE

Herr Jesus Christus, du bist
glorreich auferstanden vom Tod.
V/A: Herr, erbarme dich.
Dein Licht vertreibt
das Dunkel der Herzen.
V/A: Christus, erbarme dich.
Du führst auch uns zur Herrlichkeit
der Auferstehung.
V/A: Herr, erbarme dich.

Ehre sei Gott, S. 489 f.

TAGESGEBET

Allmächtiger, ewiger Gott, am heutigen Tag hast du durch deinen Sohn den Tod besiegt und uns den Zugang zum ewigen Leben erschlossen. Darum begehen wir in Freude das Fest seiner Auferstehung. Schaffe uns neu durch deinen Geist, damit auch wir auferstehen und im Licht des Lebens wandeln. Darum bitten wir durch Jesus Christus.

WORTGOTTESDIENST

ZUR 1. LESUNG Im Hause des Heiden Kornelius legt Petrus Zeugnis ab von seinem Glauben, dass Jesus Christus von Gott auserwählt wurde, das Volk Israel von allen Sünden zu befreien. Wie in einem Credo beschreibt er, worauf der Glaube an Jesus als dem Christus, dem Retter, fußt. Während Petrus die Leute belehrt, geschieht das Unerwartete. Nicht nur die jüdischen Zuhörer, alle Anwesenden werden vom Heiligen Geist erfasst. Nun weiß Petrus, dass Gott nicht auf die Herkunft sieht, sondern dass ihm jeder und jede willkommen ist.

ERSTE LESUNG Apg 10,34a.37–43

Wir haben mit ihm nach seiner Auferstehung gegessen und getrunken

Lesung aus der Apostelgeschichte.

In jenen Tagen begann Petrus zu reden und sagte: Ihr wisst, was im ganzen Land der Juden geschehen ist, angefangen in Galiläa, nach der Taufe, die Johannes verkündet hat: wie Gott Jesus von Nazaret gesalbt hat mit dem Heiligen Geist und mit Kraft, wie dieser umherzog, Gutes tat und alle heilte, die in der Gewalt des Teufels waren; denn Gott war mit ihm. Und wir sind Zeugen für alles, was er im Land der Juden und in Jerusalem getan hat.

Ihn haben sie an den Pfahl gehängt und getötet. Gott aber hat ihn am dritten Tag auferweckt und hat ihn erscheinen lassen, zwar nicht dem ganzen Volk, wohl aber den von Gott vorherbestimmten Zeugen: uns, die wir mit ihm nach seiner Auferstehung von den Toten gegessen und getrunken haben.

Und er hat uns geboten, dem Volk zu verkündigen und zu bezeugen: Das ist der von Gott eingesetzte Richter der Lebenden und der Toten.

Von ihm bezeugen alle Propheten, dass jeder, der an ihn glaubt, durch seinen Namen die Vergebung der Sünden empfängt.

ANTWORTPSALM

Ps 118(117),1–2.16–17.22–23 (℟: vgl. 24)

℟ Das ist der Tag, den der Herr gemacht;
lasst uns jubeln und seiner uns freuen. – ℟

Oder:

℟ Halleluja. – ℟

Danket dem Herrn, denn er ist gütig, *
denn seine Huld währt ewig.
So soll Israel sagen: *
Denn seine Huld währt ewig. – (℟)

„Die Rechte des Herrn ist erhoben, *
die Rechte des Herrn wirkt mit Macht!“
Ich werde nicht sterben, sondern leben, *
um die Taten des Herrn zu verkünden. – (℟)

Der Stein, den die Bauleute verwarfen, *
er ist zum Eckstein geworden.
Das hat der Herr vollbracht, *
vor unseren Augen geschah dieses Wunder. – ℟

ZUR 2. LESUNG Der Kolosserbrief, der mit einer Fülle von Hinweisen aufwartet, wie das christliche Leben zu gestalten sei, leitet seine Weisungen mit folgender Paradoxie ein: Orientiere dich am Himmel – doch handle in der Welt, als ob sie der Himmel sei. Nicht der Himmel, sondern die Welt ist der Ort, an dem das Reich Gottes beginnt. Der Dienst am Menschen ist Gottesdienst.

ZWEITE LESUNG Kol 3, 1–4

Strebt nach dem, was im Himmel ist, wo Christus zur Rechten Gottes sitzt

Lesung aus dem Brief des Apostels Paulus an die Kolosser.

Brüder! [*oder:* Brüder und Schwestern! *oder:* Schwestern und Brüder!] Ihr seid mit Christus auferweckt; darum strebt nach dem, was im Himmel ist, wo Christus zur Rechten Gottes sitzt. Richtet euren Sinn auf das Himmlische und nicht auf das Irdische! Denn ihr seid gestorben und euer Leben ist mit Christus verborgen in Gott. Wenn Christus, unser Leben, offenbar wird, dann werdet auch ihr mit ihm offenbar werden in Herrlichkeit.

Oder:

ZUR 2. LESUNG Es gibt Dinge, die verlangen nach einem neuen Anfang, die lassen sich nicht nebenher leben. Ostern ist so. Ostern ist der reine Neubeginn. Das Gesetz der Liebe Gottes, das in der Person Jesu Christi Wirklichkeit geworden ist, will unsere Herzen und damit unser Handeln regieren. Darum prüfen wir unser Leben, wie nach alter Sitte vor dem Pessach-Fest das Haus überprüft und von Gesäuertem gereinigt wurde. Wann immer wir dies tun, folgen wir der Einladung zum Liebesmahl.

ZWEITE LESUNG 1 Kor 5, 6b–8

Schafft den alten Sauerteig weg, damit ihr neuer Teig seid

Lesung aus dem ersten Brief des Apostels Paulus an die Korinther.

Brüder! [*oder:* Brüder und Schwestern! *oder:* Schwestern und Brüder!] Ihr wisst, dass ein wenig Sauerteig den ganzen Teig durchsäuert. Schafft den alten Sauerteig weg, damit ihr neuer Teig seid. Ihr seid ja schon ungesäuertes Brot; denn als unser Paschalamm ist Christus geopfert worden. Lasst uns also das Fest nicht mit dem alten Sauerteig feiern, nicht mit dem Sauerteig der Bosheit und Schlechtigkeit, sondern mit den ungesäuerten Broten der Aufrichtigkeit und Wahrheit.

SEQUENZ

(Wenn die musikalische Gestaltung es nahelegt, kann die Sequenz nach dem Hallelujavers gesungen werden, wobei sie dann mit „Amen. Halleluja“ abgeschlossen wird.)

Singt das Lob dem Osterlamme,
bringt es ihm dar, ihr Christen.

Das Lamm erlöst’ die Schafe:
Christus, der ohne Schuld war,
versöhnte die Sünder mit dem Vater.

Tod und Leben, die kämpften
unbegreiflichen Zweikampf;
des Lebens Fürst, der starb, herrscht nun lebend.

Maria Magdalena,
sag uns, was du gesehen.

Sah Engel in dem Grabe,
die Binden und das Linnen.

Das Grab des Herrn sah ich offen
und Christus von Gottes Glanz umflossen.

Er lebt, der Herr, meine Hoffnung,
er geht euch voran nach Galiläa.

Lasst uns glauben, was Maria den Jüngern verkündet.
Sie sah den Herren, den Auferstandnen.

Ja, der Herr ist auferstanden, ist wahrhaft erstanden.
Du Sieger, König, Herr, hab Erbarmen! (Amen. Halleluja.)

RUF VOR DEM EVANGELIUM

Vers: vgl. 1 Kor 5,7b–8a

Halleluja. Halleluja.
Unser Paschalamm ist geopfert: Christus.
So lasst uns das Festmahl feiern im Herrn.
Halleluja.

ZUM EVANGELIUM Das Evangelium des Tages führt uns in die gemeinschaftliche Seite des Glaubens ein. Gemeinschaft ist elementar für den Glauben, denn der Glaube lebt von der Weitergabe. Im Johannes-Evangelium ist Maria von Magdala die erste Zeugin des leeren Grabes. Nachdem sie gesehen hat, dass der Stein vom Grab weggerollt worden war, läuft sie nicht einfach weg. Was sie sieht, will sie weitergeben. Sie eilt zu Petrus und Johannes. Die beiden verhalten sich ähnlich. Auch sie werden von ihrer Erfahrung nicht schweigen, sondern, und das konnte unter der römischen Besatzung ein riskantes Unterfangen sein, in der Öffentlichkeit von allem Erlebten Kunde tun. Maria von Magdala, Petrus und Johannes wollen ihr Glück teilen, damit es für alle reicht.

EVANGELIUM

Joh 20,1–9

Er sah und glaubte

+ **Aus dem heiligen Evangelium nach Johannes.**

Am ersten Tag der Woche kam Maria von Magdala frühmorgens, als es noch dunkel war, zum Grab und sah, dass der Stein vom Grab weggenommen war. Da lief sie schnell zu Simon Petrus und dem Jünger, den Jesus liebte, und sagte zu ihnen: Man hat den Herrn aus dem Grab weggenommen und wir wissen nicht, wohin man ihn gelegt hat.

Da gingen Petrus und der andere Jünger hinaus und kamen zum Grab; sie liefen beide zusammen dorthin, aber weil der andere Jünger schneller war als Petrus, kam er als Erster ans Grab. Er beugte sich vor und sah die Leinenbinden liegen, ging aber nicht hinein.

Da kam auch Simon Petrus, der ihm gefolgt war, und ging in das Grab hinein. Er sah die Leinenbinden liegen und das Schweißtuch, das auf dem Kopf Jesu gelegen hatte; es lag aber nicht bei den Leinenbinden, sondern zusammengebunden daneben an einer besonderen Stelle.

Da ging auch der andere Jünger, der zuerst an das Grab gekommen war, hinein; er sah und glaubte. Denn sie wussten noch nicht aus der Schrift, dass er von den Toten auferstehen musste.

(Anstelle dieses Evangeliums kann auch das Evangelium aus der Osternacht – S. 357 – gewählt werden; wenn die Messe am Abend stattfindet, steht das Evangelium von Ostermontag – S. 381 – zur Wahl, mit dem dazugehörigen Ruf vor dem Evangelium.)

Glaubensbekenntnis, S. 492 ff.

FÜRBITTEN

Gerade weil wir erfüllt sind vom Jubel des Ostertags und der Freude der Auferstehung, können wir die Sorgen und Nöte unserer Gegenwart nicht vergessen. Wir rufen zu dem, der Leben und Hoffnung schenkt:

- Wir bitten für die Kirche, dass sie in zunehmender Einheit ein lebendiges Zeichen deiner Güte und Liebe sei. V: Du Gott des Lebens. A: Wir bitten dich, erhöre uns.
- Wir beten für die Neugetauften, dass sie leben können im Licht der Auferstehung Jesu Christi. V: Du Gott des Lebens. A: Wir bitten dich, erhöre uns.
- Wir beten für die Menschen im Dunkel der Verzweiflung, der Armut, der Hoffnungslosigkeit. V: Du Gott des Lebens. A: Wir bitten dich, erhöre uns.
- Wir beten für die christlichen Gemeinden und alle Getauften, dass die Osterfreude sie stärke in ihrem Einsatz für die Chancenlosen. V: Du Gott des Lebens. A: Wir bitten dich, erhöre uns.
- Wir bitten für unsere Toten um ein Sein in deinem Licht und deinem Leben. V: Du Gott des Lebens. A: Wir bitten dich, erhöre uns.

Gott des Lebens, wir danken dir, dass du uns in Jesu Auferstehung das Leben für immer neu erschlossen hast. Hilf uns, deinem Licht zu folgen, am heutigen Ostertag und an jedem neuen Tag.

EUCHARISTIEFEIER

GABENGEBET

Herr, unser Gott, nimm die Gaben an, die wir in österlicher Freude darbringen für das Opfer, durch das deine Kirche auf wunderbare Weise wiedergeboren und gestärkt wird. Darum bitten wir durch Christus, unseren Herrn.

Präfation, S. 503 f.

KOMMUNIONVERS

1 Kor 6,7–8

Unser Osterlamm ist geopfert, Christus, der Herr.
Halleluja.
Wir sind befreit von Sünde und Schuld.
So lasst uns Festmahl halten in Freude. Halleluja.

SCHLUSSGEBET

Allmächtiger Gott, du hast deiner Kirche durch die österlichen Geheimnisse neues Leben geschenkt. Bewahre und beschütze uns in deiner Liebe und führe uns zur Herrlichkeit der Auferstehung. Darum bitten wir durch Christus, unseren Herrn.

FEIERLICHER SCHLUSSSEGEN

An diesem Tag, der geheiligt ist durch die Auferstehung unseres Herrn Jesus Christus, segne euch der gütige Gott und bewahre euch vor der Finsternis der Sünde. – A: Amen.
In Christus haben wir Anteil am ewigen Leben; in ihm führe euch Gott zur unvergänglichen Herrlichkeit. – A: Amen.
Unser Erlöser hat uns durch die Tage seines Leidens zur österlichen Freude geführt; er geleite euch alle Tage des Lebens bis zu jener Osterfreude, die niemals endet. – A: Amen.
Das gewähre euch der dreieinige Gott, der Vater und der Sohn † und der Heilige Geist. – A: Amen.

***

OSTERN

Darauf kannst du dich verlassen:
Hoffnung
wächst nicht in den Himmel.
Liebe
bewahrt nicht vor Leid.
Vertrauen
schützt nicht vor dem Tod.
Alle Wege führen zum Grab.

Am Grab beginnen alle Wege neu.
Vertrauen
überdauert den Tod.
Liebe
durchdringt das Leid.
Hoffnung
wächst in den Himmel.
Darauf kannst du dich verlassen:
Ostern.

Eleonore Beck

OSTERMONTAG

22. April 2019

Der Glaube kommt vom Hören. Viele der ersten Frauen und Männer, die sich auf Christus taufen ließen, waren im Judentum zu Hause und darum mit den Geschichten und Gebeten Israels vertraut. Deshalb fiel es ihnen leicht, die Anspielungen der Apostel auf die Schrift zu begreifen. Auch wir Heutigen können uns von den Lesungen des Tages und ihren Verheißungen tragen lassen – den Glauben eigenmächtig ergreifen und festhalten können wir nicht. Der Glaube ist eine Gnadengabe, damals wie heute. Darum verstecke dich nicht, wenn du zweifelst, sondern bitte um Hilfe.

ERÖFFNUNGSVERS

Der Herr ist vom Tod auferstanden, wie er gesagt hat.
Freut euch und frohlockt, denn er herrscht in Ewigkeit.
Halleluja.

KYRIE-RUFE

Herr Jesus Christus, du bist
mit uns auf dem Weg.
V/A: Herr, erbarme dich.
Du bleibst bei uns, auch wenn
der Tag sich neigt.
V/A: Christus, erbarme dich.
Du bist unter uns gegenwärtig
im Wort und im Brot.
V/A: Herr, erbarme dich.

Ehre sei Gott, S. 489 f.

TAGESGEBET

Gott, du Herr allen Lebens, durch die Taufe schenkst du deiner Kirche Jahr für Jahr neue Söhne und Töchter. Gib, dass alle Christen in ihrem Leben dem Sakrament treu bleiben, das sie im Glauben empfangen haben. Darum bitten wir durch Jesus Christus.

WORTGOTTESDIENST

ZUR 1. LESUNG Das Buch der Psalmen ist zur Zeit des Petrus ein weitverbreitetes Gebetbuch. Er wird es gut gekannt haben. Trotzdem findet er darin Neues, nun, da das Osterereignis in seinem Herzen nachklingt. Die Einsicht, dass vieles sich anders liest, wenn man es von einem späteren Zeitpunkt aus betrachtet, teilt Petrus mit den großen Geschichtsschreibern der hebräischen Bibel. Auch sie lasen die Erfahrungen der Väter und Mütter Israels vor dem Hintergrund neuer Ereignisse neu. Was einst verheißen wurde, sieht Petrus freudig bestätigt: Du zeigst mir die Wege zum Leben. Mein Leib wird in sicherer Hoffnung ruhen.

ERSTE LESUNG Apg 2,14.22b–33

Gott hat Jesus auferweckt, dafür sind wir alle Zeugen

Lesung aus der Apostelgeschichte.

Am Pfingsttag trat Petrus auf, zusammen mit den Elf; er erhob seine Stimme und begann zu reden: Ihr Juden und alle Bewohner von Jerusalem! Dies sollt ihr wissen, achtet auf meine Worte!
Jesus, den Nazoräer, den Gott vor euch beglaubigt hat durch machtvolle Taten, Wunder und Zeichen, die er durch ihn in eurer Mitte

getan hat, wie ihr selbst wisst – ihn, der nach Gottes beschlossenem Willen und Vorauswissen hingegeben wurde, habt ihr durch die Hand von Gesetzlosen ans Kreuz geschlagen und umgebracht.
Gott aber hat ihn von den Wehen des Todes befreit und auferweckt; denn es war unmöglich, dass er vom Tod festgehalten wurde. David nämlich sagt über ihn: Ich habe den Herrn beständig vor Augen. Er steht mir zur Rechten, ich wanke nicht. Darum freut sich mein Herz und frohlockt meine Zunge und auch mein Leib wird in sicherer Hoffnung ruhen; denn du gibst mich nicht der Unterwelt preis, noch lässt du deinen Frommen die Verwesung schauen. Du zeigst mir die Wege zum Leben, du erfüllst mich mit Freude vor deinem Angesicht.
Brüder, ich darf freimütig zu euch über den Patriarchen David reden: Er starb und wurde begraben und sein Grabmal ist bei uns erhalten bis auf den heutigen Tag. Da er ein Prophet war und wusste, dass Gott ihm den Eid geschworen hatte, einer von seinen Nachkommen werde auf seinem Thron sitzen, sagte er vorausschauend über die Auferstehung des Christus: Er gibt ihn nicht der Unterwelt preis und sein Leib schaut die Verwesung nicht. Diesen Jesus hat Gott auferweckt, dafür sind wir alle Zeugen. Nachdem er durch die rechte Hand Gottes erhöht worden war und vom Vater den verheißenen Heiligen Geist empfangen hatte, hat er ihn ausgegossen, wie ihr seht und hört.

ANTWORTPSALM

Ps 89(88),2–3.4–5 (R: 2a)

℟ Von den Taten deiner Huld, o Herr,
will ich ewig singen. – ℟

Oder:

℟ Halleluja. – ℟

Von den Taten deiner Huld, Herr, will ich ewig singen, *
bis zum fernsten Geschlecht laut deine Treue verkünden.
Denn ich bekenne: Deine Huld besteht für immer und ewig; *
deine Treue steht fest im Himmel. – (℟)

„Ich habe einen Bund geschlossen mit meinem Erwählten *
und David, meinem Knecht, geschworen:
Deinem Haus gebe ich auf ewig Bestand *
und von Geschlecht zu Geschlecht richte ich deinen Thron auf.“ – R

ZUR 2. LESUNG Dieser Text gilt als älteste schriftliche Urkunde der christlichen Botschaft von der Auferstehung. Paulus sucht wie Petrus die Nähe zur Heiligen Schrift. Was Ostern geschah, ist mit deren Zeugnis nicht nur vereinbar, sondern von ihm her notwendig. Doch der Korintherbrief ist nicht nur eine Brücke in die Vergangenheit. Auch die Zukunft, auch wir werden in die Pflicht genommen. Wenn nicht in jeder Generation die Kunde von der Rettung des Herrn aus dem Tod lebendig gehalten wird, verkommt sie zur blassen Erinnerung.

ZWEITE LESUNG 1 Kor 15,1–8.11

Das Evangelium, das ich euch verkündet habe, ist der Grund, auf dem ihr steht

Lesung aus dem ersten Brief des Apostels Paulus an die Korinther.

Brüder! [*oder:* Brüder und Schwestern! *oder:* Schwestern und Brüder!] Ich erinnere euch an das Evangelium, das ich euch verkündet habe. Ihr habt es angenommen; es ist der Grund, auf dem ihr steht. Durch dieses Evangelium werdet ihr gerettet, wenn ihr an dem Wortlaut festhaltet, den ich euch verkündet habe. Oder habt ihr den Glauben vielleicht unüberlegt angenommen?

Denn vor allem habe ich euch überliefert, was auch ich empfangen habe: Christus ist für unsere Sünden gestorben, gemäß der Schrift, und ist begraben worden. Er ist am dritten Tag auferweckt worden, gemäß der Schrift, und erschien dem Kephas, dann den Zwölf.

Danach erschien er mehr als fünfhundert Brüdern zugleich; die meisten von ihnen sind noch am Leben, einige sind entschlafen. Danach erschien er dem Jakobus, dann allen Aposteln. Als Letztem von allen erschien er auch mir, dem Unerwarteten, der „Missgeburt“. Ob nun ich verkündige oder die anderen: das ist unsere Botschaft, und das ist der Glaube, den ihr angenommen habt.

RUF VOR DEM EVANGELIUM

Vers: vgl. Lk 24,32

Halleluja. Halleluja.
Brannte uns nicht das Herz,
als der Herr unterwegs mit uns redete
und uns den Sinn der Schrift erschloss?
Halleluja.

ZUM EVANGELIUM Es ist nicht leicht, das Gute zu erkennen, wenn das Herz in Trauer versinkt. Die beiden Jünger, die sich auf den Weg nach Emmaus gemacht haben, stehen noch unter dem Schock der Passion und des Todes Jesu. Sie hatten gehofft, in dem Mann, der so weise und kraftvoll sprach und handelte, den Messias kennengelernt zu haben. Doch statt des Heils kam die Schmach des Kreuzes. Erste Beruhigung erhalten sie, als der Unbekannte, den sie auf ihrer Reise treffen, Leiden und Sterben des Herrn in den Kontext der Prophetenworte stellt. Die Jünger dürstet es nach Sinn, und der Tod Jesu schien so sinnlos zu sein. Als den Auferstandenen erkennen sie den Fremden aber erst beim gemeinschaftlichen Mahl. Erkennen wir den Herrn, wo zwei oder drei in seinem Namen versammelt sind?

EVANGELIUM

Lk 24,13–35

Sie erkannten ihn, als er das Brot brach

+ Aus dem heiligen Evangelium nach Lukas.

Am ersten Tag der Woche waren zwei von den Jüngern Jesu auf dem Weg in ein Dorf namens Emmaus, das sechzig Stadien von

Jerusalem entfernt ist. Sie sprachen miteinander über all das, was sich ereignet hatte. Während sie redeten und ihre Gedanken austauschten, kam Jesus hinzu und ging mit ihnen. Doch sie waren wie mit Blindheit geschlagen, sodass sie ihn nicht erkannten. Er fragte sie: Was sind das für Dinge, über die ihr auf eurem Weg miteinander redet?

Da blieben sie traurig stehen, und der eine von ihnen – er hieß Kleopas – antwortete ihm: Bist du so fremd in Jerusalem, dass du als Einziger nicht weißt, was in diesen Tagen dort geschehen ist? Er fragte sie: Was denn?

Sie antworteten ihm: Das mit Jesus aus Nazaret. Er war ein Prophet, mächtig in Wort und Tat vor Gott und dem ganzen Volk. Doch unsere Hohenpriester und Führer haben ihn zum Tod verurteilen und ans Kreuz schlagen lassen. Wir aber hatten gehofft, dass er der sei, der Israel erlösen werde. Und dazu ist heute schon der dritte Tag, seitdem das alles geschehen ist.

Aber nicht nur das: Auch einige Frauen aus unserem Kreis haben uns in große Aufregung versetzt. Sie waren in der Frühe beim Grab, fanden aber seinen Leichnam nicht. Als sie zurückkamen, erzählten sie, es seien ihnen Engel erschienen und hätten gesagt, er lebe. Einige von uns gingen dann zum Grab und fanden alles so, wie die Frauen gesagt hatten; ihn selbst aber sahen sie nicht.

Da sagte er zu ihnen: Begreift ihr denn nicht? Wie schwer fällt es euch, alles zu glauben, was die Propheten gesagt haben. Musste nicht der Messias all das erleiden, um so in seine Herrlichkeit zu gelangen? Und er legte ihnen dar, ausgehend von Mose und allen Propheten, was in der gesamten Schrift über ihn geschrieben steht.

So erreichten sie das Dorf, zu dem sie unterwegs waren. Jesus tat, als wolle er weitergehen, aber sie drängten ihn und sagten: Bleib doch bei uns; denn es wird bald Abend, der Tag hat sich schon geneigt. Da ging er mit hinein, um bei ihnen zu bleiben. Und als er mit ihnen bei Tisch war, nahm er das Brot, sprach den Lobpreis, brach das Brot und gab es ihnen. Da gingen ihnen die Augen auf und sie erkannten ihn; dann sahen sie ihn nicht mehr. Und sie sagten zueinander: Brannte uns nicht das Herz in der Brust, als er unterwegs mit uns redete und uns den Sinn der Schrift erschloss?

Noch in derselben Stunde brachen sie auf und kehrten nach Jerusalem zurück und sie fanden die Elf und die anderen Jünger versammelt. Diese sagten: Der Herr ist wirklich auferstanden und ist dem Simon erschienen. Da erzählten auch sie, was sie unterwegs erlebt und wie sie ihn erkannt hatten, als er das Brot brach.

Oder:

ZUM EVANGELIUM Furcht zeigt sich in diesem Evangelium ganz unterschiedlich. Auf der Seite der Frauen, die um Jesus getrauert haben, ist es ein Erschrecken vor der Lichtgestalt des Engels. Dieser Furcht ist die Freude nicht fremd: die Freude, dass Jesus wirklich der Macht des Todes entrissen ist. Die Hohenpriester und Ältesten regiert eine andere Furcht: die geheime Furcht vor Jesus noch über seinen Tod hinaus. Diese Furcht führt in den Hass und in die Lüge. Dabei steht, wenn wir die Theologie des Matthäus im Ganzen betrachten, auch den Anklägern Jesu eine Zukunft in Freude offen. Denn bei Matthäus kommt stets die Heilszusage zuerst, gehen die Seligpreisungen den verpflichtenden Geboten voraus. Alle dürfen neu anfangen. Mit Gottes Hilfe und miteinander.

EVANGELIUM Mt 28,8–15

Sagt meinen Brüdern, sie sollen nach Galiläa gehen, und dort werden sie mich sehen

+ **Aus dem heiligen Evangelium nach Matthäus.**

Nachdem die Frauen die Botschaft des Engels vernommen hatten, verließen sie sogleich das Grab und eilten voll Furcht und großer Freude zu seinen Jüngern, um ihnen die Botschaft zu verkünden.

Plötzlich kam ihnen Jesus entgegen und sagte: Seid gegrüßt! Sie gingen auf ihn zu, warfen sich vor ihm nieder und umfassten seine Füße. Da sagte Jesus zu ihnen: Fürchtet euch nicht! Geht und sagt meinen Brüdern, sie sollen nach Galiläa gehen, und dort werden sie mich sehen.

Noch während die Frauen unterwegs waren, kamen einige von den Wächtern in die Stadt und berichteten den Hohenpriestern alles, was geschehen war. Diese fassten gemeinsam mit den Ältesten den Beschluss, die Soldaten zu bestechen. Sie gaben ihnen viel Geld und sagten: Erzählt den Leuten: Seine Jünger sind bei Nacht gekommen und haben ihn gestohlen, während wir schliefen. Falls der Statthalter davon hört, werden wir ihn beschwichtigen und dafür sorgen, dass ihr nichts zu befürchten habt. Die Soldaten nahmen das Geld und machten alles so, wie man es ihnen gesagt hatte. So kommt es, dass dieses Gerücht bei den Juden bis heute verbreitet ist.

FÜRBITTEN

Mitten unter uns ist Jesus Christus verborgen gegenwärtig. Wir rufen zu ihm und bitten ihn:

- Erneuere die Kirche, gib ihr Mut zum Hören und stärke sie so in ihrer Verkündigung. V: Jesus, du unsere Hoffnung. A: Erbarme dich.
- Schenke den Trauernden die Hoffnung, dass die Liebe stärker ist als der Tod. V: Jesus, du unsere Hoffnung. A: Erbarme dich.
- Führe, die schuldig geworden sind, zu Einsicht und zu erneuertem Leben. V: Jesus, du unsere Hoffnung. A: Erbarme dich.
- Stille Hunger und Durst der Menschen, die in bitterer Armut leben. V: Jesus, du unsere Hoffnung. A: Erbarme dich.
- Stehe den Kranken und von Not Gebeugten bei. V: Jesus, du unsere Hoffnung. A: Erbarme dich.

Herr Jesus Christus, du hast uns zu neuem Leben eingeladen. Hilf uns, in der Wirklichkeit des Glaubens und der Liebe zu leben, die heilt.

EUCHARISTIEFEIER

GABENGEBET

Gott, du hast deinem Volk durch das Bekenntnis des Glaubens und den Empfang der Taufe neues Leben geschenkt. Nimm die Gaben (der Neugetauften und aller) deiner Gläubigen gnädig an und lass uns in dir Seligkeit und ewiges Leben finden. Darum bitten wir durch Christus, unseren Herrn.

Präfation, S. 503 f.

KOMMUNIONVERS

Vgl. Röm 6,9

Christus ist vom Tod erstanden; er stirbt nicht mehr.
Gebrochen ist die Macht des Todes. Halleluja.

SCHLUSSGEBET

Allmächtiger Gott, du hast uns durch die österlichen Geheimnisse auf den Weg des Lebens geführt. Lass deine Gnade in uns mächtig werden, damit wir uns deiner Gaben würdig erweisen und unseren Weg zu dir vollenden. Darum bitten wir durch Christus, unseren Herrn.

FEIERLICHER SCHLUSSSEGEN

S. 375

***

ALLE KREATUR

Darum huldigt
alle Kreatur mit Freuden
Christus, dem Erstandenen.
Blumen, Felder,
werden frühlingsgrün,
und mit süßem Jubel
nach wehem Frost
singt der Vögel Chor.

Heller leuchten nun
die Sonne und der Mond,
die bei Christi Tod verstört,
und die Erde, neu erblühend,
die bei Christi Sterben
berstend untergehen wollte,
spendet Beifall
dem Erstandenen.

Notker Balbulus

2. SONNTAG DER OSTERZEIT
SONNTAG DER GÖTTLICHEN BARMHERZIGKEIT
WEISSER SONNTAG

28. April 2019

In vielen Gemeinden empfangen unsere Kinder heute zum ersten Mal die heilige Kommunion. Wie wird es mit uns weitergehen? Werden wir mit ihnen gemeinsam weitergehen? Missionarisch Kirche sein, wie geht das? Sich öffnen, Anteil nehmen, fragen, teilen und heilen, so lassen sich die hoffnungsvollen Erfahrungen und Empfehlungen der heutigen Schrifttexte zusammenfassen. Den anderen in seiner Not nicht sich selbst überlassen, sondern sich zuständig fühlen. Das kann nur Gott? Aber sind wir nicht gerade dazu befreit, als Getaufte, Alt und Jung, Frauen und Männer, Groß und Klein, in Jesu guter Spur?

ERÖFFNUNGSVERS

Vgl. 5 Esra 2,36–37 (apokr.)

Freut euch und dankt Gott, der euch zu sich gerufen hat.
Ihr seid Kinder Gottes und Erben seiner Herrlichkeit.
Halleluja.

KYRIE-RUFE

Herr Jesus Christus, du bist der Erste
und der Letzte und der Lebendige.
V/A: Herr, erbarme dich.
Du warst tot, doch nun lebst du
in alle Ewigkeit.
V/A: Christus, erbarme dich.

Du hast die Schlüssel zum Tod
und zur Unterwelt.
V/A: Herr, erbarme dich.

Ehre sei Gott, S. 489 f.

TAGESGEBET

Barmherziger Gott, durch die jährliche Osterfeier erneuerst du den Glauben deines Volkes. Lass uns immer tiefer erkennen, wie heilig das Bad der Taufe ist, das uns gereinigt hat, wie mächtig dein Geist, aus dem wir wiedergeboren sind, und wie kostbar das Blut, durch das wir erkauft sind. Darum bitten wir durch Jesus Christus.

WORTGOTTESDIENST

ZUR 1. LESUNG Die Taten der Apostel, so der ursprüngliche Name der Apostelgeschichte. Die Taten der Apostel sind aber nicht etwas, das sie sich wie Abzeichen ans Revers heften, wie einen Orden umhängen könnten. Was sie tun, tun sie im Heiligen Geist. Eine trauernde, kranke, gefangene Welt tritt auf der Stelle, sucht den Ausweg, hofft auf Heilung. Gegen den Ungeist der herrschenden Verhältnisse, Gepflogenheiten, Gewohnheiten tritt an: Gottes eigener Erneuerungsgeist. Der Geist des auferweckten Herrn. Offenheit für alle, die beunruhigt, die auf der Suche sind, die Befreiung suchen von Krankheit, Not und Tod. Haben wir Angst vor eigener Beunruhigung? Die Apostel vertrauen dem Heiligen Unruhegeist. Ihr Glaube hat Zukunft.

ERSTE LESUNG

Apg 5, 12–16

Immer mehr wurden im Glauben zum Herrn geführt. Scharen von Männern und Frauen

Lesung aus der Apostelgeschichte.

Durch die Hände der Apostel geschahen viele Zeichen und Wunder im Volk. Alle kamen einmütig in der Halle Salomos zusammen. Von den Übrigen wagte niemand, sich ihnen anzuschließen; aber das Volk schätzte sie hoch.

Immer mehr wurden im Glauben zum Herrn geführt, Scharen von Männern und Frauen. Selbst die Kranken trug man auf die Straßen hinaus und legte sie auf Betten und Bahren, damit, wenn Petrus vorüberkam, wenigstens sein Schatten auf einen von ihnen fiel. Auch aus den Nachbarstädten Jerusalems strömten die Leute zusammen und brachten Kranke und von unreinen Geistern Geplagte mit. Und alle wurden geheilt.

ANTWORTPSALM Ps 118(117),2 u. 4.22–23.24 u. 26–27a (℞: 1)

℞ Danket dem Herrn, denn er ist gütig,
denn seine Huld währt ewig. – ℞

Oder:

℞ Halleluja. – ℞

So soll Israel sagen: *
Denn seine Huld währt ewig.
So sollen alle sagen, die den Herrn fürchten und ehren: *
Denn seine Huld währt ewig. – (℞)

Der Stein, den die Bauleute verwarfen, *
er ist zum Eckstein geworden.
Das hat der Herr vollbracht, *
vor unseren Augen geschah dieses Wunder. – (℞)

Dies ist der Tag, den der Herr gemacht hat; *
wir wollen jubeln und uns an ihm freuen.
Gesegnet sei er, der kommt im Namen des Herrn! †
Wir segnen euch vom Haus des Herrn her. *
Gott, der Herr, erleuchte uns. – ℞

ZUR 2. LESUNG Manchmal ist Gottes Ruf wie ein kaum hörbares Flüstern. Er kann aber auch mächtig aufbrausen wie der Ton der Posaune. So geschieht es dem Seher Johannes, der sieben christliche Gemeinden durch ein Sendschreiben stärken soll. Johannes hört den Ruf an dem Tag der Woche, der zum Versammlungstag der christlichen Gemeinden geworden ist, am Tag der Auferstehung Christi. Dieses „Timing" ist keine beliebige Einzelheit und keine bloße Äußerlichkeit. Es stellt vielmehr vor Augen, worin jede christliche Berufung wurzelt: in der Ostererfahrung. Es verdeutlicht zugleich die enge Verbundenheit des Johannes mit den fernen Gemeinden, die sich an diesem Tag versammeln. Niemand wird für sich selbst berufen. Nicht das Ego oder die Ambitionen des Berufenen stehen im Mittelpunkt, sondern die, zu denen er oder sie gerufen ist. Ob Gottes Ruf in einem Menschenleben nun laut und kraftvoll wie Posaunenschall ertönt oder so leise wie „eine Stimme verschwebenden Schweigens" (vgl. 1 Kön 19,12).

ZWEITE LESUNG Offb 1,9–11a.12–13.17–19

Ich war tot, doch nun lebe ich in alle Ewigkeit

Lesung aus der Offenbarung des Johannes.

Ich, euer Bruder Johannes, der wie ihr bedrängt ist, der mit euch an der Königsherrschaft teilhat und mit euch in Jesus standhaft ausharrt, ich war auf der Insel Patmos um des Wortes Gottes willen und des Zeugnisses für Jesus.

Am Tag des Herrn wurde ich vom Geist ergriffen und hörte hinter mir eine Stimme, laut wie eine Posaune. Sie sprach: Schreib das, was du siehst, in ein Buch und schick es an die sieben Gemeinden in Kleinasien.

Da wandte ich mich um, weil ich sehen wollte, wer zu mir sprach. Als ich mich umwandte, sah ich sieben goldene Leuchter und mitten unter den Leuchtern einen, der wie ein Mensch aussah; er war bekleidet mit einem Gewand, das bis auf die Füße reichte, und um die Brust trug er einen Gürtel aus Gold.

Als ich ihn sah, fiel ich wie tot vor seinen Füßen nieder. Er aber legte seine rechte Hand auf mich und sagte: Fürchte dich nicht! Ich bin

der Erste und der Letzte und der Lebendige. Ich war tot, doch nun lebe ich in alle Ewigkeit, und ich habe die Schlüssel zum Tod und zur Unterwelt.
Schreib auf, was du gesehen hast: was ist und was danach geschehen wird.

RUF VOR DEM EVANGELIUM

Vers: Joh 20,29

Halleluja. Halleluja.
(So spricht der Herr:)
Weil du mich gesehen hast, Thomas, glaubst du.
Selig sind, die nicht sehen und doch glauben.
Halleluja.

ZUM EVANGELIUM **Jesus, dem Auferweckten, öffnen sich Schloss und Riegel. Er zeigt den in Schock und Schmerz Erstarrten seine verwundeten Hände und seine durchbohrte Seite. Gerade so bringt er, der nicht Bewahrte, sondern tödlich Versehrte und durch den Tod hindurch von Gott Gerettete, den furchtsamen Freunden, dem zweifelnden Zwilling, Freude und Frieden. Den Gottesatem haucht er ihnen allen zu, der Leben bringt und sogar die Kraft der Sündenvergebung schenkt!**

EVANGELIUM

Joh 20,19–31

Acht Tage darauf kam Jesus und trat in ihre Mitte

+ Aus dem heiligen Evangelium nach Johannes.

Am Abend des ersten Tages der Woche, als die Jünger aus Furcht vor den Juden die Türen verschlossen hatten, kam Jesus, trat in ihre Mitte und sagte zu ihnen: Friede sei mit euch! Nach diesen Worten zeigte er ihnen seine Hände und seine Seite. Da freuten sich die Jünger, dass sie den Herrn sahen.

Jesus sagte noch einmal zu ihnen: Friede sei mit euch! Wie mich der Vater gesandt hat, so sende ich euch. Nachdem er das gesagt hatte, hauchte er sie an und sprach zu ihnen: Empfangt den Heiligen Geist! Wem ihr die Sünden vergebt, dem sind sie vergeben; wem ihr die Vergebung verweigert, dem ist sie verweigert.

Thomas, genannt Didymus – Zwilling –, einer der Zwölf, war nicht bei ihnen, als Jesus kam. Die anderen Jünger sagten zu ihm: Wir haben den Herrn gesehen.

Er entgegnete ihnen: Wenn ich nicht die Male der Nägel an seinen Händen sehe und wenn ich meinen Finger nicht in die Male der Nägel und meine Hand nicht in seine Seite lege, glaube ich nicht.

Acht Tage darauf waren seine Jünger wieder versammelt und Thomas war dabei. Die Türen waren verschlossen.

Da kam Jesus, trat in ihre Mitte und sagte: Friede sei mit euch! Dann sagte er zu Thomas: Streck deinen Finger aus – hier sind meine Hände! Streck deine Hand aus und leg sie in meine Seite und sei nicht ungläubig, sondern gläubig!

Thomas antwortete ihm: Mein Herr und mein Gott! Jesus sagte zu ihm: Weil du mich gesehen hast, glaubst du. Selig sind, die nicht sehen und doch glauben.

Noch viele andere Zeichen, die in diesem Buch nicht aufgeschrieben sind, hat Jesus vor den Augen seiner Jünger getan. Diese aber sind aufgeschrieben, damit ihr glaubt, dass Jesus der Messias ist, der Sohn Gottes, und damit ihr durch den Glauben das Leben habt in seinem Namen.

Glaubensbekenntnis, S. 492 ff.

FÜRBITTEN

Jesus Christus, der gelitten hat und gekreuzigt wurde, gibt sich den Jüngern, gibt sich dem suchenden Thomas zu erkennen als der, der Frieden bringt. Wir rufen zu Jesus und bitten ihn:

- Um Einsicht und Umkehr für alle, die auch im Raum der Kirche in Misstrauen und Feindseligkeit verharren. V/A: Höre unser Rufen.
- Um den Willen zum Frieden für verfeindete Völker. V/A: Höre unser Rufen.
- Um gegenseitigen Respekt und Achtung der Konfessionen und Religionen. V/A: Höre unser Rufen.
- Um den Mut, Schwachen zur Seite zu stehen. V/A: Höre unser Rufen.
- Um Geduld, Langmut und Liebe: für unsere Kommunionkinder und ihre Familien, und für alle Familien. V/A: Höre unser Rufen.

Jesus, der vom himmlischen Vater aus dem Tod ins Leben gerufen wurde, ist der Grund unserer Hoffnung. Dafür danken wir und loben Gott, heute und alle Tage, die uns geschenkt sind.

EUCHARISTIEFEIER

GABENGEBET

Gott, du hast deinem Volk durch das Bekenntnis des Glaubens und den Empfang der Taufe neues Leben geschenkt. Nimm die Gaben (der Neugetauften und aller) deiner Gläubigen gnädig an und lass uns in dir Seligkeit und ewiges Leben finden. Darum bitten wir durch Christus, unseren Herrn.

Präfation, S. 503 f.

KOMMUNIONVERS

Joh 20,29

Selig, die nicht sehen und doch glauben.
Halleluja.

SCHLUSSGEBET

Allmächtiger Gott, im heiligen Sakrament haben wir den Leib und das Blut deines Sohnes empfangen. Lass diese österliche Gabe in uns weiterwirken und fruchtbar sein. Darum bitten wir durch Christus, unseren Herrn.

FEIERLICHER SCHLUSSSEGEN

Der allmächtige Gott hat uns durch die Auferstehung seines Sohnes aus Sünde und Tod befreit; er segne euch und schenke euch seine Freude. – A: Amen.
Und Christus, mit dem wir auferstanden sind durch den Glauben, bewahre in euch die Gabe der Erlösung. – A: Amen.
Gott hat uns in der Taufe angenommen als Kinder seiner Gnade; er schenke euch das verheißene Erbe. – A: Amen.
Das gewähre euch der dreieinige Gott, der Vater und der Sohn † und der Heilige Geist. – A: Amen.

***

IN DEINER LIEBE

Gedenke, o Herr, deiner Kirche!
Erlöse sie von allem Bösen!
Vollende sie in deiner Liebe!
Sammle sie aus allen vier Weltrichtungen
und führe sie geheiligt
zu deinem Reich,
das du für sie bereitet hast.
Denn dein ist die Macht
und die Herrlichkeit in Ewigkeit.
Es komme die Gnade, es vergehe die Welt.
Maranatha.

Zwölfapostellehre 10,5–6

3. SONNTAG DER OSTERZEIT

5. Mai 2019

Ein Glaube, der lebt. Ein Glaube, der strahlt. Aber kein geschmeidiger, kein glatter Glaube. Ein Glaube mit Ecken und Kanten, und doch ein barmherziger Glaube, der Glaube an Gottes Barmherzigkeit. Ein Glaube mit Brüchen, und doch ungebrochen. Der Glaube der Apostel ist mit Jesus durch Angst und Schrecken, durch Nacht und Not, durch Schwäche und Tod gegangen. Ein Glaube, der den Toten als Lebenden, als Auferweckten, bekennt. Ein Glaube, der lebt.

ERÖFFNUNGSVERS Ps 66(65),1–2

Jauchzt vor Gott, alle Menschen der Erde!
Spielt zum Ruhm seines Namens!
Verherrlicht ihn mit Lobpreis! Halleluja.

KYRIE-RUFE

Christus auferstandener Herr, du hast dich
deinen Jüngern als der Lebendige offenbart.
V/A: Herr, erbarme dich.
Du bist unter uns gegenwärtig
und sorgst für uns.
V/A: Christus, erbarme dich.
Du rufst uns in die Nachfolge des Kreuzes
und der Auferstehung.
V/A: Herr, erbarme dich.

Ehre sei Gott, S. 489 f.

TAGESGEBET

Allmächtiger Gott, lass die österliche Freude in uns fortdauern, denn du hast deiner Kirche neue Lebenskraft geschenkt und die Würde unserer Gotteskindschaft in neuem Glanz erstrahlen lassen. Gib, dass wir den Tag der Auferstehung voll Zuversicht erwarten als einen Tag des Jubels und des Dankes. Darum bitten wir durch Jesus Christus.

WORTGOTTESDIENST

ZUR 1. LESUNG Man muss Gott mehr gehorchen als den Menschen, dieses Wort legt der Philosoph Platon seinem zum Tode verurteilten Lehrer Sokrates in den Mund. Den Giftbecher, eine im Athen der Zeit gebräuchliche Hinrichtungsart für Privilegierte, vor Augen, sagt Sokrates: Ich werde Gott mehr gehorchen als euch. Hier der unbeugsame Weise, dort die Apostel Jesu Christi. Hier wie dort eine Situation tiefer Ohnmacht, beide Male droht ein gewaltsames Ende. Vielleicht hat Lukas in bewusster Nähe zu den Philosophen Sokrates und Platon formuliert. Dem befremdlichen und befreienden Gott und gerade so meinem Innersten folgen, oder mich ausliefern an die handelsüblichen Mächte, Machthaber, Meinungsmacher? Mich ihnen andienen? Vielleicht hilft's ja. Nein, keine Frage, was gilt. Keine Frage, was hilft. Die Bibel und die Griechen; hier reichen sie einander die Hand.

ERSTE LESUNG Apg 5,27b–32.40b–41

Zeugen dieser Ereignisse sind wir und der Heilige Geist

Lesung aus der Apostelgeschichte.

In jenen Tagen führte man die Apostel herbei und stellte sie vor den Hohen Rat. Der Hohepriester verhörte sie und sagte: Wir haben euch streng verboten, in diesem Namen zu lehren; ihr aber habt

Jerusalem mit eurer Lehre erfüllt; ihr wollt das Blut dieses Menschen über uns bringen.

Petrus und die Apostel antworteten: Man muss Gott mehr gehorchen als den Menschen. Der Gott unserer Väter hat Jesus auferweckt, den ihr ans Holz gehängt und ermordet habt. Ihn hat Gott als Herrscher und Retter an seine rechte Seite erhoben, um Israel die Umkehr und Vergebung der Sünden zu schenken. Zeugen dieser Ereignisse sind wir und der Heilige Geist, den Gott allen verliehen hat, die ihm gehorchen.

Dann verboten sie den Aposteln, im Namen Jesu zu predigen, und ließen sie frei. Die Apostel aber gingen weg vom Hohen Rat und freuten sich, dass sie gewürdigt worden waren, für Jesu Namen Schmach zu erleiden.

ANTWORTPSALM Ps 30(29),2 u. 4.5–6b.6cd u. 12a u. 13b (℟: vgl. 2ab)

℟ Herr, du zogst mich empor aus der Tiefe;
ich will dich rühmen in Ewigkeit. – ℟

Oder:

℟ Halleluja. – ℟

Ich will dich rühmen, Herr, †
denn du hast mich aus der Tiefe gezogen *
und lässt meine Feinde nicht über mich triumphieren.
Herr, du hast mich herausgeholt aus dem Reich des Todes, *
aus der Schar der Todgeweihten mich zum Leben gerufen. – (℟)

Singt und spielt dem Herrn, ihr seine Frommen, *
preist seinen heiligen Namen!
Denn sein Zorn dauert nur einen Augenblick, *
doch seine Güte ein Leben lang. – (℟)

Wenn man am Abend auch weint, *
am Morgen herrscht wieder Jubel.
Du hast mein Klagen in Tanzen verwandelt, *
Herr, mein Gott, ich will dir danken in Ewigkeit. – ℟

ZUR 2. LESUNG Vielleicht ist uns die visionäre Sprache der Johannesoffenbarung fremd. Aber es ist ja auch eine unbekannte Dimension, an der uns das Buch teilhaben lässt; es sind himmlische Einblicke, die uns der Seher vermitteln will. Doch was uns Johannes zeigt, hat Folgen für unser Zusammenleben auf der Erde. Es stärkt all jenen den Rücken, deren Rücken gebeugt ist, und allen, die nicht an das Recht des Stärkeren glauben. Der sich zu uns herabgebeugt hat und dafür von Menschen, die seine Lebensform fürchteten, erniedrigt wurde bis zum Tod, der wird gemeinsam mit dem Höchsten gelobt von Himmel und Erde, vom Chor der Engel und von der ganzen Schöpfung.

ZWEITE LESUNG Offb 5,11–14

Würdig ist das Lamm, das geschlachtet wurde, Macht zu empfangen und Herrlichkeit

Lesung aus der Offenbarung des Johannes.

Ich, Johannes, sah, und ich hörte die Stimme von vielen Engeln rings um den Thron und um die Lebewesen und die Ältesten; die Zahl der Engel war zehntausendmal zehntausend und tausendmal tausend. Sie riefen mit lauter Stimme: Würdig ist das Lamm, das geschlachtet wurde, Macht zu empfangen, Reichtum und Weisheit, Kraft und Ehre, Herrlichkeit und Lob. Und alle Geschöpfe im Himmel und auf der Erde, unter der Erde und auf dem Meer, alles, was in der Welt ist, hörte ich sprechen: Ihm, der auf dem Thron sitzt, und dem Lamm gebühren Lob und Ehre und Herrlichkeit und Kraft in alle Ewigkeit.

Und die vier Lebewesen sprachen: Amen. Und die vierundzwanzig Ältesten fielen nieder und beteten an.

RUF VOR DEM EVANGELIUM

Halleluja. Halleluja.
Christus ist auferstanden.
Er, der Schöpfer des Alls, hat sich aller Menschen erbarmt.
Halleluja.

ZUM EVANGELIUM Sieben Jünger Jesu sind in jener Nacht nach Ostern am See von Tiberias beisammen. Drei von ihnen werden namentlich genannt, Simon Petrus, Thomas Didymus, Natanaël aus Kana, zwei mit Vaternamen, die bisher bei Johannes nicht erwähnten Söhne des Zebedäus, zwei weitere Jünger bleiben namenlos. Zuerst genannt wird Simon Petrus. Das ist verständlich, denn die Leser des Evangeliums warten noch immer darauf, dass Simon, der den Herrn in jener Nacht der Not, in der Not jener Nacht, dreimal verleugnet hatte, wieder eingesetzt werde als treuer Vertrauter, als verlässlicher Fels, wie ihn Jesus früh nennt (Joh 1,41–42). Die Erzählung von Thomas, dem Zwilling, ist ebenfalls noch frisch im Gedächtnis. Durch beharrliche Skepsis hindurch hatte er zu tiefstem Glauben gefunden: „Mein Herr und mein Gott!" Auch Natanaël ist einer, der nachfragt und prüft (Joh 1,46), und dabei so offen und frei ist, dass er sich überzeugen lässt. Ja, Natanaël hatte Jesus als Sohn Gottes und Israels Gesalbten erkannt und bekannt: „Rabbi, du bist der Sohn Gottes, du bist der König von Israel!" (Joh 1,49) Natanaëls Herkunftsort Kana lenkt den Blick ebenfalls zurück zu den Anfängen. Jesus wurde auf der Hochzeit zu Kana erstmals als Gottes Christus sichtbar, offenbar. Die Zeit seiner Sichtbarkeit endet heute mit der dritten Erscheinung des von den Toten Auferweckten. Jeder der hier namentlich Genannten, und nicht weniger die anonym bleibenden Jüngerinnen und Jünger, ist ein eigener Weg, der zu Jesus führt, eine unwiderstehliche Geschichte, die von ihm erzählt, eine persönlich beglaubigte Einladung, mit ihm das Leben zu wagen: „Kommt und seht"! (Joh 1,39)

EVANGELIUM

Joh 21,1–19

Jesus trat heran, nahm das Brot und gab es ihnen, ebenso den Fisch

+ **Aus dem heiligen Evangelium nach Johannes.**

In jener Zeit offenbarte sich Jesus den Jüngern noch einmal. Es war am See von Tiberias und er offenbarte sich in folgender Weise.

Simon Petrus, Thomas, genannt Didymus – Zwilling –, Natanaël aus Kana in Galiläa, die Söhne des Zebedäus und zwei andere von seinen Jüngern waren zusammen. Simon Petrus sagte zu ihnen: Ich gehe fischen. Sie sagten zu ihm: Wir kommen auch mit. Sie gingen hinaus und stiegen in das Boot. Aber in dieser Nacht fingen sie nichts.

Als es schon Morgen wurde, stand Jesus am Ufer. Doch die Jünger wussten nicht, dass es Jesus war.

Jesus sagte zu ihnen: Meine Kinder, habt ihr nicht etwas zu essen? Sie antworteten ihm: Nein. Er aber sagte zu ihnen: Werft das Netz auf der rechten Seite des Bootes aus und ihr werdet etwas fangen. Sie warfen das Netz aus und konnten es nicht wieder einholen, so voller Fische war es.

Da sagte der Jünger, den Jesus liebte, zu Petrus: Es ist der Herr! Als Simon Petrus hörte, dass es der Herr sei, gürtete er sich das Obergewand um, weil er nackt war, und sprang in den See.

Dann kamen die anderen Jünger mit dem Boot – sie waren nämlich nicht weit vom Land entfernt, nur etwa zweihundert Ellen – und zogen das Netz mit den Fischen hinter sich her.

Als sie an Land gingen, sahen sie am Boden ein Kohlenfeuer und darauf Fisch und Brot. Jesus sagte zu ihnen: Bringt von den Fischen, die ihr gerade gefangen habt. Da ging Simon Petrus und zog das Netz an Land. Es war mit hundertdreiundfünfzig großen Fischen gefüllt, und obwohl es so viele waren, zerriss das Netz nicht.

Jesus sagte zu ihnen: Kommt her und esst! Keiner von den Jüngern wagte ihn zu fragen: Wer bist du? Denn sie wussten, dass es der Herr war. Jesus trat heran, nahm das Brot und gab es ihnen, ebenso den Fisch.

Dies war schon das dritte Mal, dass Jesus sich den Jüngern offenbarte, seit er von den Toten auferstanden war.

Als sie gegessen hatten, sagte Jesus zu Simon Petrus: Simon, Sohn des Johannes, liebst du mich mehr als diese? Er antwortete ihm: Ja, Herr, du weißt, dass ich dich liebe. Jesus sagte zu ihm: Weide meine Lämmer!

Zum zweiten Mal fragte er ihn: Simon, Sohn des Johannes, liebst du mich? Er antwortete ihm: Ja, Herr, du weißt, dass ich dich liebe. Jesus sagte zu ihm: Weide meine Schafe!

Zum dritten Mal fragte er ihn: Simon, Sohn des Johannes, liebst du mich? Da wurde Petrus traurig, weil Jesus ihn zum dritten Mal gefragt hatte: Hast du mich lieb? Er gab ihm zur Antwort: Herr, du weißt alles; du weißt, dass ich dich lieb habe. Jesus sagte zu ihm: Weide meine Schafe!

Amen, amen, das sage ich dir: Als du noch jung warst, hast du dich selbst gegürtet und konntest gehen, wohin du wolltest. Wenn du aber alt geworden bist, wirst du deine Hände ausstrecken und ein anderer wird dich gürten und dich führen, wohin du nicht willst.

Das sagte Jesus, um anzudeuten, durch welchen Tod er Gott verherrlichen würde. Nach diesen Worten sagte er zu ihm: Folge mir nach!

Oder:

KURZFASSUNG

Joh 21, 1–14

Jesus trat heran, nahm das Brot und gab es ihnen, ebenso den Fisch

+ **Aus dem heiligen Evangelium nach Johannes.**

In jener Zeit offenbarte sich Jesus den Jüngern noch einmal. Es war am See von Tiberias und er offenbarte sich in folgender Weise.

Simon Petrus, Thomas, genannt Didymus – Zwilling –, Natanaël aus Kana in Galiläa, die Söhne des Zebedäus und zwei andere von seinen Jüngern waren zusammen. Simon Petrus sagte zu ihnen: Ich gehe fischen. Sie sagten zu ihm: Wir kommen auch mit. Sie gingen hinaus und stiegen in das Boot. Aber in dieser Nacht fingen sie nichts.

Als es schon Morgen wurde, stand Jesus am Ufer. Doch die Jünger wussten nicht, dass es Jesus war.

Jesus sagte zu ihnen: Meine Kinder, habt ihr nicht etwas zu essen? Sie antworteten ihm: Nein. Er aber sagte zu ihnen: Werft das Netz auf der rechten Seite des Bootes aus und ihr werdet etwas fangen. Sie warfen das Netz aus und konnten es nicht wieder einholen, so voller Fische war es.

Da sagte der Jünger, den Jesus liebte, zu Petrus: Es ist der Herr! Als Simon Petrus hörte, dass es der Herr sei, gürtete er sich das Obergewand um, weil er nackt war, und sprang in den See.

Dann kamen die anderen Jünger mit dem Boot – sie waren nämlich nicht weit vom Land entfernt, nur etwa zweihundert Ellen – und zogen das Netz mit den Fischen hinter sich her.

Als sie an Land gingen, sahen sie am Boden ein Kohlenfeuer und darauf Fisch und Brot. Jesus sagte zu ihnen: Bringt von den Fischen, die ihr gerade gefangen habt. Da ging Simon Petrus und zog das Netz an Land. Es war mit hundertdreiundfünfzig großen Fischen gefüllt, und obwohl es so viele waren, zerriss das Netz nicht.

Jesus sagte zu ihnen: Kommt her und esst! Keiner von den Jüngern wagte ihn zu fragen: Wer bist du? Denn sie wussten, dass es der Herr war. Jesus trat heran, nahm das Brot und gab es ihnen, ebenso den Fisch.

Dies war schon das dritte Mal, dass Jesus sich den Jüngern offenbarte, seit er von den Toten auferstanden war.

Glaubensbekenntnis, S. 492 ff.

FÜRBITTEN

Die Netze der Fischer blieben leer. Mit leeren Händen stehen auch wir vor der Fülle, die uns in Jesus Christus geschenkt wird. Bitten wir ihn um seinen Beistand für alle, die Mangel leiden:

- Für die Kinder, denen es an der Erfahrung von Liebe und Verlässlichkeit, von selbstlosem Interesse und geduldiger Zuwendung mangelt. V: Jesus, du Freund der Müden und Verlassenen. A: Wir bitten dich, erhöre uns.
- Für alle, die einen geliebten Menschen verloren haben. V: Jesus, du Freund der Müden und Verlassenen. A: Wir bitten dich, erhöre uns.
- Für die vielen, die auch heute Hunger und Durst leiden. V: Jesus, du Freund der Müden und Verlassenen. A: Wir bitten dich, erhöre uns.
- Für alle Kinder, die nicht zur Schule gehen dürfen und ihre Talente nicht entfalten können. V: Jesus, du Freund der Müden und Verlassenen. A: Wir bitten dich, erhöre uns.

- Für alle, die auf der Flucht sind, die Gewalt und Not erleben und deren Hoffnung sich erschöpft. V: Jesus, du Freund der Müden und Verlassenen. A: Wir bitten dich, erhöre uns.

Du unser Freund und Bruder, Jesus Christus, stillst schlimmen Mangel. Du bewegst uns zu helfen, wo es nottut. Wir bitten dich: Lehre uns, aus deiner Fülle zu leben und zu geben.

EUCHARISTIEFEIER

GABENGEBET

Allmächtiger Gott, nimm die Gaben an, die deine Kirche dir in österlicher Freude darbringt. Du hast ihr Grund gegeben zu solchem Jubel, erhalte ihr die Freude bis zur Vollendung. Darum bitten wir durch Christus, unseren Herrn.

Präfation, S. 503 f.

KOMMUNIONVERS

Vgl. Joh 21,12–13

Jesus sprach zu seinen Jüngern: Kommt und esst!
Und er nahm das Brot und gab es ihnen. Halleluja.

SCHLUSSGEBET

Ewiger Gott, du hast uns durch die Ostergeheimnisse erneuert. Wende dich uns voll Güte zu und bleibe bei uns mit deiner Huld, bis wir mit verklärtem Leib zum unvergänglichen Leben auferstehen. Darum bitten wir durch Christus, unseren Herrn.

FEIERLICHER SCHLUSSSEGEN S. 394

***

AUF DICH

Herr,
ich soll mich auf Dich verlassen.
Könnte ich mich sonst
Christ nennen?

Herr, ich kann mich auf Dich verlassen.
Könnte ich mich sonst
ruhig schlafen legen?

Herr,
ich muss mich auf Dich verlassen.
Könnte ich sonst
den nächsten Tag bestehen?

Herr,
ich darf mich auf Dich verlassen.
Könnte ich sonst
den Menschen trauen?

Herr,
ich werde mich auf Dich verlassen.
Könnte ich sonst
auf Leben hoffen?

Herr,
verlasse mich nicht,
auch wenn ich Dich verlassen sollte!

Kurt Weigel

4. SONNTAG DER OSTERZEIT

12. Mai 2019

Ist Jesus der Messias? Der vollmächtig Beauftragte des Vaters? Gottes Ewiges Wort in der Zeit? Das heutige Evangelium antwortet mit dem Bild des Hirten und seiner Schafe. Jesus ist der gute Hirte des Psalmenbuches, der allen, die ihm folgen, ungeahnte Lebensmöglichkeiten eröffnet, „ewiges Leben“ schenkt. Keiner kann die Seinen der Hand des Vaters entreißen. Gottes Liebe ist schöpferisch. Jesu Stimme verstummt nicht. Hören wir sie?

ERÖFFNUNGSVERS

Ps 33(32),5–6

Die Erde ist voll von der Huld des Herrn.
Durch das Werk des Herrn wurden die Himmel geschaffen.
Halleluja.

KYRIE-RUFE

Herr Jesus Christus, du kennst uns
und hilfst uns, dir zu folgen.
V/A: Herr, erbarme dich.
Du gibst uns ewiges Leben.
V/A: Christus, erbarme dich.
Du lässt uns niemals zugrunde gehen.
V/A: Herr, erbarme dich.

Ehre sei Gott, S. 489 f.

TAGESGEBET

Allmächtiger, ewiger Gott, dein Sohn ist der Kirche siegreich vorausgegangen als der Gute Hirt. Geleite auch die Herde, für die er sein Leben dahingab, aus aller Not zur ewigen Freude. Darum bitten wir durch ihn, Jesus Christus.

WORTGOTTESDIENST

ZUR 1. LESUNG Gott erfüllt die Verheißungen, die durch die Propheten ergangen sind. Er macht seine Zusagen wahr. Wir sind mit Gott im Bund. Der Herr ist treu. Paulus ist von all dem überzeugt, und diese Überzeugung haben seine jüdischen Glaubensgeschwister auch an Menschen nicht-jüdischer, heidnischer Herkunft weitergegeben, an die sogenannten Gottesfürchtigen, die den Gott Israels verehren und der Synagoge nahestehen. Gottes Verheißungen haben sich ein für alle Mal in Jesus erfüllt, verkündet Paulus heute. Doch damit ist nicht gemeint, dass der Herr die Verpflichtungen gegenüber seinem Eigentumsvolk ja ordnungsgemäß erfüllt habe und mit diesem Bundespartner jetzt quitt sei, sodass Israels Glaube nun verheißungslos und leer wäre! Ein schweres Missverständnis – weil Gottes Erfüllungen ebenso wenig wie seine Verheißungen geschuldete Pflichten, sondern freie Gabe sind. Und weil Gottes Verheißungen sich in ihrer Erfüllung nicht erschöpfen. „Gottes Taten gehen weiter"! (Gerhard Lohfink)

ERSTE LESUNG Apg 13, 14.43b–52

Da ihr euch des ewigen Lebens unwürdig zeigt, wenden wir uns jetzt an die Heiden

Lesung aus der Apostelgeschichte.

In jenen Tagen wanderten Paulus und Barnabas von Perge weiter und kamen nach Antiochia in Pisidien. Dort gingen sie am Sabbat in die Synagoge und setzten sich.

Es schlossen sich viele Juden und fromme Proselyten Paulus und Barnabas an. Diese redeten mit ihnen und ermahnten sie, der Gnade Gottes treu zu bleiben.

Am folgenden Sabbat versammelte sich fast die ganze Stadt, um das Wort des Herrn zu hören. Als die Juden die Scharen sahen, wurden sie eifersüchtig, widersprachen den Worten des Paulus und stießen Lästerungen aus.

Paulus und Barnabas aber erklärten freimütig: Euch musste das Wort Gottes zuerst verkündet werden. Da ihr es aber zurückstoßt und euch des ewigen Lebens unwürdig zeigt, wenden wir uns jetzt an die Heiden. Denn so hat uns der Herr aufgetragen: Ich habe dich zum Licht für die Völker gemacht, bis an das Ende der Erde sollst du das Heil sein.

Als die Heiden das hörten, freuten sie sich und priesen das Wort des Herrn; und alle wurden gläubig, die für das ewige Leben bestimmt waren. Das Wort des Herrn aber verbreitete sich in der ganzen Gegend.

Die Juden jedoch hetzten die vornehmen gottesfürchtigen Frauen und die Ersten der Stadt auf, veranlassten eine Verfolgung gegen Paulus und Barnabas und vertrieben sie aus ihrem Gebiet.

Diese aber schüttelten gegen sie den Staub von ihren Füßen und zogen nach Ikonion. Und die Jünger waren voll Freude und erfüllt vom Heiligen Geist.

ANTWORTPSALM

Ps 100(99),1–3.4.5 (℟: vgl. 3c)

℟ Wir sind das Volk des Herrn,
die Herde seiner Weide. – ℟

Oder:

℟ Halleluja. – ℟

Jauchzt vor dem Herrn, alle Länder der Erde! †
Dient dem Herrn mit Freude! *
Kommt vor sein Antlitz mit Jubel!
Erkennt: Der Herr allein ist Gott. †

Er hat uns geschaffen, wir sind sein Eigentum, *
sein Volk und die Herde seiner Weide. – (℟)

Tretet mit Dank durch seine Tore ein! †
Kommt mit Lobgesang in die Vorhöfe seines Tempels! *
Dankt ihm, preist seinen Namen! – (℟)

Denn der Herr ist gütig, †
ewig währt seine Huld, *
von Geschlecht zu Geschlecht seine Treue. – ℟

ZUR 2. LESUNG Prolog – oder Nachwort – im Himmel: Eine unüberschaubar große Schar steht vor dem Thron, also vor Gott, und vor dem Lamm. Diese zahllosen Menschen kommen aus der endzeitlichen Bedrängnis. Sie haben den Kampf nicht nur überstanden, sondern bestanden. Sie sind vollendet. Als Zeichen der Erlösung tragen sie weiße Gewänder. Diese Blütenreinheit ist nicht einfach menschengemacht, große Wäsche, sondern Frucht der Erlösung. Das Weiß der Gewänder stammt, paradox, aus dem „Blut des Lammes"! Die Palmzweige in ihren Händen sind Sinnbilder des Sieges. So wirklich und so bedeutsam ihre Hingabe bleibt, der Sieg ist der des Lammes und unseres Gottes. Und nun, welche Verheißung: Das Lamm, Christus, wird sie und alle, die heute zitternd und zagend zu ihm gehören wollen, zu den Wassern des Lebens führen, und Gott wird jede Träne abwischen von ihren Augen.

ZWEITE LESUNG Offb 7,9.14b–17

Das Lamm wird sie weiden und zu den Quellen des Lebens führen

Lesung aus der Offenbarung des Johannes.

Ich, Johannes, sah: eine große Schar aus allen Nationen und Stämmen, Völkern und Sprachen; niemand konnte sie zählen. Sie standen in weißen Gewändern vor dem Thron und vor dem Lamm

und trugen Palmzweige in den Händen. Und einer der Ältesten sagte zu mir: Das sind die, die aus der großen Bedrängnis kommen, sie haben ihre Gewänder gewaschen und im Blut des Lammes weiß gemacht.
Deshalb stehen sie vor dem Thron Gottes und dienen ihm bei Tag und Nacht in seinem Tempel; und der, der auf dem Thron sitzt, wird sein Zelt über ihnen aufschlagen. Sie werden keinen Hunger und keinen Durst mehr leiden und weder Sonnenglut noch irgendeine sengende Hitze wird auf ihnen lasten.
Denn das Lamm in der Mitte vor dem Thron wird sie weiden und zu den Quellen führen, aus denen das Wasser des Lebens strömt, und Gott wird alle Tränen von ihren Augen abwischen.

RUF VOR DEM EVANGELIUM

Vers: Joh 10,14

Halleluja. Halleluja.
(So spricht der Herr:)
Ich bin der gute Hirt.
Ich kenne die Meinen, und die Meinen kennen mich.
Halleluja.

ZUM EVANGELIUM „Der Herr ist mein Hirte, nichts wird mir fehlen", bezeugt der 23. Psalm. Dieser Psalm, sein festes Gottvertrauen, hat schon viele Menschen getröstet und aus dem Dunkel geholt. Dass Gott selbst mein guter Hirte ist, diese Gewissheit macht mich nicht schwach, sondern stark. Sie bremst mich nicht aus, sondern bringt mich in Bewegung. Sie hält mich nicht davon ab, Verantwortung für mein Leben zu übernehmen, sondern macht mir den Mut, den ich brauche. Mein Hirt ist Gott der Herr. Er ruft mich und alle Menschen aus Zwängen und Ängsten heraus, er holt uns aus den engen Zellen, in die man uns gesteckt haben mag, aus Sackgassen, in die wir uns hineinmanövriert haben, in denen wir feststecken. Mein Hirt ist Gott der Herr. Darum bin ich gerufen, mit offenen Augen durch die Welt zu gehen, Leid und Unrecht und Orientierungslosigkeit nicht auf sich beruhen zu lassen, anderen Menschen Hirte und Hirtin zu sein. Mein Hirt ist Gott der Herr. Jesus hat es mit Leib und Seele gespürt. Jesus hat so gelebt, bis zuletzt. Er ist Gottes geliebter Sohn und sein Gesalbter. „Ich und der Vater sind eins." Darum kann er mein Hirte sein.

EVANGELIUM

Joh 10,27–30

Ich gebe meinen Schafen ewiges Leben

+ **Aus dem heiligen Evangelium nach Johannes.**

In jener Zeit sprach Jesus: Meine Schafe hören auf meine Stimme; ich kenne sie und sie folgen mir. Ich gebe ihnen ewiges Leben. Sie werden niemals zugrunde gehen und niemand wird sie meiner Hand entreißen.

Mein Vater, der sie mir gab, ist größer als alle, und niemand kann sie der Hand meines Vaters entreißen. Ich und der Vater sind eins.

Glaubensbekenntnis, S. 492 ff.

FÜRBITTEN

Herr Jesus Christus, du bleibst bei uns als guter Hirte. Wir bitten für die vielen, die unbehütet und in Not sind:

- Hilf deiner Kirche, sich zu öffnen für Menschen in Not und Bedrängnis. V: Jesus, du guter Hirt. A: Höre unser Rufen.
- Steh den Menschen bei, deren Arbeitskraft ausgenutzt und denen gerechter Lohn verwehrt wird. V: Jesus, du guter Hirt. A: Höre unser Rufen.
- Ermutige die jungen Menschen in Freiwilligendiensten, dass sie ihr Herz öffnen und ihren Blick weiten. V: Jesus, du guter Hirt. A: Höre unser Rufen.

- Stärke die Helferinnen und Helfer in Krisengebieten. V: Jesus, du guter Hirt. A: Höre unser Rufen.
- Wecke unsere Verantwortung für die vielen Kinder weltweit, die vernachlässigt, ausgebeutet und missbraucht werden. V: Jesus, du guter Hirt. A: Höre unser Rufen.
- Begleite jene, die alte und kranke Menschen besuchen und am Leben teilhaben lassen. V: Jesus, du guter Hirt. A: Höre unser Rufen.

Jesus, du guter Hirt, du willst, dass wir das Leben in Fülle haben. Lass uns im Hier und Jetzt das Gute unseres Lebens erkennen und tun. Dafür danken wir dir heute und alle Tage unseres Lebens.

EUCHARISTIEFEIER

GABENGEBET

Herr, unser Gott, gib, dass wir dir allzeit danken durch die Feier der österlichen Geheimnisse. In ihnen führst du das Werk der Erlösung fort, mache sie für uns zur Quelle der unvergänglichen Freude. Darum bitten wir durch Christus, unseren Herrn.

Präfation, S. 503 f.

KOMMUNIONVERS

Auferstanden ist der Gute Hirt.
Er gab sein Leben für die Schafe.
Er ist für seine Herde gestorben. Halleluja.

SCHLUSSGEBET

Gott, du Hirt deines Volkes, sieh voll Huld auf deine Herde, die durch das kostbare Blut deines Sohnes erkauft ist; bleibe bei ihr und führe sie auf die Weide des ewigen Lebens. Darum bitten wir durch ihn, Christus, unseren Herrn.

FEIERLICHER SCHLUSSSEGEN

S. 394

***

ERFRISCHT

Wie eine Blume auf dürrem Land,
ausgebrannt von der Sommerhitze,
sich streckt und erholt
durch einen frischen Regen.

So bekomme ich neue Kraft
aus deiner Güte, Gott.
Nichts wird mir mangeln,
stets erfrischt mich lebendiges Wasser.

Mein Herz springt vor Freude,
ich bin guter Dinge.
Der Himmel steht mir offen.

Marc Witzenbacher

5. SONNTAG DER OSTERZEIT

19. Mai 2019

„Deinen Tod, o Herr, verkünden wir, und deine Auferstehung preisen wir, bis du kommst in Herrlichkeit." Das ist der Auftrag der Kirche, ihr ist das Evangelium anvertraut. Die Apostelgeschichte weiß davon, dass die kleinen Gemeinden wachsen, dass sie lebendig in der Liebe sind und das Wort weitertragen. Sie suchen, notwendigerweise, nach neuen Formen des Miteinanders; der Weg ist weit von der Hausgemeinde zur weltweiten Organisation. Und da ist Verlust und Gewinn, Chance und Gefahr. Das Reich Gottes soll wachsen, aber Wachstum ist nicht das Evangelium. Die Bereitschaft umzukehren, Macht und Pracht loszulassen, um an der Seite der Bedrückten und Bedrängten zu sein, ihr Los mitzutragen und zu wenden – darin liegt es, Kirche Jesu Christi zu sein.

ERÖFFNUNGSVERS

Ps 98(97),1–2

Singt dem Herrn ein neues Lied,
denn er hat wunderbare Taten vollbracht
und sein gerechtes Wirken enthüllt
vor den Augen der Völker. Halleluja.

KYRIE-RUFE

Jesus, gekreuzigter und auferstandener Herr,
du bist von Gott verherrlicht.
V/A: Herr, erbarme dich.
Du hast uns dein neues Gebot gegeben,
einander zu lieben, wie du uns geliebt hast.
V/A: Christus, erbarme dich.

Du hast die Liebe zum Erkennungszeichen
deiner Jünger erklärt.
V/A: Herr, erbarme dich.

Ehre sei Gott, S. 489 f.

TAGESGEBET

Gott, unser Vater, du hast uns durch deinen Sohn erlöst und als deine geliebten Kinder angenommen. Sieh voll Güte auf alle, die an Christus glauben, und schenke ihnen die wahre Freiheit und das ewige Erbe. Darum bitten wir durch Jesus Christus.

WORTGOTTESDIENST

ZUR 1. LESUNG „Mission: Impossible“ (Ein unmöglicher Auftrag) ist der Titel eines erfolgreichen US-Agententhrillers. Eine Mission zu haben, das bedeutet, auf Sendung sein, auf den Weg geschickt zu sein, und manchmal hat es den Anschein, als seien die Missionare Paulus und Barnabas mit einem unmöglichen Auftrag unterwegs. So viel stimmt: Ihr Unternehmen ist ein Wagnis und kein beschaulicher Spaziergang, keine geruhsame Urlaubstour, sonst hätten sie die Sache längst beendet angesichts der widrigen Umstände, die ihren Weg säumen. Missionare sind Dienstleute, ihr Auftrag ist die Verkündigung. Das Besondere an ihrer Botschaft: dass sie lebendiges Wort ist. Gott lässt sich nicht nur verkündigen, er begleitet seine Boten und Botinnen, er schenkt ihnen Hoffnung, er wirkt mit ihnen, und durch sie. Und durch andere, die sich treffen und senden lassen, die Verantwortung übernehmen in der Gemeinde. Wort des lebendigen Gottes. Nichts bleibt, wie es war, damit dieses Wort bleibt.

ERSTE LESUNG

Apg 14,21b–27

Sie berichteten der Gemeinde, was Gott zusammen mit ihnen getan hatte

Lesung aus der Apostelgeschichte.

In jenen Tagen kehrten Paulus und Barnabas nach Lystra, Ikonion und Antiochia zurück. Sie sprachen den Jüngern Mut zu und ermahnten sie, treu am Glauben festzuhalten; sie sagten: Durch viele Drangsale müssen wir in das Reich Gottes gelangen. In jeder Gemeinde bestellten sie durch Handauflegung Älteste und empfahlen sie mit Gebet und Fasten dem Herrn, an den sie nun glaubten. Nachdem sie durch Pisidien gezogen waren, kamen sie nach Pamphylien, verkündeten in Perge das Wort und gingen dann nach Attalia hinab. Von dort fuhren sie mit dem Schiff nach Antiochia, wo man sie für das Werk, das sie nun vollbracht hatten, der Gnade Gottes empfohlen hatte.

Als sie dort angekommen waren, riefen sie die Gemeinde zusammen und berichteten alles, was Gott mit ihnen zusammen getan und dass er den Heiden die Tür zum Glauben geöffnet hatte.

ANTWORTPSALM

Ps 145(144),1–2.8–9.10–11.13c–14 (R: 1a)

℟ Ich will dich rühmen, mein Gott und König. – ℟

Oder:

℟ Halleluja. – ℟

Ich will dich rühmen, mein Gott und König, *
und deinen Namen preisen immer und ewig;
ich will dich preisen Tag für Tag *
und deinen Namen loben immer und ewig. – (℟)

Der Herr ist gnädig und barmherzig, *
langmütig und reich an Gnade.
Der Herr ist gütig zu allen, *
sein Erbarmen waltet über all seinen Werken. – (℟)

Danken sollen dir, Herr, all deine Werke *
und deine Frommen dich preisen.
Sie sollen von der Herrlichkeit deines Königtums reden, *
sollen sprechen von deiner Macht. – (℟)

Der Herr ist treu in all seinen Worten, *
voll Huld in all seinen Taten.
Der Herr stützt alle, die fallen, *
und richtet alle Gebeugten auf. – ℟

ZUR 2. LESUNG Ein neuer Himmel und eine neue Erde! Ostern macht den Anfang. Ostern ist der Anfang. Paulus und Barnabas und alle Apostel und Missionarinnen Christi verkünden ihn. Ostern ist Aufbruch, ist Anbruch einer neuen Wirklichkeit, die alles und alle, die Himmel und Erde erfasst. Der Seher Johannes sieht schon jetzt in Bildern alttestamentlicher Propheten die Vollendung, die endgültig verwandelte Wirklichkeit. Und er schaut nicht nur, er hört eine laute Stimme. Nicht irgendeine Stimme. Mächtig laut, aber nicht irgendein Lautsprecher. Die Stimme ruft „vom Thron her“: Gott selbst will unter den Menschen wohnen. Die Todesmächte verlieren ihre bedrückende Zwingmacht. „Seht, ich mache alles neu.“ Das Ende aller Menschenfurcht. Gottes Verheißung. Wovor fürchten wir uns?

ZWEITE LESUNG Offb 21,1–5a

Gott wird alle Tränen von ihren Augen abwischen

Lesung aus der Offenbarung des Johannes.

Ich, Johannes, sah einen neuen Himmel und eine neue Erde; denn der erste Himmel und die erste Erde sind vergangen, auch das Meer ist nicht mehr.
Ich sah die heilige Stadt, das neue Jerusalem, von Gott her aus dem Himmel herabkommen; sie war bereit wie eine Braut, die sich für ihren Mann geschmückt hat.

Da hörte ich eine laute Stimme vom Thron her rufen: Seht, die Wohnung Gottes unter den Menschen! Er wird in ihrer Mitte wohnen, und sie werden sein Volk sein; und er, Gott, wird bei ihnen sein. Er wird alle Tränen von ihren Augen abwischen: Der Tod wird nicht mehr sein, keine Trauer, keine Klage, keine Mühsal. Denn was früher war, ist vergangen.

Er, der auf dem Thron saß, sprach: Seht, ich mache alles neu.

RUF VOR DEM EVANGELIUM

Vers: Joh 13,34ac

Halleluja. Halleluja.
(So spricht der Herr:)
Ein neues Gebot gebe ich euch:
Wie ich euch geliebt habe, so sollt auch ihr einander lieben.
Halleluja.

Oder:

Dies ist mein Gebot:
Liebet einander, wie ich euch geliebt.

ZUM EVANGELIUM In der Straßenbahn die junge Frau mit Kinderwagen, darin ein etwa zweijähriges Kind mit großen, wachen Augen. Als sich die Mutter für einen Augenblick entfernt, um ihre Fahrkarte zu entwerten, sagt die Kleine zuerst nur leise: „Mama, Mama." Doch zugleich, in atemberaubender Geschwindigkeit und überdeutlich, zeichnet sich auf dem kleinen Gesicht eine ganze Seelenlandschaft, läuft ein wahres Seelendrama ab. Als würden in Windeseile wechselnde Masken auf- und abgesetzt. Schneller als die Wolken am Herbsthimmel wandern Beunruhigung, Bereitschaft zum Abwarten, anwachsende Angst, aufkeimende Verzweiflung, Anspannung, Ärger, Entspannung und schließlich Zufriedenheit und helle Freude über das Kindergesicht. Verwirrung und Beunruhigung, aufsteigende Angst, blanke Verzweiflung, all das haben auch die Jünger Jesu kennengelernt, als gestandene Männer und Frauen. Jesus geht. Dieser Abschied sticht mitten ins Herz. Wie geht es weiter? Geht es weiter? Die Antwort des Johannes-Evangeliums: Haltet miteinander die Liebe lebendig, die Jesus gelebt hat bis zuletzt. Dann leuchtet auf euren Gesichtern Gottes eigenes Licht.

EVANGELIUM

Joh 13,31–33a.34–35

Ein neues Gebot gebe ich euch: Liebt einander!

+ **Aus dem heiligen Evangelium nach Johannes.**

In jener Zeit, als Judas hinausgegangen war, sagte Jesus: Jetzt ist der Menschensohn verherrlicht und Gott ist in ihm verherrlicht. Wenn Gott in ihm verherrlicht ist, wird auch Gott ihn in sich verherrlichen, und er wird ihn bald verherrlichen.

Meine Kinder, ich bin nur noch kurze Zeit bei euch. Ein neues Gebot gebe ich euch: Liebt einander! Wie ich euch geliebt habe, so sollt auch ihr einander lieben. Daran werden alle erkennen, dass ihr meine Jünger seid: wenn ihr einander liebt.

Glaubensbekenntnis, S. 492 ff.

FÜRBITTEN

„Daran werden alle erkennen, dass ihr meine Jünger seid: wenn ihr einander liebt." Wir bitten Jesus Christus um seinen Beistand:

- Für die Kirche, dass sie wachse im Glauben und in der Liebe und dass sie all ihr Tun an deinem Gebot der Liebe ausrichte. V: Christus, höre uns. A: Christus, erhöre uns.
- Für die Entscheidungsträger in Politik und Gesellschaft, dass sie den Schutz menschlichen Lebens, besonders am Ende und am Anfang, zu ihrer Sache machen. V: Christus, höre uns. A: Christus, erhöre uns.

- Für alle Menschen, die Sorgen um ihren Unterhalt haben; für alle, die mühselig und beladen sind. V: Christus, höre uns. A: Christus, erhöre uns.
- Für die Jugendlichen, die ihren Weg noch nicht erkennen können. V: Christus, höre uns. A: Christus, erhöre uns.
- Für alle, die andere stärken, begleiten, ihnen aufhelfen. V: Christus, höre uns. A: Christus, erhöre uns.

Guter Gott, in deinem Sohn Jesus Christus hast du das Liebesgebot mit deinem Leben gefüllt. Hilf uns, aus deiner Liebe zu leben, am heutigen Sonntag und in unserem Alltag.

EUCHARISTIEFEIER

GABENGEBET

Erhabener Gott, durch die Feier des heiligen Opfers gewährst du uns Anteil an deiner göttlichen Natur. Gib, dass wir dich nicht nur als den einen wahren Gott erkennen, sondern unser ganzes Leben nach dir ausrichten. Darum bitten wir durch Christus, unseren Herrn.

Präfation, S. 503 f.

KOMMUNIONVERS

Joh 15,1.5

So spricht der Herr:
Ich bin der wahre Weinstock, ihr seid die Rebzweige.
Wer in mir bleibt und in wem ich bleibe,
der bringt reiche Frucht. Halleluja.

SCHLUSSGEBET

Barmherziger Gott, höre unser Gebet. Du hast uns im Sakrament das Brot des Himmels gegeben, damit wir an Leib und Seele gesunden. Gib, dass wir die Gewohnheiten des alten Menschen ablegen und als neue Menschen leben. Darum bitten wir durch Christus, unseren Herrn.

FEIERLICHER SCHLUSSSEGEN S. 394

***

DEIN FREUNDLICHKEIT VERKÜNDEN

O Herr, verleih,
dass Lieb und Treu,
in dir uns all verbinden,
dass Hand und Mund
zu jeder Stund
dein Freundlichkeit verkünden,
bis nach der Zeit
den Platz bereit
an deinem Tisch wir finden.

Friedrich Spitta

6. SONNTAG DER OSTERZEIT

26. Mai 2019

Kirche – was ist das? Eine Insel der Seligen, die, fernab vom dumpfen Lärm der Welt, sich ihrer Seligkeit erfreuen und versichern? Aber wie könnten Menschen in der Nachfolge Jesu für sich alleine selig sein? Die Seligpreisungen Jesu legen eine andere Spur. Und die von ihm Geheilten schickt der Herr in ihre Heimat und in ihre Familien zurück. Kein Rückschritt. Jesus vertraut darauf: Wer in der Begegnung mit ihm Heil und Heilung erfuhr, wird zum lebendigen Zeichen des angebrochenen Gottesreiches werden. Ein neuer Geist!

ERÖFFNUNGSVERS

Vgl. Jes 48,20

Verkündet es jauchzend, damit man es hört!
Ruft es hinaus bis ans Ende der Erde!
Ruft: Der Herr hat sein Volk befreit. Halleluja.

KYRIE-RUFE

Herr Jesus Christus, du bist zum Vater gegangen
und du kommst wieder zu uns zurück.
V/A: Herr, erbarme dich.
Du wohnst mit dem Vater bei denen,
die dich lieben.
V/A: Christus, erbarme dich.
Du gibst uns deinen Frieden.
V/A: Herr, erbarme dich.

Ehre sei Gott, S. 489 f.

TAGESGEBET

Allmächtiger Gott, lass uns die österliche Zeit in herzlicher Freude begehen und die Auferstehung unseres Herrn preisen, damit das Ostergeheimnis, das wir in diesen fünfzig Tagen feiern, unser ganzes Leben prägt und verwandelt. Darum bitten wir durch Jesus Christus.

WORTGOTTESDIENST

ZUR 1. LESUNG Ist das altehrwürdige Bundeszeichen, die männliche Beschneidung, für die Aufnahme in die Kirche unverzichtbar? Ist es notwendig zum Heil? Oder behält man damit ohne Not ein Hindernis bei, das Menschen den Weg zum Gott Israels und zu Christus Jesus erschwert? Letztlich entschied sich das sogenannte Apostelkonzil dafür, auf die Pflichtbeschneidung zu verzichten. Eine hochkomplexe Frage war das und eine sehr schwere Entscheidung. Die Folgen für aus dem Heidentum stammende Männer, aber auch für das Selbstverständnis der Synagoge und für die Kirche aus Juden und Heiden waren immens. Es fällt uns heute nicht leicht zu ermessen, was da alles auf dem Spiel stand. Wir können es nur ahnen. Unstrittig ist, dass die Streitfrage in der Freiheit des Gottesgeistes und im geschwisterlichen Gespräch untersucht und überaus mutig entschieden wurde. Wichtige Erinnerung, Wegeweisung auch für die Kirche unserer Tage.

ERSTE LESUNG Apg 15,1–2.22–29

Der Heilige Geist und wir haben beschlossen, euch keine weitere Last aufzuerlegen

Lesung aus der Apostelgeschichte.

In jenen Tagen kamen einige Leute von Judäa herab und lehrten die Brüder: Wenn ihr euch nicht nach dem Brauch des Mose beschneiden lasst, könnt ihr nicht gerettet werden. Nach großer Aufregung und heftigen Auseinandersetzungen zwischen ihnen und Paulus und Barnabas beschloss man, Paulus und Barnabas und einige andere von ihnen sollten wegen dieser Streitfrage zu den Aposteln und den Ältesten nach Jerusalem hinaufgehen.

Da beschlossen die Apostel und die Ältesten zusammen mit der ganzen Gemeinde, Männer aus ihrer Mitte auszuwählen und sie zusammen mit Paulus und Barnabas nach Antiochia zu senden, nämlich Judas, genannt Barsabbas, und Silas, führende Männer unter den Brüdern. Sie gaben ihnen folgendes Schreiben mit:

Die Apostel und die Ältesten, eure Brüder, grüßen die Brüder aus dem Heidentum in Antiochia, in Syrien und Zilizien. Wir haben gehört, dass einige von uns, denen wir keinen Auftrag erteilt haben, euch mit ihren Reden beunruhigt und eure Gemüter erregt haben. Deshalb haben wir uns geeinigt und beschlossen, Männer auszuwählen und zusammen mit unseren lieben Brüdern Barnabas und Paulus zu euch zu schicken, die beide für den Namen Jesu Christi, unseres Herrn, ihr Leben eingesetzt haben. Wir haben Judas und Silas abgesandt, die euch das Gleiche auch mündlich mitteilen sollen.

Denn der Heilige Geist und wir haben beschlossen, euch keine weitere Last aufzuerlegen als diese notwendigen Dinge: Götzenopferfleisch, Blut, Ersticktes und Unzucht zu meiden. Wenn ihr euch davor hütet, handelt ihr richtig. Lebt wohl!

ANTWORTPSALM

Ps 67(66), 2–3.5.6 u. 8 (R: 4)

℟ Die Völker sollen dir danken, o Gott,
danken sollen dir die Völker alle. – ℟

Oder:

℟ Halleluja. – ℟

Gott sei uns gnädig und segne uns. *
Er lasse über uns sein Angesicht leuchten,
damit auf Erden sein Weg erkannt wird *
und unter allen Völkern sein Heil. – (℟)

Die Nationen sollen sich freuen und jubeln. *
Denn du richtest den Erdkreis gerecht.
Du richtest die Völker nach Recht *
und regierst die Nationen auf Erden. – (℟)

Die Völker sollen dir danken, o Gott, *
danken sollen dir die Völker alle.
Es segne uns Gott! *
Alle Welt fürchte und ehre ihn! – ℟

ZUR 2. LESUNG Eine Stadt von sagenhafter Größe und Schönheit, ausgezeichnet durch vollkommenes, den Kosmos spiegelndes Ebenmaß, aus kostbarsten Materialien erbaut und überreich geschmückt: Jerusalem. Jedoch: „Einen Tempel sah ich nicht in der Stadt." Mit seiner Vision will Johannes den bedrängten Gemeinden vor allem zu verstehen geben, dass die mächtigste Stadt auf Erden, das große, glänzende Rom, ein falscher Gott ist. So imponierend und unbesiegbar die römische Zentralmacht sich jetzt auch gebärdet, so sehr die Völker vor ihr zittern – die wahre Macht wohnt anderswo: in Jerusalem. Es ist eine Macht ganz anderer Art. Es ist ein neues Jerusalem, in dem Gott mitten unter den Menschen weilt, ohne eines Tempels zu bedürfen, ohne Priester, ohne Opferkult. Anders als der Götze Rom zwingt der wahre Gott niemanden in seinen Dienst. Johannes zeigt uns einen Gott, dessen Herrlichkeit hell in einem Menschen aufstrahlt, der auf Weisung Roms als verurteilter Aufrührer einen schändlichen Tod starb. Doch von diesem Menschen sagt die Bibel, er habe so sehr in Gottes Nähe gelebt, dass er die Menschen ohne Vorbedingungen lieben konnte. Eine Stadt, eine Gemeinschaft, die das glaubt, braucht kein anderes Licht. „Denn die Herrlichkeit Gottes erleuchtet sie, und ihre Leuchte ist das Lamm."

ZWEITE LESUNG

Offb 21,10–14.22–23

Ein Engel zeigte mir die heilige Stadt, wie sie aus dem Himmel herabkam

Lesung aus der Offenbarung des Johannes.

Ein Engel entrückte mich in der Verzückung auf einen großen, hohen Berg und zeigte mir die heilige Stadt Jerusalem, wie sie von Gott her aus dem Himmel herabkam, erfüllt von der Herrlichkeit Gottes. Sie glänzte wie ein kostbarer Edelstein, wie ein kristallklarer Jaspis.

Die Stadt hat eine große und hohe Mauer mit zwölf Toren und zwölf Engeln darauf. Auf die Tore sind Namen geschrieben: die Namen der zwölf Stämme der Söhne Israels. Im Osten hat die Stadt drei Tore und im Norden drei Tore und im Süden drei Tore und im Westen drei Tore. Die Mauer der Stadt hat zwölf Grundsteine; auf ihnen stehen die zwölf Namen der zwölf Apostel des Lammes.

Einen Tempel sah ich nicht in der Stadt. Denn der Herr, ihr Gott, der Herrscher über die ganze Schöpfung, ist ihr Tempel, er und das Lamm. Die Stadt braucht weder Sonne noch Mond, die ihr leuchten. Denn die Herrlichkeit Gottes erleuchtet sie und ihre Leuchte ist das Lamm.

RUF VOR DEM EVANGELIUM

Vers: vgl. Joh 14,23

Halleluja. Halleluja.
(So spricht der Herr:)
Wer mich liebt, hält fest an meinem Wort.
Mein Vater wird ihn lieben
und wir werden bei ihm wohnen.
Halleluja.

ZUM EVANGELIUM In wenigen Tagen feiern wir Christi Himmelfahrt und bald darauf das Pfingstfest. Aber noch sind wir liturgisch in der Zeit der Begegnungen mit dem Auferstandenen, bevor dieser den Blicken der Jünger entzogen und der Geist gesandt wird. Heute kündigt Jesus seine Rückkehr zum Vater an. Er weiß um die Angst seiner Freunde vor Verlassenheit und richtet die Bedrückten auf: Heiligen Tröstergeist wird Gott ihnen senden in Jesu Namen! Der Tröster wird ihnen beistehen, wird zu ihnen stehen. Er wird ihnen alles geben, was sie brauchen, um zu Gottes Liebes-Wort zu stehen. Im Friedensraum der Gemeinde wird dies gelingen.

EVANGELIUM

Joh 14,23–29

Der Heilige Geist wird euch an alles erinnern, was ich euch gesagt habe

+ **Aus dem heiligen Evangelium nach Johannes.**

In jener Zeit sprach Jesus zu seinen Jüngern: Wenn jemand mich liebt, wird er an meinem Wort festhalten; mein Vater wird ihn lieben und wir werden zu ihm kommen und bei ihm wohnen.

Wer mich nicht liebt, hält an meinen Worten nicht fest. Und das Wort, das ihr hört, stammt nicht von mir, sondern vom Vater, der mich gesandt hat.

Das habe ich zu euch gesagt, während ich noch bei euch bin. Der Beistand aber, der Heilige Geist, den der Vater in meinem Namen senden wird, der wird euch alles lehren und euch an alles erinnern, was ich euch gesagt habe.

Frieden hinterlasse ich euch, meinen Frieden gebe ich euch; nicht einen Frieden, wie die Welt ihn gibt, gebe ich euch.

Euer Herz beunruhige sich nicht und verzage nicht. Ihr habt gehört, dass ich zu euch sagte: Ich gehe fort und komme wieder zu euch zurück. Wenn ihr mich lieb hättet, würdet ihr euch freuen, dass ich zum Vater gehe; denn der Vater ist größer als ich.

Jetzt schon habe ich es euch gesagt, bevor es geschieht, damit ihr, wenn es geschieht, zum Glauben kommt.

Glaubensbekenntnis, S. 492 ff.

FÜRBITTEN

„Euer Herz beunruhige sich nicht und verzage nicht." Wie den Jüngern Jesu ist auch uns der Beistand des Heiligen Geistes zugesagt. Darum können wir uns vertrauensvoll an Gott wenden und ihn bitten:

- Für die christlichen Kirchen, dass in ihnen der Wille zur Einheit wachse. V: Sende deinen Geist. A: Wir bitten dich, erhöre uns.
- Für die Kranken, die auf Heilung und Heil hoffen. V: Sende deinen Geist. A: Wir bitten dich, erhöre uns.
- Für alle, die um ihres Glaubens willen und wegen ihres Einsatzes für Würde und Wohl der Menschen benachteiligt, bedrängt und verfolgt werden. V: Sende deinen Geist. A: Wir bitten dich, erhöre uns.
- Für alle, deren Lebenshoffnungen sich nicht erfüllt haben. V: Sende deinen Geist. A: Wir bitten dich, erhöre uns.
- Für alle, die mit großen Ängsten leben müssen. V: Sende deinen Geist. A: Wir bitten dich, erhöre uns.
- Für alle, die Opfern von Gewalt – äußerlich und innerlich verletzten Menschen – beistehen. V: Sende deinen Geist. A: Wir bitten dich, erhöre uns.
- Für alle, die Menschen in ihrer letzten Lebensphase freundlich begleiten. V: Sende deinen Geist. A: Wir bitten dich, erhöre uns.

Guter Gott, in der Kraft des Heiligen Geistes können wir als gestärkte und erneuerte Menschen leben. Dafür danken wir dir durch Jesus Christus, unseren Lehrer und Bruder.

EUCHARISTIEFEIER

GABENGEBET

Herr und Gott, lass unser Gebet zu dir aufsteigen und nimm unsere Gaben an. Reinige uns durch deine Gnade, damit wir fähig werden, das Sakrament deiner großen Liebe zu empfangen. Darum bitten wir durch Christus, unseren Herrn.

Präfation, S. 503 f.

KOMMUNIONVERS

Joh 14,15–16

So spricht der Herr:
Wenn ihr mich liebt, werdet ihr meine Gebote halten.
Ich werde den Vater bitten
und er wird euch einen anderen Beistand geben,
damit er immer bei euch bleibe. Halleluja.

SCHLUSSGEBET

Allmächtiger Gott, du hast uns durch die Auferstehung Christi neu geschaffen für das ewige Leben. Erfülle uns mit der Kraft dieser heilbringenden Speise, damit das österliche Geheimnis in uns reiche Frucht bringe. Darum bitten wir durch Christus, unseren Herrn.

FEIERLICHER SCHLUSSSEGEN

S. 394

***

UNSICHTBAR ZUGEGEN

Überall bist du unsichtbar zugegen,
redest ganz nah, die Stille erhofft dich,
Menschen bestehn dich, sehn und erleben dich.

Menschen aus Fleisch, aus Stein und aus Feuer,
hart und aus Blut, unstillbare Fluten,
Menschen dein Volk, deine Stadt hier auf Erden.

Erde ist nur, was wir sind, was wir machen,
atme uns frei, mach uns, deine Erde,
zum neuen Himmel, Friede auf Erden.

Huub Oosterhuis

CHRISTI HIMMELFAHRT – HOCHFEST

30. Mai 2019

Vierzig Tage seit dem tödlichen Erschrecken, dann aber der freudigen, befreienden, himmlisch beglaubigten Einsicht: Er ist auferstanden! Vierzig Tage seit dem unfassbaren Aufbruch, der Auferweckung Jesu von den Toten. Vierzig Tage? Biblische Zahl. Vierzig Tage Sintflut. Vierzig Jahre Wanderung des Volkes durch die Wüste. Vierzig Tage harrte Mose auf dem Gottesberg aus. Vierzig Tage Jesus in der Wüste. Vierzig Tage. Sonne und Mond wissen nichts von dieser Zahl. Gott allein zählt.

ERÖFFNUNGSVERS

Apg 1,11

Ihr Männer von Galiläa,
was steht ihr da und schaut zum Himmel?
Der Herr wird wiederkommen,
wie er jetzt aufgefahren ist. Halleluja.

KYRIE-RUFE

Herr Jesus Christus, du bist in den Himmel
selbst hineingegangen.
V/A: Herr, erbarme dich.
Du erscheinst für uns vor Gottes Angesicht.
V/A: Christus, erbarme dich.
Du hast uns den neuen und lebendigen
Weg erschlossen.
V/A: Herr, erbarme dich.

Ehre sei Gott, S. 489 f.

TAGESGEBET

Allmächtiger, ewiger Gott, erfülle uns mit Freude und Dankbarkeit, denn in der Himmelfahrt deines Sohnes hast du den Menschen erhöht. Schenke uns das feste Vertrauen, dass auch wir zu der Herrlichkeit gerufen sind, in die Christus uns vorausgegangen ist, der in der Einheit des Heiligen Geistes mit dir lebt und herrscht in alle Ewigkeit.

WORTGOTTESDIENST

ZUR 1. LESUNG „Was steht ihr da und schaut zum Himmel empor?" Das unverwandte Aufblicken der Männer ähnelt dem ratlosen Blick der Frauen ins leere Grab am Ostermorgen (Lk 24,4–6). Deute-Engel lösen hier wie dort die Erstarrung. Lukas stellt Christi Himmelfahrt als eigentlichen Abschluss des irdischen Wirkens Jesu dar. Doch das Ende ist auch ein Auftakt, ein kraftvoller Neubeginn. Die Männer und Frauen von Galiläa halten den Herrn nicht krampfhaft fest, sie vertrauen sich ihm an, sie beten gemeinsam, sie bilden Gemeinde, sie wählen Vertrauensleute. Vor allem aber hoffen sie auf den verheißenen Beistand und seine Kraft. Sie tun, was in Jesu Namen zu tun ist; bis er kommt in Herrlichkeit. Trifft die Mahnung, den Auferstandenen nicht dingfest zu machen, sondern ihn freizugeben, nicht auch uns? Ihn nicht zu vereinnahmen für eigene Interessen und Zwecke, sondern uns von ihm einnehmen zu lassen? Den Blick nicht zu verengen, sondern ihn weiten zu lassen auf die Nöte und Schieflagen der Welt? Wenn wir diese Fingerzeige beherzigen, dann ist Christi Himmelfahrt kein Tag schmerzlicher Entbehrung und beunruhigenden Mangels, sondern froher Festtag des Erwachsen-, und des Beschenktwerdens – „wenn ihr nicht umkehrt und wie die Kinder werdet" (Mt 18,3) – zugleich.

ERSTE LESUNG

Apg 1,1–11

Dieser Jesus, der in den Himmel aufgenommen wurde, wird ebenso wiederkommen, wie ihr ihn habt zum Himmel hingehen sehen

Lesung aus der Apostelgeschichte.

Im ersten Buch, lieber Theophilus, habe ich über alles berichtet, was Jesus getan und gelehrt hat, bis zu dem Tag, an dem er in den Himmel aufgenommen wurde. Vorher hat er durch den Heiligen Geist den Aposteln, die er sich erwählt hatte, Anweisungen gegeben. Ihnen hat er nach seinem Leiden durch viele Beweise gezeigt, dass er lebt; vierzig Tage hindurch ist er ihnen erschienen und hat vom Reich Gottes gesprochen.

Beim gemeinsamen Mahl gebot er ihnen: Geht nicht weg von Jerusalem, sondern wartet auf die Verheißung des Vaters, die ihr von mir vernommen habt. Johannes hat mit Wasser getauft, ihr aber werdet schon in wenigen Tagen mit dem Heiligen Geist getauft.

Als sie nun beisammen waren, fragten sie ihn: Herr, stellst du in dieser Zeit das Reich für Israel wieder her? Er sagte zu ihnen: Euch steht es nicht zu, Zeiten und Fristen zu erfahren, die der Vater in seiner Macht festgesetzt hat. Aber ihr werdet die Kraft des Heiligen Geistes empfangen, der auf euch herabkommen wird; und ihr werdet meine Zeugen sein in Jerusalem und in ganz Judäa und Samarien und bis an die Grenzen der Erde.

Als er das gesagt hatte, wurde er vor ihren Augen emporgehoben, und eine Wolke nahm ihn auf und entzog ihn ihren Blicken.

Während sie unverwandt ihm nach zum Himmel emporschauten, standen plötzlich zwei Männer in weißen Gewändern bei ihnen und sagten: Ihr Männer von Galiläa, was steht ihr da und schaut zum Himmel empor? Dieser Jesus, der von euch ging und in den Himmel aufgenommen wurde, wird ebenso wiederkommen, wie ihr ihn habt zum Himmel hingehen sehen.

ANTWORTPSALM Ps 47(46),2–3.6–7.8–9 (℟: vgl. 6)

℟ Gott stieg empor unter Jubel,
der Herr beim Schall der Posaunen. – ℟

Oder:

℞ Halleluja. – ℞

Ihr Völker alle, klatscht in die Hände; *
jauchzt Gott zu mit lautem Jubel!
Denn furchtgebietend ist der Herr, der Höchste, *
ein großer König über die ganze Erde. – (℞)

Gott stieg empor unter Jubel, *
der Herr beim Schall der Hörner.
Singt unserm Gott, ja singt ihm! *
Spielt unserm König, spielt ihm! – (℞)

Denn Gott ist König der ganzen Erde. *
Spielt ihm ein Psalmenlied!
Gott wurde König über alle Völker, *
Gott sitzt auf seinem heiligen Thron. – ℞

ZUR 2. LESUNG Der Hingerichtete lebt. Er lebt – sogar auf Augenhöhe mit Gott: Dieses urchristliche Bekenntnis hat unabsehbare Folgen. Man kann die neue Wirklichkeit aber auch übersehen und verpassen, missachten und missverstehen. Darum beginnt dieser Abschnitt aus dem Brief an die Epheser mit dem Wunsch, dass ihnen die Augen des Herzens aufgehen mögen. Gott hat Christus zu seiner Rechten eingesetzt, was heißt das? Der Erhöhte lebt über alle Mächte und Gewalten erhoben, erhaben, bei Gott – und doch nicht in „splendid isolation“. Er regiert nun nach Gottes Willen die Welt, aber nicht von oben herab. Christus, so sagt es der Epheserbrief, erfüllt seinen Leib, die Kirche. Er ist mittendrin und doch nicht verstrickt. Die Macht der Unheilsmächte dieser Welt – Angst und Neid, Gier und Grausamkeit, Kälte und Gewalt – ist in ihm bereits gebrochen.

ZWEITE LESUNG Eph 1,17–23

Gott hat Christus auf den Platz zu seiner Rechten erhoben

Lesung aus dem Brief des Apostels Paulus an die Epheser.

Brüder! [*oder:* Brüder und Schwestern! *oder:* Schwestern und Brüder!] Der Gott Jesu Christi, unseres Herrn, der Vater der Herrlichkeit, gebe euch den Geist der Weisheit und Offenbarung, damit ihr ihn erkennt. Er erleuchte die Augen eures Herzens, damit ihr versteht, zu welcher Hoffnung ihr durch ihn berufen seid, welchen Reichtum die Herrlichkeit seines Erbes den Heiligen schenkt und wie überragend groß seine Macht sich an uns, den Gläubigen, erweist durch das Wirken seiner Kraft und Stärke.

Er hat sie an Christus erwiesen, den er von den Toten auferweckt und im Himmel auf den Platz zu seiner Rechten erhoben hat, hoch über alle Fürsten und Gewalten, Mächte und Herrschaften und über jeden Namen, der nicht nur in dieser Welt, sondern auch in der zukünftigen genannt wird. Alles hat er ihm zu Füßen gelegt und ihn, der als Haupt alles überragt, über die Kirche gesetzt. Sie ist sein Leib und wird von ihm erfüllt, der das All ganz und gar beherrscht.

Oder:

ZUR 2. LESUNG Der Tempel in Jerusalem galt als ein Abbild des himmlischen Tempels. Zur Zeit der Abfassung des Hebräerbriefes ist er zerstört und so kann der Tod Jesu in ganz neuer Weise interpretiert werden: Als Hohepriester opfert Jesus nicht fremdes, sondern sein eigenes Blut; er ist sowohl der Opfernde als auch das Geopferte. Deutlich ist die Erleichterung zu spüren, dass Tieropfer nicht nötig sind, um Gottes Gunst zu erwirken. Erleichtert wird die kultische Deutung durch das Wissen, dass Jesus von Gott auferweckt wurde und bei ihm lebt. Vor allem aber geht es dem Hebräerbrief um diese Botschaft: Im Licht seiner liebenden Hingabe leuchtet auf, wer dieser Jesus ist.

ZWEITE LESUNG Hebr 9,24–28; 10,19–23

Christus ist in den Himmel selbst hineingegangen

Lesung aus dem Hebräerbrief.

Christus ist nicht in ein von Menschenhand errichtetes Heiligtum hineingegangen, in ein Abbild des wirklichen, sondern in den Himmel selbst, um jetzt für uns vor Gottes Angesicht zu erscheinen; auch nicht, um sich selbst viele Male zu opfern, denn er ist nicht wie der Hohepriester, der jedes Jahr mit fremdem Blut in das Heiligtum hineingeht; sonst hätte er viele Male seit der Erschaffung der Welt leiden müssen. Jetzt aber ist er am Ende der Zeiten ein einziges Mal erschienen, um durch sein Opfer die Sünde zu tilgen.

Und wie es dem Menschen bestimmt ist, ein einziges Mal zu sterben, worauf dann das Gericht folgt, so wurde auch Christus ein einziges Mal geopfert, um die Sünden vieler hinwegzunehmen; beim zweiten Mal wird er nicht wegen der Sünde erscheinen, sondern um die zu retten, die ihn erwarten.

Wir haben also die Zuversicht, Brüder, durch das Blut Jesu in das Heiligtum einzutreten. Er hat uns den neuen und lebendigen Weg erschlossen durch den Vorhang hindurch, das heißt durch sein Fleisch.

Da wir einen Hohenpriester haben, der über das Haus Gottes gestellt ist, lasst uns mit aufrichtigem Herzen und in voller Gewissheit des Glaubens hintreten, das Herz durch Besprengung gereinigt vom schlechten Gewissen und den Leib gewaschen mit reinem Wasser.

Lasst uns an dem unwandelbaren Bekenntnis der Hoffnung festhalten, denn er, der die Verheißung gegeben hat, ist treu.

RUF VOR DEM EVANGELIUM

Vers: Mt 28,19a.20b

Halleluja. Halleluja.
(So spricht der Herr:)
Geht zu allen Völkern
und macht alle Menschen zu meinen Jüngern.
Ich bin bei euch alle Tage bis zum Ende der Welt.
Halleluja.

ZUM EVANGELIUM Eingang und Ausgang, Anfang und Ende … Lukas beschließt sein Evangelium mit eben jenem Geschehen, mit dem er die Apostelgeschichte beginnen lässt, mit Jesu Aufnahme in Gottes Bereich. Christi Himmelfahrt. Der Kreis schließt sich. Geschlossene Gesellschaft? Sind wir ausgeschlossen? Das ist die Frage, die die Männer und Frauen um Jesus umtreibt. Nein, meine Boten und Botinnen seid ihr. Kraft aus der Höhe wird euch erfüllen. Freude wird euch stillen, und beleben. Begeistern. Antreiben. Verlustangst? Warum? Gottes Segen macht das Maß voll – überfließend voll.

EVANGELIUM Lk 24,46–53

Während er sie segnete, wurde er zum Himmel erhoben

+ **Aus dem heiligen Evangelium nach Lukas.**

In jener Zeit sprach Jesus zu seinen Jüngern: So steht es in der Schrift: Der Messias wird leiden und am dritten Tag von den Toten auferstehen, und in seinem Namen wird man allen Völkern, angefangen in Jerusalem, verkünden, sie sollen umkehren, damit ihre Sünden vergeben werden. Ihr seid Zeugen dafür. Und ich werde die Gabe, die mein Vater verheißen hat, zu euch herabsenden. Bleibt in der Stadt, bis ihr mit der Kraft aus der Höhe erfüllt werdet.

Dann führte er sie hinaus in die Nähe von Betanien. Dort erhob er seine Hände und segnete sie. Und während er sie segnete, verließ er sie und wurde zum Himmel emporgehoben; sie aber fielen vor ihm nieder.

Dann kehrten sie in großer Freude nach Jerusalem zurück. Und sie waren immer im Tempel und priesen Gott.

Glaubensbekenntnis, S. 492 ff.

FÜRBITTEN

Jesus Christus hat uns den Weg zum Heil eröffnet. Wie ihn der Himmel aufnahm, so will er uns mit der Kraft aus der Höhe erfüllen. So rufen wir vertrauensvoll zu ihm:

- Wir beten für die Kirche: dass der Blick zum Himmel ihre Verantwortung für die Erde stärke. V/A: Höre und erhöre uns.
- Wir beten für die Angehörigen der verschiedenen Religionen und Konfessionen: dass sie sich öffnen für deinen Geist des Friedens und der Versöhnung. V/A: Höre und erhöre uns.
- Wir beten für alle, die der Tod eines nahen Menschen in Trauer und Einsamkeit stößt: dass ihnen Zeit zum Trauern zugestanden werde und sie das Leben erkennen, das du uns schenkst. V/A: Höre und erhöre uns.
- Für die Menschen, die, den Tod vor Augen, den Himmel nicht sehen können: Nimm von ihnen Angst und Not und lass sie sanft hinübergehen in dein Reich. V/A: Höre und erhöre uns.

Jesus Christus, du willst uns nicht als Abhängige, sondern als Menschen mit offenem und klarem Blick. Du selbst öffnest uns die Augen. Dafür sagen wir Dank, heute und allezeit.

EUCHARISTIEFEIER

GABENGEBET

Allmächtiger Gott, am Fest der Himmelfahrt deines Sohnes bringen wir dieses Opfer dar. Gib uns durch diese heilige Feier die Gnade, dass wir uns über das Irdische erheben und suchen, was droben ist. Darum bitten wir durch Christus, unseren Herrn.

PRÄFATION

In Wahrheit ist es würdig und recht, dir, allmächtiger Vater, zu danken durch unseren Herrn Jesus Christus, den König der Herrlichkeit. Denn er ist heute als Sieger über Sünde und Tod aufgefahren in den Himmel. Die Engel schauen den Mittler zwischen Gott und den Menschen, den Richter der Welt, den Herrn der ganzen Schöpfung. Er kehrt zu dir heim, nicht um uns Menschen zu verlassen, er gibt den Gliedern seines Leibes die Hoffnung, ihm dorthin zu folgen, wohin er als Erster vorausging. Darum jubelt heute der ganze Erdkreis in österlicher Freude, darum preisen dich die himmlischen Mächte und die Chöre der Engel und singen das Lob deiner Herrlichkeit: Heilig ...

KOMMUNIONVERS

Mt 28,20

Ich bin bei euch alle Tage
bis zum Ende der Welt. Halleluja.

SCHLUSSGEBET

Allmächtiger, ewiger Gott, du hast uns, die wir noch auf Erden leben, deine göttlichen Geheimnisse anvertraut. Lenke unser Sinnen und Verlangen zum Himmel, wo Christus als Erster der Menschen bei dir ist, der mit dir lebt und herrscht in alle Ewigkeit.

FEIERLICHER SCHLUSSSEGEN

Der allherrschende Gott, der heute Christus zu seiner Rechten erhöht und uns den Zugang zum Leben erschlossen hat, gewähre euch die Fülle seines Segens. – A: Amen.
Vor den Augen seiner Jünger wurde Christus zum Himmel erhoben; er sei euch ein gnädiger Richter, wenn er wiederkommt. – A: Amen.

Er thront in der Herrlichkeit des Vaters und bleibt dennoch inmitten seiner Kirche; er schenke euch den Trost seiner Gegenwart. – A: Amen.

Das gewähre euch der dreieinige Gott, der Vater und der Sohn † und der Heilige Geist. – A: Amen.

***

EINS

So viele Kirchen
wo sie beten
wo sie singen
wo sie hören
Gottes Wort

Wo Gott ist
sind sie eins
weil Gott eins ist
und sein Geist
sie antreibt
nicht um sich selbst
zu tanzen
sondern rauszugehen
zu den Menschen
und ihnen
Gottes Wort
zu bringen.

Heinz Detlef Stäps

7. SONNTAG DER OSTERZEIT

2. Juni 2019. 2019

Steht der Himmel offen? Die Lesungen dieses Sonntags sagen es uns. Sagen es uns zu. Steckt uns Gottes unbegreifliche Offenheit an, oder verschließt sie uns? Mia san mia? Wie halten wir es mit der Erde, deren Bürger und Bürgerinnen wir sind? Gottes Güte, seine grandiose Großzügigkeit, macht nicht blind und taub für die Not der Welt. Er allein weckt unsere Sinne, schärft unseren Sinn für alles, was hier und jetzt im Argen liegt.

ERÖFFNUNGSVERS

Ps 27(26),7–9

Vernimm, o Herr, mein lautes Rufen;
sei mir gnädig und erhöre mich!
Mein Herz denkt an dein Wort:
„Sucht mein Angesicht!“
Dein Angesicht, Herr, will ich suchen.
Verbirg nicht dein Gesicht vor mir! Halleluja.

KYRIE-RUFE

Herr Jesus Christus, du bist
der strahlende Morgenstern.
V/A: Herr, erbarme dich.
Du bist das Alpha und das Omega,
der Erste und der Letzte,
der Anfang und das Ende.
V/A: Christus, erbarme dich.

Du kommst bald, und mit dir
bringst du den Lohn.
V/A: Herr, erbarme dich.

Ehre sei Gott, S. 489 f.

TAGESGEBET

Allmächtiger Gott, wir bekennen, dass unser Erlöser bei dir in deiner Herrlichkeit ist. Erhöre unser Rufen und lass uns erfahren, dass er alle Tage bis zum Ende der Welt bei uns bleibt, wie er uns verheißen hat. Er, der in der Einheit des Heiligen Geistes mit dir lebt und herrscht in alle Ewigkeit.

WORTGOTTESDIENST

ZUR 1. LESUNG Zwischen postmoderner Beliebigkeit und fanatischem Fundamentalismus scheint es für ein Christenleben heutzutage eng zu werden. Der Abstand zu den Anfängen der Christusbewegung ist groß. Aber ist der Märtyrer Stephanus nicht gerade für uns Heutige ein großes Vorbild? In der Entschiedenheit seines Lebens, in der Unbeirrbarkeit seines Vertrauens, in der Freiheit seines Liebens? Mit Gottes Gnade, fassen wir Mut.

ERSTE LESUNG Apg 7,55–60

Ich sehe den Himmel offen und den Menschensohn zur Rechten Gottes stehen

Lesung aus der Apostelgeschichte.

In jenen Tagen blickte Stephanus, erfüllt vom Heiligen Geist, zum Himmel empor, sah die Herrlichkeit Gottes und Jesus zur Rechten

Gottes stehen und rief: Ich sehe den Himmel offen und den Menschensohn zur Rechten Gottes stehen.

Da erhoben sie ein lautes Geschrei, hielten sich die Ohren zu, stürmten gemeinsam auf ihn los, trieben ihn zur Stadt hinaus und steinigten ihn. Die Zeugen legten ihre Kleider zu Füßen eines jungen Mannes nieder, der Saulus hieß.

So steinigten sie Stephanus; er aber betete und rief: Herr Jesus, nimm meinen Geist auf! Dann sank er in die Knie und schrie laut: Herr, rechne ihnen diese Sünde nicht an! Nach diesen Worten starb er.

ANTWORTPSALM

Ps 97(96),1–2.6–7.9 u. 12 (℞: vgl. 1a u. 9a)

℞ Der Herr ist König,
er ist der Höchste über der ganzen Erde. – ℞

Oder:

℞ Halleluja. – ℞

Der Herr ist König. Die Erde frohlocke! *
Freuen sollen sich die vielen Inseln.
Rings um ihn her sind Wolken und Dunkel, *
Gerechtigkeit und Recht sind die Stützen seines Throns. – (℞)

Seine Gerechtigkeit verkünden die Himmel, *
seine Herrlichkeit schauen alle Völker.
Alle, die Bildern dienen, werden zuschanden, †
alle, die sich der Götzen rühmen. *
Vor ihm werfen sich alle Götter nieder. – (℞)

Denn du, Herr, bist der Höchste über der ganzen Erde, *
hoch erhaben über alle Götter.
Ihr Gerechten, freut euch am Herrn *
und lobt seinen heiligen Namen! – ℞

ZUR 2. LESUNG Alpha und Omega. Und doch kein Alphatier. Von A bis Z. Und doch kein Perfektionismus, kein Vollständigkeitswahn. Jesus, der Wegweiser. Jesus, der Weg. Er allein genügt, um ein Menschenleben zu orientieren. Ans Ziel zu führen. Am Ende der Offenbarung des Johannes vernehmen wir diese Verheißung. Fülle des Lebens, und nicht des einen, der sich auslebt auf Kosten des anderen. Fülle des Lebens: in einer verwandelten Welt. Ohne unsere leibhaftige Sehnsucht wird aber alles beim Alten bleiben. Unser lieber Freund, Kyrios Jesus, komm!

ZWEITE LESUNG Offb 22,12–14.16–17.20

Komm, Herr Jesus!

Lesung aus der Offenbarung des Johannes.

Ich, Johannes, hörte eine Stimme, die zu mir sprach: Siehe, ich komme bald und mit mir bringe ich den Lohn und ich werde jedem geben, was seinem Werk entspricht. Ich bin das Alpha und das Omega, der Erste und der Letzte, der Anfang und das Ende.

Selig, wer sein Gewand wäscht: Er hat Anteil am Baum des Lebens, und er wird durch die Tore in die Stadt eintreten können.

Ich, Jesus, habe meinen Engel gesandt als Zeugen für das, was die Gemeinden betrifft. Ich bin die Wurzel und der Stamm Davids, der strahlende Morgenstern.

Der Geist und die Braut aber sagen: Komm! Wer hört, der rufe: Komm! Wer durstig ist, der komme. Wer will, empfange umsonst das Wasser des Lebens.

Er, der dies bezeugt, spricht: Ja, ich komme bald. Amen. Komm, Herr Jesus!

RUF VOR DEM EVANGELIUM Vers: vgl. Joh 14,18; 16,22b

Halleluja. Halleluja.
(So spricht der Herr:)
Ich lasse euch nicht als Waisen zurück.

Ich komme wieder zu euch. Dann wird euer Herz sich freuen.
Halleluja.

ZUM EVANGELIUM Jesus lebt als Sohn des Vaters so, dass die Glaubenden den Namen Gottes – Gottes Wirklichkeit, die Liebe – kennenlernen und zu seinen Kindern werden können. Diese außerordentlich dichten Verse des Evangeliums knüpfen ein kraftvolles Band zwischen Sohn und Vater, zwischen dem Sohn und den Glaubenden, die durch das Band der Liebe zur Gemeinde werden, und zwischen Vater, Sohn und Gemeinde. Damit lenken sie zugleich den Blick zurück zum Anfang des Evangeliums: „Allen aber, die ihn aufnahmen, gab er Macht, Kinder Gottes zu werden, allen, die an seinen Namen glauben." (Joh 1,12) Durch das Wirken des Vaters im Sohn wird die Gemeinde schon jetzt vollendete Schöpfung, in einer brüchigen Welt. Doch kein Bruch zwischen Schöpfung und Neuschöpfung, die vielmehr ein denkbar starkes Band verknüpft: In der Hingabe des Sohnes vollendet sich das gute Schöpferwerk des Vaters.

EVANGELIUM

Joh 17,20–26

Sie sollen eins sein, wie wir eins sind; sie sollen vollendet sein in der Einheit

+ Aus dem heiligen Evangelium nach Johannes.

In jener Zeit erhob Jesus seine Augen zum Himmel und betete: Heiliger Vater, ich bitte nicht nur für diese hier, sondern auch für alle, die durch ihr Wort an mich glauben.

Alle sollen eins sein: Wie du, Vater, in mir bist und ich in dir bin, sollen auch sie in uns sein, damit die Welt glaubt, dass du mich gesandt hast. Und ich habe ihnen die Herrlichkeit gegeben, die du mir gegeben hast; denn sie sollen eins sein, wie wir eins sind, ich in ihnen und du in mir. So sollen sie vollendet sein in der Einheit, damit die Welt erkennt, dass du mich gesandt hast und die Meinen ebenso geliebt hast wie mich.

Vater, ich will, dass alle, die du mir gegeben hast, dort bei mir sind, wo ich bin. Sie sollen meine Herrlichkeit sehen, die du mir gegeben hast, weil du mich schon geliebt hast vor der Erschaffung der Welt.

Gerechter Vater, die Welt hat dich nicht erkannt, ich aber habe dich erkannt und sie haben erkannt, dass du mich gesandt hast.

Ich habe ihnen deinen Namen bekannt gemacht und werde ihn bekannt machen, damit die Liebe, mit der du mich geliebt hast, in ihnen ist und damit ich in ihnen bin.

Glaubensbekenntnis, S. 492 ff.

FÜRBITTEN

Erst wenn die Jünger eins sind, wenn sie miteinander beten und leben, können sie glaubhafte Zeugen Christi sein. Wir rufen zu dem einen und dreieinen Gott und bitten ihn:

- Ermutige und belebe unsere Kirche, dass sie die Botschaft vom Heil vielstimmig und einmütig verkünde. V: Erbarmender Gott. A: Wir bitten dich, erhöre uns.

- Lass die getrennten christlichen Kirchen zusammenfinden im Bekenntnis des Glaubens und im Einsatz für den Frieden und eine gerechtere Welt. V: Erbarmender Gott. A: Wir bitten dich, erhöre uns.

- Hilf den Familien, in denen Spannungen und Streit den Alltag bestimmen, zu einem erneuerten Miteinander. V: Erbarmender Gott. A: Wir bitten dich, erhöre uns.

- Stärke all diejenigen, die sich im Spannungsfeld verfeindeter Ethnien, Nationen und Konfessionen für Versöhnung einsetzen. V: Erbarmender Gott. A: Wir bitten dich, erhöre uns.

- Lass uns, die wir in Sicherheit und Wohlstand leben, Anteil nehmen am Leid der anderen, und lehre uns teilen. V: Erbarmender Gott. A: Wir bitten dich, erhöre uns.

- Geh mit denen, die Kranke und Sterbende begleiten, und stärke sie, den Schwachen liebend zugewandt zu bleiben. V: Erbarmender Gott. A: Wir bitten dich, erhöre uns.

Guter Gott, bleibe bei uns in der Kraft des Heiligen Geistes, die uns auch heute bewegt und eint. So bitten wir durch Jesus Christus, unseren Bruder und Herrn.

EUCHARISTIEFEIER

GABENGEBET

Herr und Gott, nimm die Gebete und Opfergaben deiner Gläubigen an. Lass uns diese heilige Feier mit ganzer Hingabe begehen, damit wir einst das Leben in der Herrlichkeit des Himmels erlangen. Darum bitten wir durch Christus, unseren Herrn.

PRÄFATION

In Wahrheit ist es würdig und recht, dir, allmächtiger Vater, zu danken durch unseren Herrn Jesus Christus, den König der Herrlichkeit. Denn er ist als Sieger über Sünde und Tod aufgefahren in den Himmel. Die Engel schauen den Mittler zwischen Gott und den Menschen, den Richter der Welt, den Herrn der ganzen Schöpfung. Er kehrt zu dir heim, nicht um uns Menschen zu verlassen, er gibt den Gliedern seines Leibes die Hoffnung, ihm dorthin zu folgen, wohin er als Erster vorausging. Darum preisen wir dich in österlicher Freude und singen mit den Chören der Engel das Lob deiner Herrlichkeit: Heilig …

KOMMUNIONVERS

Vgl. Joh 17,22

Ich bitte dich, Vater, lass sie eins sein,
wie wir eins sind. Halleluja.

SCHLUSSGEBET

Erhöre uns, Gott, unser Heil, und schenke uns die feste Zuversicht, dass durch die Feier der heiligen Geheimnisse die ganze Kirche jene Vollendung erlangen wird, die Christus, ihr Haupt, in deiner Herrlichkeit schon besitzt, der mit dir lebt und herrscht in alle Ewigkeit.

FEIERLICHER SCHLUSSSEGEN

S. 394

***

HIMMLISCH

um ihn herum
pulsiert das Leben

ganz nahe
umkreisen ihn
die Engel

Heerscharen
von Menschen
streben
auf ihn zu

der drei ist

Beziehung
ist sein Wesen

und im Himmel sein
heißt in Beziehung
leben

Heinz Detlef Stäps

PFINGSTEN – HOCHFEST

Seine eigene Lebendigkeit wollte Gott nicht für sich behalten. Großzügig lässt er sie strömen: Schöpfung. Darum kann alle Kreatur leben, kann atmen und aufatmen. Pfingsten: Fest der Schöpfung und der Neuschöpfung. Das Erste Gottesvolk vergegenwärtigt an Pessach die Nacht des Aufbruchs aus dem Hause der Knechtschaft in die Freiheit. Sieben Wochen später gedenkt es im Wochenfest des Sinaibundes und der heilenden Bundesgabe: Gottes guter Weisung, der Tora. Am 50. Tag nach Ostern feiert die christliche Gemeinde den durch Jesu Lebensgabe erneuerten Gottesbund. Seine Gabe ist die heilige Geistkraft, die Totes lebendig macht, Erstarrtes erwärmt, Krankes heilt, Glühendes kühlt, Trockenes bewässert und Müdes erfrischt. Der Heilige Geist ist unberechenbar und unverfügbar, er „weht, wo er will" (Joh 3,8). Er ist stürmisch und sanft, bewegt Leib und Seele, bringt Weisheit und Weite: Sein Wesen ist die Wandlung. Gottes Geist, Gottes eigener Lebenshauch, macht aus verstörten und angstfixierten Menschen mutige Männer und Frauen auf dem Wege Jesu.

AM VORABEND

8. Juni. 2019

„Es wurde Abend und es wurde Morgen": ein neuer Tag. Mit den Gottesdiensten am Vorabend stellen wir uns hinein in biblische Tradition, synchronisieren uns ausdrücklich mit dem Pulsschlag biblischer Erfahrung. Und wie selten sind die biblischen Worte am Vorabend des Pfingstfestes geprägt von der Spannung: Schon kennen wir das Heil. Noch bestimmt uns die Welt. Schon wissen wir um das Wirken Gottes. Noch erfahren wir uns ohnmächtig und allein. Es mag tröstlich sein, dass die Schrift selbst solche Spannung nicht verbietet. Nicht übersieht. Nicht verleugnet. Sondern sie fruchtbar aufnimmt. Tröstlich. Ermutigend. Machtvoll.

ERÖFFNUNGSVERS

Röm 5,5

Die Liebe Gottes ist ausgegossen in unsere Herzen
durch den Heiligen Geist, der uns gegeben ist.
Halleluja.

KYRIE-RUFE

Herr Jesus Christus, du erfüllst uns
mit grenzenloser Sehnsucht.
V/A: Herr, erbarme dich.
Du erfüllst uns mit Glaube,
Hoffnung und Liebe.
V/A: Christus, erbarme dich.
Du lässt aus unserem Inneren Ströme
von lebendigem Wasser fließen.
V/A: Herr, erbarme dich.

Ehre sei Gott, S. 489 f.

TAGESGEBET

Gott, unser Herr, du hast das österliche Geheimnis im Geschehen des Pfingsttages vollendet und Menschen aus allen Völkern das Heil geoffenbart. Vereine im Heiligen Geist die Menschen aller Sprachen und Nationen zum Bekenntnis deines Namens. Darum bitten wir durch Jesus Christus.

WORTGOTTESDIENST

ZUR 1. LESUNG „Wir haben uns einfach nicht mehr verstanden" – das ist oft die bittere Begründung, wenn eine Freundschaft zerbricht, eine Ehe auseinandergeht, Kinder und Eltern sich entfremden. Wir haben uns einfach nicht mehr verstanden. Es ist, als ob wir verschiedene Sprachen sprächen. Ich sage etwas, und ich habe nicht das Gefühl, dass es ankommt. Ich höre ihre, höre seine Worte und sie bleiben mir unbegreiflich. – Trotz großer persönlicher Nähe beim Gespräch zu merken, dass man aneinander vorbeiredet, ist eine harte, traurige Erfahrung. Sie entsteht gerade dort, wo man meint, Erfahrungen zu teilen, und es ist gerade nicht der Fall. Frauen und Männer leben manchmal schon im Alltag in solch unterschiedlichen Welten. Gelegentlich Kinder und Eltern. Menschen, die tiefe existenzielle Krisen erlebten, und solche, denen das erspart blieb. Menschen, die eine Karriere hinlegten, und diejenigen, die ihre Ambitionen irgendwann zur Seite legen mussten. Alles verschiedene Welten. Die Leute in der Geschichte vom Turmbau zu Babel wollen vor allem *eine* Erfahrung und *einen* Wunsch teilen: einen Turm zu bauen bis zum Himmel, zur Wohnung Gottes. Und einen (göttlichen) Namen zu bekommen. Uns Menschen ist in die Wiege gelegt der Wunsch nach Beziehung, nach Kontakt und gegenseitigem Verstehen. Zum menschlichen Erwachsenwerden gehört die Einsicht, dass wir uns darum bemühen müssen. Doch: auf Kosten Gottes? Undenkbar für die Menschen, die Gottes Zuspruch und Anspruch an sich erfahren haben.

ERSTE LESUNG Gen 11,1–9

Man nannte die Stadt Babel; denn dort hat der Herr die Sprachen aller Welt verwirrt

Lesung aus dem Buch Genesis.

Alle Menschen hatten die gleiche Sprache und gebrauchten die gleichen Worte. Als sie von Osten aufbrachen, fanden sie eine Ebene im Land Schinar und siedelten sich dort an.

Sie sagten zueinander: Auf, formen wir Lehmziegel und brennen wir sie zu Backsteinen. So dienten ihnen gebrannte Ziegel als Steine und Erdpech als Mörtel. Dann sagten sie: Auf, bauen wir uns eine Stadt und einen Turm mit einer Spitze bis zum Himmel und machen wir uns damit einen Namen, dann werden wir uns nicht über die ganze Erde zerstreuen.

Da stieg der Herr herab, um sich Stadt und Turm anzusehen, die die Menschenkinder bauten. Er sprach: Seht nur, *ein* Volk sind sie und *eine* Sprache haben sie alle. Und das ist erst der Anfang ihres Tuns. Jetzt wird ihnen nichts mehr unerreichbar sein, was sie sich auch vornehmen.

Auf, steigen wir hinab und verwirren wir dort ihre Sprache, sodass keiner mehr die Sprache des anderen versteht.

Der Herr zerstreute sie von dort aus über die ganze Erde und sie hörten auf, an der Stadt zu bauen. Darum nannte man die Stadt Babel – Wirrsal –, denn dort hat der Herr die Sprache aller Welt verwirrt, und von dort aus hat er die Menschen über die ganze Erde zerstreut.

Oder:

ZUR 1. LESUNG Wer hat Szenen wie diese oder ähnliche nicht schon erlebt. An der Kasse hebt das Kind mit viel Mühe die einzelnen Artikel aus dem Einkaufswagen aufs Band vor der Kasse. Der Mutter geht es zu langsam. Ratzfatz hat sie den gesamten Einkauf auf dem Band. Manches Kind reagiert mutlos. Ein anderes schreit. Und meint damit: Ich konnte es doch auch! Ich wollte etwas machen. Ich wollte beteiligt sein. Ich wollte etwas bewirken. So wie die Großen. – Es gehört zu den Grundbekenntnissen Israels, die Wirkkraft Gottes zu bezeugen. Gott spricht – und eine ganze Welt entsteht. Gott erklärt – ganz Israel zu seinem Eigentum. Gott ruft – und Mose steigt auf den Berg. Sein Wort, selbst vermittelt durch Mose, ist voller Kraft. „Alles, was der Herr gesagt hat, wollen wir tun“, bestätigt das Volk. Und weiß damit zugleich um seine eigene Beauftragung, seine eigene Wirksamkeit, seine eigene Kraft, seine eigene Sendung.

ERSTE LESUNG Ex 19,3–8a.16–20

Vor den Augen des ganzen Volkes stieg der Herr auf den Berg Sinai herab

Lesung aus dem Buch Exodus.

In jenen Tagen stieg Mose zu Gott hinauf. Da rief ihm der Herr vom Berg her zu: Das sollst du dem Haus Jakob sagen und den Israeliten verkünden: Ihr habt gesehen, was ich den Ägyptern angetan habe, wie ich euch auf Adlerflügeln getragen und hierher zu mir gebracht habe. Jetzt aber, wenn ihr auf meine Stimme hört und meinen Bund haltet, werdet ihr unter allen Völkern mein besonderes Eigentum sein. Mir gehört die ganze Erde, ihr aber sollt mir als ein Reich von Priestern und als ein heiliges Volk gehören. Das sind die Worte, die du den Israeliten mitteilen sollst.

Mose ging und rief die Ältesten des Volkes zusammen. Er legte ihnen alles vor, was der Herr ihm aufgetragen hatte. Das ganze Volk antwortete einstimmig und erklärte: Alles, was der Herr gesagt hat, wollen wir tun.

Am dritten Tag, im Morgengrauen, begann es zu donnern und zu blitzen. Schwere Wolken lagen über dem Berg und gewaltiger Hörnerschall erklang. Das ganze Volk im Lager begann zu zittern. Mose führte es aus dem Lager hinaus Gott entgegen. Unten am Berg blieben sie stehen.

Der ganze Sinai war in Rauch gehüllt, denn der Herr war im Feuer auf ihn herabgestiegen: Der Rauch stieg vom Berg auf wie Rauch aus einem Schmelzofen. Der ganze Berg bebte gewaltig und der Hörnerschall wurde immer lauter. Mose redete und Gott antwortete im Donner. Der Herr war auf den Sinai, auf den Gipfel des Berges, herabgestiegen. Er hatte Mose zu sich auf den Gipfel des Berges gerufen und Mose war hinaufgestiegen.

Oder:

ZUR 1. LESUNG Die Schrift – die Bibel: Gottes Wort? Erfahrbar, fassbar allenfalls im Gebet, in der Kontemplation? Oder menschliches Wort – zugänglich durch die Methoden, mit denen wir uns auch andere Texte erschließen: Gedichte, Erzählungen, geschichtliche Quellen? Mitten in der unglaublichen Erzählung, wie das tote Volk Gottes als Ganzes wieder lebendig wird, finden wir dazu Zeilen voller Dynamik. Gott weist den Propheten an, sich an den Geist zu wenden, an die

Lebenskraft. Gott weist den Propheten an, den Geist aufzufordern, ja, er selbst, der Prophet soll dem Geist die Aufgabe geben: die Erschlagenen anzuhauchen. Ihnen Leben zu schenken. Gottes Präsenz mitten unter ihnen deutlich zu machen. „Ich habe gesprochen, und ich führe es aus" – mit solchem Gotteswort schließt die Lesung. Und zugleich legt Gott sein Wort in das Wort des Propheten: „Rede als Prophet zum Geist, rede, Menschensohn …" Gottes Wort? Menschenwort? Für das Wort der Schrift gilt, was später die Kirche vom Christus bekennt: „Unvermischt und ungetrennt".

ERSTE LESUNG Ez 37,1–14

Ihr ausgetrockneten Gebeine, ich selbst bringe Geist in euch, dann werdet ihr lebendig

Lesung aus dem Buch Ezechiel.

In jenen Tagen legte sich die Hand des Herrn auf mich und der Herr brachte mich im Geist hinaus und versetzte mich mitten in die Ebene. Sie war voll von Gebeinen.

Er führte mich ringsum an ihnen vorüber und ich sah sehr viele über die Ebene verstreut liegen; sie waren ganz ausgetrocknet.

Er fragte mich: Menschensohn, können diese Gebeine wieder lebendig werden? Ich antwortete: Herr und Gott, das weißt nur du.

Da sagte er zu mir: Sprich als Prophet über diese Gebeine und sag zu ihnen: Ihr ausgetrockneten Gebeine, hört das Wort des Herrn! So spricht Gott, der Herr, zu diesen Gebeinen: Ich selbst bringe Geist in euch, dann werdet ihr lebendig. Ich spanne Sehnen über euch und umgebe euch mit Fleisch; ich überziehe euch mit Haut und bringe Geist in euch, dann werdet ihr lebendig. Dann werdet ihr erkennen, dass ich der Herr bin.

Da sprach ich als Prophet, wie mir befohlen war; und noch während ich redete, hörte ich auf einmal ein Geräusch: Die Gebeine rückten zusammen, Bein an Bein. Und als ich hinsah, waren plötzlich Sehnen auf ihnen und Fleisch umgab sie und Haut überzog sie. Aber es war noch kein Geist in ihnen.

Da sagte er zu mir: Rede als Prophet zum Geist, rede, Menschensohn, sag zum Geist: So spricht Gott, der Herr: Geist, komm herbei von den vier Winden! Hauch diese Erschlagenen an, damit sie lebendig werden.

Da sprach ich als Prophet, wie er mir befohlen hatte, und es kam Geist in sie. Sie wurden lebendig und standen auf – ein großes, gewaltiges Heer.

Er sagte zu mir: Menschensohn, diese Gebeine sind das ganze Haus Israel. Jetzt sagt Israel: Ausgetrocknet sind unsere Gebeine, unsere Hoffnung ist untergegangen, wir sind verloren. Deshalb tritt als Prophet auf und sag zu ihnen: So spricht Gott, der Herr: Ich öffne eure Gräber und hole euch, mein Volk, aus euren Gräbern herauf. Ich bringe euch zurück in das Land Israel.

Wenn ich eure Gräber öffne und euch, mein Volk, aus euren Gräbern heraufhole, dann werdet ihr erkennen, dass ich der Herr bin. Ich hauche euch meinen Geist ein, dann werdet ihr lebendig und ich bringe euch wieder in euer Land. Dann werdet ihr erkennen, dass ich der Herr bin. Ich habe gesprochen und ich führe es aus – Spruch des Herrn.

Oder:

ZUR 1. LESUNG „Dies irae, dies illa …" wer ein bisschen in der Kirche beheimatet ist, kennt mindestens eine der Fassungen, die fester Bestandteil des Requiems sind, kennt mindestens einen der Entwürfe vom „Tag des Herrn", vom Jüngsten Gericht. Auch der Prophet Joël häuft zum „Tag des Herrn" ein Schreckensszenario auf das andere. Der Tag des Herrn, Gottes Gegenwart, ist für Menschen eigentlich nicht zu ertragen. Und doch reißt die Verbindung nicht ab. Gott selbst ermöglicht sie. Hält Kontakt. Baut eine Brücke. Gott sendet seinen Geist. Er ermöglicht Visionen und Träume. Selbst junge Menschen werden Propheten – so wie der junge Jesaja. Alte Menschen schauen weit über ihre Erfahrungen hinaus. Selbst Knechte und Mägde werden zu geistbegabten Knechten und Mägden Gottes, zu seinen Beauftragten. Um die Rettung zu sehen, das Heil, die Erlösung vom Zion her. Gott hat kein Gefallen am Tod des Schuldigen (Ez 18,32.; 33,11). Er will Umkehr vom Bösen zu neuem Leben.

ERSTE LESUNG Joël 3,1–5

Ich werde meinen Geist ausgießen über meine Knechte und Mägde

Lesung aus dem Buch Joël.

So spricht Gott, der Herr: Es wird geschehen, dass ich meinen Geist ausgieße über alles Fleisch. Eure Söhne und Töchter werden Propheten sein, eure Alten werden Träume haben und eure jungen Männer haben Visionen. Auch über Knechte und Mägde werde ich meinen Geist ausgießen in jenen Tagen.

Ich werde wunderbare Zeichen wirken am Himmel und auf der Erde: Blut und Feuer und Rauchsäulen. Die Sonne wird sich in Finsternis verwandeln und der Mond in Blut, ehe der Tag des Herrn kommt, der große und schreckliche Tag.

Und es wird geschehen: Wer den Namen des Herrn anruft, wird gerettet. Denn auf dem Berg Zion und in Jerusalem gibt es Rettung, wie der Herr gesagt hat, und wen der Herr ruft, der wird entrinnen.

ANTWORTPSALM Ps 104(103),1–2.24–25.27–28.29–30 (℟: vgl. 30)

℟ Sende aus deinen Geist
und das Antlitz der Erde wird neu. – ℟

Oder:

℟ Halleluja. – ℟

Lobe den Herrn, meine Seele! †
Herr, mein Gott, wie groß bist du! *
Du bist mit Hoheit und Pracht bekleidet.
Du hüllst dich in Licht wie in ein Kleid, *
du spannst den Himmel aus wie ein Zelt. – (℟)

Herr, wie zahlreich sind deine Werke! †
Mit Weisheit hast du sie alle gemacht, *
die Erde ist voll von deinen Geschöpfen.

Da ist das Meer, so groß und weit, *
darin ein Gewimmel ohne Zahl: kleine und große Tiere. – (℟)

Sie alle warten auf dich, *
dass du ihnen Speise gibst zur rechten Zeit.
Gibst du ihnen, dann sammeln sie ein; *
öffnest du deine Hand, werden sie satt an Gutem. – (℟)

Verbirgst du dein Gesicht, sind sie verstört; †
nimmst du ihnen den Atem, so schwinden sie hin *
und kehren zurück zum Staub der Erde.
Sendest du deinen Geist aus, so werden sie alle erschaffen *
und du erneuerst das Antlitz der Erde. – ℟

ZUR 2. LESUNG Sie kennen die provozierende Frage, warum Christen nicht erlöster dreinschauen. Und vielleicht auch die, was denn da drinnen in der Kirche gesagt worden sein muss, wenn man sich die ansieht, die herauskommen. Umgekehrt fremdeln manche durchaus, wenn sie den vollen Sound mehrfacher Lobpreislieder hintereinander bei einem pfingstlerischen Freikirchengottesdienst miterleben. Paulus kennt offenbar den Widerspruch, einerseits auf die Erlösung vom Bösen zu vertrauen und doch nicht abheben zu können, nicht völlig erleichtert zu sein. Ja, für ihn ist das sogar ein Stück Solidarität der Christen mit der ganzen Schöpfung, die nichts wissen kann vom Zuspruch des Heils. „Auch wir seufzen in unserem Herzen und warten …" Wie groß die Naherwartung bei Paulus auch ist, die Gewissheit, dass Jesus in Kürze wiederkehrt – das Elend der Schöpfung und der ganzen Welt ist auch ihm einstweilen noch ganz real. Furchtbar beherrschend. Den Geist Gottes zu haben, steht dazu nicht im Widerspruch. Vielmehr: Gottes Geist begleitet unser Seufzen und unsere Trauer und unsere Schmerzen. Gott selbst leidet mit seiner Schöpfung. Macht Mit-Leiden Menschen möglich.

ZWEITE LESUNG

Röm 8,22–27

Der Geist selber tritt für uns ein mit Seufzen, das wir nicht in Worte fassen können

Lesung aus dem Brief des Apostels Paulus an die Römer.

Brüder! [*oder:* Brüder und Schwestern! *oder:* Schwestern und Brüder!] Wir wissen, dass die gesamte Schöpfung bis zum heutigen Tag seufzt und in Geburtswehen liegt. Aber auch wir, obwohl wir als Erstlingsgabe den Geist haben, seufzen in unserem Herzen und warten darauf, dass wir mit der Erlösung unseres Leibes als Söhne offenbar werden.

Denn wir sind gerettet, doch in der Hoffnung. Hoffnung aber, die man schon erfüllt sieht, ist keine Hoffnung. Wie kann man auf etwas hoffen, das man sieht? Hoffen wir aber auf das, was wir nicht sehen, dann harren wir aus in Geduld.

So nimmt sich auch der Geist unserer Schwachheit an. Denn wir wissen nicht, worum wir in rechter Weise beten sollen; der Geist selber tritt jedoch für uns ein mit Seufzen, das wir nicht in Worte fassen können. Und Gott, der die Herzen erforscht, weiß, was die Absicht des Geistes ist: Er tritt so, wie Gott es will, für die Heiligen ein.

RUF VOR DEM EVANGELIUM

(Zum Vers Komm, Heiliger Geist … *knien alle.)*

Halleluja. Halleluja.
Komm, Heiliger Geist,
erfülle die Herzen deiner Gläubigen,
und entzünde in ihnen das Feuer deiner Liebe!
Halleluja.

ZUM EVANGELIUM Anders als die synoptischen Evangelisten, also anders als Matthäus, Markus und Lukas, deren Aufrisse von Jesu

Leben man direkt nebeneinanderlegen kann, kennt der Evangelist Johannes mehrere Feste, zu denen Jesus nach Jerusalem kommt. Ausdrücklich beschreibt das 7. Kapitel des Johannes Jesu Wallfahrt zum Laubhüttenfest, Sukkot. Ein Erntedankfest, zugleich verbunden mit Gottes Heilsgeschichte: Israel gedenkt der Bewahrung in der Wüste, als es ohne festen Wohnsitz sich leichte Hütten errichtete. Durch das Dach der Laubhütte muss man die Sterne sehen können. Hinweis auf die Größe Gottes und auf die eigene Unbehaustheit. Sukkot ist zugleich das Fest des Wassers. Im Lande, in Israel selbst, fällt jetzt, im Herbst, der sehnlich erwartete Regen. Zur Zeit Jesu, als der Zweite Tempel in Jerusalem noch stand, müssen das Wasserschöpfen am Teich Schiloach und die Gussopfer im Tempel von großer Fröhlichkeit begleitet gewesen sein. Als der Evangelist Johannes schreibt, ist der Tempel zerstört. Das Volk zerstreut. Jerusalem verwüstet. Statt Freude umfängt unsägliche Trauer die Menschen. Johannes tröstet seine Gemeinde mit Jesu Worten: „Wer Durst hat, komme zu mir." Auch wenn Jesus noch nicht verherrlicht ist. Auch wenn es keine Möglichkeit gibt, aus der Zeit, aus der Trauer, aus allem Elend herauszuspringen. Bei Jesus entspringen Ströme lebendigen Wassers. Geist Gottes zum Leben.

EVANGELIUM

Joh 7,37–39

Ströme von lebendigem Wasser werden fließen

+ Aus dem heiligen Evangelium nach Johannes.

Am letzten Tag des Festes, dem großen Tag, stellte sich Jesus hin und rief: Wer Durst hat, komme zu mir, und es trinke, wer an mich glaubt.

Wie die Schrift sagt: Aus seinem Inneren werden Ströme von lebendigem Wasser fließen.

Damit meinte er den Geist, den alle empfangen sollten, die an ihn glauben; denn der Geist war noch nicht gegeben, weil Jesus noch nicht verherrlicht war.

Glaubensbekenntnis, S. 492 ff.

FÜRBITTEN

Auch in unsere Herzen will der Heilige Geist die Liebe ausgießen. Wir bitten um Gottes Geistes-Gegenwart:

- Für unsere Kirche, dass sie in deiner Kraft und unter deiner Führung wagt, neue Wege zu gehen. V/A: Komm, Heiliger Geist.
- Für unsere Gemeinde, dass sie sich bewegen lässt vom Geist der Liebe und der Barmherzigkeit. V/A: Komm, Heiliger Geist.
- Für alle, die gestrandet sind in ihrem Leben; für alle, deren Ziele und Hoffnungen sich nicht erfüllt haben, dass sie Mut schöpfen. V/A: Komm, Heiliger Geist.
- Für die vielen, die ihre Heimat verlassen mussten und nun ohne Kompass sind, dass sie Heimat finden. V/A: Komm, Heiliger Geist.
- Für alle, die Hunger und Durst leiden, dass sie satt werden und genug zu einem menschenwürdigen Leben haben. V/A: Komm, Heiliger Geist.

Gott, du schenkst uns deinen Geist, damit wir leben und lieben. Hilf uns, deine Wege zu gehen, heute, am Vorabend des Pfingsttags, und alle Tage.

EUCHARISTIEFEIER

GABENGEBET

Herr, unser Gott, dein Geist segne diese Gaben und erfülle durch sie die Kirche mit der Kraft deiner Liebe, damit die ganze Welt erkennt, dass du sie zum Heil gerufen hast. Darum bitten wir durch Christus, unseren Herrn.

Präfation, S. 470

KOMMUNIONVERS

Joh 7,37

Am letzten Tag des Festes, dem großen Tag,
stand Jesus da und rief:
Wer Durst hat, komme zu mir und trinke. Halleluja.

SCHLUSSGEBET

Herr, unser Gott, du hast uns im heiligen Mahl gesättigt. Erfülle uns durch dieses Sakrament mit der Glut des Heiligen Geistes, den du am Pfingstfest den Aposteln gesandt hast. Darum bitten wir durch Christus, unseren Herrn.

FEIERLICHER SCHLUSSSEGEN

S. 471

***

GOTTES WORT

heilige Bücher
will ich lesen

und heilige Menschen
sollen sprechen

und ich höre
Gottes Wort

im Lachen der Kinder
im Plappern der Einfältigen
im Schreien der Toten

Heinz Detlef Stäps

AM TAG

9. Juni 2019

Pfingsten, das Fest der fünfzig Tage, der fünfzig Tage nach Ostern, der fünfzig Tage nach dem Pascha oder, wie es auf Hebräisch heißt, nach Pessach. In diesem Jahr gilt das unmittelbar: Mit den Christen feiern zugleich auch die jüdischen Gemeinden das Wochenfest, das Fest der sieben mal sieben Tage nach Pessach, Gedenken an die Gabe der Tora am Sinai unter Feuer und Sturm. Außerhalb Israels, in der Diaspora, dauerte das Fest zwei Tage, nicht nur einen Tag, Vorbild vermutlich der christlichen doppelten Feiertage. Auch die Rede vom Heiligen Geist, vom Geist Gottes, ist christlichem und jüdischem Glauben gemeinsam. Sie verbindet die christlichen Konfessionen und eben auch die biblischen Religionen und bewegt dazu, mehr voneinander zu lernen.

ERÖFFNUNGSVERS

Vgl. Weish 1,7

Der Geist des Herrn erfüllt den Erdkreis.
In ihm hat alles Bestand.
Nichts bleibt verborgen vor ihm. Halleluja.

KYRIE-RUFE

Herr Jesus Christus, du sendest
uns den Heiligen Geist.
V/A: Herr, erbarme dich.
Du führst im Heiligen Geist alle
Sprachen und Völker zusammen.
V/A: Christus, erbarme dich.

Du erinnerst uns im Heiligen Geist
an alles, was du uns gesagt hast.
V/A: Herr, erbarme dich.

Ehre sei Gott, S. 489 f.

TAGESGEBET

Allmächtiger, ewiger Gott, durch das Geheimnis des heutigen Tages heiligst du deine Kirche in allen Völkern und Nationen. Erfülle die ganze Welt mit den Gaben des Heiligen Geistes, und was deine Liebe am Anfang der Kirche gewirkt hat, das wirke sie auch heute in den Herzen aller, die an dich glauben. Darum bitten wir durch Jesus Christus.

WORTGOTTESDIENST

ZUR 1. LESUNG Wie kennen wir alle die Bilder aus Kirchen, aus Museen, Religionsbüchern: die Flammen über den Köpfen der Apostel als Zeichen der Gaben des Heiligen Geistes. Wie sind sie alle aneinander gewiesen. Niemand kann sich selbst auf den Kopf sehen. Doch voll Staunen *müssen* sie, *können* sie einander das Wunder bekennen, es gegenseitig sich zurufen: „Bei dir sehe ich Wunderbares!" „Und ich bei dir: Feuer und Flamme bist du!" „Und du – wie begeistert, wie begeisternd!" Welch ein Bild von Kirche ist das: einander Zeugnis zu geben von den jeweils empfangenen Gaben! Aufeinander zu sehen. Und aufeinander zu hören. Denn indem die Gottesfürchtigen, die Parther, Meder und Elamiter, die Leute aus Ägypten und Libyen und all die anderen sich den Aposteln zuwenden, hören sie deren Worte für sich. Wie Muttersprache. So nah kommt das Wort von den großen Taten Gottes.

ERSTE LESUNG

Apg 2, 1–11

Alle wurden mit dem Heiligen Geist erfüllt und begannen zu reden

Lesung aus der Apostelgeschichte.

Als der Pfingsttag gekommen war, befanden sich alle am gleichen Ort. Da kam plötzlich vom Himmel her ein Brausen, wie wenn ein heftiger Sturm daherfährt, und erfüllte das ganze Haus, in dem sie waren.

Und es erschienen ihnen Zungen wie von Feuer, die sich verteilten; auf jeden von ihnen ließ sich eine nieder. Alle wurden mit dem Heiligen Geist erfüllt und begannen, in fremden Sprachen zu reden, wie es der Geist ihnen eingab.

In Jerusalem aber wohnten Juden, fromme Männer aus allen Völkern unter dem Himmel. Als sich das Getöse erhob, strömte die Menge zusammen und war ganz bestürzt; denn jeder hörte sie in seiner Sprache reden. Sie gerieten außer sich vor Staunen und sagten:

Sind das nicht alles Galiläer, die hier reden? Wieso kann sie jeder von uns in seiner Muttersprache hören:

Parther, Meder und Elamiter, Bewohner von Mesopotamien, Judäa und Kappadozien, von Pontus und der Provinz Asien, von Phrygien und Pamphylien, von Ägypten und dem Gebiet Libyens nach Zyrene hin, auch die Römer, die sich hier aufhalten, Juden und Proselyten, Kreter und Araber, wir hören sie in unseren Sprachen Gottes große Taten verkünden.

ANTWORTPSALM

Ps 104(103),1–2.24–25.29–30.31 u. 34 (℟: vgl. 30)

℟ Sende aus deinen Geist
und das Antlitz der Erde wird neu. – ℟

Oder:

℟ Halleluja. – ℟

Lobe den Herrn, meine Seele! †
Herr, mein Gott, wie groß bist du! *

Du bist mit Hoheit und Pracht bekleidet.
Du hüllst dich in Licht wie in ein Kleid, *
du spannst den Himmel aus wie ein Zelt. – (℟)

Herr, wie zahlreich sind deine Werke! †
Mit Weisheit hast du sie alle gemacht, *
die Erde ist voll von deinen Geschöpfen.
Da ist das Meer, so groß und weit, *
darin ein Gewimmel ohne Zahl: kleine und große Tiere. – (℟)

Verbirgst du dein Gesicht, sind sie verstört; †
nimmst du ihnen den Atem, so schwinden sie hin *
und kehren zurück zum Staub der Erde.
Sendest du deinen Geist aus, so werden sie alle erschaffen *
und du erneuerst das Antlitz der Erde. – (℟)

Ewig währe die Herrlichkeit des Herrn; *
der Herr freue sich seiner Werke.
Möge ihm mein Dichten gefallen. *
Ich will mich freuen am Herrn. – ℟

ZUR 2. LESUNG Man könnte die ganze Schrift lesen als beständiges Oszillieren zwischen der Nähe Gottes und seiner Ferne, zwischen Offenbarung und Verborgenheit, zwischen Gottes gänzlicher Hingabe in seinem Sohn und der Tatsache, dass Gott uns entzogen ist und wir als endliche Geschöpfe nichts fassen können von der Unendlichkeit Gottes. Das Gleiche gilt für die Geistkraft Gottes. Sie ermöglicht unsere Teilhabe am Leib Christi, an der Leibhaftigkeit von Kirche. Und doch ist alles geschenkt und unverfügbar.

ZWEITE LESUNG

1 Kor 12,3b–7.12–13

Durch den einen Geist wurden wir in der Taufe alle in einen einzigen Leib aufgenommen

Lesung aus dem ersten Brief des Apostels Paulus an die Korinther.

Brüder! [*oder:* Brüder und Schwestern! *oder:* Schwestern und Brüder!] Keiner kann sagen: Jesus ist der Herr!, wenn er nicht aus dem Heiligen Geist redet.

Es gibt verschiedene Gnadengaben, aber nur den einen Geist. Es gibt verschiedene Dienste, aber nur den einen Herrn. Es gibt verschiedene Kräfte, die wirken, aber nur den einen Gott: Er bewirkt alles in allen. Jedem aber wird die Offenbarung des Geistes geschenkt, damit sie anderen nützt.

Denn wie der Leib eine Einheit ist, doch viele Glieder hat, alle Glieder des Leibes aber, obgleich es viele sind, einen einzigen Leib bilden: so ist es auch mit Christus. Durch den einen Geist wurden wir in der Taufe alle in einen einzigen Leib aufgenommen, Juden und Griechen, Sklaven und Freie; und alle wurden wir mit dem einen Geist getränkt.

Oder:

ZUR 2. LESUNG In dieser Welt gehen wir alle um mit begrenzten Ressourcen. Dazu gehört auch jede Sekunde Lebenszeit. Wem, oder welcher Sache, widmen wir sie? Wo verbringen wir sie? Wie gestalten wir sie? Krisen zeichnen sich häufig dadurch aus, dass wir neue Gewichtungen setzen müssen oder wollen. Das Leben gerät für kürzere oder längere Zeit durcheinander. Paulus legt uns zur Unterscheidung dieses nahe: Wovon wollt ihr euch bestimmen lassen? Vom „Fleisch“ – von Vergänglichem, Vorübergehendem, Vorläufigem? Oder vom Geist Gottes – ewig, beständig, für alle da, befreiend?

ZWEITE LESUNG

Röm 8,8–17

Alle, die sich vom Geist Gottes leiten lassen, sind Söhne Gottes

Lesung aus dem Brief des Apostels Paulus an die Römer.

Brüder! [*oder:* Brüder und Schwestern! *oder:* Schwestern und Brüder!] Wer vom Fleisch bestimmt ist, kann Gott nicht gefallen. Ihr aber seid nicht vom Fleisch, sondern vom Geist bestimmt, da ja der Geist Gottes in euch wohnt. Wer den Geist Christi nicht hat, der gehört nicht zu ihm.

Wenn Christus in euch ist, dann ist zwar der Leib tot aufgrund der Sünde, der Geist aber ist Leben aufgrund der Gerechtigkeit.

Wenn der Geist dessen in euch wohnt, der Jesus von den Toten auferweckt hat, dann wird er, der Christus Jesus von den Toten auferweckt hat, auch euren sterblichen Leib lebendig machen durch seinen Geist, der in euch wohnt.

Wir sind also nicht dem Fleisch verpflichtet, Brüder sodass wir nach dem Fleisch leben müssten. Wenn ihr nach dem Fleisch lebt, müsst ihr sterben; wenn ihr aber durch den Geist die sündigen Taten des Leibes tötet, werdet ihr leben.

Denn alle, die sich vom Geist Gottes leiten lassen, sind Söhne Gottes. Denn ihr habt nicht einen Geist empfangen, der euch zu Sklaven macht, sodass ihr euch immer noch fürchten müsstet, sondern ihr habt den Geist empfangen, der euch zu Söhnen macht, den Geist, in dem wir rufen: Abba, Vater!

So bezeugt der Geist selber unserem Geist, dass wir Kinder Gottes sind. Sind wir aber Kinder, dann auch Erben; wir sind Erben Gottes und sind Miterben Christi, wenn wir mit ihm leiden, um mit ihm auch verherrlicht zu werden.

SEQUENZ

(Wenn die musikalische Gestaltung es nahelegt, kann die Sequenz nach dem Hallelujavers gesungen werden, wobei sie dann mit „Amen. Halleluja“ abgeschlossen wird.)

Komm herab, o Heil’ger Geist,
der die finstre Nacht zerreißt,
strahle Licht in diese Welt.

Komm, der alle Armen liebt,
komm, der gute Gaben gibt,
komm, der jedes Herz erhellt.

Höchster Tröster in der Zeit,
Gast, der Herz und Sinn erfreut,
köstlich Labsal in der Not,

in der Unrast schenkst du Ruh,
hauchst in Hitze Kühlung zu,
spendest Trost in Leid und Tod.

Komm, o du glückselig Licht,
fülle Herz und Angesicht,
dring bis auf der Seele Grund.

Ohne dein lebendig Wehn
kann im Menschen nichts bestehn,
kann nichts heil sein noch gesund.

Was befleckt ist, wasche rein,
Dürrem gieße Leben ein,
heile du, wo Krankheit quält.

Wärme du, was kalt und hart,
löse, was in sich erstarrt,
lenke, was den Weg verfehlt.

Gib dem Volk, das dir vertraut,
das auf deine Hilfe baut,
deine Gaben zum Geleit.

Lass es in der Zeit bestehn,
deines Heils Vollendung sehn
und der Freuden Ewigkeit.
(Amen. Halleluja.)

RUF VOR DEM EVANGELIUM

(Zum Vers Komm, Heiliger Geist … *knien alle.)*

Halleluja. Halleluja.
Komm, Heiliger Geist,
erfülle die Herzen deiner Gläubigen,
und entzünde in ihnen das Feuer deiner Liebe!
Halleluja.

ZUM EVANGELIUM Das Johannes-Evangelium wendet sich zuallererst an eine verängstigte und bedrängte Gemeinde. Und will ermutigen. Nicht weil die Gemeinschaft der Jünger so stark wäre. Sondern indem das Evangelium erzählt von Jesus, den keine Mauern und Wände aufhalten können. Er dringt zu den Verängstigten durch. Um sie zu ermutigen und dann zu senden. Um von innen her ihre selbstgewählte Gefangenschaft aufzubrechen. Allein mit dem Hauch seines Mundes, mit der Kraft göttlichen Wortes.

EVANGELIUM

Joh 20,19–23

Wie mich der Vater gesandt hat, so sende ich euch: Empfangt den Heiligen Geist

+ Aus dem heiligen Evangelium nach Johannes.

Am Abend des ersten Tages der Woche, als die Jünger aus Furcht vor den Juden die Türen verschlossen hatten, kam Jesus, trat in ihre Mitte und sagte zu ihnen: Friede sei mit euch!
Nach diesen Worten zeigte er ihnen seine Hände und seine Seite. Da freuten sich die Jünger, dass sie den Herrn sahen.
Jesus sagte noch einmal zu ihnen: Friede sei mit euch! Wie mich der Vater gesandt hat, so sende ich euch.
Nachdem er das gesagt hatte, hauchte er sie an und sprach zu ihnen: Empfangt den Heiligen Geist! Wem ihr die Sünden vergebt, dem

sind sie vergeben; wem ihr die Vergebung verweigert, dem ist sie verweigert.

Oder:

ZUM EVANGELIUM Wohngemeinschaften geben immer wieder Stoff her für Geschichten, für diesen Witz und jenes Lamento. Gar nicht so einfach, zusammenzuwohnen. Paare brauchen Zeit, wenn sie zusammenziehen. Und damit ihre unterschiedlichen Vorstellungen von Schönheit oder Ordnung zusammentun. Passt es? Klappt es? Was braucht der eine? Was bedrängt die andere? Im Johannes-Evangelium bietet Jesus sein Kommen an. Ja, Wohngemeinschaft mit Gott und mit Ihm. Die Regeln des Zusammenlebens: seine Gebote zu halten. Gott selbst gibt dazu Beistand. Guten und heiligen Geist. Um immer wieder dran zu erinnern. An die Wege zu einem guten Zusammenwohnen. Einem guten Bleiben. Bahn frei. Zu einem guten Leben.

EVANGELIUM

Joh 14,15–16.23b–26

Der Heilige Geist wird euch alles lehren

+ **Aus dem heiligen Evangelium nach Johannes.**

In jener Zeit sprach Jesus zu seinen Jüngern: Wenn ihr mich liebt, werdet ihr meine Gebote halten. Und ich werde den Vater bitten und er wird euch einen anderen Beistand geben, der für immer bei euch bleiben soll.

Wenn jemand mich liebt, wird er an meinem Wort festhalten; mein Vater wird ihn lieben und wir werden zu ihm kommen und bei ihm wohnen. Wer mich nicht liebt, hält an meinen Worten nicht fest. Und das Wort, das ihr hört, stammt nicht von mir, sondern vom Vater, der mich gesandt hat.

Das habe ich zu euch gesagt, während ich noch bei euch bin. Der Beistand aber, der Heilige Geist, den der Vater in meinem Namen senden wird, der wird euch alles lehren und euch an alles erinnern, was ich euch gesagt habe.

Glaubensbekenntnis, S. 492 ff.

FÜRBITTEN

Der Geist des Herrn erfüllt das All. Erfüllt von dieser Hoffnung treten wir heute, am heiligen Pfingsttag, mit unseren Anliegen und Bitten vor den dreieinen Gott:

- Komm, Heiliger Geist, zu deiner Kirche und erfülle sie mit Mut zum Hören und Handeln. V/A: Höre unser Rufen.
- Komm, Heiliger Geist, zu den Kranken und schenke ihnen Hoffnung. V/A: Höre unser Rufen.
- Komm, Heiliger Geist, zu den christlichen Gemeinden und lass Eintracht wachsen. V/A: Höre unser Rufen.
- Komm, Heiliger Geist, zu den Verbitterten und löse, was verhärtet ist. V/A: Höre unser Rufen.
- Komm, Heiliger Geist, zu den Traurigen und lass aus der Trauer neues Leben wachsen. V/A: Höre unser Rufen.
- Komm, Heiliger Geist, zu den gut Situierten und Satten und schenke ihnen die Kraft zum Teilen. V/A: Höre unser Rufen.
- Komm, Heiliger Geist, zu den Verfeindeten und Friedlosen und lass Frieden in ihren Herzen wachsen. V/A: Höre unser Rufen.

Dreifaltiger Gott, dein Beistand allein kann unser Fühlen, Denken und Handeln erneuern. Komm, Schöpfer Geist.

EUCHARISTIEFEIER

GABENGEBET

Allmächtiger Gott, erfülle die Verheißung deines Sohnes: Sende uns deinen Geist, damit er uns in die volle Wahrheit einführt und uns das

Geheimnis dieses Opfers immer mehr erschließt. Darum bitten wir durch Christus, unseren Herrn.

PRÄFATION

In Wahrheit ist es würdig und recht, dir, Herr, heiliger Vater, immer und überall zu danken und diesen Tag in festlicher Freude zu feiern. Denn heute hast du das österliche Heilswerk vollendet, heute hast du den Heiligen Geist gesandt über alle, die du mit Christus auferweckt und zu deinen Kindern berufen hast. Am Pfingsttag erfüllst du deine Kirche mit Leben: Dein Geist schenkt allen Völkern die Erkenntnis des lebendigen Gottes und vereint die vielen Sprachen im Bekenntnis des einen Glaubens. Darum preisen dich alle Völker auf dem Erdenrund in österlicher Freude. Darum rühmen dich die himmlischen Kräfte und die Mächte der Engel und singen das Lob deiner Herrlichkeit: Heilig …

KOMMUNIONVERS

Vgl. Apg 2,4.11

Alle wurden mit dem Heiligen Geist erfüllt
und verkündeten Gottes große Taten. Halleluja.

SCHLUSSGEBET

Herr, unser Gott, du hast deine Kirche mit himmlischen Gaben beschenkt. Erhalte ihr deine Gnade, damit die Kraft aus der Höhe, der Heilige Geist, in ihr weiterwirkt und die geistliche Speise sie nährt bis zur Vollendung. Darum bitten wir durch Christus, unseren Herrn.

FEIERLICHER SCHLUSSSEGEN

Der gütige Gott hat am heutigen Tag die Jünger durch die Eingießung des Heiligen Geistes erleuchtet; er segne euch und schenke euch den Reichtum seiner Gaben. – A: Amen.
Jenes Feuer, das in vielen Zungen auf die Jünger herabkam, reinige eure Herzen und entzünde in euch die göttliche Liebe. – A: Amen.
Der Heilige Geist, der die vielen Sprachen im Bekenntnis des Glaubens geeint hat, festige euch in der Wahrheit und führe euch vom Glauben zum Schauen. – A: Amen.
Das gewähre euch der dreieinige Gott, der Vater und der Sohn † und der Heilige Geist. – A: Amen.

***

ICH GLAUBE AN DEN HEILIGEN GEIST

Ich glaube an den Heiligen Geist, an das Leben Gottes in uns,
das Gestalt annimmt in der Gemeinschaft derer,
die den Weg Jesu gehen wollen
und deshalb Kirche, das heißt Gemeinschaft des Herrn,
genannt werden.

Ich glaube an den Heiligen Geist, an das Leben Gottes in uns,
in den Menschen, die den Weg Jesu gehen,
und in denen, die einen anderen Weg zum Heil gehen.

Ich glaube an den Heiligen Geist, an das Leben Gottes in uns,
das stärker ist als alle Schuld,
das selbst durch den Tod nicht zerstört werden kann.

Aus dem Bekenntnis zu Glaube, Hoffnung, Liebe des Gesprächskreises der KSJ Mainz

PFINGSTMONTAG

10. Juni 2019

Sind doppelte Feiertage nicht wie eine zweite Chance? Noch einmal einzutauchen ins Fest? Noch mehr zu entdecken an Gaben und Geschenken? Eine weitere Gelegenheit, Kraft zu schöpfen für den Alltag, das Leben, die Aufgaben und Nöte. Und Raum zu haben für Begegnung: in der Ökumene, unterwegs in fremden Landschaften oder Kirchen, mit Unbekannten oder den nächsten Angehörigen. Ein weiterer Tag: für euch!

ERÖFFNUNGSVERS

Offb 1,5–6

Christus liebt uns
und hat uns durch sein Blut befreit von unseren Sünden;
er hat uns die Würde von Königen gegeben
und uns zu Priestern gemacht
für den Dienst vor seinem Gott und Vater. Halleluja.

KYRIE-RUFE

Herr Jesus Christus, du hast uns
den Geist der Freiheit gegeben.
V/A: Herr, erbarme dich.
Du hast uns den Geist
der Wahrheit gegeben.
V/A: Christus, erbarme dich.
Du hast uns den Geist der
Kindschaft gegeben.
V/A: Herr, erbarme dich.

Ehre sei Gott, S. 489 f.

TAGESGEBET

Gott und Vater unseres Herrn Jesus Christus, im Neuen Bund berufst du aus allen Völkern dein Volk und führst es zusammen im Heiligen Geist. Gib, dass deine Kirche ihrer Sendung treu bleibt, dass sie ein Sauerteig ist für die Menschheit, die du in Christus erneuern und zu deiner Familie umgestalten willst. Darum bitten wir durch ihn, der in der Einheit des Heiligen Geistes mit dir lebt und herrscht in alle Ewigkeit.

WORTGOTTESDIENST

ZUR 1. LESUNG **Welch eine Hochschätzung der Taufe vermittelt uns Lukas, der Evangelist, in seiner Apostelgeschichte. Welch ein Vertrauen, welcher Glaube in das Wirken des Geistes um der Taufe willen. Taufe auf den Namen des Vaters, des Sohnes und des Heiligen Geistes verbindet die Christenheit. Hochschätzung der Taufe und Hochschätzung der Ökumene müssten dann eigentlich Hand in Hand gehen. Um Jesu Namen willen. Und um der Kraft und Macht Gottes in seinem heiligen Geist alle Ehre zu geben.**

ERSTE LESUNG

Apg 19, 1b–6a

Habt ihr den Heiligen Geist empfangen, als ihr gläubig wurdet?

Lesung aus der Apostelgeschichte.

Paulus kam nach Ephesus hinab. Er traf einige Jünger und fragte sie: Habt ihr den Heiligen Geist empfangen, als ihr gläubig wurdet? Sie antworteten ihm: Wir haben noch nicht einmal gehört, dass es einen Heiligen Geist gibt.

Da fragte er: Mit welcher Taufe seid ihr denn getauft worden? Sie antworteten: Mit der Taufe des Johannes. Paulus sagte: Johannes hat mit der Taufe der Umkehr getauft und das Volk gelehrt, sie sollten an den glauben, der nach ihm komme: an Jesus. Als sie das hörten, ließen sie sich auf den Namen Jesu, des Herrn, taufen. Paulus legte ihnen die Hände auf und der Heilige Geist kam auf sie herab.

ANTWORTPSALM Ps 145(144),2–3.4–5.8–9.10–11.15–16 (℟: vgl. 2b)

℟ Herr, deinen Namen will ich loben
immer und ewig. – ℟

Oder:

℟ Halleluja. – ℟

Ich will dich preisen Tag für Tag *
und deinen Namen loben immer und ewig.
Groß ist der Herr und hoch zu loben, *
seine Größe ist unerforschlich. – (℟)

Ein Geschlecht verkünde dem andern den Ruhm deiner Werke *
und erzähle von deinen gewaltigen Taten.
Sie sollen vom herrlichen Glanz deiner Hoheit reden; *
ich will deine Wunder besingen. – (℟)

Der Herr ist gnädig und barmherzig, *
langmütig und reich an Gnade.
Der Herr ist gütig zu allen, *
sein Erbarmen waltet über all seinen Werken. – (℟)

Danken sollen dir, Herr, all deine Werke *
und deine Frommen dich preisen.
Sie sollen von der Herrlichkeit deines Königtums reden, *
sollen sprechen von deiner Macht. – (℟)

Aller Augen warten auf dich *
und du gibst ihnen Speise zur rechten Zeit.

Du öffnest deine Hand *
und sättigst alles, was lebt, nach deinem Gefallen. – R

ZUR 2. LESUNG Wie an wenigen anderen Stellen macht Paulus im Brief nach Rom deutlich, dass es bei einem „Sohn" – letztlich auch beim „Sohn Gottes" – am wenigsten um eine bloß biologische Generationenfolge geht. Sohnschaft, Kindschaft: das meint biblisch ein ganzes Bündel von Rechten, von Zuständigkeiten. Sohnschaft bedeutet Unabhängigkeit und Freiheit innerhalb des Bereichs elterlichen Wirkens; im Blick auf Gott also in seinem ganzen Reich. Das Gegenstück zum Sohn ist hier nicht die Tochter. Sondern der Sklave: abhängig. Unfrei. Rechtlos. Zweifeln wir an unserer Gotteskindschaft, verlieren wir unser Vertrauen in solche Befreiung, dann soll Gottes Geist selbst unser Fürsprecher und Anwalt (vgl. die Rede vom Parakleten, vom Fürsprecher im Johannes-Evangelium, 14,16.26; 15,26, 16,7) werden. Dann soll dieser eintreten gegen unsere Kleingläubigkeit, unser Verzagen. Der Tröster wird uns aufs Neue überzeugen: Wir sind Kinder Gottes. Gott selbst setzt uns ins Recht. Heiliger Geist ist sein Zeuge! Für uns.

ZWEITE LESUNG Röm 8,14–17

Ihr habt den Geist empfangen, der euch zu Söhnen macht, den Geist, in dem wir rufen: Abba, Vater!

Lesung aus dem Brief des Apostels Paulus an die Römer.

Brüder! [*oder:* Brüder und Schwestern! *oder:* Schwestern und Brüder!] Alle, die sich vom Geist Gottes leiten lassen, sind Söhne Gottes. Denn ihr habt nicht einen Geist empfangen, der euch zu Sklaven macht, sodass ihr euch immer noch fürchten müsstet, sondern ihr habt den Geist empfangen, der euch zu Söhnen macht, den Geist, in dem wir rufen: Abba, Vater!

So bezeugt der Geist selber unserem Geist, dass wir Kinder Gottes sind. Sind wir aber Kinder, dann auch Erben; wir sind Erben Gottes und sind Miterben Christi, wenn wir mit ihm leiden, um mit ihm auch verherrlicht zu werden.

RUF VOR DEM EVANGELIUM

(Zum Vers Komm, Heiliger Geist … *knien alle.)*

Halleluja. Halleluja.
Komm, Heiliger Geist,
erfülle die Herzen deiner Gläubigen
und entzünde in ihnen das Feuer deiner Liebe!
Halleluja.

ZUM EVANGELIUM „… mein Leib, … für euch hingegeben", so zitieren das Erste und Zweite Hochgebet Jesus beim letzten Mahl mit seinen Schülern. Für euch hingegeben zur Rettung, zur Rettung der Welt, so verkündet das Johannes-Evangelium den Sinn der Menschwerdung des Wortes Gottes. Der Welt gilt Gottes Loyalität. An sie hat er sich gebunden. Die Leiden Christi in der Welt und an der Welt sind kein Selbstzweck. Stellvertretend, für uns, treten sie ein in einen Konflikt mit der Welt, die Opfer fordert. Wo Menschen unter die Räder kommen. Wo die einen oben schwimmen, die anderen aber immer weiter nach unten sinken. Solch eine Welt stellt Gott durch seinen Sohn infrage. Zu unserm Nutz und Frommen, hätte man vor hundert Jahren vielleicht gesagt. Und immer noch stimmt es.

EVANGELIUM

Joh 3,16–21

Gott hat seinen Sohn in die Welt gesandt, damit die Welt durch ihn gerettet wird

+ **Aus dem heiligen Evangelium nach Johannes.**

Gott hat die Welt so sehr geliebt, dass er seinen einzigen Sohn hingab, damit jeder, der an ihn glaubt, nicht zugrunde geht, sondern das ewige Leben hat.

Denn Gott hat seinen Sohn nicht in die Welt gesandt, damit er die Welt richtet, sondern damit die Welt durch ihn gerettet wird.

Wer an ihn glaubt, wird nicht gerichtet; wer nicht glaubt, ist schon gerichtet, weil er an den Namen des einzigen Sohnes Gottes nicht geglaubt hat.

Denn mit dem Gericht verhält es sich so: Das Licht kam in die Welt, und die Menschen liebten die Finsternis mehr als das Licht; denn ihre Taten waren böse.

Jeder, der Böses tut, hasst das Licht und kommt nicht zum Licht, damit seine Taten nicht aufgedeckt werden. Wer aber die Wahrheit tut, kommt zum Licht, damit offenbar wird, dass seine Taten in Gott vollbracht sind.

FÜRBITTEN

Auch in uns ist Gottes Geist am Werk, er wirkt in uns in der Kraft von Glaube, Liebe, Hoffnung. Wir bitten ihn um diese Kraft:

- Für unsere Kirche auf dem ganzen Erdenrund, dass sie stets Anwältin der Armen und Entrechteten sei. V: Lebendiger Gott. A: Sende deinen Geist.

- Für die Gemeinden, die Augen haben für die Menschen am Rande und an der Schwelle, für die alt Gewordenen, für die Kinder und Jugendlichen. V: Lebendiger Gott. A: Sende deinen Geist.

- Für die Kranken, die auf Genesung hoffen, dass sie liebevoll begleitet werden in der Zeit der Angst und der Ungewissheit. V: Lebendiger Gott. A: Sende deinen Geist.

- Für die jungen Menschen, die sich auf die Firmung vorbereiten, dass der Windhauch des Geistes der Liebe, der Verantwortung, des Aufbruchs sie erreiche. V: Lebendiger Gott. A: Sende deinen Geist.

- Für die vielen Kinder und Jugendlichen, die ohne Ausbildung und Lebensperspektive sind, dass sie Menschen begegnen, die ihnen reelle Lebenschancen eröffnen. V: Lebendiger Gott. A: Sende deinen Geist.

Auch heute wirkt dein Heiliger Geist, guter Gott, in die Welt hinein. Dir sei Ehre und Dank, heute und alle Tage bis in Ewigkeit.

EUCHARISTIEFEIER

GABENGEBET

Gott, unser Vater, nimm unsere Gaben an, in denen das Opfer deines Sohnes gegenwärtig wird. Aus seiner Seitenwunde ist die Kirche hervorgegangen als Werk des Heiligen Geistes. Lass sie ihren Ursprung nie vergessen, sondern daraus in dieser Feier Heil und Leben schöpfen. Darum bitten wir durch Christus, unseren Herrn.

Präfation, S. 470

KOMMUNIONVERS Joh 16,13

Wenn der Geist der Wahrheit kommt,
wird er euch in die volle Wahrheit einführen. Halleluja.

SCHLUSSGEBET

Herr, du hast uns gestärkt durch das Sakrament deines Sohnes. Mache das Werk deiner Kirche fruchtbar und enthülle durch sie den Armen das Geheimnis unserer Erlösung; denn die Armen hast du vor allen dazu berufen, Anteil zu haben an deinem Reich. Darum bitten wir durch Christus, unseren Herrn.

Oder:

Gütiger Gott, bewahre dem Volk der Erlösten deine Liebe und Treue. Das Leiden deines Sohnes hat uns gerettet, sein Geist, der von dir ausgeht, führe uns den rechten Weg. Darum bitten wir durch Christus, unseren Herrn.

***

ANRUFUNG DES HEILIGEN GEISTES

Du Kraft
Du Stille
Du Mut
Du Maß

Du Trost
Du Gabe
Du Glut
Du Gnad

Du Wort
Du Quelle
Du Ruf
Du Tat

Du Licht
Du Weg
Du Gut
Du Rat

Du Hilfe
Du Recht
Du Atem
der Welt

komm zu uns
erschaffe Vertrauen
erwirke den Glauben
der dir gefällt

Kira Busch-Wagner

GOTT MIT UNS

ein Leben lang
von der Taufe
bis zum Grab
– neben mir

und doch
bleibt Gott
Gott,
mein Schöpfer
und mein Herr
– über mir

immer wieder
schenkt er sich
beim Mahl
in mein Herz:
Gott
in mir

Heinz Detlef Stäps

Die Feier der Gemeindemesse

**Deinen Tod, o Herr, verkünden wir,
und deine Auferstehung preisen wir,
bis du kommst in Herrlichkeit.**

Inhaltsübersicht der Feier der Gemeindemesse

P = Priester | A = Alle | L = Lektor/in
G = Gemeinde | D = Diakon

ERÖFFNUNG

EINZUG – GESANG ZUR ERÖFFNUNG

(Die Gemeinde versammelt sich. Darauf tritt der Priester an den Altar. Er wird begleitet von denen, die bei der Messfeier einen besonderen Dienst an Altar oder Ambo versehen. Während des Einzugs wird der Gesang zur Eröffnung gesungen.)

VEREHRUNG DES ALTARES

(Der Priester verehrt gemeinsam mit seiner Begleitung den Altar und küsst ihn. Nach der Verehrung des Altares gehen der Priester und seine Begleitung zu ihren Sitzen. Alle stehen und machen das Kreuzzeichen. Der Priester spricht:)

P: † Im Namen des Vaters
und des Sohnes und des
Heiligen Geistes. Amen.

P: † In nómine Patris,
et Fílii, et Spíritus
Sancti. Amen.

BEGRÜSSUNG DER GEMEINDE

P: Der Herr sei mit euch.
G: Und mit deinem Geiste.

P: Dóminus vobíscum.
G: Et cum spíritu tuo.

Oder:

Die Gnade unseres Herrn Jesus Christus,
die Liebe Gottes des Vaters
und die Gemeinschaft des Heiligen Geistes
sei mit euch.

Oder:

Gnade und Friede von Gott, unserem Vater,
und dem Herrn Jesus Christus
sei mit euch.

Oder:

Gnade und Friede von dem,
der ist und der war und der kommen wird,
sei mit euch.

Oder:

Gnade und Friede
in der heiligen Versammlung der Kirche Gottes
sei mit euch.

Oder:

Der Herr der Herrlichkeit
und Spender jeder Gnade
sei mit euch.

Oder:

Die Gnade des Herrn Jesus,
der für uns Mensch geworden ist
(gelitten hat, gestorben ist ...),
sei mit euch.

Oder:

Die Gnade unseres Herrn Jesus Christus
sei mit euch.

(Der Priester, der Diakon oder ein anderer dazu Beauftragter kann eine knappe Einführung in die Feier geben.)

ALLGEMEINES SCHULDBEKENNTNIS

(Es folgt das Allgemeine Schuldbekenntnis mit Einladung und Stille.)

FORM A

EINLADUNG

Brüder und Schwestern,
damit wir die heiligen Geheimnisse
in rechter Weise feiern können,
wollen wir bekennen, dass wir gesündigt haben.

Oder:

Bevor wir das Gedächtnis des Herrn begehen,
wollen wir uns besinnen und bekennen,
dass wir sündige Menschen sind.

(Oder eine andere, frei formulierte Einladung.)

SCHULDBEKENNTNIS

P: Wir sprechen das Schuldbekenntnis:
A: Ich bekenne Gott, dem Allmächtigen,
und allen Brüdern und Schwestern,
dass ich Gutes unterlassen
und Böses getan habe
– ich habe gesündigt
in Gedanken, Worten und Werken –

(alle schlagen an die Brust)

durch meine Schuld, durch meine Schuld,
durch meine große Schuld.
Darum bitte ich die selige Jungfrau Maria,
alle Engel und Heiligen

und euch, Brüder und Schwestern,
für mich zu beten bei Gott, unserem Herrn.

VERGEBUNGSBITTE

P: Der allmächtige Gott erbarme sich unser.
Er lasse uns die Sünden nach
und führe uns zum ewigen Leben.
A: Amen.

FORM B

EINLADUNG

Brüder und Schwestern,
bevor wir das Wort Gottes hören
und das Opfer Christi feiern,
wollen wir uns bereiten
und Gott um Vergebung unserer Sünden bitten.

Oder:

Damit wir das Gedächtnis des Herrn recht begehen,
prüfen wir uns selbst
und bekennen unsere Schuld
vor Gott und der Kirche.

(Oder eine andere, frei formulierte Einladung.)

SCHULDBEKENNTNIS

P: Erbarme dich, Herr, unser Gott,
erbarme dich.
A: Denn wir haben vor dir gesündigt.
P: Erweise, Herr, uns deine Huld.
A: Und schenke uns dein Heil.

VERGEBUNGSBITTE

P: Nachlass, Vergebung und Verzeihung
unserer Sünden gewähre uns
der allmächtige und barmherzige Herr.
A: Amen.

FORM C

KYRIE-LITANEI

EINLADUNG

Zu Beginn dieser Messfeier wollen wir uns besinnen und das Erbarmen des Herrn auf uns herabrufen.

(Oder eine andere, frei formulierte Einladung.)

ANRUFUNGEN

V: Herr Jesus Christus,
du bist vom Vater gesandt, zu heilen,
was verwundet ist:
V: Kyrie, eléison.
A: Kyrie, eléison.

Oder:

V: Herr, erbarme dich (unser).
A: Herr, erbarme dich (unser).

V: Du bist gekommen, die Sünder zu berufen:
V: Christe, eléison.
A: Christe, eléison.

Oder:

V: Christus, erbarme dich (unser).
A: Christus, erbarme dich (unser).

V: Du bist zum Vater heimgekehrt,
um für uns einzutreten:
V: Kyrie, eléison.
A: Kyrie, eléison.

Oder:

V: Herr, erbarme dich (unser).
A: Herr, erbarme dich (unser).

(Diese mit dem Kyrie verbundenen Anrufungen können frei formuliert werden.)

VERGEBUNGSBITTE

P: Der Herr erbarme sich unser.
Er nehme von uns Sünde und Schuld,
damit wir mit reinem Herzen
diese Feier begehen.
A: Amen.

KYRIE

(Es folgen die Kyrie-Rufe – falls sie nicht schon vorausgegangen sind.)

V: Herr, erbarme dich (unser).
A: Herr, erbarme dich (unser).
V: Christus, erbarme dich (unser).
A: Christus, erbarme dich (unser).
V: Herr, erbarme dich (unser).
A: Herr, erbarme dich (unser).

V: Kyrie, eléison.
A: Kyrie, eléison.
V: Christe, eléison.
A: Christe, eléison.
V: Kyrie, eléison.
A: Kyrie, eléison.

(An den Sonntagen außerhalb der Advents- und Fastenzeit, an Hochfesten, Festen und bei anderen festlichen Gottesdiensten folgt das Gloria.)

EHRE SEI GOTT IN DER HÖHE

A: Ehre sei Gott in der Höhe
und Friede auf Erden
den Menschen seiner Gnade.
Wir loben dich,
wir preisen dich,
wir beten dich an,
wir rühmen dich
und danken dir,
denn groß ist deine Herrlichkeit:
Herr und Gott, König des Himmels,
Gott und Vater, Herrscher über das All,
Herr, eingeborener Sohn, Jesus Christus.
Herr und Gott, Lamm Gottes, Sohn des Vaters,
du nimmst hinweg die Sünde der Welt:
erbarme dich unser;
du nimmst hinweg die Sünde der Welt:
nimm an unser Gebet;
du sitzest zur Rechten des Vaters:
erbarme dich unser.
Denn du allein bist der Heilige,
du allein der Herr,
du allein der Höchste:
Jesus Christus,
mit dem Heiligen Geist,
zur Ehre Gottes des Vaters.
Amen.

Oder:

GLORIA

A: Glória in excélsis Deo
et in terra pax
homínibus bonae voluntátis.
Laudámus te,

benedícimus te,
adorámus te,
glorificámus te,
grátias ágimus tibi
propter magnam glóriam tuam,
Dómine Deus, Rex caeléstis,
Deus Pater omnipotens.
Dómine Fili unigénite, Iesu Christe,
Dómine Deus, Agnus Dei, Fílius Patris,
qui tollis peccáta mundi,
miserére nobis;
qui tollis peccáta mundi,
súscipe deprecatiónem nostram.
Qui sedes ad déxteram Patris,
miserére nobis.
Quóniam tu solus Sanctus,
tu solus Dóminus,
tu solus Altíssimus,
Iesu Christe,
cum Sancto Spíritu:
in glória Dei Patris.
Amen.

TAGESGEBET

(Der Priester lädt zum Gebet ein. Er singt oder spricht:)

P: Lasset uns beten.

(Nach einer kurzen Stille, in der sich alle zum Gebet sammeln, breitet der Priester die Hände aus und singt oder spricht das Tagesgebet. Die Gemeinde beschließt das Gebet mit dem Ruf:)

G: Amen.

WORTGOTTESDIENST

ERSTE LESUNG UND ZWISCHENGESANG

(Der Lektor geht zum Ambo und trägt die erste Lesung vor. Alle hören sitzend zu. Wo nach der Lesung ein Zuruf der Gemeinde üblich ist, fügt der Lektor folgenden Ruf an:)

L: Wort des lebendigen Gottes.	L: Verbum Dómini.
G: Dank sei Gott.	G: Deo grátias.

(Dann trägt der Kantor (Psalmist) als ersten Zwischengesang den Antwortpsalm vor. Die Gemeinde übernimmt den Kehrvers.)

ZWEITE LESUNG UND ZWISCHENGESANG

(Folgt eine zweite Lesung, so wird auch sie durch einen Lektor vom Ambo aus vorgetragen. Sie wird in der gleichen Weise abgeschlossen wie die erste Lesung. Auf die zweite Lesung folgt als Zwischengesang das Halleluja bzw. der an dessen Stelle vorgesehene andere Gesang.)

EVANGELIUM

(Der Diakon oder der Priester geht zum Ambo: Ministranten – mit Kerzen und Weihrauch – begleiten ihn.)

D/P: Der Herr sei mit euch.	D/P: Dóminus vobíscum.
G: Und mit deinem Geiste.	G: Et cum spíritu tuo.
D/P: † Aus dem heiligen Evangelium nach N.	D/P: Inítium *oder* Sequéntia sancti Evangélii secúndum N.

(Dabei bezeichnet er das Buch und sich selbst auf Stirn, Mund und Brust mit dem Kreuzzeichen.)

G: Ehre sei dir, o Herr.	G: Glória tibi, Dómine.

(Wo nach dem Evangelium ein Zuruf der Gemeinde üblich ist, fügt der Diakon/Priester an:)

D/P: Evangelium unseres Herrn Jesus Christus.
G: Lob sei dir, Christus.

D/P: Verbum Dómini.
G: Laus tibi, Christe.

(Danach küsst der Diakon/Priester das Buch und spricht leise:)

D/P: Herr, durch dein Evangelium nimm hinweg unsere Sünden.

HOMILIE

(Die Homilie ist ein Teil der Liturgie. Sie ist an allen Sonntagen und gebotenen Feiertagen vorgeschrieben, sonst empfohlen. An Sonntagen, an Hochfesten und bei anderen festlichen Gottesdiensten folgt das Credo.)

DAS GROSSE GLAUBENSBEKENNTNIS

(Das Apostolische Glaubensbekenntnis siehe S. 495.)

(P: Wir sprechen das Große Glaubensbekenntnis.)

A: Wir glauben an den einen Gott,
den Vater, den Allmächtigen,
der alles geschaffen hat, Himmel und Erde,
die sichtbare und die unsichtbare Welt.
Und an den einen Herrn Jesus Christus,
Gottes eingeborenen Sohn,
aus dem Vater geboren vor aller Zeit:
Gott von Gott, Licht vom Licht,
wahrer Gott vom wahren Gott,
gezeugt, nicht geschaffen,
eines Wesens mit dem Vater;
durch ihn ist alles geschaffen.
Für uns Menschen und zu unserem Heil
ist er vom Himmel gekommen,

(Zu den folgenden Worten bis zu „Mensch geworden" verbeugen sich alle – an Weihnachten und am Hochfest der Verkündigung des Herrn kniet man nieder.)

hat Fleisch angenommen
durch den Heiligen Geist
von der Jungfrau Maria
und ist Mensch geworden.
Er wurde für uns gekreuzigt
unter Pontius Pilatus,
hat gelitten und ist begraben worden,
ist am dritten Tage auferstanden
nach der Schrift
und aufgefahren in den Himmel.
Er sitzt zur Rechten des Vaters
und wird wiederkommen in Herrlichkeit,
zu richten die Lebenden und die Toten;
seiner Herrschaft wird kein Ende sein.
Wir glauben an den Heiligen Geist,
der Herr ist und lebendig macht,
der aus dem Vater und dem Sohn hervorgeht,
der mit dem Vater und dem Sohn
angebetet und verherrlicht wird,
der gesprochen hat durch die Propheten,
und die eine, heilige, katholische
und apostolische Kirche.
Wir bekennen die eine Taufe
zur Vergebung der Sünden.
Wir erwarten die Auferstehung der Toten
und das Leben der kommenden Welt. Amen.

Oder:

CREDO

A: Credo in unum Deum,
Patrem omnipoténtem,

factórem caeli et terrae,
visibílium ómnium et invisibílium.
Et in unum Dóminum Iesum Christum,
Fílium Dei unigénitum,
et ex Patre natum ante ómnia sáecula.
Deum de Deo, lumen de lúmine,
Deum verum de Deo vero,
génitum, non factum,
consubstantiálem Patri:
per quem ómnia facta sunt.
Qui propter nos hómines et propter nostram salútem
descéndit de caelis.

(Zu den folgenden Worten bis zu „factus est" verbeugen sich alle – an Weihnachten und am Hochfest der Verkündigung des Herrn kniet man nieder.)

Et incarnátus est
de Spíritu Sancto
ex María Vírgine,
et homo factus est.
Crucifíxus étiam pro nobis
sub Póntio Piláto;
passus et sepúltus est,
et resurréxit tértia die,
secúndum Scriptúras,
et ascéndit in caelum,
sedet ad déxteram Patris.
Et íterum ventúrus est cum glória,
iudicáre vivos et mórtuos,
cuius regni non erit finis.
Et in Spíritum Sanctum,
Dóminum et vivificántem:
qui ex Patre Filióque procédit.
Qui cum Patre et Fílio
simul adorátur et conglorificátur:
qui locútus est per prophétas.

Et unam, sanctam, cathólicam
et apostólicam Ecclésiam.
Confíteor unum baptísma
in remissiónem peccatórum.
Et expécto resurrectiónem mortuórum,
et vitam ventúri sáeculi. Amen.

Oder:

DAS APOSTOLISCHE GLAUBENSBEKENNTNIS

(P: Wir sprechen das Apostolische Glaubensbekenntnis.)

A: Ich glaube an Gott,
den Vater, den Allmächtigen,
den Schöpfer des Himmels und der Erde,
und an Jesus Christus,
seinen eingeborenen Sohn, unsern Herrn,

(Zu den folgenden Worten bis zu „Jungfrau Maria" verbeugen sich alle – an Weihnachten und am Hochfest der Verkündigung des Herrn kniet man nieder.)

empfangen durch den Heiligen Geist,
geboren von der Jungfrau Maria,
gelitten unter Pontius Pilatus,
gekreuzigt, gestorben und begraben,
hinabgestiegen in das Reich des Todes,
am dritten Tage auferstanden von den Toten,
aufgefahren in den Himmel;
er sitzt zur Rechten Gottes,
des allmächtigen Vaters;
von dort wird er kommen,
zu richten die Lebenden und die Toten.
Ich glaube an den Heiligen Geist,
die heilige katholische Kirche,
Gemeinschaft der Heiligen,
Vergebung der Sünden,

Auferstehung der Toten
und das ewige Leben. Amen.

FÜRBITTEN (ALLGEMEINES GEBET)

(Es folgen die Fürbitten.)

EUCHARISTIEFEIER

GABENBEREITUNG

GESANG ZUR GABENBEREITUNG

(Das Herbeibringen und die Bereitung der Gaben können von einem geeigneten Gesang oder von Orgelspiel begleitet werden oder auch in der Stille geschehen.)

HERBEIBRINGEN DER GABEN

(Es empfiehlt sich, dass die Gläubigen ihre Teilnahme durch eine Gabe bekunden. Sie können durch Vertreter Brot und Wein für die Eucharistie oder selber andere Gaben herbeibringen, die für die Bedürfnisse der Kirche und der Armen bestimmt sind.)

ZURÜSTUNG DES ALTARES

(Die Ministranten/Akolythen bringen den Kelch mit Korporale und Kelchtüchlein und das Messbuch zum Altar.)

BEGLEITGEBETE ZUR GABENBEREITUNG

(Der Priester nimmt die Schale mit dem Brot, hält sie über den Altar und spricht leise:)

Gepriesen bist du, Herr, unser Gott, Schöpfer der Welt. Du schenkst uns das Brot, die Frucht der Erde und der menschlichen Arbeit. Wir bringen dieses Brot vor dein Angesicht, damit es uns das Brot des Lebens werde. (Gepriesen bist du in Ewigkeit, Herr, unser Gott.)

(Er stellt die Schale auf das Korporale.)

(Der Priester/Diakon gießt Wein und ein wenig Wasser in den Kelch und spricht leise:)

Wie das Wasser sich mit dem Wein verbindet zum heiligen Zeichen, so lasse uns dieser Kelch teilhaben an der Gottheit Christi, der unsere Menschennatur angenommen hat.

(Der Priester nimmt den Kelch, hält ihn über den Altar und spricht leise:)

Gepriesen bist du, Herr, unser Gott, Schöpfer der Welt. Du schenkst uns den Wein, die Frucht des Weinstocks und der menschlichen Arbeit. Wir bringen diesen Kelch vor dein Angesicht, damit er uns der Kelch des Heiles werde. (Gepriesen bist du in Ewigkeit, Herr, unser Gott.)

(Er stellt den Kelch auf das Korporale.)

(Der Priester verneigt sich und spricht leise:)

Herr, wir kommen zu dir mit reumütigem Herzen und mit demütigem Sinn. Nimm uns an und gib, dass unser Opfer dir gefalle.

HÄNDEWASCHUNG

(Zur Händewaschung an der Seite des Altares spricht der Priester leise:)

Herr, wasche ab meine Schuld,
von meinen Sünden mach mich rein.

EINLADUNG ZUM GABENGEBET

(Der Priester steht, der Gemeinde zugewandt, in der Mitte des Altares und spricht:)

FORM A

P: Lasset uns beten
zu Gott, dem allmächtigen Vater,
dass er die Gaben der Kirche annehme
zu seinem Lob und zum Heil der ganzen Welt.

Oder:

FORM B

P: Lasset uns beten.

(Oder eine andere geeignete Gebetseinladung.)

(Alle verharren eine kurze Zeit in stillem Gebet.)

Oder:

FORM C

P: Betet, Brüder und Schwestern,
dass mein und euer Opfer
Gott, dem allmächtigen Vater, gefalle.
A: Der Herr nehme das Opfer an
aus deinen Händen
zum Lob und Ruhm seines Namens,
zum Segen für uns
und seine ganze heilige Kirche.

GABENGEBET

(Der Priester breitet die Hände aus und trägt das Gabengebet vor. Die Gemeinde beschließt das Gebet mit dem Ruf:)

G: Amen.

DAS EUCHARISTISCHE HOCHGEBET

(Der Priester beginnt das Eucharistische Hochgebet. Er breitet die Hände aus und singt oder spricht:)

P: Der Herr sei mit euch.	P: Dóminus vobíscum.
G: Und mit deinem Geiste.	G: Et cum spíritu tuo.
P: Erhebet die Herzen.	P: Sursum corda.
G: Wir haben sie beim Herrn.	G: Habémus ad Dóminum.
P: Lasset uns danken dem Herrn, unserm Gott.	P: Grátias agámus Dómino Deo nostro.
G: Das ist würdig und recht.	G: Dignum et iustum est.

(Der Priester singt oder spricht die Präfation.)

PRÄFATIONEN

FÜR DIE ADVENTSZEIT

(2. Dezember – 24. Dezember 2018)

I.

In Wahrheit ist es würdig und recht, dir, allmächtiger Vater, zu danken durch unseren Herrn Jesus Christus. Denn in seinem ersten Kommen hat er sich entäußert und ist Mensch geworden. So hat er die alte Verheißung erfüllt und den Weg des Heiles erschlossen. Wenn er wiederkommt im Glanz seiner Herrlichkeit, werden wir sichtbar empfangen, was wir jetzt mit wachem Herzen gläubig erwarten. Darum preisen wir dich mit allen Engeln und Heiligen und singen vereint mit ihnen das Lob deiner Herrlichkeit: Heilig …

II.

In Wahrheit ist es würdig und recht, dir, Herr, heiliger Vater, allmächtiger, ewiger Gott, immer und überall zu danken durch unseren Herrn Jesus Christus. Von ihm redet die Botschaft aller Propheten, die jungfräuliche Mutter trug ihn voll Liebe in ihrem Schoß, seine Ankunft verkündete Johannes der Täufer und zeigte auf ihn, der unerkannt mitten unter den Menschen war. Er schenkt uns in diesen Tagen die Freude, uns für das Fest seiner Geburt zu bereiten, damit wir ihn wachend und betend erwarten und bei seinem Kommen mit Liedern des Lobes empfangen. Darum singen wir mit den Engeln und Erzengeln, den Thronen und Mächten und mit all den Scharen des himmlischen Heeres den Hochgesang von deiner göttlichen Herrlichkeit: Heilig …

III.
Wir danken dir, Vater im Himmel, und rühmen dich durch unseren Herrn Jesus Christus. Ihn hast du der verlorenen Menschheit als Erlöser verheißen. Seine Wahrheit leuchtet den Suchenden, seine Kraft stärkt die Schwachen, seine Heiligkeit bringt den Sündern Vergebung. Denn er ist der Heiland der Welt, den du gesandt hast, weil du getreu bist. Darum preisen wir dich mit den Kerubim und Serafim und singen mit allen Chören der Engel das Lob deiner Herrlichkeit: Heilig …

IV.
In Wahrheit ist es würdig und recht, dir, Herr, heiliger Vater, allmächtiger, ewiger Gott, immer und überall zu danken und dein Erbarmen zu preisen. Denn was durch Adams Sünde verloren ging, bringt uns Christus zurück, unser Retter und Heiland. Was du durch sein erstes Kommen begonnen hast, wirst du bei seiner Wiederkunft an uns vollenden. Darum dienen dir alle Geschöpfe, ehren dich die Erlösten, rühmt dich die Schar deiner Heiligen. Auch wir preisen dich mit den Chören der Engel und singen vereint mit ihnen das Lob deiner Herrlichkeit: Heilig …

V.
(Diese Präfation wird vor allem an den Tagen vom 17. bis 24. Dezember gewählt.)
In Wahrheit ist es würdig und recht, dir, Vater im Himmel, zu danken und dein Erbarmen zu preisen. Denn schon leuchtet auf der Tag der Erlösung und nahe ist die Zeit unseres Heiles, da der Retter kommt, unser Herr Jesus Christus. Durch ihn rühmen wir das Werk

deiner Liebe und vereinen uns mit den Chören der Engel zum Hochgesang von deiner göttlichen Herrlichkeit: Heilig …

Hochfest der ohne Erbsünde empfangenen Jungfrau und Gottesmutter Maria (8. Dezember 2018) – siehe S. 28.

FÜR DIE WEIHNACHTSZEIT

(24. Dezember 2018 – 5. Januar 2019)

I.
In Wahrheit ist es würdig und recht, dir, Herr, heiliger Vater, allmächtiger, ewiger Gott, immer und überall zu danken. Denn Fleisch geworden ist das Wort, und in diesem Geheimnis erstrahlt dem Auge unseres Geistes das neue Licht deiner Herrlichkeit. In der sichtbaren Gestalt des Erlösers lässt du uns den unsichtbaren Gott erkennen, um in uns die Liebe zu entflammen zu dem, was kein Auge geschaut hat. Darum singen wir mit den Engeln und Erzengeln, den Thronen und Mächten und mit all den Scharen des himmlischen Heeres den Hochgesang von deiner göttlichen Herrlichkeit: Heilig …

II.
In Wahrheit ist es würdig und recht, dir, Vater im Himmel, zu danken durch unseren Herrn Jesus Christus. Denn groß ist das Geheimnis seiner Geburt: er, der unsichtbare Gott, ist (heute) sichtbar als Mensch erschienen. Vor aller Zeit aus dir geboren, hat er sich den Gesetzen der Zeit unterworfen. In ihm ist alles neu geschaffen. Er heilt die Wunden der ganzen Schöpfung, richtet auf, was darniederliegt, und ruft den verlorenen Menschen ins Reich deines Friedens. Darum rühmen dich Himmel und Erde, Engel und Menschen und singen das Lob deiner Herrlichkeit: Heilig …

III.
In Wahrheit ist es würdig und recht, dir, allmächtiger Vater, zu danken und dein Erbarmen zu rühmen durch unseren Herrn Jesus Christus. Durch ihn schaffst du den Menschen neu und schenkst

ihm ewige Ehre. Denn einen wunderbaren Tausch hast du vollzogen: dein göttliches Wort wurde ein sterblicher Mensch und wir sterbliche Menschen empfangen in Christus dein göttliches Leben. Darum preisen wir dich mit allen Chören der Engel und singen vereint mit ihnen das Lob deiner Herrlichkeit: Heilig …

Fest der Heiligen Familie (30. Dezember 2018) – siehe S. 501 f.
Hochfest der Gottesmutter Maria (1. Januar 2019) – siehe S. 112.
Erscheinung des Herrn (6. Januar 2019) – siehe S. 120.
Taufe des Herrn (13. Januar 2019) – siehe S. 131 f.
Für die Sonntage im Jahreskreis – siehe S. 504 ff.
Darstellung des Herrn (2. Februar 2019) – siehe S. 161 f.
Aschermittwoch (6. März 2019) – siehe unten.
1. Fastensonntag (10. März 2019) – siehe S. 222 f.
2. Fastensonntag (17. März 2019) – siehe S. 232.
Heiliger Josef (19. März 2019) – siehe S. 241.
Verkündigung des Herrn (25. März 2019) – siehe S. 258 f.

PRÄFATIONEN FÜR DIE FASTENZEIT

I.
In Wahrheit ist es würdig und recht, dir, Vater im Himmel, zu danken und dein Erbarmen zu preisen. Denn jedes Jahr schenkst du deinen Gläubigen die Gnade, das Osterfest in der Freude des Heiligen Geistes zu erwarten. Du mahnst uns in dieser Zeit der Buße zum Gebet und zu Werken der Liebe, du rufst uns zur Feier der Geheimnisse, die in uns die Gnade der Kindschaft erneuern. So führst du uns mit geläutertem Herzen zur österlichen Freude und zur Fülle des Lebens durch unseren Herrn Jesus Christus. Durch ihn rühmen wir deine Größe und vereinen uns mit den Chören der Engel zum Hochgesang von deiner göttlichen Herrlichkeit: Heilig …

II.
Wir danken dir, Vater im Himmel, und rühmen deinen heiligen Namen. Denn jetzt ist die Zeit der Gnade, jetzt sind die Tage des Heiles. Du hilfst uns, das Böse zu überwinden, du schenkst uns von

Neuem die Reinheit des Herzens. Du gibst deinen Kindern die Kraft, in dieser vergänglichen Welt das unvergängliche Heil zu wirken durch unseren Herrn Jesus Christus. Durch ihn preisen wir dich in deiner Kirche und vereinen uns mit den Engeln und Heiligen zum Hochgesang von deiner göttlichen Herrlichkeit: Heilig …

Palmsonntag (14. April 2019) – siehe S. 297
Gründonnerstag (18. April 2019) – siehe S. 308.

FÜR DIE OSTERZEIT

I.

(**Osternacht:** 20/21. April 2019; **Ostersonntag:** 21. April 2019; **Ostermontag:** 22. April 2019; **2. Sonntag der Osterzeit:** 28. April 2019)

In Wahrheit ist es würdig und recht, dir, Vater, immer und überall zu danken, diese Nacht (diesen Tag, diese Tage) aber aufs Höchste zu feiern, da unser Osterlamm geopfert ist, Jesus Christus. Denn er ist das wahre Lamm, das die Sünde der Welt hinwegnimmt. Durch seinen Tod hat er unseren Tod vernichtet und durch seine Auferstehung das Leben neu geschaffen. Darum jubelt in dieser Nacht (heute) der ganze Erdkreis in österlicher Freude, darum preisen dich die himmlischen Mächte und die Chöre der Engel und singen das Lob deiner Herrlichkeit: Heilig …

II.

(**3.–7. Sonntag der Osterzeit:** 5. Mai – 2. Juni 2019)

Wir danken dir, Vater im Himmel, und rühmen dich durch unseren Herrn Jesus Christus. Durch ihn erstehen die Kinder des Lichtes zum ewigen Leben, durch ihn wird den Gläubigen das Tor des himmlischen Reiches geöffnet. Denn unser Tod ist durch seinen Tod überwunden, in seiner Auferstehung ist das Leben für alle erstanden. Durch ihn preisen wir dich in österlicher Freude und singen mit den Chören der Engel das Lob deiner Herrlichkeit: Heilig …

III.

In Wahrheit ist es würdig und recht, dir, Vater, in diesen Tagen freudig zu danken, da unser Osterlamm geopfert ist, Jesus Christus. Er bringt sich dir allzeit für uns dar und steht vor dir als unser Anwalt. Denn einmal geopfert, stirbt er nicht wieder, sondern lebt auf ewig als das Lamm, das geschlachtet ist. Durch ihn preisen wir dich in österlicher Freude und singen mit den Chören der Engel das Lob deiner Herrlichkeit: Heilig ...

IV.

In Wahrheit ist es würdig und recht, dir, Vater, in diesen Tagen freudig zu danken, da unser Osterlamm geopfert ist, Jesus Christus. Das Alte ist vergangen, die gefallene Welt erlöst, das Leben in Christus erneuert. Darum preisen wir dich in österlicher Freude und singen mit den Chören der Engel das Lob deiner Herrlichkeit: Heilig ...

V.

In Wahrheit ist es würdig und recht, dir, Vater, in diesen Tagen freudig zu danken, da unser Osterlamm geopfert ist, Jesus Christus. Als er seinen Leib am Kreuz dahingab, hat er die Opfer der Vorzeit vollendet. Er hat sich dir dargebracht zu unserem Heil, er selbst ist der Priester, der Altar und das Opferlamm. Durch ihn preisen wir dich in österlicher Freude und singen mit den Chören der Engel das Lob deiner Herrlichkeit: Heilig ...

FÜR DIE SONNTAGE IM JAHRESKREIS

(20. Januar – 3. März 2019)
(23. Juni – 17. November 2019)

I.

In Wahrheit ist es würdig und recht, dir, Herr, heiliger Vater, allmächtiger, ewiger Gott, immer und überall zu danken durch unseren Herrn Jesus Christus. Denn er hat Großes an uns getan: durch seinen Tod und seine Auferstehung hat er uns von der Sünde und von der Knechtschaft des Todes befreit und zur Herrlichkeit des neuen Lebens berufen. In ihm sind wir ein auserwähltes Geschlecht, dein heiliges Volk, dein königliches Priestertum. So verkünden wir die Werke deiner Macht, denn du hast uns aus der Finsternis in dein wunderbares Licht gerufen. Darum singen wir mit den Engeln und Erzengeln, den Thronen und Mächten und mit all den Scharen des himmlischen Heeres den Hochgesang von deiner göttlichen Herrlichkeit: Heilig ...

II.
In Wahrheit ist es würdig und recht, dir, allmächtiger Vater, zu danken und das Werk deiner Gnade zu rühmen durch unseren Herrn Jesus Christus. Denn aus Erbarmen mit uns sündigen Menschen ist er Mensch geworden aus Maria, der Jungfrau. Durch sein Leiden am Kreuz hat er uns vom ewigen Tod befreit und durch seine Auferstehung uns das unvergängliche Leben erworben. Darum preisen dich deine Erlösten und singen mit den Chören der Engel das Lob deiner Herrlichkeit: Heilig ...

III.
In Wahrheit ist es würdig und recht, dir, Herr, heiliger Vater, allmächtiger, ewiger Gott, immer und überall zu danken. Denn wir erkennen deine Herrlichkeit in dem, was du an uns getan hast: Du bist uns mit der Macht deiner Gottheit zu Hilfe gekommen und hast uns durch deinen menschgewordenen Sohn Rettung und Heil gebracht aus unserer menschlichen Sterblichkeit. So kam uns aus unserer Vergänglichkeit das unvergängliche Leben durch unseren Herrn Jesus Christus. Durch ihn preisen wir jetzt und in Ewigkeit dein Erbarmen und singen mit den Chören der Engel das Lob deiner Herrlichkeit: Heilig ...

IV.
Wir danken dir, Vater im Himmel, und rühmen dich durch unseren Herrn Jesus Christus. Denn durch seine Geburt hat er den Menschen erneuert, durch sein Leiden unsere Sünden getilgt, in seiner Auferstehung den Weg zum Leben erschlossen und in seiner Auffahrt zu dir das Tor des Himmels geöffnet. Durch ihn rühmen dich deine Erlösten und singen mit den Chören der Engel das Lob deiner Herrlichkeit: Heilig ...

V.
In Wahrheit ist es würdig und recht, dir, allmächtiger Vater, zu danken und dich mit der ganzen Schöpfung zu loben. Denn du hast die Welt mit all ihren Kräften ins Dasein gerufen und sie dem Wechsel der Zeiten unterworfen. Den Menschen aber hast du auf dein Bild hin geschaffen und ihm das Werk deiner Allmacht übergeben. Du hast ihn bestimmt, über die Erde zu herrschen, dir, seinem Herrn und Schöpfer, zu dienen und das Lob deiner großen Taten zu verkünden durch unseren Herrn Jesus Christus. Darum singen wir mit den Engeln und Erzengeln, den Thronen und Mächten und mit all den Scharen des himmlischen Heeres den Hochgesang von deiner göttlichen Herrlichkeit: Heilig ...

VI.
In Wahrheit ist es würdig und recht, dir, Vater im Himmel, zu danken und dich mit der ganzen Schöpfung zu loben. Denn in dir leben wir, in dir bewegen wir uns und sind wir. Jeden Tag erfahren wir aufs Neue das Wirken deiner Güte. Schon in diesem Leben besitzen wir den Heiligen Geist, das Unterpfand ewiger Herrlichkeit. Durch ihn hast du Jesus auferweckt von den Toten und uns die sichere Hoffnung gegeben, dass sich an uns das österliche Geheimnis vollendet. Darum preisen wir dich mit allen Chören der Engel und singen vereint mit ihnen das Lob deiner Herrlichkeit: Heilig ...

VII.
In Wahrheit ist es würdig und recht, dir, Vater im Himmel, zu danken und deine Gnade zu rühmen. So sehr hast du die Welt geliebt, dass du deinen Sohn als Erlöser gesandt hast. Er ist uns Menschen gleich geworden in allem, außer der Sünde, damit du in uns lieben kannst, was du in deinem eigenen Sohne geliebt hast. Durch den Ungehorsam der Sünde haben wir deinen Bund gebrochen, durch den Gehorsam deines Sohnes hast du ihn erneuert. Darum preisen wir das Werk deiner Liebe und vereinen uns mit den Chören der Engel zum Hochgesang von deiner göttlichen Herrlichkeit: Heilig ...

VIII.

In Wahrheit ist es würdig und recht, dir, allmächtiger Vater, zu danken und dein Erbarmen zu rühmen. Die Sünde hatte die Menschen von dir getrennt, du aber hast sie zu dir zurückgeführt durch das Blut deines Sohnes und die Kraft deines Geistes. Wie du eins bist mit dem Sohn und dem Heiligen Geist, so ist deine Kirche geeint nach dem Bild des dreieinigen Gottes. Sie ist dein heiliges Volk, der Leib Christi und der Tempel des Heiligen Geistes zum Lob deiner Weisheit und Liebe. Darum preisen wir dich in deiner Kirche und vereinen uns mit den Engeln und Heiligen zum Hochgesang von deiner göttlichen Herrlichkeit: Heilig …

Christi Himmelfahrt (30. Mai 2019) – siehe S. 437.
7. Sonntag der Osterzeit (2. Juni 2019) – siehe S. 445.
Pfingsten (9. Juni 2019 – siehe S. 470.
Pfingstmontag (10. Juni 2019) – siehe S. 470.
Dreifaltigkeitssonntag (16. Juni 2019) – siehe S. 605.
Hochfest des Leibes und Blutes Christi –
Fronleichnam (20. Juni 2019) – siehe S. 618 f.
Geburt Johannes' des Täufers (24. Juni 2019) – siehe S. 636 f.
Herz-Jesu-Fest (28. Juni 2019) – siehe S. 645.
Hochfest der Apostel Petrus und Paulus (29. Juni 2019) – siehe S. 653.
Verklärung des Herrn (6. August 2019) – siehe S. 710 f.
Mariä Aufnahme in den Himmel (15. August 2019) – siehe S. 728.
Allerheiligen (1. November 2019) – siehe S. 828 f.
Allerseelen (2. November 2019) – siehe S. 837.
Christkönigssonntag (24. November 2019) – siehe S. 870.

(Zum Schluss der Präfation faltet der Priester die Hände. Gemeinsam mit der Gemeinde singt er das Sanctus.)

A: Heilig, heilig, heilig
Gott, Herr aller Mächte
und Gewalten.
Erfüllt sind Himmel

A: Sanctus, Sanctus,
Sanctus Dóminus Deus
Sábaoth.
Pleni sunt caeli

und Erde	et terra
von deiner Herrlichkeit.	glória tua.
Hosanna in der Höhe.	Hosánna in excélsis.
Hochgelobt sei,	Benedíctus
der da kommt	qui venit
im Namen des Herrn.	in nómine Dómini.
Hosanna in der Höhe.	Hosánna in excélsis.

ANFÄNGE DER HOCHGEBETE

Dich, gütiger Vater, bitten wir – siehe unten.

Ja, du bist heilig, großer Gott,
du bist der Quell aller Heiligkeit – siehe S. 519.

Ja, du bist heilig, großer Gott,
und alle deine Werke verkünden dein Lob – siehe S. 526.

Wir preisen dich, heiliger Vater – siehe S. 535.

ERSTES HOCHGEBET

(Der Priester breitet die Hände aus und spricht:)

P: Dich, gütiger Vater, bitten wir
durch deinen Sohn,
unseren Herrn Jesus Christus:
Nimm diese heiligen,
makellosen Opfergaben an
und † segne sie.
Wir bringen sie dar
vor allem für deine heilige katholische Kirche
in Gemeinschaft mit deinem Diener,
unserem Papst N.,
mit unserem Bischof N.
und mit allen, die Sorge tragen
für den rechten,

katholischen und apostolischen Glauben.
Schenke deiner Kirche Frieden und Einheit,
behüte und leite sie auf der ganzen Erde.

GEDÄCHTNIS DER LEBENDEN

Gedenke deiner Diener
und Dienerinnen N. N.
(für die wir heute besonders beten)
und aller, die hier versammelt sind.

Herr, du kennst ihren Glauben
und ihre Hingabe;
für sie bringen wir dieses Opfer des Lobes dar,
und sie selber weihen es dir
für sich und für alle, die ihnen verbunden sind,
für ihre Erlösung
und für ihre Hoffnung
auf das unverlierbare Heil.
Vor dich,
den ewigen, lebendigen und wahren Gott,
bringen sie ihre Gebete und Gaben.

GEDÄCHTNIS DER HEILIGEN

(Mit dem Gedächtnis der Heiligen wird an bestimmten Tagen die Erwähnung des Festgeheimnisses verbunden:)

In Gemeinschaft mit der ganzen Kirche
gedenken wir deiner Heiligen.
Wir ehren vor allem Maria,
die glorreiche, allzeit jungfräuliche Mutter
unseres Herrn und Gottes Jesus Christus. ► S. 513

An Sonntagen:

In Gemeinschaft mit der ganzen Kirche
feiern wir den ersten Tag der Woche als den Tag,

an dem Christus von den Toten erstanden ist,
und gedenken deiner Heiligen:
Wir ehren vor allem Maria,
die glorreiche, allzeit jungfräuliche Mutter
unseres Herrn und Gottes Jesus Christus. ► S. 513

An Mariä Empfängnis:

In Gemeinschaft mit der ganzen Kirche
feiern wir den Tag,
an dem Maria ohne Erbschuld empfangen wurde,
da sie auserwählt war,
die Mutter des Erlösers zu werden.
Wir ehren vor allen Heiligen sie,
die glorreiche, allzeit jungfräuliche Mutter
unseres Herrn und Gottes Jesus Christus. ► S. 513

Von Weihnachten bis Neujahr:

In Gemeinschaft mit der ganzen Kirche
feiern wir (die hochheilige Nacht) den hochheiligen Tag,
(in der) an dem Maria in unversehrter Jungfräulichkeit
der Welt den Erlöser geboren hat.
Wir ehren vor allen Heiligen sie,
die glorreiche, allzeit jungfräuliche Mutter
unseres Herrn und Gottes Jesus Christus. ► S. 513

An Erscheinung des Herrn:

In Gemeinschaft mit der ganzen Kirche
feiern wir den hochheiligen Tag,
an dem dein eingeborener Sohn,
dir gleich in ewiger Herrlichkeit,
als wahrer Mensch
leibhaftig und sichtbar erschienen ist.
Wir gedenken deiner Heiligen
und ehren vor allem Maria,
die glorreiche, allzeit jungfräuliche Mutter
unseres Herrn und Gottes Jesus Christus. ► S. 513

An Lichtmess:

In Gemeinschaft mit der ganzen Kirche
feiern wir den Tag,
an dem dein eingeborener Sohn
im Tempel dargestellt wurde.
Wir gedenken deiner Heiligen
und ehren vor allem Maria,
die glorreiche, allzeit jungfräuliche Mutter
unseres Herrn und Gottes Jesus Christus. ► S. 513

An Verkündigung des Herrn:

In Gemeinschaft mit der ganzen Kirche
feiern wir den Tag,
an dem Maria deinen ewigen Sohn
durch den Heiligen Geist empfangen hat.
Wir ehren vor allen Heiligen sie,
die glorreiche, allzeit jungfräuliche Mutter
unseres Herrn und Gottes
Jesus Christus. ► S. 513

Am Gründonnerstag:

In Gemeinschaft mit der ganzen Kirche
feiern wir den hochheiligen Tag,
an dem unser Herr Jesus Christus
sich für uns hingegeben hat.
Wir gedenken deiner Heiligen
und ehren vor allem Maria,
die glorreiche, allzeit jungfräuliche Mutter
unseres Herrn und Gottes
Jesus Christus. ► S. 513

Von der Osternacht bis zum Weißen Sonntag:

In Gemeinschaft mit der ganzen Kirche
feiern wir
das Hochfest der Auferstehung

unseres Herrn Jesus Christus.
Wir gedenken deiner Heiligen
und ehren vor allem Maria,
die glorreiche, allzeit jungfräuliche Mutter
unseres Herrn und Gottes Jesus Christus. ► S. 513

An Christi Himmelfahrt:

In Gemeinschaft mit der ganzen Kirche
feiern wir den Tag,
an dem unser Herr Jesus Christus,
dein eingeborener Sohn,
unsere schwache,
mit seiner Gottheit vereinte Menschennatur
zu deiner Rechten erhoben hat.
Wir gedenken deiner Heiligen
und ehren vor allem Maria,
die glorreiche, allzeit jungfräuliche Mutter
unseres Herrn und Gottes Jesus Christus. ► S. 513

Am Pfingsttag:

In Gemeinschaft mit der ganzen Kirche
feiern wir das hohe Pfingstfest,
an dem der Heilige Geist
in Feuerzungen auf die Jünger herabkam.
Wir gedenken deiner Heiligen
und ehren vor allem Maria,
die glorreiche, allzeit jungfräuliche Mutter
unseres Herrn und Gottes Jesus Christus. ► S. 513

An Johannes' Geburt:

In Gemeinschaft mit der ganzen Kirche
feiern wir den Tag,
an dem Johannes geboren wurde,
der Christus voranging, um ihm den Weg zu bereiten,
dem Erlöser der Welt.

Wir gedenken deiner Heiligen
und ehren vor allem Maria,
die glorreiche, allzeit jungfräuliche Mutter
unseres Herrn und Gottes Jesus Christus. ▶ unten

An Mariä Himmelfahrt:

In Gemeinschaft mit der ganzen Kirche
feiern wir den Tag,
an dem die jungfräuliche Gottesmutter
in den Himmel aufgenommen wurde.
Wir ehren vor allen Heiligen sie,
die glorreiche, allzeit jungfräuliche Mutter
unseres Herrn und Gottes Jesus Christus. ▶ unten

An Allerheiligen:

In Gemeinschaft mit der ganzen Kirche
feiern wir den Tag,
der dem Gedächtnis aller Heiligen geweiht ist,
die im Leben Christus nachfolgten
und im Sterben
von ihm die Krone der Herrlichkeit empfingen.
Wir ehren vor allen Heiligen Maria,
die glorreiche, allzeit jungfräuliche Mutter
unseres Herrn und Gottes Jesus Christus.

Wir ehren ihren Bräutigam, den heiligen Josef;
deine heiligen Apostel und Märtyrer:
Petrus und Paulus, Andreas
(Jakobus, Johannes, Thomas, Jakobus,
Philippus, Bartholomäus, Matthäus,
Simon und Thaddäus,
Linus, Kletus, Klemens, Xystus, Kornelius,
Cyprianus, Laurentius, Chrysogonus,
Johannes und Paulus, Kosmas und Damianus)
und alle deine Heiligen;
blicke auf ihr heiliges Leben und Sterben

und gewähre uns auf ihre Fürsprache
in allem deine Hilfe und deinen Schutz.

(Das folgende Gebet hat an bestimmten Tagen und bei verschiedenen Feiern eine besondere Form:)

Nimm gnädig an, o Gott,
diese Gaben deiner Diener
und deiner ganzen Gemeinde;
ordne unsere Tage in deinem Frieden,
rette uns vor dem ewigen Verderben
und nimm uns auf in die Schar
deiner Erwählten. ► S. 515

Am Gründonnerstag:

Nimm gnädig an, o Gott,
diese Gaben deiner Diener
und deiner ganzen Gemeinde.
Wir bringen sie dar am Tag,
an dem unser Herr Jesus Christus
seinen Jüngern aufgetragen hat,
die Geheimnisse seines Leibes und Blutes zu feiern.
Ordne unsere Tage in deinem Frieden,
rette uns vor dem ewigen Verderben
und nimm uns auf in die Schar deiner Erwählten. ► S. 515

Von der Osternacht bis zum Weißen Sonntag:

Nimm gnädig an, o Gott, diese Gaben deiner Diener
und deiner ganzen Gemeinde.
Wir bringen sie dar auch für jene,
die an diesem Osterfest
aus dem Wasser und dem Heiligen Geist
zum neuen Leben geboren wurden,
denen du alle Sünden vergeben hast.
Ordne unsere Tage in deinem Frieden,
rette uns vor dem ewigen Verderben
und nimm uns auf in die Schar deiner Erwählten. ► S. 515

Schenke, o Gott, diesen Gaben Segen in Fülle
und nimm sie zu eigen an.
Mache sie uns zum wahren Opfer im Geiste,
das dir wohlgefällt:
zum Leib und Blut deines geliebten Sohnes,
unseres Herrn Jesus Christus.

Am Abend vor seinem Leiden
nahm er das Brot
in seine heiligen und ehrwürdigen Hände,
erhob die Augen zum Himmel,
zu dir, seinem Vater, dem allmächtigen Gott,
sagte dir Lob und Dank,
brach das Brot,
reichte es seinen Jüngern und sprach:

NEHMET UND ESSET ALLE DAVON:
DAS IST MEIN LEIB,
DER FÜR EUCH HINGEGEBEN WIRD.

Ebenso nahm er nach dem Mahl
diesen erhabenen Kelch
in seine heiligen und ehrwürdigen Hände,
sagte dir Lob und Dank,
reichte den Kelch seinen Jüngern und sprach:

NEHMET UND TRINKET ALLE DARAUS:
DAS IST DER KELCH
DES NEUEN UND EWIGEN BUNDES,
MEIN BLUT,
DAS FÜR EUCH
UND FÜR ALLE VERGOSSEN WIRD
ZUR VERGEBUNG DER SÜNDEN.
TUT DIES ZU MEINEM GEDÄCHTNIS.

Geheimnis des Glaubens:

G: Deinen Tod, o Herr,
verkünden wir
und deine Auferstehung
preisen wir,
bis du kommst in
Herrlichkeit.

G: Mortem tuam
annuntiámus,
Dómine,
et tuam resurrec-
tiónem confitémur,
donec vénias.

P: Darum, gütiger Vater,
feiern wir, deine Diener
und dein heiliges Volk,
das Gedächtnis deines Sohnes,
unseres Herrn Jesus Christus.
Wir verkünden sein heilbringendes Leiden,
seine Auferstehung von den Toten
und seine glorreiche Himmelfahrt.
So bringen wir aus den Gaben,
die du uns geschenkt hast,
dir, dem erhabenen Gott,
die reine, heilige und makellose Opfergabe dar:
das Brot des Lebens
und den Kelch des ewigen Heiles.

Blicke versöhnt und gütig darauf nieder
und nimm sie an
wie einst die Gaben
deines gerechten Dieners Abel,
wie das Opfer unseres Vaters Abraham,
wie die heilige Gabe, das reine Opfer
deines Hohenpriesters Melchisedek.

Wir bitten dich,
allmächtiger Gott:
Dein heiliger Engel trage diese Opfergabe
auf deinen himmlischen Altar
vor deine göttliche Herrlichkeit;
und wenn wir durch unsere Teilnahme am Altar

den heiligen Leib und das Blut
deines Sohnes empfangen,
erfülle uns mit aller Gnade
und allem Segen des Himmels.

GEDÄCHTNIS DER VERSTORBENEN

Gedenke auch deiner Diener,
und Dienerinnen (N. und N.),
die uns vorangegangen sind,
bezeichnet mit dem Siegel des Glaubens,
und die nun ruhen in Frieden.

Wir bitten dich:
Führe sie und alle,
die in Christus entschlafen sind,
in das Land der Verheißung,
des Lichtes und des Friedens.

Auch uns, deinen sündigen Dienern,
die auf deine reiche Barmherzigkeit hoffen,
gib Anteil und Gemeinschaft
mit deinen heiligen Aposteln und Märtyrern:
Johannes, Stephanus, Matthias, Barnabas
(Ignatius, Alexander, Marzellinus, Petrus,
Felizitas, Perpetua, Agatha, Luzia,
Agnes, Cäcilia, Anastasia)
und mit allen deinen Heiligen;
wäge nicht unser Verdienst,
sondern schenke gnädig Verzeihung
und gib uns mit ihnen das Erbe des Himmels.
Darum bitten wir dich
durch unseren Herrn Jesus Christus.
Denn durch ihn erschaffst du immerfort
all diese guten Gaben,
gibst ihnen Leben und Weihe
und spendest sie uns.

DURCH IHN UND MIT IHM UND IN IHM IST DIR, GOTT, ALLMÄCHTIGER VATER, IN DER EINHEIT DES HEILIGEN GEISTES ALLE HERRLICHKEIT UND EHRE JETZT UND IN EWIGKEIT.

G: Amen.

(Fortsetzung: Gebet des Herrn – siehe S. 553 f.)

ZWEITES HOCHGEBET

P: Der Herr sei mit euch.
G: Und mit deinem Geiste.
P: Erhebet die Herzen.
G: Wir haben sie beim Herrn.
P: Lasset uns danken
dem Herrn, unserm Gott.
G: Das ist würdig und recht.

P: Dóminus vobíscum.
G: Et cum spíritu tuo.
P: Sursum corda.
G: Habémus ad Dóminum.
P: Grátias agámus
Dómino Deo nostro.
G: Dignum et iustum est.

P: In Wahrheit ist es würdig und recht,
dir, Herr, heiliger Vater,
immer und überall zu danken
durch deinen geliebten Sohn Jesus Christus.
Er ist dein Wort,
durch ihn hast du alles erschaffen.
Ihn hast du gesandt
als unseren Erlöser und Heiland.
Er ist Mensch geworden durch den Heiligen Geist,
geboren von der Jungfrau Maria.
Um deinen Ratschluss zu erfüllen
und dir ein heiliges Volk zu erwerben,
hat er sterbend die Arme ausgebreitet
am Holze des Kreuzes.
Er hat die Macht des Todes gebrochen
und die Auferstehung kundgetan.

Darum preisen wir dich
mit allen Engeln und Heiligen
und singen vereint mit ihnen
das Lob deiner Herrlichkeit:

A: Heilig, heilig, heilig Gott, Herr aller Mächte und Gewalten. Erfüllt sind Himmel und Erde von deiner Herrlichkeit. Hosanna in der Höhe. Hochgelobt sei, der da kommt im Namen des Herrn. Hosanna in der Höhe.	A: Sanctus, Sanctus, Sanctus Dóminus Deus Sábaoth. Pleni sunt caeli et terra glória tua. Hosánna in excélsis. Benedíctus qui venit in nómine Dómini. Hosánna in excélsis.

P: Ja, du bist heilig, großer Gott,
du bist der Quell aller Heiligkeit. ► S. 523

(In diesem Gebet kann an bestimmten Tagen das Festgeheimnis erwähnt werden.)

An Sonntagen:

Darum kommen wir vor dein Angesicht
und feiern in Gemeinschaft mit der ganzen Kirche
den ersten Tag der Woche als den Tag,
an dem Christus von den Toten erstanden ist.
Durch ihn, den du zu deiner Rechten erhöht hast,
bitten wir dich: ► S. 523

An Mariä Empfängnis:

Darum kommen wir vor dein Angesicht
und feiern in Gemeinschaft
mit der ganzen Kirche den Tag,
an dem Maria ohne Erbschuld empfangen wurde,

da sie auserwählt war,
die Mutter des Erlösers zu werden.
Durch ihn, der unsere Sünden hinwegnimmt,
bitten wir dich: ▶ S. 523

Von Weihnachten bis Neujahr:

Darum kommen wir vor dein Angesicht
und feiern in Gemeinschaft mit der ganzen Kirche
(die hochheilige Nacht) den hochheiligen Tag,
(in der) an dem Maria in unversehrter Jungfräulichkeit
der Welt den Erlöser geboren hat.
Durch ihn, unseren Retter und Herrn,
bitten wir dich: ▶ S. 523

An Erscheinung des Herrn:

Darum kommen wir vor dein Angesicht
und feiern in Gemeinschaft mit der ganzen Kirche
den hochheiligen Tag,
an dem dein eingeborener Sohn,
dir gleich in ewiger Herrlichkeit,
als wahrer Mensch
leibhaft und sichtbar erschienen ist.
Durch ihn, unseren Erlöser und Heiland,
bitten wir dich: ▶ S. 523

An Lichtmess:

Darum kommen wir vor dein Angesicht
und feiern in Gemeinschaft
mit der ganzen Kirche den Tag,
an dem dein eingeborener Sohn
im Tempel dargestellt wurde.
Durch ihn, das Licht von deinem Licht,
bitten wir dich: ▶ S. 523

An Verkündigung des Herrn:

Darum kommen wir vor dein Angesicht
und feiern in Gemeinschaft
mit der ganzen Kirche den Tag,
an dem Maria deinen ewigen Sohn
durch den Heiligen Geist empfangen hat.
Durch ihn, der zu unserem Heil Mensch geworden ist,
bitten wir dich: ► S. 523

Am Gründonnerstag:

Darum kommen wir vor dein Angesicht
und feiern in Gemeinschaft mit der ganzen Kirche
den hochheiligen Tag,
an dem unser Herr Jesus Christus
sich für uns hingegeben hat.
Durch ihn, unseren Erlöser und Heiland,
den du verherrlicht hast, bitten wir dich: ► S. 523

Von der Osternacht bis zum Weißen Sonntag:

Darum kommen wir vor dein Angesicht
und feiern in Gemeinschaft
mit der ganzen Kirche
das Hochfest
der Auferstehung unseres Herrn Jesus Christus.
Durch ihn, der zu deiner Rechten erhöht ist,
bitten wir dich: ► S. 523

An Christi Himmelfahrt:

Darum kommen wir vor dein Angesicht
und feiern in Gemeinschaft
mit der ganzen Kirche den Tag,
an dem unser Herr Jesus Christus,
dein eingeborener Sohn,
unsere schwache,
mit seiner Gottheit vereinte Menschennatur

zu deiner Rechten erhoben hat.
Durch ihn bitten wir dich: ► S. 523

Am Pfingsttag:

Darum kommen wir vor dein Angesicht
und feiern in Gemeinschaft mit der ganzen Kirche
das hohe Pfingstfest,
an dem der Heilige Geist
in Feuerzungen auf die Jünger herabkam.
Und wir bitten dich: ► S. 523

An Johannes' Geburt:

Darum kommen wir vor dein Angesicht
und feiern in Gemeinschaft
mit der ganzen Kirche den Tag,
an dem Johannes geboren wurde,
der Christus voranging, um ihm den Weg zu bereiten,
dem Erlöser der Welt.
Durch ihn, der nach Johannes kam
und doch vor ihm war,
bitten wir dich: ► S. 523

An Mariä Himmelfahrt:

Darum kommen wir vor dein Angesicht
und feiern in Gemeinschaft
mit der ganzen Kirche den Tag,
an dem die jungfräuliche Gottesmutter
in den Himmel aufgenommen wurde
von unserem Herrn Jesus Christus.
Durch ihn,
den Urheber und Vollender unseres Glaubens,
bitten wir dich: ► S. 523

An Allerheiligen:

Darum kommen wir vor dein Angesicht
und feiern in Gemeinschaft
mit der ganzen Kirche den Tag,
der dem Gedächtnis aller Heiligen geweiht ist,
die im Leben Christus nachfolgten
und im Sterben
von ihm die Krone der Herrlichkeit empfingen.
Durch ihn,
den Urheber und Vollender unseres Glaubens,
bitten wir dich:

Darum bitten wir dich:

Sende deinen Geist auf diese Gaben herab
und heilige sie,
damit sie uns werden Leib † und Blut
deines Sohnes, unseres Herrn Jesus Christus.

Denn am Abend,
an dem er ausgeliefert wurde
und sich aus freiem Willen
dem Leiden unterwarf,
nahm er das Brot und sagte Dank,
brach es,
reichte es seinen Jüngern und sprach:

NEHMET UND ESSET ALLE DAVON:
DAS IST MEIN LEIB,
DER FÜR EUCH HINGEGEBEN WIRD.

Ebenso nahm er nach dem Mahl den Kelch,
dankte wiederum,
reichte ihn seinen Jüngern und sprach:

NEHMET UND TRINKET ALLE DARAUS:
DAS IST DER KELCH
DES NEUEN UND EWIGEN BUNDES,

MEIN BLUT,
DAS FÜR EUCH
UND FÜR ALLE VERGOSSEN WIRD
ZUR VERGEBUNG DER SÜNDEN.
TUT DIES ZU MEINEM GEDÄCHTNIS.

Geheimnis des Glaubens:

G: Deinen Tod, o Herr,
verkünden wir
und deine Auferstehung
preisen wir,
bis du kommst in
Herrlichkeit.

G: Mortem tuam
annuntiámus,
Dómine,
et tuam resurrec-
tiónem confitémur,
donec vénias.

P: Darum, gütiger Vater,
feiern wir das Gedächtnis
des Todes und der Auferstehung deines Sohnes
und bringen dir so das Brot des Lebens
und den Kelch des Heiles dar.
Wir danken dir, dass du uns berufen hast,
vor dir zu stehen und dir zu dienen.
Wir bitten dich:
Schenke uns Anteil an Christi Leib und Blut
und lass uns eins werden
durch den Heiligen Geist.

Gedenke deiner Kirche auf der ganzen Erde
und vollende dein Volk in der Liebe,
vereint mit unserem Papst N.,
unserem Bischof N. und allen Bischöfen,
unseren Priestern und Diakonen
und mit allen,
die zum Dienst in der Kirche bestellt sind. ► S. 525

(An bestimmten Tagen und bei verschiedenen Anlässen kann hier eine besondere Bitte angefügt werden.)

Von der Osternacht bis zum Weißen Sonntag:

Gedenke auch jener, die an diesem Osterfest
aus dem Wasser und dem Heiligen Geist
zum neuen Leben geboren wurden,
denen du alle Sünden vergeben hast. ► unten

(In einer Messe für Verstorbene kann der Priester hier einfügen:)

Erbarme dich
unseres Bruders N. (unserer Schwester N.),
den (die) du aus dieser Welt zu dir gerufen hast.
Durch die Taufe gehört er (sie) Christus an,
ihm ist er (sie) gleichgeworden im Tod:
lass ihn (sie) mit Christus zum Leben auferstehen.

Gedenke (aller) unserer Brüder und Schwestern,
die entschlafen sind in der Hoffnung,
dass sie auferstehen.
Nimm sie
und alle, die in deiner Gnade
aus dieser Welt geschieden sind,
in dein Reich auf,
wo sie dich schauen
von Angesicht zu Angesicht.

Vater, erbarme dich über uns alle,
damit uns das ewige Leben zuteil wird
in der Gemeinschaft mit der seligen
Jungfrau und Gottesmutter Maria,
mit deinen Aposteln
und mit allen,
die bei dir Gnade gefunden haben
von Anbeginn der Welt,
dass wir dich loben und preisen
durch deinen Sohn Jesus Christus.

DURCH IHN UND MIT IHM UND IN IHM IST DIR, GOTT, ALLMÄCHTIGER VATER, IN DER EINHEIT DES HEILIGEN GEISTES ALLE HERRLICHKEIT UND EHRE JETZT UND IN EWIGKEIT.

G: Amen.

(Fortsetzung: Gebet des Herrn – siehe S. 553 f.)

DRITTES HOCHGEBET

(Der Priester breitet die Hände aus und spricht:)

P: Ja, du bist heilig, großer Gott,
und alle deine Werke verkünden dein Lob.
Denn durch deinen Sohn,
unseren Herrn Jesus Christus,
und in der Kraft des Heiligen Geistes
erfüllst du die ganze Schöpfung
mit Leben und Gnade.
Bis ans Ende der Zeiten
versammelst du dir ein Volk,
damit deinem Namen
das reine Opfer dargebracht werde
vom Aufgang der Sonne bis zum Untergang. ► S. 530

(Hier kann an bestimmten Tagen das Festgeheimnis erwähnt werden.)

An Sonntagen:

Darum kommen wir vor dein Angesicht
und feiern in Gemeinschaft mit der ganzen Kirche
den ersten Tag der Woche als den Tag,
an dem Christus von den Toten erstanden ist.
Durch ihn, den du zu deiner Rechten erhöht hast,
bitten wir dich, allmächtiger Gott: ► S. 530

An Mariä Empfängnis:

Darum kommen wir vor dein Angesicht
und feiern in Gemeinschaft
mit der ganzen Kirche den Tag,
an dem Maria ohne Erbschuld empfangen wurde,
da sie auserwählt war,
die Mutter des Erlösers zu werden.
Durch ihn, der unsere Sünden hinwegnimmt,
bitten wir dich, allmächtiger Gott: ► S. 530

Von Weihnachten bis Neujahr:

Darum kommen wir vor dein Angesicht
und feiern in Gemeinschaft mit der ganzen Kirche
(die hochheilige Nacht) den hochheiligen Tag,
(in der) an dem Maria
in unversehrter Jungfräulichkeit
der Welt den Erlöser geboren hat.
Durch ihn, unseren Retter und Herrn,
bitten wir dich, allmächtiger Gott: ► S. 530

An Erscheinung des Herrn:

Darum kommen wir vor dein Angesicht
und feiern in Gemeinschaft mit der ganzen Kirche
den hochheiligen Tag,
an dem dein eingeborener Sohn,
dir gleich in ewiger Herrlichkeit,
als wahrer Mensch
leibhaft und sichtbar erschienen ist.
Durch ihn, unseren Erlöser und Heiland,
bitten wir dich, allmächtiger Gott: ► S. 530

An Lichtmess:

Darum kommen wir vor dein Angesicht
und feiern in Gemeinschaft
mit der ganzen Kirche den Tag,

an dem dein eingeborener Sohn
im Tempel dargestellt wurde.
Durch ihn, das Licht von deinem Licht,
bitten wir dich, allmächtiger Gott: ► S. 530

An Verkündigung des Herrn:

Darum kommen wir vor dein Angesicht
und feiern in Gemeinschaft
mit der ganzen Kirche den Tag,
an dem Maria deinen ewigen Sohn
durch den Heiligen Geist empfangen hat.
Durch ihn, der zu unserem Heil
Mensch geworden ist,
bitten wir dich, allmächtiger Gott: ► S. 530

Am Gründonnerstag:

Darum kommen wir vor dein Angesicht
und feiern in Gemeinschaft
mit der ganzen Kirche
den Tag, an dem unser Herr Jesus Christus
sich für uns hingegeben hat.
Durch ihn, unseren Erlöser und Heiland,
den du verherrlicht hast,
bitten wir dich, allmächtiger Gott: ► S. 530

Von der Osternacht bis zum Weißen Sonntag:

Darum kommen wir vor dein Angesicht
und feiern in Gemeinschaft
mit der ganzen Kirche
das Hochfest
der Auferstehung unseres Herrn Jesus Christus.
Durch ihn, der zu deiner Rechten erhöht ist,
bitten wir dich, allmächtiger Gott: ► S. 530

An Christi Himmelfahrt:

Darum kommen wir vor dein Angesicht
und feiern in Gemeinschaft
mit der ganzen Kirche den Tag,
an dem unser Herr Jesus Christus,
dein eingeborener Sohn,
unsere schwache,
mit seiner Gottheit vereinte Menschennatur
zu deiner Rechten erhoben hat.
Durch ihn bitten wir dich,
allmächtiger Gott: ► S. 530

Am Pfingsttag:

Darum kommen wir vor dein Angesicht
und feiern in Gemeinschaft mit der ganzen Kirche
das hohe Pfingstfest,
an dem der Heilige Geist
in Feuerzungen auf die Jünger herabkam.
Und wir bitten dich, allmächtiger Gott: ► S. 530

An Johannes' Geburt:

Darum kommen wir vor dein Angesicht
und feiern in Gemeinschaft
mit der ganzen Kirche den Tag,
an dem Johannes geboren wurde,
der Christus voranging,
um ihm den Weg zu bereiten,
dem Erlöser der Welt.
Durch ihn,
der nach Johannes kam und doch vor ihm war,
bitten wir dich, allmächtiger Gott: ► S. 530

An Mariä Himmelfahrt:

Darum kommen wir vor dein Angesicht
und feiern in Gemeinschaft

mit der ganzen Kirche den Tag,
an dem die jungfräuliche Gottesmutter
in den Himmel aufgenommen wurde
von unserem Herrn Jesus Christus.
Durch ihn,
den Urheber und Vollender unseres Glaubens,
bitten wir dich, allmächtiger Gott: ► unten

An Allerheiligen:

Darum kommen wir vor dein Angesicht
und feiern in Gemeinschaft
mit der ganzen Kirche den Tag,
der dem Gedächtnis aller Heiligen geweiht ist,
die im Leben Christus nachfolgten
und im Sterben
von ihm die Krone der Herrlichkeit empfingen.
Durch ihn,
den Urheber und Vollender unseres Glaubens,
bitten wir dich, allmächtiger Gott:

Darum bitten wir dich,
allmächtiger Gott:

Heilige unsere Gaben durch deinen Geist,
damit sie uns werden Leib † und Blut
deines Sohnes, unseres Herrn Jesus Christus,
der uns aufgetragen hat,
dieses Geheimnis zu feiern.

Denn in der Nacht, da er verraten wurde,
nahm er das Brot und sagte Dank,
brach es,
reichte es seinen Jüngern und sprach:

NEHMET UND ESSET ALLE DAVON:
DAS IST MEIN LEIB,
DER FÜR EUCH HINGEGEBEN WIRD.

Ebenso nahm er nach dem Mahl den Kelch,
dankte wiederum,
reichte ihn seinen Jüngern und sprach:

NEHMET UND TRINKET ALLE DARAUS:
DAS IST DER KELCH
DES NEUEN UND EWIGEN BUNDES,
MEIN BLUT,
DAS FÜR EUCH
UND FÜR ALLE VERGOSSEN WIRD
ZUR VERGEBUNG DER SÜNDEN.
TUT DIES ZU MEINEM GEDÄCHTNIS.

Geheimnis des Glaubens:

G: Deinen Tod, o Herr,
verkünden wir
und deine Auferstehung
preisen wir,
bis du kommst in
Herrlichkeit.

G: Mortem tuam
annuntiámus,
Dómine,
et tuam resurrec-
tiónem confitémur,
donec vénias.

P: Darum, gütiger Vater,
feiern wir das Gedächtnis deines Sohnes.
Wir verkünden sein heilbringendes Leiden,
seine glorreiche Auferstehung
und Himmelfahrt
und erwarten seine Wiederkunft.
So bringen wir dir mit Lob und Dank
dieses heilige und lebendige Opfer dar.
Schau gütig auf die Gabe deiner Kirche.
Denn sie stellt dir
das Lamm vor Augen,
das geopfert wurde
und uns nach deinem Willen
mit dir versöhnt hat.
Stärke uns durch den Leib und das Blut
deines Sohnes

und erfülle uns mit seinem Heiligen Geist,
damit wir *ein* Leib und *ein* Geist werden
in Christus.

Er mache uns auf immer
zu einer Gabe, die dir wohlgefällt,
damit wir das verheißene Erbe erlangen
mit deinen Auserwählten,
mit der seligen Jungfrau
und Gottesmutter Maria,
mit deinen Aposteln und Märtyrern
(mit dem – der – heiligen N.:

Tagesheiliger oder Patron)

und mit allen Heiligen,
auf deren Fürsprache wir vertrauen.

Barmherziger Gott, wir bitten dich:
Dieses Opfer unserer Versöhnung
bringe der ganzen Welt Frieden und Heil.
Beschütze deine Kirche
auf ihrem Weg durch die Zeit
und stärke sie im Glauben und in der Liebe:
deinen Diener, unseren Papst N.,
unseren Bischof N.
und die Gemeinschaft der Bischöfe,
unsere Priester und Diakone,
alle, die zum Dienst in der Kirche bestellt sind,
und das ganze Volk deiner Erlösten. ▶ S. 533

(An bestimmten Tagen und bei verschiedenen Anlässen kann hier eine besondere Bitte eingefügt werden.)

Von der Osternacht bis zum Weißen Sonntag:

Gedenke auch jener, die an diesem Osterfest
aus dem Wasser und dem Heiligen Geist

zum neuen Leben geboren wurden,
denen du alle Sünden vergeben hast.

Erhöre, gütiger Vater,
die Gebete der hier versammelten Gemeinde
und führe zu dir
auch alle deine Söhne und Töchter,
die noch fern sind von dir.

(In einer Messe für Verstorbene kann der Priester hier einfügen:)

Erbarme dich unseres Bruders N.
(unserer Schwester N.),
den (die) du aus dieser Welt zu dir gerufen hast.
Durch die Taufe gehört er (sie) Christus an,
ihm ist er (sie) gleichgeworden im Tod:
gib ihm (ihr) auch Anteil an der Auferstehung,
wenn Christus die Toten auferweckt
und unseren irdischen Leib
seinem verklärten Leib ähnlich macht.

Erbarme dich (aller) unserer
verstorbenen Brüder und Schwestern
und aller, die in deiner Gnade
aus dieser Welt geschieden sind.
Nimm sie auf in deine Herrlichkeit.
Und mit ihnen lass auch uns,
wie du verheißen hast,
zu Tische sitzen in deinem Reich.

(In einer Messe für Verstorbene:)

Dann wirst du alle Tränen trocknen.
Wir werden dich, unseren Gott,
schauen, wie du bist,
dir ähnlich sein auf ewig
und dein Lob singen ohne Ende.

Darum bitten wir dich
durch unseren Herrn Jesus Christus.
Denn durch ihn
schenkst du der Welt alle guten Gaben.

DURCH IHN UND MIT IHM UND IN IHM IST DIR, GOTT, ALLMÄCHTIGER VATER, IN DER EINHEIT DES HEILIGEN GEISTES ALLE HERRLICHKEIT UND EHRE JETZT UND IN EWIGKEIT.

G: Amen.

(Fortsetzung: Gebet des Herrn – siehe S. 553 f.)

VIERTES HOCHGEBET

P: Der Herr sei mit euch.
G: Und mit deinem Geiste.
P: Erhebet die Herzen.
G: Wir haben sie beim Herrn.
P: Lasset uns danken
dem Herrn, unserm Gott.
G: Das ist würdig und recht.

P: Dóminus vobíscum.
G: Et cum spíritu tuo.
P: Sursum corda.
G: Habémus ad Dóminum.
P: Grátias agámus
Dómino Deo nostro.
G: Dignum et iustum est.

P: In Wahrheit ist es würdig,
dir zu danken, heiliger Vater.
Es ist recht, dich zu preisen.
Denn du allein bist der lebendige und wahre Gott.
Du bist vor den Zeiten und lebst in Ewigkeit.
Du wohnst in unzugänglichem Lichte.
Alles hast du erschaffen,
denn du bist die Liebe
und der Ursprung des Lebens.
Du erfüllst deine Geschöpfe mit Segen
und erfreust sie alle
mit dem Glanz deines Lichtes.
Vor dir stehen die Scharen der Engel

und schauen dein Angesicht.
Sie dienen dir Tag und Nacht,
nie endet ihr Lobgesang.
Mit ihnen preisen auch wir deinen Namen,
durch unseren Mund rühmen dich alle Geschöpfe
und künden voll Freude
das Lob deiner Herrlichkeit:

A: Heilig, heilig, heilig
Gott, Herr aller Mächte
und Gewalten.
Erfüllt sind Himmel und Erde
von deiner Herrlichkeit.
Hosanna in der Höhe.
Hochgelobt sei, der da kommt
im Namen des Herrn.
Hosanna in der Höhe.

A: Sanctus, Sanctus,
Sanctus Dóminus Deus
Sábaoth.
Pleni sunt caeli et terra
glória tua.
Hosánna in excélsis.
Benedíctus qui venit
in nómine Dómini.
Hosánna in excélsis.

P: Wir preisen dich, heiliger Vater,
denn groß bist du
und alle deine Werke
künden deine Weisheit und Liebe.

Den Menschen hast du
nach deinem Bild geschaffen
und ihm die Sorge für die ganze Welt anvertraut.
Über alle Geschöpfe sollte er herrschen
und allein dir, seinem Schöpfer, dienen.

Als er im Ungehorsam deine Freundschaft verlor
und der Macht des Todes verfiel,
hast du ihn dennoch nicht verlassen,
sondern voll Erbarmen allen geholfen,
dich zu suchen und zu finden.

Immer wieder hast du den Menschen
deinen Bund angeboten
und sie durch die Propheten gelehrt,
das Heil zu erwarten.

So sehr hast du die Welt geliebt,
heiliger Vater,
dass du deinen eingeborenen Sohn
als Retter gesandt hast,
nachdem die Fülle der Zeiten gekommen war.

Er ist Mensch geworden
durch den Heiligen Geist,
geboren von der Jungfrau Maria.
Er hat wie wir als Mensch gelebt,
in allem uns gleich außer der Sünde.

Den Armen verkündete er
die Botschaft vom Heil,
den Gefangenen Freiheit,
den Trauernden Freude.

Um deinen Ratschluss zu erfüllen,
hat er sich dem Tod überliefert,
durch seine Auferstehung
den Tod bezwungen
und das Leben neu geschaffen.

Damit wir nicht mehr uns selber leben,
sondern ihm,
der für uns gestorben und auferstanden ist,
hat er von dir, Vater,
als erste Gabe für alle, die glauben,
den Heiligen Geist gesandt,
der das Werk deines Sohnes
auf Erden weiterführt
und alle Heiligung vollendet.

So bitten wir dich, Vater:
der Geist heilige diese Gaben,
damit sie uns werden Leib † und Blut
unseres Herrn Jesus Christus,
der uns die Feier dieses Geheimnisses

aufgetragen hat
als Zeichen des ewigen Bundes.

Da er die Seinen liebte,
die in der Welt waren,
liebte er sie bis zur Vollendung.
Und als die Stunde kam,
da er von dir verherrlicht werden sollte,
nahm er beim Mahl das Brot
und sagte Dank,
brach das Brot,
reichte es seinen Jüngern und sprach:

NEHMET UND ESSET ALLE DAVON:
DAS IST MEIN LEIB,
DER FÜR EUCH HINGEGEBEN WIRD.

Ebenso nahm er den Kelch mit Wein,
dankte wiederum,
reichte den Kelch seinen Jüngern
und sprach:

NEHMET UND TRINKET ALLE DARAUS:
DAS IST DER KELCH
DES NEUEN UND EWIGEN BUNDES,
MEIN BLUT,
DAS FÜR EUCH
UND FÜR ALLE VERGOSSEN WIRD
ZUR VERGEBUNG DER SÜNDEN.
TUT DIES ZU MEINEM GEDÄCHTNIS.

Geheimnis des Glaubens:

G: Deinen Tod, o Herr,
verkünden wir
und deine Auferstehung
preisen wir,
bis du kommst in
Herrlichkeit.

G: Mortem tuam
annuntiámus,
Dómine,
et tuam resurrec-
tiónem confitémur,
donec vénias.

P: Darum, gütiger Vater,
feiern wir das Gedächtnis unserer Erlösung.
Wir verkünden den Tod deines Sohnes
und sein Hinabsteigen zu den Vätern,
bekennen seine Auferstehung
und Himmelfahrt
und erwarten sein Kommen in Herrlichkeit.
So bringen wir dir seinen Leib und sein Blut dar,
das Opfer, das dir wohlgefällt
und der ganzen Welt Heil bringt.

Sieh her auf die Opfergabe,
die du selber deiner Kirche bereitet hast,
und gib, dass alle, die Anteil erhalten
an dem *einen* Brot und dem *einen* Kelch,
ein Leib werden im Heiligen Geist,
eine lebendige Opfergabe in Christus
zum Lob deiner Herrlichkeit.

Herr, gedenke aller, für deren Heil
wir das Opfer darbringen.
Wir bitten dich für unseren Papst N.,
unseren Bischof N.
und die Gemeinschaft der Bischöfe,
für unsere Priester und Diakone
und für alle,
die zum Dienst in der Kirche bestellt sind,
für alle, die ihre Gaben spenden,
für die hier versammelte Gemeinde,
für dein ganzes Volk
und für alle Menschen,
die mit lauterem Herzen dich suchen.

Wir empfehlen dir auch jene,
die im Frieden Christi heimgegangen sind,
und alle Verstorbenen,
um deren Glauben niemand weiß als du.

Gütiger Vater,
gedenke, dass wir deine Kinder sind,
und schenke uns allen das Erbe des Himmels
in Gemeinschaft mit der seligen Jungfrau
und Gottesmutter Maria,
mit deinen Aposteln und mit allen Heiligen.
Und wenn die ganze Schöpfung
von der Verderbnis der Sünde
und des Todes befreit ist,
lass uns zusammen mit ihr dich verherrlichen
in deinem Reich
durch unseren Herrn Jesus Christus.
Denn durch ihn
schenkst du der Welt alle guten Gaben.

DURCH IHN UND MIT IHM UND IN IHM IST DIR, GOTT, ALLMÄCHTIGER VATER, IN DER EINHEIT DES HEILIGEN GEISTES ALLE HERRLICHKEIT UND EHRE JETZT UND IN EWIGKEIT.

G: Amen.

(Fortsetzung: Gebet des Herrn – siehe S. 553 f.)

VOTIVHOCHGEBET „VERSÖHNUNG“

Der Bund des Friedens

PRÄFATION

P: Der Herr sei mit euch.
G: Und mit deinem Geiste.
P: Erhebet die Herzen.
G: Wir haben sie beim Herrn.
P: Lasset uns danken dem Herrn, unserm Gott.
G: Das ist würdig und recht.

P: Wir danken dir, Gott, allmächtiger Vater,
und preisen dich
für dein Wirken in dieser Welt
durch unseren Herrn Jesus Christus:
Denn inmitten einer Menschheit,
die gespalten und zerrissen ist,
erfahren wir,
dass du Bereitschaft zur Versöhnung schenkst.
Dein Geist bewegt die Herzen,
wenn Feinde wieder miteinander sprechen,
Gegner sich die Hände reichen
und Völker einen Weg zueinander suchen.
Dein Werk ist es,
wenn der Wille zum Frieden den Streit beendet,
Verzeihung den Hass überwindet
und Rache der Vergebung weicht.

Darum können wir nicht aufhören,
dir zu danken und dich zu preisen.
Wir stimmen ein
in den Lobgesang der Chöre des Himmels,
die ohne Ende rufen:

A: Heilig, heilig, heilig
Gott, Herr aller Mächte und Gewalten.
Erfüllt sind Himmel und Erde
von deiner Herrlichkeit.
Hosanna in der Höhe.
Hochgelobt sei,
der da kommt im Namen des Herrn.
Hosanna in der Höhe.

P: Herr aller Mächte und Gewalten,
gepriesen bist du
in deinem Sohn Jesus Christus,
der in deinem Namen gekommen ist.
Er ist dein rettendes Wort für uns Menschen.

Er ist die Hand,
die du den Sündern entgegenstreckst.
Er ist der Weg,
auf dem dein Friede zu uns kommt.

Gott, unser Vater,
als wir Menschen
uns von dir abgewandt hatten,
hast du uns durch deinen Sohn zurückgeholt.
Du hast ihn in den Tod gegeben,
damit wir zu dir und zueinander finden.

Darum feiern wir die Versöhnung,
die Christus uns erwirkt hat,
und bitten dich:

Heilige diese Gaben durch deinen Geist,
da wir nun den Auftrag
deines † Sohnes erfüllen.

Denn bevor er sein Leben hingab,
um uns zu befreien,
nahm er beim Mahl das Brot in seine Hände,
dankte dir, brach es,
reichte es seinen Jüngern und sprach:

NEHMET UND ESSET ALLE DAVON:
DAS IST MEIN LEIB,
DER FÜR EUCH HINGEGEBEN WIRD.

Ebenso nahm er an jenem Abend
den Kelch in seine Hände,
pries dein Erbarmen,
reichte den Kelch seinen Jüngern und sprach:

NEHMET UND TRINKET ALLE DARAUS:
DAS IST DER KELCH
DES NEUEN UND EWIGEN BUNDES,
MEIN BLUT, DAS FÜR EUCH

UND FÜR ALLE VERGOSSEN WIRD
ZUR VERGEBUNG DER SÜNDEN.
TUT DIES ZU MEINEM GEDÄCHTNIS.

Geheimnis des Glaubens:

G: Deinen Tod, o Herr, verkünden wir
und deine Auferstehung preisen wir,
bis du kommst in Herrlichkeit.

P: Herr, unser Gott.
Dein Sohn hat uns dieses Vermächtnis
seiner Liebe anvertraut.
In der Gedächtnisfeier
seines Todes und seiner Auferstehung
bringen wir dar,
was du uns gegeben hast:
das Opfer der Versöhnung.
Wir bitten dich,
nimm auch uns an in deinem Sohn
und schenke uns in diesem Mahl den Geist,
den er verheißen hat,
den Geist der Einheit,
der wegnimmt, was trennt,
und der uns zusammenhält in der Gemeinschaft
mit unserem Papst N.,
unserem Bischof N.,
mit allen Bischöfen
und mit deinem ganzen Volk.

Mach deine Kirche zum Zeichen der Einheit
unter den Menschen
und zum Werkzeug deines Friedens.

Wie du uns hier am Tisch deines Sohnes
versammelt hast,
in Gemeinschaft mit der seligen Jungfrau
und Gottesmutter Maria

und allen Heiligen,
so sammle die Menschen
aller Rassen und Sprachen,
aller Schichten und Gruppen
zum Gastmahl der ewigen Versöhnung
in der neuen Welt
deines immerwährenden Friedens
durch unseren Herrn Jesus Christus.

DURCH IHN UND MIT IHM UND IN IHM
IST DIR, GOTT, ALLMÄCHTIGER VATER,
IN DER EINHEIT DES HEILIGEN GEISTES
ALLE HERRLICHKEIT UND EHRE
JETZT UND IN EWIGKEIT.

G: Amen.

(Fortsetzung: Gebet des Herrn – siehe S. 553 f.)

HOCHGEBET FÜR MESSEN FÜR BESONDERE ANLIEGEN

PRÄFATION I

Die Kirche auf dem Weg zur Einheit

P: Der Herr sei mit euch.
G: Und mit deinem Geiste.
P: Erhebet die Herzen.
G: Wir haben sie beim Herrn.
P: Lasset uns danken dem Herrn, unserm Gott.
G: Das ist würdig und recht.

P: Wir danken dir, gütiger Vater,
und preisen dich,
denn durch die Frohe Botschaft deines Sohnes
hast du Menschen
aus allen Völkern und Sprachen

vereint in der Gemeinschaft der Kirche.
Durch sie,
die aus der Kraft deines Geistes lebt,
führst du alle Menschen zur Einheit.
So bezeugt die Kirche deine Liebe
und schenkt allen
die Hoffnung auf ewige Vollendung.
Sie wird zum Zeichen deiner Treue,
die du uns für immer versprochen hast
in unserem Herrn Jesus Christus.

Darum rühmen dich Himmel und Erde
und mit der ganzen Kirche
singen wir das Lob deiner Herrlichkeit:

A: Heilig, heilig, heilig
Gott, Herr aller Mächte und Gewalten.
Erfüllt sind Himmel und Erde
von deiner Herrlichkeit.
Hosanna in der Höhe.
Hochgelobt sei,
der da kommt im Namen des Herrn.
Hosanna in der Höhe. ► S. 547

PRÄFATION II

Gott führt die Kirche

P: Der Herr sei mit euch.
G: Und mit deinem Geiste.
P: Erhebet die Herzen.
G: Wir haben sie beim Herrn.
P: Lasset uns danken dem Herrn, unserm Gott.
G: Das ist würdig und recht.

P: Wir danken dir, Gott, unser Vater,
und preisen dich,
denn du hast uns ins Leben gerufen.

Du lässt uns niemals allein auf unserm Weg
und bist immer da für uns.
Einst hast du Israel, dein Volk,
mit starker Hand
durch die weglose Wüste geleitet.
Heute führst du deine pilgernde Kirche
in der Kraft des Heiligen Geistes.
Du bahnst ihr den Weg durch diese Zeit
in die ewige Freude deines Reiches
durch unseren Herrn Jesus Christus.

Darum singen wir mit allen Engeln und Heiligen
das Lob deiner Herrlichkeit:

A: Heilig, heilig, heilig
Gott, Herr aller Mächte und Gewalten.
Erfüllt sind Himmel und Erde
von deiner Herrlichkeit.
Hosanna in der Höhe.
Hochgelobt sei,
der da kommt im Namen des Herrn.
Hosanna in der Höhe. ► S. 547

PRÄFATION III

Jesus, unser Weg

P: Der Herr sei mit euch.
G: Und mit deinem Geiste.
P: Erhebet die Herzen.
G: Wir haben sie beim Herrn.
P: Lasset uns danken dem Herrn, unserm Gott.
G: Das ist würdig und recht.

P: Wir danken dir, Vater,
Herr des Himmels und der Erde,
und preisen dich
durch unseren Herrn Jesus Christus.

Durch ihn, dein Wort,
hast du die Welt geschaffen
und lenkst sie in deiner Weisheit.
Ihn, deinen menschgewordenen Sohn,
hast du uns zum Mittler gegeben.
Er hat deine Botschaft verkündet
und uns gerufen, ihm zu folgen.
Er hat uns erlöst durch sein Kreuz
und mit deinem Geiste besiegelt.
Er ist der Weg, der uns zu dir führt,
er ist die Wahrheit, die uns frei macht;
er ist das Leben
und erfüllt uns mit Freude.
Durch ihn
führst du deine Söhne und Töchter
zusammen zu einer einzigen Familie.
Darum rühmen wir jetzt und in Ewigkeit
dein Erbarmen
und singen mit den Chören der Engel
das Lob deiner Herrlichkeit:

A: Heilig, heilig, heilig
Gott, Herr aller Mächte und Gewalten.
Erfüllt sind Himmel und Erde
von deiner Herrlichkeit.
Hosanna in der Höhe.
Hochgelobt sei,
der da kommt im Namen des Herrn.
Hosanna in der Höhe. ► S. 547

PRÄFATION IV

Jesus, der Bruder aller

P: Der Herr sei mit euch.
G: Und mit deinem Geiste.
P: Erhebet die Herzen.

G: Wir haben sie beim Herrn.
P: Lasset uns danken dem Herrn, unserm Gott.
G: Das ist würdig und recht.

P: Wir danken dir,
treuer Gott und barmherziger Vater,
für deinen Sohn Jesus Christus,
unseren Herrn und Erlöser.
Er hatte ein Herz
für die Armen und die Kranken,
die Ausgestoßenen und die Sünder.
Den Bedrängten und den Verzweifelten
war er ein Bruder.
Sein Leben und seine Botschaft lehren uns,
dass du für deine Kinder sorgst
wie ein guter Vater
und eine liebende Mutter.

Darum rühmen wir deine Güte und Treue
und singen mit allen Engeln und Heiligen
das Lob deiner Herrlichkeit:

A: Heilig, heilig, heilig
Gott, Herr aller Mächte und Gewalten.
Erfüllt sind Himmel und Erde
von deiner Herrlichkeit.
Hosanna in der Höhe.
Hochgelobt sei,
der da kommt im Namen des Herrn.
Hosanna in der Höhe.

P: Ja, du bist heilig, großer Gott.
Du liebst die Menschen
und bist ihnen nahe.
Gepriesen sei dein Sohn,
der immer mit uns auf dem Weg ist
und uns um sich versammelt

zum Mahl der Liebe.
Wie den Jüngern (von Emmaus)
deutet er uns die Schrift
und bricht das Brot für uns.

So bitten wir dich, gütiger Vater:
Sende deinen Heiligen Geist
über die Gaben von Brot und Wein.
Er heilige sie,
damit sie uns werden Leib † und Blut
unseres Herrn Jesus Christus.

Am Abend vor seinem Leiden
nahm er beim Mahl das Brot
und sagte dir Dank,
brach das Brot,
reichte es seinen Jüngern
und sprach:

NEHMET UND ESSET ALLE DAVON:
DAS IST MEIN LEIB,
DER FÜR EUCH HINGEGEBEN WIRD.

Ebenso nahm er nach dem Mahl den Kelch,
dankte wiederum,
reichte ihn seinen Jüngern
und sprach:

NEHMET UND TRINKET ALLE DARAUS:
DAS IST DER KELCH
DES NEUEN UND EWIGEN BUNDES,
MEIN BLUT, DAS FÜR EUCH
UND FÜR ALLE VERGOSSEN WIRD
ZUR VERGEBUNG DER SÜNDEN.
TUT DIES ZU MEINEM GEDÄCHTNIS.

Geheimnis des Glaubens:

G: Deinen Tod, o Herr, verkünden wir
und deine Auferstehung preisen wir,
bis du kommst in Herrlichkeit.

P: Darum, gütiger Vater,
feiern wir das Gedächtnis deines Sohnes,
der uns erlöst hat.
Durch sein Leiden
und seinen Tod am Kreuz
hast du ihn zur Herrlichkeit
der Auferstehung geführt
und ihn erhöht zu deiner Rechten.
Wir verkünden dieses Werk deiner Liebe,
bis er wiederkommt,
und bringen dir das Brot des Lebens
und den Kelch des Segens dar.

Wir feiern das Opfer Christi,
das er uns anvertraut hat.
Er hat sich für uns hingegeben
und schenkt uns Anteil
an seinem Leib und Blut.
Wir bitten dich:
Schau gütig auf die Gabe deiner Kirche
und gib, dass wir im Geist deiner Liebe
für immer verbunden bleiben
mit ihm und untereinander.

INTERZESSION I
(wenn Präfation I gewählt wurde)

Barmherziger Gott,
erleuchte deine Kirche
(in unserem Land

und auf der ganzen Erde)
und erneuere sie durch das Evangelium.
Festige das Band der Einheit
zwischen den Gläubigen und ihren Hirten,
in der Gemeinschaft mit unserem Papst N.,
unserem Bischof N.
und allen Bischöfen.
Mache dein Volk
in unserer zerrissenen Welt
zum Werkzeug der Einheit
und des Friedens. ► S. 552

INTERZESSION II
(wenn Präfation II gewählt wurde)

Barmherziger Gott,
durch die Teilnahme an diesem Mahl
stärke uns in der Einheit.
Lass uns
in Gemeinschaft mit unserem Papst N.
und unserem Bischof N.,
mit allen Bischöfen, Priestern und Diakonen
und mit deinem ganzen Volk
in Vertrauen und Hoffnung
deine Wege gehen
und für alle
eine Quelle der Freude
und Zuversicht sein. ► S. 552

INTERZESSION III
(wenn Präfation III gewählt wurde)

Barmherziger Gott,
schenke uns

durch die Teilnahme an dieser Feier
den Geist, der uns mit Leben erfüllt.
Erneuere uns
nach dem Bild deines Sohnes.
Stärke unsere Einheit
mit deinem ganzen Volk,
mit unserem Papst N.
und unserem Bischof N.,
mit allen Bischöfen, Priestern und Diakonen
und mit allen Männern und Frauen,
die zu einem Dienst in der Kirche bestellt sind.
Lass die Gläubigen
die Zeichen der Zeit verstehen
und sich mit ganzer Kraft
für das Evangelium einsetzen.
Mache uns offen für das,
was die Menschen bewegt,
dass wir ihre Trauer und Angst,
ihre Freude und Hoffnung teilen
und als treue Zeugen der Frohen Botschaft
mit ihnen dir entgegengehen. ▶ S. 552

INTERZESSION IV
(wenn Präfation IV gewählt wurde)

Barmherziger Gott,
vollende deine Kirche im Glauben
und in der Liebe:
unseren Papst N. und unseren Bischof N.,
alle Bischöfe, Priester und Diakone
und das ganze Volk,
das du dir erworben hast.
Öffne unsere Augen für jede Not.
Gib uns das rechte Wort,
wenn Menschen Trost und Rat suchen.

Hilf uns zur rechten Tat,
wo Menschen uns brauchen.
Lass uns denken und handeln
nach dem Wort und Beispiel Christi.
Mache deine Kirche
zu einem Ort der Wahrheit
und der Freiheit,
des Friedens und der Gerechtigkeit,
damit die Menschen
neue Hoffnung schöpfen.

Vater, erbarme dich
unserer Brüder und Schwestern (N. und N.),
die im Frieden Christi heimgegangen sind,
und aller Verstorbenen,
deren Glauben du allein kennst.

Lass sie dein Angesicht schauen
und schenke ihnen das Leben in Fülle.
Wenn unser eigener Weg zu Ende geht,
nimm auch uns für immer bei dir auf,
und lass uns
zusammen mit der seligen Jungfrau
und Gottesmutter Maria,
mit den Aposteln und den Märtyrern
(mit dem/der heiligen N.,
mit den heiligen N. und N.)
und mit allen Heiligen
dich loben und preisen
durch unseren Herrn Jesus Christus.

DURCH IHN UND MIT IHM UND IN IHM IST DIR, GOTT, ALLMÄCHTIGER VATER, IN DER EINHEIT DES HEILIGEN GEISTES ALLE HERRLICHKEIT UND EHRE JETZT UND IN EWIGKEIT.

G: Amen.

KOMMUNION

GEBET DES HERRN

(Der Priester lädt zum Gebet des Herrn ein:)

P: Dem Wort unseres Herrn und Erlösers gehorsam und getreu seiner göttlichen Weisung wagen wir zu sprechen:

P: Praecéptis salutáribus móniti, et divína institutióne formáti, audémus dícere:

Oder:

P: Lasset uns beten, wie der Herr uns zu beten gelehrt hat:

Oder:

P: Wir heißen Kinder Gottes und sind es. Darum beten wir voll Vertrauen:

Oder:

P: Wir haben den Geist empfangen, der uns zu Kindern Gottes macht. Darum wagen wir zu sprechen:

(Priester und Gemeinde singen oder sprechen gemeinsam:)

A: Vater unser
im Himmel,
geheiligt werde dein
Name.
Dein Reich komme.
Dein Wille geschehe, wie
im Himmel so auf Erden.
Unser tägliches Brot
gib uns heute.
Und vergib uns
unsere Schuld,

A: Pater noster,
qui es in caelis:
sanctificétur nomen
tuum;
advéniat regnum tuum;
fiat volúntas tua,
sicut in caelo, et in terra.
Panem nostrum cotidiá-
num da nobis hódie;
et dimítte nobis
débita nostra,

wie auch wir vergeben
unsern Schuldigern.
Und führe uns nicht in
Versuchung,
sondern erlöse uns
von dem Bösen.

sicut et nos dimíttimus
debitóribus nostris;
et ne nos indúcas in
tentatiónem;
sed líbera nos
a malo.

(Der Priester singt oder spricht:)

P: Erlöse uns, Herr, allmächtiger Vater, von allem Bösen und gib Frieden in unseren Tagen. Komm uns zu Hilfe mit deinem Erbarmen und bewahre uns vor Verwirrung und Sünde, damit wir voll Zuversicht das Kommen unseres Erlösers Jesus Christus erwarten.

(Die Gemeinde beschließt das Gebet mit dem Ruf:)

G: Denn dein ist das Reich
und die Kraft
und die Herrlichkeit
in Ewigkeit. Amen.

G: Quia tuum est regnum,
et potéstas,
et glória
in sáecula. Amen.

FRIEDENSGEBET

(Der Priester lädt nun mit folgenden oder ähnlichen Worten zum Friedensgebet ein:)

P: Der Herr hat zu seinen Aposteln gesagt:
Frieden hinterlasse ich euch,
meinen Frieden gebe ich euch.
Deshalb bitten wir: ► S. 555

In der Weihnachtszeit:

Als Christus geboren wurde,
verkündeten Engel den Frieden auf Erden.
Deshalb bitten wir:
Herr Jesus Christus, starker Gott, Friedensfürst,
► S. 555

In der Fastenzeit:

Christus ist unser Friede und unsere Versöhnung.
Deshalb bitten wir:
Herr Jesus Christus, ▶ unten

In der Osterzeit:

Am Ostertag trat Jesus in die Mitte seiner Jünger
und sprach den Friedensgruß.
Deshalb bitten wir:
Herr Jesus Christus,
du Sieger über Sünde und Tod, ▶ unten

Am Pfingsttag:

Unser Herr Jesus Christus
hat den Heiligen Geist gesandt,
damit er die Kirche aus allen Völkern
in Einheit und Liebe zusammenfüge.
Deshalb bitten wir:

Herr Jesus Christus,
schau nicht auf unsere Sünden,
sondern auf den Glauben deiner Kirche
und schenke ihr nach deinem Willen
Einheit und Frieden.

(Der Gemeinde zugewandt, breitet der Priester die Hände aus und singt oder spricht:)

P: Der Friede des Herrn
sei allezeit mit euch.
G: Und mit deinem Geiste.

P: Pax Dómini sit
semper vobíscum.
G: Et cum spíritu tuo.

(Der Diakon oder der Priester kann dazu auffordern, in einer den örtlichen Gewohnheiten entsprechenden Weise einander die Bereitschaft zu Frieden und Versöhnung zu bekunden, etwa:)

D/P: Gebt einander ein Zeichen
des Friedens und der Versöhnung.

BRECHUNG DES BROTES

(Der Priester bricht die Hostie über der Schale. Ein kleines Fragment der Hostie senkt er in den Kelch. Dabei spricht er leise:)

P: Das Sakrament des Leibes und Blutes Christi
schenke uns ewiges Leben.

(Inzwischen wird der Gesang zur Brechung – Agnus Dei – gesungen bzw. gesprochen:)

AGNUS DEI

A: Lamm Gottes,
du nimmst hinweg
die Sünde der Welt:
erbarme dich unser.

Lamm Gottes,
du nimmst hinweg
die Sünde der Welt:
erbarme dich unser.

Lamm Gottes,
du nimmst hinweg
die Sünde der Welt:
gib uns deinen Frieden.

A: Agnus Dei,
qui tollis
peccáta mundi:
miserére nobis.

Agnus Dei,
qui tollis
peccáta mundi:
miserére nobis.

Agnus Dei,
qui tollis
peccáta mundi:
dona nobis pacem.

(Falls die Brechung länger andauert, kann der Ruf öfter wiederholt werden. Der letzte Ruf schließt: „Gib uns deinen Frieden" bzw. „Dona nobis pacem".)

STILLES GEBET VOR DER KOMMUNION

(Der Priester faltet die Hände und spricht leise:)

P: Herr Jesus Christus, Sohn des lebendigen Gottes, dem Willen des Vaters gehorsam, hast du im Heiligen Geist durch deinen Tod der Welt das Leben geschenkt. Erlöse mich durch deinen Leib und dein Blut von allen Sünden und allem Bösen. Hilf mir, dass ich deine Gebote treu erfülle, und lass nicht zu, dass ich jemals von dir getrennt werde.

Oder:

P: Herr Jesus Christus, der Empfang deines Leibes und Blutes bringe mir nicht Gericht und Verdammnis, sondern Segen und Heil.

EINLADUNG ZUR KOMMUNION

(Der Priester macht eine Kniebeuge, nimmt ein Stück der Hostie, hält es über der Schale und spricht, zur Gemeinde gewandt, laut:)

P: Seht das Lamm Gottes,
das hinwegnimmt die Sünde der Welt.

(Gemeinsam mit der Gemeinde spricht er ein Mal:)

A: Herr, ich bin nicht würdig,
dass du eingehst unter mein Dach,
aber sprich nur ein Wort,
so wird meine Seele gesund.

(Der Priester kann hinzufügen:)

P: Selig, die zum Hochzeitsmahl des Lammes
geladen sind.

Oder:

P: Kostet und seht, wie gut der Herr ist.

Oder:

P: Wer von diesem Brot isst, wird in Ewigkeit leben.

(Oder einen anderen Kommunionvers aus dem Messbuch, vor allem den der Tagesmesse.)

KOMMUNIONSPENDUNG

(Zum Altar gewandt, spricht der Priester leise:)

P: Der Leib Christi schenke mir das ewige Leben.

(Dann nimmt er den Kelch und spricht leise:)

P: Das Blut Christi schenke mir das ewige Leben.

(Nachdem er Leib und Blut Christi empfangen hat, teilt er die Kommunion aus. Er zeigt jedem Kommunikanten die Hostie, indem er sie ein wenig emporhebt, und spricht:)

P: Der Leib Christi.

(Der Kommunikant antwortet:) Amen.

(In gleicher Weise teilen auch Diakon, Akolyth und Kommunionhelfer die Kommunion aus. Wird die Kommunion unter beiden Gestalten gereicht, so geschieht das in einer der dafür vorgesehenen Weisen.)

(Beim Reichen des Kelches spricht der Kommunionspender:)

Das Blut Christi.

(Der Kommunikant antwortet:) Amen.

GESANG ZUR KOMMUNION

(Während der Priester den Leib des Herrn empfängt, wird der Gesang zur Kommunion angestimmt.)

PURIFIKATION DER GEFÄSSE

(Nach der Kommunionausteilung reinigt der Priester, Diakon oder Akolyth die Hostienschale über dem Kelch und dann auch den Kelch. Unterdessen betet er still:)

P/D: Was wir mit dem Munde empfangen haben, Herr, das lass uns mit reinem Herzen aufnehmen, und diese zeitliche Speise werde uns zur Arznei der Unsterblichkeit.

(Der Priester, Diakon oder Akolyth kann die Gefäße auch nach der Messe reinigen.)

BESINNUNG UND DANKHYMNUS

(Nach der Kommunionausteilung kann der Priester an seinen Sitz zurückkehren. Auch kann man einige Zeit in stillem Gebet verweilen. Es empfiehlt sich, einen Dankpsalm oder ein Loblied zu singen.)

SCHLUSSGEBET

(Der Priester steht am Altar oder am Sitz. Er singt oder spricht:)

P: Lasset uns beten.

(Falls schon vorher Zeit zum stillen Gebet gegeben war, folgt sofort das Gebet. Der Priester breitet die Hände aus und singt oder spricht das Schlussgebet. Die Gemeinde beschließt das Gebet mit dem Ruf:)

G: Amen.

ENTLASSUNG

VERLAUTBARUNGEN

(Wenn noch kurze Verlautbarungen für die Gemeinde zu machen sind, werden sie hier eingefügt.)

SEGEN UND ENTLASSUNG

(Es folgt die Entlassung. Der Priester, zur Gemeinde gewandt, breitet die Hände aus und singt oder spricht:)

P: Der Herr sei mit euch.	P: Dóminus vobíscum.
G: Und mit deinem Geiste.	G: Et cum spíritu tuo.

(Der Priester segnet die Gemeinde, indem er singt oder spricht:)

P: Es segne euch der allmächtige Gott, der Vater und der Sohn † und der Heilige Geist.	P: Benedícat vos omnípotens Deus, Pater, et Fílius, † et Spíritus Sanctus.
G: Amen.	G: Amen.

(An bestimmten Tagen und zu bestimmten Anlässen kann der Priester statt des einfachen Segens eine feierliche Segensformel bzw. ein Gebet über die Gläubigen sprechen.)

(Der Diakon – oder der Priester selbst – singt oder spricht, zur Gemeinde gewandt, mit gefalteten Händen:)

P: Gehet hin in Frieden.	P: Ite, missa est.
G: Dank sei Gott, dem Herrn.	G: Deo grátias.

(In der Osterwoche bis zum Weißen Sonntag:)

P: Gehet hin in Frieden. Halleluja, halleluja.
G: Dank sei Gott, dem Herrn. Halleluja, halleluja.

(Wenn der Entlassungsruf gesungen wird, kann das doppelte „Halleluja“ in der ganzen Osterzeit hinzugefügt werden.)

(Wie zu Beginn des Gottesdienstes küsst der Priester den Altar. Gemeinsam mit allen, die bei der Messfeier einen besonderen Dienst versehen haben, macht er die vorgesehene Ehrenbezeigung und kehrt zur Sakristei zurück.
Folgt unmittelbar auf die Messfeier eine andere liturgische Feier, endet die Messfeier mit dem Schlussgebet ohne den Schlusssegen und die Entlassung.)

Die Wort-Gottes-Feier an Sonn- und Festtagen

Brannte uns nicht das Herz in der Brust,
als er unterwegs mit uns redete
und uns den Sinn der Schrift erschloss?

Lk 24,32

Aufbau der Wort-Gottes-Feier

L = Leiter/in	V = Vorbeter/in	A = Alle
D = Diakon	K = Kantor/in	GL = Gotteslob

ERÖFFNUNG

EINZUG – GESANG ZUR ERÖFFNUNG

(Vor Beginn des Einzugs kann zur Einstimmung Orgel- oder andere Instrumentalmusik gespielt werden. Beim Einzug kann von einem Lektor/einer Lektorin das Mess-Lektionar bzw. Evangeliar mitgetragen werden. Falls das Taufgedächtnis gefeiert wird, können Ministranten/Ministrantinnen auch ein Gefäß mit Wasser mittragen. Während des Einzugs wird der Gesang zur Eröffnung gesungen.)

KREUZZEICHEN – LITURGISCHER GRUSS – EINFÜHRUNG

(Am Sitz wendet sich der Leiter/die Leiterin zur Gemeinde und spricht:)

L: Im Namen des Vaters und des Sohnes
und des Heiligen Geistes. Amen.

(Alle machen das Kreuzzeichen.)

D: Gnade und Friede von Gott, unserem Vater,
und dem Herrn Jesus Christus sei mit euch.
A: Und mit deinem Geiste.

(Oder ein anderer im Messbuch vorgesehener Text.)

L: Der auferstandene Herr Jesus Christus
ist bei uns heute
und alle Tage bis in Ewigkeit.
A: Amen.

Oder:

L: Jesus Christus ist in unserer Mitte
und schenkt uns seinen Frieden.

A: Amen.

Oder:

L: Der Name des Herrn sei gepriesen.

A: Von nun an bis in Ewigkeit.

Oder:

L: Unsere Hilfe ist im Namen des Herrn.

A: Der Himmel und Erde erschaffen hat.

(Oder ein anderes geeignetes Eröffnungswort.)

[Der Leiter/die Leiterin oder jemand anderes führt nun mit folgenden oder ähnlichen Worten in die sonn-(fest-)tägliche Feier ein:]

L: Am ersten Tag der Woche, dem Sonntag, versammeln sich Christen, um Gott für Tod und Auferstehung Jesu Christi zu preisen. Auch wenn wir an diesem Sonntag nicht Eucharistie feiern können, gedenken wir beim Hören des Wortes Gottes der großen Taten, die Gott an uns Menschen getan hat und heute noch an uns tut. Ihm danken wir für die Hoffnung, die er uns im Tod und in der Auferstehung seines Sohnes geschenkt hat.

Oder:

L: Nach einer Woche, die wir unterschiedlich erlebt haben, lädt Christus uns ein, zu ihm zu kommen. Ihm halten wir unser Leben hin mit allem, was es gerade ausmacht: was uns erfreut, aber auch unsere Sorgen und unsere Schuld. Danken wir ihm für das, was gelungen ist, bitten wir ihn um Kraft für das, was uns aufgegeben ist.

Oder:

L: Gottes heilende und befreiende Liebe ist uns in den Worten und Taten Jesu Christi sichtbar geworden. Wir haben uns versammelt, um sein befreiendes Wort zu hören und seine heilsame Nähe zu erfahren.

Oder:

L: Die Heilige Schrift ist für Christen kein totes Wort. Wir glauben, dass der Herr in seinem Wort in der Gemeinde fortlebt und seine Kirche aufbaut. Christus selbst spricht zu uns und erklärt uns die Schrift, um uns Freiheit und Erlösung zu schenken. Ihm huldigen wir.

Oder:

L: Ganz verschiedene Menschen haben sich zu unserem Gottesdienst versammelt: Frauen und Männer, Alte und Junge, Menschen mit unterschiedlichen Ansichten, Meinungen und Lebenserfahrungen. Uns alle verbindet: Gott hat uns als seine Gemeinde hier zusammengerufen. Er beschenkt uns mit seinem Wort. Er stärkt uns im Glauben und in der Gemeinschaft. Er gibt uns von seinem Geist. Er ermutigt uns zum Christsein im Alltag.

Oder:

L: Es kann unterschiedliche Gründe dafür geben, dass wir jetzt hier sind. Doch gemeinsam ist unsere Zuversicht: Wir werden in dieser Feier beschenkt. Wir dürfen sehen und erfahren, dass wir als Glaubende nicht allein sind. Es wird uns Gottes Wort verkündet, wir hören, was Gott durch Christus getan hat und bis heute unter uns tut. Christus grüßen wir jetzt mit dem Ruf, mit dem ihn seit 2000 Jahren Christen begrüßen:

CHRISTUSRUFE (KYRIE-LITANEI)

(Nun können sich Anrufungen an Christus anschließen, die in der Regel gesungen werden.)

V: Herr Jesus Christus, du bist das lebendige Wort Gottes.
K: Herr, erbarme dich. *oder:* Kyrie, eleison.
A: Herr, erbarme dich. *oder:* Kyrie, eleison.

V: Dein Wort ist das Licht auf unseren Wegen.
K: Christus, erbarme dich. *oder:* Christe, eleison.
A: Christus, erbarme dich. *oder:* Christe, eleison.

V: Du hast Worte des ewigen Lebens.
K: Herr, erbarme dich. *oder:* Kyrie, eleison.
A: Herr, erbarme dich. *oder:* Kyrie, eleison.

Oder:

Kyrie-Litanei (GL 163, 1)

Oder:

(Es können auch andere Kyrie-Rufe, etwa aus dem Gotteslob, oder die in diesem Messbuch für die einzelnen Tage formulierten Kyrie-Rufe verwendet werden.)

ERÖFFNUNGSGEBET

(Der Leiter/die Leiterin lädt zum Gebet ein.)

L: Lasset uns beten.

(Nach einer kurzen Stille trägt der Leiter/die Leiterin das Eröffnungsgebet vor.
Es wird das Tagesgebet vom betreffenden Sonntag/Festtag genommen. Für die Sonntage im Jahreskreis wird eine weitere, auf das Evangelium des Tages bezogene Oration zur Wahl angeboten. Siehe jeweils „Eröffnungsgebet zur Wahl".)

VERKÜNDIGUNG DES WORTES GOTTES

ERSTE LESUNG

(An Sonn- und Festtagen sind vor dem Evangelium zwei Lesungen vorgesehen.
Die Gemeinde kann durch kurze Hinweise in die Lesungen eingeführt werden.

Der Lektor/die Lektorin holt gegebenenfalls das Mess-Lektionar, geht zum Ambo und trägt die erste Lesung vor.
Nach der Lesung soll eine kurze Stille gehalten werden.)

PSALM (GESANG)

(Der Kantor/die Kantorin trägt den vorgesehenen Antwortpsalm oder einen anderen passenden Psalm vom Ambo aus vor. Die Gemeinde antwortet mit der Antiphon/dem Kehrvers.)

ZWEITE LESUNG

(Es folgt die zweite Lesung.
Falls eine Evangelienprozession vorgesehen ist, wird das Mess-Lektionar nach der Lesung zum Kredenztisch gebracht.)

RUF VOR DEM EVANGELIUM

(Wer das Evangelium verkündet, holt das Evangeliar vom Ambo bzw. dem Platz, wo es sich befindet, und geht zusammen mit den Ministranten/Ministrantinnen, die brennende Kerzen und gegebenenfalls Weihrauch tragen, in Prozession zum Ambo. Die Gemeinde erhebt sich.
Während der Prozession wird das Halleluja oder der in der Fastenzeit vorgesehene Christusruf gesungen.)

EVANGELIUM

(Am Ambo trägt der Diakon, ein Lektor/eine Lektorin oder der Leiter/die Leiterin das Evangelium vor.)

(D: Der Herr sei mit euch.
A: Und mit deinem Geiste.)
D/L: Aus dem heiligen Evangelium nach N.
A: Ehre sei dir, o Herr.

(Wird Weihrauch verwendet, so wird nun das Buch beräuchert; dann wird das Evangelium verkündet.

Wo nach dem Evangelium ein Zuruf der Gemeinde üblich ist, wird angefügt:)

D/L: Evangelium unseres Herrn Jesus Christus.
A: Lob sei dir, Christus.

(Als Zuruf nach dem Evangelium kann auch das Halleluja bzw. in der Fastenzeit der Christusruf wiederholt und in feierlicher Mehrstimmigkeit abgeschlossen werden.)

AUSLEGUNG UND DEUTUNG

(Es folgen die Auslegung und Deutung der Schriftlesungen.)

STILLE

ANTWORT DER GEMEINDE

Aus den folgenden Elementen wird eine sinnvolle Auswahl getroffen:
- Glaubensbekenntnis
- Predigtlied
- Taufgedächtnis
- Schuldbekenntnis und Vergebungsbitte
- Segnungen, die zum Sonn-(Fest-)tag gehören

A) GLAUBENSBEKENNTNIS

(Das Apostolische oder das Große Glaubensbekenntnis wird von dem Leiter/der Leiterin zusammen mit der ganzen Gemeinde gesprochen oder gesungen.)

L: Wir sprechen das Apostolische (*oder:* Große) Glaubensbekenntnis.
A: Ich glaube an Gott ... (GL 3,4/S. 495)

Oder:

A: Wir glauben an den einen Gott … (GL 586,2/S. 492)

► FRIEDENSZEICHEN

B) PREDIGTLIED

(Schriftlesung, Auslegung und Deutung können im Predigtlied nachklingen und vertieft werden.)

► FRIEDENSZEICHEN

C) TAUFGEDÄCHTNIS (FORM A)

(Der Leiter/die Leiterin geht zum Taufbrunnen oder es wird ein geeignetes Gefäß mit Wasser gebracht.
Der Leiter/die Leiterin lädt mit folgenden oder ähnlichen Worten zum Taufgedächtnis ein:)

L: Das Wasser erinnert uns daran: Wir alle sind in der Taufe von Gott erwählt, sein heiliges Volk zu sein, wir alle haben teil am Priestertum seines Sohnes und sind berufen, seine großen Taten zu verkünden.

Lasset uns beten.
Gott, du Quelle des Lebens.
Du schenkst uns dein Heil in sichtbaren Zeichen.
So sei uns dieses Wasser
ein Zeichen für das neue Leben,
das du in der Taufe in uns gewirkt hast.
Erneuere in uns die Gaben deines Geistes.
Darum bitten wir durch Christus, unseren Herrn.

A: Amen.

(Nach dem Gebet wird das Wasser ausgeteilt. Zur Austeilung des Wassers kann die Gemeinde singen. Die Austeilung kann auf verschiedene Weise geschehen:
– Das Wasser wird über die Gläubigen ausgesprengt.

– *Das Wasser wird den Gläubigen gereicht; die Gläubigen bekreuzigen sich.*
– *In einer Prozession gehen die Mitfeiernden zum Taufort, nehmen vom Wasser im Taufbrunnen und bekreuzigen sich damit. Der Leiter/die Leiterin kann auch den Einzelnen mit dem Wasser ein Kreuz auf die Stirn zeichnen.)*

► FRIEDENSZEICHEN

D) SCHULDBEKENNTNIS UND VERGEBUNGSBITTE

(Der Leiter/die Leiterin lädt die Gemeinde mit folgenden oder ähnlichen Worten zum Schuldbekenntnis ein. In der Einleitung kann auch ein Wort aus dem Evangelium aufgegriffen werden.)

L: Schwestern und Brüder,
das Wort Gottes hat unser Gewissen erleuchtet.
Es ist wirksam,
es vermag die Gedanken des Herzens zu richten.
Alles liegt offen vor den Augen Gottes.
Besinnen wir uns auf unser Versagen
und bekennen wir unsere Schuld.

(Nach einer kurzen Stille sprechen alle gemeinsam das Schuldbekenntnis:)

A: Ich bekenne Gott, dem Allmächtigen,
und allen Brüdern und Schwestern,
dass ich Gutes unterlassen
und Böses getan habe
– ich habe gesündigt
in Gedanken, Worten und Werken –

(alle schlagen an die Brust)

durch meine Schuld, durch meine Schuld,
durch meine große Schuld.

Darum bitte ich die selige Jungfrau Maria,
alle Engel und Heiligen
und euch, Brüder und Schwestern,
für mich zu beten bei Gott, unserem Herrn.

Oder:

L: Wir haben Gottes Wort gehört.
Es ist für uns Rettung und Heil.
Vor Gott und unseren Schwestern und Brüdern
wollen wir bekennen, dass wir gesündigt haben.

(Stille)

A: Ich bekenne …

Oder:

L: Das Wort Gottes hat unser Gewissen erleuchtet;
es lädt uns ein, umzukehren zum Herrn.
Es drängt uns, ihm zu bekennen:

(Stille)

A: Ich bekenne …

Oder:

L: Gott hat uns im Wort der Schrift
seinen Willen kundgetan.
Vor diesem Wort prüfen wir uns
und bitten den Herrn um Vergebung unserer Schuld.

(Stille)

A: Ich bekenne …

Oder:

L: Jesus Christus ist nicht gekommen, um zu richten,
sondern zu suchen, was verloren ist,
und zu befreien, was in Schuld und Angst gefangen liegt,
um uns zu retten, wenn unser Herz uns anklagt.
So wollen wir vertrauensvoll vor Gott
und voreinander bekennen,
dass wir gesündigt haben.

Oder:

L: Schwestern und Brüder,
das Wort Gottes hat uns gestärkt und ermutigt.
Es lässt uns aber auch unser Versagen
und unsere Schuld erkennen.
Im Vertrauen auf die Güte des Herrn rufen wir:

L: Erbarme dich, Herr, unser Gott, erbarme dich.
A: Denn wir haben vor dir gesündigt.
L: Erweise uns, Herr, deine Huld.
A: Und schenke uns dein Heil.

Oder: Psalm 130 (GL 639)

L: Der allmächtige Gott erbarme sich unser.
Er lasse uns die Sünden nach
und führe uns zum ewigen Leben.
A: Amen.

► FRIEDENSZEICHEN

E) SEGNUNGEN, DIE ZUM SONN-(FEST-)TAG GEHÖREN

(Anrufungen und Segensgebet werden aus der jeweiligen Ordnung des Benediktionale für die katholischen Bistümer des deutschen Sprachgebietes übernommen. Gegebenenfalls können auch Weihwasser und Weihrauch verwendet werden. Bei der Segnung von Personen kann diesen ein Kreuz auf die Stirn gezeichnet werden.)

FRIEDENSZEICHEN

(Der Leiter/die Leiterin lädt zum Friedensgruß mit folgenden oder ähnlichen Worten ein:)

L: Jesus Christus ist unser Friede und unsere Versöhnung.
Friede mit ihm ist die Quelle des Friedens
unter uns Menschen.
Geben wir einander ein Zeichen dieses Friedens.

Oder:

L: Der auferstandene Herr hat uns
seinen Frieden zugesprochen.
Deshalb gilt auch für uns die Aufforderung:
In euren Herzen herrsche der Friede Christi,
dazu seid ihr berufen als Glieder eines Leibes.
Geben wir einander ein Zeichen dieses Friedens.

(Es kann ein Friedenslied gesungen werden.)

KOLLEKTE (SAMMLUNG DER GABEN)

(Auf die Verwendung der Kollekte kann mit folgenden oder ähnlichen Worten hingewiesen werden:)

L: Die Verbundenheit, die wir im Friedensgruß bekundet haben, geht über unsere Gemeinde hinaus. Dies wird auch in unserer Kollekte sichtbar, die heute bestimmt ist für …

(Zur Kollekte wird ein Lied gesungen oder Instrumentalmusik gespielt.)

LOBPREIS UND BITTE

SONN-(FEST-)TÄGLICHER LOBPREIS

(Am Sitz lädt der Leiter/die Leiterin zum Lobpreis ein. Die Gemeinde erhebt sich.)

L: Schwestern und Brüder,
Gott hat zu uns gesprochen in den heiligen Schriften.
Wir haben sein Wort gehört.
Im Sonntäglichen Lobpreis (*oder:* Festtäglichen Lobpreis)
geben wir ihm Antwort.
Wir vereinen uns mit allen auf der Erde,
die heute den Tag des Herrn feiern, und beten:

Oder:

L: Lasst uns einstimmen in den Sonntäglichen Lobpreis (*oder:* Festtäglichen Lobpreis).

Oder:

L: Kommt, lasst uns den Herrn loben und preisen.

(Stille)

A. LOBPREIS UND DANK FÜR DAS GESCHENK DES SONNTAGS

„Das ist der Tag, den der Herr gemacht“

T: nach Lk 2,14 M: Heino Schubert

Oder:

T u. M: Franz Forsthuber

Oder:

Das ist der Tag, den der Herr gemacht (GL 66,1 / 335)
Jubelt dem Herrn alle Lande (GL 643,3)
Auf, lasst uns jubeln dem Herrn (GL 141)

L: Gepriesen bist du, Schöpfer der Welt:
Am Sonntag gedenken wir deiner Güte,
mit der du Himmel und Erde erschaffen hast.
Du bist die Quelle und der Ursprung allen Lebens.
Du hast am siebten Tag geruht von deinem Werk;
du lädst auch uns nach den Tagen der Arbeit ein,
an deiner schöpferischen Ruhe teilzuhaben.
Du willst, dass wir das Leben feiern,
das du uns immerfort schenkst.
Du lässt uns ausruhen von Mühe und Hast
und aufatmen im Blick auf deine Treue
zu uns und allen Geschöpfen.

K/A: Ehre Gott in der Höhe (siehe S. 574)

Oder:

K/A: Dir sei Preis und Dank und Ehre! (siehe S. 574)

L: Gepriesen bist du, Gott, für den Tag,
an dem du Christus, deinen Sohn, aus dem Tod erweckt
und zur Sonne des Heils gemacht hast.
Am Sonntag sammelst du deine Gemeinde um ihn
und stellst sie in das Licht seiner Liebe.
Am Sonntag erneuerst du den Bund der Treue,
den du mit uns geschlossen hast
in Christi Tod und Auferstehung.
Christus, dein Sohn, tritt in unsere Mitte:
Er bringt uns deine Versöhnung und deinen Frieden.
Er schenkt uns immer neu seinen Heiligen Geist,
der uns das Herz aufschließt
für das Geheimnis deiner Liebe
und uns den Mund auftut zum Lob deiner großen Taten,
die du für uns und alle Welt vollbracht hast.

K/A: Ehre Gott in der Höhe (siehe S. 574)

Oder:

K/A: Dir sei Preis und Dank und Ehre! (siehe S. 574)

L: Gepriesen bist du, Vater, für den Tag,
an dem wir die lebendige Hoffnung feiern,
zu der du die Welt berufen hast
durch die Auferweckung deines Sohnes.
Sie ist uns Unterpfand der kommenden Vollendung,
die wir mit der ganzen Schöpfung
(voll Sehnsucht) erwarten.
Dein Sohn hat Sünde, Leid und Tod besiegt.
Er lässt uns in dieser Feier
den Geschmack der Hoffnung verkosten:
dass deine Liebe stärker ist als alle Mächte des Todes
und deine Herrschaft des Erbarmens sich durchsetzt
in dieser Welt voll Unrecht und Gewalt.

K/A: Ehre Gott in der Höhe (siehe S. 574)

Oder:

K/A: Dir sei Preis und Dank und Ehre! (siehe S. 574)

L: Gepriesen bist du, Freund unseres Lebens,
für das Geschenk des (dieses) Sonntags.
Wir heißen ihn an diesem Morgen (Abend)
dankbar willkommen.
Befreie uns aus aller Enge und Hast,
und lass uns aufatmen in deiner Liebe.
Wir preisen dich mit deinem Sohn im Heiligen Geist
und stimmen freudig ein
in das Lied der himmlischen Chöre,
die das Lob deiner Herrlichkeit singen:

► HYMNUS

[Weitere Texte für den sonn-(fest-)täglichen Lobpreis (Form B–G) siehe S. 584 ff.]

HYMNUS

[An den Festtagen und an den Sonntagen außerhalb der Advents- und Fastenzeit schließt der Hymnus „Ehre sei Gott in der Höhe" (Gloria-Hymnus) den Lobpreis ab. In der Advents- und Fastenzeit

schließt der Lobpreis mit einem anderen Hymnus, beispielsweise: „Dir gebührt unser Lob".]

FÜRBITTEN (ALLGEMEINES GEBET)

(Nach dem Hymnus folgen die Fürbitten. Es sollte in der Regel gebetet werden für die Anliegen der Weltkirche und der Ortsgemeinde, die Regierenden, die Notleidenden, alle Menschen und das Heil der ganzen Welt, ausdrücklich auch für den Papst und den Diözesanbischof. Es ist sinnvoll, regelmäßig darum zu beten, dass die Gemeinde wieder gemeinsam die Eucharistie feiern kann. Der Leiter/die Leiterin spricht die Einleitung. Die einzelnen Anliegen werden von verschiedenen Gemeindegliedern vorgetragen. Dabei sollte eine ausreichende Zeit der Stille gegeben werden, damit auch für eigene Anliegen gebetet werden kann. Die Antwort der Gemeinde kann gesungen werden. Der Leiter/die Leiterin lädt nach der letzten Bitte sogleich zum Vaterunser ein.)

VATERUNSER

(Der Leiter/die Leiterin lädt zum gemeinsamen Gebet des Vaterunsers ein:)

L: Wir heißen Kinder Gottes und sind es.
Darum beten wir voll Vertrauen:

Oder:

L: Lasst uns beten,
wie der Herr uns zu beten gelehrt hat:

Oder:

L: Wir haben den Geist empfangen,
der uns zu Kindern Gottes macht.
Darum wagen wir zu sprechen:

A: Vater unser im Himmel,
geheiligt werde dein Name.
Dein Reich komme.

Dein Wille geschehe,
wie im Himmel so auf Erden.
Unser tägliches Brot gib uns heute.
Und vergib uns unsere Schuld,
wie auch wir vergeben unsern Schuldigern.
Und führe uns nicht in Versuchung,
sondern erlöse uns von dem Bösen.
Denn dein ist das Reich und die Kraft
und die Herrlichkeit in Ewigkeit.
Amen.

LOBLIED/DANKLIED

(An dieser Stelle kann ein Loblied, ein Danklied oder ein der Kirchenjahreszeit entsprechendes Lied gesungen werden.)

ABSCHLUSS

MITTEILUNGEN

(An dieser Stelle kann auf Gottesdienste und Veranstaltungen der Gemeinde an den kommenden Tagen hingewiesen oder anderes bekannt gemacht werden.)

SEGENSBITTE

(Leitet ein Diakon die Feier, so erteilt er am Sitz den Segen in der für ihn vorgesehenen Weise. Leitet ein Beauftragter Laie die Feier, so kann die Segensbitte in folgender oder ähnlicher Weise erfolgen:)

L: Der Herr segne uns und behüte uns.
Der Herr lasse sein Angesicht über uns leuchten
und sei uns gnädig.
Der Herr wende uns sein Angesicht zu
und schenke uns seinen Frieden.
A: Amen.

Oder:

L: Der Vater schenke uns seine Liebe.
A: Amen.
L: Der Sohn erfülle uns mit seinem Leben.
A: Amen.
L: Der Heilige Geist stärke uns mit seiner Kraft.
A: Amen.

(Die Segensbitte schließt mit den Worten:)

L: Und der Segen des allmächtigen Gottes,
des Vaters und des Sohnes und des Heiligen Geistes
komme auf uns herab und bleibe bei uns allezeit.

(Währenddessen machen alle das Kreuzzeichen.)

A: Amen.

ENTLASSUNG

D: Gehet hin in Frieden.
A: Dank sei Gott, dem Herrn.

L: Singet Lob und Preis.
A: Dank sei Gott, dem Herrn.

(ABENDLIED/MORGENLIED/MARIENLIED)

(Zum Abschluss kann gegebenenfalls ein Abend- oder Morgenlied oder ein Marienlied gesungen werden.)

AUSZUG

(Der Auszug findet in derselben Ordnung statt wie der Einzug. Er kann mit Orgel- oder anderer Instrumentalmusik begleitet werden.)

AUSTEILUNG UND EMPFANG DER KOMMUNION

(Die Wort-Gottes-Feier folgt bis einschließlich der Fürbitten der oben aufgeführten Ordnung. Die Fürbitten werden jedoch in diesem Fall vom Leiter/von der Leiterin durch ein Lobgebet abgeschlossen. Die Austeilung der Kommunion schließt sich nach dem folgenden Modell an.)

HINWEIS AUF DIE EUCHARISTISCHE GEMEINSCHAFT

(Der Leiter/die Leiterin verweist am Sitz mit folgenden oder ähnlichen Worten auf die eucharistische Tischgemeinschaft:)

L: Wir haben die Gegenwart
unseres Herrn Jesus Christus erfahren
in der Verkündigung seines Wortes.
Das eucharistische Brot, das uns jetzt geschenkt wird,*
verbindet uns mit der Eucharistiefeier,
die wir am vergangenen Sonntag
(in der vergangenen Woche, im vergangenen Monat,
am Fest …)
hier zuletzt gefeiert haben.

(Oder:
*verbindet uns mit der Eucharistiefeier,
die heute in unserer Nachbargemeinde gefeiert wurde.)

Die bleibende Gegenwart des Herrn im eucharistischen Brot ist uns kostbares Gut, das den Glauben nährt, die Hoffnung stärkt und die Gemeinschaft mit unserem Herrn Jesus Christus festigt.

BEREITUNG DES ALTARES – ÜBERTRAGUNG DES ALLERHEILIGSTEN

(Ein Ministrant/eine Ministrantin breitet das Korporale auf dem Altar aus.
Die Gemeinde kniet.

Während der Übertragung wird ein Christus- oder ein Sakramentslied gesungen.)

STILLE ANBETUNG

(Nach der Übertragung lädt der Leiter/die Leiterin zur stillen Anbetung ein und kniet zusammen mit den anderen liturgischen Diensten vor dem Altar nieder.)

VATERUNSER

(Die Gemeinde erhebt sich. Der Leiter/die Leiterin lädt zum Gebet des Herrn ein.)

L: Lasst uns beten,
wie der Herr uns zu beten gelehrt hat:

(Alle singen oder sprechen gemeinsam:)

A: Vater unser im Himmel,
geheiligt werde dein Name.
Dein Reich komme.
Dein Wille geschehe,
wie im Himmel so auf Erden.
Unser tägliches Brot gib uns heute.
Und vergib uns unsere Schuld,
wie auch wir vergeben unsern Schuldigern.
Und führe uns nicht in Versuchung,
sondern erlöse uns von dem Bösen.
Denn dein ist das Reich und die Kraft
und die Herrlichkeit in Ewigkeit.
Amen.

EINLADUNG ZUR KOMMUNION – KOMMUNION

(Der Leiter/die Leiterin macht vor dem Altar eine Kniebeuge, nimmt eine Hostie, hält sie über der Hostienschale und spricht der Gemeinde zugewandt:)

L: Seht das Lamm Gottes,
das hinwegnimmt die Sünde der Welt.

A: Herr, ich bin nicht würdig,
dass du eingehst unter mein Dach,
aber sprich nur ein Wort,
so wird meine Seele gesund.

(Dann teilt der Leiter/die Leiterin die Kommunion an die anderen Kommunionhelfer/Kommunionhelferinnen aus und empfängt selbst die Kommunion. Anschließend wird die Kommunion in der gewohnten Weise an die Gemeinde ausgeteilt.)

(Leiter/in oder Kommunionhelfer/in:)

Der Leib Christi.

(Kommunizierende/r:)

Amen.

(Während der Kommunionausteilung kann Orgel- oder andere Instrumentalmusik gespielt werden. Es kann auch ein geeigneter Wechselgesang gewählt oder Stille gehalten werden.
Die Schale/n mit den nach der Kommunionausteilung verbliebenen Hostien wird/werden in den Tabernakel zurückgestellt. Die leeren Gefäße werden zur Kredenz gebracht und – nach dem Gottesdienst – gereinigt.)

STILLE – DANKLIED

(Nach einer angemessenen Zeit der Stille kann ein geeignetes Danklied gesungen werden.)

SCHLUSSGEBET

(Der Leiter/die Leiterin spricht am Sitz das folgende oder ein anderes Schlussgebet (siehe S. 596 ff).

L: Lasset uns beten.

(Nach einer kurzen Stille trägt der Leiter/die Leiterin das Schlussgebet vor.)

L: Barmherziger Gott,
du hast uns gestärkt durch das lebendige Brot,
das vom Himmel kommt.
Deine Liebe,
die wir in der heiligen Speise empfangen haben,
mache uns bereit,
dir in unseren Schwestern und Brüdern zu dienen.
Darum bitten wir durch Christus, unseren Herrn.

A: Amen.

(Die Feier wird in der Weise abgeschlossen, wie es auf S. 578 vorgesehen ist.)

Auswahlelemente

AUSWAHLELEMENTE

SONNTÄGLICHER LOBPREIS

B. LOBPREIS DES DREIEINIGEN GOTTES

„Preist den dreieinigen Gott, den Vater, den Sohn
und den Heiligen Geist"

(Die folgende Akklamation wird beim ersten Mal vorgesungen und dann von allen wiederholt.)

K/A: Dir sei Preis und Dank und Ehre! (siehe S. 574)

L: Gepriesen bist du, Herr, unser Gott,
für das Leben, das du geschaffen hast.
Die ganze Welt hältst du in der Hand,
und wir dürfen dich unseren Vater nennen.

A: Dir sei Preis und Dank und Ehre! (siehe S. 574)

L: Wir danken dir für deinen Sohn Jesus Christus,
unseren Herrn und Bruder.
Durch ihn wurde deine Güte
in menschlicher Gestalt sichtbar.
In seinem Tod und seiner Auferstehung
hast du uns erlöst
und bleibende Hoffnung geschenkt.
Er ist das Wort, das uns den Weg weist,
er ist die Wahrheit, die uns frei macht.

A: Dir sei Preis und Dank und Ehre! (siehe S. 574)

L: Wir preisen dich für den Heiligen Geist,
der uns zusammenführt und als Kirche eint.
Aus seiner Fülle haben wir empfangen,
aus seiner Kraft dürfen wir leben.

A: Dir sei Preis und Dank und Ehre! (siehe S. 574)

L: Wir danken dir für alle,
die den Weg mit uns gemeinsam gehen

und ihr Leben mit uns teilen.
Für alle, die bei uns bleiben in Stunden der Freude,
aber auch in Stunden der Not und der Angst.

A: Dir sei Preis und Dank und Ehre! (siehe S. 574)

L: Wir preisen dich, Herr, unser Gott,
durch ihn, Jesus Christus, deinen Sohn,
im Heiligen Geist
und stimmen ein in den Lobgesang
der himmlischen Chöre:

► HYMNUS

C. LOBPREIS UND DANK FÜR SCHÖPFUNG UND NEUSCHÖPFUNG

„Gott ruft sein Volk zusammen"

(Die folgende Akklamation wird beim ersten Mal vorgesungen und dann von allen wiederholt. Anstelle der gesungenen Akklamation kann der folgende Ruf auch jeweils gesprochen werden.)

(Kantor/in oder Leiter/in:)

K: Wir loben dich, wir preisen dich, wir beten dich an. (nach GL 131)
A: Wir loben dich, wir preisen dich, wir beten dich an.

L: Gepriesen bist du, Herr, unser Gott,
für die Gabe des ersten Tages der Woche.
Dies ist der Tag,
an dem du das Werk der Schöpfung begonnen hast,
indem du Licht und Finsternis trenntest.
Dies ist der Tag,
an dem du durch die Auferweckung deines Sohnes
mitten in der alten Schöpfung
die neue Schöpfung schon begonnen hast.
Dies ist der Tag
der Ruhe und Unterbrechung,
den du uns allen am Berg Sinai
durch dein Sabbatgebot geschenkt hast.

Denn du hast uns deinem geliebten Volk Israel
im Neuen Bunde zugesellt.
So halten auch wir einen Tag der Woche für dich frei.
Wie dein Volk Israel
sehnen wir uns nach der Erfüllung deiner Verheißungen.
Wir vereinen uns mit allen, die deinen Namen kennen,
und rufen:

K/A: Wir loben dich, wir preisen dich,
wir beten dich an.

L: Als die Zeit ihre Fülle erreicht hatte,
hast du uns Jesus, den Christus, geschenkt,
dein ewiges, nun sichtbares und Leben schaffendes Wort.
Seiner vor allem gedenken wir am Sonntag.
Es ist der Tag,
an dem er den Geist
auf die im Saal Versammelten sandte
und so deine Kirche schuf.
Als deine Gemeinde (von ...)
sind wir versammelt
(in der Ortskirche/im Bistum von ...),
um auf deinen Sohn zu hören
und ihm im Glauben zu folgen.

(An dieser Stelle kann entsprechend der Zeit im Kirchenjahr einer der folgenden Einschübe eingefügt werden:)

Sonntage im Jahreskreis:

Sein Wort ist Frohe Botschaft.
Seine Taten zeugen von Barmherzigkeit
und Gerechtigkeit.
Sein Leiden und Tod machen Solidarität
und Wahrheit offenbar.
Seine Auferstehung kündet von einer Liebe,
die kein Hass zerstören kann.

► S. 588

Oder:

Er hat Großes an uns getan:
Durch seinen Tod und seine Auferstehung
hat er uns von der Sünde
und von der Knechtschaft des Todes befreit
und neues Leben geschenkt.
In ihm sind wir ein auserwähltes Geschlecht,
dein heiliges Volk, dein königliches Priestertum.

► S. 588

Oder:

Er hat den Armen eine gute Nachricht gebracht,
den Gefangenen die Entlassung verkündet,
Blinden das Augenlicht geschenkt,
Tauben die Ohren geöffnet,
Aussätzige rein gemacht
und Tote zum Leben gerufen.

► S. 588

Sonntage im Advent:

Ihn hast du der Menschheit als Erlöser verheißen.
Seine Wahrheit leuchtet den Suchenden,
seine Kraft stärkt die Schwachen,
seine Barmherzigkeit bringt den Sündern Vergebung.
Er ist der Heiland der Welt,
den du gesandt hast in Treue zu deinem Wort.

► S. 588

Sonntage in der Weihnachtszeit:

Er ist Mensch geworden
und hat der Welt Rettung und Licht gebracht.
Er heilt die Wunden der Schöpfung,
richtet auf, was gebeugt ist und darniederliegt,
er ruft die Menschen ins Reich deines Friedens.

► S. 588

Sonntage in der Österlichen Bußzeit:

Er hat Erbarmen mit uns Menschen.
Sein Wort ruft uns zu Umkehr und Buße.
Seine Botschaft schenkt uns Hoffnung und Vergebung.
Seine Taten eröffnen Heil und Leben.

► unten

Sonntage in der Osterzeit:

Er hat den Tod besiegt und
durch seine Auferstehung das Leben neu geschaffen.
Er schenkt uns Hoffnung,
die dem Leben Licht
und im Sterben Halt schenkt.

K/A: Wir loben dich, wir preisen dich,
wir beten dich an.

L: Als die Gemeinde Jesu Christi,
die er aus der Zerstreuung und Vereinzelung sammelt,
folgen wir ihm auf seinem Weg durch die Zeit.
In ihm geschwisterlich verbunden,
teilen wir die Sorgen und Nöte,
die Hoffnungen und Freuden aller Menschen guten Willens.
Sie stehen vor uns an diesem Tag,
und im Geist Christi beten wir.
Wir bitten dich, Gott, um den Heiligen Geist,
den Tröster und Befreier,
den Atem und Wind.
Als deine heilige Versammlung rufen wir:

K: Sende aus deinen Geist,
und das Antlitz der Erde wird neu. (GL 645,3)
A: Sende aus deinen Geist,
und das Antlitz der Erde wird neu.

L: Wir feiern (diesen …) Sonntag.
Du hast uns heute zusammengerufen,

dass wir dein Wort hören
und dir das Lob singen konnten.
(Das Brot zu brechen, ist uns nicht gegeben,
doch deine Nähe ist uns zugesagt.)
Herr, es ist die Kirche,
die Jesus als dein Volk aus allen Völkern gesammelt hat.
Als seine Kirche halten wir Ausschau
nach seinem endgültigen Kommen.
Mit allen, die den Weg auf dein Reich hin gehen,
geben wir dir, Gott, die Ehre.

► HYMNUS

D. LOBPREIS UND DANK FÜR JESUS CHRISTUS

„Jesus Christus ist der Herr zur Ehre Gottes des Vaters“

(Die folgende Akklamation wird beim ersten Mal vorgesungen und dann von allen wiederholt. Anstelle der gesungenen Akklamation kann der folgende Ruf auch jeweils gesprochen werden.)

(Kantor/in oder Leiter/in:)

M: Walter Röder / Rechte: Christophorus, Freiburg

L: Menschenfreundlicher Gott,
Vater unseres Herrn Jesus Christus,
so sehr hast du die Welt geliebt,
dass du uns deinen einzigen Sohn gabst,
damit jeder, der an ihn glaubt,

nicht zugrunde geht,
sondern das ewige Leben hat.

A: Jesus Christus ist der Herr zur Ehre Gottes des Vaters.

L: Wir preisen dich, Vater,
für die Menschwerdung deines Sohnes,
für seine Geburt aus der Jungfrau Maria,
für sein Leben in unserer Mitte.

A: Jesus Christus ist der Herr zur Ehre Gottes des Vaters.

L: Wir preisen dich, Vater,
für Jesu Leben in Nazaret,
für die Offenbarung deines Sohnes am Jordan,
für seinen Sieg über den Versucher in der Wüste.

A: Jesus Christus ist der Herr zur Ehre Gottes des Vaters.

L: Wir preisen dich, Vater,
für jedes Wort aus dem Munde Jesu,
für sein heilendes Wirken,
für die Zeichen seiner Herrlichkeit.

A: Jesus Christus ist der Herr zur Ehre Gottes des Vaters.

L: Wir preisen dich, Vater,
für das Abendmahl deines Sohnes,
für sein Leiden und Sterben,
für seine Grabesruhe
und seine Auferstehung.

A: Jesus Christus ist der Herr zur Ehre Gottes des Vaters.

L: Wir preisen dich, Vater,
für alle Macht,
die du Christus gegeben hast,
im Himmel und auf Erden,
für seine Auffahrt zu dir,
für die Sendung des Heiligen Geistes.

A: Jesus Christus ist der Herr zur Ehre Gottes des Vaters.

L: Wir preisen dich, Vater,
dass dein Sohn uns nicht allein lässt;
dass er gegenwärtig ist,
wo zwei oder drei
in seinem Namen versammelt sind;
dass er alle Tage bei uns ist
bis zum Ende der Welt.

A: Jesus Christus ist der Herr zur Ehre Gottes des Vaters.

L: Wir preisen dich, Vater,
Herr des Himmels und der Erde,
in Dankbarkeit, in Ehrfurcht und in Liebe
durch deinen Sohn im Heiligen Geist
und stimmen ein in das Loblied der himmlischen Chöre:

► HYMNUS

E. LOBPREIS UND DANK FÜR GOTTES WIRKEN

„Durch ihn und auf ihn hin ist alles geschaffen“

(Die folgende Akklamation wird beim ersten Mal vorgesungen und dann von allen wiederholt. Anstelle der gesungenen Akklamation kann der folgende Ruf auch jeweils gesprochen werden.)

(Kantor/in oder Leiter/in:)

K: Lobet den Herrn, preist seine Huld und Treue. (GL 401)
A: Lobet den Herrn, preist seine Huld und Treue.

L: Gepriesen bist du, Herr, unser Gott.
Alles, was du geschaffen hast, ist gut.

A: Lobet den Herrn, preist seine Huld und Treue.

L: Die Welt kündet deine Weisheit und Größe.
Der Mensch kann dich erkennen und dir dienen.

A: Lobet den Herrn, preist seine Huld und Treue.

L: Du lässt uns in der Sorge um die Welt nicht allein.
In Jesus Christus ist uns deine Liebe erschienen.

A: Lobet den Herrn, preist seine Huld und Treue.

L: Auf ihn hin ist alles geschaffen;
er schenkt uns die Fülle des Lebens.

A: Lobet den Herrn, preist seine Huld und Treue.

L: Er heilt die Wunden der Schöpfung
und gibt uns unzerstörbare Hoffnung.

A: Lobet den Herrn, preist seine Huld und Treue.

L: Er ist der Anfang einer neuen Schöpfung;
durch ihn willst du die Welt vollenden.

A: Lobet den Herrn, preist seine Huld und Treue.

L: Gepriesen bist du, Herr, unser Gott,
durch ihn, Jesus Christus, deinen Sohn.
Im Heiligen Geist versammelt, stimmen wir ein
in den Lobgesang der himmlischen Chöre:

► HYMNUS

F. LOBPREIS UND DANK FÜR GOTTES WORT

„Dein Wort, o Herr, geleitet uns“

(Die folgende Akklamation wird beim ersten Mal vorgesungen und dann von allen wiederholt. Anstelle der gesungenen Akklamation kann der folgende Ruf auch jeweils gesprochen werden.)

(Kantor/in oder Leiter/in:)

K: Dein Wort ist Licht und Wahrheit;
es leuchtet mir auf all meinen Wegen. (GL 630,4)
A: Dein Wort ist Licht und Wahrheit;
es leuchtet mir auf all meinen Wegen.

L: Gott, unser Vater,
wir leben nicht vom Brot allein,
sondern von jedem Wort
aus deinem Munde.
Denn durch dein Wort

hast du die Welt erschaffen;
durch dein Wort hast du alles ins Leben gerufen.

A: Dein Wort ist Licht und Wahrheit;
es leuchtet mir auf all meinen Wegen.

L: Auf dein Wort hast du den Bund
mit Israel gegründet.
Du hast Mose
das Wort deiner Treue anvertraut
als Halt und Weisung für dein Volk,
als Kraft und Stärke für dein Erbe.

A: Dein Wort ist Licht und Wahrheit;
es leuchtet mir auf all meinen Wegen.

L: Du hast die Propheten berufen
als Künder deiner Liebe.
Durch dein Wort mahnten sie das Volk
zu Umkehr und Buße,
sagten an dein Gericht,
spendeten Trost in Not und Bedrängnis.

A: Dein Wort ist Licht und Wahrheit;
es leuchtet mir auf all meinen Wegen.

L: Dein Wort hat Israels Sänger bewegt
und sie erfüllt mit dem Geist des Gebetes.
Deine Weisheit haben sie bekundet,
uns gelehrt, deinen Namen zu preisen.

A: Dein Wort ist Licht und Wahrheit;
es leuchtet mir auf all meinen Wegen.

L: In der Fülle der Zeiten
hast du deinen Sohn gesandt:
das ewige Wort am Herzen des Vaters.
Gnade und Wahrheit kamen durch ihn.
Geist und Leben sind seine Worte.

A: Dein Wort ist Licht und Wahrheit;
es leuchtet mir auf all meinen Wegen.

L: Um das Werk deines Sohnes zu vollenden,
hast du den Heiligen Geist ausgegossen,
damit er uns alles lehre
und uns stärke
zum Zeugnis des Glaubens.

A: Dein Wort ist Licht und Wahrheit;
es leuchtet mir auf all meinen Wegen.

L: Wir preisen dich für dein Wort
und danken dir für dein Wirken.
Ja, dir gebührt unser Lob,
dir unser rühmendes Lied:

► HYMNUS

G. LOBPREIS UND DANK FÜR DEN SONNTAG

„Dankt unserm Gott, lobsinget ihm"

L: Schwestern und Brüder,
wir sind im Namen Jesu versammelt.
Er ist in unserer Mitte.
Er ist unser Mittler bei Gott.
Deshalb beten wir:

(Stille)

L: Allmächtiger Gott,
den Sabbat hast du geheiligt
als Tag des Lobes und Dankes
für das Werk deiner Schöpfung.
Der Mensch soll ausruhen von der Arbeit,
dein Wort hören und deinen Namen preisen.
Dankbar erheben wir unsere Stimme:

T: Liturgie/M: Erhard Quack

(In der österlichen Bußzeit:)
Danket dem Herrn, denn er ist gütig,
denn seine Huld währt ewig. (GL 558,1)

L: Den Sonntag hast du uns geschenkt,
damit wir uns freuen
und deines geliebten Sohnes gedenken.
Er kam in die Welt als dein Wort.
Er lebte mit den Menschen.
Sie überlieferten ihn dem Tod.
Du aber hast ihn gerettet.
Darum feiern wir diesen Tag
und gedenken seiner Auferstehung:

K/A: Dank sei Gott, Halleluja.

L: In Christus hast du alle Menschen berufen,
dein auserwähltes Volk zu werden.
Von dir geliebt, schreitet es durch die Zeit,
zur ewigen Vollendung hin,
um dich für immer zu schauen und zu loben:

K/A: Dank sei Gott, Halleluja.

L: Ja, dieser Tag ist ein Geschenk deiner Liebe.
Darum loben und preisen wir dich,
beten wir dich an und danken dir
durch Jesus Christus im Heiligen Geist
und vereinen uns mit den Chören des Himmels
zu deinem Lobgesang:

► HYMNUS

SCHLUSSGEBETE

(Wenn die Wort-Gottes-Feier mit einer Kommunionfeier verbunden wird, kann das Schlussgebet aus den folgenden Texten gewählt werden.)

SCHLUSSGEBET 1

Gott, unser himmlischer Vater,
du schenkst Vergebung und Frieden.
Bleib bei uns auf dem Weg.
Lass uns Sorge tragen für alle, die uns brauchen,
und wo Unrecht deinem Reich entgegensteht,
lass uns Verzeihung üben
durch Jesus Christus, unseren Herrn.

SCHLUSSGEBET 2

Gott,
du bist reich an Liebe und Güte.
Wie eine Mutter für ihre Kinder sorgt,
so bist du uns zugetan.
Begleite uns in dieser Woche,
dass wir deinen Namen
in Wort und Tat verherrlichen
durch Jesus Christus, unseren Herrn.

SCHLUSSGEBET 3

Gott, Spender aller Gaben!
Du hast uns bewirtet
mit deinem Wort und dem Brot des Lebens.
Gib uns ein wachsames Herz,
damit wir dich erkennen in allem,
was uns im Alltag begegnet.
Darum bitten wir
durch Jesus Christus, unseren Herrn.

SCHLUSSGEBET 4

Gott, Urgrund unseres Seins!
Wir danken dir für Jesus, deinen Sohn,
unseren Herrn und Bruder.
Er sei unsere Stärke,
wenn wir dich, den Verborgenen, suchen.
Er sei unsere Kraft,
wenn wir auf seinen Spuren durchs Leben gehen.
Darum bitten wir durch ihn,
Jesus Christus, unseren Herrn.

SCHLUSSGEBET 5

Herr, unser Gott,
du hast uns als deine Gemeinde versammelt.
Wir bitten dich:
Ruf uns zusammen mit den Menschen aller Völker
und Nationen in das Reich deines Sohnes,
der mit dir lebt und herrscht in Ewigkeit.

SCHLUSSGEBET 6

Allmächtiger Gott und Vater,
du hast deinen gekreuzigten Sohn auferweckt
und ihm, dem Lebendigen,
die Macht des Leben spendenden Geistes gegeben.
Nimm dich deiner Kirche an, o Herr,
und erneuere ihre Jugend.
Lass sie aufleben durch deinen Heiligen Geist
durch Jesus Christus, unseren Herrn.

SCHLUSSGEBET 7

Gott, unser Vater,
dein Sohn hat uns von dir Kunde gebracht.
Er hat uns erkennen lassen, wie du bist:

groß in deiner Huld für deine Geschöpfe,
gewaltig in deiner Hoheit,
wehrlos in deiner Liebe.
Wir sagen dir Dank durch ihn,
der sich uns im Wort und im Brot des Lebens
geschenkt hat,
Jesus Christus, unseren Herrn.

SCHLUSSGEBET 8

Herr, unser Gott,
du hast gewollt,
dass sich das Bild deines Sohnes auspräge
im Wesen der Getauften,
die du zu deinem Tisch geladen hast.
Ermutige uns, dem Evangelium zu folgen
und deinem Heiligen Geist Raum zu geben,
durch Jesus Christus, unseren Herrn.

SCHLUSSGEBET 9

Allmächtiger Gott,
in dieser Feier
hast du uns an deinem göttlichen Leben Anteil geschenkt.
Lass uns niemals von dir getrennt werden,
sondern bewahre uns in deiner Liebe
durch Jesus Christus, unseren Herrn.

Zeit im Jahreskreis

DREIFALTIGKEITSSONNTAG – HOCHFEST

16. Juni 2019

„Dogmatisch" – das ist heute eher ein Schimpfwort als eine Auszeichnung. „Der ist so dogmatisch", lautet das Urteil über jemanden, der eher unbeweglich ist als diskussionsfreudig. Dabei versucht etwa das Dogma – die Glaubenslehre – von der Dreifaltigkeit Gottes, ein Gespräch zu eröffnen. Nämlich darüber, wie das vielstimmige biblische Zeugnis vom väterlichen Gott, vom Sohn, vom Heiligen Geist in Kontakt bleibt mit dem verlässlichen biblischen Zeugnis vom einen und einzigen Gott.

ERÖFFNUNGSVERS

Gepriesen sei der dreieinige Gott:
der Vater und sein eingeborener Sohn
und der Heilige Geist;
denn er hat uns sein Erbarmen geschenkt.

KYRIE-RUFE

Herr Jesus Christus, du bist Gottes
eingeborener Sohn.
V/A: Herr, erbarme dich.
Du hast uns vom Vater als erste Gabe
den Heiligen Geist gesandt.
V/A: Christus, erbarme dich.

Du lebst und herrschst mit Gott dem
Vater in der Einheit des Heiligen Geistes
von Ewigkeit zu Ewigkeit.
V/A: Herr, erbarme dich.

Ehre sei Gott, S. 489 f.

TAGESGEBET

Herr, himmlischer Vater, du hast dein Wort und deinen Geist in die Welt gesandt, um das Geheimnis des göttlichen Lebens zu offenbaren. Gib, dass wir im wahren Glauben die Größe der göttlichen Dreifaltigkeit bekennen und die Einheit der drei Personen in ihrem machtvollen Wirken verehren. Darum bitten wir durch Jesus Christus.

WORTGOTTESDIENST

ZUR 1. LESUNG Das erste Kind, das ich bestatten musste, hieß Sophia. Sie war unter der Geburt im Mutterleib gestorben. Bei der Vorbereitung musste ich ständig an die Stelle im Buch der Sprichwörter denken. Dass Sophia, die Weisheit, die ganze Zeit dabei war, als Gott die Welt schuf. Ihre Welt. Dass er an ihr Freude hatte und sie vor ihm spielte. Nichts anderes konnte ich mir für Sophia vorstellen als dies: dass sie, Gottes Schöpfung, seine Freude blieb. Und vor ihm und bei ihm spielen würde. Alle Zeit. Der Mensch bei Gott – auch das gehört zur göttlichen Dreifaltigkeit.

ERSTE LESUNG Spr 8,22–31

Als die Urmeere noch nicht waren, wurde ich geboren

Lesung aus dem Buch der Sprichwörter.

So spricht die Weisheit Gottes: Der Herr hat mich geschaffen im Anfang seiner Wege, vor seinen Werken in der Urzeit; in frühester Zeit wurde ich gebildet, am Anfang, beim Ursprung der Erde.

Als die Urmeere noch nicht waren, wurde ich geboren, als es die Quellen noch nicht gab, die wasserreichen. Ehe die Berge eingesenkt wurden, vor den Hügeln wurde ich geboren. Noch hatte er die Erde nicht gemacht und die Fluren und alle Schollen des Festlands.

Als er den Himmel baute, war ich dabei, als er den Erdkreis abmaß über den Wassern, als er droben die Wolken befestigte und Quellen strömen ließ aus dem Urmeer, als er dem Meer seine Satzung gab und die Wasser nicht seinen Befehl übertreten durften, als er die Fundamente der Erde abmaß, da war ich als geliebtes Kind bei ihm. Ich war seine Freude Tag für Tag und spielte vor ihm allezeit.

Ich spielte auf seinem Erdenrund und meine Freude war es, bei den Menschen zu sein.

ANTWORTPSALM

Ps 8,4–5.6–7.8–9 (℟: 2ab)

℟ Herr, unser Herrscher,
wie gewaltig ist dein Name auf der ganzen Erde! – ℟

Seh ich den Himmel, das Werk deiner Finger, *
Mond und Sterne, die du befestigt:
Was ist der Mensch, dass du an ihn denkst, *
des Menschen Kind, dass du dich seiner annimmst? – (℟)

Du hast ihn nur wenig geringer gemacht als Gott, *
hast ihn mit Herrlichkeit und Ehre gekrönt.
Du hast ihn als Herrscher eingesetzt über das Werk deiner Hände, *
hast ihm alles zu Füßen gelegt: – (℟)

all die Schafe, Ziegen und Rinder *
und auch die wilden Tiere,

die Vögel des Himmels und die Fische im Meer, *
alles, was auf den Pfaden der Meere dahinzieht. – R

ZUR 2. LESUNG Eins ums andere Mal bestätigt die Schrift, dass wahrhaftig Gott sich einlässt auf die Welt. Sich mit ihr verbündet und verquickt. Durch die Schöpfung. Durch die Erwählung Israels. Durch seinen Gesalbten, seinen Christus. Wahrhaftig: Gott eröffnet Israel und, in Christus, den Völkern der Welt Zugang zu sich, Brücken, Wege. Gott tut das liebevoll und freudig. Folgerichtig antwortet die Kirche, gesammelt aus den Völkern, voller Jubel mit dem Bekenntnis: „Durch ihn, den Christus, und mit ihm und in ihm ist dir Gott, allmächtiger Vater, in der Einheit des Heiligen Geistes alle Herrlichkeit und Ehre. Jetzt und in Ewigkeit."

ZWEITE LESUNG Röm 5,1–5

Wir haben Frieden mit Gott durch Jesus Christus in der Liebe, die ausgegossen ist durch den Heiligen Geist

Lesung aus dem Brief des Apostels Paulus an die Römer.

Brüder! [*oder:* Brüder und Schwestern! *oder:* Schwestern und Brüder!] Gerecht gemacht aus Glauben, haben wir Frieden mit Gott durch Jesus Christus, unseren Herrn. Durch ihn haben wir auch den Zugang zu der Gnade erhalten, in der wir stehen, und rühmen uns unserer Hoffnung auf die Herrlichkeit Gottes.

Mehr noch, wir rühmen uns ebenso unserer Bedrängnis; denn wir wissen: Bedrängnis bewirkt Geduld, Geduld aber Bewährung, Bewährung Hoffnung. Die Hoffnung aber lässt nicht zugrunde gehen; denn die Liebe Gottes ist ausgegossen in unsere Herzen durch den Heiligen Geist, der uns gegeben ist.

RUF VOR DEM EVANGELIUM

Vers: vgl. Offb 1,8

Halleluja. Halleluja.
Ehre sei dem Vater und dem Sohn
und dem Heiligen Geist.
Ehre sei dem einen Gott,
der war und der ist und der kommen wird.
Halleluja.

ZUM EVANGELIUM Alles zu seiner Zeit. Nichts bleibt, wie es war. Das Wort Gottes erweist sich als eine Unbewegliches bewegende Kraft. Was jetzt noch verschlossen ist, unbekannt, nicht zu verkraften, wird mit Gottes Hilfe, mit seinem Geist, sich in kommender Zeit eröffnen. Gottes Wort ist wirksames und folgenreiches Wort, eines, das verändert und Kräfte freisetzt. Ungeahnt. – „Ich gratuliere dir zu deinem Geburtstag" ist mehr als eine Feststellung. „Ich wünsche dir Glück und Segen" ist mehr als die bloße Mitteilung meines Begehrens. Solche Worte haben einen Überschuss an Kraft, sie generieren einen Mehrwert auf einer neuen Ebene. Performative Rede heißt das in der Sprachwissenschaft. Verwandelnde, wohltuende, wirkmächtige Rede ist es. Dass es sich bei Gottes Wort um solche Rede mit Mehrwert handelt, verkündet Jesus seinen Jüngerinnen und Jüngern. Damit tröstet er sie, wenn sie drauf und dran sind, zu verzagen. Wort Gottes: übervoll und überfließend. Wir werden teilhaben an solchem Überschuss.

EVANGELIUM

Joh 16,12–15

Alles, was der Vater hat, ist mein. Der Geist wird von dem, was mein ist, nehmen und es euch verkünden

+ Aus dem heiligen Evangelium nach Johannes.

In jener Zeit sprach Jesus zu seinen Jüngern: Noch vieles habe ich euch zu sagen, aber ihr könnt es jetzt nicht tragen. Wenn aber jener kommt, der Geist der Wahrheit, wird er euch in die ganze Wahrheit führen.

Denn er wird nicht aus sich selbst heraus reden, sondern er wird sagen, was er hört, und euch verkünden, was kommen wird. Er wird mich verherrlichen; denn er wird von dem, was mein ist, nehmen und es euch verkünden.
Alles, was der Vater hat, ist mein; darum habe ich gesagt: Er nimmt von dem, was mein ist, und wird es euch verkünden.

Glaubensbekenntnis, S. 492 ff.

FÜRBITTEN

Wir rufen zum dreieinen Gott und bitten ihn um sein Erbarmen:

- Dreifaltiger Gott, lass die Entscheidungen der Kirche und ihrer Amtsträger dem Heil und Wohl der Menschen dienen. V/A: Wir bitten dich, erhöre uns.
- Dreifaltiger Gott, lass in deiner Kirche Vielfalt in Einheit wachsen. V/A: Wir bitten dich, erhöre uns.
- Dreifaltiger Gott, schenke Frieden und Versöhnung der Völker und Religionen dort, wo Demütigungen und Übergriffe die Herzen verhärtet haben. V/A: Wir bitten dich, erhöre uns.
- Dreifaltiger Gott, sende Hoffnung und Beistand allen, die einsam und krank sind. V/A: Wir bitten dich, erhöre uns.
- Dreifaltiger Gott, schenke Verstehen und einen neuen Blick aufeinander, wo Menschen einander fremd oder gleichgültig wurden. V/A: Wir bitten dich, erhöre uns.
- Dreifaltiger Gott, beschenke die Trauernden mit der Gabe des Trostes und lass aus ihrer Trauer neue Hoffnung wachsen. V/A: Wir bitten dich, erhöre uns.

Guter Gott, im Geheimnis der Dreifaltigkeit ahnen wir eine Liebe, die nicht bei sich bleiben, sondern beim anderen sein will. Wir danken dir für die Erfahrung deines Beistands, heute und allezeit.

EUCHARISTIEFEIER

GABENGEBET

Gott, unser Vater, wir rufen deinen Namen an über Brot und Wein. Heilige diese Gaben und nimm mit ihnen auch uns an, damit wir dir auf ewig gehören. Darum bitten wir durch Christus, unseren Herrn.

PRÄFATION

In Wahrheit ist es würdig und recht, dir, Herr, heiliger Vater, allmächtiger, ewiger Gott, immer und überall zu danken. Mit deinem eingeborenen Sohn und dem Heiligen Geist bist du der eine Gott und der eine Herr, nicht in der Einzigkeit einer Person, sondern in den drei Personen des einen göttlichen Wesens. Was wir auf deine Offenbarung hin von deiner Herrlichkeit glauben, das bekennen wir ohne Unterschied von deinem Sohn, das bekennen wir vom Heiligen Geiste. So beten wir an im Lobpreis des wahren und ewigen Gottes die Sonderheit in den Personen, die Einheit im Wesen und die gleiche Fülle in der Herrlichkeit. Dich loben die Engel und Erzengel, die Kerubim und Serafim. Wie aus einem Mund preisen sie dich Tag um Tag und singen auf ewig das Lob deiner Herrlichkeit: Heilig ...

KOMMUNIONVERS

Gal 4,6

Weil ihr Söhne seid,
sandte Gott den Geist seines Sohnes in eure Herzen,
den Geist, der ruft: Abba, Vater.

SCHLUSSGEBET

Herr, unser Gott, wir haben den Leib und das Blut deines Sohnes empfangen. Erhalte uns durch dieses Sakrament im wahren Glauben und im Bekenntnis des einen Gottes in drei Personen. Darum bitten wir durch Christus, unseren Herrn.

FEIERLICHER SCHLUSSSEGEN

Gott, unser Vater, segne euch mit allem Segen des Himmels, damit ihr rein und heilig lebt vor seinem Angesicht. – A: Amen.
Er lehre euch durch das Wort der Wahrheit; er bilde euer Herz nach dem Evangelium Christi und gebe euch Anteil an seiner Herrlichkeit. – A: Amen.
Er schenke euch jene brüderliche Liebe, an der die Welt die Jünger Christi erkennen soll. – A: Amen.
Das gewähre euch der dreieinige Gott, der Vater und der Sohn † und der Heilige Geist. – A: Amen.

***

KRAFT DIESER GESCHICHTE. AUCH UNSER GOTT

Die Trinitätslehre hat ihren biblischen Sinn darin, dass sie alles christliche Reden von Gott in die *Geschichte* einzeichnet, die der Schöpfer und Vollender der Welt mit uns Christenmenschen aus den Völkern hat. Nur kraft dieser Geschichte kennen wir ihn: den Gott Israels, der durch Jesus Christus im Heiligen Geist auch unser Gott geworden ist. [...] Die Formel „Im Namen des Vaters und des Sohnes und des Heiligen Geistes" bildet also die knappste Abbreviatur der Geschichte, durch die Menschen aus der Völkerwelt zum einen, wahren Gott gefunden haben, finden und noch finden werden.

Manuel Goldmann

HOCHFEST DES LEIBES UND BLUTES CHRISTI

FRONLEICHNAM

20. Juni 2019

Das Auge hat in der Bibel keinen besonders guten Leumund. Es gilt als abschweifend, gefährdet, unkonzentriert. Darum motiviert sich der Psalmbeter (Psalm 25,15): „Meine Augen schauen stets auf den Herrn" – hat Gott doch Großes getan. Nun gibt es gerade an Fronleichnam ja viel zu sehen. Zugleich, durch alle Pracht, durch Blumen, Baldachin, Prozession und prachtvolle Monstranz, werden wir verwiesen auf die eine Hingabe Jesu: Meine Augen sehen stets auf den Herrn.

ERÖFFNUNGSVERS

Vgl. Ps 81(80),17

Er hat uns mit bestem Weizen genährt
und mit Honig aus dem Felsen gesättigt.

KYRIE-RUFE

Herr Jesus Christus, du hast uns
Brot vom Himmel gegeben.
V/A: Herr, erbarme dich.
Ein Zeichen deiner Liebe hast du
uns hinterlassen.
V/A: Christus, erbarme dich.

Du bist mit uns alle Tage
bis zum Ende der Welt.
V/A: Herr, erbarme dich.

Ehre sei Gott, S. 489 f.

TAGESGEBET

Herr Jesus Christus, im wunderbaren Sakrament des Altares hast du uns das Gedächtnis deines Leidens und deiner Auferstehung hinterlassen. Gib uns die Gnade, die heiligen Geheimnisse deines Leibes und Blutes so zu verehren, dass uns die Frucht der Erlösung zuteil wird. Der du in der Einheit des Heiligen Geistes mit Gott dem Vater lebst und herrschest in alle Ewigkeit.

WORTGOTTESDIENST

ZUR 1. LESUNG Welch ein geheimnisvoller König der Vorzeit ist Melchisedek. Plötzlich ist von ihm die Rede, wenige Verse beschreiben sein Tun. Dann geht der biblische Text dort wieder weiter, wo er vor dem Auftritt Melchisedeks geendet hatte. Mit ihm erscheint mittendrin zwischen Berichten über Streit und Krieg eine Geste des Friedens. Mit ihm ertönt zwischen Konflikten und Interessen ein großes Wort des Segens. Mit ihm, seinem Priesteramt im Dienst des „Höchsten Gottes“, mit seiner Gabe von Brot und Wein, kommt Gott ins Spiel. Ist es der Gott Abrahams, der hier noch Abram heißt? Abram gibt Melchisedek den Zehnten, anerkennt damit sein Priesteramt, seinen Dienst. Entscheidend sind ihm Segenswort und Gabe. Segen über Abram, Dank gegenüber Gott wegen Lots Rettung. Gabe von Brot und Wein. Der Gott der Väter, der Gott der Schrift, ist frei, hier und da und dort zu wirken und Seinen Segen zu schenken.

ERSTE LESUNG

Gen 14,18–20

Er brachte Brot und Wein dar

Lesung aus dem Buch Genesis.

In jenen Tagen brachte Melchisedek, der König von Salem, Brot und Wein heraus. Er war Priester des Höchsten Gottes. Er segnete Abram und sagte: Gesegnet sei Abram vom Höchsten Gott, dem Schöpfer des Himmels und der Erde, und gepriesen sei der Höchste Gott, der deine Feinde an dich ausgeliefert hat. Darauf gab ihm Abram den Zehnten von allem.

ANTWORTPSALM

Ps 110(109),1–2.3.4–5 (℟: 4b)

℟ Du bist Priester auf ewig
nach der Ordnung Melchisedeks. – ℟

So spricht der Herr zu meinem Herrn: †
Setze dich mir zur Rechten *
und ich lege dir deine Feinde als Schemel unter die Füße.
Vom Zion strecke der Herr das Zepter deiner Macht aus: *
Herrsche inmitten deiner Feinde! – (℟)

Dein ist die Herrschaft am Tag deiner Macht, *
wenn du erscheinst in heiligem Schmuck;
ich habe dich gezeugt noch vor dem Morgenstern, *
wie den Tau in der Frühe. – (℟)

Der Herr hat geschworen und nie wird's ihn reuen: *
„Du bist Priester auf ewig nach der Ordnung Melchisedeks."
Der Herr steht dir zur Seite, *
er zerschmettert Könige am Tage seines Zorns. – ℟

ZUR 2. LESUNG Gedächtnis und Verkündigung der Gemeinde – sie reichen zurück bis zum Herrn der Kirche, bis zu seinem letzten Mahl vor dem Tod, in der Gemeinschaft der Jünger, bis zur Hingabe seines Lebens. Darauf nehmen Gedächtnis und Verkündigung Bezug. Gedächtnis und Verkündigung werden Auftrag, werden Amt der Gemeinde. „Deinen Tod, o Herr, verkünden wir und deine Auferstehung preisen wir, bis du kommst in Herrlichkeit."

ZWEITE LESUNG 1 Kor 11,23–26

Sooft ihr esst und trinkt, verkündet ihr den Tod des Herrn

Lesung aus dem ersten Brief des Apostels Paulus an die Korinther.

Brüder! [*oder:* Brüder und Schwestern! *oder:* Schwestern und Brüder!] Ich habe vom Herrn empfangen, was ich euch dann überliefert habe: Jesus, der Herr, nahm in der Nacht, in der er ausgeliefert wurde, Brot, sprach das Dankgebet, brach das Brot und sagte: Das ist mein Leib für euch. Tut dies zu meinem Gedächtnis!

Ebenso nahm er nach dem Mahl den Kelch und sprach: Dieser Kelch ist der Neue Bund in meinem Blut. Tut dies, sooft ihr daraus trinkt, zu meinem Gedächtnis!

Denn sooft ihr von diesem Brot esst und aus dem Kelch trinkt, verkündet ihr den Tod des Herrn, bis er kommt.

SEQUENZ

Deinem Heiland, deinem Lehrer,
deinem Hirten und Ernährer,
Sion, stimm ein Loblied an!

Preis nach Kräften seine Würde,
da kein Lobspruch, keine Zierde
seinem Ruhm genügen kann.

Dieses Brot sollst du erheben,
welches lebt und gibt das Leben,
das man heut den Christen weist.

Dieses Brot, mit dem im Saale
Christus bei dem Abendmahle
die zwölf Jünger hat gespeist.

Laut soll unser Lob erschallen
und das Herz in Freude wallen,
denn der Tag hat sich genaht,

da der Herr zum Tisch der Gnaden
uns zum ersten Mal geladen
und dies Mahl gestiftet hat.

Neuer König, neue Zeiten,
neue Ostern, neue Freuden,
neues Opfer allzumal!

Vor der Wahrheit muss das Zeichen,
vor dem Licht der Schatten weichen,
hell erglänzt des Tages Strahl.

Was von Christus dort geschehen,
sollen wir fortan begehen,
seiner eingedenk zu sein.

Treu dem heiligen Befehle
wandeln wir zum Heil der Seele
in sein Opfer Brot und Wein.

Doch wie uns der Glaube kündet,
der Gestalten Wesen schwindet,
Fleisch und Blut wird Brot und Wein.

Was das Auge nicht kann sehen,
der Verstand nicht kann verstehen,
sieht der feste Glaube ein.

Unter beiderlei Gestalten
hohe Dinge sind enthalten,
in den Zeichen tief verhüllt.

Blut ist Trank und Fleisch ist Speise,
doch der Herr bleibt gleicherweise
ungeteilt in beider Bild.

Wer ihm nahet voll Verlangen,
darf ihn unversehrt empfangen,
ungemindert, wunderbar.

Einer kommt und tausend kommen,
doch so viele ihn genommen,
er bleibt immer, der er war.

Gute kommen, Böse kommen,
alle haben ihn genommen,
die zum Leben, die zum Tod.

Bösen wird er Tod und Hölle,
Guten ihres Lebens Quelle,
wie verschieden wirkt dies Brot!

Wird die Hostie auch gespalten,
zweifle nicht an Gottes Walten,
dass die Teile das enthalten,
was das ganze Brot enthält.

Niemals kann das Wesen weichen,
teilen lässt sich nur das Zeichen,
Sach und Wesen sind die gleichen,
beide bleiben unentstellt.

Seht das Brot, die Engelspeise!
Auf des Lebens Pilgerreise
nehmt es nach der Kinder Weise,
nicht den Hunden werft es hin!

Lang im Bild war's vorbereitet:
Isaak, der zum Opfer schreitet;
Osterlamm, zum Mahl bereitet;
Manna nach der Väter Sinn.

Guter Hirt, du wahre Speise,
Jesus, gnädig dich erweise!
Nähre uns auf deinen Auen,
lass uns deine Wonnen schauen
in des Lebens ewigem Reich!

Du, der alles weiß und leitet,
uns im Tal des Todes weidet,
lass an deinem Tisch uns weilen,
deine Herrlichkeit uns teilen.
Deinen Seligen mach uns gleich!

Oder (Kurzfassung):

SEQUENZ

Seht das Brot, die Engelspeise!
Auf des Lebens Pilgerreise
nehmt es nach der Kinder Weise,
nicht den Hunden werft es hin!

Lang im Bild war's vorbereitet:
Isaak, der zum Opfer schreitet;
Osterlamm, zum Mahl bereitet;
Manna nach der Väter Sinn.

Guter Hirt, du wahre Speise,
Jesus, gnädig dich erweise!
Nähre uns auf deinen Auen,
lass uns deine Wonnen schauen
in des Lebens ewigem Reich!

Du, der alles weiß und leitet,
uns im Tal des Todes weidet,
lass an deinem Tisch uns weilen,
deine Herrlichkeit uns teilen.
Deinen Seligen mach uns gleich!

Oder:

SEQUENZ

Lobe, Zion, deinen Hirten;
dem Erlöser der Verirrten
stimme Dank und Jubel an.
Lass dein Lob zum Himmel dringen;
ihn zu rühmen, ihm zu singen,
hat kein Mensch genug getan.

Er ist uns im Brot gegeben,
Brot, das lebt und spendet Leben,
Brot das Ewigkeit verheißt,
Brot, mit dem der Herr im Saale
dort beim österlichen Mahle
die zwölf Jünger hat gespeist.

Lobt und preist, singt Freudenlieder;
festlich kehrt der Tag uns wieder,
jener Tag von Brot und Wein,
da der Herr zu Tisch geladen
und dies heilge Mahl der Gnaden
setzte zum Gedächtnis ein.

Was bei jenem Mahl geschehen,
sollen heute wir begehen
und verkünden seinen Tod.
Wie der Herr uns aufgetragen,
weihen wir, Gott Dank zu sagen,
nun zum Opfer Wein und Brot.

Seht das Brot, der Engel Speise,
Brot auf unsrer Pilgerreise,
das den Hunger wahrhaft stillt.
Abrams Opfer hats gedeutet,
war im Manna vorbereitet,
fand im Osterlamm sein Bild.

Guter Hirt, du Brot des Lebens,
wer dir traut, hofft nicht vergebens,
geht getrost durch diese Zeit.
Die du hier zu Tisch geladen,
ruf auch dort zum Mahl der Gnaden
in des Vaters Herrlichkeit.

Oder (Kurzfassung):

SEQUENZ

Seht das Brot, der Engel Speise,
Brot auf unsrer Pilgerreise,
das den Hunger wahrhaft stillt.
Abrams Opfer hats gedeutet,
war im Manna vorbereitet,
fand im Osterlamm sein Bild.

Guter Hirt, du Brot des Lebens,
wer dir traut, hofft nicht vergebens,
geht getrost durch diese Zeit.
Die du hier zu Tisch geladen,
ruf auch dort zum Mahl der Gnaden
in des Vaters Herrlichkeit.

RUF VOR DEM EVANGELIUM

Vers: Joh 6,51

Halleluja. Halleluja.
(So spricht der Herr:)
Ich bin das lebendige Brot,
das vom Himmel gekommen ist.
Wer dieses Brot isst, wird in Ewigkeit leben.
Halleluja.

ZUM EVANGELIUM Schick die Leute weg, sagen die Jünger. Doch Jesus lädt ein zu Gemeinschaft. In noch überschaubaren Gruppen sollen die Menschen sich lagern. Sie sollen nach Essen schauen in den Dörfern, sagen die Jünger. Gebt *ihr* ihnen zu essen, beauftragt sie Jesus. Wir haben nicht mehr als fünf Brote und zwei Fische, wenden die Jünger ein. Über dem, was da ist, spricht Jesus den Segen, das Dankgebet: Gepriesen, gesegnet seist du, Herr, unser Gott, König der Welt. Alles entsteht durch dein Wort. Den Tag über hatte er vom Reich Gottes geredet. Als dieser Tag zur Neige geht, ereignet sich Reich Gottes: Sie bleiben zusammen. Was immer auch da ist: Grund zum Dank! Sie teilen, was sie haben. Alle werden satt. Und ganz Israel, repräsentiert in den zwölf Jüngern, wird Anteil haben. Zwölf Körbe werden voll – eine zärtliche Beschämung, eine liebevolle Beruhigung für die sorgenvollen Jünger. Nichts ist zu wenig, um zu teilen. Nichts ist zu wenig, um zu danken. Nichts ist zu wenig und nichts zu viel, um die Sorgen darüber auf Gott zu werfen. So beginnt das Reich Gottes zu wachsen.

EVANGELIUM

Lk 9,11b–17

Alle aßen und wurden satt

+ Aus dem heiligen Evangelium nach Lukas.

In jener Zeit redete Jesus zum Volk vom Reich Gottes und heilte alle, die seine Hilfe brauchten.

Als der Tag zur Neige ging, kamen die Zwölf zu ihm und sagten: Schick die Menschen weg, damit sie in die umliegenden Dörfer und Gehöfte gehen, dort Unterkunft finden und etwas zu essen bekommen; denn wir sind hier an einem abgelegenen Ort.

Er antwortete: Gebt ihr ihnen zu essen! Sie sagten: Wir haben nicht mehr als fünf Brote und zwei Fische; wir müssten erst weggehen und für all diese Leute Essen kaufen. Es waren etwa fünftausend Männer.

Er erwiderte seinen Jüngern: Sagt ihnen, sie sollen sich in Gruppen zu ungefähr fünfzig zusammensetzen.

Die Jünger taten, was er ihnen sagte, und veranlassten, dass sich alle setzten.

Jesus aber nahm die fünf Brote und die zwei Fische, blickte zum Himmel auf, segnete sie und brach sie; dann gab er sie den Jüngern, damit sie diese an die Leute austeilten.

Und alle aßen und wurden satt. Als man die übrig gebliebenen Brotstücke einsammelte, waren es zwölf Körbe voll.

Glaubensbekenntnis, S. 492 ff.

FÜRBITTEN

Herr Jesus Christus, du verschenkst dich in Brot und Wein, damit wir Fülle und Freude erfahren. So kommen wir auch heute zu dir und bitten dich vertrauensvoll für die vielen Menschen in Not:

- Wir beten für alle, die sich in den Dienst der Einheit der Christenheit stellen. V: Jesus, du Brot des Lebens. A: Nimm an unser Gebet.
- Wir beten für die, die sich plagen und arbeiten und doch nicht genug zum Leben haben. V: Jesus, du Brot des Lebens. A: Nimm an unser Gebet.
- Wir beten für die Menschen, die trotz üppigen Konsums nicht satt werden. V: Jesus, du Brot des Lebens. A: Nimm an unser Gebet.

- Wir beten für alle, die teilen wollen. V: Jesus, du Brot des Lebens. A: Nimm an unser Gebet.
- Wir bitten für die, die sich sehnen nach Anerkennung, nach einem freundlichen Wort, einer Geste der Zuneigung. V: Jesus, du Brot des Lebens. A: Nimm an unser Gebet.
- Wir beten für unsere Verstorbenen, mit denen wir im Mahl der Freude verbunden sind. V: Jesus, du Brot des Lebens. A: Nimm an unser Gebet.

Herr Jesus Christus, wir danken dir für deine Stärkung durch das Brot des Heils. Du geleitest uns durch unser Leben. Dir sei Lob und Dank, heute und allezeit.

EUCHARISTIEFEIER

GABENGEBET

Herr, unser Gott, wir bringen das Brot dar, das aus vielen Körnern bereitet, und den Wein, der aus vielen Trauben gewonnen ist. Schenke deiner Kirche, was diese Gaben geheimnisvoll bezeichnen: die Einheit und den Frieden. Darum bitten wir durch Christus, unseren Herrn.

PRÄFATION

In Wahrheit ist es würdig und recht, dir, Herr, heiliger Vater, allmächtiger, ewiger Gott, immer und überall zu danken durch unseren Herrn Jesus Christus. Denn er hat beim letzten Abendmahl das Gedächtnis des Kreuzesopfers gestiftet zum Heil der Menschen bis ans Ende der Zeiten. Er hat sich dargebracht als Lamm ohne Makel, als Gabe, die dir gefällt, als Opfer des Lobes. Dieses erhabene Geheimnis heiligt und stärkt deine Gläubigen, damit der eine Glaube die Menschen der einen Erde erleuchte, die eine Liebe sie alle verbinde. So kommen wir zu deinem heiligen Tisch, empfangen von dir Gnade um Gnade und werden neu gestaltet nach dem Bild deines Sohnes. Durch ihn rühmen dich Himmel und Erde, Engel und Menschen und singen wie aus einem Munde das Lob deiner Herrlichkeit: Heilig …

KOMMUNIONVERS

Joh 6,56

So spricht der Herr:
Wer mein Fleisch isst und mein Blut trinkt,
der bleibt in mir und ich bleibe in ihm.

SCHLUSSGEBET

Herr Jesus Christus, der Empfang deines Leibes und Blutes ist für uns ein Vorgeschmack der kommenden Herrlichkeit. Sättige uns im ewigen Leben durch den vollen Genuss deiner Gottheit. Der du lebst und herrschest in alle Ewigkeit.

FEIERLICHER SCHLUSSSEGEN

S. 223 f.

Oder:

Gott hat euch zu Königen gemacht und zu Priestern. Er gebe euch die Kraft, aus dem Opfer Christi zu leben. – A: Amen.
Er hat euch um den einen Tisch versammelt und euch gestärkt mit dem einen Brot. Er mache euch eines Herzens und eines Sinnes. – A: Amen.
Er hat euch gesandt, euren Glauben zu bezeugen. Er helfe euch, die Menschen durch das Beispiel eurer Liebe zu Jesus Christus zu führen. – A: Amen.

Das gewähre euch der dreieinige Gott, der Vater und der Sohn † und der Heilige Geist. – A: Amen.

***

SEGEN SEGNEN

Gesegnet seist du, Herr, unser Gott, König der Welt.
Du lässt die Erde Brot hervorbringen.
Gesegnet seist du, Herr, unser Gott, König der Welt.
Du hast die Frucht des Weinstocks geschaffen.

Jüdischer Segen über Brot und Wein

12. SONNTAG IM JAHRESKREIS

23. Juni 2019

Schon wieder ist das Jahr zur Hälfte vorbei. Was ist aus meinen Planungen geworden? Tauchten in den letzten Monaten unvermutet Ereignisse auf, auf die ich mich neu einzustellen hatte? Was musste ich anders fortsetzen als ursprünglich geplant? Wo musste ich mich zurückrufen, wo konnte, wo musste ich noch einmal neu beginnen? Auch die biblischen Worte am heutigen Sonntag stellen manches infrage. Und wollen zugleich hilfreich begleiten durch die zweite Halbzeit des Jahres.

ERÖFFNUNGSVERS

Ps 28(27),8–9

Der Herr ist die Stärke seines Volkes,
er ist Schutz und Heil für seinen Gesalbten.
Herr, hilf deinem Volk und segne dein Erbe,
führe und trage es in Ewigkeit.

KYRIE-RUFE

Herr Jesus, du teilst das Kreuz
der leidenden Menschen.
V/A: Herr, erbarme dich.
Du bekehrst die Gewalttäter, erweckst
den Geist des Mitleids und des Gebets.
V/A: Christus, erbarme dich.
Du bist Christus, der Messias Gottes.
V/A: Herr, erbarme dich.

Ehre sei Gott, S. 489 f.

TAGESGEBET

Heiliger Gott, gib, dass wir deinen Namen allezeit fürchten und lieben. Denn du entziehst keinem deine väterliche Hand, der fest in deiner Liebe verwurzelt ist. Darum bitten wir durch Jesus Christus.

WORTGOTTESDIENST

ZUR 1. LESUNG Manchmal sind uns Bibelworte urvertraut, weil sie an anderen, häufig gelesenen Stellen wie der Passionsgeschichte erscheinen. Manchmal sind Bibelworte und Lesungen hoch irritierend, weil sich die jüngste Übersetzung für eine neue Variante entschieden hat. So ist es auch mit der Rede vom Durchbohrten im Buch des Propheten Sacharja, der alttestamentlichen Lesung des heutigen Tages. Vertraut ist die Stelle aus dem Johannes-Evangelium im Umfeld der Kreuzigung (19,37). Fremd ist die Entscheidung, die, mit überzeugenden Textzeugen, jetzt in der neuen Einheitsübersetzung zu lesen ist: „Sie schauen auf mich [auf Gott selbst]." Und zugleich: „Sie klagen um ihn [den Durchbohrten]." Für den Evangelisten wiederum wäre die unmittelbare Verknüpfung kein Widerspruch gewesen. Noch einmal ist bei Sacharja vom Durchbohren die Rede, im nächsten Kapitel. Da geht es um wahre und falsche Propheten, um Propheten, die Lüge verbreiten. Im Kapitel 12 sichert Gott Jerusalem und seiner Bevölkerung zu, es zu bewahren. Er warnt die fremden Völker: Wer sich gegen Jerusalem wendet, wird sich daran überheben (12,3). So scheint mir Johannes tatsächlich ein hervorragender Exeget zu sein: Wer auf den Gekreuzigten schaut, sieht Gott selbst. So, wie bei Sacharja Israel auf seinen Gott schaut und erkennt: Wer auch immer Ammenmärchen und Lügen erzählt – bei Gott ist Wahrheit und keine Lüge. Auch wenn das manches Mal verkannt wird. Und große Bewegung ergreift alle. Wie der Prophet Jona sich in Ninive die Augen reibt darüber, dass das Stadtvolk einen neuen Weg einschlägt, so sieht Sacharja sein Volk klagen und trauern über sich selbst angesichts der Freundlichkeit Gottes. Die Trauer über uns selbst vor Gott zu tragen: da hat der Weg der Versöhnung schon begonnen.

ERSTE LESUNG

Sach 12,10–11; 13,1

Sie werden auf den blicken, den sie durchbohrt haben (Joh 19,37)

Lesung aus dem Buch Sacharja.

So spricht der Herr: Über das Haus David und über die Einwohner Jerusalems werde ich den Geist des Mitleids und des Gebets ausgießen. Und sie werden auf den blicken, den sie durchbohrt haben. Sie werden um ihn klagen, wie man um den einzigen Sohn klagt; sie werden bitter um ihn weinen, wie man um den Erstgeborenen weint.

An jenem Tag wird die Totenklage in Jerusalem so laut sein wie die Klage um Hadad-Rimmon in der Ebene von Megiddo.

An jenem Tag wird für das Haus David und für die Einwohner Jerusalems eine Quelle fließen zur Reinigung von Sünde und Unreinheit.

ANTWORTPSALM

Ps 63(62),2.3–4.5–6.8–9 (R: vgl. 2)

℟ Meine Seele dürstet nach dir, mein Gott. – ℟

Gott, du mein Gott, dich suche ich, *
meine Seele dürstet nach dir.
Nach dir schmachtet mein Leib *
wie dürres, lechzendes Land ohne Wasser. – (℟)

Darum halte ich Ausschau nach dir im Heiligtum, *
um deine Macht und Herrlichkeit zu sehen.
Denn deine Huld ist besser als das Leben; *
darum preisen dich meine Lippen. – (℟)

Ich will dich rühmen mein Leben lang, *
in deinem Namen die Hände erheben.
Wie an Fett und Mark wird satt meine Seele, *
mit jubelnden Lippen soll mein Mund dich preisen. – (℟)

Ja, du wurdest meine Hilfe; *
jubeln kann ich im Schatten deiner Flügel.
Meine Seele hängt an dir, *
deine rechte Hand hält mich fest. – R

ZUR 2. LESUNG Authentisch sein – ein hoher Wert. Im Sinne von: stimmig sein in Verhalten, Worten und Taten. Für viele gehört Authentizität und Glaube fest zusammen. Paulus steuert im Galaterbrief einen anderen Gedanken bei. „Ihr habt Christus als Gewand angelegt." Mein Gewand bin ich nicht selbst. Das Gewand wird von außen oder oben auf mich gelegt oder ich lege es selbst an. Eingekleidet sehe ich anders aus, erscheine anders. Ich habe zugleich einen besonderen Schutz. Vor Kälte. Und vor Missachtung und Scham. „Ihr habt Christus als Gewand angelegt": Eine Gabe, die mich überkleidet. Mich ausstattet. Mich sichtbar macht. Hervorhebt und zugleich mit all den anderen frisch Eingekleideten in Gemeinschaft führt. „Ihr habt Christus als Gewand angelegt." Da bin ich, das bin ich, und nicht verkleidet. Und doch bin ich mehr als meine nackte Existenz.

ZWEITE LESUNG Gal 3,26–29

Ihr alle, die ihr auf Christus getauft seid, habt Christus als Gewand angelegt

Lesung aus dem Brief des Apostels Paulus an die Galater.

Brüder! [*oder:* Brüder und Schwestern! *oder:* Schwestern und Brüder!] Ihr seid alle durch den Glauben Söhne Gottes in Christus Jesus. Denn ihr alle, die ihr auf Christus getauft seid, habt Christus als Gewand angelegt. Es gibt nicht mehr Juden und Griechen, nicht Sklaven und Freie, nicht Mann und Frau; denn ihr alle seid „einer" in Christus Jesus.

Wenn ihr aber zu Christus gehört, dann seid ihr Abrahams Nachkommen, Erben kraft der Verheißung.

RUF VOR DEM EVANGELIUM

Vers: Joh 10,27

Halleluja. Halleluja.
(So spricht der Herr:)
Meine Schafe hören auf meine Stimme;
ich kenne sie und sie folgen mir.
Halleluja.

ZUM EVANGELIUM Und noch einmal, in der heutigen Lesung aus dem Evangelium nach Lukas, die Frage nach Wahrnehmung, Erscheinung, nach Einschätzung und Wahrheit. Jesus ist mit manchen Gestalten der Schriften zu vergleichen. Er hat prophetische Züge. Wie Johannes ruft er zur Umkehr. Dass er vom Reich Gottes spricht, dass er verkündet, dass es nahe sei, ja schon sich ereignet, verbindet ihn mit Elija. Was ist er für die Jünger und Jüngerinnen damals? Was für mich? Was sagt mir, dass er leidet. Und Gott ihn nicht im Tode lässt? Was sagt mir das, dass mit Jesus das Leben aus den Fugen geraten kann? Auf die Gefahr hin, dass ich mir fremd werde. Und ein anderer über mich bestimmt. Die Gnade.

EVANGELIUM

Lk 9,18–24

Du bist der Messias Gottes. Der Menschensohn muss vieles erleiden

+ Aus dem heiligen Evangelium nach Lukas.

In jener Zeit, als Jesus in der Einsamkeit betete und die Jünger bei ihm waren, fragte er sie: Für wen halten mich die Leute? Sie antworteten: Einige für Johannes den Täufer, andere für Elija; wieder andere sagen: Einer der alten Propheten ist auferstanden.

Da sagte er zu ihnen: Ihr aber, für wen haltet ihr mich? Petrus antwortete: Für den Messias Gottes. Doch er verbot ihnen streng, es jemand weiterzusagen.

Und er fügte hinzu: Der Menschensohn muss vieles erleiden und von den Ältesten, den Hohenpriestern und den Schriftgelehrten verworfen werden; er wird getötet werden, aber am dritten Tag wird er auferstehen.

Zu allen sagte er: Wer mein Jünger sein will, der verleugne sich selbst, nehme täglich sein Kreuz auf sich und folge mir nach. Denn wer sein Leben retten will, wird es verlieren; wer aber sein Leben um meinetwillen verliert, der wird es retten.

Glaubensbekenntnis, S. 492 ff.

FÜRBITTEN

Erbarmender Vater, deine Güte folgt einer anderen Logik als unserer Menschenlogik. Deshalb kommen wir voll Vertrauen zu dir und bitten dich:

- Für alle, die im Dienst der Verkündigung matt und müde geworden sind, dass sie neu und belebend deine Gegenwart erfahren. V: Gott der Liebe. A: Höre unser Rufen.
- Für alle, deren Ängste groß sind und die auch in diesen hellen Sommerwochen im Dunkel der Bedrückung leben. V: Gott der Liebe. A: Höre unser Rufen.
- Für alle, die Erholung nötig haben, dass die Ferienzeit ihnen Freude schenkt und neue Kraft zum Leben und zum Geben. V: Gott der Liebe. A: Höre unser Rufen.
- Für alle, die niemals Urlaub machen können und deren Alltag von Sorgen geprägt ist. V: Gott der Liebe. A: Höre unser Rufen.
- Für alle, die sich immer wieder Zeit nehmen für Kranke und die liebevoll da sind für alte und gebrechliche Menschen. V: Gott der Liebe. A: Höre unser Rufen.

Guter Gott, wir glauben, dass du bei uns bist und uns trägst alle Tage unseres Lebens. Dafür danken wir dir und preisen dich im Chor der Heiligen und der Engel.

EUCHARISTIEFEIER

GABENGEBET

Barmherziger Gott, nimm das Opfer des Lobes und der Versöhnung an. Löse uns durch diese Feier aus aller Verstrickung, damit wir in freier Hingabe ganz dir angehören. Darum bitten wir durch Christus, unseren Herrn.

Präfation, S. 504 ff.

KOMMUNIONVERS

Joh 10,11.15

Ich bin der gute Hirt.
Ich gebe mein Leben für meine Schafe –
so spricht der Herr.

SCHLUSSGEBET

Gütiger Gott, du hast uns durch den Leib und das Blut Christi gestärkt. Gib, dass wir niemals verlieren, was wir in jeder Feier der Eucharistie empfangen. Darum bitten wir durch Christus, unseren Herrn.

FEIERLICHER SCHLUSSSEGEN

Gott, der allmächtige Vater, segne euch; er bewahre euch vor Unheil und Schaden. – A: Amen.
Er öffne eure Herzen für sein göttliches Wort und bereite sie für die unvergänglichen Freuden. – A: Amen.
Er lasse euch erkennen, was zum Heile dient, und führe euch auf dem Weg seiner Gebote zur Gemeinschaft der Heiligen. – A: Amen.

Das gewähre euch der dreieinige Gott, der Vater und der Sohn † und der Heilige Geist. – A: Amen.

***

Für eine Wort-Gottes-Feier:

ERÖFFNUNGSGEBET ZUR WAHL

Gott, in deinem Sohn Jesus Christus hast du uns den verheißenen Messias geschenkt. Durch Leiden und Tod ist er zur Herrlichkeit der Auferstehung gelangt. Mache uns fähig, dem Beispiel seiner Liebe zu folgen. Darum bitten wir durch ihn, Jesus Christus, deinen Sohn, der in der Einheit des Heiligen Geistes mit dir lebt jetzt und in Ewigkeit.

***

DEIN BIN ICH, O GOTT

Wer bin ich? Sie sagen mir oft,
ich träte aus meiner Zelle
gelassen und heiter und fest,
wie ein Gutsherr aus seinem Schloss.

Wer bin ich? Sie sagen mir oft,
ich spräche mit meinen Bewachern
frei und freundlich und klar,
als hätte ich zu gebieten.

Wer bin ich? Sie sagen mir auch,
ich trüge die Tage des Unglücks
gleichmütig lächelnd und stolz,
wie einer, der Siegen gewohnt ist.

Bin ich das wirklich, was andere von mir sagen?
Oder bin ich nur das, was ich selbst von mir weiß?
Unruhig, sehnsüchtig, krank, wie ein Vogel im Käfig,
ringend nach Lebensatem, als würgte mir einer die Kehle,
hungernd nach Farben, nach Blumen, nach Vogelstimmen,
dürstend nach guten Worten, nach menschlicher Nähe,
zitternd vor Zorn über Willkür und kleinlichste Kränkung,
umgetrieben vom Warten auf große Dinge,
ohnmächtig bangend um Freunde in endloser Ferne,
müde und leer zum Beten, zum Denken, zum Schaffen,
matt und bereit, von allem Abschied zu nehmen?

Wer bin ich? Der oder jener?
Bin ich denn heute dieser und morgen ein andrer?
Bin ich beides zugleich? Vor Menschen ein Heuchler
und vor mir selbst ein verächtlich wehleidiger Schwächling?
Oder gleicht, was in mir noch ist, dem geschlagenen Heer,
das in Unordnung weicht vor schon gewonnenem Sieg?

Wer bin ich? Einsames Fragen treibt mit mir Spott.
Wer ich auch bin, Du kennst mich, Dein bin ich, o Gott!

Dietrich Bonhoeffer

GEBURT DES HEILIGEN JOHANNES DES TÄUFERS
HOCHFEST

24. Juni 2019

Der biblische Begriff der Erwählung wird in und außerhalb der Kirchen oft gedeutet als ein Ausdruck von Arroganz, von Überheblichkeit. Die Schrift aber bezeugt immer wieder, welche Not sich damit verbindet. Wie Gottes Berufene, Erwählte, Beauftragte schier irrewerden an sich, an Gott, an ihrem Glauben. Wegen ihrer Erfolglosigkeit. Wegen der Häme ihrer Umgebung, wegen der Verfolgung, der sie ausgesetzt sind. Manchmal geht das ganz Israel, „Gottes Augapfel" (Sach 2,12), so. Es trifft aber auch Mose, auch den Gottesknecht des Jesaja-Buches, es trifft Jesus, es trifft Johannes den Täufer, es trifft den Apostel Paulus. Gott jedoch hält fest an seinen Erwählten. Er führt ihre Sache, seine Sache, unsere Sache, zum Ziel.

ERÖFFNUNGSVERS

Joh 1,6–7; Lk 1,17

Ein Mensch trat auf, der von Gott gesandt war;
sein Name war Johannes.
Er kam als Zeuge, um Zeugnis abzulegen für das Licht
und das Volk für den Herrn bereit zu machen.

KYRIE-RUFE

Herr Jesus Christus, du hast Johannes
den Täufer berufen, die Stimme eines
Rufers in der Wüste zu sein.
V/A: Herr, erbarme dich.

Du hast ihn zum Zeugen gemacht
für das Licht.
V/A: Christus, erbarme dich.
Du hast uns nach dem Zeugnis des
Johannes mit Gnade über Gnade erfüllt.
V/A: Herr, erbarme dich.

Ehre sei Gott, S. 489 f.

TAGESGEBET

Gott, du hast den heiligen Johannes den Täufer berufen, das Volk des Alten Bundes Christus, seinem Erlöser, entgegenzuführen. Schenke deiner Kirche die Freude im Heiligen Geist und führe alle, die an dich glauben, auf dem Weg des Heiles und des Friedens. Darum bitten wir durch Jesus Christus.

WORTGOTTESDIENST

ZUR 1. LESUNG Schwäche ist kein Hindernis für Gottes Wirken. Schon dem Ungeborenen wendet er sich zu, dem Fötus gilt seine Aufmerksamkeit. Gottes Ruf macht das Wort des Gottesknechts zum Schwert, sein Leben zum weitreichenden Pfeil. Dem Verzagenden erweitert er noch den Kreis seiner Aufgaben. Als wäre es nicht schon genug gewesen, dass er die Nachkommen aller zwölf Stämme erreiche. Und darüber hinaus die Bevölkerungsreste des untergegangenen Israel-Nordstaates. Gott beruft seinen Knecht zum Licht für die Völker der Welt, für die Heiden; also selbst für die, die ihn noch gar nicht kennen. Eine Herkules-Aufgabe? Anders als in der griechischen Mythologie erzählen die Lieder vom Gottesknecht nicht von seinen Heldentaten. Sondern von Gottes Kraft in den Schwachen.

ERSTE LESUNG

Jes 49, 1–6

Ich mache dich zum Licht der Völker

Lesung aus dem Buch Jesaja.

Hört auf mich, ihr Inseln, merkt auf, ihr Völker in der Ferne! Der Herr hat mich schon im Mutterleib berufen; als ich noch im Schoß meiner Mutter war, hat er meinen Namen genannt. Er machte meinen Mund zu einem scharfen Schwert, er verbarg mich im Schatten seiner Hand. Er machte mich zum spitzen Pfeil und steckte mich in seinen Köcher. Er sagte zu mir: Du bist mein Knecht, Israel, an dem ich meine Herrlichkeit zeigen will.

Ich aber sagte: Vergeblich habe ich mich bemüht, habe meine Kraft umsonst und nutzlos vertan. Aber mein Recht liegt beim Herrn und mein Lohn bei meinem Gott.

Jetzt aber hat der Herr gesprochen, der mich schon im Mutterleib zu seinem Knecht gemacht hat, damit ich Jakob zu ihm heimführe und Israel bei ihm versammle. So wurde ich in den Augen des Herrn geehrt und mein Gott war meine Stärke.

Und er sagte: Es ist zu wenig, dass du mein Knecht bist, nur um die Stämme Jakobs wieder aufzurichten und die Verschonten Israels heimzuführen. Ich mache dich zum Licht für die Völker, damit mein Heil bis an das Ende der Erde reicht.

ANTWORTPSALM

Ps 139(138), 1–3.13–14.15–16 (℟: vgl. 14a)

℟ Ich danke dir, Herr:
du hast mich wunderbar gestaltet. – ℟

Herr, du hast mich erforscht und du kennst mich. †
Ob ich sitze oder stehe, du weißt von mir. *
Von fern erkennst du meine Gedanken.
Ob ich gehe oder ruhe, es ist dir bekannt; *
du bist vertraut mit all meinen Wegen. – (℟)

Du hast mein Inneres geschaffen, *
mich gewoben im Schoß meiner Mutter.
Ich danke dir, dass du mich so wunderbar gestaltet hast. *
Ich weiß: Staunenswert sind deine Werke. – (℟)

Als ich geformt wurde im Dunkeln, †
kunstvoll gewirkt in den Tiefen der Erde, *
waren meine Glieder dir nicht verborgen.
Deine Augen sahen, wie ich entstand, *
in deinem Buch war schon alles verzeichnet. – ℟

ZUR 2. LESUNG Wie viele, die den öffentlichen Nahverkehr nutzen, erzählen es: Wenn sie wüssten, warum der Zug auf sich warten lässt, wenn Informationen kämen, dann wäre es nur noch halb so schlimm, warten zu müssen. Dann könnte man sich drauf einstellen. Dann wüsste man besser, was zu tun ist. Paulus erinnert in Antiochia daran: Johannes ließ die Menschen wissen, was sie tun sollten, wenn sie auf den Retter aus Davids Linie warten. Umkehren! Sich ausrichten! Ihr Leben darauf einstellen! Uns Christinnen und Christen, die wir auf Jesu Wiederkunft warten, ruft der Johannistag aufs Neue zu, was zu tun sei, wenn es noch dauert. Umkehren. Aus der Taufe leben. In Tat und Wort Gottes Segen bezeugen. Diese Zeit lässt sich nutzen.

ZWEITE LESUNG Apg 13,16.22–26

Vor dem Auftreten Jesu hat Johannes Umkehr und Taufe verkündigt

Lesung aus der Apostelgeschichte.

In der Synagoge von Antiochia in Pisidien stand Paulus auf, gab mit der Hand ein Zeichen und sagte:

Ihr Israeliten und ihr Gottesfürchtigen, hört! Gott erhob David zum König, von dem er bezeugte: Ich habe David, den Sohn des Isai, als einen Mann nach meinem Herzen gefunden, der alles, was ich will, vollbringen wird. Aus seinem Geschlecht hat Gott dem Volk Israel, der Verheißung gemäß, Jesus als Retter geschickt. Vor dessen Auftreten hat Johannes dem ganzen Volk Israel Umkehr und Taufe verkündigt.

Als Johannes aber seinen Lauf vollendet hatte, sagte er: Ich bin nicht der, für den ihr mich haltet; aber seht, nach mir kommt einer, dem die Sandalen von den Füßen zu lösen ich nicht wert bin.

Brüder, ihr Söhne aus Abrahams Geschlecht und ihr Gottesfürchtigen! Uns wurde das Wort dieses Heils gesandt.

RUF VOR DEM EVANGELIUM

Vers: vgl. Lk 1,76

Halleluja. Halleluja.
Du wirst Prophet des Höchsten heißen;
denn du wirst dem Herrn vorausgehen
und ihm den Weg bereiten.
Halleluja.

ZUM EVANGELIUM Auf eine ganze Schwangerschaftsdauer, auf neun Monate, schaut Zacharias zurück, seit der Engel ihm am Altar verheißen hat, Elisabet und er würden einen Sohn bekommen. Sein ungläubiges Staunen von damals konnte sich wandeln zu einem dankbaren Glück. Gott ist gnädig gewesen. Der Herr hat sich freundlich gezeigt. Was der Engel als Namensgebung für das Kind aufgetragen hat, was er, Zacharias, hörte zu seiner Verblüffung, das kann er jetzt bekennen. Kann es erst schreiben und lesen lassen und dann lauthals verkünden. Johannes! Gott hat sich gnädig erwiesen.

EVANGELIUM

Lk 1,57–66.80

Sein Name ist Johannes

+ Aus dem heiligen Evangelium nach Lukas.

Für Elisabet kam die Zeit der Niederkunft und sie brachte einen Sohn zur Welt. Ihre Nachbarn und Verwandten hörten, welch großes Erbarmen der Herr ihr erwiesen hatte, und freuten sich mit ihr.

Am achten Tag kamen sie zur Beschneidung des Kindes und wollten ihm den Namen seines Vaters Zacharias geben.

Seine Mutter aber widersprach ihnen und sagte: Nein, er soll Johannes heißen.

Sie antworteten ihr: Es gibt doch niemand in deiner Verwandtschaft, der so heißt. Da fragten sie seinen Vater durch Zeichen, welchen Namen das Kind haben solle.

Er verlangte ein Schreibtäfelchen und schrieb zum Erstaunen aller darauf: Sein Name ist Johannes.

Im gleichen Augenblick konnte er Mund und Zunge wieder gebrauchen, und er redete und pries Gott. Und alle, die in jener Gegend wohnten, erschraken und man sprach von all diesen Dingen im ganzen Bergland von Judäa.

Alle, die davon hörten, machten sich Gedanken darüber und sagten: Was wird wohl aus diesem Kind werden? Denn es war deutlich, dass die Hand des Herrn mit ihm war.

Das Kind wuchs heran und sein Geist wurde stark. Und Johannes lebte in der Wüste bis zu dem Tag, an dem er den Auftrag erhielt, in Israel aufzutreten.

Glaubensbekenntnis, S. 492 ff.

FÜRBITTEN

Weil Gott gnädig ist, wie es der Name Johannes sagt, kommen wir zum barmherzigen Vater mit den Anliegen und Nöten unserer Zeit:

- Wir bitten für die Kirche um Menschen wie Elisabet und Zacharias, die empfänglich sind für das Wirken Gottes in ihrem Leben. V: Gott der Gnade. A: Wir bitten dich, erhöre uns.

- Wir bitten um deinen Segen für alle Kinder, die in diesen Sommerwochen geboren werden, und für ihre Eltern und Geschwister. V: Gott der Gnade. A: Wir bitten dich, erhöre uns.

- Wie bitten für alle, die sich für den Frieden einsetzen, im Kleinen wie im Großen. V: Gott der Gnade. A: Wir bitten dich, erhöre uns.
- Wir bitten für die jungen Menschen, die die Schule beendet haben und nun neue Wege gehen werden. V: Gott der Gnade. A: Wir bitten dich, erhöre uns.
- Wir beten für alle, die auf der Schattenseite des Lebens stehen, für alle, die Gottes Gnade und Freundlichkeit nicht spüren können und wenig Gutes in ihrem Leben erfahren haben. V: Gott der Gnade. A: Wir bitten dich, erhöre uns.
- Wir beten für alle, deren Leben in diesen hellen Tagen zu Ende geht: Nimm von ihnen Furcht und Schmerz und lass sie dein Licht des Lebens sehen. V: Gott der Gnade. A: Wir bitten dich, erhöre uns.

Gottes Liebe ist treu und sie überwindet Widerstände. Hilf uns, guter Gott, auf dich und deine Liebe zu bauen, dir zu vertrauen und zu danken. Darum bitten wir durch Christus, unseren Bruder und Lehrer.

EUCHARISTIEFEIER

GABENGEBET

Herr, unser Gott, in Freude legen wir unsere Gaben auf deinen Altar am Geburtsfest des heiligen Vorläufers Johannes. Er hat angekündigt, dass der Erlöser kommt, und als er gekommen war, auf ihn gezeigt, auf Jesus Christus, deinen Sohn, der mit dir lebt und herrscht in alle Ewigkeit.

PRÄFATION

In Wahrheit ist es würdig und recht, dir, allmächtiger Vater, zu danken und am Fest des heiligen Johannes das Werk deiner Gnade zu rühmen. Du hast ihn geehrt vor allen, die je eine Frau geboren hat, schon im Mutterschoß erfuhr er das kommende Heil, seine Geburt erfüllte viele mit Freude. Als Einziger der Propheten schaute er den Erlöser und zeigte hin auf das Lamm, das die Sünde der Welt hinwegnimmt. Im Jordan taufte er Christus, der seiner Kirche die Taufe geschenkt hat, so wurde das Wasser zum heiligen Quell des ewigen Lebens. Bis an sein Ende gab Johannes Zeugnis für das Licht und besiegelte mit dem Blut seine Treue. Darum preisen wir dich mit allen Engeln und Heiligen und singen vereint mit ihnen das Lob deiner Herrlichkeit: Heilig ...

KOMMUNIONVERS

Lk 1,78

Durch die barmherzige Liebe unseres Gottes
hat uns besucht das aufstrahlende Licht aus der Höhe.

SCHLUSSGEBET

Herr, unser Gott, am Geburtstag Johannes' des Täufers hast du deine Kirche zum Festmahl des Lammes geladen und sie mit Freude erfüllt. Gib, dass wir Christus, den Johannes vorausverkündigt hat, als den erkennen, der uns das ewige Leben erworben hat, der mit dir lebt und herrscht in alle Ewigkeit.

***

WETTERSEGEN

Gott, du Schöpfer aller Dinge, du hast uns Menschen die Welt anvertraut und willst, dass wir ihre Kräfte nützen. Aus dem Reichtum deiner Liebe schenkst du uns die Früchte der Erde: den Ertrag aus Garten und Acker, Weinberg und Wald, damit wir mit frohem und dankbarem Herzen dir dienen. Erhöre unser Gebet: Halte Ungewitter und Hagel, Überschwemmung und Dürre, Frost und alles, was uns

schaden mag, von uns fern. Schenke uns alles, was wir zum Leben brauchen. Darum bitten wir durch Christus, unseren Herrn.
Und der Segen des allmächtigen Gottes, des Vaters und des Sohnes † und des Heiligen Geistes, komme auf euch herab und bleibe bei euch allezeit. – A: Amen.

***

SEGNE DIE WARTENDEN

Gott, der Herr,
segne die Ungläubigen und die Staunenden.
Er segne die Verbitterten und die Zweifelnden.
Er segne die Starken in ihren Schwächen
und die Schwachen in ihren Stärken.

Gott, der Herr,
segne die Wartenden.
Die Geduldigen und die Ungeduldigen.
Die Fragenden und die Drängenden.
Er segne alle, die ausharren am Ort ihres Auftrags.

Gott, der Herr,
segne die Erwartungsvollen und die Dankbaren.
Sein Friede erreiche alle, die friedlos sind.
Amen.

Kira Busch-Wagner

HEILIGSTES HERZ JESU – HOCHFEST

28. Juni 2019

Wie viele sprachliche Wendungen lassen sich anknüpfen an das Hochfest und seinen Namen! Dass Jesus sein Herz verloren hat an uns. Sein Herz und Innerstes uns öffnet mit dem Lebensweg, den er einschlägt. Dass er unseren Weg sich zu Herzen nimmt. Und dass von Herzen kommt, was er uns zukommen lässt. Jeder einzelnen Wendung kann man nachgehen, um Zugänge zu finden. Zum Heiligsten Herzen Jesu. Wege, die schon gebahnt worden sind. Für uns.

ERÖFFNUNGSVERS

Vgl. Ps 33(32),11.19

Der Ratschluss des Herrn bleibt ewig bestehen,
die Pläne seines Herzens überdauern die Zeiten:
Er will uns dem Tod entreißen
und in der Hungersnot unser Leben erhalten.

KYRIE-RUFE

Herr Jesus Christus, du bist die Mensch
gewordene Liebe des Vaters.
V/A: Herr, erbarme dich.
Du entzündest in uns das Feuer deiner Liebe.
V/A: Christus, erbarme dich.
Du lässt uns in deiner Liebe bleiben.
V/A: Herr, erbarme dich.

Ehre sei Gott, S. 489 f.

TAGESGEBET

Allmächtiger Gott, wir verehren das Herz deines geliebten Sohnes und preisen die großen Taten seiner Liebe. Gib, dass wir aus dieser Quelle göttlichen Erbarmens die Fülle der Gnade und des Lebens empfangen. Darum bitten wir durch Jesus Christus.

WORTGOTTESDIENST

ZUR 1. LESUNG Haben Sie für Ihren Betrieb, Ihre Institution, Ihre Gemeinde auch schon an einem Leitbild gearbeitet? Mit anderen herausgestellt, was Ihre gemeinsamen Ziele sind? Und wie die Wege aussehen, auf denen sie erreicht werden sollen? Woran man erkennbar sein will? Quer durch die Bibel ist der gute Hirte ein Leitbild. Der gute Hirte ist der Maßstab für Israels Führungsschicht und Elite. Gott selbst stellt sich vor als der wahrhaft gute Hirte. Im 23. Psalm bekennt die Beterin, der Beter, dass der biblische Gott und niemand sonst der Hirte des eigenen Lebens sei: eben weil er sich fürsorglich verhält, für Weide und Wasser sorgt und durch das Tal des Todes hindurchführt. Im Lukas-Evangelium erzählt Jesus, wie ein guter Hirte noch jedem einzelnen Schaf hinterhergeht, wie jedes Leben ihm wichtig ist. Und der Evangelist Johannes bekennt, indem aus Jesu Mund das Wort vom guten Hirten klingt: Bei ihm wissen wir uns umfassend behütet. So zeigen sich an den verschiedenen Stellen der Bibel die je besonderen Aspekte. Ezechiel, der selbst zu den Verbannten und in die Diaspora Weggeführten gehört, erinnert sein Volk besonders daran, dass der gute Hirte die Herde zusammenhält und alle zusammenholt. Wohin auch immer sie sich verstreut haben, wohin sie geflohen sind oder gebracht wurden: Gott holt sein Volk zusammen und achtet zugleich darauf, was jeder und jede besonders braucht.

ERSTE LESUNG

Ez 34, 11–16

Ich werde meine Schafe auf die Weide führen, ich werde sie ruhen lassen

Lesung aus dem Buch Ezechiel.

So spricht Gott, der Herr: Ich will meine Schafe selber suchen und mich selber um sie kümmern. Wie ein Hirt sich um die Tiere seiner Herde kümmert an dem Tag, an dem er mitten unter den Schafen ist, die sich verirrt haben, so kümmere ich mich um meine Schafe und hole sie zurück von all den Orten, wohin sie sich am dunklen, düsteren Tag zerstreut haben.

Ich führe sie aus den Völkern heraus, ich hole sie aus den Ländern zusammen und bringe sie in ihr Land. Ich führe sie in den Bergen Israels auf die Weide, in den Tälern und an allen bewohnten Orten des Landes.

Auf gute Weide will ich sie führen, im Bergland Israels werden ihre Weideplätze sein. Dort sollen sie auf guten Weideplätzen lagern, auf den Bergen Israels sollen sie fette Weiden finden.

Ich werde meine Schafe auf die Weide führen, ich werde sie ruhen lassen – Spruch Gottes, des Herrn. Die verloren gegangenen Tiere will ich suchen, die vertriebenen zurückbringen, die verletzten verbinden, die schwachen kräftigen, die fetten und starken behüten. Ich will ihr Hirt sein und für sie sorgen, wie es recht ist.

ANTWORTPSALM

Ps 23(22),1–3.4.5.6 (R: 1)

℟ Der Herr ist mein Hirte,
nichts wird mir fehlen. – ℟

Der Herr ist mein Hirte, nichts wird mir fehlen. †
Er lässt mich lagern auf grünen Auen *
und führt mich zum Ruheplatz am Wasser.
Er stillt mein Verlangen; *
er leitet mich auf rechten Pfaden, treu seinem Namen. – (℟)

Muss ich auch wandern in finsterer Schlucht, *
ich fürchte kein Unheil;
denn du bist bei mir, *
dein Stock und dein Stab geben mir Zuversicht. – (℟)

Du deckst mir den Tisch *
vor den Augen meiner Feinde.
Du salbst mein Haupt mit Öl, *
du füllst mir reichlich den Becher. – (℞)

Lauter Güte und Huld *
werden mir folgen mein Leben lang,
und im Haus des Herrn *
darf ich wohnen für lange Zeit. – ℞

ZUR 2. LESUNG Ein Widerspruch? Wir feiern das Hochfest vom Heiligsten Herzen Jesu. Und dann hören wir bei Paulus, was mit unseren Herzen geschieht. Dorthin ist Gottes Liebe ausgegossen. Jesus hat sich eingesetzt für uns bis zum letzten Atemzug, bis zum letzten Blutstropfen, hat alle Lebenskraft verschenkt. Und zwar für uns, schwache und schwankende Gestalten. In der Physik gibt es das Phänomen der kommunizierenden Röhren. Bei miteinander verbundenen Röhren, die mit Wasser gefüllt werden, ist der Pegel auf gleicher Höhe. Was Jesus mitbringt, an Herz, an Leben, an Hingabe und Beispiel: Es kommt uns zugute, wir sind mit ihm kommunizierende Röhren. Die ohne ihn leer wären und trocken stünden, von ihm aber alles erhalten.

ZWEITE LESUNG

Röm 5, 5b–11

Gott hat seine Liebe zu uns darin erwiesen, dass Christus für uns gestorben ist

Lesung aus dem Brief des Apostels Paulus an die Römer.

Brüder! [*oder:* Brüder und Schwestern! *oder:* Schwestern und Brüder!] Die Liebe Gottes ist ausgegossen in unsere Herzen durch den Heiligen Geist, der uns gegeben ist.
Christus ist schon zu der Zeit, da wir noch schwach und gottlos waren, für uns gestorben. Dabei wird nur schwerlich jemand für

einen Gerechten sterben; vielleicht wird er jedoch für einen guten Menschen sein Leben wagen.

Gott aber hat seine Liebe zu uns darin erwiesen, dass Christus für uns gestorben ist, als wir noch Sünder waren. Nachdem wir jetzt durch sein Blut gerecht gemacht sind, werden wir durch ihn erst recht vor dem Gericht Gottes gerettet werden.

Da wir mit Gott versöhnt wurden durch den Tod seines Sohnes, als wir noch Gottes Feinde waren, werden wir erst recht, nachdem wir versöhnt sind, gerettet werden durch sein Leben. Mehr noch, wir rühmen uns Gottes durch Jesus Christus, unseren Herrn, durch den wir jetzt schon die Versöhnung empfangen haben.

RUF VOR DEM EVANGELIUM

Vers: Mt 11,29ab

Halleluja. Halleluja.
(So spricht der Herr:)
Nehmt mein Joch auf euch und lernt von mir;
denn ich bin gütig und von Herzen demütig.
Halleluja.

Oder: Vers: Joh 10,14

Halleluja. Halleluja.
(So spricht der Herr:)
Ich bin der gute Hirt.
Ich kenne die Meinen und die Meinen kennen mich.
Halleluja.

ZUM EVANGELIUM Bei einer Herde von hundert Schafen könnte man, rein ökonomisch gesehen, den Verlust eines einzelnen verschmerzen. Und doch, so appelliert Jesus, wer würde nicht seine Zeit, seine Arbeitskraft opfern, vielleicht zusätzliche Kosten auf sich nehmen, da während der Suche doch jemand auf die Herde aufpassen müsste? Wer würde das nicht tun, aus Erbarmen, aus Mitleid mit dem einen bedrohten Leben? Weil das Herz blutet, ginge das Tier in der

Wildnis dem sicheren Untergang entgegen. Der gute Hirte ruft am Ende der erfolgreichen Suche die Nachbarn zusammen: Freut euch mit mir. Jesus ruft den Schriftgelehrten, ruft uns zu: Freut euch mit mir. Mir blutete das Herz, sähe auch nur ein Einziger dem Untergang entgegen. Sollten wir zuschauen? So gehe ich jedem Einzelnen nach.

EVANGELIUM Lk 15,3–7

Freut euch mit mir, ich habe mein Schaf wiedergefunden, das verloren war

+ **Aus dem heiligen Evangelium nach Lukas.**

In jener Zeit erzählte Jesus den Pharisäern und Schriftgelehrten ein Gleichnis und sagte: Wenn einer von euch hundert Schafe hat und eins davon verliert, lässt er dann nicht die neunundneunzig in der Steppe zurück und geht dem verlorenen nach, bis er es findet?

Und wenn er es gefunden hat, nimmt er es voll Freude auf die Schultern, und wenn er nach Hause kommt, ruft er seine Freunde und Nachbarn zusammen und sagt zu ihnen: Freut euch mit mir; ich habe mein Schaf wiedergefunden, das verloren war.

Ich sage euch: Ebenso wird auch im Himmel mehr Freude herrschen über einen einzigen Sünder, der umkehrt, als über neunundneunzig Gerechte, die es nicht nötig haben umzukehren.

Glaubensbekenntnis, S. 492 ff.

FÜRBITTEN

Herr Jesus Christus, du legst uns keine Lasten auf, sondern trägst sie mit uns. Wir rufen zu dir und bitten dich:

- Bestärke die Kirche, die Mühseligen, Beladenen und Verirrten nicht auszugrenzen und verloren zu geben, sondern sie ohne Hochmut zu suchen. V: Kyrie, eleison. A: Christe, eleison.

- Ermutige die Frauen und Männer, die politische Leitungsämter innehaben, immer wieder neu nach dem Willen Gottes und dem Wohl der Menschen zu fragen. V: Kyrie, eleison. A: Christe, eleison.
- Sei den Menschen nahe, die Nachteile und Verfolgung erleiden müssen, weil sie sich zu dir bekennen. V: Kyrie, eleison. A: Christe, eleison.
- Schenke deinen Beistand allen, die sich für Frieden einsetzen, allen, die Versöhnung herbeiführen wollen V: Kyrie, eleison. A: Christe, eleison.

In den Kränkungen und Belastungen des Lebens können wir im Herzen Jesu Trost und Hilfe finden. Dafür danken wir und preisen ihn, der unser Freund ist, unser lieber Bruder und Herr.

EUCHARISTIEFEIER

GABENGEBET

Allmächtiger Gott, sieh auf das durchbohrte Herz deines Sohnes, der uns geliebt und sich für uns hingegeben hat. Lass unser Opfer dir wohlgefallen und zur Sühne für unsere Sünden werden. Darum bitten wir durch Christus, unseren Herrn.

PRÄFATION

In Wahrheit ist es würdig und recht, dir, allmächtiger Vater, zu danken und dich mit der ganzen Schöpfung zu loben, durch unseren Herrn Jesus Christus. Am Kreuz erhöht, hat er sich für uns dahingegeben aus unendlicher Liebe und alle an sich gezogen. Aus seiner geöffneten Seite strömen Blut und Wasser, aus seinem durchbohrten Herzen entspringen die Sakramente der Kirche. Das Herz des Erlösers steht offen für alle, damit sie freudig schöpfen aus den Quellen des Heiles. Durch ihn rühmen dich deine Erlösten und singen mit den Chören der Engel das Lob deiner Herrlichkeit: Heilig …

KOMMUNIONVERS

Joh 7,37–38

Wer Durst hat, komme zu mir,
und es trinke, wer an mich glaubt!
Die Schrift sagt:
Aus seinem Inneren werden
Ströme von lebendigem Wasser fließen.

Oder: Joh 19,34

Ein Soldat stieß mit der Lanze in seine Seite,
und sogleich floss Blut und Wasser heraus.

SCHLUSSGEBET

Herr, unser Gott, du hast uns gestärkt mit dem Sakrament jener Liebe, durch die dein Sohn alles an sich zieht. Entzünde auch in uns das Feuer seiner Liebe, damit wir in unseren Brüdern ihn erkennen und ihm dienen. Darum bitten wir durch ihn, Christus, unseren Herrn.

***

DASS WIR DEM INS HERZE SEHEN

Halleluja, welche Höhen,
welche Tiefen reicher Gnad,
dass wir dem ins Herze sehen,
der uns so geliebet hat;
dass der Vater aller Geister,
der der Wunder Abgrund ist,
dass du, unsichtbarer Meister,
uns so fühlbar nahe bist.

Nikolaus Ludwig von Zinzendorf

HL. PETRUS UND HL. PAULUS, APOSTEL
HOCHFEST

29. Juni 2019

Der Glaube wächst aus der Tradition, aus dem Weitergeben. Er steht auf den Schultern derer, die uns ihren Glauben überliefert haben. Die Apostel Petrus und Paulus müssen also kräftige Schultern haben, stehen sie doch am Anfang der christlichen Glaubensüberlieferung. Aber der Glaube braucht auch die Erwartung, das betende Hoffen. Und Glaubende können weiter sehen, weil sie auf den Schultern anderer stehen. In der Mitte zwischen Tradition und endgültiger Erlösung, im Jetzt, steht das Bekenntnis zu Jesus Christus als Gottessohn, weil sich in ihm Gott zum Menschen bekannt hat.

ERÖFFNUNGSVERS

Die Apostel Petrus und Paulus
haben die Kirche begründet;
sie haben den Kelch des Herrn getrunken,
nun sind sie Gottes Freunde.

KYRIE-RUFE

Herr Jesus Christus, du hast Petrus das
Evangelium für die Beschnittenen anvertraut.
V/A: Herr, erbarme dich.
Du hast Paulus die Kraft zum Aposteldienst
unter den Völkern gegeben.
V/A: Christus, erbarme dich.

Du hast durch die Apostel Petrus und Paulus
den Glauben in der Kirche fest gemacht.
V/A: Herr, erbarme dich.

Ehre sei Gott, S. 489 f.

TAGESGEBET

Herr, unser Gott, am Hochfest der Apostel Petrus und Paulus haben wir uns in Freude versammelt. Hilf deiner Kirche, in allem der Weisung deiner Boten zu folgen, durch die sie den Glauben und das Leben in Christus empfangen hat, der in der Einheit des Heiligen Geistes mit dir lebt und herrscht in alle Ewigkeit.

WORTGOTTESDIENST

ZUR 1. LESUNG Jakobus wird hingerichtet, und Petrus soll verurteilt werden. Dann das göttliche Eingreifen, die ungeahnte Wendung: Ein Engel befreit Petrus aus der hochgesicherten Zelle. Angesichts dieser Dramatik gerät ein Vers leicht aus dem Blick: Die Gemeinde betete inständig für ihn zu Gott. Hat am Ende dieses anhaltende, vertrauensvolle Gebet die Wende herbeigeführt? Welche Gefangene, welcher Gefesselte braucht heute unser Gebet?

ERSTE LESUNG Apg 12,1–11

Nun weiß ich, dass der Herr mich der Hand des Herodes entrissen hat

Lesung aus der Apostelgeschichte.

In jenen Tagen ließ der König Herodes einige aus der Gemeinde verhaften und misshandeln. Jakobus, den Bruder des Johannes, ließ er mit dem Schwert hinrichten. Als er sah, dass es den Juden gefiel, ließ er auch Petrus festnehmen. Das geschah in den Tagen der Ungesäuerten Brote. Er nahm ihn also fest und warf ihn ins Gefängnis. Die Bewachung übertrug er vier Abteilungen von je vier Soldaten. Er beabsichtigte, ihn nach dem Paschafest dem Volk vorführen zu lassen. Petrus wurde also im Gefängnis bewacht. Die Gemeinde aber betete inständig für ihn zu Gott.

In der Nacht, ehe Herodes ihn vorführen lassen wollte, schlief Petrus, mit zwei Ketten gefesselt, zwischen zwei Soldaten; vor der Tür aber bewachten Posten den Kerker.

Plötzlich trat ein Engel des Herrn ein und ein helles Licht strahlte in den Raum. Er stieß Petrus in die Seite, weckte ihn und sagte: Schnell, steh auf! Da fielen die Ketten von seinen Händen.

Der Engel aber sagte zu ihm: Gürte dich und zieh deine Sandalen an! Er tat es. Und der Engel sagte zu ihm: Wirf deinen Mantel um und folge mir! Dann ging er hinaus und Petrus folgte ihm, ohne zu wissen, dass es Wirklichkeit war, was durch den Engel geschah; es kam ihm vor, als habe er eine Vision.

Sie gingen an der ersten und an der zweiten Wache vorbei und kamen an das eiserne Tor, das in die Stadt führt; es öffnete sich ihnen von selbst. Sie traten hinaus und gingen eine Gasse weit; und auf einmal verließ ihn der Engel.

Da kam Petrus zu sich und sagte: Nun weiß ich wahrhaftig, dass der Herr seinen Engel gesandt und mich der Hand des Herodes entrissen hat und all dem, was das Volk der Juden erhofft hat.

ANTWORTPSALM

Ps 34(33), 2–3.4–5.6–7.8–9 (℟: vgl. 5b)

℟ All meinen Ängsten hat mich der Herr entrissen. – ℟

Ich will den Herrn allezeit preisen; *
immer sei sein Lob in meinem Mund.
Meine Seele rühme sich des Herrn; *
die Armen sollen es hören und sich freuen. – (℟)

Verherrlicht mit mir den Herrn, *
lasst uns gemeinsam seinen Namen rühmen.
Ich suchte den Herrn und er hat mich erhört, *
er hat mich all meinen Ängsten entrissen. – (R)

Blickt auf zu ihm, so wird euer Gesicht leuchten *
und ihr braucht nicht zu erröten.
Da ist ein Armer; er rief und der Herr erhörte ihn. *
Er half ihm aus all seinen Nöten. – (R)

Der Engel des Herrn umschirmt alle, die ihn fürchten und ehren, *
und er befreit sie.
Kostet und seht, wie gütig der Herr ist; *
wohl dem, der zu ihm sich flüchtet! – R

ZUR 2. LESUNG Der Kranz der Gerechtigkeit, von dem der Apostel Paulus schreibt, ist wohl nicht nur der Siegeskranz für den, der den Lauf siegreich vollendet hat. Nein, der Kranz der Gerechtigkeit liegt für alle bereit, die sehnsüchtig auf das Erscheinen des Herrn warten. Gehören wir zu denen, die noch immer auf das Kommen Christi warten? Oder zunächst einmal einfacher gefragt: Was er-warten wir vom Glauben an Jesus Christus?

ZWEITE LESUNG

2 Tim 4,6–8.17–18

Schon jetzt liegt für mich der Kranz der Gerechtigkeit bereit

Lesung aus dem zweiten Brief des Apostels Paulus an Timotheus.

Mein Sohn! Ich werde nunmehr geopfert, und die Zeit meines Aufbruchs ist nahe. Ich habe den guten Kampf gekämpft, den Lauf vollendet, die Treue gehalten.
Schon jetzt liegt für mich der Kranz der Gerechtigkeit bereit, den mir der Herr, der gerechte Richter, an jenem Tag geben wird, aber

nicht nur mir, sondern allen, die sehnsüchtig auf sein Erscheinen warten.

Der Herr stand mir zur Seite und gab mir Kraft, damit durch mich die Verkündigung vollendet wird und alle Heiden sie hören; und so wurde ich dem Rachen des Löwen entrissen.

Der Herr wird mich allem Bösen entreißen, er wird mich retten und in sein himmlisches Reich führen. Ihm sei die Ehre in alle Ewigkeit. Amen.

RUF VOR DEM EVANGELIUM

Vers: Mt 16, 18

Halleluja. Halleluja.
(So spricht der Herr:)
Du bist Petrus – der Fels –
und auf diesen Felsen werde ich meine Kirche bauen
und die Mächte der Unterwelt werden sie nicht überwältigen.
Halleluja.

ZUM EVANGELIUM Als ob er sich von sich selbst distanzieren wolle, spricht Jesus von sich in der dritten Person: Für wen halten die Leute den Menschensohn? Aber bevor Petrus ihn als Sohn des lebendigen Gottes bekennt, macht er damit deutlich, was er eben auch ist: der Sohn des Menschen. Das Bekenntnis des Gottessohnes zum Menschen und das Bekenntnis des Menschen Petrus zum Gottessohn – diese Kombination bildet die feste Basis für einen verbindlichen Glauben.

EVANGELIUM

Mt 16, 13–19

Du bist Petrus, ich werde dir die Schlüssel des Himmelreiches geben

+ Aus dem heiligen Evangelium nach Matthäus.

In jener Zeit, als Jesus in das Gebiet von Cäsarea Philippi kam, fragte er seine Jünger: Für wen halten die Leute den Menschensohn?
Sie sagten: Die einen für Johannes den Täufer, andere für Elija, wieder andere für Jeremia oder sonst einen Propheten.
Da sagte er zu ihnen: Ihr aber, für wen haltet ihr mich?
Simon Petrus antwortete: Du bist der Messias, der Sohn des lebendigen Gottes!
Jesus sagte zu ihm: Selig bist du, Simon Barjona; denn nicht Fleisch und Blut haben dir das offenbart, sondern mein Vater im Himmel. Ich aber sage dir: Du bist Petrus – der Fels – und auf diesen Felsen werde ich meine Kirche bauen und die Mächte der Unterwelt werden sie nicht überwältigen. Ich werde dir die Schlüssel des Himmelreichs geben; was du auf Erden binden wirst, das wird auch im Himmel gebunden sein, und was du auf Erden lösen wirst, das wird auch im Himmel gelöst sein.

Glaubensbekenntnis, S. 492 ff.

FÜRBITTEN

Guter Gott, du hast deine Kirche Menschen mit Stärken und Schwächen anvertraut. Wenn das Bekenntnis zu Jesus nicht nur Lippendienst bleibt, sondern Tat wird, dann ist die Kirche auf Fels gebaut. Wir beten zu Gott, der treu zu uns steht, auch wenn wir wanken:

- Wir beten für die Kirche, dass sie in Treue zu den Armen und Geschundenen stehe. V/A: Höre und erhöre uns.
- Wir bitten für uns, deine Getauften, deren Glaube oft ein flackerndes Licht ist, um die Erfahrung deiner Gegenwart. V/A: Höre und erhöre uns.
- Wir beten für Ordenschristen und für alle, die in Gebet und aufhelfendem Handeln mit Gott und den Nächsten verbunden sind. V/A: Höre und erhöre uns.

- Wir bitten dich für unsere verstorbenen Angehörigen, die uns mit ihrer Liebe ins Leben geholfen haben. V/A: Höre und erhöre uns.

Guter Gott, stärke uns, dass wir in deinem Namen das Rechte tun. Das Beispiel der Apostel Petrus und Paulus schenke auch uns den Mut, dir nachzufolgen, dich mit unseren Gaben zu loben und dir zu danken, heute und allezeit.

EUCHARISTIEFEIER

GABENGEBET

Herr und Gott, in Gemeinschaft mit den Aposteln Petrus und Paulus bitten wir dich: Heilige unsere Gaben und lass uns mit Bereitschaft und Hingabe das Opfer deines Sohnes feiern, der mit dir lebt und herrscht in alle Ewigkeit.

PRÄFATION

In Wahrheit ist es würdig und recht, dich, allmächtiger Vater, in deinen Heiligen zu preisen und am Fest der Apostel Petrus und Paulus das Werk deiner Gnade zu rühmen. Petrus hat als Erster den Glauben an Christus bekannt und aus Israels heiligem Rest die erste Kirche gesammelt. Paulus empfing die Gnade tiefer Einsicht und die Berufung zum Lehrer der Heiden. Auf verschiedene Weise dienten beide Apostel der einen Kirche, gemeinsam empfingen sie die Krone des Lebens. Darum ehren wir beide in gemeinsamer Feier und vereinen uns mit allen Engeln und Heiligen zum Hochgesang von deiner göttlichen Herrlichkeit: Heilig …

KOMMUNIONVERS

Mt 16,16.18

Petrus sagte zu Jesus:
Du bist der Messias, der Sohn des lebendigen Gottes.
Jesus erwiderte ihm:
Du bist Petrus und auf diesen Felsen
werde ich meine Kirche bauen.

SCHLUSSGEBET

Herr, unser Gott, du hast uns durch das heilige Sakrament gestärkt. Gib, dass wir im Brotbrechen und in der Lehre der Apostel verharren und in deiner Liebe ein Herz und eine Seele werden. Darum bitten wir durch Christus, unseren Herrn.

FEIERLICHER SCHLUSSSEGEN

Seinen Segen gewähre euch der allmächtige Gott, der auf das Bekenntnis des Petrus die Kirche gegründet und durch ihn die Brüder im Glauben gestärkt hat. – A: Amen.
Durch Paulus hat er die Heidenvölker zum Glauben geführt; das Beispiel dieses Apostels lehre euch, Menschen für Christus zu gewinnen. – A: Amen.
Beide bezeugten den Herrn bis zum Tod: Petrus am Kreuz, Paulus unter dem Schwert; ihre Fürsprache geleite euch zur ewigen Heimat. – A: Amen.
Das gewähre euch der dreieinige Gott, der Vater und der Sohn † und der Heilige Geist. – A: Amen.

***

DREI

Keine Ebene
ohne drei
feste Punkte

Petrus und Paulus
zwei Fixpunkte
des Glaubens

Der dritte
Punkt das
eigene Ja

Fester Grund
unter den
Glaubensfüßen

Stefan Voges

13. SONNTAG IM JAHRESKREIS

30. Juni 2019

Freiheit und Bindung: Zwischen diesen Polen bewegen wir uns unser ganzes Leben lang. Um immer wieder zu entdecken, dass das eine nicht ohne das andere zu haben ist. Ein Leben in der Nachfolge bindet uns an Jesus Christus. Aber dies ist eine besondere Bindung, denn Christus befreit zur Freiheit, zur Freiheit zu lieben. Wenn wir diese Freiheit zur Liebe nutzen – gegen die Zwänge und vermeintlichen Notwendigkeiten einer lieblosen Gesellschaft –, löst sich die Spannung von Bindung und Freiheit in eine sanfte, kraftvolle Revolution.

ERÖFFNUNGSVERS

Ps 47(46),2

Ihr Völker alle, klatscht in die Hände;
jauchzt Gott zu mit lautem Jubel.

KYRIE-RUFE

Herr Jesus Christus, du rufst uns
in deine Nachfolge.
V/A: Herr, erbarme dich.
Du rufst auf den Weg des Kreuzes.
V/A: Christus, erbarme dich.
Du willst, dass dem Reich Gottes
nichts vorgezogen werde.
V/A: Herr, erbarme dich.

Ehre sei Gott, S. 489 f.

TAGESGEBET

Gott, unser Vater, du hast uns in der Taufe zu Kindern des Lichtes gemacht. Lass nicht zu, dass die Finsternis des Irrtums über uns Macht gewinnt, sondern hilf uns, im Licht deiner Wahrheit zu bleiben. Darum bitten wir durch Jesus Christus.

WORTGOTTESDIENST

ZUR 1. LESUNG Elija beruft Elischa, indem er ihm seinen Mantel überwirft. Das Kleidungsstück, das schützt, die bergende Außenhaut, ruft aus dem Vertrauten heraus, wird zum Symbol für den Aufbruch. Aber vielleicht wächst dem Menschen gerade dann ein neuer Schutz zu, ein innerer Mantel, wenn er seiner Berufung folgt. Ein Mantel, der das eigene Leben schützt und andere bergen kann.

ERSTE LESUNG 1 Kön 19,16b.19–21

Elischa stand auf und folgte Elija

Lesung aus dem ersten Buch der Könige.

In jenen Tagen sprach der Herr zu Elija: Salbe Elischa, den Sohn Schafats aus Abel-Mehola, zum Propheten an deiner Stelle.

Elija ging vom Gottesberg weg und traf Elischa, den Sohn Schafats. Er war gerade mit zwölf Gespannen am Pflügen und er selbst pflügte mit dem zwölften. Im Vorbeigehen warf Elija seinen Mantel über ihn. Sogleich verließ Elischa die Rinder, eilte Elija nach und bat ihn: Lass mich noch meinem Vater und meiner Mutter den Abschiedskuss geben; dann werde ich dir folgen. Elija antwortete: Geh, aber komm dann zurück! Bedenke, was ich an dir getan habe.

Elischa ging von ihm weg, nahm seine zwei Rinder und schlachtete sie. Mit dem Joch der Rinder kochte er das Fleisch und setzte es den Leuten zum Essen vor. Dann stand er auf, folgte Elija und trat in seinen Dienst.

ANTWORTPSALM

Ps 16(15), 1–2 u. 5.7–8.9 u. 11 (℟: 5a u. 2b)

℟ Du, Herr, bist mein Erbe,
mein ganzes Glück bist du allein. – ℟

Behüte mich, Gott, denn ich vertraue dir. †
Ich sage zum Herrn: „Du bist mein Herr; *
mein ganzes Glück bist du allein."
Du, Herr, gibst mir das Erbe und reichst mir den Becher; *
du hältst mein Los in deinen Händen. – (℟)

Ich preise den Herrn, der mich beraten hat. *
Auch mahnt mich mein Herz in der Nacht.
Ich habe den Herrn beständig vor Augen. *
Er steht mir zur Rechten, ich wanke nicht. – (℟)

Darum freut sich mein Herz und frohlockt meine Seele; *
auch mein Leib wird wohnen in Sicherheit.
Du zeigst mir den Pfad zum Leben. †
Vor deinem Angesicht herrscht Freude in Fülle, *
zu deiner Rechten Wonne für alle Zeit. – ℟

ZUR 2. LESUNG Ach ja, die Freiheit! Sie erst ermöglicht ein selbstbestimmtes Leben. Aber bisweilen überfordert sie auch mit unzähligen Möglichkeiten. Die Freiheit der Christen verwirklicht sich in der Liebe. Dabei kann es nicht darum gehen, das „Fleisch", das eigene Begehren und Wünschen, von vornherein abzulehnen. Denn sich selbst lieben beginnt damit, in Freiheit alle Regungen in sich wahrzunehmen und daraus sein Leben zu gestalten – im liebevollen Respekt vor dem Leben der anderen.

ZWEITE LESUNG

Gal 5, 1.13–18

Ihr seid zur Freiheit berufen

Lesung aus dem Brief des Apostels Paulus an die Galater.

Brüder! [*oder:* Brüder und Schwestern! *oder:* Schwestern und Brüder!] Zur Freiheit hat uns Christus befreit. Bleibt daher fest und lasst euch nicht von Neuem das Joch der Knechtschaft auflegen.

Ihr seid zur Freiheit berufen, Brüder. Nur nehmt die Freiheit nicht zum Vorwand für das Fleisch, sondern dient einander in Liebe! Denn das ganze Gesetz ist in dem einen Wort zusammengefasst: Du sollst deinen Nächsten lieben wie dich selbst. Wenn ihr einander beißt und verschlingt, dann gebt acht, dass ihr euch nicht gegenseitig umbringt.

Darum sage ich: Lasst euch vom Geist leiten, dann werdet ihr das Begehren des Fleisches nicht erfüllen. Denn das Begehren des Fleisches richtet sich gegen den Geist, das Begehren des Geistes aber gegen das Fleisch; beide stehen sich als Feinde gegenüber, sodass ihr nicht imstande seid, das zu tun, was ihr wollt. Wenn ihr euch aber vom Geist führen lasst, dann steht ihr nicht unter dem Gesetz.

RUF VOR DEM EVANGELIUM

Vers: 1 Sam 3, 9; Joh 6, 68c

Halleluja. Halleluja.
Rede, Herr, dein Diener hört.
Du hast Worte des ewigen Lebens.
Halleluja.

ZUM EVANGELIUM Jesus nachfolgen ist weiß Gott kein leichtes Unterfangen. Denn Jesus nennt weder einen konkreten Ort, wo er dauerhaft zu finden ist, wo er sein Haupt niederlegt, noch lässt er bleibende Bindungen an die eigene Herkunft, an die Familie zu. Nachfolge Jesu geschieht im Hier und Jetzt, immer da, wo Menschen sich auf den Weg machen, um in das Geheimnis der Liebe Gottes, in ihr eigenes Jerusalem hineinzuleben.

EVANGELIUM

Lk 9,51–62

Er entschloss sich, nach Jerusalem zu gehen.
Ich will dir folgen, wohin du auch gehst

+ Aus dem heiligen Evangelium nach Lukas.

Als die Zeit herankam, in der Jesus in den Himmel aufgenommen werden sollte, entschloss er sich, nach Jerusalem zu gehen. Und er schickte Boten vor sich her. Diese kamen in ein samaritisches Dorf und wollten eine Unterkunft für ihn besorgen. Aber man nahm ihn nicht auf, weil er auf dem Weg nach Jerusalem war.

Als die Jünger Jakobus und Johannes das sahen, sagten sie: Herr, sollen wir befehlen, dass Feuer vom Himmel fällt und sie vernichtet? Da wandte er sich um und wies sie zurecht. Und sie gingen zusammen in ein anderes Dorf.

Als sie auf ihrem Weg weiterzogen, redete ein Mann Jesus an und sagte: Ich will dir folgen, wohin du auch gehst. Jesus antwortete ihm: Die Füchse haben ihre Höhlen und die Vögel ihre Nester; der Menschensohn aber hat keinen Ort, wo er sein Haupt hinlegen kann.

Zu einem anderen sagte er: Folge mir nach! Der erwiderte: Lass mich zuerst heimgehen und meinen Vater begraben. Jesus sagte zu ihm: Lass die Toten ihre Toten begraben; du aber geh und verkünde das Reich Gottes!

Wieder ein anderer sagte: Ich will dir nachfolgen, Herr. Zuvor aber lass mich von meiner Familie Abschied nehmen. Jesus erwiderte ihm: Keiner, der die Hand an den Pflug gelegt hat und nochmals zurückblickt, taugt für das Reich Gottes.

Glaubensbekenntnis, S. 492 ff.

FÜRBITTEN

Wir alle sind berufen und gerufen zu Klarheit und Wahrheit. Zu Gott, der uns in Jesus Christus sein Ja gesagt hat, rufen wir:

- Wir beten für alle, die dem Ruf Gottes folgen wollen, die ihn in ihrem Leben nicht folgenlos verhallen lassen. V: Treuer Gott. A: Wir bitten dich, erhöre uns.
- Wir beten für alle, die im Dienst der Verkündigung müde geworden sind. V: Treuer Gott. A: Wir bitten dich, erhöre uns.
- Wir beten für die Katechetinnen und Katecheten, die Kinder und Jugendliche zum christlichen Glauben und in die Sakramente einführen. V: Treuer Gott. A: Wir bitten dich, erhöre uns.
- Wir beten für alle, die ihr selbstloses Engagement für Freiheit und Gerechtigkeit, für Menschenwürde und Gewaltlosigkeit teuer bezahlen müssen. V: Treuer Gott. A: Wir bitten dich, erhöre uns.
- Wir beten für alle, die das Gedächtnis an Menschen wachhalten, die Opfer von Unrechtsregimen geworden sind. V: Treuer Gott. A: Wir bitten dich, erhöre uns.

Deine Wahrheit macht Menschen frei, nicht abhängig. Hilf uns, starker Gott, den guten Weg der Wahrheit zu gehen, heute und an allen Tagen unseres Lebens.

EUCHARISTIEFEIER

GABENGEBET

Herr, unser Gott, in den Geheimnissen, die wir feiern, wirkst du unser Heil. Gib, dass wir den Dienst an diesem Altar würdig vollziehen, von dem wir deine Gaben empfangen. Darum bitten wir durch Christus, unseren Herrn.

Präfation, S. 504 ff.

KOMMUNIONVERS Ps 103(102),1

Lobe den Herrn, meine Seele!
Alles in mir lobe seinen heiligen Namen.

SCHLUSSGEBET

Gütiger Gott, die heilige Opfergabe, die wir dargebracht und empfangen haben, schenke uns neues Leben. Lass uns Frucht bringen in Beharrlichkeit und dir auf immer verbunden bleiben. Darum bitten wir durch Christus, unseren Herrn.

***

Für eine Wort-Gottes-Feier:

ERÖFFNUNGSGEBET ZUR WAHL

Gott, immer wieder rufst du Menschen in die Nachfolge deines Sohnes, damit dein Reich sich ausbreiten kann. Wir bitten dich: Nimm auch uns in deinen Dienst und lass uns mit Eifer tun, was du von uns erwartest. Das gewähre uns durch ihn, Jesus Christus, deinen Sohn, der in der Einheit des Heiligen Geistes mit dir lebt und herrscht in alle Ewigkeit.

***

AN DIE LIEBE

Gott befreit
mich aus
jeder Bindung

Ich binde
mich an
die Freiheit

Die Freiheit
bindet mich
an die Liebe

Stefan Voges

14. SONNTAG IM JAHRESKREIS

7. Juli 2019

Die Lesungen des Sonntags entwerfen Bilder der Verheißung und der Hoffnung. Ein Jerusalem, in das der Friede fließt und das Grund zur Freude ist. Eine neue Schöpfung, die Grenzen überwindet und in der Welt wächst. Und dann im Evangelium die Sendung, der Auftrag, die Verheißung in kleinen Schritten wachsen zu lassen: ohne Geld, mit einem Wort des Friedens, und mit der unerschütterlichen Ansage: „Das Reich Gottes ist nahe."

ERÖFFNUNGSVERS

Ps 48(47),10–11

Deiner Huld, o Gott, gedenken wir
in deinem heiligen Tempel.
Wie dein Name, Gott,
so reicht dein Ruhm bis an die Enden der Erde;
deine rechte Hand ist voll von Gerechtigkeit.

KYRIE-RUFE

Herr Jesus Christus, du sendest
Arbeiter in deine Ernte.
V/A: Herr, erbarme dich.
Du trägst ihnen auf, zu verkündigen:
Das Reich Gottes ist nahe.
V/A: Christus, erbarme dich.
Du erfüllst uns mit Freude, dass unsere
Namen im Himmel verzeichnet sind.
V/A: Herr, erbarme dich.

Ehre sei Gott, S. 489 f.

TAGESGEBET

Barmherziger Gott, durch die Erniedrigung deines Sohnes hast du die gefallene Menschheit wieder aufgerichtet und aus der Knechtschaft der Sünde befreit. Erfülle uns mit Freude über die Erlösung und führe uns zur ewigen Seligkeit. Darum bitten wir durch Jesus Christus.

WORTGOTTESDIENST

ZUR 1. LESUNG Der Ort und das zentrale Bild der Lesung ist die Stadt Jerusalem. Da hineingewoben ist das Motiv vom Heranwachsen des Sohnes. Und dann tauchen, am Rande, zwei Details auf, die über die Stadtmauern, über Asphalt und Beton hinausweisen: der Strom, der rauschende Bach und das frische Gras. Sie stehen für Frieden und Freude. Prophetische Naturverbundenheit!

ERSTE LESUNG Jes 66,10–14c

Wie einen Strom leite ich den Frieden zu ihr

Lesung aus dem Buch Jesaja.

Freut euch mit Jerusalem! Jubelt in der Stadt, alle, die ihr sie liebt. Seid fröhlich mit ihr, alle, die ihr über sie traurig wart. Saugt euch satt an ihrer tröstenden Brust, trinkt und labt euch an ihrem mütterlichen Reichtum!

Denn so spricht der Herr: Seht her: Wie einen Strom leite ich den Frieden zu ihr und den Reichtum der Völker wie einen rauschenden Bach. Ihre Kinder wird man auf den Armen tragen und auf den Knien schaukeln.

Wie eine Mutter ihren Sohn tröstet, so tröste ich euch; in Jerusalem findet ihr Trost. Wenn ihr das seht, wird euer Herz sich freuen und ihr werdet aufblühen wie frisches Gras. So offenbart sich die Hand des Herrn an seinen Knechten.

ANTWORTPSALM

Ps 66(65),1–3.4–5.6–7.16 u. 20 (℟: 1)

℟ Jauchzt vor Gott, alle Länder der Erde! – ℟

Jauchzt vor Gott, alle Länder der Erde! †
Spielt zum Ruhm seines Namens! *
Verherrlicht ihn mit Lobpreis!
Sagt zu Gott: „Wie ehrfurchtgebietend sind deine Taten; *
vor deiner gewaltigen Macht müssen die Feinde sich beugen." – (℟)

Alle Welt bete dich an und singe dein Lob, *
sie lobsinge deinem Namen!
Kommt und seht die Taten Gottes! *
Staunenswert ist sein Tun an den Menschen: – (℟)

Er verwandelte das Meer in trockenes Land, †
sie schritten zu Fuß durch den Strom; *
dort waren wir über ihn voll Freude.
In seiner Kraft ist er Herrscher auf ewig; †
seine Augen prüfen die Völker. *
Die Trotzigen können sich gegen ihn nicht erheben. – (℟)

Ihr alle, die ihr Gott fürchtet, kommt und hört; *
ich will euch erzählen, was er mir Gutes getan hat.
Gepriesen sei Gott; denn er hat mein Gebet nicht verworfen *
und mir seine Huld nicht entzogen. – ℟

ZUR 2. LESUNG Das ist ein hartes Wort von der gekreuzigten Welt und dem Der-Welt-gekreuzigt-Sein. Offenbar liegt Paulus mit der Welt über Kreuz. Aber er verbeißt sich nicht in diese Spannung. Vielmehr begreift er das Über-Kreuz-Liegen mit der Welt als Chance zu wachsen, neue Schöpfung zu sein. Und wo eine neue Schöpfung ist, da wachsen frische Triebe, die die Pläne der Welt durchkreuzen. Aus der Verbundenheit mit Christus wachsen Glaube und Liebe, beharrlich und voller Kraft.

ZWEITE LESUNG

Gal 6,14–18

Ich trage die Zeichen Jesu an meinem Leib

Lesung aus dem Brief des Apostels Paulus an die Galater.

Brüder! [*oder:* Brüder und Schwestern! *oder:* Schwestern und Brüder!] Ich will mich allein des Kreuzes Jesu Christi, unseres Herrn, rühmen, durch das mir die Welt gekreuzigt ist und ich der Welt.

Denn es kommt nicht darauf an, ob einer beschnitten oder unbeschnitten ist, sondern darauf, dass er neue Schöpfung ist. Friede und Erbarmen komme über alle, die sich von diesem Grundsatz leiten lassen, und über das Israel Gottes.

In Zukunft soll mir niemand mehr solche Schwierigkeiten bereiten. Denn ich trage die Zeichen Jesu an meinem Leib.

Die Gnade Jesu Christi, unseres Herrn, sei mit eurem Geist, meine Brüder. Amen.

RUF VOR DEM EVANGELIUM

Vers: Kol 3,15a.16a

Halleluja. Halleluja.
In eurem Herzen herrsche der Friede Christi.
Das Wort Christi wohne
mit seinem ganzen Reichtum bei euch.
Halleluja.

ZUM EVANGELIUM Am Ende des Evangeliums steht ein gewaltiger Umsturz: Der Satan ist gefallen. Grund genug für die Aussendung der Jünger – viele kleine Schritte im wörtlichen Sinn. Um kleine Schritte geht es auch im übertragenen Sinn. Denn was Jesus den Jüngern mit auf den Weg gibt, ist nichts Unmögliches. Oder doch? Ohne Geldbeutel wird es heutzutage wirklich schwierig, aber ein Blick auf unsere Anhänglichkeit an das Geld sollte möglich sein. Und ein Wort des Friedens beim Eintreten in ein Haus? Ein gutes Wort beim kleinen Schritt durch den Türsturz schafft eine neue Atmosphäre.

EVANGELIUM

Lk 10,1–12.17–20

Der Friede, den ihr dem Haus wünscht, wird auf ihm ruhen

+ **Aus dem heiligen Evangelium nach Lukas.**

In jener Zeit suchte der Herr zweiundsiebzig andere Jünger aus und sandte sie zu zweit voraus in alle Städte und Ortschaften, in die er selbst gehen wollte.

Er sagte zu ihnen: Die Ernte ist groß, aber es gibt nur wenig Arbeiter. Bittet also den Herrn der Ernte, Arbeiter für seine Ernte auszusenden.

Geht! Ich sende euch wie Schafe mitten unter die Wölfe. Nehmt keinen Geldbeutel mit, keine Vorratstasche und keine Schuhe! Grüßt niemand unterwegs!

Wenn ihr in ein Haus kommt, so sagt als Erstes: Friede diesem Haus! Und wenn dort ein Mann des Friedens wohnt, wird der Friede, den ihr ihm wünscht, auf ihm ruhen; andernfalls wird er zu euch zurückkehren. Bleibt in diesem Haus, esst und trinkt, was man euch anbietet; denn wer arbeitet, hat ein Recht auf seinen Lohn. Zieht nicht von einem Haus in ein anderes!

Wenn ihr in eine Stadt kommt und man euch aufnimmt, so esst, was man euch vorsetzt. Heilt die Kranken, die dort sind, und sagt den Leuten: Das Reich Gottes ist euch nahe.

Wenn ihr aber in eine Stadt kommt, in der man euch nicht aufnimmt, dann stellt euch auf die Straße und ruft: Selbst den Staub eurer Stadt, der an unseren Füßen klebt, lassen wir euch zurück; doch das sollt ihr wissen: Das Reich Gottes ist nahe. Ich sage euch: Sodom wird es an jenem Tag nicht so schlimm ergehen wie dieser Stadt.

Die Zweiundsiebzig kehrten zurück und berichteten voll Freude: Herr, sogar die Dämonen gehorchen uns, wenn wir deinen Namen aussprechen. Da sagte er zu ihnen: Ich sah den Satan wie einen Blitz vom Himmel fallen. Seht, ich habe euch die Vollmacht gegeben, auf Schlangen und Skorpione zu treten und die ganze Macht des Feindes zu überwinden. Nichts wird euch schaden können.

Doch freut euch nicht darüber, dass euch die Geister gehorchen, sondern freut euch darüber, dass eure Namen im Himmel verzeichnet sind.

Oder:

KURZFASSUNG

Lk 10,1–9

Der Friede, den ihr dem Haus wünscht, wird auf ihm ruhen

+ **Aus dem heiligen Evangelium nach Lukas.**

In jener Zeit suchte der Herr zweiundsiebzig andere Jünger aus und sandte sie zu zweit voraus in alle Städte und Ortschaften, in die er selbst gehen wollte.

Er sagte zu ihnen: Die Ernte ist groß, aber es gibt nur wenig Arbeiter. Bittet also den Herrn der Ernte, Arbeiter für seine Ernte auszusenden.

Geht! Ich sende euch wie Schafe mitten unter die Wölfe. Nehmt keinen Geldbeutel mit, keine Vorratstasche und keine Schuhe! Grüßt niemand unterwegs!

Wenn ihr in ein Haus kommt, so sagt als Erstes: Friede diesem Haus! Und wenn dort ein Mann des Friedens wohnt, wird der Friede, den ihr ihm wünscht, auf ihm ruhen; andernfalls wird er zu euch zurückkehren. Bleibt in diesem Haus, esst und trinkt, was man euch anbietet; denn wer arbeitet, hat ein Recht auf seinen Lohn. Zieht nicht von einem Haus in ein anderes!

Wenn ihr in eine Stadt kommt und man euch aufnimmt, so esst, was man euch vorsetzt. Heilt die Kranken, die dort sind, und sagt den Leuten: Das Reich Gottes ist euch nahe.

Glaubensbekenntnis, S. 492 ff.

FÜRBITTEN

Gott, du hast Menschen ausgesandt, deine frohe Botschaft in Wort und Tat zu verkünden. Wir bitten dich:

- Für die Jugendlichen, die an einer Schwelle stehen, die eine wichtige Entscheidung treffen müssen: dass sie Menschen begegnen, die ihnen Wege ins Lebens eröffnen, weil sie selbst gute Wege gehen. V: Du Gott des Lebens. A: Höre unser Rufen.
- Für alle, die in Unsicherheit und Armut leben: dass sie Hilfe zur Selbsthilfe erhalten. V: Du Gott des Lebens. A: Höre unser Rufen.
- Für Familien, für Eltern und Kinder, für Geschwister, deren Verbindungen zueinander gestört und abgerissen sind: dass sie erste Schritte aufeinander zu wagen. V: Du Gott des Lebens. A: Höre unser Rufen.
- Für alle, für die dieser Sommer der letzte ihres Lebens ist: Nimm von ihnen Furcht und Angst und begleite sie in deinen Garten des Lebens. V: Du Gott des Lebens. A: Höre unser Rufen.

Gott, in deinem lieben Sohn wissen wir dich an unserer Seite. Seine Wahrheit leitet uns durch Dunkelheit und Zweifel, heute und alle Tage unseres Lebens.

EUCHARISTIEFEIER

GABENGEBET

Herr, zu deiner Ehre feiern wir dieses Opfer. Es befreie uns vom Bösen und helfe uns, Tag für Tag das neue Leben sichtbar zu machen, das wir von dir empfangen. Darum bitten wir durch Christus, unseren Herrn.

Präfation, S. 504 ff.

KOMMUNIONVERS Mt 11,28

Kommt alle zu mir,
die ihr euch plagt und unter Lasten stöhnt!
Ich will euch Ruhe verschaffen – so spricht der Herr.

SCHLUSSGEBET

Herr, du hast uns mit reichen Gaben beschenkt. Lass uns in der Danksagung verharren und einst die Fülle des Heils erlangen. Darum bitten wir durch Christus, unseren Herrn.

***

Für eine Wort-Gottes-Feier:

ERÖFFNUNGSGEBET ZUR WAHL

Gott, du willst unser Heil und sendest immer wieder Menschen, dein Reich zu verkünden. Mache uns bereit, deine Botschaft zu hören, dein Wort anzunehmen und davon Zeugnis zu geben. Darum bitten wir durch Jesus Christus, deinen Sohn, der in der Einheit des Heiligen Geistes mit dir lebt in Ewigkeit.

***

AUF DEM MOND

Auf dem Mond
war ein kleiner Schritt
eines Menschen
ein großer Schritt
für die Menschheit.

Auf der Erde
ist ein gutes Wort
eines Menschen
ein großer Schritt
für die Menschlichkeit.

Stefan Voges

15. SONNTAG IM JAHRESKREIS

14. Juli 2019

Zu glauben ist eine Sache, sich den Ansprüchen des Glaubens, des Geglaubten, zu stellen, eine andere. Inwieweit Glaubensansprüche das Leben verändern, darüber entscheidet nicht zuletzt, wie zugänglich, vertraut, und wie klar und einfach diese Ansprüche sind. Wenn diese Kriterien erfüllt sind, bedarf es der Aufmerksamkeit für den Augenblick und des Muts, in jeder Situation barmherzig zu handeln.

ERÖFFNUNGSVERS

Ps 17(16),15

Ich will in Gerechtigkeit dein Angesicht schauen,
mich satt sehen an deiner Gestalt, wenn ich einst erwache.

KYRIE-RUFE

Herr Jesus Christus, du bist das Ebenbild
des unsichtbaren Gottes.
V/A: Herr, erbarme dich.
Du hast das Gebot des Gesetzes erneuert,
Gott und den Nächsten zu lieben.
V/A: Christus, erbarme dich.
Du hast Frieden gestiftet am Kreuz
durch dein Blut.
V/A: Herr, erbarme dich.

Ehre sei Gott, S. 489 f.

TAGESGEBET

Gott, du bist unser Ziel, du zeigst den Irrenden das Licht der Wahrheit und führst sie auf den rechten Weg zurück. Gib allen, die sich Christen nennen, die Kraft, zu meiden, was diesem Namen widerspricht, und zu tun, was unserem Glauben entspricht. Darum bitten wir durch Jesus Christus.

WORTGOTTESDIENST

ZUR 1. LESUNG Es gibt Situationen im Leben, die übersteigen die Kräfte eines Menschen; Schicksalsschläge, die allein kaum zu bewältigen sind. Unglück. Und es gibt Dinge im Leben, die sind unerreichbar fern, Sehnsüchte, die nicht erfüllt werden. Unglück. Das Wort Gottes ist uns zu Händen und geht nicht über die Kraft der Menschen. In Gottes Wort liegt das Glück, wenn wir es in Mund und Herzen tragen.

ERSTE LESUNG Dtn 30,10–14

Das Wort ist ganz nah bei dir, du kannst es halten

Lesung aus dem Buch Deuteronomium.

Mose sprach zum Volk: Du sollst auf die Stimme des Herrn, deines Gottes, hören und auf seine Gebote und Gesetze achten, die in dieser Urkunde der Weisung einzeln aufgezeichnet sind. Du sollst zum Herrn, deinem Gott, mit ganzem Herzen und mit ganzer Seele zurückkehren.

Denn dieses Gebot, auf das ich dich heute verpflichte, geht nicht über deine Kraft und ist nicht fern von dir. Es ist nicht im Himmel, sodass du sagen müsstest: Wer steigt für uns in den Himmel hinauf, holt es herunter und verkündet es uns, damit wir es halten können? Es ist auch nicht jenseits des Meeres, sodass du sagen müss-

test: Wer fährt für uns über das Meer, holt es herüber und verkündet es uns, damit wir es halten können?
Nein, das Wort ist ganz nah bei dir, es ist in deinem Mund und in deinem Herzen, du kannst es halten.

ANTWORTPSALM Ps 69(68),14 u. 17.30–31.33–34.36–37 (℟: vgl. 33)

℟ Ihr Gebeugten, suchet den Herrn;
euer Herz lebe auf! – ℟

Ich bete zu dir, Herr, zur Zeit der Gnade. †
Erhöre mich in deiner großen Huld, *
Gott, hilf mir in deiner Treue.
Erhöre mich, Herr, in deiner Huld und Güte, *
wende dich mir zu in deinem großen Erbarmen! – (℟)

Ich bin elend und voller Schmerzen; *
doch deine Hilfe, o Gott, wird mich erhöhen.
Ich will den Namen Gottes rühmen im Lied, *
in meinem Danklied ihn preisen. – (℟)

Schaut her, ihr Gebeugten, und freut euch; *
ihr, die ihr Gott sucht: euer Herz lebe auf!
Denn der Herr hört auf die Armen, *
er verachtet die Gefangenen nicht. – (℟)

Denn Gott wird Zion retten, *
wird Judas Städte neu erbauen.
Seine Knechte werden dort wohnen und das Land besitzen, †
ihre Nachkommen sollen es erben; *
wer seinen Namen liebt, soll darin wohnen. – ℟

Oder:

ANTWORTPSALM

Ps 19(18),8.9.10.11–12 (℟: 9a)

℟ Die Befehle des Herrn sind richtig;
sie erfreuen das Herz. – ℟

Die Weisung des Herrn ist vollkommen, *
sie erquickt den Menschen.
Das Gesetz des Herrn ist verlässlich, *
den Unwissenden macht es weise. – (℟)

Die Befehle des Herrn sind richtig, *
sie erfreuen das Herz;
das Gebot des Herrn ist lauter, *
es erleuchtet die Augen. – (℟)

Die Furcht des Herrn ist rein, *
sie besteht für immer.
Die Urteile des Herrn sind wahr, *
gerecht sind sie alle. – (℟)

Sie sind kostbarer als Gold, als Feingold in Menge. *
Sie sind süßer als Honig, als Honig aus Waben.
Auch dein Knecht lässt sich von ihnen warnen; *
wer sie beachtet, hat reichen Lohn. – ℟

ZUR 2. LESUNG Die erhebenden Verse aus dem Kolosserbrief singen nicht nur ein Loblied auf Christus, sondern auch auf die Schöpfung. Sie setzen diese beiden Offenbarungen Gottes zueinander ins Verhältnis. Alles wurde in Christus erschaffen, durch ihn und auf ihn hin. Christus war schon vor aller Schöpfung, er ist auch der Garant dafür, dass sie bleibt – eine theologische Welterschließung, die ebenso faszinierend wie schwer zu denken ist. Ein anderer Zugang fällt gedanklich leichter, fordert indes praktisch heraus: Wenn die Schöpfung in Christus ist und auf ihn hin lebt, sollten wir ihr dann nicht mit der Ehrfurcht vor dem Göttlichen begegnen?

ZWEITE LESUNG

Kol 1,15–20

Alles ist durch ihn und auf ihn hin geschaffen

Lesung aus dem Brief des Apostels Paulus an die Kolosser.

Christus ist das Ebenbild des unsichtbaren Gottes, der Erstgeborene der ganzen Schöpfung. Denn in ihm wurde alles erschaffen im Himmel und auf Erden, das Sichtbare und das Unsichtbare, Throne und Herrschaften, Mächte und Gewalten; alles ist durch ihn und auf ihn hin geschaffen. Er ist vor aller Schöpfung, in ihm hat alles Bestand.

Er ist das Haupt des Leibes, der Leib aber ist die Kirche. Er ist der Ursprung, der Erstgeborene der Toten; so hat er in allem den Vorrang. Denn Gott wollte mit seiner ganzen Fülle in ihm wohnen, um durch ihn alles zu versöhnen. Alles im Himmel und auf Erden wollte er zu Christus führen, der Friede gestiftet hat am Kreuz durch sein Blut.

RUF VOR DEM EVANGELIUM

Vers: vgl. Joh 6,63b.68c

Halleluja. Halleluja.
Deine Worte, Herr, sind Geist und Leben.
Du hast Worte des ewigen Lebens.
Halleluja.

ZUM EVANGELIUM Wie ist es wohl dem Mann ergangen, der unter die Räuber gefallen war, als er sich nach einigen Tagen erholt hatte? Vermutlich hat der Wirt ihm geschildert, was geschehen war. Und dann? Nicht unwahrscheinlich, dass der Gerettete sich bei dem Mann aus Samarien bedanken wollte, der ihm zum Nächsten geworden war. Aber der war längst weitergezogen. Nutzen wir die Gelegenheiten, denen Dank zu sagen, die barmherzig an uns gehandelt haben oder die uns einfach guttun?

EVANGELIUM

Lk 10,25–37

Wer ist mein Nächster?

+ **Aus dem heiligen Evangelium nach Lukas.**

In jener Zeit wollte ein Gesetzeslehrer Jesus auf die Probe stellen. Er fragte ihn: Meister, was muss ich tun, um das ewige Leben zu gewinnen? Jesus sagte zu ihm: Was steht im Gesetz? Was liest du dort? Er antwortete: Du sollst den Herrn, deinen Gott, lieben mit ganzem Herzen und ganzer Seele, mit all deiner Kraft und all deinen Gedanken, und: Deinen Nächsten sollst du lieben wie dich selbst. Jesus sagte zu ihm: Du hast richtig geantwortet. Handle danach und du wirst leben.

Der Gesetzeslehrer wollte seine Frage rechtfertigen und sagte zu Jesus: Und wer ist mein Nächster?

Darauf antwortete ihm Jesus: Ein Mann ging von Jerusalem nach Jericho hinab und wurde von Räubern überfallen. Sie plünderten ihn aus und schlugen ihn nieder; dann gingen sie weg und ließen ihn halbtot liegen.

Zufällig kam ein Priester denselben Weg herab; er sah ihn und ging weiter.

Auch ein Levit kam zu der Stelle; er sah ihn und ging weiter.

Dann kam ein Mann aus Samarien, der auf der Reise war. Als er ihn sah, hatte er Mitleid, ging zu ihm hin, goß Öl und Wein auf seine Wunden und verband sie. Dann hob er ihn auf sein Reittier, brachte ihn zu einer Herberge und sorgte für ihn.

Am andern Morgen holte er zwei Denare hervor, gab sie dem Wirt und sagte: Sorge für ihn, und wenn du mehr für ihn brauchst, werde ich es dir bezahlen, wenn ich wiederkomme.

Was meinst du: Wer von diesen dreien hat sich als der Nächste dessen erwiesen, der von den Räubern überfallen wurde? Der Gesetzeslehrer antwortete: Der, der barmherzig an ihm gehandelt hat.

Da sagte Jesus zu ihm: Dann geh und handle genauso!

Glaubensbekenntnis, S. 492 ff.

FÜRBITTEN

Wie oft machen wir einen großen Bogen um Menschen, die irgendwie anders sind, als erlaubt, laut, verwirrt, verstört, vielleicht betrunken. Der biblische Samariter lässt sich nicht abschrecken von dem abstoßenden Bündel am Straßenrand. Er bleibt stehen, er handelt, er hilft. Wir rufen zu Gott, der von uns erwartet, dass wir barmherzig miteinander sind, und bitten ihn:

- Für alle, die nicht wegschauen, sondern beherzt helfen, wo es nottut. V: Treuer Gott. A: Höre und erhöre uns.
- Für alle, die auf die Hilfe anderer angewiesen sind. V: Treuer Gott. A: Höre und erhöre uns.
- Für alle, die körperliche Misshandlung erleben mussten. V: Treuer Gott. A: Höre und erhöre uns.
- Für alle, die vergebens auf die Hilfe ihrer Mitmenschen warten. V: Treuer Gott. A: Höre und erhöre uns.
- Für alle, die Menschen ohne festem Wohnsitz helfen. V: Treuer Gott. A: Höre und erhöre uns.
- Für alle, die Kranke und Sterbende begleiten. V: Treuer Gott. A: Höre und erhöre uns.

Treuer Gott, nur durch den Beistand deines Heiligen Geistes können wir die Grenzen unserer ängstlichen Gewohnheit, unsere Borniertheit, überwinden und uns in der Liebe füreinander als Nächste erweisen. Sei du an unserer Seite, damit wir das Rechte tun in Christus, unserem Herrn.

EUCHARISTIEFEIER

GABENGEBET

Gott, sieh auf dein Volk, das im Gebet versammelt ist, und nimm unsere Gaben an. Heilige sie, damit alle, die sie empfangen, in deiner

Liebe wachsen und dir immer treuer dienen. Darum bitten wir durch Christus, unseren Herrn.

Präfation, S. 504 ff.

KOMMUNIONVERS

Joh 6,56

So spricht der Herr:
Wer mein Fleisch isst und mein Blut trinkt,
der bleibt in mir und ich bleibe in ihm.

SCHLUSSGEBET

Herr, unser Gott, wir danken dir für die heilige Gabe. Lass deine Heilsgnade in uns wachsen, sooft wir diese Speise empfangen. Darum bitten wir durch Christus, unseren Herrn.

***

Für eine Wort-Gottes-Feier:

ERÖFFNUNGSGEBET ZUR WAHL

Gütiger Gott, in deinem Sohn hast du dein Wort geschenkt. Wir bitten dich: Gib uns den Mut, seinem Beispiel zu folgen, die Not der Menschen zu erkennen und ihnen zu helfen. Darum bitten wir im Heiligen Geist durch ihn, Jesus Christus, unseren Herrn.

***

WENN EIN WORT

Wenn ein Wort
mehr ist
als es sagt
und
der es sagt
mehr ist
als sein Wort

dann spricht Gott
hinein
in die Welt
und
die Welt
lebt hinein
in Gott

Stefan Voges

16. SONNTAG IM JAHRESKREIS

21. Juli 2019

Gastfreundschaft ist ein kostbares und unverzichtbares Gut im Zusammenleben der Menschen. Im Großen und im Kleinen, geplant oder spontan, für lange oder kurze Zeit – auf die eine oder andere Art und Weise werden wir immer wieder zu Gästen und zu Gastgeberinnen und Gastgebern. Gastfreundschaft ermöglicht Begegnung. Auch die Begegnung mit Gott, denn wie es in der Benediktsregel heißt: Gäste, die ankommen, empfange man alle wie Christus.

ERÖFFNUNGSVERS

Ps 54(53),6.8

Gott ist mein Helfer, der Herr beschützt mein Leben.
Freudig bringe ich dir mein Opfer dar
und lobe deinen Namen, Herr, denn du bist gütig.

KYRIE-RUFE

Herr Jesus Christus, du bist unter uns.
V/A: Herr, erbarme dich.
Du verkündest uns dein Wort.
V/A: Christus, erbarme dich.
Du bist die Hoffnung auf Herrlichkeit.
V/A: Herr, erbarme dich.

Ehre sei Gott, S. 489 f.

TAGESGEBET

Herr, unser Gott, sieh gnädig auf alle, die du in deinen Dienst gerufen hast. Mach uns stark im Glauben, in der Hoffnung und in der Liebe, damit wir immer wachsam sind und auf dem Weg deiner Gebote bleiben. Darum bitten wir durch Jesus Christus.

WORTGOTTESDIENST

ZUR 1. LESUNG Eine geschäftige Gastfreundschaft zeigt Abraham da. Trotz der Mittagshitze läuft er los, den Gästen entgegen, zu seiner Frau Sara, dann zum Vieh. Schließlich kehrt Ruhe ein, unter dem Baum. Dort erst entfaltet die Gastfreundschaft ihre ganze Fülle. Von dort aus wird Gastfreundschaft als Ursprung neuen Lebens verständlich: für Abraham und Sara in der Verheißung eines Sohnes. Für uns im Teilen des eigenen Lebens und im Teilnehmen am Leben anderer.

ERSTE LESUNG

Gen 18,1–10a

Mein Herr, geh an deinem Knecht nicht vorbei

Lesung aus dem Buch Genesis.

In jenen Tagen erschien der Herr Abraham bei den Eichen von Mamre. Abraham saß zur Zeit der Mittagshitze am Zelteingang.

Er blickte auf und sah vor sich drei Männer stehen. Als er sie sah, lief er ihnen vom Zelteingang aus entgegen, warf sich zur Erde nieder und sagte: Mein Herr, wenn ich dein Wohlwollen gefunden habe, geh doch an deinem Knecht nicht vorbei! Man wird etwas Wasser holen; dann könnt ihr euch die Füße waschen und euch unter dem Baum ausruhen. Ich will einen Bissen Brot holen und ihr könnt dann nach einer kleinen Stärkung weitergehen; denn deshalb seid ihr doch bei eurem Knecht vorbeigekommen. Sie erwiderten: Tu, wie du gesagt hast.

Da lief Abraham eiligst ins Zelt zu Sara und rief: Schnell drei Sea feines Mehl! Rühr es an und backe Brotfladen! Er lief weiter zum Vieh, nahm ein zartes, prächtiges Kalb und übergab es dem Jungknecht, der es schnell zubereitete. Dann nahm Abraham Butter, Milch und das Kalb, das er hatte zubereiten lassen, und setzte es ihnen vor. Er wartete ihnen unter dem Baum auf, während sie aßen.

Sie fragten ihn: Wo ist deine Frau Sara? Dort im Zelt, sagte er.

Da sprach der Herr: In einem Jahr komme ich wieder zu dir, dann wird deine Frau Sara einen Sohn haben.

ANTWORTPSALM

Ps 15(14),2–3.4.5 (℟: 1)

℟ Herr, wer darf Gast sein in deinem Zelt,
wer darf weilen auf deinem heiligen Berg? – ℟

Der makellos lebt und das Rechte tut; †
der von Herzen die Wahrheit sagt *
und mit seiner Zunge nicht verleumdet;
der seinem Freund nichts Böses antut *
und seinen Nächsten nicht schmäht; – (℟)

der den Verworfenen verachtet, *
doch alle, die den Herrn fürchten, in Ehren hält;
der sein Versprechen nicht ändert, *
das er seinem Nächsten geschworen hat; – (℟)

der sein Geld nicht auf Wucher ausleiht *
und nicht zum Nachteil des Schuldlosen Bestechung annimmt.
Wer sich danach richtet, *
der wird niemals wanken. – ℟

ZUR 2. LESUNG Eine wunderbare Spannung baut der Kolosserbrief da auf. Zuerst ist vom Geheimnis die Rede, das undenkbar lange verborgen war, dann wird dieses Geheimnis als reich und herrlich beschrieben. Und dann folgt ein ebenso schlichter wie schöner Satz: Christus ist mitten unter euch. Möchte man diesen Satz nicht weitersagen, wie ein kostbares Geheimnis, das trotzdem alle wissen sollen? Christus ist unter uns. Das ist kein Gerücht, sondern wahrhaft ein Geheimnis, in dem wir „heim", zuhause, geborgen sind.

ZWEITE LESUNG

Kol 1,24–28

Das Geheimnis, das seit ewigen Zeiten verborgen war, wurde jetzt den Heiligen offenbart

Lesung aus dem Brief des Apostels Paulus an die Kolosser.

Brüder! [*oder:* Brüder und Schwestern! *oder:* Schwestern und Brüder!] Ich freue mich in den Leiden, die ich für euch ertrage. Für den Leib Christi, die Kirche, ergänze ich in meinem irdischen Leben das, was an den Leiden Christi noch fehlt.

Ich diene der Kirche durch das Amt, das Gott mir übertragen hat, damit ich euch das Wort Gottes in seiner Fülle verkündige, jenes Geheimnis, das seit ewigen Zeiten und Generationen verborgen war. Jetzt wurde es seinen Heiligen offenbart; Gott wollte ihnen zeigen, wie reich und herrlich dieses Geheimnis unter den Völkern ist: Christus ist unter euch, er ist die Hoffnung auf Herrlichkeit.

Ihn verkündigen wir; wir ermahnen jeden Menschen und belehren jeden mit aller Weisheit, um dadurch alle in der Gemeinschaft mit Christus vollkommen zu machen.

RUF VOR DEM EVANGELIUM

Vers: vgl. Lk 8,15

Halleluja. Halleluja.
Selig, die das Wort mit aufrichtigem Herzen hören
und Frucht bringen in Geduld.
Halleluja.

ZUM EVANGELIUM Beide, Jesus und Marta, sind in ihren Rollen gefangen. Jesus, der Prediger, der sich hier ziemlich wichtig nimmt, der ja auch warten könnte, bis Marta *und* Maria Zeit haben, um ihm zuzuhören. Marta, die Gastgeberin, die sich vielleicht mehr Sorgen macht als nötig und deshalb nicht zur Ruhe kommt. Dazwischen, ohne dass sie zu Wort kommt, Maria, die still, ohne viel Aufhebens, ihren Weg geht. Zu Jesus, um den Worten zu lauschen, die zu einem eigenen Lebensweg ermutigen, weil sie Weg, Wahrheit und Leben sind.

EVANGELIUM

Lk 10,38–42

Marta nahm ihn freundlich auf. – Maria hat das Bessere gewählt

+ Aus dem heiligen Evangelium nach Lukas.

In jener Zeit kam Jesus in ein Dorf und eine Frau namens Marta nahm ihn freundlich auf. Sie hatte eine Schwester, die Maria hieß. Maria setzte sich dem Herrn zu Füßen und hörte seinen Worten zu.

Marta aber war ganz davon in Anspruch genommen, für ihn zu sorgen. Sie kam zu ihm und sagte: Herr, kümmert es dich nicht, dass meine Schwester die ganze Arbeit mir allein überlässt? Sag ihr doch, sie soll mir helfen!

Der Herr antwortete: Marta, Marta, du machst dir viele Sorgen und Mühen. Aber nur eines ist notwendig. Maria hat das Bessere gewählt, das soll ihr nicht genommen werden.

Glaubensbekenntnis, S. 492 ff.

FÜRBITTEN

Marta und Maria stehen für unterschiedliche Formen der Nähe zu Gott. Wir rufen zu ihm, der vielfältige Wege eröffnet und Hoffnung und Licht auch für uns ist:

- Wir bitten für die Kirche, dass der Geist wahrer Geschwisterlichkeit in ihr wachse. V: Du Licht des Lebens. A: Leuchte uns.
- Wir beten für alle Menschen, vor allem aber für die vielen Frauen weltweit, denen Bildung, Ausbildung und die Entfaltung ihrer Gaben verwehrt bleiben. V: Du Licht des Lebens. A: Leuchte uns.
- Wir bitten für alle, die ihre Heimat verlassen mussten und schweren Gefahren ausgesetzt sind. V: Du Licht des Lebens. A: Leuchte uns.
- Wir beten für alle, die sich in Hilfsorganisationen einbringen und Not lindern. V: Du Licht des Lebens. A: Leuchte uns.
- Wir bitten für die Opfer von Naturkatastrophen und menschlicher Gewalt. V: Du Licht des Lebens. A: Leuchte uns.

Vater im Himmel, hilf uns, geschwisterlich zu leben. Führe uns zum rechten Handeln in deinem Geist der Güte durch Jesus Christus, unseren Freund und Lehrer.

EUCHARISTIEFEIER

GABENGEBET

Herr, du hast die vielen Opfer, die dir je von Menschen dargebracht werden, in dem einen Opfer des Neuen Bundes vollendet. Nimm die Gaben deiner Gläubigen an und heilige sie, wie du einst das Opfer Abels angenommen hast; und was jeder Einzelne zu deiner Ehre darbringt, das werde allen zum Heil. Darum bitten wir durch Christus, unseren Herrn.

Präfation, S. 504 ff.

KOMMUNIONVERS

Offb 3,20

So spricht der Herr:
Ich stehe an der Tür und klopfe.
Wenn einer meine Stimme hört und die Tür öffnet,
werde ich bei ihm eintreten und mit ihm Mahl halten,
und er mit mir.

SCHLUSSGEBET

Barmherziger Gott, höre unser Gebet. Du hast uns im Sakrament das Brot des Himmels gegeben, damit wir an Seele und Leib gesunden. Gib, dass wir die Gewohnheiten des alten Menschen ablegen und als neue Menschen leben. Darum bitten wir durch Christus, unseren Herrn.

***

Für eine Wort-Gottes-Feier:

ERÖFFNUNGSGEBET ZUR WAHL

Gütiger Gott, in deinem Sohn Jesus Christus bist du uns nahe gekommen. Gib, dass wir in den Sorgen des Alltags nicht aufgehen, dein Wort nicht überhören und das Notwendige tun. Darum bitten wir im Heiligen Geist durch ihn, Jesus Christus, deinen Sohn, der mit dir lebt jetzt und alle Tage und in Ewigkeit.

***

GASTFREUNDSCHAFT. DER WÜSTE EINE SEELE GEBEN

Wenn man so von der Wüste ganz aus Erde und Geist spricht, lädt das auch zu einer Betrachtung der Menschen ein, die ihr eine Seele geben. Wer die Wüste durchquert, darf sicher sein, dort irgendwo Aufnahme zu finden. Die Gastfreundschaft, besonders dem Fremden gegenüber, gilt hier nicht nur sprichwörtlich, sie ist real. Gastfreundschaft ist hier etwas Heiliges. Das habe ich oft genug am eigenen Leib erfahren: Der Gast ist ein Gesandter Gottes und wird als solcher behandelt, egal zu welcher Stunde und unter welchen Umständen. Das eifrige Bemühen unseres Stammvaters Abraham beim Empfang seiner drei unbekannten Besucher ist nicht nur Legende. Gegenseitige Hilfe und Solidarität sind hier selbstverständlich. Anders wäre es gar nicht denkbar.

Claude Rault

17. SONNTAG IM JAHRESKREIS

28. Juli 2019

Was ist Gebet? Auf diese Frage gibt es verschiedene Antworten in den biblischen Texten: die Worte des Vaterunsers, das drängende Bitten, auch das Feilschen mit Gott im Eintreten für die Gerechten. Auf ihre Weise antwortet auch die zweite Lesung auf diese Frage: Gebet ist Ausdruck der eigenen Lebendigkeit, spürt die Verbundenheit mit allem Lebendigen und tritt in Kontakt mit dem Ursprung alles Lebendigen.

ERÖFFNUNGSVERS

Vgl. Ps 68(67),6–7.36

Gott ist hier, an heiliger Stätte.
Gott versammelt sein Volk in seinem Haus,
er schenkt ihm Stärke und Kraft.

KYRIE-RUFE

Herr Jesus Christus, du lehrst uns beten.
V/A: Herr, erbarme dich.
Du lehrst uns, Gott als dem Vater
zu vertrauen.
V/A: Christus, erbarme dich.
Du verheißt, dass findet, wer sucht,
und empfängt, wer bittet.
V/A: Herr, erbarme dich.

Ehre sei Gott, S. 489 f.

TAGESGEBET

Gott, du Beschützer aller, die auf dich hoffen, ohne dich ist nichts gesund und nichts heilig. Führe uns in deinem Erbarmen den rechten Weg und hilf uns, die vergänglichen Güter so zu gebrauchen, dass wir die ewigen nicht verlieren. Darum bitten wir durch Jesus Christus.

WORTGOTTESDIENST

ZUR 1. LESUNG „Sollte sich der Richter über die ganze Erde nicht an das Recht halten?" Im Rechten mit Gott erinnert Abraham seinen Herrn an dessen Gerechtigkeit; Abrahams Eintreten für die Gerechten rettet das Gottsein Gottes. Wer erhebt heute die Stimme für die Gerechten, für die unschuldigen Opfer der Kriege? Wer schreit auf gegen die todbringenden Pläne der selbsternannten Götter? Wer bringt die Gerechtigkeit zur Sprache, die die Gerechten schützt? Es geht um nicht weniger als um das Menschsein des Menschen.

ERSTE LESUNG Gen 18,20–32

Herr, zürne doch nicht, wenn ich mit dir rede

Lesung aus dem Buch Genesis.

In jenen Tagen sprach der Herr zu Abraham: Das Klagegeschrei über Sodom und Gomorra, ja, das ist laut geworden, und ihre Sünde, ja, die ist schwer. Ich will hinabgehen und sehen, ob ihr Tun wirklich dem Klagegeschrei entspricht, das zu mir gedrungen ist. Ich will es wissen.

Die Männer wandten sich von dort ab und gingen auf Sodom zu. Abraham aber stand noch immer vor dem Herrn.

Abraham trat näher und sagte: Willst du auch den Gerechten mit den Ruchlosen wegraffen? Vielleicht gibt es fünfzig Gerechte in der Stadt: Willst du auch sie wegraffen und nicht doch dem Ort vergeben wegen der fünfzig Gerechten dort? Das kannst du doch nicht tun, die Gerechten zusammen mit den Ruchlosen umbringen. Dann ginge es ja dem Gerechten genauso wie dem Ruchlosen. Das kannst du doch nicht tun. Sollte sich der Richter über die ganze Erde nicht an das Recht halten?

Da sprach der Herr: Wenn ich in Sodom, in der Stadt, fünfzig Gerechte finde, werde ich ihretwegen dem ganzen Ort vergeben.

Abraham antwortete und sprach: Ich habe es nun einmal unternommen, mit meinem Herrn zu reden, obwohl ich Staub und Asche bin. Vielleicht fehlen an den fünfzig Gerechten fünf. Wirst du wegen der fünf die ganze Stadt vernichten?

Nein, sagte er, ich werde sie nicht vernichten, wenn ich dort fünfundvierzig finde.

Abraham fuhr fort, zum Herrn zu reden: Vielleicht finden sich dort nur vierzig. Da sprach er: Ich werde es der vierzig wegen nicht tun.

Und weiter sagte Abraham: Mein Herr zürne nicht, wenn ich weiterrede. Vielleicht finden sich dort nur dreißig. Er entgegnete: Ich werde es nicht tun, wenn ich dort dreißig finde.

Darauf sagte Abraham: Ich habe es nun einmal unternommen, mit meinem Herrn zu reden. Vielleicht finden sich dort nur zwanzig.

Er antwortete: Ich werde sie um der zwanzig willen nicht vernichten.

Und nochmals sagte er: Mein Herr zürne nicht, wenn ich nur noch einmal das Wort ergreife. Vielleicht finden sich dort nur zehn.

Und wiederum sprach er: Ich werde sie um der zehn willen nicht vernichten.

ANTWORTPSALM

Ps 138(137),1–2b.2c–3.6–7b.7c–8 (R: 3a)

℞ Herr, du hast mich erhört an dem Tag, als ich rief. – ℞

Ich will dir danken aus ganzem Herzen, *
dir vor den Engeln singen und spielen;
ich will mich niederwerfen zu deinem heiligen Tempel hin *
und deinem Namen danken für deine Huld und Treue. – (℞)

Denn du hast die Worte meines Mundes gehört, *
deinen Namen und dein Wort über alles verherrlicht.
Du hast mich erhört an dem Tag, als ich rief; *
du gabst meiner Seele große Kraft. – (℟)

Ja, der Herr ist erhaben; †
doch er schaut auf die Niedrigen, *
und die Stolzen erkennt er von fern.
Gehe ich auch mitten durch große Not: *
du erhältst mich am Leben. – (℟)

Du streckst die Hand aus gegen meine wütenden Feinde *
und deine Rechte hilft mir.
Der Herr nimmt sich meiner an. †
Herr, deine Huld währt ewig. *
Lass nicht ab vom Werk deiner Hände! – ℟

ZUR 2. LESUNG **Nicht umsonst nennt der Kolosserbrief beides in einem Satz: Lebendigkeit und Sündenvergebung gehören zusammen. Denn die Sünde trennt – von Gott, von der Schöpfung, von anderen Menschen, auch von mir selbst. Lebendigkeit hingegen erwächst aus dem Bewusstsein, mit allem verbunden zu sein. Wo durch Christus die Sünde vergeben, die Trennung von Gott überwunden wird, entsteht in Christus ein Raum für die liebende Verbundenheit mit allem Lebendigen.**

ZWEITE LESUNG Kol 2, 12–14

Gott hat euch mit Christus zusammen lebendig gemacht und euch alle Sünden vergeben

Lesung aus dem Brief des Apostels Paulus an die Kolosser.

Brüder! [*oder:* Brüder und Schwestern! *oder:* Schwestern und Brüder!] Mit Christus wurdet ihr in der Taufe begraben, mit ihm auch auferweckt, durch den Glauben an die Kraft Gottes, der ihn von den Toten auferweckt hat.

Ihr wart tot infolge eurer Sünden, und euer Leib war unbeschnitten; Gott aber hat euch mit Christus zusammen lebendig gemacht und uns alle Sünden vergeben. Er hat den Schuldschein, der gegen uns sprach, durchgestrichen und seine Forderungen, die uns anklagten, aufgehoben. Er hat ihn dadurch getilgt, dass er ihn an das Kreuz geheftet hat.

RUF VOR DEM EVANGELIUM

Vers: Röm 8,15bc

Halleluja. Halleluja.
Ihr habt den Geist empfangen, der euch zu Söhnen macht,
den Geist, in dem wir rufen: Abba, Vater!
Halleluja.

ZUM EVANGELIUM Mit seiner Erzählung vom Besuch des Freundes um Mitternacht plädiert Jesus für ein beharrliches, ja zudringliches Gebet. Aber stehen diesem „Man muss nur lange genug beten!“ nicht unzählige Erfahrungen von unerhörten Gebeten gegenüber? Erfahrungen wie die von der nicht erfolgten Heilung und vom ausbleibenden Frieden? In dieser Spannung braucht es Zeuginnen und Zeugen, Menschen, die glaubwürdig von der Kraft des Gebetes und von ihrem Vertrauen ins Gebet sprechen.

EVANGELIUM

Lk 11,1–13

Bittet, dann wird euch gegeben

+ Aus dem heiligen Evangelium nach Lukas.

Jesus betete einmal an einem Ort; und als er das Gebet beendet hatte, sagte einer seiner Jünger zu ihm: Herr, lehre uns beten, wie schon Johannes seine Jünger beten gelehrt hat. Da sagte er zu ihnen: Wenn ihr betet, so sprecht: Vater, dein Name werde geheiligt. Dein Reich komme. Gib uns täglich das Brot, das wir brauchen. Und erlass uns unsere Sünden; denn auch wir erlassen jedem, was er uns schuldig ist. Und führe uns nicht in Versuchung.

Dann sagte er zu ihnen: Wenn einer von euch einen Freund hat und um Mitternacht zu ihm geht und sagt: Freund, leih mir drei Brote; denn einer meiner Freunde, der auf Reisen ist, ist zu mir gekommen, und ich habe ihm nichts anzubieten!, wird dann etwa der Mann drinnen antworten: Lass mich in Ruhe, die Tür ist schon verschlossen und meine Kinder schlafen bei mir; ich kann nicht aufstehen und dir etwas geben?

Ich sage euch: Wenn er schon nicht deswegen aufsteht und ihm seine Bitte erfüllt, weil er sein Freund ist, so wird er doch wegen seiner Zudringlichkeit aufstehen und ihm geben, was er braucht.

Darum sage ich euch: Bittet, dann wird euch gegeben; sucht, dann werdet ihr finden; klopft an, dann wird euch geöffnet. Denn wer bittet, der empfängt; wer sucht, der findet; und wer anklopft, dem wird geöffnet. Oder ist unter euch ein Vater, der seinem Sohn eine Schlange gibt, wenn er um einen Fisch bittet, oder einen Skorpion, wenn er um ein Ei bittet?

Wenn nun schon ihr, die ihr böse seid, euren Kindern gebt, was gut ist, wie viel mehr wird der Vater im Himmel den Heiligen Geist denen geben, die ihn bitten.

Glaubensbekenntnis, S. 492 ff.

FÜRBITTEN

Ohne Ehrlichkeit und ebenso ohne Vertrauen ist Beten unmöglich. Uns ist zugesagt, dass demjenigen, der anklopft, geöffnet wird. Gemeinsam tragen wir nun unsere Gebete vor Gott und bitten ihn:

- Für die Menschen in Not, in Krisen- und Kriegsgebieten, dass ihre Gebete um Hilfe sich erfüllen. V: Himmlischer Vater. A: Wir bitten dich, erhöre uns.

- Für alle, die um das Kommen des Gottesreiches bitten und das Ihrige tun für Wohl und Heil ihrer Nächsten. V: Himmlischer Vater. A: Wir bitten dich, erhöre uns.
- Für die Angehörigen verschiedener Konfessionen und Religionen, dass ihr Beten beitrage zum Frieden untereinander und für die Welt. V: Himmlischer Vater. A: Wir bitten dich, erhöre uns.
- Für Eltern und Großeltern, die Liebe und Verbundenheit leben und so ihren Kindern und Enkeln erfahrbar machen, dass sie gut und wertvoll sind. V: Himmlischer Vater. A: Wir bitten dich, erhöre uns.
- Für die Opfer von Hass und Gewalt, und für alle Toten, dass sie in deinem Reich des Friedens leben dürfen. V: Himmlischer Vater. A: Wir bitten dich, erhöre uns.

Starker Gott, auf dich dürfen wir hoffen, dir können wir vertrauen. Denn dein ist das Reich und die Kraft und die Herrlichkeit. In Ewigkeit.

EUCHARISTIEFEIER

GABENGEBET

Gütiger Gott, nimm die Gaben an, die wir von deiner Güte empfangen haben. Lass deine Kraft in ihnen wirken, damit sie uns in diesem Leben heiligen und zu den ewigen Freuden führen. Darum bitten wir durch Christus, unseren Herrn.

Präfation, S. 504 ff.

KOMMUNIONVERS Mt 5,7–8

Selig, die barmherzig sind;
denn sie werden Erbarmen finden.

Selig, die ein reines Herz haben;
denn sie werden Gott schauen.

SCHLUSSGEBET

Herr, unser Gott, wir haben das Gedächtnis des Leidens Christi gefeiert und das heilige Sakrament empfangen. Was uns dein Sohn in unergründlicher Liebe geschenkt hat, das werde uns nicht zum Gericht, sondern bringe uns das ewige Heil. Darum bitten wir durch Christus, unseren Herrn.

***

Für eine Wort-Gottes-Feier:

ERÖFFNUNGSGEBET ZUR WAHL

Gott, himmlischer Vater, dein Sohn hat seine Jünger beten gelehrt. Erhöre uns, wenn wir bitten, lass uns den rechten Weg finden und öffne uns die Tür zu deinem Reich. Darum bitten wir durch ihn, Jesus Christus, deinen Sohn, unseren Herrn, der in der Einheit des Heiligen Geistes mit dir lebt und herrscht in alle Ewigkeit.

***

GOTT IN DEN OHREN LIEGEN

Wo der Glaube, der trotz Enttäuschungen weiter betet, an seine Grenzen kommt und Kraft verliert, ermutigt das Zeugnis von Menschen, die die Kraft des Gebets erfahren haben. So antwortete der syrische Priester Jacques Mourad, der fünf Monate lang als Geisel gefangen gehalten wurde, auf die Frage, was die Gläubigen in Deutschland für die Menschen in Syrien tun könnten: „Zuerst bitte ich um das Gebet. Ich glaube, dass mich das Gebet aller Menschen, die mich kennen und nicht kennen, und das Gebet der Kirche vor dem Tod bewahrt haben. Für mich ist das Gebet weltweit der erste Weg, uns von diesem Krieg und Leiden, die wir in Syrien erleben müssen, zu befreien." Gerade im Gebet um den Frieden dürfen und sollen, ja müssen wir Gott in den Ohren liegen, trotzig und beharrlich auf die Kraft des Gebetes vertrauen.

Stefan Voges

18. SONNTAG IM JAHRESKREIS

4. August 2019

„Wenn du mich besitzt, wirst du glücklich!" Diese Kauf-mich-Botschaft springt uns von vielen Plakatwänden entgegen und ertönt in immer neuen Werbeslogans. Die Bibel rät, wie man es von ihr erwartet, dazu, nüchtern auf den Besitz zu schauen und sich vom Imperativ der Gier zu distanzieren. Die Bibel lädt ein, das Verhältnis von Leben und Besitz zu überprüfen. Dabei fällt eine verstörende Gemeinsamkeit auf, die jedoch zu einer Neubestimmung dieses Verhältnisses – Leben und Besitz – zu führen vermag: Beide sind vergänglich.

ERÖFFNUNGSVERS

Ps 70(69),2.6

Gott, komm mir zu Hilfe; Herr, eile, mir zu helfen.
Meine Hilfe und mein Retter bist du, Herr, säume nicht.

KYRIE-RUFE

Herr Jesus Christus, du warnst
vor jeder Art von Habgier.
V/A: Herr, erbarme dich.
Du hilfst uns, vor Gott reich zu werden.
V/A: Christus, erbarme dich.
Du bist alles in allem.
V/A: Herr, erbarme dich.

Ehre sei Gott, S. 489 f.

TAGESGEBET

Gott, unser Vater, steh deinen Dienern bei und erweise allen, die zu dir rufen, Tag für Tag deine Liebe. Du bist unser Schöpfer und der Lenker unseres Lebens. Erneuere deine Gnade in uns, damit wir dir gefallen, und erhalte, was du erneuert hast. Darum bitten wir durch Jesus Christus.

WORTGOTTESDIENST

ZUR 1. LESUNG Windhauch ist das zentrale Wort der Lesung aus dem Buch Kohelet. Ein Ausdruck für die Vergänglichkeit von mühsam erworbenem Besitz. Aber nehmen wir den Begriff wörtlich, vielleicht mit geschlossenen Augen, dann spüren wir den Windhauch als Erfrischung an einem heißen Tag, als sanftes Streicheln auf der Haut. Und so steht „Windhauch" auch für das, was uns innerlich leben lässt – für das, was uns berührt und belebt.

ERSTE LESUNG Koh 1,2; 2,21–23

Was hat der Mensch von all seiner Mühe?

Lesung aus dem Buch Kohelet.

Windhauch, Windhauch, sagte Kohelet, Windhauch, Windhauch, das ist alles Windhauch.

Denn es kommt vor, dass ein Mensch, dessen Besitz durch Wissen, Können und Erfolg erworben wurde, ihn einem andern, der sich nicht dafür angestrengt hat, als dessen Anteil überlassen muss. Auch das ist Windhauch und etwas Schlimmes, das häufig vorkommt. Was erhält der Mensch dann durch seinen ganzen Besitz und durch das Gespinst seines Geistes, für die er sich unter der Sonne anstrengt?

Alle Tage besteht sein Geschäft nur aus Sorge und Ärger und selbst in der Nacht kommt sein Geist nicht zur Ruhe. Auch das ist Windhauch.

ANTWORTPSALM

Ps 90(89),3–4.5–6.12–13.14 u. 17 (℟: vgl. 1)

℟ Herr, du bist unsere Zuflucht
von Geschlecht zu Geschlecht. – ℟

Du lässt die Menschen zurückkehren zum Staub *
und sprichst: „Kommt wieder, ihr Menschen!"
Denn tausend Jahre sind für dich wie der Tag,
der gestern vergangen ist, *
wie eine Wache in der Nacht. – (℟)

Von Jahr zu Jahr säst du die Menschen aus; *
sie gleichen dem sprossenden Gras.
Am Morgen grünt es und blüht, *
am Abend wird es geschnitten und welkt. – (℟)

Unsere Tage zu zählen, lehre uns! *
Dann gewinnen wir ein weises Herz.
Herr, wende dich uns doch endlich zu! *
Hab Mitleid mit deinen Knechten! – (℟)

Sättige uns am Morgen mit deiner Huld! *
Dann wollen wir jubeln und uns freuen all unsre Tage.
Es komme über uns die Güte des Herrn, unsres Gottes! †
Lass das Werk unsrer Hände gedeihen, *
ja, lass gedeihen das Werk unsrer Hände! – ℟

ZUR 2. LESUNG Wie hören wir den letzten Satz der Lesung – als unrealistische Spinnerei, als weltfremde Vision? Oder als ersehntes Ideal, das uns die Skandale der Grenzen und Trennungen, nicht zuletzt zwischen den christlichen Konfessionen, schmerzhaft vor Augen führt? Mit dem neuen, nach dem Bild des Schöpfers erneuerten Menschen scheint es also nicht weit her zu sein. Und damit sind wir selbst gefragt, worauf wir unseren Sinn richten. Und aufgefordert, das Auferwecktsein mit Christus in unserem Leben mit Leben zu erfüllen.

ZWEITE LESUNG

Kol 3,1–5.9–11

Strebt nach dem, was im Himmel ist, wo Christus zur Rechten Gottes sitzt

Lesung aus dem Brief des Apostels Paulus an die Kolosser.

Brüder! [*oder:* Brüder und Schwestern! *oder:* Schwestern und Brüder!] Ihr seid mit Christus auferweckt; darum strebt nach dem, was im Himmel ist, wo Christus zur Rechten Gottes sitzt. Richtet euren Sinn auf das Himmlische und nicht auf das Irdische!

Denn ihr seid gestorben und euer Leben ist mit Christus verborgen in Gott. Wenn Christus, unser Leben, offenbar wird, dann werdet auch ihr mit ihm offenbar werden in Herrlichkeit.

Darum tötet, was irdisch an euch ist: die Unzucht, die Schamlosigkeit, die Leidenschaft, die bösen Begierden und die Habsucht, die ein Götzendienst ist.

Belügt einander nicht; denn ihr habt den alten Menschen mit seinen Taten abgelegt und seid zu einem neuen Menschen geworden, der nach dem Bild seines Schöpfers erneuert wird, um ihn zu erkennen. Wo das geschieht, gibt es nicht mehr Griechen oder Juden, Beschnittene oder Unbeschnittene, Fremde, Skythen, Sklaven oder Freie, sondern Christus ist alles und in allen.

RUF VOR DEM EVANGELIUM

Vers: Mt 5,3

Halleluja. Halleluja.
Selig, die arm sind vor Gott;
denn ihnen gehört das Himmelreich.
Halleluja.

ZUM EVANGELIUM Nicht gegen jeglichen Besitz wendet sich Jesus in diesem Abschnitt des Lukas-Evangeliums, sondern gegen Habgier und Überfluss. Und damit gegen Kräfte, die bis heute für Ungerechtigkeit und Unglück verantwortlich sind. „Reicht euch denn das Leben nicht?", möchte man korrupten Machthabern und skrupellosen Nahrungsmittelspekulanten zurufen. „Erkennt doch den unermesslichen Reichtum, den nur das Teilen schenkt!" Und man möchte ihnen wünschen, dass sie den Reichtum des Lebens entdecken: Atmen, Staunen, Lachen.

EVANGELIUM Lk 12,13–21

Wem wird all das gehören, was du angehäuft hast?

+ Aus dem heiligen Evangelium nach Lukas.

In jener Zeit bat einer aus der Volksmenge Jesus: Meister, sag meinem Bruder, er soll das Erbe mit mir teilen. Er erwiderte ihm: Mensch, wer hat mich zum Richter oder Schlichter bei euch gemacht?

Dann sagte er zu den Leuten: Gebt acht, hütet euch vor jeder Art von Habgier. Denn der Sinn des Lebens besteht nicht darin, dass ein Mensch aufgrund seines großen Vermögens im Überfluss lebt. Und er erzählte ihnen folgendes Beispiel: Auf den Feldern eines reichen Mannes stand eine gute Ernte. Da überlegte er hin und her: Was soll ich tun? Ich weiß nicht, wo ich meine Ernte unterbringen soll. Schließlich sagte er: So will ich es machen: Ich werde meine Scheunen abreißen und größere bauen, dort werde ich mein ganzes Getreide und meine Vorräte unterbringen. Dann kann ich zu mir selber sagen: Nun hast du einen großen Vorrat, der für viele Jahre reicht. Ruh dich aus, iss und trink und freu dich des Lebens!

Da sprach Gott zu ihm: Du Narr! Noch in dieser Nacht wird man dein Leben von dir zurückfordern. Wem wird dann all das gehören, was du angehäuft hast?

So geht es jedem, der nur für sich selbst Schätze sammelt, aber vor Gott nicht reich ist.

Glaubensbekenntnis, S. 492 ff.

FÜRBITTEN

Eigentum verpflichtet. Der biblische Gedanke hat in unser deutsches Grundgesetz Eingang gefunden. Findet er auch Eingang in unser Herz und unser Handeln? Wir bitten Gott um seinen Beistand:

- Für alle, die das Talent haben zu geben; für alle, die ihr eigenes Wohl unter das der anderen stellen: in den Familien, im Beruf, im Freundeskreis, am Arbeitsplatz, in der Schule. V: Barmherziger Gott. A: Höre und erhöre uns.
- Für alle, die Trauernde trösten, die Trauer ertragen und mittragen können. V: Barmherziger Gott. A: Höre und erhöre uns.
- Für alle, die teilen, die etwas von ihrem Wohlstand zum Wohl der anderen einbringen. V: Barmherziger Gott. A: Höre und erhöre uns.
- Für alle, die mit ihren eigenen, begrenzten Mitteln und Möglichkeiten konkrete Hilfe leisten. V: Barmherziger Gott. A: Höre und erhöre uns.
- Für alle, die in Not sind und keinen Ausweg sehen. V: Barmherziger Gott. A: Höre und erhöre uns.
- Für alle, die Leid sehen und tun, was nötig ist. V: Barmherziger Gott. A: Höre und erhöre uns.

Guter Gott, du willst, dass unser Leben in seiner Tiefe gelingt. Dafür danken wir dir und preisen dich froh mit allen Heiligen, heute und allezeit.

EUCHARISTIEFEIER

GABENGEBET

Barmherziger Gott, heilige diese Gaben. Nimm das Opfer an, das dir im Heiligen Geist dargebracht wird, und mache uns selbst zu einer Gabe, die für immer dir gehört. Darum bitten wir durch Christus, unseren Herrn.

Präfation, S. 504 ff.

KOMMUNIONVERS

Joh 6,35

So spricht der Herr:
Ich bin das Brot des Lebens,
wer zu mir kommt, wird nicht mehr hungern,
und wer an mich glaubt, wird nicht mehr Durst haben.

SCHLUSSGEBET

Barmherziger Gott, in den heiligen Gaben empfangen wir neue Kraft. Bleibe bei uns in aller Gefahr und versage uns nie deine Hilfe, damit wir der ewigen Erlösung würdig werden. Darum bitten wir durch Christus, unseren Herrn.

***

Für eine Wort-Gottes-Feier:

ERÖFFNUNGSGEBET ZUR WAHL

Gott, in deiner Hand liegt unsere Zukunft und unser Geschick. Lass uns erkennen, was wirklich zählt, damit wir reich werden an Schätzen für das ewige Leben. Darum bitten wir durch Jesus Christus, unseren Herrn, der in der Einheit des Heiligen Geistes mit dir lebt und herrscht in alle Ewigkeit.

***

ALLE DINGE

Der Mensch ist alle Ding: ists, dass ihm eins gebricht,
So kennet er fürwahr sein Reichtum selber nicht.

Angelus Silesius

VERKLÄRUNG DES HERRN – FEST

6. August 2019

Das Fest der Verklärung des Herrn lässt Jesus als Menschen- und als Gottessohn, als Lichtgestalt des Glaubens, erstrahlen. Das Geschehen auf dem Berg mag für die Augenzeugen ergreifend gewesen sein, aber ist es das für uns ferne Ohrenzeugen auch noch? Vielleicht hilft uns ein anderer Zugang, in dem wir der himmlischen Stimme vertrauen, die sagt: „Auf ihn sollt ihr hören." Wenn wir diesem Wort folgen, können wir die Wahrheit und das Licht des Glaubens entdecken und zu Augen- und Ohrenzeugen der leuchtenden Gegenwart Jesu werden.

ERÖFFNUNGSVERS

Vgl. Mt 17,5

Aus einer leuchtenden Wolke kam die Stimme des Vaters:
Dies ist mein geliebter Sohn,
an dem ich Gefallen gefunden habe:
Auf ihn sollt ihr hören.

KYRIE-RUFE

Herr Jesus Christus, du hast von Gott,
dem Vater, Ehre und Herrlichkeit empfangen.
V/A: Herr, erbarme dich.
Du hast uns deine Herrlichkeit gezeigt.
V/A: Christus, erbarme dich.
Du bist Gottes auserwählter Sohn,
auf dich sollen wir hören.
V/A: Herr, erbarme dich.

Ehre sei Gott, S. 489 f.

TAGESGEBET

Allmächtiger Gott, bei der Verklärung deines eingeborenen Sohnes hast du durch das Zeugnis der Väter die Geheimnisse unseres Glaubens bekräftigt. Du hast uns gezeigt, was wir erhoffen dürfen, wenn unsere Annahme an Kindes Statt sich einmal vollendet. Hilf uns, auf das Wort deines Sohnes zu hören, damit wir Anteil erhalten an seiner Herrlichkeit. Darum bitten wir durch Jesus Christus.

WORTGOTTESDIENST

ZUR 1. LESUNG Wer ist der Menschensohn, von dem der Prophet Daniel spricht – der Erzengel Michael, oder Jesus, der diesen Titel für sich selbst wählte? Oder ist es einfach „der Mensch", der für jeden Menschen steht? Dann kämen in der Vision die Sehnsucht und die Hoffnung zum Ausdruck, dass der Mensch eine weise, wahrhaft königliche Herrschaft ausübte, dass alle Menschen sich in den Dienst des Lebens stellten und dass die Schöpfung, das Lebensreich des Menschen, erhalten bliebe.

ERSTE LESUNG Dan 7,9–10.13–14

Sein Gewand war weiß wie Schnee

Lesung aus dem Buch Daniel.

Ich, Daniel, sah in einer nächtlichen Vision: Throne wurden aufgestellt und ein Hochbetagter nahm Platz. Sein Gewand war weiß wie Schnee, sein Haar wie reine Wolle. Feuerflammen waren sein Thron und dessen Räder waren loderndes Feuer. Ein Strom von Feuer ging von ihm aus. Tausendmal Tausende dienten ihm, zehntausendmal Zehntausende standen vor ihm. Das Gericht nahm Platz und es wurden Bücher aufgeschlagen.

Immer noch hatte ich die nächtlichen Visionen: Da kam mit den Wolken des Himmels einer wie ein Menschensohn. Er gelangte bis zu dem Hochbetagten und wurde vor ihn geführt. Ihm wurden Herrschaft, Würde und Königtum gegeben. Alle Völker, Nationen und Sprachen müssen ihm dienen. Seine Herrschaft ist eine ewige, unvergängliche Herrschaft. Sein Reich geht niemals unter.

ANTWORTPSALM

Ps 97(96), 1–2.5–6.8–9 (℟: vgl. 1a.9a)

℟ Der Herr ist König,
er ist der Höchste über der ganzen Erde. – ℟

Der Herr ist König. Die Erde frohlocke. *
Freuen sollen sich die vielen Inseln.
Rings um ihn her sind Wolken und Dunkel, *
Gerechtigkeit und Recht sind die Stützen seines Throns. – (℟)

Berge schmelzen wie Wachs vor dem Herrn, *
vor dem Antlitz des Herrschers aller Welt.
Seine Gerechtigkeit verkünden die Himmel, *
seine Herrlichkeit schauen alle Völker. – (℟)

Zion hört es und freut sich, *
Judas Töchter jubeln, Herr, über deine Gerichte.
Denn du, Herr, bist der Höchste über der ganzen Erde, *
hoch erhaben über alle Götter. – ℟

ZUR 2. LESUNG **Durch das Bild vom Morgenstern, der aufgeht in unseren Herzen, verknüpft der Verfasser des zweiten Petrusbriefs das ferne, entrückte Geschehen der Verklärung mit unserem Leben. Bis Christus wiederkommt, vertrauen und folgen wir dem Wort der Propheten und dem Beispiel und der Lehre Christi. Sie sind Lichter, an denen wir uns in den Finsternissen der Welt orientieren können. Die Verklärung ist eine Ahnung von dem Licht, das dereinst die ganze Welt erleuchten wird.**

ZWEITE LESUNG

2 Petr 1,16–19

Die Stimme, die vom Himmel kam, haben wir gehört, als wir mit ihm auf dem heiligen Berg waren

Lesung aus dem zweiten Brief des Apostels Petrus.

Brüder! [*oder:* Brüder und Schwestern! *oder:* Schwestern und Brüder!] Wir sind nicht irgendwelchen klug ausgedachten Geschichten gefolgt, als wir euch die machtvolle Ankunft Jesu Christi, unseres Herrn, verkündeten, sondern wir waren Augenzeugen seiner Macht und Größe. Er hat von Gott, dem Vater, Ehre und Herrlichkeit empfangen; denn er hörte die Stimme der erhabenen Herrlichkeit, die zu ihm sprach: Das ist mein geliebter Sohn, an dem ich Gefallen gefunden habe. Diese Stimme, die vom Himmel kam, haben wir gehört, als wir mit ihm auf dem heiligen Berg waren.

Dadurch ist das Wort der Propheten für uns noch sicherer geworden und ihr tut gut daran, es zu beachten; denn es ist ein Licht, das an einem finsteren Ort scheint, bis der Tag anbricht und der Morgenstern aufgeht in eurem Herzen.

RUF VOR DEM EVANGELIUM

Halleluja. Halleluja.
Aus der leuchtenden Wolke rief die Stimme des Vaters:
Das ist mein geliebter Sohn; auf ihn sollt ihr hören.
Halleluja.

ZUM EVANGELIUM Ein phantastischer Roman hätte die Bestätigung des Helden vor seinen engsten Gefährten nicht besser inszenieren können: ein Berg als sorgfältig ausgewählter Schauplatz, eindrucksvolle Lichteffekte und eine Stimme aus dem Himmel. Der Ausgangspunkt ist indes so unspektakulär, dass er schnell überlesen wird: Jesus betet. Das holt das phantastische Geschehen in die Realität zurück, denn diese geistliche Praxis ist auch uns zugänglich. Das vertrauensvolle Gespräch mit Gott wird uns nicht gleich verklären, aber es lässt uns doch hin und wieder ein Licht aufgehen.

EVANGELIUM

Lk 9,28b–36

Während er betete, veränderte sich das Aussehen seines Gesichtes

+ **Aus dem heiligen Evangelium nach Lukas.**

In jener Zeit nahm Jesus Petrus, Johannes und Jakobus beiseite und stieg mit ihnen auf einen Berg, um zu beten. Und während er betete, veränderte sich das Aussehen seines Gesichtes und sein Gewand wurde leuchtend weiß.

Und plötzlich redeten zwei Männer mit ihm. Es waren Mose und Elija; sie erschienen in strahlendem Licht und sprachen von seinem Ende, das sich in Jerusalem erfüllen sollte.

Petrus und seine Begleiter aber waren eingeschlafen, wurden jedoch wach und sahen Jesus in strahlendem Licht und die zwei Männer, die bei ihm standen. Als die beiden sich von ihm trennen wollten, sagte Petrus zu Jesus: Meister, es ist gut, dass wir hier sind. Wir wollen drei Hütten bauen, eine für dich, eine für Mose und eine für Elija. Er wusste aber nicht, was er sagte. Während er noch redete, kam eine Wolke und warf ihren Schatten auf sie. Sie gerieten in die Wolke hinein und bekamen Angst.

Da rief eine Stimme aus der Wolke: Das ist mein auserwählter Sohn, auf ihn sollt ihr hören.

Als aber die Stimme erklang, war Jesus wieder allein. Die Jünger schwiegen jedoch über das, was sie gesehen hatten, und erzählten in jenen Tagen niemand davon.

FÜRBITTEN

Gott, du unsere Hoffnung, die Freunde Jesu konnten die Stimme hören, die ihnen die Augen für dein Licht öffnete. Wir bitten dich:

- Öffne die Augen aller Getauften und lass sie erkennen, zu welcher Hoffnung sie berufen sind. V: Gott des Lebens. A: Weise den Weg.
- Stärke die Menschen, deren Augenlicht schwach wird, und lass ihr inneres Sehen stark werden. V: Gott des Lebens. A: Weise den Weg.
- Hilf allen Menschen, die im Meer der Sorge zu ertrinken drohen, den Horizont der Hoffnung zu erkennen. V: Gott des Lebens. A: Weise den Weg.
- Leite die Menschen, die in Feindschaft leben, dass ihnen das Licht des Friedens und der Versöhnung aufleuchtet. V: Gott des Lebens. A: Weise den Weg.
- Hilf denen, die einsam sind und sich nach Gemeinschaft sehnen; lass sie deine Nähe spüren und die Zuwendung anderer Menschen erfahren. V: Gott des Lebens. A: Weise den Weg.

Barmherziger Gott, in der Verklärung deines Sohnes schenkst du auch uns den Weg zu Klarheit und Licht. Bleibe bei uns alle Tage, bis wir vollendet sind. So bitten wir durch Christus, unseren Herrn.

EUCHARISTIEFEIER

GABENGEBET

Gott, unser Vater, sende über uns und diese Gaben das Licht deiner Herrlichkeit, das in deinem Sohn aufgestrahlt ist. Es vertreibe das Dunkel der Sünde und mache uns zu Kindern des Lichtes. Darum bitten wir durch Christus, unseren Herrn.

PRÄFATION

In Wahrheit ist es würdig und recht, dir, Herr, heiliger Vater, allmächtiger, ewiger Gott, immer und überall zu danken durch unseren Herrn Jesus Christus. Denn er enthüllte auf dem Berg der Verklärung seine verborgene Herrlichkeit, er ließ vor auserwählten Zeugen seinen sterblichen Leib im Lichtglanz erstrahlen und gab den Jüngern die Kraft, das Ärgernis des Kreuzes zu tragen. So schenkte er der ganzen Kirche die Hoffnung, vereint mit ihrem Haupt die ewige Verklärung zu empfangen. Darum preisen wir deine Größe und vereinen uns mit den Chören der Engel zum Hochgesang von deiner göttlichen Herrlichkeit: Heilig …

KOMMUNIONVERS

1 Joh 3,2

Wenn der Herr offenbar wird, werden wir ihm ähnlich sein,
denn wir werden ihn sehen, wie er ist.

SCHLUSSGEBET

Herr, unser Gott, in der Verklärung deines Sohnes wurde der Glanz seiner Gottheit offenbar. Lass uns durch den Empfang der himmlischen Speise seinem verherrlichten Leib gleichgestaltet werden. Darum bitten wir durch ihn, Christus, unseren Herrn.

***

DAS WORT

Wem
das Wort
zum Licht
wird

den
erleuchtet
nur
das Hören.

Stefan Voges

19. SONNTAG IM JAHRESKREIS

11. August 2019

Ach, wenn es doch nur verlässliche Begegnungen mit Gott gäbe! Am besten mit klaren Terminen, in denen ich etwas mehr von der Welt verstehe und in denen ich meine Probleme direkt mit dem Befreier und Erlöser besprechen kann. Die Begegnungen gibt es; leider ohne Vorankündigung, höchstens mit einer Ahnung. Aber in der Regel erkenne ich sie nur im gläubigen Rückblick. Da entdecke ich auch die überraschenden, ganz und gar ungeplanten Begegnungen mit Gott, der ja viel spontaner ist als unsere Terminkalender.

ERÖFFNUNGSVERS

Vgl. Ps 74(73),20.19.22.23

Blick hin, o Herr, auf deinen Bund
und vergiss das Leben deiner Armen nicht für immer.
Erhebe dich, Gott, und führe deine Sache.
Vergiss nicht das Rufen derer, die dich suchen.

KYRIE-RUFE

Herr Jesus Christus, du bittest uns,
zu wachen und zu beten.
V/A: Herr, erbarme dich.
Du lehrst uns, unser Herz an die
Schätze im Himmel zu hängen.
V/A: Christus, erbarme dich.
Du tröstest deine Jünger,
denn der Vater hat beschlossen,
ihnen das Reich zu geben.
V/A: Herr, erbarme dich.

Ehre sei Gott, S. 489 f.

TAGESGEBET

Allmächtiger Gott, wir dürfen dich Vater nennen, denn du hast uns an Kindes Statt angenommen und uns den Geist deines Sohnes gesandt. Gib, dass wir in diesem Geist wachsen und einst das verheißene Erbe empfangen. Darum bitten wir durch Jesus Christus.

WORTGOTTESDIENST

ZUR 1. LESUNG Den Vätern und Müttern des Volkes Israel in Ägypten wurde die Nacht der Befreiung angekündigt, damit sie Zuversicht und Gewissheit erlangten. Bräuchten wir nicht auch in unseren Tagen solche verlässlich angekündigten Nächte der Befreiung – aus den Gefangenschaften der Einsamkeit, der Sucht, der Gewalt? Wir können uns diese Befreiung nicht selbst ankündigen, aber daran erinnern, dass sie schon geschehen ist, auch für uns. Diese Erinnerung kann auch in unseren Tagen befreien und zuversichtlich leben lassen.

ERSTE LESUNG Weish 18,6–9

Während du die Gegner straftest, Herr, hast du uns zu dir gerufen und verherrlicht

Lesung aus dem Buch der Weisheit.

Die Nacht der Befreiung wurde unseren Vätern vorher angekündigt; denn sie sollten zuversichtlich sein und sicher wissen, welchen eidlichen Zusagen sie vertrauen konnten. So erwartete dein Volk die Rettung der Gerechten und den Untergang der Feinde. Während du die Gegner straftest, hast du uns zu dir gerufen und verherrlicht.

Denn im Verborgenen feierten die frommen Söhne der Guten ihr Opferfest; sie verpflichteten sich einmütig auf das göttliche Gesetz, dass die Heiligen in gleicher Weise Güter wie Gefahren teilen sollten, und sangen schon im Voraus die Loblieder der Väter.

ANTWORTPSALM

Ps 33(32),1 u. 12.18–19.20 u. 22 (℟: vgl. 12b)

℟ Selig das Volk,
das der Herr sich zum Erbteil erwählt hat. – ℟

Ihr Gerechten, jubelt vor dem Herrn; *
für die Frommen ziemt es sich, Gott zu loben.
Wohl dem Volk, dessen Gott der Herr ist, *
der Nation, die er sich zum Erbteil erwählt hat. – (℟)

Das Auge des Herrn ruht auf allen, die ihn fürchten und ehren, *
die nach seiner Güte ausschaun;
denn er will sie dem Tod entreißen *
und in der Hungersnot ihr Leben erhalten. – (℟)

Unsre Seele hofft auf den Herrn; *
er ist für uns Schild und Hilfe.
Lass deine Güte über uns walten, o Herr, *
denn wir schauen aus nach dir. – ℟

ZUR 2. LESUNG Im Begriff Heimat klingt immer etwas von Verwurzelung, von Erdverbundenheit mit. Der Hebräerbrief hingegen spricht von der himmlischen Heimat und von der Suche danach. Zwischen diesen beiden Heimaten baut sich eine Spannung auf, die sich wohl nur im Glauben aushalten lässt – wenn der Glaube selbst zur Heimat wird. Denn der Glaube braucht eine erdige Bodenständigkeit, wenn er im Leben von Menschen ankommen und wirksam werden soll. Zugleich hält er die Sehnsucht nach einem neuen Himmel und einer neuen Erde wach. Und im Glauben ist auch jeder Aufbruch und jede Heimatlosigkeit geborgen.

ZWEITE LESUNG

Hebr 11,1–2.8–19

Er erwartete die Stadt, die Gott selbst geplant und gebaut hat

Lesung aus dem Hebräerbrief.

Brüder! [*oder:* Brüder und Schwestern! *oder:* Schwestern und Brüder!] Glaube ist: Feststehen in dem, was man erhofft, Überzeugtsein von Dingen, die man nicht sieht. Aufgrund dieses Glaubens haben die Alten ein ruhmvolles Zeugnis erhalten.

Aufgrund des Glaubens gehorchte Abraham dem Ruf, wegzuziehen in ein Land, das er zum Erbe erhalten sollte; und er zog weg, ohne zu wissen, wohin er kommen würde.

Aufgrund des Glaubens hielt er sich als Fremder im verheißenen Land wie in einem fremden Land auf und wohnte mit Isaak und Jakob, den Miterben derselben Verheißung, in Zelten; denn er erwartete die Stadt mit den festen Grundmauern, die Gott selbst geplant und gebaut hat.

Aufgrund des Glaubens empfing selbst Sara die Kraft, trotz ihres Alters noch Mutter zu werden; denn sie hielt den für treu, der die Verheißung gegeben hatte. So stammen denn auch von einem einzigen Menschen, dessen Kraft bereits erstorben war, viele ab: zahlreich wie die Sterne am Himmel und der Sand am Meeresstrand, den man nicht zählen kann.

Voll Glauben sind diese alle gestorben, ohne das Verheißene erlangt zu haben; nur von fern haben sie es geschaut und gegrüßt und haben bekannt, dass sie Fremde und Gäste auf Erden sind. Mit diesen Worten geben sie zu erkennen, dass sie eine Heimat suchen. Hätten sie dabei an die Heimat gedacht, aus der sie weggezogen waren, so wäre ihnen Zeit geblieben zurückzukehren; nun aber streben sie nach einer besseren Heimat, nämlich der himmlischen. Darum schämt sich Gott ihrer nicht, er schämt sich nicht, ihr Gott genannt zu werden; denn er hat für sie eine Stadt vorbereitet.

Aufgrund des Glaubens brachte Abraham den Isaak dar, als er auf die Probe gestellt wurde, und gab den einzigen Sohn dahin, er, der die Verheißungen empfangen hatte und zu dem gesagt worden war: Durch Isaak wirst du Nachkommen haben. Er verließ sich darauf, dass Gott sogar die Macht hat, Tote zum Leben zu erwecken; darum erhielt er Isaak auch zurück. Das ist ein Sinnbild.

Oder:

KURZFASSUNG

Hebr 11,1–2.8–12

Er erwartete die Stadt, die Gott selbst geplant und gebaut hat

Lesung aus dem Hebräerbrief.

Brüder! [*oder:* Brüder und Schwestern! *oder:* Schwestern und Brüder!] Glaube ist: Feststehen in dem, was man erhofft, Überzeugtsein von Dingen, die man nicht sieht. Aufgrund dieses Glaubens haben die Alten ein ruhmvolles Zeugnis erhalten.

Aufgrund des Glaubens gehorchte Abraham dem Ruf, wegzuziehen in ein Land, das er zum Erbe erhalten sollte; und er zog weg, ohne zu wissen, wohin er kommen würde.

Aufgrund des Glaubens hielt er sich als Fremder im verheißenen Land wie in einem fremden Land auf und wohnte mit Isaak und Jakob, den Miterben derselben Verheißung, in Zelten; denn er erwartete die Stadt mit den festen Grundmauern, die Gott selbst geplant und gebaut hat.

Aufgrund des Glaubens empfing selbst Sara die Kraft, trotz ihres Alters noch Mutter zu werden; denn sie hielt den für treu, der die Verheißung gegeben hatte. So stammen denn auch von einem einzigen Menschen, dessen Kraft bereits erstorben war, viele ab: zahlreich wie die Sterne am Himmel und der Sand am Meeresstrand, den man nicht zählen kann.

RUF VOR DEM EVANGELIUM

Vers: vgl. Mt 24,42a.44

Halleluja. Halleluja.
Seid wachsam und haltet euch bereit!
Denn der Menschensohn kommt
zu einer Stunde, in der ihr es nicht erwartet.
Halleluja.

ZUM EVANGELIUM Wach sein – das sollte in Zeiten von 24/7, von Shopping rund um die Uhr, eigentlich kein Problem sein. Immer mehr wird immer und überall verfügbar gemacht. Aber die dauernd präsenten Möglichkeiten lenken auch ab und ermüden. Es bedarf der Wachsamkeit gegenüber vielfältigen Verlockungen und der achtsamen Unterscheidung, welche Möglichkeiten mich in ein Leben in Fülle führen. Das genaue Hinschauen und Hinhören, auch der Verzicht, sind Formen lebensdienlicher und gottesoffener Wachsamkeit. Und selbst in dieser Wachsamkeit weiß ich nicht, wann und wo der Herr kommt.

EVANGELIUM

Lk 12,32–48

Haltet auch ihr euch bereit

+ Aus dem heiligen Evangelium nach Lukas.

In jener Zeit sprach Jesus zu seinen Jüngern: Fürchte dich nicht, du kleine Herde! Denn euer Vater hat beschlossen, euch das Reich zu geben.

Verkauft eure Habe und gebt den Erlös den Armen! Macht euch Geldbeutel, die nicht zerreißen. Verschafft euch einen Schatz, der nicht abnimmt, droben im Himmel, wo kein Dieb ihn findet und keine Motte ihn frisst. Denn wo euer Schatz ist, da ist auch euer Herz.

Legt euren Gürtel nicht ab und lasst eure Lampen brennen! Seid wie Menschen, die auf die Rückkehr ihres Herrn warten, der auf einer Hochzeit ist, und die ihm öffnen, sobald er kommt und anklopft.

Selig die Knechte, die der Herr wach findet, wenn er kommt. Amen, ich sage euch: Er wird sich gürten, sie am Tisch Platz nehmen lassen und sie der Reihe nach bedienen. Und kommt er erst in der zweiten oder dritten Nachtwache und findet sie wach – selig sind sie.

Bedenkt: Wenn der Herr des Hauses wüsste, in welcher Stunde der Dieb kommt, so würde er verhindern, dass man in sein Haus einbricht. Haltet auch ihr euch bereit! Denn der Menschensohn kommt zu einer Stunde, in der ihr es nicht erwartet.

Da sagte Petrus: Herr, meinst du mit diesem Gleichnis nur uns oder auch all die anderen?

Der Herr antwortete: Wer ist denn der treue und kluge Verwalter, den der Herr einsetzen wird, damit er seinem Gesinde zur rechten Zeit die Nahrung zuteilt?

Selig der Knecht, den der Herr damit beschäftigt findet, wenn er kommt. Wahrhaftig, das sage ich euch: Er wird ihn zum Verwalter seines ganzen Vermögens machen.

Wenn aber der Knecht denkt: Mein Herr kommt noch lange nicht zurück!, und anfängt, die Knechte und Mägde zu schlagen; wenn er isst und trinkt und sich berauscht, dann wird der Herr an einem Tag kommen, an dem der Knecht es nicht erwartet, und zu einer Stunde, die er nicht kennt; und der Herr wird ihn in Stücke hauen und ihm seinen Platz unter den Ungläubigen zuweisen.

Der Knecht, der den Willen seines Herrn kennt, sich aber nicht darum kümmert und nicht danach handelt, der wird viele Schläge bekommen. Wer aber, ohne den Willen des Herrn zu kennen, etwas tut, was Schläge verdient, der wird wenig Schläge bekommen.

Wem viel gegeben wurde, von dem wird viel zurückgefordert werden, und wem man viel anvertraut hat, von dem wird man umso mehr verlangen.

Oder:

KURZFASSUNG Lk 12,35–40

Haltet auch ihr euch bereit

+ Aus dem heiligen Evangelium nach Lukas.

In jener Zeit sprach Jesus zu seinen Jüngern: Legt euren Gürtel nicht ab und lasst eure Lampen brennen! Seid wie Menschen, die auf die Rückkehr ihres Herrn warten, der auf einer Hochzeit ist, und die ihm öffnen, sobald er kommt und anklopft.

Selig die Knechte, die der Herr wach findet, wenn er kommt. Amen, ich sage euch: Er wird sich gürten, sie am Tisch Platz nehmen lassen und sie der Reihe nach bedienen. Und kommt er erst in der zweiten oder dritten Nachtwache und findet sie wach – selig sind sie.

Bedenkt: Wenn der Herr des Hauses wüsste, in welcher Stunde der Dieb kommt, so würde er verhindern, dass man in sein Haus einbricht.

Haltet auch ihr euch bereit! Denn der Menschensohn kommt zu einer Stunde, in der ihr es nicht erwartet.

Glaubensbekenntnis, S. 492 ff.

FÜRBITTEN

Wie die frühen Christen, so bedürfen auch wir der Ermutigung und der Vergewisserung. Gestärkt durch Gottes Wort, kommen wir nun mit unseren Anliegen zu Gott, dem Urheber allen Lebens:

- Wir bitten für die Kirche und alle ihre Glieder, dass sie ihr Denken und Handeln erneuere und so mitwirke am Kommen des Gottesreiches. V: Herr des Himmels. A: Höre unser Rufen.

- Wir beten für Eltern und Großeltern, die aus der Mitte und der Tiefe des Glaubens zu leben versuchen und so lebendiges Vorbild für Kinder und Enkel sind. V: Herr des Himmels. A: Höre unser Rufen.

- Wir beten für die Konfessionen und Religionen, die in Spannungen oder offener Feindschaft leben, dass sie sich bewegen lassen, einander neu zu sehen mit Augen des Friedens und der Versöhnung. V: Herr des Himmels. A: Höre unser Rufen.

- Wir beten für die Berufstätigen, die ihre Fähigkeiten zum Wohl der anderen einsetzen. V: Herr des Himmels. A: Höre unser Rufen.

- Wir beten für alle, die vom Tod überrascht wurden, dass sich ihr Leben runde und vollende in deiner Liebe. V: Herr des Himmels. A: Höre unser Rufen.

Gott, zu dir hin und zu den anderen sind wir unterwegs im Auf und Ab unseres Lebens. Sei du unser Schutz und unsere Stärke, heute und an allen Tagen, die uns geschenkt sind.

EUCHARISTIEFEIER

GABENGEBET

Herr, unser Gott, wir bringen die Gaben zum Altar, die du selber uns geschenkt hast. Nimm sie von deiner Kirche entgegen und mache sie für uns zum Sakrament des Heiles. Darum bitten wir durch Christus, unseren Herrn.

Präfation, S. 504 ff.

KOMMUNIONVERS

Joh 6,51

So spricht der Herr:
Das Brot, das ich geben werde, ist mein Fleisch;
ich gebe es hin für das Leben der Welt.

SCHLUSSGEBET

Barmherziger Gott, wir haben den Leib und das Blut deines Sohnes empfangen. Das heilige Sakrament bringe uns Heil, es erhalte uns in der Wahrheit und sei unser Licht in der Finsternis. Darum bitten wir durch Christus, unseren Herrn.

FEIERLICHER SCHLUSSSEGEN

Gott, unser Vater, segne euch mit allem Segen des Himmels, damit ihr rein und heilig lebt vor seinem Angesicht. – A: Amen.
Er lehre euch durch das Wort der Wahrheit; er bilde euer Herz nach dem Evangelium Christi und gebe euch Anteil an seiner Herrlichkeit. – A: Amen.
Er schenke euch jene brüderliche Liebe, an der die Welt die Jünger Christi erkennen soll. – A: Amen.

Das gewähre euch der dreieinige Gott, der Vater und der Sohn † und der Heilige Geist. – A: Amen.

***

Für eine Wort-Gottes-Feier:

ERÖFFNUNGSGEBET ZUR WAHL

Gott, unser Schöpfer, wir kennen nicht den Tag und wissen nicht die Stunde, zu der dein Sohn, unser Herr, wiederkommen wird. Das Wort deiner Frohen Botschaft mache uns wachsam für dich, damit wir das Ziel unseres Lebens nicht verfehlen. Darum bitten wir durch ihn, Jesus Christus, deinen Sohn, unseren Herrn, der in der Einheit des Heiligen Geistes mit dir lebt und herrscht in Ewigkeit.

***

WENN ES NUR EINMAL SO GANZ STILLE WÄRE

Wenn es nur einmal so ganz stille wäre.
Wenn das Zufällige und Ungefähre
verstummte und das nachbarliche Lachen,
wenn das Geräusch, das meine Sinne machen,
mich nicht so sehr verhinderte am Wachen –

Dann könnte ich in einem tausendfachen
Gedanken bis an deinen Rand dich denken
und dich besitzen (nur ein Lächeln lang),
um dich an alles Leben zu verschenken
wie einen Dank.

Rainer Maria Rilke

MARIÄ AUFNAHME IN DEN HIMMEL
HOCHFEST

15. August 2019

Wer um das Aroma von Küchenkräutern und um die Kraft von Heilkräutern weiß, wird es für eine glückliche Fügung halten, dass das Brauchtum der Kräuterweihe am Hochfest der Aufnahme Mariens in den Himmel seinen Platz gefunden hat. Was könnte besser die Zusage eines himmlischen Lebens für unseren Leib und unsere Seele versinnbildlichen als himmlische Kräuterdüfte und lindernde Medizin? Gott offenbart sich in seinem Wort, das durch Maria Mensch wird, und im duft- und farbenreichen Buch der Natur.

ERÖFFNUNGSVERS Offb 12,1

Ein großes Zeichen erschien am Himmel:
Eine Frau, umgeben von der Sonne,
den Mond unter ihren Füßen
und einen Kranz von zwölf Sternen auf ihrem Haupt.

Oder:

Freut euch alle im Herrn am Fest der Aufnahme
der seligsten Jungfrau Maria in den Himmel.
Mit uns freuen sich die Engel und loben Gottes Sohn.

KYRIE-RUFE

Herr Jesus Christus, du hast deine
Mutter Maria mit aller Gnade und
allem Segen des Himmels erfüllt.
V/A: Herr, erbarme dich.

Du hast deine Mutter Maria mit Leib
und Seele in den Himmel aufgenommen.
V/A: Christus, erbarme dich.
Du hast deine Mutter Maria zur
Königin des Himmels gekrönt.
V/A: Herr, erbarme dich.

Ehre sei Gott, S. 489 f.

TAGESGEBET

Allmächtiger, ewiger Gott, du hast die selige Jungfrau Maria, die uns Christus geboren hat, vor aller Sünde bewahrt und sie mit Leib und Seele zur Herrlichkeit des Himmels erhoben. Gib, dass wir auf dieses Zeichen der Hoffnung und des Trostes schauen und auf dem Weg bleiben, der hinführt zu deiner Herrlichkeit. Darum bitten wir durch Jesus Christus.

WORTGOTTESDIENST

ZUR 1. LESUNG Wenn an einem Marienfest von der ersttestamentlichen Bundeslade die Rede ist, liegt es nahe, darin ein Sinnbild für die Mutter Jesu zu sehen. Die Lade enthielt die Gesetzestafeln des ersten Bundes; Maria nahm von Anfang an das Leben und die Lehre Jesu und in ihm den Gottesbund in sich auf. Mit diesem Beispiel kann Maria uns Hilfe und Vorbild für das Leben mit Jesus sein. So erwächst uns aus der Begegnung mit ihr Segen, so wie David von der Lade aus das Volk segnete.

ERSTE LESUNG

Offb 11,19a;12,1–6a.10ab

Ein großes Zeichen erschien am Himmel: eine Frau, mit der Sonne bekleidet, der Mond unter ihren Füßen

Lesung aus der Offenbarung des Johannes.

Der Tempel Gottes im Himmel wurde geöffnet und in seinem Tempel wurde die Lade seines Bundes sichtbar. Dann erschien ein großes Zeichen am Himmel: eine Frau, mit der Sonne bekleidet; der Mond war unter ihren Füßen und ein Kranz von zwölf Sternen auf ihrem Haupt. Sie war schwanger und schrie vor Schmerz in ihren Geburtswehen.

Ein anderes Zeichen erschien am Himmel: ein Drache, groß und feuerrot, mit sieben Köpfen und zehn Hörnern und mit sieben Diademen auf seinen Köpfen. Sein Schwanz fegte ein Drittel der Sterne vom Himmel und warf sie auf die Erde herab.

Der Drache stand vor der Frau, die gebären sollte; er wollte ihr Kind verschlingen, sobald es geboren war. Und sie gebar ein Kind, einen Sohn, der über alle Völker mit eisernem Zepter herrschen wird. Und ihr Kind wurde zu Gott und zu seinem Thron entrückt. Die Frau aber floh in die Wüste, wo Gott ihr einen Zufluchtsort geschaffen hatte.

Da hörte ich eine laute Stimme im Himmel rufen: Jetzt ist er da, der rettende Sieg, die Macht und die Herrschaft unseres Gottes und die Vollmacht seines Gesalbten.

ANTWORTPSALM

Ps 45(44), 11–12.16 u. 18

℟ Selig bist du, Jungfrau Maria,
du thronst zur Rechten des Herrn. – ℟

Höre, Tochter, sieh her und neige dein Ohr, *
vergiss dein Volk und dein Vaterhaus!
Der König verlangt nach deiner Schönheit; *
er ist ja dein Herr, verneig dich vor ihm! – (℟)

Man geleitet sie mit Freude und Jubel, *
sie ziehen ein in den Palast des Königs.
Ich will deinen Namen rühmen von Geschlecht zu Geschlecht; *
darum werden die Völker dich preisen immer und ewig. – ℟

ZUR 2. LESUNG Im Dogma von der Aufnahme Mariens in den Himmel heißt es, dass Maria „mit Leib und Seele in die himmlische Herrlichkeit aufgenommen wurde". Aus diesem Glauben, der auch uns verheißt, einmal mit Leib und Seele bei Gott zu sein, werden die kraftvollen Worte der Lesung verständlich. Weder der Tod noch Zeiten der Gottesferne werden den Sieg davontragen. Wenn wir diesen Glauben verinnerlichen, können Leib und Seele schon jetzt aufleben.

ZWEITE LESUNG 1 Kor 15,20–27a

In Christus werden alle lebendig gemacht werden: Erster ist Christus; dann folgen alle, die zu ihm gehören

Lesung aus dem ersten Brief des Apostels Paulus an die Korinther.

Brüder! [*oder:* Brüder und Schwestern! *oder:* Schwestern und Brüder!] Christus ist von den Toten auferweckt worden als der Erste der Entschlafenen. Da nämlich durch *einen* Menschen der Tod gekommen ist, kommt durch *einen* Menschen auch die Auferstehung der Toten. Denn wie in Adam alle sterben, so werden in Christus alle lebendig gemacht werden.

Es gibt aber eine bestimmte Reihenfolge: Erster ist Christus; dann folgen, wenn Christus kommt, alle, die zu ihm gehören. Danach kommt das Ende, wenn er jede Macht, Gewalt und Kraft vernichtet hat und seine Herrschaft Gott, dem Vater, übergibt.

Denn er muss herrschen, bis Gott ihm alle Feinde unter die Füße gelegt hat. Der letzte Feind, der entmachtet wird, ist der Tod. Sonst hätte er ihm nicht alles zu Füßen gelegt.

RUF VOR DEM EVANGELIUM

Halleluja. Halleluja.
Aufgenommen in den Himmel ist die Jungfrau Maria.
Die Engel freuen sich und preisen den Herrn.
Halleluja.

ZUM EVANGELIUM Eine Frau aus der Menge preist Maria selig, die Jesus in ihrem Leib getragen hat. Jesus geht über diese Einmaligkeit hinaus und preist all jene selig, die das Wort Gottes hören und es befolgen. Diese Parallele liegt nahe, denn es geht ja um dasselbe. Jesus ist Gottes Wort. Und Jesus verkörpert seine Botschaft ganz und gar, ja er lebt Gottes eigenes Wort. Das Hören auf dieses Wort bedeutet, Jesus wie Maria in sich zu tragen.

EVANGELIUM Lk 1,39–56

Der Mächtige hat Großes an mir getan: er erhöht die Niedrigen

+ Aus dem heiligen Evangelium nach Lukas.

In jenen Tagen machte sich Maria auf den Weg und eilte in eine Stadt im Bergland von Judäa. Sie ging in das Haus des Zacharias und begrüßte Elisabet. Als Elisabet den Gruß Marias hörte, hüpfte das Kind in ihrem Leib.

Da wurde Elisabet vom Heiligen Geist erfüllt und rief mit lauter Stimme: Gesegnet bist du mehr als alle anderen Frauen und gesegnet ist die Frucht deines Leibes. Wer bin ich, dass die Mutter meines Herrn zu mir kommt? In dem Augenblick, als ich deinen Gruß hörte, hüpfte das Kind vor Freude in meinem Leib. Selig ist die, die geglaubt hat, dass sich erfüllt, was der Herr ihr sagen ließ.

Da sagte Maria: Meine Seele preist die Größe des Herrn, und mein Geist jubelt über Gott, meinen Retter. Denn auf die Niedrigkeit seiner Magd hat er geschaut. Siehe, von nun an preisen mich selig alle Geschlechter. Denn der Mächtige hat Großes an mir getan und sein Name ist heilig. Er erbarmt sich von Geschlecht zu Geschlecht über alle, die ihn fürchten. Er vollbringt mit seinem Arm machtvolle Taten: Er zerstreut, die im Herzen voll Hochmut sind; er stürzt die Mächtigen vom Thron und erhöht die Niedrigen. Die Hungernden beschenkt er mit seinen Gaben und lässt die Reichen leer ausgehen. Er nimmt sich seines Knechtes Israel an und denkt an sein Erbarmen, das er unsern Vätern verheißen hat, Abraham und seinen Nachkommen auf ewig. Und Maria blieb etwa drei Monate bei Elisabet; dann kehrte sie nach Hause zurück.

Glaubensbekenntnis, S. 492 ff.

FÜRBITTEN

Bei Gott findet eine Umwertung der üblichen menschlichen Werteskala statt. Das Kleine wird groß, das Große wird klein. Ein Mädchen, Miriam, kommt ins Zentrum der Heilsgeschichte. Weil ihre Seele die Größe Gottes erkennt, macht Gott sie groß. Wir rufen zu ihm, der auch unsere Hoffnung ist, und bitten ihn:

- Für die Kirche, dass sie das Tun der Mächtigen und Reichen infrage- und sich immer neu auf die Seite der Unscheinbaren, der scheinbar Unbedeutenden, stellt. V: Treuer Gott. A: Wir bitten dich, erhöre uns.
- Für die Kinder, die nicht satt werden, und für die Eltern, die das Leid nicht mehr ertragen; dass sie Hilfe in ihrer Not erfahren. V: Treuer Gott. A: Wir bitten dich, erhöre uns.
- Für Menschen, die unterdrückt werden, und für alle, die sich für Freiheit und Gerechtigkeit einsetzen; lass ihre Rufe nicht ungehört verhallen. V: Treuer Gott. A: Wir bitten dich, erhöre uns.
- Für unsere lieben Verstorbenen und für alle Toten, dass sie gemeinsam mit Maria und allen Heiligen die Freude des Himmels erfahren dürfen. V: Treuer Gott. A: Wir bitten dich, erhöre uns.

Guter Gott, am Festtag der Aufnahme Marias in den Himmel danken wir für Maria, die mutige Frau aus Nazaret, unsere Schwester im Glauben. Dich loben und preisen wir, heute und alle Tage bis in Ewigkeit.

EUCHARISTIEFEIER

GABENGEBET

Allmächtiger Gott, unser Gebet und unser Opfer steige zu dir empor. Höre auf die selige Jungfrau Maria, die du in den Himmel aufgenommen hast, und entzünde in unseren Herzen das Feuer der Liebe, damit wir dich allezeit suchen. Darum bitten wir durch Christus, unseren Herrn.

PRÄFATION

In Wahrheit ist es würdig und recht, dir, allmächtiger Vater, zu danken und das Werk deiner Gnade zu rühmen. Denn heute hast du die jungfräuliche Gottesmutter in den Himmel erhoben, als Erste empfing sie von Christus die Herrlichkeit, die uns allen verheißen ist, und wurde zum Urbild der Kirche in ihrer ewigen Vollendung. Dem pilgernden Volk ist sie ein untrügliches Zeichen der Hoffnung und eine Quelle des Trostes. Denn ihr Leib, der den Urheber des Lebens geboren hat, sollte die Verwesung nicht schauen. Darum preisen wir jetzt und in Ewigkeit dein Erbarmen und singen mit den Chören der Engel das Lob deiner Herrlichkeit: Heilig …

KOMMUNIONVERS Lk 1,48–49

Von nun an preisen mich selig alle Geschlechter.
Denn der Mächtige hat Großes an mir getan.

SCHLUSSGEBET

Barmherziger Gott, wir haben das heilbringende Sakrament empfangen. Lass uns auf die Fürsprache der seligen Jungfrau Maria, die du in den Himmel aufgenommen hast, zur Herrlichkeit der Auferstehung gelangen. Darum bitten wir durch Christus, unseren Herrn.

FEIERLICHER SCHLUSSSEGEN

Gott, der allmächtige Vater, segne euch durch den Erlöser der Welt, unseren Herrn Jesus Christus, den Sohn der jungfräulichen Mutter Maria. – A: Amen.
Sie hat den Urheber des Lebens geboren; ihre mütterliche Fürsprache erwirke euch Gottes Hilfe. – A: Amen.
Euch und allen, die heute das Fest ihrer Aufnahme in den Himmel begehen, schenke Gott die wahre Freude und den ewigen Lohn. – A: Amen.
Das gewähre euch der dreieinige Gott, der Vater und der Sohn † und der Heilige Geist. – A: Amen.

***

DIE EHRE GOTTES AUS DER NATUR

Die Himmel rühmen des Ewigen Ehre,
Ihr Schall pflanzt seinen Namen fort.
Ihn rühmt der Erdkreis, ihn preisen die Meere;
Vernimm, o Mensch, ihr göttlich Wort!

Wer trägt der Himmel unzählbare Sterne?
Wer führt die Sonn aus ihrem Zelt?
Sie kömmt und leuchtet und lacht uns von ferne,
Und läuft den Weg, gleich als ein Held.

Vernimm's, und siehe die Wunder der Werke,
Die die Natur dir aufgestellt!
Verkündigt Weisheit und Ordnung und Stärke
Dir nicht den Herrn, den Herrn der Welt?

Christian Fürchtegott Gellert

20. SONNTAG IM JAHRESKREIS

18. August 2019

Risiko und Rettung. In diese Spannung führen die Texte dieses Sonntags ihre Hörer hinein. Wer die Beziehung zu Gott wagt, wird oftmals vor eine Entscheidung gestellt. Wie in der Taufe geht es darum, Ja oder Nein zu sagen. Das hat Konsequenzen, macht angreifbar, kann in tiefe Konflikte und Zerwürfnisse führen. Warum also eine solche Entscheidung treffen? Weil uns eine ganze Wolke von Zeuginnen und Zeugen umgibt, deren Geschichten von Gottes rettender Treue erzählen.

ERÖFFNUNGSVERS

Vgl. Ps 84(83),10–11

Gott, du unser Beschützer,
schau auf das Angesicht deines Gesalbten.
Denn ein einziger Tag in den Vorhöfen deines Heiligtums
ist besser als tausend andere.

KYRIE-RUFE

Herr Jesus Christus, du bist der Urheber
und Vollender des Glaubens.
V/A: Herr, erbarme dich.
Du hast das Kreuz auf dich genommen.
V/A: Christus, erbarme dich.
Du hast dich zur Rechten
von Gottes Thron gesetzt.
V/A: Herr, erbarme dich.

Ehre sei Gott, S. 489 f.

TAGESGEBET

Barmherziger Gott, was kein Auge geschaut und kein Ohr gehört hat, das hast du denen bereitet, die dich lieben. Gib uns ein Herz, das dich in allem und über alles liebt, damit wir den Reichtum deiner Verheißungen erlangen, der alles übersteigt, was wir ersehnen. Darum bitten wir durch Jesus Christus.

WORTGOTTESDIENST

ZUR 1. LESUNG Wehrkraftzersetzung. Wer sich in der Nazidiktatur mit diesem Vorwurf konfrontiert sah, musste um sein Leben fürchten. Der Kampfgeist der Soldaten und die Bereitschaft des Volkes, im Krieg alles zu geben, mussten um jeden Preis hochgehalten werden. Auf Kritik am Krieg stand die Todesstrafe. – In einer ähnlichen Situation befindet sich Jeremia. Weil er angesichts der drohenden Belagerung Jerusalems durch die Babylonier der Bevölkerung rät, die Stadt zu verlassen und sich ins Lager der Feinde zu retten, lassen ihn seine Widersacher in eine Zisterne werfen. König Zidkija – auf Deutsch „Gott ist meine Gerechtigkeit" – macht seinem Namen keine Ehre. Er versucht nicht einmal, den Propheten Gottes zu retten. Der Knecht des Königs, „Ebed Melech", ein Ausländer aus dem fernen Äthiopien, aber erweist sich als Diener des Lebens. Er macht sich zum Anwalt des bedrohten Propheten und handelt so nach Gottes Gerechtigkeit.

ERSTE LESUNG

Jer 38,4–6.8–10

Weh mir, Mutter, dass du mich geboren hast, einen Mann, der mit aller Welt in Zank und Streit liegt (Jer 15,10)

Lesung aus dem Buch Jeremia.

In jenen Tagen sagten die Beamten zum König: Jeremia muss mit dem Tod bestraft werden; denn er lähmt mit seinen Reden die Hände der Krieger, die in dieser Stadt noch übrig geblieben sind, und die Hände des ganzen Volkes. Denn dieser Mensch sucht nicht Heil, sondern Unheil für dieses Volk. Der König Zidkija erwiderte: Nun, er ist in eurer Hand; denn der König vermag nichts gegen euch. Da ergriffen sie Jeremia und warfen ihn in die Zisterne des Prinzen Malkija, die sich im Wachhof befand; man ließ ihn an Stricken hinunter. In der Zisterne war kein Wasser, sondern nur Schlamm, und Jeremia sank in den Schlamm.

Der Kuschiter Ebed–Melech, ein Höfling, sagte zum König: Mein Herr und König, schlecht war alles, was diese Männer dem Propheten Jeremia angetan haben; sie haben ihn in die Zisterne geworfen, damit er dort unten verhungert. Denn es gibt in der Stadt kein Brot mehr. Da befahl der König dem Kuschiter Ebed–Melech: Nimm dir von hier drei Männer mit und zieh den Propheten Jeremia aus der Zisterne herauf, bevor er stirbt.

ANTWORTPSALM

Ps 40(39),2–3b.3c–4b.18 (℟: vgl. Ps 70[69],2)

℟ O Gott, komm mir zu Hilfe,
Herr, eile, mir zu helfen. – ℟

Ich hoffte, ja ich hoffte auf den Herrn. *
Da neigte er sich mir zu und hörte mein Schreien.
Er zog mich herauf aus der Grube des Grauens, *
aus Schlamm und Morast. – (℟)

Er stellte meine Füße auf den Fels, *
machte fest meine Schritte.
Er legte mir ein neues Lied in den Mund, *
einen Lobgesang auf ihn, unsern Gott. – (℟)

Ich bin arm und gebeugt; *
der Herr aber sorgt für mich.
Meine Hilfe und mein Retter bist du. *
Mein Gott, säume doch nicht! – ℟

ZUR 2. LESUNG Ein wunderbares Bild präsentiert der Hebräerbrief seinen Hörerinnen und Hörern: Eine Wolke von Zeugen, die uns umgibt. Mit diesem Bild fasst der Text den langen vorhergehenden Abschnitt zusammen. Ein Zeuge des Glaubens nach dem anderen wird hier vorgestellt, angefangen von Abel über Abraham bis hin zu David und Samuel. Ihre Geschichten erzählen von Risiko und Rettung, vom Wagnis der Gottesfreundschaft und von der Heilung, die Gottes Nähe schenkt. Die Wolke, das ist am Ende des Exodusbuches aber auch die Form, in der Gott in der Mitte seines Volkes gegenwärtig und weiterhin mit ihm auf dem Weg ist. So wie diese Wolke den Israeliten auf ihrem Weg durch die Wüste Trost und Orientierung schenkt, so weist auch die Wolke der Zeugen den Weg durch unwegsames Gelände und ermutigt, den Blick auf Jesus Christus zu lenken – den Urheber und Vollender des Glaubens.

ZWEITE LESUNG Hebr 12,1–4

Lasst uns mit Ausdauer in dem Wettkampf laufen, der uns aufgetragen ist

Lesung aus dem Hebräerbrief.

Brüder! [*oder:* Brüder und Schwestern! *oder:* Schwestern und Brüder!] Da uns eine solche Wolke von Glaubenszeugen umgibt, wollen auch wir alle Last und die Fesseln der Sünde abwerfen. Lasst uns mit Ausdauer in dem Wettkampf laufen, der uns aufgetragen ist, und dabei auf Jesus blicken, den Urheber und Vollender des Glaubens; er hat angesichts der vor ihm liegenden Freude das Kreuz auf sich genommen, ohne auf die Schande zu achten, und sich zur Rechten von Gottes Thron gesetzt.

Denkt an den, der von den Sündern solchen Widerstand gegen sich erduldet hat; dann werdet ihr nicht ermatten und den Mut nicht verlieren. Ihr habt im Kampf gegen die Sünde noch nicht bis aufs Blut Widerstand geleistet.

RUF VOR DEM EVANGELIUM

Vers: Joh 10,27

Halleluja. Halleluja.
(So spricht der Herr:)
Meine Schafe hören auf meine Stimme;
ich kenne sie und sie folgen mir.
Halleluja.

ZUM EVANGELIUM Eine Entscheidung liegt in der Luft. Jesus ist auf dem Weg nach Jerusalem. Er erwartet, dass der Konflikt mit seinen Gegnern dort eskalieren wird. Sein Tod steht ihm vor Augen. Wie bei der Taufe wird er ganz in ihn eintauchen, in ihm untergehen. Gleichzeitig steht auch eine kosmische Entscheidung an. Feuer wird vom Himmel fallen, die Welt in ihrer bisherigen Form vergehen. Und Jesus selbst spielt dabei eine entscheidende Rolle: Er ist gekommen, um Feuer auf die Erde zu werfen. – Unter diesen Vorzeichen geht es ums Ganze, um die grundlegenden Entscheidungen, die bis heute Menschen in der Nachfolge Jesu treffen. Oft genug rufen sie Widerspruch hervor und führen in Konflikt und Spaltung.

EVANGELIUM

Lk 12,49–53

Ich bin nicht gekommen, um Frieden zu bringen, sondern Spaltung

+ Aus dem heiligen Evangelium nach Lukas.

In jener Zeit sprach Jesus zu seinen Jüngern: Ich bin gekommen, um Feuer auf die Erde zu werfen. Wie froh wäre ich, es würde schon brennen! Ich muss mit einer Taufe getauft werden und ich bin sehr bedrückt, solange sie noch nicht vollzogen ist.

Meint ihr, ich sei gekommen, um Frieden auf die Erde zu bringen? Nein, sage ich euch, nicht Frieden, sondern Spaltung. Denn von nun an wird es so sein: Wenn fünf Menschen im gleichen Haus leben, wird Zwietracht herrschen: Drei werden gegen zwei stehen und zwei gegen drei, der Vater gegen den Sohn und der Sohn gegen den Vater, die Mutter gegen die Tochter und die Tochter gegen die Mutter, die Schwiegermutter gegen ihre Schwiegertochter und die Schwiegertochter gegen die Schwiegermutter.

Glaubensbekenntnis, S. 492 ff.

FÜRBITTEN

Was muss geschehen, dass das Reich Gottes anbrechen kann? Wir bitten Gott um seinen Beistand:

- Wir bitten um den Heiligen Geist für alle Getauften, dass sie ihr Denken und Handeln immer wieder neu ausrichten an Gottes Wort. V: Lebendiger Gott. A: Höre und erhöre uns.
- Wir bitten um Gottes Geist für die politisch Verantwortlichen, dass sie Worte des Friedens finden und Taten der Versöhnung tun. V: Lebendiger Gott. A: Höre und erhöre uns.
- Wir bitten um Gottes Geist für alle, die in Wohlstand und Sicherheit leben, dass sie immer mehr und immer leichter Teilen lernen. V: Lebendiger Gott. A: Höre und erhöre uns.
- Wir bitten um den Geist des Beistands für die Kranken und Einsamen, dass sie Begleitung und freundschaftliche Teilhabe am Leben erfahren. V: Lebendiger Gott. A: Höre und erhöre uns.
- Wir beten um deinen Geist des Trostes für alle, die in diesem Jahr ihr Leben lassen müssen, und für diejenigen, die um sie trauern. V: Lebendiger Gott. A: Höre und erhöre uns.

Gott, du unsere Hoffnung und unsere Stärke. Wir brauchen dich so sehr, wenn uns wieder einmal der Mut für das Wesentliche verlässt und wir uns an Äußerlichkeiten festmachen. Dir sei Ehre und Dank, jetzt und allezeit und in Ewigkeit.

EUCHARISTIEFEIER

GABENGEBET

Herr, wir bringen unsere Gaben dar für die Feier, in der sich ein heiliger Tausch vollzieht. Nimm sie in Gnaden an und schenke uns dich selbst in deinem Sohn Jesus Christus, der mit dir lebt und herrscht in alle Ewigkeit.

Präfation, S. 504 ff.

KOMMUNIONVERS

Joh 6,51

So spricht der Herr:
Ich bin das lebendige Brot,
das vom Himmel herabgekommen ist.
Wer von diesem Brote isst, wird leben in Ewigkeit.

SCHLUSSGEBET

Barmherziger Gott, im heiligen Mahl schenkst du uns Anteil am Leben deines Sohnes. Dieses Sakrament mache uns auf Erden Christus ähnlich, damit wir im Himmel zur vollen Gemeinschaft mit ihm gelangen, der mit dir lebt und herrscht in alle Ewigkeit.

***

Für eine Wort-Gottes-Feier:

ERÖFFNUNGSGEBET ZUR WAHL

Gott, dein Wort fordert uns heraus und verlangt eine Antwort. Gib uns die Kraft zur Entscheidung und den Mut, dich vor den Menschen zu bekennen. Darum bitten wir durch Jesus Christus, deinen

Sohn, unseren Herrn und Gott, der in der Einheit des Heiligen Geistes mit dir lebt und herrscht in alle Ewigkeit.

***

JEREMIA

ein undankbarer Job
dem nackten König
den Spiegel vorhalten

ein unschöner Auftrag
die werten Kollegen
als Fälscher entlarven

ein unrentabler Kauf
Investment in den
besetzten Gebieten

eine unbeugsame Haltung
selbst vor dem Herrscher
niemals im Kriechgang

eine unglaubliche Hoffnung
der Untergang endet
in einem Anfang

Regina Wildgruber

21. SONNTAG IM JAHRESKREIS

25. August 2019

Nicht immer erschließt sich alles auf den ersten Blick. Manchmal lohnt es sich, den Blickwinkel zu ändern und nochmal hinzuschauen. Auf den zweiten Blick wird im Jesajabuch aus der Katastrophe des Exils ein Neuanfang Gottes mit seinem Volk Israel, der auch die anderen Völker einschließt. Auf den zweiten Blick wird Gottes Gegenwart für Menschen erfahrbar, die sich aufgrund ihrer erdrückenden Situation von Gott verlassen fühlen. Und auch bei der Frage nach Rettung angesichts des drohenden Gerichts Gottes braucht es einen zweiten Blick, um eine Perspektive erkennen zu können.

ERÖFFNUNGSVERS

Ps 86(85),1–3

Wende dein Ohr mir zu, erhöre mich, Herr,
hilf deinem Knecht, der dir vertraut,
sei mir gnädig, o Herr.
Den ganzen Tag rufe ich zu dir.

KYRIE-RUFE

Herr Jesus Christus, du machst uns Mut.
V/A: Herr, erbarme dich.
Du machst uns Sünder gerecht, allein
aus Gnade, allein aus Glauben.
V/A: Christus, erbarme dich.
Du gibst das Wollen und das Vollbringen.
V/A: Herr, erbarme dich.

Ehre sei Gott, S. 489 f.

TAGESGEBET

Gott, unser Herr, du verbindest alle, die an dich glauben, zum gemeinsamen Streben. Gib, dass wir lieben, was du befiehlst, und ersehnen, was du uns verheißen hast, damit in der Unbeständigkeit dieses Lebens unsere Herzen dort verankert seien, wo die wahren Freuden sind. Darum bitten wir durch Jesus Christus.

WORTGOTTESDIENST

ZUR 1. LESUNG Das Ende des Jesajabuches holt seinen Anfang wieder ein. Bereits die Vision von der Völkerwallfahrt im zweiten Kapitel des Buches verwebt die Geschichte der Völker mit der Geschichte des Gottesvolkes Israel. Am Ende der Tage werden viele Völker zum Zion pilgern, um dort vom Gott Israels Lebensweisung zu erlangen. Am Ende des Buches sind aus den in aller Herren Länder verschleppten und vertriebenen Israeliten Zeugen und Missionarinnen des Gottes Israels geworden. Was wie das Ende der Geschichte Gottes mit seinem Volk aussah – der Untergang Jerusalems und das Exil der Israeliten –, hat zu einem völlig überraschenden neuen Anfang geführt.

ERSTE LESUNG

Jes 66, 18–21

Sie werden aus allen Völkern eure Brüder herbeiholen

Lesung aus dem Buch Jesaja.

So spricht der Herr: Ich kenne die Taten und die Gedanken der Völker aller Sprachen und komme, um sie zusammenzurufen, und sie werden kommen und meine Herrlichkeit sehen. Ich stelle bei ihnen ein Zeichen auf und schicke von ihnen einige, die entronnen sind, zu den übrigen Völkern und zu den fernen Inseln, die noch nichts von mir gehört und meine Herrlichkeit noch nicht gesehen haben.

Sie sollen meine Herrlichkeit unter den Völkern verkünden. Sie werden aus allen Völkern eure Brüder als Opfergabe für den Herrn herbeiholen auf Rossen und Wagen, in Sänften, auf Maultieren und Dromedaren, her zu meinem heiligen Berg nach Jerusalem, spricht der Herr, so wie die Söhne Israels ihr Opfer in reinen Gefäßen zum Haus des Herrn bringen. Und auch aus ihnen werde ich Männer als Priester und Leviten auswählen, spricht der Herr.

ANTWORTPSALM

Ps 117(116),1.2 (℟: vgl. Mk 16,15)

℟ Geht hinaus in die ganze Welt,
und verkündet allen das Evangelium! – ℟

(*Oder:* Halleluja.)

Lobet den Herrn, alle Völker, *
preist ihn, alle Nationen! – (℟)

Denn mächtig waltet über uns seine Huld, *
die Treue des Herrn währt in Ewigkeit. – ℟

ZUR 2. LESUNG Körperliche Züchtigung? Was in unserer Kultur ein Tabu ist, wird anderorts bis heute als Erziehungsmethode akzeptiert. So auch in der Welt des Neuen Testaments. Der Abschnitt aus dem Hebräerbrief nimmt Situationen in den Blick, in denen die Nachfolge Jesu in große Schwierigkeiten führt – Situationen, in denen die Hörerinnen und Leser „bis aufs Blut Widerstand" leisten müssen (Heb 12,4). In der Logik antiker Erziehungskultur will der Hebräerbrief darauf vorbereiten und Mut machen: Schwierigkeiten sind kein Zeichen von Gottverlassenheit. Denn wie ein Vater seine Kinder züchtigt, um sie zu erziehen, so züchtigt auch Gott. So verstanden zeigen Schwierigkeiten Gottes Zuwendung und Nähe an. – Der Respekt vor den Opfern von Gewalt im Namen der Erziehung gebietet es, sich bei der Lektüre dieses Textes auch an ihre Geschichten zu erinnern.

ZWEITE LESUNG

Hebr 12,5–7.11–13

Wen der Herr liebt, den züchtigt er

Lesung aus dem Hebräerbrief.

Brüder! [*oder:* Brüder und Schwestern! *oder:* Schwestern und Brüder!] Ihr habt die Mahnung vergessen, die euch als Söhne anredet: Mein Sohn, verachte nicht die Zucht des Herrn, verzage nicht, wenn er dich zurechtweist. Denn wen der Herr liebt, den züchtigt er; er schlägt mit der Rute jeden Sohn, den er gern hat. Haltet aus, wenn ihr gezüchtigt werdet. Gott behandelt euch wie Söhne. Denn wo ist ein Sohn, den sein Vater nicht züchtigt?

Jede Züchtigung scheint zwar für den Augenblick nicht Freude zu bringen, sondern Schmerz; später aber schenkt sie denen, die durch diese Schule gegangen sind, als Frucht den Frieden und die Gerechtigkeit.

Darum macht die erschlafften Hände wieder stark und die wankenden Knie wieder fest und ebnet die Wege für eure Füße, damit die lahmen Glieder nicht ausgerenkt, sondern geheilt werden.

RUF VOR DEM EVANGELIUM

Vers: Joh 14,6

Halleluja. Halleluja.
(So spricht der Herr:)
Ich bin der Weg und die Wahrheit und das Leben.
Niemand kommt zum Vater außer durch mich.
Halleluja.

ZUM EVANGELIUM Was soll diese Angstmacherei? Will Jesus seine Zuhörerinnen und Zuhörer hier unter Druck setzen? Mit seiner Antwort auf die Frage, ob nur wenige gerettet werden, wird Jesus den Fragesteller zumindest gehörig irritiert haben. Vielleicht, weil es sich bei der Frage um eine rhetorische Frage handelt, die ihm eine bequeme und beruhigende Antwort entlocken will. Jesus antwortet aber gar nicht auf die Frage. Ihm geht es offenbar um etwas anderes. In der Erwartung von Gottes Gericht sollen die Menschen nicht auf die Frage starren, ob sie gerettet werden oder nicht. Jesus will seine Zuhörer aus der angstvollen Erstarrung lösen, jedoch nicht durch eine Antwort, die in vermeintliche Sicherheit einlullt und doch nur ein „Weiter so“ rechtfertigt. Der Weg zur Rettung ist weder gemütlich noch vorhersehbar. Jede und jeder soll sich Mühe geben, den eigenen schmalen Weg finden und so angemessen auf die anstehende Entscheidung zugehen.

EVANGELIUM Lk 13,22–30

Man wird von Osten und Westen und von Norden und Süden kommen und im Reich Gottes zu Tisch sitzen

+ Aus dem heiligen Evangelium nach Lukas.

In jener Zeit zog Jesus auf seinem Weg nach Jerusalem von Stadt zu Stadt und von Dorf zu Dorf und lehrte.

Da fragte ihn einer: Herr, sind es nur wenige, die gerettet werden?

Er sagte zu ihnen: Bemüht euch mit allen Kräften, durch die enge Tür zu gelangen: denn viele, sage ich euch, werden versuchen hineinzukommen, aber es wird ihnen nicht gelingen.

Wenn der Herr des Hauses aufsteht und die Tür verschließt, dann steht ihr draußen, klopft an die Tür und ruft: Herr, mach uns auf! Er aber wird euch antworten: Ich weiß nicht, woher ihr seid.

Dann werdet ihr sagen: Wir haben doch mit dir gegessen und getrunken und du hast auf unseren Straßen gelehrt. Er aber wird erwidern: Ich sage euch, ich weiß nicht, woher ihr seid. Weg von mir, ihr habt alle Unrecht getan!

Da werdet ihr heulen und mit den Zähnen knirschen, wenn ihr seht, dass Abraham, Isaak und Jakob und alle Propheten im Reich Gottes sind, ihr selbst aber ausgeschlossen seid.

Und man wird von Osten und Westen und von Norden und Süden kommen und im Reich Gottes zu Tisch sitzen.

Dann werden manche von den Letzten die Ersten sein und manche von den Ersten die Letzten.

Glaubensbekenntnis, S. 492 ff.

FÜRBITTEN

Gott, du willst das Heil aller Menschen. Deshalb ist jetzt die Zeit zu erkennen und zu handeln. Wir rufen zu dir und bitten dich:

- Für die Kirche: um die Kraft, das eigene Denken und Handeln in deinem Geist zu erneuern. V: Du treuer Gott. A: Erbarme dich.
- Für die politischen und gesellschaftlichen Entscheidungsträger: um einen teilnahmsvollen Blick auf die Schwachen und Übersehenen, und um den Willen, zum Wohl der Menschen beizutragen. V: Du treuer Gott. A: Erbarme dich.
- Für die Kranken und Einsamen: um die Erfahrung echter Zuwendung, und um Hoffnung und Zuversicht. V: Du treuer Gott. A: Erbarme dich.
- Für die Menschen, die schuldig geworden sind: um einen klaren und reuevollen Blick auf ihr Tun, und um die Chance, Vergebung zu erfahren und einen Neuanfang machen zu dürfen. V: Du treuer Gott. A: Erbarme dich.
- Für alle, die sich sehr sicher fühlen in ihren Überzeugungen: um die Fähigkeit, das Eigene zu hinterfragen und stets nach dem zu suchen, was Gott und den Menschen dient. V: Du treuer Gott. A: Erbarme dich.

Wir danken dir, guter Gott, dass du uns nachgehst und zu Umkehr und Neuanfang führen willst. Dich preisen wir durch Jesus Christus, deinen Sohn, im Heiligen Geist, heute und alle Tage unseres Lebens.

EUCHARISTIEFEIER

GABENGEBET

Herr und Gott, du hast dir das eine Volk des Neuen Bundes erworben durch das Opfer deines Sohnes, das er ein für alle Mal dargebracht hat. Sieh gnädig auf uns und schenke uns in deiner Kirche Einheit und Frieden. Darum bitten wir durch Christus, unseren Herrn.

Präfation, S. 504 ff.

KOMMUNIONVERS

Joh 6, 54

So spricht der Herr:
Wer mein Fleisch isst und mein Blut trinkt,
hat das ewige Leben,
und ich werde ihn auferwecken am Letzten Tag.

SCHLUSSGEBET

Herr, unser Gott, schenke uns durch dieses Sakrament die Fülle deines Erbarmens und mache uns heil. Gewähre uns deine Hilfe, damit wir so vor dir leben können, wie es dir gefällt. Darum bitten wir durch Christus, unseren Herrn.

***

Für eine Wort-Gottes-Feier:

ERÖFFNUNGSGEBET ZUR WAHL

Gott, unser Vater, du rufst die Menschen in dein Reich. Sende uns deinen Geist, damit wir dein Wort hören, es verstehen und befolgen und einst zu dir gelangen mit Jesus Christus, deinem Sohn, der in der Einheit des Heiligen Geistes mit dir lebt in Ewigkeit.

***

MITTEN IN DER NACHT

„Der Glaube ist wie der Vogel,
der singt, wenn die Nacht
noch dunkel ist."

Wort eines chinesischen Christen

Ich wünsche dir so sehr die Stimme dieses Vogels,
der für dich singt, mitten in der Nacht,
und ein offenes Ohr,
das diesen Gesang zu hören vermag.

Alfons Gerhardt

22. SONNTAG IM JAHRESKREIS

1. September 2019

Demut und Bescheidenheit sind die Themen dieses Sonntags, und der erste und der letzte Platz in der Gesellschaft. Wieder einmal wird deutlich, dass im christlichen Leben die persönliche ethische Orientierung auf der einen und die Arbeit an gesellschaftlichen, politischen Verhältnissen auf der anderen Seite nicht voneinander getrennt werden können. Die Botschaft des Evangeliums ist kein politisches Programm. Aber es gilt auch: „Das Reich Gottes ist nicht indifferent gegenüber den Welthandelspreisen." (Gemeinsame Synode, Beschluss *Unsere Hoffnung*, I., 6.)

ERÖFFNUNGSVERS

Ps 86(85),3.5

Sei mir gnädig, o Herr.
Den ganzen Tag rufe ich zu dir.
Herr, du bist gütig und bereit, zu verzeihen;
für alle, die zu dir rufen, reich an Gnade.

KYRIE-RUFE

Herr Jesus Christus, du stürzt die Mächtigen
vom Thron und erhöhst die Niedrigen.
V/A: Herr, erbarme dich.
Du willst Zuwendung nicht
als Tauschgeschäft.
V/A: Christus, erbarme dich.
Du bist ein Freund der Armen und
bist gern bei den einfachen Leuten.
V/A: Herr, erbarme dich.

Ehre sei Gott, S. 489 f.

TAGESGEBET

Allmächtiger Gott, von dir kommt alles Gute. Pflanze in unser Herz die Liebe zu deinem Namen ein. Binde uns immer mehr an dich, damit in uns wächst, was gut und heilig ist. Wache über uns und erhalte, was du gewirkt hast. Darum bitten wir durch Jesus Christus.

WORTGOTTESDIENST

ZUR 1. LESUNG Das Ideal von Bescheidenheit und Demut, das Jesus Sirach hier zeichnet und das in einer christlichen Erziehung bis heute vermittelt wird, hat mit duckmäuserischer Verzagtheit oder Selbstverachtung nichts zu tun. Wohl aber – als Frucht einer gesunden Distanz zu sich und den anderen – mit der Einsicht in eigene Begrenztheit und Schwäche, gerade auch im Erfolg, und damit, den anderen anerkennen und nicht bloßstellen zu wollen. Es sind noble Tugenden, zu denen Format und menschliche Größe gehören, und es spricht für eine Gesellschaft, wenn sie sie auch zu schätzen und zu honorieren weiß. Denn tatsächlich sind nach aller Erfahrung im Alltag laute Anmaßung und rücksichtslose Durchsetzungsbereitschaft viel erfolgversprechender. Wer sich nicht vordrängt, zieht den Kürzeren. – Was also tun? Eines schönen, richtigen Ideals wegen Nachteile in Kauf nehmen oder mit den Wölfen heulen? Kann es, situativ, so etwas geben wie eine moralische Mehrsprachigkeit ohne Falschheit, nicht um die eigene Überzeugung aufzugeben, sondern um grundsätzlich ihr entsprechend zu leben? Jesus sagt: Seid „klug wie die Schlangen und arglos wie die Tauben"! (Mt 10,16)

ERSTE LESUNG

Sir 3,17–18.20.28–29 (19–21.30–31)

Bescheide dich, dann wirst du Gnade finden bei Gott

Lesung aus dem Buch Jesus Sirach.

Mein Sohn, bei all deinem Tun bleibe bescheiden und du wirst mehr geliebt werden als einer, der Gaben verteilt. Je größer du bist, umso mehr bescheide dich, dann wirst du Gnade finden bei Gott. Denn groß ist die Macht Gottes und von den Demütigen wird er verherrlicht.

Für die Wunde des Übermütigen gibt es keine Heilung, denn ein giftiges Kraut hat in ihm seine Wurzeln. Ein weises Herz versteht die Sinnsprüche der Weisen, ein Ohr, das auf die Weisheit hört, macht Freude.

ANTWORTPSALM

Ps 68(67),4–5b.6–7.10–11 (℟: vgl. 11a)

℟ Deine Geschöpfe finden Wohnung bei dir, o Gott. – ℟

Die Gerechten freuen sich und jubeln vor Gott; *
sie jauchzen in heller Freude.
Singt für Gott, spielt seinem Namen; *
jubelt ihm zu, ihm, der auf den Wolken einherfährt! – (℟)

Ein Vater der Waisen, ein Anwalt der Witwen *
ist Gott in seiner heiligen Wohnung.
Gott bringt die Verlassenen heim, †
führt die Gefangenen hinaus in das Glück; *
doch die Empörer müssen wohnen im dürren Land. – (℟)

Gott, du ließest Regen strömen in Fülle *
und erquicktest dein verschmachtendes Erbland.
Deine Geschöpfe finden dort Wohnung; *
Gott, in deiner Güte versorgst du den Armen. – ℟

ZUR 2. LESUNG In großen, erhabenen Bildern artikuliert der Abschnitt die erschütternde Erfahrung der Begegnung mit dem Heiligen im Alten und im Neuen Bund (mysterium tremendum et fascinosum). Furcht und Schrecken (vgl. Ex 20,18) angesichts des Ewigen, den der Mensch nicht ansehen kann, ohne zu sterben, gehören genauso zu dieser Erfahrung wie das Glück des kommenden Heils. Die im Text hergestellte Verbindung des Sinaibundes mit der kommenden Stadt macht unübersehbar deutlich, wie eng und untrennbar die Geschichte und die Texte des Alten und des Neuen Bundes ineinander verwoben sind. Es ist von vornherein eine eschatologische Perspektive, die der Text einnimmt, er eröffnet sozusagen einen Blick in den Himmel. Und verortet unsere pilgernde Kirche so in ihrer Einheit mit der Kirche des Himmels (vgl. II. Vat. Konzil, Dogm. Konstitution *Lumen gentium*, Kap. VII).

ZWEITE LESUNG

Hebr 12,18–19.22–24a

Ihr seid zum Berg Zion hingetreten, zur Stadt des lebendigen Gottes

Lesung aus dem Hebräerbrief.

Brüder! [*oder:* Brüder und Schwestern! *oder:* Schwestern und Brüder!] Ihr seid nicht zu einem sichtbaren, lodernden Feuer hingetreten, zu dunklen Wolken, zu Finsternis und Sturmwind, zum Klang der Posaunen und zum Schall der Worte, bei denen die Hörer flehten, diese Stimme solle nicht weiter zu ihnen reden.

Ihr seid vielmehr zum Berg Zion hingetreten, zur Stadt des lebendigen Gottes, dem himmlischen Jerusalem, zu Tausenden von Engeln, zu einer festlichen Versammlung und zur Gemeinschaft der Erstgeborenen, die im Himmel verzeichnet sind; zu Gott, dem Richter aller, zu den Geistern der schon vollendeten Gerechten, zum Mittler eines neuen Bundes, Jesus.

RUF VOR DEM EVANGELIUM

Vers: Mt 11,29ab

Halleluja. Halleluja.
(So spricht der Herr:)

Nehmt mein Joch auf euch und lernt von mir;
denn ich bin gütig und von Herzen demütig.
Halleluja.

ZUM EVANGELIUM Immer wieder verblüffen der nüchterne Realismus, mit dem die Evangelien die Realitäten des Lebens wahrnehmen, und die kunstvolle Sparsamkeit ihrer Sprache, mit der sie diese in wenigen Strichen zu charakterisieren vermögen. Bei Lukas kommt ein besonders scharfer Blick für gesellschaftliche Strukturen, für Machtverhältnisse und ihr Unrecht hinzu. Der heutige Evangelientext macht unmissverständlich deutlich: Die übliche Rangelei um die ersten Plätze hat im Reich Gottes keinen Platz. Die gewohnte Ordnung von oben und unten wird in ihr Gegenteil verkehrt: „Wer sich selbst erhöht, wird erniedrigt, und wer sich selbst erniedrigt, wird erhöht werden" (Lk 14,11). Es ist auch hier eine eschatologische Perspektive, die der Text einnimmt. Aber was einmal im Reich Gottes sein wird, ist, wie Karl Rahner sagen würde, Frucht und Endgültigkeit der getanen Freiheit hier. So bleibt keine Ausrede, nicht mit allen Kräften mit auf die Revolution Gottes hinzuarbeiten, der „zerstreut, die im Herzen voll Hochmut sind", der „die Mächtigen vom Thron" stürzt und „die Niedrigen" „erhöht" (Lk 1,51).

EVANGELIUM

Lk 14,1.7–14

Wer sich selbst erhöht, wird erniedrigt, und wer sich selbst erniedrigt, wird erhöht werden

+ Aus dem heiligen Evangelium nach Lukas.

Als Jesus an einem Sabbat in das Haus eines führenden Pharisäers zum Essen kam, beobachtete man ihn genau. Als er bemerkte, wie sich die Gäste die Ehrenplätze aussuchten, nahm er das zum Anlass, ihnen eine Lehre zu erteilen. Er sagte zu ihnen:
Wenn du zu einer Hochzeit eingeladen bist, such dir nicht den Ehrenplatz aus. Denn es könnte ein anderer eingeladen sein, der vorneh-

mer ist als du, und dann würde der Gastgeber, der dich und ihn eingeladen hat, kommen und zu dir sagen: Mach diesem hier Platz! Du aber wärst beschämt und müsstest den untersten Platz einnehmen.

Wenn du also eingeladen bist, setz dich lieber, wenn du hinkommst, auf den untersten Platz; dann wird der Gastgeber zu dir kommen und sagen: Mein Freund, rück weiter hinauf! Das wird für dich eine Ehre sein vor allen anderen Gästen. Denn wer sich selbst erhöht, wird erniedrigt, und wer sich selbst erniedrigt, wird erhöht werden.

Dann sagte er zu dem Gastgeber: Wenn du mittags oder abends ein Essen gibst, so lade nicht deine Freunde oder deine Brüder, deine Verwandten oder reiche Nachbarn ein; sonst laden auch sie dich ein, und damit ist dir wieder alles vergolten. Nein, wenn du ein Essen gibst, dann lade Arme, Krüppel, Lahme und Blinde ein. Du wirst selig sein, denn sie können es dir nicht vergelten; es wird dir vergolten werden bei der Auferstehung der Gerechten.

Glaubensbekenntnis, S. 492 ff.

FÜRBITTEN

Der Weg zu Gott ist keine glatte Erfolgsgeschichte. Er führt nicht über die Erfolgsleiter ganz nach oben. Es geht um den rechten Weg, nicht um den richtigen Rang. Wir bitten Gott um seinen Beistand und rufen zu ihm:

- Wir beten für die Kirche, dass sie nicht auf den gesellschaftlichen Rang, sondern auf die Bedürftigkeit der Menschen schaut. V: Gott, du Freund des Lebens. A: Wir bitten dich, erhöre uns.
- Wir beten für alle Menschen in unseren Gemeinden, die ohne Berechnung geben und teilen: Energie, Freundlichkeit, Geld, Geduld, Lebenszeit. V: Gott, du Freund des Lebens. A: Wir bitten dich, erhöre uns.

- Wir beten für alle jungen Menschen, die nun weltweit ihre Freiwilligendienste begonnen haben, dass sie ihr Leben prägende, gute Erfahrungen machen. V: Gott, du Freund des Lebens. A: Wir bitten dich, erhöre uns.
- Wir beten für die Ordenschristen und alle Menschen, die im Gebet und im Handeln für andere da sind und sie gastfreundlich aufnehmen. V: Gott, du Freund des Lebens. A: Wir bitten dich, erhöre uns.
- Wir beten für unsere lieben Verstorbenen und für die Toten, derer niemand gedenkt, dass sie bei dir geborgen sind. V: Gott, du Freund des Lebens. A: Wir bitten dich, erhöre uns.

Guter Gott, lass uns freigebig weiterschenken, was du in unsere Hände legst, durch Jesus Christus, unseren Bruder und Herrn.

EUCHARISTIEFEIER

GABENGEBET

Herr, unser Gott, diese Opferfeier bringe uns Heil und Segen. Was du jetzt unter heiligen Zeichen wirkst, das vollende in deinem Reich. Darum bitten wir durch Christus, unseren Herrn.

Präfation, S. 504 ff.

KOMMUNIONVERS

Mt 5,9–10

Selig, die Frieden stiften;
denn sie werden Söhne Gottes genannt werden.
Selig, die um der Gerechtigkeit willen verfolgt werden;
denn ihnen gehört das Himmelreich.

SCHLUSSGEBET

Allmächtiger Gott, du hast uns gestärkt durch das lebendige Brot, das vom Himmel kommt. Deine Liebe, die wir im Sakrament empfangen haben, mache uns bereit, dir in unseren Brüdern zu dienen. Darum bitten wir durch Christus, unseren Herrn.

***

Für eine Wort-Gottes-Feier:

ERÖFFNUNGSGEBET ZUR WAHL

Gütiger Gott, dein Sohn ist gekommen, um zu dienen, und ist uns vorausgegangen auf dem Weg zu dir. Gib uns die Kraft, seinem Beispiel zu folgen, und lass uns Aufnahme finden in deinem Reich. Darum bitten wir durch ihn, Jesus Christus, deinen Sohn, der in der Einheit des Heiligen Geistes mit dir lebt in Ewigkeit.

***

DIESE GÖTTLICHE VORLIEBE

Für die Kirche ist die Option für die Armen in erster Linie eine theologische Kategorie und erst an zweiter Stelle eine kulturelle, soziologische, politische oder philosophische Frage. Gott gewährt ihnen „seine erste Barmherzigkeit“. Diese göttliche Vorliebe hat Konsequenzen im Glaubensleben aller Christen, die ja dazu berufen sind, so gesinnt zu sein wie Jesus (vgl. Phil 2,5). Von ihr inspiriert, hat die Kirche eine Option für die Armen gefällt, die zu verstehen ist als „besonderer Vorrang in der Weise, wie die christliche Liebe ausgeübt wird; eine solche Option wird von der ganzen Tradition der Kirche bezeugt“. Diese Option, lehrte Benedikt XVI., ist „im christologischen Glauben an jenen Gott implizit enthalten, der für uns arm geworden ist, um uns durch seine Armut reich zu machen“. Aus diesem Grund wünsche ich mir eine arme Kirche für die Armen. Sie haben uns vieles zu lehren. Sie haben nicht nur Teil am sensus fidei, sondern kennen außerdem dank ihrer eigenen Leiden den leidenden Christus. Es ist nötig, dass wir alle uns von ihnen evangelisieren lassen. Die neue Evangelisierung ist eine Einladung, die heilbringende Kraft ihrer Leben zu erkennen und sie in den Mittelpunkt des Weges der Kirche zu stellen. Wir sind aufgerufen, Christus in ihnen zu entdecken, uns zu Wortführern ihrer Interessen zu machen, aber auch ihre Freunde zu sein, sie anzuhören, sie zu verstehen und die geheimnisvolle Weisheit anzunehmen, die Gott uns durch sie mitteilen will.

Papst Franziskus,
Apostolisches Schreiben Evangelii gaudium (2013), Nr. 198

23. SONNTAG IM JAHRESKREIS

8. September 2019

Die Texte des heutigen Tages scheinen kein gemeinsames Thema zu finden: Der Mensch bedarf der Gabe der Weisheit, um zu echter Erkenntnis zu gelangen; unter Christen verändern sich die sozialen Strukturen von Herr und Sklave; wer von Jesus lernen will, muss lernen, sich auf ihn und auf sonst nichts zu verlassen. Vielleicht geht es aber überall um einen gewissen Perspektivenwechsel: Gönnen wir uns, um Gottes Willen, ein wenig Abstand, dann können wir den Dingen und Verhältnissen das Gewicht zumessen, das ihnen zukommt – und das uns nicht hindert, uns Ihm zuzuwenden.

ERÖFFNUNGSVERS

Ps 119(118),137.124

Herr, du bist gerecht und deine Entscheide sind richtig.
Handle an deinem Knecht nach deiner Huld.

KYRIE-RUFE

Herr Jesus Christus, du willst,
dass wir Gott lieben mit ganzem Herzen,
mit ganzer Seele und mit ganzer Kraft.
V/A: Herr, erbarme dich.
Du lädst uns ein zu ungeteilter Hingabe.
V/A: Christus, erbarme dich.
Du führst uns in die Nachfolge
des Kreuzes.
V/A: Herr, erbarme dich.

Ehre sei Gott, S. 489 f.

TAGESGEBET

Gütiger Gott, du hast uns durch deinen Sohn erlöst und als deine geliebten Kinder angenommen. Sieh voll Güte auf alle, die an Christus glauben, und schenke ihnen die wahre Freiheit und das ewige Erbe. Darum bitten wir durch Jesus Christus.

WORTGOTTESDIENST

ZUR 1. LESUNG Das Buch der Weisheit öffnet einen klassischen Konflikt: Der Geist sucht das Weite und will hoch hinaus, der Leib ist eine Last und zieht erdenschwer hinab; so scheint es. Gott schenkt dem Menschen seine Weisheit, auf dass der menschliche Geist mit ihrer Hilfe auch das Himmlische erkenne. Aber warum drückt uns unsere Vergänglichkeit derart? Schenkt sie uns nicht gerade eine Erkenntnis, die nur Menschen möglich ist? Auf den ersten Blick ist es nicht reizvoll, sterben zu müssen; und doch können wir gerade als Sterbliche uns auf so einmalige Weise an den anderen verschenken, dass sogar Gottes Ewiges Wort Mensch wird, um es uns gleichzutun.

ERSTE LESUNG Weish 9,13–19

Welcher Mensch kann Gottes Plan erkennen?

Lesung aus dem Buch der Weisheit.

Welcher Mensch kann Gottes Plan erkennen, oder wer begreift, was der Herr will? Unsicher sind die Berechnungen der Sterblichen und hinfällig unsere Gedanken; denn der vergängliche Leib beschwert die Seele und das irdische Zelt belastet den um vieles besorgten Geist.

Wir erraten kaum, was auf der Erde vorgeht, und finden nur mit Mühe, was doch auf der Hand liegt; wer kann dann ergründen, was im Himmel ist? Wer hat je deinen Plan erkannt, wenn du ihm nicht Weisheit gegeben und deinen heiligen Geist aus der Höhe gesandt hast? So wurden die Pfade der Erdenbewohner gerade gemacht und die Menschen lernten, was dir gefällt; durch die Weisheit wurden sie gerettet.

ANTWORTPSALM

Ps 90(89),3–4.5–6.12–13.14 u. 17 (℟: vgl. 1)

℟ Herr, du bist unsere Zuflucht
von Geschlecht zu Geschlecht. – ℟

Du lässt die Menschen zurückkehren zum Staub *
und sprichst: „Kommt wieder, ihr Menschen!"
Denn tausend Jahre sind für dich wie der Tag,
der gestern vergangen ist, *
wie eine Wache in der Nacht. – (℟)

Von Jahr zu Jahr säst du die Menschen aus; *
sie gleichen dem sprossenden Gras.
Am Morgen grünt es und blüht, *
am Abend wird es geschnitten und welkt. – (℟)

Unsere Tage zu zählen, lehre uns! *
Dann gewinnen wir ein weises Herz.
Herr, wende dich uns doch endlich zu! *
Hab Mitleid mit deinen Knechten! – (℟)

Sättige uns am Morgen mit deiner Huld! *
Dann wollen wir jubeln und uns freuen all unsre Tage.
Es komme über uns die Güte des Herrn, unsres Gottes! †
Lass das Werk unsrer Hände gedeihen, *
ja, lass gedeihen das Werk unsrer Hände! – ℟

ZUR 2. LESUNG Paulus schreibt einen sehr persönlichen Brief an Philemon. Er bittet ihn nicht, den Sklaven Onesimus freizulassen, aber er redet dem christlichen Besitzer ins Gewissen. Von außen betrachtet, rüttelt der Apostel also nicht an den sozialen Verhältnissen seiner Zeit, und tut es doch radikal, indem er eine ganz neue Sichtweise auf den Sklaven ermöglicht: Dieser ist nicht mehr Besitz, sondern Bruder im Herrn. Zugleich fragt sich, wie Onesimus dem Paulus so schnell ans Herz wachsen konnte? Hat er ihn etwa erst ein wenig bei sich behalten, bevor er ihn zurückschickte? Dies allerdings hätte er unverzüglich tun müssen, hätte er sich an alle Konventionen gehalten. Aus der neuen Verbundenheit in Christus rührt also auch eine unmittelbare Unterbrechung der Verhältnisse her.

ZWEITE LESUNG

Phlm 9b–10.12–17

Nimm ihn auf, nicht mehr als Sklaven, sondern als geliebten Bruder

Lesung aus dem Brief des Apostels Paulus an Philemon.

Lieber Bruder! Ich, Paulus, ein alter Mann, der jetzt für Christus Jesus im Kerker liegt, ich bitte dich für mein Kind Onesimus, dem ich im Gefängnis zum Vater geworden bin.

Ich schicke ihn zu dir zurück, ihn, das bedeutet mein eigenes Herz. Ich würde ihn gern bei mir behalten, damit er mir an deiner Stelle dient, solange ich um des Evangeliums willen im Gefängnis bin.

Aber ohne deine Zustimmung wollte ich nichts tun. Deine gute Tat soll nicht erzwungen, sondern freiwillig sein. Denn vielleicht wurde er nur deshalb eine Weile von dir getrennt, damit du ihn für ewig zurückerhältst, nicht mehr als Sklaven, sondern als weit mehr: als geliebten Bruder. Das ist er jedenfalls für mich, um wie viel mehr dann für dich, als Mensch und auch vor dem Herrn.

Wenn du dich mir verbunden fühlst, dann nimm ihn also auf wie mich selbst!

RUF VOR DEM EVANGELIUM

Vers: Ps 119(118),135

Halleluja. Halleluja.
Lass dein Angesicht leuchten über deinem Knecht
und lehre mich deine Gesetze!
Halleluja.

ZUM EVANGELIUM Das heutige Evangelium ist von einer eigenartigen Spannung durchzogen. Die Beispiele leuchten ein: Man muss erst kalkulieren, bevor man etwas Großes beginnt, einen Turm baut oder gar in den Krieg zieht. Wer Jesus nachfolgen will, soll aber gerade nicht kalkulieren, soll nichts mehr zum Kalkulieren haben, er soll radikal alles hinter sich lassen, den ganzen Besitz und sogar die eigene Familie. Hier geht es um ein anderes Kalkül, ein Anti-Kalkül: Ich verlasse alles und gewinne dafür das Himmelreich. In dieser Weise wird man zum Jünger, zur Jüngerin Jesu, also zu einem, der von ihm lernt und lernen kann. Und so stellt sich weniger die Frage, was und wen ich für Jesus verlassen habe, als vielmehr, wie ich in seine Nachfolge eintreten und von ihm lernen kann.

EVANGELIUM

Lk 14,25–33

Keiner von euch kann mein Jünger sein, wenn er nicht auf seinen ganzen Besitz verzichtet

+ Aus dem heiligen Evangelium nach Lukas.

In jener Zeit, als viele Menschen Jesus begleiteten, wandte er sich an sie und sagte: Wenn jemand zu mir kommt und nicht Vater und Mutter, Frau und Kinder, Brüder und Schwestern, ja sogar sein Leben gering achtet, dann kann er nicht mein Jünger sein.

Wer nicht sein Kreuz trägt und mir nachfolgt, der kann nicht mein Jünger sein. Wenn einer von euch einen Turm bauen will, setzt er sich dann nicht zuerst hin und rechnet, ob seine Mittel für das ganze Vorhaben ausreichen? Sonst könnte es geschehen, dass er das Fundament gelegt hat, dann aber den Bau nicht fertigstellen kann. Und alle, die es sehen, würden ihn verspotten und sagen: Der da hat einen Bau begonnen und konnte ihn nicht zu Ende führen.

Oder wenn ein König gegen einen anderen in den Krieg zieht, setzt er sich dann nicht zuerst hin und überlegt, ob er sich mit seinen zehntausend Mann dem entgegenstellen kann, der mit zwanzigtausend gegen ihn anrückt? Kann er es nicht, dann schickt er eine

Gesandtschaft, solange der andere noch weit weg ist, und bittet um Frieden.
Darum kann keiner von euch mein Jünger sein, wenn er nicht auf seinen ganzen Besitz verzichtet.

Glaubensbekenntnis, S. 492 ff.

FÜRBITTEN

Die Entscheidung, Jesus nachzufolgen, betrifft unser Menschsein ganz und gar. Denn ohne den Blick auf den Nächsten gibt es keine Nachfolge Jesu. Wir bitten ihn:

- Um seinen Beistand für alle, die mutig Grenzen des Gewohnten überschreiten auf der Suche nach Frieden und Versöhnung. V/A: Höre und erhöre uns.
- Um Nahrung, Arbeit, Sicherheit für alle, die in Not und Unsicherheit leben müssen. V/A: Höre und erhöre uns.
- Um Bestärkung in Glaube, Hoffnung und Liebe für alle deine Getauften. V/A: Höre und erhöre uns.
- Um Besonnenheit, Zuversicht und gute Vorbilder für alle, die dir nachfolgen wollen. V/A: Höre und erhöre uns.
- Um neue Perspektiven für Menschen, die sich als Gescheiterte erfahren. V/A: Höre und erhöre uns.

Jesus Christus, der du unser Freund und Heiland bist. Lass uns deinem Wort vertrauen und dir nachfolgen, heute und alle Tage bis in Ewigkeit.

EUCHARISTIEFEIER

GABENGEBET

Herr, unser Gott, du schenkst uns den Frieden und gibst uns die Kraft, dir aufrichtig zu dienen. Lass uns dich mit unseren Gaben ehren und durch die Teilnahme an dem einen Brot und dem einen Kelch eines Sinnes werden. Darum bitten wir durch Christus, unseren Herrn.

Präfation, S. 504 ff.

KOMMUNIONVERS

Joh 8,12

So spricht der Herr:
Ich bin das Licht der Welt.
Wer mir nachfolgt, wird nicht in der Finsternis gehen,
sondern wird das Licht des Lebens haben.

SCHLUSSGEBET

Herr, unser Gott, in deinem Wort und Sakrament gibst du uns Nahrung und Leben. Lass uns durch diese großen Gaben in der Liebe wachsen und zur ewigen Gemeinschaft mit deinem Sohn gelangen, der mit dir lebt und herrscht in alle Ewigkeit.

***

Für eine Wort-Gottes-Feier:

ERÖFFNUNGSGEBET ZUR WAHL

Gütiger Gott, dein Sohn hat deinen Willen in allem erfüllt. Er hat Kreuz und Leiden auf sich genommen. Zeige uns den Weg, den wir heute gehen müssen, um ihm nachzufolgen und Anteil zu erhalten an seinem Reich. Darum bitten wir dich durch ihn, Jesus Christus, unseren Herrn, der mit dir und dem Heiligen Geist lebt in alle Ewigkeit.

***

RUSSISCHE RECHENMASCHINE

Die, da
mit den bunten Holz-
perlen schön
wie die Strickliesl
schöner noch.

Was hast du für mich
ausgerechnet das
Himmelreich.

Ein Kaufmannsladen
wann
macht er auf?

Susanne Sandherr

24. SONNTAG IM JAHRESKREIS

15. September 2019

Es ist nur allzu menschlich, dass wir uns im Alltag nach Ruhe sehnen, nach etwas Stille, sogar Stillstand, im ewigen Durcheinander und in all den Veränderungen. Viel davon können wir als leere Hektik abtun, von der wir uns distanzieren, aber wir sollten nicht zu abgeklärt sein. Gott will Umkehr, und wo echte Umkehr ist, ist Gott im Spiel. So wendet auch Gott sich seinem Volk wieder zu, so fordert er von uns Umkehr und verlangt, dass wir nicht bei dem verharren, was wir zu besitzen und im Griff zu haben scheinen. Vielmehr sollen wir suchen, was wir verloren haben – und auf diese Weise nichts verloren gehen lassen.

ERÖFFNUNGSVERS

Vgl. Sir 36,18.21–22

Herr, gib Frieden denen, die auf dich hoffen,
und erweise deine Propheten als zuverlässig.
Erhöre das Gebet deiner Diener und deines Volkes.

KYRIE-RUFE

Herr Jesus Christus, du bist
in die Welt gekommen,
um die Sünder zu retten.
V/A: Herr, erbarme dich.
Du freust dich über jeden
einzelnen Sünder, der umkehrt.
V/A: Christus, erbarme dich.
Du wartest auf uns, bis auch
der letzte Sünder umgekehrt ist.
V/A: Herr, erbarme dich.

Ehre sei Gott, S. 489 f.

TAGESGEBET

Gott, du Schöpfer und Lenker aller Dinge, sieh gnädig auf uns. Gib, dass wir dir mit ganzem Herzen dienen und die Macht deiner Liebe an uns erfahren. Darum bitten wir durch Jesus Christus.

WORTGOTTESDIENST

ZUR 1. LESUNG Zwiesprache zwischen Gott und seinem Propheten! Das Volk wendet sich von Gott ab und deshalb erkennt der Herr es nicht mehr als Sein Volk an. Es ist Dein Volk, sagt er zu Mose. Dieser erinnert den Herrn daran, was Er für Sein Volk getan und ihm zugesagt hat. Darüber muss Gott nicht informiert werden, und doch muss sich sein Zorn erst legen, bevor er sich Seinem Volk neu zuwenden kann. Zorn ist dabei vielleicht mehr als eine Gefühlswallung; etwas, das sich verselbstständigt hat und zwischen die handelnden Personen schiebt. Zorn vernebelt. In dieser Situation weiß der andere, dass es nicht um ihn geht, weiß Mose, dass nicht er ein Volk werden soll, sondern dass Gott sich wieder seinem Volk zuwenden wird, wenn der Zorn verraucht ist.

ERSTE LESUNG Ex 32,7–11.13–14

Der Herr ließ sich das Böse reuen, das er seinem Volk angedroht hatte

Lesung aus dem Buch Exodus.

In jenen Tagen sprach der Herr zu Mose: Geh, steig hinunter, denn dein Volk, das du aus Ägypten heraufgeführt hast, läuft ins Verderben. Schnell sind sie von dem Weg abgewichen, den ich ihnen vorgeschrieben habe. Sie haben sich ein Kalb aus Metall gegossen und werfen sich vor ihm zu Boden. Sie bringen ihm Schlachtopfer dar und sagen: Das sind deine Götter, Israel, die dich aus Ägypten heraufgeführt haben.

Weiter sprach der Herr zu Mose: Ich habe dieses Volk durchschaut: Ein störrisches Volk ist es. Jetzt lass mich, damit mein Zorn gegen sie entbrennt und sie verzehrt. Dich aber will ich zu einem großen Volk machen.

Da versuchte Mose, den Herrn, seinen Gott, zu besänftigen, und sagte: Warum, Herr, ist dein Zorn gegen dein Volk entbrannt? Du hast es doch mit großer Macht und starker Hand aus Ägypten herausgeführt. Denk an deine Knechte, an Abraham, Isaak und Israel, denen du mit einem Eid bei deinem eigenen Namen zugesichert und gesagt hast: Ich will eure Nachkommen zahlreich machen wie die Sterne am Himmel, und: Dieses ganze Land, von dem ich gesprochen habe, will ich euren Nachkommen geben und sie sollen es für immer besitzen.

Da ließ sich der Herr das Böse reuen, das er seinem Volk angedroht hatte.

ANTWORTPSALM

Ps 51(50),3–4.12–13.17 u. 19 (℟: vgl. Lk 15,18)

℟ Ich will zu meinem Vater gehen
und meine Schuld bekennen. – ℟

Gott, sei mir gnädig nach deiner Huld, *
tilge meine Frevel nach deinem reichen Erbarmen!
Wasch meine Schuld von mir ab *
und mach mich rein von meiner Sünde. – (℟)

Erschaffe mir, Gott, ein reines Herz *
und gib mir einen neuen, beständigen Geist!
Verwirf mich nicht von deinem Angesicht *
und nimm deinen heiligen Geist nicht von mir! – (℟)

Herr, öffne mir die Lippen *
und mein Mund wird deinen Ruhm verkünden.

Das Opfer, das Gott gefällt, ist ein zerknirschter Geist, *
ein zerbrochenes und zerschlagenes Herz
wirst du, Gott, nicht verschmähen. – ℟

ZUR 2. LESUNG Der Autor des Timotheusbriefes denkt nach über den Apostel Paulus und seine Berufung. Vor dieser war er nicht zurechnungsfähig; er wusste nicht, was er tat. Kann man jemanden so einfach entschuldigen und von seiner Verantwortung freisprechen? Ja und Nein. Natürlich ist Paulus verantwortlich für das, was er getan hat, und doch kann er dessen Tragweite erst im Nachhinein erkennen. Das geht uns Menschen oft so, dass wir erst im Nachhinein erkennen. Vielleicht ist diese Art der Erkenntnis sogar das, was uns zu Menschen macht; jedenfalls erkennen wir erst im Nachhinein, ob uns etwas aus Gnade und Erbarmen widerfahren ist.

ZWEITE LESUNG 1 Tim 1,12–17

Christus Jesus ist gekommen, um die Sünder zu retten

Lesung aus dem ersten Brief des Apostels Paulus an Timotheus.

Ich danke dem, der mir Kraft gegeben hat: Christus Jesus, unserem Herrn. Er hat mich für treu gehalten und in seinen Dienst genommen, obwohl ich ihn früher lästerte, verfolgte und verhöhnte. Aber ich habe Erbarmen gefunden, denn ich wusste in meinem Unglauben nicht, was ich tat. So übergroß war die Gnade unseres Herrn, die mir in Christus Jesus den Glauben und die Liebe schenkte.

Das Wort ist glaubwürdig und wert, dass man es beherzigt: Christus Jesus ist in die Welt gekommen, um die Sünder zu retten. Von ihnen bin ich der Erste. Aber ich habe Erbarmen gefunden, damit Christus Jesus an mir als Erstem seine ganze Langmut beweisen konnte, zum Vorbild für alle, die in Zukunft an ihn glauben, um das ewige Leben zu erlangen.

Dem König der Ewigkeit, dem unvergänglichen, unsichtbaren, einzigen Gott, sei Ehre und Herrlichkeit in alle Ewigkeit. Amen.

RUF VOR DEM EVANGELIUM

Vers: vgl. 2 Kor 5,19

Halleluja. Halleluja.
Gott hat in Christus die Welt mit sich versöhnt
und uns das Wort von der Versöhnung anvertraut.
Halleluja.

ZUM EVANGELIUM Das heutige Evangelium ist nichts für (Selbst-)Zufriedene, vielmehr ruft es zur Tat auf: Geh dem einen verlorenen Schaf nach, suche die eine verlorene Drachme, wende dich dem einen verlorenen Sohn zu. Der ältere Sohn bleibt zu Hause; das ist lobenswert, und sein Vater teilt deshalb alles mit ihm, was er hat. Der jüngere Sohn setzt sich der Gefahr des Wandels aus und scheitert. Er verharrt aber nicht im Scheitern, sondern kehrt um und zwingt so auch den Vater und den älteren Bruder dazu, sich zu bewegen, sich zu verändern. Gehört die Kirche eher zu den (Selbst-)Zufriedenen oder lässt sie sich immer wieder zur Umkehr anregen?

EVANGELIUM

Lk 15,1–32

Im Himmel herrscht Freude über einen einzigen Sünder, der umkehrt

+ **Aus dem heiligen Evangelium nach Lukas.**

In jener Zeit kamen alle Zöllner und Sünder zu Jesus, um ihn zu hören. Die Pharisäer und die Schriftgelehrten empörten sich darüber und sagten: Er gibt sich mit Sündern ab und isst sogar mit ihnen.

Da erzählte er ihnen ein Gleichnis und sagte: Wenn einer von euch hundert Schafe hat und eins davon verliert, lässt er dann nicht die neunundneunzig in der Steppe zurück und geht dem verlorenen nach, bis er es findet? Und wenn er es gefunden hat, nimmt er es voll Freude auf die Schultern, und wenn er nach Hause kommt, ruft er seine Freunde und Nachbarn zusammen und sagt zu ihnen: Freut euch mit mir; ich habe mein Schaf wiedergefunden, das verloren war.

Ich sage euch: Ebenso wird auch im Himmel mehr Freude herrschen über einen einzigen Sünder, der umkehrt, als über neunundneunzig Gerechte, die es nicht nötig haben umzukehren.

Oder wenn eine Frau zehn Drachmen hat und eine davon verliert, zündet sie dann nicht eine Lampe an, fegt das ganze Haus und sucht unermüdlich, bis sie das Geldstück findet? Und wenn sie es gefunden hat, ruft sie ihre Freundinnen und Nachbarinnen zusammen und sagt: Freut euch mit mir; ich habe die Drachme wiedergefunden, die ich verloren hatte.

Ich sage euch: Ebenso herrscht auch bei den Engeln Gottes Freude über einen einzigen Sünder, der umkehrt.

Weiter sagte Jesus: Ein Mann hatte zwei Söhne. Der jüngere von ihnen sagte zu seinem Vater: Vater, gib mir das Erbteil, das mir zusteht. Da teilte der Vater das Vermögen auf. Nach wenigen Tagen packte der jüngere Sohn alles zusammen und zog in ein fernes Land. Dort führte er ein zügelloses Leben und verschleuderte sein Vermögen. Als er alles durchgebracht hatte, kam eine große Hungersnot über das Land und es ging ihm schlecht. Da ging er zu einem Bürger des Landes und drängte sich ihm auf; der schickte ihn aufs Feld zum Schweinehüten. Er hätte gern seinen Hunger mit den Futterschoten gestillt, die die Schweine fraßen; aber niemand gab ihm davon.

Da ging er in sich und sagte: Wie viele Tagelöhner meines Vaters haben mehr als genug zu essen und ich komme hier vor Hunger um. Ich will aufbrechen und zu meinem Vater gehen und zu ihm sagen: Vater, ich habe mich gegen den Himmel und gegen dich versündigt. Ich bin nicht mehr wert, dein Sohn zu sein; mach mich zu einem deiner Tagelöhner.

Dann brach er auf und ging zu seinem Vater. Der Vater sah ihn schon von Weitem kommen und er hatte Mitleid mit ihm. Er lief dem Sohn entgegen, fiel ihm um den Hals und küsste ihn.

Da sagte der Sohn: Vater, ich habe mich gegen den Himmel und gegen dich versündigt; ich bin nicht mehr wert, dein Sohn zu sein.

Der Vater aber sagte zu seinen Knechten: Holt schnell das beste Gewand und zieht es ihm an, steckt ihm einen Ring an die Hand und zieht ihm Schuhe an. Bringt das Mastkalb her und schlachtet es; wir wollen essen und fröhlich sein. Denn mein Sohn war tot und lebt wieder; er war verloren und ist wiedergefunden worden. Und sie begannen, ein fröhliches Fest zu feiern.

Sein älterer Sohn war unterdessen auf dem Feld. Als er heimging und in die Nähe des Hauses kam, hörte er Musik und Tanz.

Da rief er einen der Knechte und fragte, was das bedeuten solle. Der Knecht antwortete: Dein Bruder ist gekommen und dein Vater hat das Mastkalb schlachten lassen, weil er ihn heil und gesund wiederbekommen hat. Da wurde er zornig und wollte nicht hineingehen. Sein Vater aber kam heraus und redete ihm gut zu.

Doch er erwiderte dem Vater: So viele Jahre schon diene ich dir, und nie habe ich gegen deinen Willen gehandelt; mir aber hast du nie auch nur einen Ziegenbock geschenkt, damit ich mit meinen Freunden ein Fest feiern konnte. Kaum aber ist der hier gekommen, dein Sohn, der dein Vermögen mit Dirnen durchgebracht hat, da hast du für ihn das Mastkalb geschlachtet.

Der Vater antwortete ihm: Mein Kind, du bist immer bei mir, und alles, was mein ist, ist auch dein. Aber jetzt müssen wir uns doch freuen und ein Fest feiern; denn dein Bruder war tot und lebt wieder; er war verloren und ist wiedergefunden worden.

Oder:

KURZFASSUNG Lk 15,1–10

Im Himmel herrscht Freude über einen einzigen Sünder, der umkehrt

+ Aus dem heiligen Evangelium nach Lukas.

In jener Zeit kamen alle Zöllner und Sünder zu Jesus, um ihn zu hören. Die Pharisäer und die Schriftgelehrten empörten sich darüber und sagten: Er gibt sich mit Sündern ab und isst sogar mit ihnen.

Da erzählte er ihnen ein Gleichnis und sagte: Wenn einer von euch hundert Schafe hat und eins davon verliert, lässt er dann nicht die neunundneunzig in der Steppe zurück und geht dem verlorenen nach, bis er es findet? Und wenn er es gefunden hat, nimmt er es voll Freude auf die Schultern, und wenn er nach Hause kommt, ruft er seine Freunde und Nachbarn zusammen und sagt zu ihnen:

Freut euch mit mir; ich habe mein Schaf wiedergefunden, das verloren war.

Ich sage euch: Ebenso wird auch im Himmel mehr Freude herrschen über einen einzigen Sünder, der umkehrt, als über neunundneunzig Gerechte, die es nicht nötig haben umzukehren.

Oder wenn eine Frau zehn Drachmen hat und eine davon verliert, zündet sie dann nicht eine Lampe an, fegt das ganze Haus und sucht unermüdlich, bis sie das Geldstück findet? Und wenn sie es gefunden hat, ruft sie ihre Freundinnen und Nachbarinnen zusammen und sagt: Freut euch mit mir; ich habe die Drachme wiedergefunden, die ich verloren hatte.

Ich sage euch: Ebenso herrscht auch bei den Engeln Gottes Freude über einen einzigen Sünder, der umkehrt.

Glaubensbekenntnis, S. 492 ff.

FÜRBITTEN

Barmherziger Gott, du gehst dem Verlorenen nach – und gibst niemanden verloren. Wir rufen zu dir:

- Du willst die Einheit aller, die an dich glauben. Lass uns, deine Getauften, daran mitwirken, dass diese Einheit unter uns erfahrbare Wirklichkeit wird. V: Gott, du Freund des Lebens. A: Nimm an unser Gebet.

- Du schenkst Vergebung, wenn wir wahrhaftig darum bitten. Hilf allen, die Schuld auf sich geladen haben, sich als schuldige Menschen doch anzunehmen und Verzeihung und Vergebung zu suchen. V: Gott, du Freund des Lebens. A: Nimm an unser Gebet.

- Nicht als Feinde, sondern als Freunde sollen wir leben. Stärke alle Menschen guten Willens, Wege des Friedens und der Versöhnung zu suchen. V: Gott, du Freund des Lebens. A: Nimm an unser Gebet.

- Wo zwei oder drei in Christi Namen versammelt sind, da bist du in deinem Sohn mitten unter ihnen. Hilf uns, dich in unsere Festfreude und in unseren Alltag hineinzunehmen. V: Gott, du Freund des Lebens. A: Nimm an unser Gebet.

Deine erbarmende Liebe, guter Gott, ist allen Menschen verheißen. Hilf uns, dir in deiner Sorge um die Schwachen, um die an Leib und Seele Verletzten nachzufolgen durch Christus, unseren Bruder und Heiland.

EUCHARISTIEFEIER

GABENGEBET

Herr, nimm die Gebete und Gaben deiner Kirche an; und was jeder Einzelne zur Ehre deines Namens darbringt, das werde allen zum Heil. Darum bitten wir durch Christus, unseren Herrn.

Präfation, S. 504 ff.

KOMMUNIONVERS

Vgl. 1 Kor 10,16

Der Kelch des Segens, über den wir den Segen sprechen,
ist Teilhabe am Blut Christi.
Das Brot, das wir brechen, ist Teilhabe am Leib Christi.

SCHLUSSGEBET

Herr, unser Gott, wir danken dir, dass du uns Anteil am Leib und Blut Christi gegeben hast. Lass nicht unser eigenes Streben Macht über uns gewinnen, sondern gib, dass die Wirkung dieses Sakramentes unser Leben bestimmt. Darum bitten wir durch Christus, unseren Herrn.

***

Für eine Wort-Gottes-Feier:

ERÖFFNUNGSGEBET ZUR WAHL

Barmherziger Gott, dein Sohn ist gekommen, um zu suchen, was verloren ist. Gib, dass wir auf seine Stimme hören und den Mut finden umzukehren, wenn wir auf falschen Wegen sind. Darum bitten wir durch ihn, Jesus Christus, deinen Sohn, der in der Einheit des Heiligen Geistes mit dir lebt jetzt und in Ewigkeit.

***

KEINE SCHIELENDEN BLICKE

keine schielenden Blicke
im geistlichen Leben
bitte!

Gott gibt jedem
was er braucht
wie viel ein anderer bekommt
ist bedeutungslos

ich schaue auf Gott
den barmherzigen Vater
der mich immer wieder
in die Arme schließt
und sich freut

das ist genug

Heinz Detlef Stäps

25. SONNTAG IM JAHRESKREIS

22. September 2019

Die Texte des heutigen Tages handeln von einem Blickwechsel. Der Prophet klagt jene an, die ihre Kapitalmacht ausnutzen; der Apostelbrief erkennt, dass nur Gott die innerweltlichen Zustände wird ändern können; das Evangelium mahnt zum rechten, gebenden und vergebenden Umgang mit Geld. Immer geht es darum, sich nicht selbst in den Mittelpunkt zu stellen, sondern den anderen in den Blick zu nehmen und sich ihm zuzuwenden. Leider müssen wir diesen Perspektivwechsel mühevoll einüben und so bedarf es der ständigen Erinnerung an den anderen.

ERÖFFNUNGSVERS

Das Heil des Volkes bin ich – so spricht der Herr.
In jeder Not, aus der sie zu mir rufen, will ich sie erhören.
Ich will ihr Herr sein für alle Zeit.

KYRIE-RUFE

Herr Jesus Christus, du stehst zu
den Armen und hilfst den Hilflosen.
V/A: Herr, erbarme dich.
Du hilfst uns, klug zu sein, damit wir
gegen die Machthaber dieser Welt
nicht untergehen.
V/A: Christus, erbarme dich.
Du gibst uns, auch im Kleinen zuverlässig
zu sein, sodass wir uns der großen Güter
würdig erweisen.
V/A: Herr, erbarme dich.

Ehre sei Gott, S. 489 f.

TAGESGEBET

Heiliger Gott, du hast uns das Gebot der Liebe zu dir und zu unserem Nächsten aufgetragen als die Erfüllung des ganzen Gesetzes. Gib uns die Kraft, dieses Gebot treu zu befolgen, damit wir das ewige Leben erlangen. Darum bitten wir durch Jesus Christus.

WORTGOTTESDIENST

ZUR 1. LESUNG Die Sozialkritik des Propheten Amos ist wegweisend und sie zeigt, dass der sogenannte Turbo-Kapitalismus nicht erst in unseren Tagen sein Unwesen treibt. Die größte Spannung liegt wohl zwischen den Akteuren: Die einen handeln bedenkenlos zu ihren eigenen Gunsten und die anderen müssen die Folgen dieses Handelns ertragen und erdulden. Von sich aus können sie sich nicht aus ihrer Misere befreien. Deshalb sind sie schutzbedürftig, und deshalb wendet sich Gott ihnen in besonderer Weise zu. Leider ist es dabei nicht so, dass Gott einfach eingreifen könnte, aber sein Gedächtnis wird für die Betrüger zur mahnenden Qual. Wie lernen wir, diese Mahnung zu hören?

ERSTE LESUNG Am 8,4–7

Hört dieses Wort, die ihr sagt: „Wir wollen mit Geld die Hilflosen kaufen"

Lesung aus dem Buch Amos.

Hört dieses Wort, die ihr die Schwachen verfolgt und die Armen im Land unterdrückt. Ihr sagt: Wann ist das Neumondfest vorbei? Wir wollen Getreide verkaufen. Und wann ist der Sabbat vorbei? Wir wollen den Kornspeicher öffnen, das Maß kleiner und den Preis größer machen und die Gewichte fälschen. Wir wollen

mit Geld die Hilflosen kaufen, für ein Paar Sandalen die Armen.
Sogar den Abfall des Getreides machen wir zu Geld.
Beim Stolz Jakobs hat der Herr geschworen: Keine ihrer Taten werde ich jemals vergessen.

ANTWORTPSALM

Ps 113(112),1–2.4–5.6–7.8–9 (℟: vgl. 1a.7b)

℟ Lobet den Herrn,
der den Armen erhöht! – ℟

(*Oder:* Halleluja.)

Lobet, ihr Knechte des Herrn, *
lobt den Namen des Herrn!
Der Name des Herrn sei gepriesen *
von nun an bis in Ewigkeit! – (℟)

Der Herr ist erhaben über alle Völker, *
seine Herrlichkeit überragt die Himmel.
Wer gleicht dem Herrn, unserm Gott, *
im Himmel und auf Erden? – (℟)

Wer gleicht ihm, der in der Höhe thront, *
der hinabschaut in die Tiefe,
der den Schwachen aus dem Staub emporhebt *
und den Armen erhöht, der im Schmutz liegt? – (℟)

Er gibt ihm einen Sitz bei den Edlen, *
bei den Edlen seines Volkes.
Die Frau, die kinderlos war, lässt er im Hause wohnen; *
sie wird Mutter und freut sich an ihren Kindern. – ℟

ZUR 2. LESUNG Die Lesung aus dem Timotheusbrief könnte nicht aktueller sein: Gott will, dass alle Menschen gerettet werden. Der Briefschreiber bittet daher um Gebet, vor allem für die Machthaber; diese können, wenn sie denn wollen, das Schicksal der Untergebenen in bessere Bahnen lenken. Oft scheint man im Getriebe der Welt dazu verdammt, die Hände in den Schoß zu legen, aber offenbar stimmt das nicht. Wir können beten. Gebet ist weder Selbstsuggestion noch Verantwortungslosigkeit. Gebet setzt vielmehr die Klarheit des Geistes voraus und lenkt den Blick auf das, was zu tun ist, um Leid zu minimieren.

ZWEITE LESUNG

1 Tim 2,1–8

Ich fordere auf zu Bitten und Gebeten für alle Menschen, denn Gott will, dass alle gerettet werden

Lesung aus dem ersten Brief des Apostels Paulus an Timotheus.

Vor allem fordere ich zu Bitten und Gebeten, zu Fürbitte und Danksagung auf, und zwar für alle Menschen, für die Herrscher und für alle, die Macht ausüben, damit wir in aller Frömmigkeit und Rechtschaffenheit ungestört und ruhig leben können. Das ist recht und gefällt Gott, unserem Retter; er will, dass alle Menschen gerettet werden und zur Erkenntnis der Wahrheit gelangen. Denn: Einer ist Gott, Einer auch Mittler zwischen Gott und den Menschen: der Mensch Christus Jesus, der sich als Lösegeld hingegeben hat für alle, ein Zeugnis zur vorherbestimmten Zeit, als dessen Verkünder und Apostel ich eingesetzt wurde – ich sage die Wahrheit und lüge nicht –, als Lehrer der Heiden im Glauben und in der Wahrheit.

Ich will, dass die Männer überall beim Gebet ihre Hände in Reinheit erheben, frei von Zorn und Streit.

RUF VOR DEM EVANGELIUM

Vers: vgl. 2 Kor 8,9

Halleluja. Halleluja.
Jesus Christus, der reich war,
wurde aus Liebe arm.

Und durch seine Armut hat er uns reich gemacht.
Halleluja.

ZUM EVANGELIUM Die erste Einheit des heutigen Evangeliums macht deutlich, wie die zweite gelesen werden soll. Zuerst verschwendet der Verwalter das Vermögen seines Vorgesetzten, aber dann beginnt er, es im Sinne Jesu richtig einzusetzen und erlässt Schulden. So soll man mit dem Mammon umgehen, so geht man mit Reichtum zuverlässig um. Man soll ihn nicht verschwenden, sondern im Sinne der Menschen verwenden. Dabei darf man nicht eng und ängstlich sein, sondern so handeln, wie Kinder der Welt dies tun. Haben wir Angst vor diesem Umgang mit Geld und Reichtum? Ach Herr, hilf uns, unseren Kleinmut zu überwinden, Geld würde uns durch die Lappen gehen, wenn wir vergeben, statt zu horten!

EVANGELIUM Lk 16,1–13

Ihr könnt nicht beiden dienen, Gott und dem Mammon

+ **Aus dem heiligen Evangelium nach Lukas.**

In jener Zeit sprach Jesus zu seinen Jüngern: Ein reicher Mann hatte einen Verwalter. Diesen beschuldigte man bei ihm, er verschleudere sein Vermögen. Darauf ließ er ihn rufen und sagte zu ihm: Was höre ich über dich? Leg Rechenschaft ab über deine Verwaltung! Du kannst nicht länger mein Verwalter sein.

Da überlegte der Verwalter: Mein Herr entzieht mir die Verwaltung. Was soll ich jetzt tun? Zu schwerer Arbeit tauge ich nicht, und zu betteln schäme ich mich. Doch – ich weiß, was ich tun muss, damit mich die Leute in ihre Häuser aufnehmen, wenn ich als Verwalter abgesetzt bin.

Und er ließ die Schuldner seines Herrn, einen nach dem andern, zu sich kommen und fragte den ersten: Wie viel bist du meinem Herrn schuldig?

Er antwortete: Hundert Fass Öl. Da sagte er zu ihm: Nimm deinen Schuldschein, setz dich gleich hin und schreib „fünfzig“.

Dann fragte er einen andern: Wie viel bist du schuldig? Der antwortete: Hundert Sack Weizen. Da sagte er zu ihm: Nimm deinen Schuldschein und schreib „achtzig“.

Und der Herr lobte die Klugheit des unehrlichen Verwalters und sagte: Die Kinder dieser Welt sind im Umgang mit ihresgleichen klüger als die Kinder des Lichtes.

Ich sage euch: Macht euch Freunde mithilfe des ungerechten Mammons, damit ihr in die ewigen Wohnungen aufgenommen werdet, wenn es mit euch zu Ende geht.

Wer in den kleinsten Dingen zuverlässig ist, der ist es auch in den großen, und wer bei den kleinsten Dingen Unrecht tut, der tut es auch bei den großen.

Wenn ihr im Umgang mit dem ungerechten Reichtum nicht zuverlässig gewesen seid, wer wird euch dann das wahre Gut anvertrauen?

Und wenn ihr im Umgang mit dem fremden Gut nicht zuverlässig gewesen seid, wer wird euch dann euer wahres Eigentum geben?

Kein Sklave kann zwei Herren dienen; er wird entweder den einen hassen und den andern lieben, oder er wird zu dem einen halten und den andern verachten. Ihr könnt nicht beiden dienen, Gott und dem Mammon.

Oder:

KURZFASSUNG Lk 16,10–13

Ihr könnt nicht beiden dienen, Gott und dem Mammon

+ **Aus dem heiligen Evangelium nach Lukas.**

In jener Zeit sprach Jesus zu seinen Jüngern: Wer in den kleinsten Dingen zuverlässig ist, der ist es auch in den großen, und wer bei den kleinsten Dingen Unrecht tut, der tut es auch bei den großen.

Wenn ihr im Umgang mit dem ungerechten Reichtum nicht zuverlässig gewesen seid, wer wird euch dann das wahre Gut anvertrauen?

Und wenn ihr im Umgang mit dem fremden Gut nicht zuverlässig gewesen seid, wer wird euch dann euer wahres Eigentum geben?
Kein Sklave kann zwei Herren dienen; er wird entweder den einen hassen und den andern lieben, oder er wird zu dem einen halten und den andern verachten. Ihr könnt nicht beiden dienen, Gott und dem Mammon.

Glaubensbekenntnis, S. 492 ff.

FÜRBITTEN

„Geld regiert die Welt“, heißt es. Doch dieser Logik folgt das heutige Evangelium nur scheinbar. Weil Gott über allem Reichtum und auf der Seite der Armen und Geknechteten steht, ist es Aufgabe der Christen, gegen Unrecht und ungerechte Verteilung von Lebenschancen aufzustehen. Wir bitten Gott um seinen Beistand:

- Für die Kirche, dass sie die frohe Botschaft in Treue verkündet und überzeugend lebt. V: Gott, du Quell des Lebens. A: Wir bitten dich, erhöre uns.

- Für alle, die sich darum mühen, verantwortungsvoll mit ihrem Besitz umzugehen. V: Gott, du Quell des Lebens. A: Wir bitten dich, erhöre uns.

- Für alle, die von Ängsten geplagt sind, dass sie ermutigt werden, ihre Fähigkeiten zum Gelingen menschlicher Gemeinschaft einzubringen. V: Gott, du Quell des Lebens. A: Wir bitten dich, erhöre uns.

- Für alle, die in unserer Gemeinde und an vielen Wirkungsstätten im Ehrenamt tätig sind. V: Gott, du Quell des Lebens. A: Wir bitten dich, erhöre uns.

- Für alle Frauen und Männer in Wirtschaft und Politik, die sich bemühen, neue Wege für mehr Gerechtigkeit zu gehen. V: Gott, du Quell des Lebens. A: Wir bitten dich, erhöre uns.

- Für unsere Verstorbenen, die uns geliebt, gefördert und gestärkt haben, und für alle Toten, an die niemand mehr denkt. V: Gott, du Quell des Lebens. A: Wir bitten dich, erhöre uns.

Nur in dir, Gott, ist Leben in Fülle. Segne uns, dass wir barmherzig und großzügig leben. So bitten wir durch Christus, unseren Bruder.

EUCHARISTIEFEIER

GABENGEBET

Herr, unser Gott, nimm die Gaben deines Volkes an und gib, dass wir im Geheimnis der heiligen Eucharistie empfangen, was wir im Glauben bekennen. Darum bitten wir durch Christus, unseren Herrn.

Präfation, S. 504 ff.

KOMMUNIONVERS

Joh 10,14

So spricht der Herr:
Ich bin der Gute Hirt, ich kenne die Meinen,
und die Meinen kennen mich.

SCHLUSSGEBET

Allmächtiger Gott, du erneuerst uns durch deine Sakramente. Gewähre uns deine Hilfe und mache das Werk der Erlösung, das wir gefeiert haben, auch in unserem Leben wirksam. Darum bitten wir durch Christus, unseren Herrn.

***

Für eine Wort-Gottes-Feier:

ERÖFFNUNGSGEBET ZUR WAHL

Herr, unser Gott, du willst, dass wir dir allein dienen und in allem dich suchen. Lass uns treu bewahren, was uns anvertraut ist, damit uns einst deine Fülle zuteilwird. Darum bitten wir durch Jesus Christus, deinen Sohn, unseren Herrn, der in der Einheit des Heiligen Geistes mit dir lebt und herrscht in alle Ewigkeit.

***

JEDERZEIT

Ein Rabbi sprach:
„Die große Schuld des Menschen
sind nicht die Sünden, die er begeht –
die Versuchung ist groß
und seine Kraft ist klein.
Die große Schuld des Menschen ist,
dass er jederzeit umkehren kann
und es nicht tut.“

Aus dem chassidischen Judentum

26. SONNTAG IM JAHRESKREIS

29. September 2019

Es gibt Facetten religiöser Existenz, die uns, zumindest im öffentlichen Diskurs, gänzlich abhandengekommen zu sein scheinen. Eine solche Dimension ist das endzeitliche Gericht bzw. die Vorstellung, dass alles, was wir tun, Auswirkungen hat auf unsere endgültige Existenz bei Gott. Nun liegt es ja nicht auf der Hand, dass wir auch im Jenseits existieren werden. Aber ist die Vorstellung so abseitig, dass unser Tun von einer Bedeutung ist, die unseren jetzigen kleinen Wirkungskreis weit überschreitet? „Du bist, was du isst" kann uns vielleicht eine Ahnung von dem vermitteln, was es bedeutet, das eigene Handeln nicht auf das Hier und Heute zu beschränken.

ERÖFFNUNGSVERS

Vgl. Dan 3,31.29.30.43.42

Alles, was du uns getan hast, o Herr,
das hast du nach deiner gerechten Entscheidung getan,
denn wir haben gesündigt,
wir haben dein Gesetz übertreten.
Verherrliche deinen Namen und rette uns
nach der Fülle deines Erbarmens.

KYRIE-RUFE

Jesus Christus, du hast ein Bekenntnis abgelegt.
V/A: Herr, erbarme dich.
Du bist als Zeuge dafür eingetreten.
V/A: Christus, erbarme dich.

Du hörst die Sehnsucht der Elenden
und verschaffst den Armen ihr Recht.
V/A: Herr, erbarme dich.

Ehre sei Gott, S. 489 f.

TAGESGEBET

Großer Gott, du offenbarst deine Macht vor allem im Erbarmen und im Verschonen. Darum nimm uns in Gnaden auf, wenn uns auch Schuld belastet. Gib, dass wir unseren Lauf vollenden und zur Herrlichkeit des Himmels gelangen. Darum bitten wir durch Jesus Christus.

WORTGOTTESDIENST

ZUR 1. LESUNG Wie kann man luxuriös leben, während es anderen schlecht geht? Mit harten Worten greift der Prophet jene an, die es sich um jeden Preis wohlgehen lassen und dabei jedes Maß verlieren. All das ist nicht allein menschenverachtend und es hat auch nicht nur den geistlichen Niedergang zur Folge, sondern auch den konkret politischen: Israels Oberschicht wird verschleppt und muss in die Verbannung; zu Recht, würde der Prophet sagen. Heute steht uns täglich nicht nur die Kluft zwischen Arm und Reich in unserer eigenen Gesellschaft vor Augen, sondern noch viel klarer die zwischen den einzelnen Gesellschaften weltweit. Hilf uns heraus, Herr, aus unserer inneren Emigration und lass uns lernen, Klüfte zu überwinden.

ERSTE LESUNG Am 6, 1a.4–7

Weh den Sorglosen; das Fest der Faulenzer ist nun vorbei

Lesung aus dem Buch Amos.

Weh den Sorglosen auf dem Zion und den Selbstsicheren auf dem Berg von Samaria.

Ihr liegt auf Betten aus Elfenbein und faulenzt auf euren Polstern. Zum Essen holt ihr euch Lämmer aus der Herde und Mastkälber aus dem Stall. Ihr grölt zum Klang der Harfe, ihr wollt Lieder erfinden wie David. Ihr trinkt den Wein aus großen Humpen, ihr salbt euch mit dem feinsten Öl und sorgt euch nicht über den Untergang Josefs. Darum müssen sie jetzt in die Verbannung, allen Verbannten voran. Das Fest der Faulenzer ist nun vorbei.

ANTWORTPSALM

Ps 146(145),6–7.8–9b.9c–10 (℟: 1)

℟ Lobe den Herrn, meine Seele! – ℟

(*Oder:* Halleluja.)

Der Herr hat Himmel und Erde gemacht, †
das Meer und alle Geschöpfe; *
er hält ewig die Treue.
Recht verschafft er den Unterdrückten, †
den Hungernden gibt er Brot; *
der Herr befreit die Gefangenen. – (℟)

Der Herr öffnet den Blinden die Augen, *
er richtet die Gebeugten auf.
Der Herr beschützt die Fremden *
und verhilft den Waisen und Witwen zu ihrem Recht. – (℟)

Der Herr liebt die Gerechten, *
doch die Schritte der Frevler leitet er in die Irre.
Der Herr ist König auf ewig, *
dein Gott, Zion, herrscht von Geschlecht zu Geschlecht. – ℟

ZUR 2. LESUNG Wie ein Trainer, wie ein engagierter Coach wendet sich der Apostel an seinen Schüler: Stehe für deinen Glauben ein und lass nicht nach in deinem Eifer. Bei aller Parallelität gibt es aber doch einen entscheidenden Unterschied zur Beziehung zwischen Jesus und seinen Jüngern: Jesus hat sich vor dem Feind zu seinem Glauben bekannt, während Timotheus dies vor der Gemeinde tut. Trotzdem wird klar, dass man beim Zeugnis nicht zurückkann, ohne sein Gesicht zu verlieren. Wo kann ich ein solches Zeugnis ablegen? Wo bin ich mir sicher, mir und meinem Zeugnis treu zu sein, bis Er kommt?

ZWEITE LESUNG

1 Tim 6, 11 – 16

Erfülle deinen Auftrag rein und ohne Tadel, bis zum Erscheinen Jesu Christi

Lesung aus dem ersten Brief des Apostels Paulus an Timotheus.

Du aber, ein Mann Gottes, strebe unermüdlich nach Gerechtigkeit, Frömmigkeit, Glauben, Liebe, Standhaftigkeit und Sanftmut. Kämpfe den guten Kampf des Glaubens, ergreife das ewige Leben, zu dem du berufen worden bist und für das du vor vielen Zeugen das gute Bekenntnis abgelegt hast.

Ich gebiete dir bei Gott, von dem alles Leben kommt, und bei Christus Jesus, der vor Pontius Pilatus das gute Bekenntnis abgelegt hat und als Zeuge dafür eingetreten ist: Erfülle deinen Auftrag rein und ohne Tadel, bis zum Erscheinen Jesu Christi, unseres Herrn, das zur vorherbestimmten Zeit herbeiführen wird der selige und einzige Herrscher, der König der Könige und Herr der Herren, der allein die Unsterblichkeit besitzt, der in unzugänglichem Licht wohnt, den kein Mensch gesehen hat noch je zu sehen vermag: Ihm gebührt Ehre und ewige Macht. Amen.

RUF VOR DEM EVANGELIUM

Vers: vgl. 2 Kor 8, 9

Halleluja. Halleluja.
Jesus Christus, der reich war,
wurde aus Liebe arm.

Und durch seine Armut hat er uns reich gemacht.
Halleluja.

ZUM EVANGELIUM Sehr plastisch und drastisch stellt uns das heutige Evangelium die endgültigen Folgen unseres Tuns vor Augen: Alles hat seinen Preis, und unser irdisches Verhalten hat letzte, unser eigenes Maß sprengende Auswirkungen. So ist unser Handeln nicht auf das sichtbare Umfeld reduziert, sondern übersteigt diesen Rahmen. Was wir hier und heute tun, hat Folgen für unser endzeitliches Dasein. Interessant ist dabei, dass Lukas den früheren heiligen Schriften des Judentums eine ebenso hohe Überzeugungskraft zubilligt wie dem Glauben an die Auferstehung: Wer jenen nicht glaubt – wie sollte er zu diesem bereit sein?

EVANGELIUM Lk 16,19–31

Lazarus wird jetzt getröstet, du aber musst leiden

+ **Aus dem heiligen Evangelium nach Lukas.**

In jener Zeit sprach Jesus: Es war einmal ein reicher Mann, der sich in Purpur und feines Leinen kleidete und Tag für Tag herrlich und in Freuden lebte. Vor der Tür des Reichen aber lag ein armer Mann namens Lazarus, dessen Leib voller Geschwüre war. Er hätte gern seinen Hunger mit dem gestillt, was vom Tisch des Reichen herunterfiel. Stattdessen kamen die Hunde und leckten an seinen Geschwüren.

Als nun der Arme starb, wurde er von den Engeln in Abrahams Schoß getragen. Auch der Reiche starb und wurde begraben. In der Unterwelt, wo er qualvolle Schmerzen litt, blickte er auf und sah von Weitem Abraham, und Lazarus in seinem Schoß.

Da rief er: Vater Abraham, hab Erbarmen mit mir und schick Lazarus zu mir; er soll wenigstens die Spitze seines Fingers ins Wasser tauchen und mir die Zunge kühlen, denn ich leide große Qual in diesem Feuer.

Abraham erwiderte: Mein Kind, denk daran, dass du schon zu Lebzeiten deinen Anteil am Guten erhalten hast, Lazarus aber nur Schlechtes. Jetzt wird er dafür getröstet, du aber musst leiden.

Außerdem ist zwischen uns und euch ein tiefer, unüberwindlicher Abgrund, sodass niemand von hier zu euch oder von dort zu uns kommen kann, selbst wenn er wollte.

Da sagte der Reiche: Dann bitte ich dich, Vater, schick ihn in das Haus meines Vaters! Denn ich habe noch fünf Brüder. Er soll sie warnen, damit nicht auch sie an diesen Ort der Qual kommen.

Abraham aber sagte: Sie haben Mose und die Propheten, auf die sollen sie hören. Er erwiderte: Nein, Vater Abraham, nur wenn einer von den Toten zu ihnen kommt, werden sie umkehren.

Darauf sagte Abraham: Wenn sie auf Mose und die Propheten nicht hören, werden sie sich auch nicht überzeugen lassen, wenn einer von den Toten aufersteht.

Glaubensbekenntnis, S. 492 ff.

FÜRBITTEN

Reichtum kann nicht nur satt, sondern auch blind machen, blind für die Not der anderen. Wir bitten Jesus Christus um seinen Beistand:

- Für alle im Raum der Kirche, die den Graben überwinden und Menschen in Armut und Not beistehen. V: Kyrie, eleison. A: Christe, eleison.

- Für alle, die die Not der Geflüchteten sehen. V: Kyrie, eleison. A: Christe, eleison.

- Für alle, die auf Unrecht aufmerksam machen, auch wenn sie selbst dadurch Nachteile erleiden. V: Kyrie, eleison. A: Christe, eleison.

- Für alle, die im Freundeskreis, in der Nachbarschaft, in ihren Familien Traurigkeit und Einsamkeit wahrnehmen und helfen, wo es nottut. V: Kyrie, eleison. A: Christe, eleison.

- Für die Kranken und Sterbenden, die keine Geborgenheit und Begleitung erfahren, dass du sie hineinnimmst in dein Licht und dein Leben. V: Kyrie, eleison. A: Christe, eleison.

Gott des Lebens, du willst uns aufrütteln, uns wecken aus dem Schlaf der Sicherheit. Hilf uns durch den Beistand deines Geistes, deine Nähe anzunehmen, heute und alle Tage.

EUCHARISTIEFEIER

GABENGEBET

Barmherziger Gott, nimm unsere Gaben an und öffne uns in dieser Feier die Quelle, aus der aller Segen strömt. Darum bitten wir durch Christus, unseren Herrn.

Präfation, S. 504 ff.

KOMMUNIONVERS

Vgl. 1 Joh 3,16

Die Liebe Gottes haben wir daran erkannt,
dass Christus sein Leben für uns gegeben hat.
So müssen auch wir das Leben hingeben für die Brüder.

SCHLUSSGEBET

Allmächtiger Gott, in der Feier der Eucharistie haben wir den Tod des Herrn verkündet. Dieses Sakrament stärke uns an Leib und Seele und mache uns bereit, mit Christus zu leiden, damit wir auch mit ihm zur Herrlichkeit gelangen, der mit dir lebt und herrscht in alle Ewigkeit.

***

Für eine Wort-Gottes-Feier:

ERÖFFNUNGSGEBET ZUR WAHL

Gnädiger Gott, unser Richter und unser Heil, du kennst unsere Gedanken und weißt um unsere Schwachheit. Öffne uns die Augen für die Not der Armen und mache uns hellhörig für deinen Ruf. Darum bitten wir durch Jesus Christus, deinen Sohn, der in der Einheit des Heiligen Geistes mit dir lebt heute und alle Tage und in Ewigkeit.

***

TRÖSTENDES BILD

Tröstendes Bild:
am Ende des Lebens
in Abrahams Schoß
geborgen sein
zu Hause sein
mit vielen anderen
Kindern Abrahams

gottesnah

Und der Weg dorthin:
dem Zeichen
glauben
dass einer auferstand
und mit uns lebt
und in uns lebt
und wir mit ihm

gottesfroh

Heinz Detlef Stäps

27. SONNTAG IM JAHRESKREIS

6. Oktober 2019

Es gehört zur Zivilcourage, dass man Dinge beim Namen nennt und nicht ständig um den heißen Brei herumredet. Wer vom Geist Gottes beseelt und infiziert ist, wird also kein Duckmäuser sein, sondern sich zuweilen ein Herz fassen müssen. Dabei gilt es, erlebte und gesehene Unterdrückung offen anzusprechen, Zeugnis zu geben gegen das Unrecht, das sonst übersehen würde und überhört. Wichtig scheint dabei, dass es nicht darum geht, im Verteilungskampf zu siegen, sondern den anderen in den Blick zu nehmen und so seine Schuldigkeit für ein gerechteres Miteinander zu tun.

ERÖFFNUNGSVERS

Est 13,9.10–11 (Vulgata)

Deiner Macht ist das All unterworfen, Herr,
und niemand kann sich dir widersetzen;
denn du hast Himmel und Erde gemacht
und alles, was wir unter dem Himmel bestaunen.
Du bist der Herr über alles.

KYRIE-RUFE

Herr Jesus Christus, du stärkst
unseren schwachen Glauben.
V/A: Herr, erbarme dich.
Du hast Erbarmen mit unserer Schwäche
und erhältst unser Leben.
V/A: Christus, erbarme dich.
Du nimmst Anteil an unserem Leben.
V/A: Herr, erbarme dich.

Ehre sei Gott, S. 489 f.

TAGESGEBET

Allmächtiger Gott, du gibst uns in deiner Güte mehr, als wir verdienen, und Größeres, als wir erbitten. Nimm weg, was unser Gewissen belastet, und schenke uns jenen Frieden, den nur deine Barmherzigkeit geben kann. Darum bitten wir durch Jesus Christus.

WORTGOTTESDIENST

ZUR 1. LESUNG Der Prophet beklagt Gottes Tatenlosigkeit: Er sieht Unrecht, Unterdrückung und Gewalt, doch Gott unternimmt nichts dagegen. Was sagt Gott: Mach es öffentlich, halte es fest, schreibe es auf, sodass sich niemand mehr mit „Wir-haben-nichts-davon-gewusst" herausreden kann. – Hilft es wirklich, Unrecht „nur" anzuprangern? Gott scheint hier den schwersten aller Wege zu bevorzugen: Er schlägt nicht selbst drein und lässt es auch uns nicht tun; wir sollen also Unrecht nicht mit harter Hand verhindern; wir sollen darüber sprechen, sollen es benennen. Gott hofft auf die Einsichtsfähigkeit derer, die verantwortlich sind. Bin ich zu solcher Hoffnung bereit?

ERSTE LESUNG Hab 1,2–3; 2,2–4

Der Gerechte bleibt wegen seiner Treue am Leben

Lesung aus dem Buch Habakuk.

Wie lange, Herr, soll ich noch rufen und du hörst nicht? Ich schreie zu dir: Hilfe, Gewalt! Aber du hilfst nicht. Warum lässt du mich die Macht des Bösen erleben und siehst der Unterdrückung zu? Wohin ich blicke, sehe ich Gewalt und Misshandlung, erhebt sich Zwietracht und Streit.

Der Herr gab mir Antwort und sagte: Schreib nieder, was du siehst, schreib es deutlich auf die Tafeln, damit man es mühelos lesen kann. Denn erst zu der bestimmten Zeit trifft ein, was du siehst; aber es drängt zum Ende und ist keine Täuschung; wenn es sich verzögert, so warte darauf; denn es kommt, es kommt und bleibt nicht aus. Sieh her: Wer nicht rechtschaffen ist, schwindet dahin, der Gerechte aber bleibt wegen seiner Treue am Leben.

ANTWORTPSALM

Ps 95(94),1–2.6–7c.7d–9 (℟: vgl. 7d.8a)

℟ Hört auf die Stimme des Herrn;
verhärtet nicht euer Herz. – ℟

Kommt, lasst uns jubeln vor dem Herrn *
und zujauchzen dem Fels unsres Heiles!
Lasst uns mit Lob seinem Angesicht nahen, *
vor ihm jauchzen mit Liedern! – (℟)

Kommt, lasst uns niederfallen, uns vor ihm verneigen, *
lasst uns niederknien vor dem Herrn, unserm Schöpfer!
Denn er ist unser Gott, †
wir sind das Volk seiner Weide, *
die Herde, von seiner Hand geführt. – (℟)

Ach, würdet ihr doch heute auf seine Stimme hören: †
„Verhärtet euer Herz nicht wie in Meriba, *
wie in der Wüste am Tag von Massa!
Dort haben eure Väter mich versucht, *
sie haben mich auf die Probe gestellt
und hatten doch mein Tun gesehen.“ – ℟

ZUR 2. LESUNG Der frühchristliche Lehrer schildert eine spannungsreiche Situation: Einerseits wohnt der Geist Gottes in seinem Beauftragten, andererseits scheint er eher in ihm zu schlummern, als ihn wirklich zu begeistern. Ein seltsames Phänomen: Der Geist ist uns gegeben, und doch ist uns nicht immer gegeben, in und mit ihm zu leben. Wann bewegt mich der Geist, und wann muss ich ihn wecken? Eines jedenfalls scheint klar zu sein: Verzagtheit und Kleinmut sind keine Gottesgaben.

ZWEITE LESUNG

2 Tim 1,6–8.13–14

Schäme dich nicht, dich zu unserem Herrn zu bekennen

Lesung aus dem zweiten Brief des Apostels Paulus an Timotheus.

Mein Sohn! Ich rufe dir ins Gedächtnis: Entfache die Gnade Gottes wieder, die dir durch die Auflegung meiner Hände zuteilgeworden ist. Denn Gott hat uns nicht einen Geist der Verzagtheit gegeben, sondern den Geist der Kraft, der Liebe und der Besonnenheit. Schäme dich also nicht, dich zu unserem Herrn zu bekennen; schäme dich auch meiner nicht, der ich seinetwegen im Gefängnis bin, sondern leide mit mir für das Evangelium. Gott gibt dazu die Kraft. Halte dich an die gesunde Lehre, die du von mir gehört hast; nimm sie dir zum Vorbild und bleibe beim Glauben und bei der Liebe, die uns in Christus Jesus geschenkt ist. Bewahre das dir anvertraute kostbare Gut durch die Kraft des Heiligen Geistes, der in uns wohnt.

RUF VOR DEM EVANGELIUM

Vers: vgl. 1 Petr 1,25

Halleluja. Halleluja.
Das Wort des Herrn bleibt in Ewigkeit,
das Evangelium, das euch verkündet wird.
Halleluja.

ZUM EVANGELIUM Der Evangelist fügt zwei Stücke aus einem Gespräch zwischen Jesus und seinen Schülern zusammen. Die Apostel bitten um Stärkung und Jesus hält ihnen vor, dass ihr Glaube nicht einmal so groß sei wie ein Senfkorn (vgl. Lk 13,18–19). Der andere Gesprächsteil: Die Jünger sollen nicht einmal nach einem Schulterklopfen fragen. Haben sie ausgeführt, was ihnen aufgetragen wurde, dann ist es gut. Sie haben ihre Schuldigkeit getan. Gott sorgt für seine Diener, das ist genug. Ist das jetzt eine Unterweisung in christlicher Geisteshaltung? Mit unserem Anspruchsdenken hat es jedenfalls nichts zu tun, aber vielleicht helfen uns diese Hinweise in einer Welt, die so sehr von Selbstdarstellung geprägt ist und so selten den anderen in den Blick nimmt.

EVANGELIUM Lk 17,5–10

Wäre euer Glaube auch nur so groß wie ein Senfkorn!

+ Aus dem heiligen Evangelium nach Lukas.

In jener Zeit baten die Apostel den Herrn: Stärke unseren Glauben! Der Herr erwiderte: Wenn euer Glaube auch nur so groß wäre wie ein Senfkorn, würdet ihr zu dem Maulbeerbaum hier sagen: Heb dich samt deinen Wurzeln aus dem Boden und verpflanz dich ins Meer!, und er würde euch gehorchen.

Wenn einer von euch einen Sklaven hat, der pflügt oder das Vieh hütet, wird er etwa zu ihm, wenn er vom Feld kommt, sagen: Nimm gleich Platz zum Essen? Wird er nicht vielmehr zu ihm sagen: Mach mir etwas zu essen, gürte dich, und bediene mich; wenn ich gegessen und getrunken habe, kannst auch du essen und trinken. Bedankt er sich etwa bei dem Sklaven, weil er getan hat, was ihm befohlen wurde?

So soll es auch bei euch sein: Wenn ihr alles getan habt, was euch befohlen wurde, sollt ihr sagen: Wir sind unnütze Sklaven; wir haben nur unsere Schuldigkeit getan.

Glaubensbekenntnis, S. 492 ff.

FÜRBITTEN

Unser Glaube – nicht einmal so groß wie ein Senfkorn? Die Worte Jesu fordern heraus. Werfen wir unseren Glauben in die Waagschale und bitten den Gott des Lebens:

- Für alle Getauften, die ihr Leben immer wieder neu am Gotteswort ausrichten. V: Lebendiger Gott. A: Stärke unseren Glauben.
- Für alle, die Sinn und Mitte ihres Lebens suchen. V: Lebendiger Gott. A: Stärke unseren Glauben.
- Für Ordenschristen, die, alt geworden, in immer kleiner werdenden Gemeinschaften leben. V: Lebendiger Gott. A: Stärke unseren Glauben.
- Für Familien, in denen es die Angehörigen nicht leicht miteinander haben. V: Lebendiger Gott. A: Stärke unseren Glauben.
- Für alle, die Freundlichkeit und Versöhnung, Hilfsbereitschaft und Hoffnung in ihrem Leben Wirklichkeit werden lassen. V: Lebendiger Gott. A: Stärke unseren Glauben.

Gott, du schenkst Hoffnung und forderst Entschiedenheit von uns. Hilf uns, wenn wir schwanken, damit wir uns festmachen in dir, durch Jesus, unseren Bruder und Herrn.

EUCHARISTIEFEIER

GABENGEBET

Allmächtiger Gott, nimm die Gaben an, die wir nach deinem Willen darbringen. Vollende in uns das Werk der Erlösung und der Heiligung durch die Geheimnisse, die wir zu deiner Verherrlichung feiern. Darum bitten wir durch Christus, unseren Herrn.

Präfation, S. 504 ff.

KOMMUNIONVERS

Vgl. 1 Kor 10,17

Ein Brot ist es, darum sind wir viele *ein* Leib.
Denn wir alle haben teil an dem einen Brot
und dem einen Kelch.

SCHLUSSGEBET

Gott und Vater, du reichst uns das Brot des Lebens und den Kelch der Freude. Gestalte uns nach dem Bild deines Sohnes, der im Sakrament unsere Speise geworden ist. Darum bitten wir durch ihn, Christus, unseren Herrn.

***

Für eine Wort-Gottes-Feier:

ERÖFFNUNGSGEBET ZUR WAHL

Herr, unser Gott, du lädst uns ein, teilzuhaben am Werk der Erlösung. Mehre unseren Glauben, stärke unsere Hoffnung und entzünde in uns deine Liebe, damit wir treu erfunden werden in deinem Dienst. Darum bitten wir durch Jesus Christus, deinen Sohn, der in der Einheit des Heiligen Geistes mit dir lebt in Ewigkeit.

***

MEIN GLAUBE

Mein Glaube ist klein
viel zu klein
für diesen großen Gott
für seine Schöpfung
voller Wunder
für die Nähe seines Sohnes
– erlöst hat er mich –
und für das Wirken
seines Geistes
in unsrer Mitte.

Und Gott sagt:
Das macht nichts!
Gib mir deinen
kleinen Glauben
ich mach mir daraus
was ich brauche.

Strecke ihn mir entgegen
jeden Tag!

Heinz Detlef Stäps

28. SONNTAG IM JAHRESKREIS

13. Oktober 2019

Die Tagestexte drehen sich um Vertrautheit und Fremdheit: Was gehört zu mir, wo gehöre ich hin, wer und was liegt mir am Herzen? Das kann ein Stückchen Erde sein, eine Gruppe von Freunden, die gemeinsam durch dick und dünn geht, oder eine Kult(ur)gemeinschaft, die die gleichen Riten und Rituale pflegt. Regionalität scheint heute oft gleichgültig zu sein, da wir Dialekte nur selten schätzen und internationale Konzerne ebenso wie das weltweite Internet überall präsent sind. Vielleicht erfahren wir aber im Sterben, dass uns der Tod auf ein einziges Grab eingrenzt – wenn wir uns nicht in alle Winde zerstreuen lassen.

ERÖFFNUNGSVERS

Ps 130(129), 3–4

Würdest du, Herr, unsere Sünden beachten,
Herr, wer könnte bestehen?
Doch bei dir ist Vergebung, Gott Israels.

KYRIE-RUFE

Herr Jesus Christus, du machst
auch die Undankbaren heil.
V/A: Herr, erbarme dich.
Du bleibst treu, auch wenn wir untreu sind.
V/A: Christus, erbarme dich.
Du kannst dich selbst nicht verleugnen.
V/A: Herr, erbarme dich.

Ehre sei Gott, S. 489 f.

TAGESGEBET

Herr, unser Gott, deine Gnade komme uns zuvor und begleite uns, damit wir dein Wort im Herzen bewahren und immer bereit sind, das Gute zu tun. Darum bitten wir durch Jesus Christus.

WORTGOTTESDIENST

ZUR 1. LESUNG Heimat hat mit Vertrautheit zu tun, mit unverwechselbaren Gerüchen, Geräuschen und Lichteinfällen. Ist es verwunderlich, dass wir all diese Sinneseindrücke mit einem bestimmten Fleckchen Erde verbinden? Zugleich ist uns deutlich, dass die rechte Gottesverehrung nicht an zwei Eselsladungen Erde hängen kann. Vielleicht will uns die heutige Lesung aber dazu anregen, unsere Köpfe nicht zu hoch über die Dinge der Welt zu erheben – wie uns die Gravuren auf der Haut unserer Mitbürger daran erinnern, dass nicht alles so aalglatt ist wie die Oberfläche unserer Handys.

ERSTE LESUNG 2 Kön 5,14–17

Naaman kehrte zum Gottesmann zurück und bekannte sich zum Herrn

Lesung aus dem zweiten Buch der Könige.

In jenen Tagen ging Naaman, der Syrer, zum Jordan hinab und tauchte siebenmal unter, wie ihm der Gottesmann Elischa befohlen hatte. Da wurde sein Leib gesund wie der Leib eines Kindes und er war rein von seinem Aussatz.

Nun kehrte er mit seinem ganzen Gefolge zum Gottesmann zurück, trat vor ihn hin und sagte: Jetzt weiß ich, dass es nirgends auf der Erde einen Gott gibt außer in Israel. So nimm jetzt von deinem Knecht ein Dankgeschenk an! Elischa antwortete: So wahr der Herr lebt, in dessen Dienst ich stehe: Ich nehme nichts an. Auch als Naaman ihn dringend bat, es zu nehmen, lehnte er ab.

Darauf sagte Naaman: Wenn es also nicht sein kann, dann gebe man deinem Knecht so viel Erde, wie zwei Maultiere tragen können; denn dein Knecht wird keinem andern Gott mehr Brand- und Schlachtopfer darbringen als Jahwe allein.

ANTWORTPSALM

Ps 98(97),1.2–3b.3c–4 (℟: vgl. 2)

℟ Der Herr hat sein Heil enthüllt
vor den Augen der Völker! – ℟

Singet dem Herrn ein neues Lied, *
denn er hat wunderbare Taten vollbracht!
Er hat mit seiner Rechten geholfen *
und mit seinem heiligen Arm. – (℟)

Der Herr hat sein Heil bekannt gemacht *
und sein gerechtes Wirken enthüllt vor den Augen der Völker.
Er dachte an seine Huld *
und an seine Treue zum Hause Israel. – (℟)

Alle Enden der Erde *
sahen das Heil unsres Gottes.
Jauchzt vor dem Herrn, alle Länder der Erde, *
freut euch, jubelt und singt! – ℟

ZUR 2. LESUNG Durch Glaube und Taufe werden wir so mit Christus gleichgestaltet, dass sich unser Tun in ihm widerspiegelt. Allerdings ist diese Parallele dort zu Ende, wo es um die Gründe für seinen Tod geht. Er wurde verleugnet und gefangen genommen. Er hat falsches Zeugnis am eigenen Leibe erfahren, ist dadurch ausgeliefert worden. So sehr wir ihm gleichgestaltet werden, hier gibt es eine Grenze. So kann sich der Apostel zwar seines Leidens für Christus rühmen, aber Christi eigenes Leiden war offenbar von solcher Einsamkeit, dass er es keinem anderen zumuten will.

ZWEITE LESUNG

2 Tim 2,8–13

Wenn wir standhaft bleiben, werden wir mit Christus herrschen

Lesung aus dem zweiten Brief des Apostels Paulus an Timotheus.

Denk daran, dass Jesus Christus, der Nachkomme Davids, von den Toten auferstanden ist; so lautet mein Evangelium, für das ich zu leiden habe und sogar wie ein Verbrecher gefesselt bin; aber das Wort Gottes ist nicht gefesselt.

Das alles erdulde ich um der Auserwählten willen, damit auch sie das Heil in Christus Jesus und die ewige Herrlichkeit erlangen. Das Wort ist glaubwürdig: Wenn wir mit Christus gestorben sind, werden wir auch mit ihm leben: wenn wir standhaft bleiben, werden wir auch mit ihm herrschen; wenn wir ihn verleugnen, wird auch er uns verleugnen. Wenn wir untreu sind, bleibt er doch treu, denn er kann sich selbst nicht verleugnen.

RUF VOR DEM EVANGELIUM

Vers: 1 Thess 5,18

Halleluja. Halleluja.
Dankt für alles; denn das will Gott von euch,
die ihr Christus Jesus gehört.
Halleluja.

ZUM EVANGELIUM Jesus ist im Grenzgebiet unterwegs und trifft auf eine Gruppe Aussätziger. Ist nur der eine, der umkehrt, ein Samariter, oder sind es alle, oder ist die Gruppe gemischt? Da dies nicht ausdrücklich gesagt wird, erzeugt die Aussage, dass derjenige, der umkehrt, Samariter ist, eine Unsicherheit. Schickt Jesus die Aussätzigen zu samaritischen Priestern oder zu denen seiner eigenen Heimat, zu galiläischen? Wichtig erscheint jedenfalls der Hinweis, dass Gott weder auf dem samaritischen Garizim noch auf dem jüdischen Tempelberg geehrt wird, sondern in einem Menschen. Können wir das glauben?

EVANGELIUM

Lk 17,11–19

Ist keiner umgekehrt, um Gott zu ehren, außer diesem Fremden?

+ Aus dem heiligen Evangelium nach Lukas.

Auf dem Weg nach Jerusalem zog Jesus durch das Grenzgebiet von Samarien und Galiläa. Als er in ein Dorf hineingehen wollte, kamen ihm zehn Aussätzige entgegen. Sie blieben in der Ferne stehen und riefen: Jesus, Meister, hab Erbarmen mit uns!

Als er sie sah, sagte er zu ihnen: Geht, zeigt euch den Priestern!

Und während sie zu den Priestern gingen, wurden sie rein.

Einer von ihnen aber kehrte um, als er sah, dass er geheilt war; und er lobte Gott mit lauter Stimme. Er warf sich vor den Füßen Jesu zu Boden und dankte ihm. Dieser Mann war aus Samarien.

Da sagte Jesus: Es sind doch alle zehn rein geworden. Wo sind die übrigen neun? Ist denn keiner umgekehrt, um Gott zu ehren, außer diesem Fremden? Und er sagte zu ihm: Steh auf und geh! Dein Glaube hat dir geholfen.

Glaubensbekenntnis, S. 492 ff.

FÜRBITTEN

Guter Gott, du befreist von großer Last und lädst ein zu Umkehr und erneuertem Leben. Wir rufen zu dir:

- Wir beten für alle Menschen, die mit der Diagnose einer schweren Erkrankung leben müssen. V: Lebendiger Gott. A: Sende aus deinen Geist.
- Wir bitten für alle, die ihnen in dieser belastenden Situation zur Seite stehen. V: Lebendiger Gott. A: Sende aus deinen Geist.
- Wir beten für alle, die sich ausgegrenzt und wertlos fühlen. V: Lebendiger Gott. A: Sende aus deinen Geist.

- Wir bitten für all diejenigen, die sich gerade diesen Menschen zuwenden und sie hineinnehmen ins Leben. V: Lebendiger Gott. A: Sende aus deinen Geist.
- Wir beten für alle Menschen, die in Flüchtlingslagern in Armut und ohne Perspektive, ohne Hoffnung auf Änderung ihrer Situation leben müssen. V: Lebendiger Gott. A: Sende aus deinen Geist.
- Wir bitten dich auch für diejenigen, die, in Hilfsorganisationen, durch politisches Engagement, durch Öffentlichkeitsarbeit oder durch Spenden, Not nicht ignorieren, sondern Lebenschancen eröffnen. V: Lebendiger Gott. A: Sende aus deinen Geist.

Erinnere uns immer wieder daran, treuer Gott, dass wir deine Hände sind. Dazu stärke uns dein Heiliger Geist, heute und alle Tage unseres Lebens.

EUCHARISTIEFEIER

GABENGEBET

Herr und Gott, nimm die Gebete und Opfergaben deiner Gläubigen an. Lass uns diese heilige Feier mit ganzer Hingabe begehen, damit wir einst das Leben in der Herrlichkeit des Himmels erlangen. Darum bitten wir durch Christus, unseren Herrn.

Präfation, S. 504 ff.

KOMMUNIONVERS Ps 34(33),11

Reiche müssen darben und hungern.
Wer aber den Herrn sucht,
braucht kein Gut zu entbehren.

SCHLUSSGEBET

Allmächtiger Gott, in der heiligen Opferfeier nährst du deine Gläubigen mit dem Leib und dem Blut deines Sohnes. Gib uns durch dieses Sakrament auch Anteil am göttlichen Leben. Darum bitten wir durch Christus, unseren Herrn.

***

Für eine Wort-Gottes-Feier:

ERÖFFNUNGSGEBET ZUR WAHL

Lebendiger Gott, du heilst, was verwundet ist, und richtest auf, was darniederliegt. Stärke unser Vertrauen auf dich und erfülle uns mit Dankbarkeit für das, was du uns schenkst, durch Jesus Christus, deinen Sohn, unseren Herrn und Heiland, der in der Einheit des Heiligen Geistes mit dir lebt in Ewigkeit.

***

KREISLAUF DES GUTEN

wenn wir Danke sagen
geben wir Gott
etwas zurück
von dem
was er uns gab

wir lassen den Kreislauf
des Guten
weiterfließen
und erkennen Gott an
den Geber alles Guten

und Gott lässt
weiterfließen
seine Güte

Danke!

Heinz Detlef Stäps

29. SONNTAG IM JAHRESKREIS

20. Oktober 2019

Die heutigen Lesungen ringen mit den Mehrdeutigkeiten menschlichen Lebens: Moses steht für sein Volk ein; die Schrift weist über sich hinaus auf ganz anderes; Gott zögert nicht, das Gebet zu erhören, doch zugleich bedarf es in der Frage der Gebetserfüllung der eschatologischen Perspektive. Glaube scheint eine gefährliche Sache zu sein, weil er Mehrdeutigkeiten nicht zudeckt, sondern offenlegt und für sie sensibilisiert. Glaube erschließt das Leben in seiner Vielfalt und regt an, mehr zu verstehen.

ERÖFFNUNGSVERS

Ps 17(16),6.8

Ich rufe dich an, denn du, Gott, erhörst mich.
Wende dein Ohr mir zu, vernimm meine Rede!
Behüte mich wie den Augapfel, den Stern des Auges,
birg mich im Schatten deiner Flügel.

KYRIE-RUFE

Herr Jesus Christus, du sagst uns, dass wir
allezeit beten und darin nicht nachlassen sollen.
V/A: Herr, erbarme dich.
Du verheißt, dass Gott denen, die zu ihm
schreien, zu ihrem Recht verhelfen wird.
V/A: Christus, erbarme dich.
Du bist der kommende Richter der Lebenden
und der Toten.
V/A: Herr, erbarme dich.

Ehre sei Gott, S. 489 f.

TAGESGEBET

Allmächtiger Gott, du bist unser Herr und Gebieter. Mach unseren Willen bereit, deinen Weisungen zu folgen, und gib uns ein Herz, das dir aufrichtig dient. Darum bitten wir durch Jesus Christus.

WORTGOTTESDIENST

ZUR 1. LESUNG Eine fast unheimliche Verbundenheit zwischen Israel und Mose! In der heutigen Lesung kommt dies darin zum Ausdruck, dass das Volk im Kampf gegen Amalek nur so lange stark ist, wie Mose die Arme erhoben hält. In Zeiten der Demokratie, und vor allem nach dem Grauen des Nationalsozialismus, fürchten wir die gar zu enge Beziehung zwischen einem Volk und seinem (Ver-)Führer, – zu Recht. Aber sehen nicht auch wir manchmal in einer einzelnen Person das Schicksal einer ganzen Nation repräsentiert und freuen wir uns nicht, wenn „wir" Fußballweltmeister werden? Jedenfalls wird deutlich, dass keiner von uns für sich allein lebt, sondern dass wir alle in einer größeren Gemeinschaft verbunden sind, für die wir miteinander, und jeder und jede einzeln, Verantwortung tragen.

ERSTE LESUNG Ex 17,8–13

Solange Mose seine Hand erhoben hielt, war Israel stärker

Lesung aus dem Buch Exodus.

In jenen Tagen kam Amalek und suchte in Refidim den Kampf mit Israel. Da sagte Mose zu Josua: Wähl uns Männer aus und zieh in den Kampf gegen Amalek! Ich selbst werde mich morgen auf den Gipfel des Hügels stellen und den Gottesstab mitnehmen. Josua

tat, was ihm Mose aufgetragen hatte, und kämpfte gegen Amalek, während Mose, Aaron und Hur auf den Gipfel des Hügels stiegen.
Solange Mose seine Hand erhoben hielt, war Israel stärker; sooft er aber die Hand sinken ließ, war Amalek stärker. Als dem Mose die Hände schwer wurden, holten sie einen Steinbrocken, schoben ihn unter Mose und er setzte sich darauf. Aaron und Hur stützten seine Arme, der eine rechts, der andere links, sodass seine Hände erhoben blieben, bis die Sonne unterging.
So besiegte Josua mit scharfem Schwert Amalek und sein Heer.

ANTWORTPSALM

Ps 121(120),1–2.3–4.5–6.7–8 (℟: vgl. 2)

℟ Unsere Hilfe ist im Namen des Herrn,
der Himmel und Erde geschaffen hat. – ℟

Ich hebe meine Augen auf zu den Bergen: *
Woher kommt mir Hilfe?
Meine Hilfe kommt vom Herrn, *
der Himmel und Erde gemacht hat. – (℟)

Er lässt deinen Fuß nicht wanken; *
er, der dich behütet, schläft nicht.
Nein, der Hüter Israels *
schläft und schlummert nicht. – (℟)

Der Herr ist dein Hüter, der Herr gibt dir Schatten: *
er steht dir zur Seite.
Bei Tag wird dir die Sonne nicht schaden *
noch der Mond in der Nacht. – (℟)

Der Herr behüte dich vor allem Bösen, *
er behüte dein Leben.
Der Herr behüte dich, wenn du fortgehst und wiederkommst, *
von nun an bis in Ewigkeit. – ℟

ZUR 2. LESUNG Wenn eine Schrift von Gott eingegeben ist, dann taugt sie zur umfassenden Belehrung und Erziehung des Menschen. Sollte der Apostel aber davon ausgehen, dass jede Schrift inspiriert ist? Das wäre eine ungeheuerliche Erhöhung, fast eine Vergöttlichung, des menschlichen Schreibens. Und doch finden wir darin etwas von dem Staunen wieder, das uns die Schrift abverlangt. Manches lässt sich eben nur „zwischen den Zeilen" sagen. Und so rüstet uns die Schrift für die Begegnung mit Gott, weil in ihr etwas von Ihm zu entdecken ist.

ZWEITE LESUNG 2 Tim 3,14–4,2

Durch die Schrift belehrt, wird der Mensch Gottes zu jedem guten Werk bereit gemacht

Lesung aus dem zweiten Brief des Apostels Paulus an Timotheus.

Mein Sohn! Bleibe bei dem, was du gelernt und wovon du dich überzeugt hast. Du weißt, von wem du es gelernt hast; denn du kennst von Kindheit an die heiligen Schriften, die dir Weisheit verleihen können, damit du durch den Glauben an Christus Jesus gerettet wirst.

Jede von Gott eingegebene Schrift ist auch nützlich zur Belehrung, zur Widerlegung, zur Besserung, zur Erziehung in der Gerechtigkeit; so wird der Mensch Gottes zu jedem guten Werk bereit und gerüstet sein.

Ich beschwöre dich bei Gott und bei Christus Jesus, dem kommenden Richter der Lebenden und der Toten, bei seinem Erscheinen und bei seinem Reich: Verkünde das Wort, tritt dafür ein, ob man es hören will oder nicht; weise zurecht, tadle, ermahne, in unermüdlicher und geduldiger Belehrung.

RUF VOR DEM EVANGELIUM

Vers: vgl. Hebr 4,12

Halleluja. Halleluja.
Lebendig ist das Wort Gottes und kraftvoll.
Es richtet über die Regungen und Gedanken der Herzen.
Halleluja.

ZUM EVANGELIUM Bete ich im rechten Geist? Glaube ich, dass Gott sich meiner annimmt und das tut, was ich von ihm will? Will er es? Kann ich wirklich wollen, dass Gott tut, um was ich ihn bitte? Das heutige Evangelium ist ausgespannt zwischen der Aufforderung, unermüdlich zu beten, und der Frage, ob der Menschensohn bei seinem Kommen den Glauben an Gottes Rettungsmacht vorfinden wird. Vielleicht finden wir Trost in Jesu Überzeugung: Sollte Gott etwa zögern? Ist das vorstellbar? Wenn Gott aber nicht zögert, dann sollte ich am meisten darum beten, verstehen zu dürfen, auf welche Weise er mir Recht verschafft.

EVANGELIUM

Lk 18,1–8

Sollte Gott seinen Auserwählten, die zu ihm schreien, nicht zu ihrem Recht verhelfen?

+ Aus dem heiligen Evangelium nach Lukas.

In jener Zeit sagte Jesus zu seinen Jüngern durch ein Gleichnis, dass sie allezeit beten und darin nicht nachlassen sollten:

In einer Stadt lebte ein Richter, der Gott nicht fürchtete und auf keinen Menschen Rücksicht nahm. In der gleichen Stadt lebte auch eine Witwe, die immer wieder zu ihm kam und sagte: Verschaff mir Recht gegen meinen Feind!

Lange wollte er nichts davon wissen. Dann aber sagte er sich: Ich fürchte zwar Gott nicht und nehme auch auf keinen Menschen Rücksicht; trotzdem will ich dieser Witwe zu ihrem Recht verhelfen, denn sie lässt mich nicht in Ruhe. Sonst kommt sie am Ende noch und schlägt mich ins Gesicht.

Und der Herr fügte hinzu: Bedenkt, was der ungerechte Richter sagt. Sollte Gott seinen Auserwählten, die Tag und Nacht zu ihm schreien, nicht zu ihrem Recht verhelfen, sondern zögern? Ich sage euch: Er wird ihnen unverzüglich ihr Recht verschaffen. Wird jedoch der Menschensohn, wenn er kommt, auf der Erde noch Glauben vorfinden?

Glaubensbekenntnis, S. 492 ff.

FÜRBITTEN

Herr Jesus Christus, du ermutigst uns zu glauben, du lädst ein zu vertrauen. Wir kommen zu dir mit den Bitten und Anliegen unserer Zeit:

- Wir bitten dich für den Papst, die Bischöfe, Priester und Diakone und die ganze Kirche, dass sie auf dein Wort hört und Wege der Barmherzigkeit geht. V: Kyrie, eleison. A: Christe, eleison.
- Wir beten für die Menschen, die Heimat und Hab und Gut durch kriegerische Auseinandersetzungen und Vertreibung verloren haben, – dass sie Hilfe erfahren. V: Kyrie, eleison. A: Christe, eleison.
- Wir beten für alle, die hintergangen wurden und enttäuscht sind, – dass sie Menschen begegnen, durch die sie wieder Vertrauen lernen. V: Kyrie, eleison. A: Christe, eleison.
- Wir bitten dich für die Kinder, die in Goldminen schuften, für die Schwerarbeiter in Steinbrüchen, für die ausgebeuteten Hausangestellten fern ihrer Heimat; lass sie Hilfe erfahren, damit auch sie menschenwürdig leben können. V: Kyrie, eleison. A: Christe, eleison.
- Wir bitten dich für die Politikerinnen und Politiker, dass sie für das Wohl der Menschen arbeiten und gegen Unrecht angehen. V: Kyrie, eleison. A: Christe, eleison.

- In diesen Tagen des schwindenden Lichts beten wir besonders für die Schwerkranken und Sterbenden; geleite du sie in dein Haus des Lichts. V: Kyrie, eleison. A: Christe, eleison.

Bei dir, Gott, finden wir Barmherzigkeit. Hilf uns, aus deinem Licht zu leben durch Jesus Christus, unseren Bruder und Herrn.

EUCHARISTIEFEIER

GABENGEBET

Hilf uns, Herr, dass wir den Dienst am Altar mit freiem Herzen vollziehen. Befreie uns durch diese Feier von aller Schuld, damit wir rein werden und dir gefallen. Darum bitten wir durch Christus, unseren Herrn.

Präfation, S. 504 ff.

KOMMUNIONVERS Mk 10,45

Der Menschensohn ist gekommen,
um sein Leben als Lösegeld hinzugeben für viele.

SCHLUSSGEBET

Allmächtiger Gott, gib, dass die heiligen Geheimnisse, die wir gefeiert haben, in uns Frucht bringen. Schenke uns Tag für Tag, was wir zum Leben brauchen, und führe uns zur ewigen Vollendung. Darum bitten wir durch Christus, unseren Herrn.

***

Für eine Wort-Gottes-Feier:

ERÖFFNUNGSGEBET ZUR WAHL

Gott, du erhörst die Bitten derer, die zu dir rufen. Höre auch unser Gebet und gib uns einen beharrlichen Glauben, durch Jesus Christus, deinen Sohn, unseren Herrn und Gott, der mit dir und dem Heiligen Geist lebt jetzt und alle Tage und in Ewigkeit.

***

ALLEZEIT BETEN

Allezeit beten

Wie geht das?

Immer auf den Knien liegen?
Immer die Hände falten?
Nichts anderes tun?

Ich kann auch beten
während der Arbeit
mit meinem Atem
der in mich einströmt
und ausströmt
auf Gott hin.

Atem Gottes,
Heiliger Geist,
bete in mir!

Heinz Detlef Stäps

30. SONNTAG IM JAHRESKREIS

27. Oktober 2019

Welch ein Sonntag, was für Texte! Ein Gott, der sich den Erniedrigten zuwendet; ein Apostel, der im Angesicht des Todes auf jenseitiges Leben hofft; Jesus, der Verachtung als Sünde verurteilt. Zentrale Werte christlicher Glaubenshaltung werden im Lesegottesdienst vereint und es wird uns vor Augen und Ohren gestellt, wie wir in der Perspektive der Heiligen Schrift leben sollen. Wie gut, dass die Liturgie zuerst das Erbarmen Gottes erfleht, sonst müsste den Lektoren der Atem stocken und die Zunge trocken werden.

ERÖFFNUNGSVERS

Vgl. Ps 105(104),3–4

Freuen sollen sich alle, die den Herrn suchen.
Sucht den Herrn und seine Macht,
sucht sein Antlitz allezeit.

KYRIE-RUFE

Herr Jesus Christus, du wirst uns
allem Bösen entreißen.
V/A: Herr, erbarme dich.
Du stehst uns zur Seite und gibst uns Kraft.
V/A: Christus, erbarme dich.
Du wirst uns retten und in
dein himmlisches Reich führen.
V/A: Herr, erbarme dich.

Ehre sei Gott, S. 489 f.

TAGESGEBET

Allmächtiger, ewiger Gott, mehre in uns den Glauben, die Hoffnung und die Liebe. Gib uns die Gnade, zu lieben, was du gebietest, damit wir erlangen, was du verheißen hast. Darum bitten wir durch Jesus Christus.

WORTGOTTESDIENST

ZUR 1. LESUNG Gott als Richter und als Empfänger von Bitten – diese Bildwelten scheinen nicht zusammenzupassen. Und doch bindet der Weisheitsautor des Buches Jesus Sirach genau sie zusammen. Jede Einflussnahme auf einen Richter wird bei uns geahndet. Richter sind die Unparteiischen. Aber bei Gott? „Er ist nicht parteiisch gegen den Armen", heißt es in der heutigen Lesung, wenn er „das Flehen des Bedrängten hört". Gott ist unparteiisch, gerade wenn er die Partei der Armen, Waisen und Witwen ergreift. Er richtet nicht nach einem Recht, das auf der Seite der Einflussreichen steht, sondern nach Gerechtigkeit.

ERSTE LESUNG Sir 35,15b–17.20–22a

Das Flehen der Armen dringt durch die Wolken

Lesung aus dem Buch Jesus Sirach.

Der Herr ist der Gott des Rechts, bei ihm gibt es keine Begünstigung. Er ist nicht parteiisch gegen den Armen, das Flehen des Bedrängten hört er. Er missachtet nicht das Schreien der Waise und der Witwe, die viel zu klagen hat.

Wer Gott wohlgefällig dient, der wird angenommen und sein Bittruf erreicht die Wolken. Das Flehen des Armen dringt durch die Wolken, es ruht nicht, bis es am Ziel ist. Es weicht nicht, bis Gott eingreift und Recht schafft als gerechter Richter.

ANTWORTPSALM

Ps 34(33),2–3.17–18.19 u. 23 (℟: vgl. 7)

℟ Der Herr erhört den Armen,
er hilft ihm aus all seiner Not. – ℟

Ich will den Herrn allezeit preisen; *
immer sei sein Lob in meinem Mund.
Meine Seele rühme sich des Herrn; *
die Armen sollen es hören und sich freuen. – (℟)

Das Antlitz des Herrn richtet sich gegen die Bösen, *
um ihr Andenken von der Erde zu tilgen.
Schreien die Gerechten, so hört sie der Herr; *
er entreißt sie all ihren Ängsten. – (℟)

Nahe ist der Herr den zerbrochenen Herzen, *
er hilft denen auf, die zerknirscht sind.
Der Herr erlöst seine Knechte; *
straflos bleibt, wer zu ihm sich flüchtet. – ℟

ZUR 2. LESUNG Der Apostel weiß sehr klar, wie es um ihn steht, und doch lässt er die Hoffnung nicht fahren: Er glaubt daran, dass der Herr ihn allem Bösen entreißen wird. Auf der einen Seite also Realismus; ist seine Hoffnung aber nicht Realitätsverweigerung? Das ist schwer vorstellbar. Vielleicht ist ja das Wissen um das kommende und ausstehende Reich gar nicht irreal, sondern eine Realität, die ganz anders geartet ist als das Wissen um unseren Kontostand. Liegt es denn nicht nahe, ein ewiges Leben in Gottes Nähe anzunehmen, das unsere irdischen Sehnsüchte nicht missachtet – und das doch die beklemmend engen Räume unserer Wunschträume befreiend weitet, heilt und erhellt?

ZWEITE LESUNG

2 Tim 4,6–8.16–18

Schon jetzt liegt für mich der Kranz der Gerechtigkeit bereit

Lesung aus dem zweiten Brief des Apostels Paulus an Timotheus.

Mein Sohn! Ich werde nunmehr geopfert, und die Zeit meines Aufbruchs ist nahe. Ich habe den guten Kampf gekämpft, den Lauf vollendet, die Treue gehalten.

Schon jetzt liegt für mich der Kranz der Gerechtigkeit bereit, den mir der Herr, der gerechte Richter, an jenem Tag geben wird, aber nicht nur mir, sondern allen, die sehnsüchtig auf sein Erscheinen warten.

Bei meiner ersten Verteidigung ist niemand für mich eingetreten; alle haben mich im Stich gelassen. Möge es ihnen nicht angerechnet werden.

Aber der Herr stand mir zur Seite und gab mir Kraft, damit durch mich die Verkündigung vollendet wird und alle Heiden sie hören; und so wurde ich dem Rachen des Löwen entrissen.

Der Herr wird mich allem Bösen entreißen, er wird mich retten und in sein himmlisches Reich führen. Ihm sei die Ehre in alle Ewigkeit. Amen.

RUF VOR DEM EVANGELIUM

Vers: vgl. 2 Kor 5,19

Halleluja. Halleluja.
Gott hat in Christus die Welt mit sich versöhnt
und uns das Wort von der Versöhnung anvertraut.
Halleluja.

ZUM EVANGELIUM Ein bewegter Text, voller gegenläufiger Bewegungen. Zwei gehen zum Tempel hinauf, der eine erhebt sich über die anderen; der andere senkt die Augen, sucht Gottes Versöhnung, anerkennt seine Schuld. Jener verliert seinen Hochsitz, dieser steigt, von drückender Last befreit, zu seinem Haus hinab. Ein Mechanismus des Ausgleichs scheint da am Werk zu sein. Wer sich erhöht, wird erniedrigt, und umgekehrt. Aber geht es darum? Für den Evangelisten liegt der Schlüssel anderswo. Das Gleichnis Jesu richtet sich an Menschen, die nicht nur fromm zu sein meinen, sondern die gerade darum andere Menschen verachten, eigentlich alle anderen. Es handelt sich also um einen Mechanismus der anderen Art. Wer andere verachtet, hat seine Gerechtigkeit vor Gott schon verloren; wer seine Ungerechtigkeit schmerzhaft klar und doch vertrauensvoll erkennt, ist vor Gottes Angesicht groß.

EVANGELIUM Lk 18,9–14

Der Zöllner kehrte als Gerechter nach Hause zurück, der Pharisäer nicht

+ **Aus dem heiligen Evangelium nach Lukas.**

In jener Zeit erzählte Jesus einigen, die von ihrer eigenen Gerechtigkeit überzeugt waren und die anderen verachteten, dieses Beispiel:

Zwei Männer gingen zum Tempel hinauf, um zu beten; der eine war ein Pharisäer, der andere ein Zöllner.

Der Pharisäer stellte sich hin und sprach leise dieses Gebet: Gott, ich danke dir, dass ich nicht wie die anderen Menschen bin, die Räuber, Betrüger, Ehebrecher oder auch wie dieser Zöllner dort. Ich faste zweimal in der Woche und gebe dem Tempel den zehnten Teil meines ganzen Einkommens.

Der Zöllner aber blieb ganz hinten stehen und wagte nicht einmal, seine Augen zum Himmel zu erheben, sondern schlug sich an die Brust und betete: Gott, sei mir Sünder gnädig!

Ich sage euch: Dieser kehrte als Gerechter nach Hause zurück, der andere nicht. Denn wer sich selbst erhöht, wird erniedrigt, wer sich aber selbst erniedrigt, wird erhöht werden.

Glaubensbekenntnis, S. 492 ff.

FÜRBITTEN

Schwäche und Schwächen gehören zum menschlichen Leben und es ist gut, um sie zu wissen. Schwäche ist aber auch der Ort, an dem die Gnade Gottes wirkt. Wir rufen zu Gott:

- Für die Kirche, dass sie, im Bewusstsein ihrer eigenen Schwäche, offen ist für das erneuernde Wirken des Geistes. V: Barmherziger Gott. A: Wir bitten dich, erhöre uns.
- Für die vom Erfolg Verwöhnten, dass sie ihren Sinn für die Nöte der anderen nicht verlieren. V: Barmherziger Gott. A: Wir bitten dich, erhöre uns.
- Für die im Leben zu kurz Gekommenen und vielfach Gescheiterten, dass sie Zuversicht lernen durch solidarische Zuwendung. V: Barmherziger Gott. A: Wir bitten dich, erhöre uns.
- Für die jungen Menschen in Ländern, in denen die Armut groß ist, dass sich ihnen Lebenschancen eröffnen. V: Barmherziger Gott. A: Wir bitten dich, erhöre uns.
- Für die Menschen, die an anderen schuldig geworden sind, dass sie ihre Schuld erkennen und den Weg des Ausgleichs und Neubeginns gehen können. V: Barmherziger Gott. A: Wir bitten dich, erhöre uns.
- Für die Sterbenden, die darunter leiden, vieles in ihrem Leben nicht getan, nicht geschafft zu haben. Lass sie Frieden finden und vollende und runde du einmal das Stückwerk ihres Lebens. V: Barmherziger Gott. A: Wir bitten dich, erhöre uns.

Guter Gott, in deinen Augen ist groß, was uns klein scheint, ist gut und richtig, was auf uns lächerlich wirkt. Lehre uns wahre Demut und hilf uns, aus deiner Gnade zu leben. Darum bitten wir durch Jesus, unseren Freund und Lehrer.

EUCHARISTIEFEIER

GABENGEBET

Allmächtiger Gott, sieh gnädig auf die Gaben, die wir darbringen, und lass uns dieses Opfer so feiern, dass es dir zur Ehre gereicht. Darum bitten wir durch Christus, unseren Herrn.

Präfation, S. 504 ff.

KOMMUNIONVERS

Eph 5,2

Christus hat uns geliebt und sich für uns hingegeben
als Gabe und Opfer, das Gott wohlgefällt.

SCHLUSSGEBET

Herr, unser Gott, gib, dass deine Sakramente in uns das Heil wirken, das sie enthalten, damit wir einst als unverhüllte Wirklichkeit empfangen, was wir jetzt in heiligen Zeichen begehen. Darum bitten wir durch Christus, unseren Herrn.

***

Für eine Wort-Gottes-Feier:

ERÖFFNUNGSGEBET ZUR WAHL

Gott, in Güte und Weisheit blickst du in die Herzen der Menschen. Schenke uns den Geist kindlicher Demut, damit wir vor dir bestehen können und unser Beten dir gefällt. Darum bitten wir durch Jesus

Christus, deinen Sohn, unseren Herrn und Gott, der in der Einheit des Heiligen Geistes mit dir lebt in Ewigkeit.

***

SO EINFACH

So einfach ist es
ein Heiliger zu werden:

Dich vor Gott
nicht größer machen
als du bist
demütig
und ehrlich zu sein:

Ich bin ein Sünder!

Den Rest macht ER:
Er richtet dich auf
er gibt dir Ansehen
und schaut dir
bis ins Herz
er nimmt die Schuld von dir
und schenkt dir
einen neuen Anfang.

Und immer wieder neu
so vor Gott stehen …
so macht der Heilige
Heilige.

Heinz Detlef Stäps

ALLERHEILIGEN – HOCHFEST

1. November 2019

Was macht einen Menschen heilig? Diesen Mann, diese Frau? Sie, gerade sie, erhoben zur Ehre der Altäre? Scheuen wir den zweiten Blick nicht, dann zeigt sich uns eine sehr gemischte Gesellschaft. Wüstenväter und -mütter, Junge und Alte, mitten in der Welt, Flüchtige aus der Welt, Asketen und Asketinnen, die Buße tun, eigene und fremde Schuld zu tilgen. Groß ist das, großzügig. Wir sehen viele im weltlichen Sinne Hochgestellte, Angehörige mächtiger Orden, einflussreicher Familien; keine Frage, das hilft. Menschen aber auch, die es doch mit dem Kleinsein mit Jesus versuchten. Menschen, die gefährlich Kranke nicht liegen ließen, sondern in die Arme nahmen. Frauen und Männer, denen die Tyrannei der Tyrannen nicht gleichgültig war. Die mit den Opfern litten und für sie und gegen die Gewalttäter aufgestanden sind. So viele oft genannte Namen. So viele Namen, die Gott allein kennt.

ERÖFFNUNGSVERS

Freut euch alle im Herrn am Fest aller Heiligen;
mit uns freuen sich die Engel und loben Gottes Sohn.

KYRIE-RUFE

Christus, auferstandener Herr, du hast,
über die Erde erhöht, alle zu dir gezogen.
V/A: Herr, erbarme dich.
Du vereinst die pilgernde Kirche
mit der Kirche des Himmels.
V/A: Christus, erbarme dich.

Du gibst uns allen Anteil
an den Gütern des Heils.
V/A: Herr, erbarme dich.

Ehre sei Gott, S. 489 f.

TAGESGEBET

Allmächtiger, ewiger Gott, du schenkst uns die Freude, am heutigen Fest die Verdienste aller deiner Heiligen zu feiern. Erfülle auf die Bitten so vieler Fürsprecher unsere Hoffnung und schenke uns dein Erbarmen. Darum bitten wir durch Jesus Christus.

WORTGOTTESDIENST

ZUR 1. LESUNG Es geht dem Ende zu. Unaufhaltsam läuft die Zeit ab. Wie am Schnürchen. Doch da, alles wieder anders, der Untergang wird abgebrochen. Jedenfalls aufgeschoben. Das siebte Siegel wird nicht erbrochen, noch nicht. Was ist dazwischengekommen? Was mag so wichtig sein? Die vernichtenden Sturmwinde, noch sind sie nicht losgelassen, vier Engel halten sie an den vier Enden der Erde im Zaum. Von Osten, vom Orient, von Sonnenaufgang her nähert sich ein weiterer Engel, der Einhalt gebietet: Stopp. Noch nicht. Zuerst müssen die bezeichnet werden, die gerettet werden, sie alle. Vollendete Fülle, Vollzahl. Einhundertvierundvierzigtausend. Zwölfmal Zwölftausend. Große und Kleine, Frauen und Männer, aus allen Nationen und Völkern, Stämmen und Sprachen. Ohne Zahl, so viel Mal. So viele sind treu gewesen, haben vertraut statt sich zu verkaufen? Haben das Leben gewagt, statt das Leben anderer zu opfern? Die Offenbarung des Johannes kann uns Angst machen. Hier ist sie erstaunlich ermutigend. Und sie sieht mich an, fragt mich an: Was fängst du mit diesem Zwischenspiel an, mit der Zwischenzeit, deiner Lebenszeit? Was fängst du Gutes an? Der lebendige Gott sendet Boten; wähle das Leben.

ERSTE LESUNG

Offb 7,2–4.9–14

Ich sah eine große Schar aus allen Nationen und Sprachen; niemand konnte sie zählen

Lesung aus der Offenbarung des Johannes.

Ich, Johannes, sah vom Osten her einen anderen Engel emporsteigen; er hatte das Siegel des lebendigen Gottes und rief den vier Engeln, denen die Macht gegeben war, dem Land und dem Meer Schaden zuzufügen, mit lauter Stimme zu: Fügt dem Land, dem Meer und den Bäumen keinen Schaden zu, bis wir den Knechten unseres Gottes das Siegel auf die Stirn gedrückt haben.

Und ich erfuhr die Zahl derer, die mit dem Siegel gekennzeichnet waren. Es waren hundertvierundvierzigtausend aus allen Stämmen der Söhne Israels, die das Siegel trugen.

Danach sah ich: eine große Schar aus allen Nationen und Stämmen, Völkern und Sprachen; niemand konnte sie zählen. Sie standen in weißen Gewändern vor dem Thron und vor dem Lamm und trugen Palmzweige in den Händen. Sie riefen mit lauter Stimme: Die Rettung kommt von unserem Gott, der auf dem Thron sitzt, und von dem Lamm. Und alle Engel standen rings um den Thron, um die Ältesten und die vier Lebewesen. Sie warfen sich vor dem Thron nieder, beteten Gott an und sprachen: Amen, Lob und Herrlichkeit, Weisheit und Dank, Ehre und Macht und Stärke unserem Gott in alle Ewigkeit. Amen.

Da fragte mich einer der Ältesten: Wer sind diese, die weiße Gewänder tragen, und woher sind sie gekommen? Ich erwiderte ihm: Mein Herr, das musst du wissen. Und er sagte zu mir: Es sind die, die aus der großen Bedrängnis kommen; sie haben ihre Gewänder gewaschen und im Blut des Lammes weiß gemacht.

ANTWORTPSALM

Ps 24(23), 1–2.3–4.5–6 (℟: vgl. 6)

℟ Aus allen Völkern hast du sie erwählt,
die dein Antlitz suchen, o Herr. – ℟

Dem Herrn gehört die Erde und was sie erfüllt, *
der Erdkreis und seine Bewohner.
Denn er hat ihn auf Meere gegründet, *
ihn über Strömen befestigt. – (℟)

Wer darf hinaufziehn zum Berg des Herrn, *
wer darf stehn an seiner heiligen Stätte?
Der reine Hände hat und ein lauteres Herz, *
der nicht betrügt und keinen Meineid schwört. – (℟)

Er wird Segen empfangen vom Herrn *
und Heil von Gott, seinem Helfer.
Das sind die Menschen, die nach ihm fragen, *
die dein Antlitz suchen, Gott Jakobs. – ℟

ZUR 2. LESUNG Namen sind nicht bloß Schall und Rauch. Der Name Kind Gottes sagt Wesentliches. Neue Herkunft, neues Sein. Gottes Kind ist das Bundesvolk Israel. Gottes Kind darf nun auch genannt werden, wer zu Gottes Christus gehört. Ihre neue Existenz haben sich die Kinder Gottes nicht selbst aufgebaut, so wenig sich ein Neugeborenes das Leben erarbeitet hat. Das neue Leben haben sie empfangen. Die Identität der Kinder Gottes wird nicht nur für die Zukunft erhofft, jetzt schon prägt sie ihre Wirklichkeit. Der frühchristliche Weisheitslehrer ahnt etwas – das keimhaft in uns angelegt, aber noch nicht voll verwirklicht ist: die Freude, Gott zu sehen und uns durch seinen Blick, durch seinen Anblick, verwandeln zu lassen, durch und durch.

ZWEITE LESUNG 1 Joh 3, 1–3

Wir werden Gott sehen, wie er ist

Lesung aus dem ersten Johannesbrief.

Brüder! [*oder:* Brüder und Schwestern! *oder:* Schwestern und Brüder!] Seht, wie groß die Liebe ist, die der Vater uns geschenkt hat:

Wir heißen Kinder Gottes und wir sind es. Die Welt erkennt uns nicht, weil sie ihn nicht erkannt hat.

Liebe Brüder, jetzt sind wir Kinder Gottes. Aber was wir sein werden, ist noch nicht offenbar geworden. Wir wissen, dass wir ihm ähnlich sein werden, wenn er offenbar wird; denn wir werden ihn sehen, wie er ist.

Jeder, der dies von ihm erhofft, heiligt sich, so wie Er heilig ist.

RUF VOR DEM EVANGELIUM

Vers: Mt 11,28

Halleluja. Halleluja.
(So spricht der Herr:)
Kommt alle zu mir,
die ihr euch plagt und schwere Lasten zu tragen habt.
Ich werde euch Ruhe verschaffen.
Halleluja.

ZUM EVANGELIUM Selig die Armen! Selig die Trauernden! Menschen glücklich zu preisen, die Mangel und Entbehrung spüren, über sie zu sagen oder ihnen zu verstehen zu geben, sie hätten großes Glück – das ist kühn, eine Zumutung, schlimmstenfalls ein Zynismus. Warum ist es hier nicht so? Jesu eigenes Leben zeigt an, dass jene Menschen, von denen hier die Rede ist, die Armen, die Trauernden, die Gewaltlosen, von Gott nicht vergessen, nicht gottverlassen sind. Jesus lebt in dieser Gewissheit. Darauf verlässt er sich, daraus lebt er. Darum kann er loslassen. Jesus lebt diese Gewissheit; sein Leben, sein Sterben, sein Auferwecktwerden durch Gott machen diese Gewissheit für alle in seiner Spur lebenskräftig, hauchen ihr, hauchen ihnen – ewiges – Leben ein. Selig die Armen. Selig die Trauernden. Selig die Gewaltlosen. Eine Gottesgewissheit. Sie ist zart – nicht hart. Mutig ist sie – und macht Mutlosen Mut. Stark ist sie – sie stützt und stärkt. Sie gilt – allen. Allen, die ihr trauen, hilft sie auf.

EVANGELIUM

Mt 5,1–12a

Freut euch und jubelt: Euer Lohn im Himmel wird groß sein

+ **Aus dem heiligen Evangelium nach Matthäus.**

In jener Zeit, als Jesus die vielen Menschen sah, die ihm folgten, stieg er auf einen Berg. Er setzte sich, und seine Jünger traten zu ihm. Dann begann er zu reden und lehrte sie. Er sagte: Selig, die arm sind vor Gott; denn ihnen gehört das Himmelreich. Selig die Trauernden; denn sie werden getröstet werden. Selig, die keine Gewalt anwenden; denn sie werden das Land erben. Selig, die hungern und dürsten nach der Gerechtigkeit; denn sie werden satt werden. Selig die Barmherzigen; denn sie werden Erbarmen finden. Selig, die ein reines Herz haben; denn sie werden Gott schauen. Selig, die Frieden stiften; denn sie werden Söhne Gottes genannt werden. Selig, die um der Gerechtigkeit willen verfolgt werden; denn ihnen gehört das Himmelreich.

Selig seid ihr, wenn ihr um meinetwillen beschimpft und verfolgt und auf alle mögliche Weise verleumdet werdet. Freut euch und jubelt: Euer Lohn im Himmel wird groß sein.

Glaubensbekenntnis, S. 492 ff.

FÜRBITTEN

Die Menschen, die wir als Heilige des Himmels verehren, waren auf ihre je eigene Weise durchlässig für Gottes eigenes Licht. Wir bitten ihn um seine Wegweisung und sein Erbarmen:

- Weise deiner Kirche auf die Fürsprache aller Heiligen ihren Weg durch die Zeit, und schenke ihr den Mut, sich unter den Anspruch der Seligpreisungen zu stellen. V: Herr des Himmels. A: Wir bitten dich, erhöre uns.
- Schenke allen Getauften die Erkenntnis, dass sie zur Heiligkeit berufen sind, und hilf ihnen, das Gute zu wollen und das Rechte zu tun. V: Herr des Himmels. A: Wir bitten dich, erhöre uns.

- Stärke die Frauen und Männer, die in Orden und religiösen Gemeinschaften das Ideal der Armut zu leben versuchen, und vergelte ihnen ihr Gebet und ihren Einsatz für Menschen am Rande. V: Herr des Himmels. A: Wir bitten dich, erhöre uns.
- Lass uns die Heiligen in ihrer Barmherzigkeit und einfallsreichen Liebe zum Vorbild werden, damit auch wir lernen, großzügig zu geben und liebevoll zu leben. V: Herr des Himmels. A: Wir bitten dich, erhöre uns.
- Lass unsere lieben Toten und alle Verstorbenen in der Gemeinschaft deiner Seligen geborgen sein. V: Herr des Himmels. A: Wir bitten dich, erhöre uns.

Du, guter Gott, bist Maßstab und Ziel unseres Lebens. Du willst, dass wir satt werden und andere sättigen, du erbarmst dich unser und willst, dass wir uns des anderen erbarmen. Dir sei Lob und Dank in Ewigkeit.

EUCHARISTIEFEIER

GABENGEBET

Herr, unser Gott, nimm die Gaben entgegen, die wir am heutigen Fest darbringen. Wir glauben, dass deine Heiligen bei dir leben und dass Leid und Tod sie nicht mehr berühren. Erhöre ihr Gebet und lass uns erfahren, dass sie uns nahe bleiben und für uns eintreten. Darum bitten wir durch Christus, unseren Herrn.

PRÄFATION

In Wahrheit ist es würdig und recht, dir, allmächtiger Vater, zu danken und dich mit der ganzen Schöpfung zu rühmen. Denn heute schauen wir deine heilige Stadt, unsere Heimat, das himmlische Jerusalem. Dort loben dich auf ewig die verherrlichten Glieder der Kirche, unsere Brüder und Schwestern, die schon zur Vollendung gelangt sind. Dorthin pilgern auch wir im Glauben, ermutigt durch ihre Fürsprache und ihr Beispiel, und gehen freudig dem Ziel der Verheißung entgegen. Darum preisen wir dich in der Gemeinschaft deiner Heiligen und singen mit den Chören der Engel das Lob deiner Herrlichkeit: Heilig …

KOMMUNIONVERS

Mt 5,8–10

Selig, die ein reines Herz haben;
denn sie werden Gott schauen.
Selig, die Frieden stiften;
denn sie werden Söhne Gottes genannt werden.
Selig, die um der Gerechtigkeit willen verfolgt werden;
denn ihnen gehört das Himmelreich.

SCHLUSSGEBET

Gott, du allein bist heilig, dich ehren wir, wenn wir der Heiligen gedenken. Stärke durch dein Sakrament in uns das Leben der Gnade und führe uns auf dem Weg der Pilgerschaft zum ewigen Gastmahl, wo du selbst die Vollendung der Heiligen bist. Darum bitten wir durch Christus, unseren Herrn.

FEIERLICHER SCHLUSSSEGEN

Der gütige Gott, der die Heiligen zur Vollendung geführt hat, segne euch und bewahre euch vor allem Unheil. – A: Amen.
Das Vorbild der Heiligen lehre euch und ihre Fürsprache helfe euch, Gott und den Menschen zu dienen. – A: Amen.
Am heutigen Festtag gedenkt die Kirche in Freude aller Heiligen; Gott führe euch nach diesem Leben zur ewigen Gemeinschaft mit ihnen. – A: Amen.

Das gewähre euch der dreieinige Gott, der Vater und der Sohn † und der Heilige Geist. – A: Amen.

***

SELIG

Selig, die reich sind bei Gott und bei den Menschen,
sie können großmütig teilen.
Selig, die an den Schaltstellen der Macht sitzen,
sie können die Verhältnisse ändern.
Selig, die große Häuser haben und viele Zimmer,
sie können Obdachlose aufnehmen.
Selig, die sich um das tägliche Brot
nicht zu sorgen brauchen,
sie können Hungernde an ihren Tisch laden.
Selig die Getrösteten,
sie können Weinende in die Arme nehmen.
Selig, die um eine Antwort nie verlegen sind,
sie können für die Verstummten sprechen.
Selig die Lachenden,
sie können bei denen sitzen,
die nichts zu lachen haben.
Selig seid ihr, ob arm oder reich,
ihr könnt Hand in Hand gehen.

Eleonore Beck

ALLERSEELEN

2. November 2019

Kaum etwas ist für das Gesamtbild einer Kultur so charakteristisch wie ihr Umgang mit den Toten. Gräber sind die wohl ältesten Zeugnisse, die es für menschliche Kultur gibt. Das Gedenken der Toten ist also mit dem Menschsein und der Menschlichkeit des Menschen von Anfang an zutiefst verbunden. Die teils tiefgreifenden Veränderungen heutiger Bestattungskultur, etwa die zahlreichen anonymen Bestattungen, zeigen einen beunruhigenden Wandel gesellschaftlich verbreiteter Überzeugungen an. Christliche Frömmigkeit hat – mit den Worten des Zweiten Vatikanischen Konzils – „seit den Anfängen der christlichen Religion das Gedächtnis der Verstorbenen mit großer Ehrfurcht gepflegt und hat auch Fürbitten für sie dargebracht …" Gerade heute stellen die Entfaltung einer christlichen Trauerkultur und das öffentliche Gedenken der Toten unverzichtbare Zeugnisse des Glaubens an die Auferstehung der Toten und einer Hoffnung dar, die „voll Unsterblichkeit" ist (Weish 3,4).

ERÖFFNUNGSVERS

1 Thess 4,14; 1 Kor 15,22

Wie Jesus gestorben und auferstanden ist,
so wird Gott auch die in Jesus Entschlafenen
mit ihm vereinen.
Denn wie in Adam alle sterben,
so werden in Christus einst alle lebendig gemacht.

KYRIE-RUFE

Herr Jesus Christus, du bist gegangen,
um einen Platz für uns vorzubereiten.
V/A: Herr, erbarme dich.

Du wirst uns zu dir holen, damit
auch wir dort sind, wo du bist.
V/A: Christus, erbarme dich.
Du bist der Weg und die Wahrheit
und das Leben.
V/A: Herr, erbarme dich.

TAGESGEBET

Allmächtiger Gott, wir glauben und bekennen, dass du deinen Sohn als Ersten von den Toten auferweckt hast. Stärke unsere Hoffnung, dass du auch unsere Brüder und Schwestern auferwecken wirst zum ewigen Leben. Darum bitten wir durch ihn, Jesus Christus.

WORTGOTTESDIENST

ZUR 1. LESUNG Setzt der Tod eine endgültige Grenze? Auch zur Zeit Jesu war dies umstritten. Doch Jesus selbst und nach seiner Auferstehung die ganze junge Kirche konnten sich in ihrer Lebenshoffnung auf Überzeugungen stützen, wie sie das Weisheitsbuch formuliert. Wir glauben, dass jene Verstorbenen, die schon jetzt bei Gott sind, die Heiligen, die das Buch der Weisheit die Gerechten nennt, auch an unserem Leben bleibend Anteil nehmen; und wir dürfen hoffen, dass die Menschen, die im Unfrieden mit sich und dem Nächsten gestorben sind, erreichbar bleiben für unser Gebet. Christus hat den Tod überwunden – darum unterbricht nicht einmal der Tod die Solidarität derer, die Christus gehören.

ERSTE LESUNG

Weish 3,1–9

Gott hat die Gerechten angenommen als ein vollgültiges Opfer

Lesung aus dem Buch der Weisheit.

Die Seelen der Gerechten sind in Gottes Hand und keine Qual kann sie berühren. In den Augen der Toren sind sie gestorben, ihr Heimgang gilt als Unglück, ihr Scheiden von uns als Vernichtung; sie aber sind in Frieden.

In den Augen der Menschen wurden sie gestraft; doch ihre Hoffnung ist voll Unsterblichkeit.

Ein wenig nur werden sie gezüchtigt; doch sie empfangen große Wohltat. Denn Gott hat sie geprüft und fand sie seiner würdig.

Wie Gold im Schmelzofen hat er sie erprobt und sie angenommen als ein vollgültiges Opfer.

Beim Endgericht werden sie aufleuchten wie Funken, die durch ein Stoppelfeld sprühen. Sie werden Völker richten und über Nationen herrschen und der Herr wird ihr König sein in Ewigkeit.

Alle, die auf ihn vertrauen, werden die Wahrheit erkennen und die Treuen werden bei ihm bleiben in Liebe. Denn Gnade und Erbarmen wird seinen Erwählten zuteil.

ANTWORTPSALM

Ps 27(26), 1.4ab.7–8.13–14 (℞: 1a oder 13)

℞ Der Herr ist mein Licht und mein Heil. – ℞

Oder:

℞ Ich bin gewiss, zu schauen die Güte des Herrn
im Land der Lebenden. – ℞

Der Herr ist mein Licht und mein Heil: *
Vor wem sollte ich mich fürchten?
Der Herr ist die Kraft meines Lebens: *
Vor wem sollte mir bangen? – (℞)

Nur eines erbitte ich vom Herrn, *
danach verlangt mich:
Im Haus des Herrn zu wohnen *
alle Tage meines Lebens. – (℞)

Vernimm, o Herr, mein lautes Rufen; *
sei mir gnädig und erhöre mich!
Mein Herz denkt an dein Wort: „Sucht mein Angesicht!“ *
Dein Angesicht, Herr, will ich suchen. – (R)

Ich bin gewiss, zu schauen *
die Güte des Herrn im Land der Lebenden.
Hoffe auf den Herrn, und sei stark! *
Hab festen Mut, und hoffe auf den Herrn! – R

ZUR 2. LESUNG „Jeder stirbt für sich allein“ ist der Titel eines Romans von Hans Fallada über ein Elternpaar, das in der NS-Zeit nach dem Kriegstod des einzigen Sohnes Widerstand leistet und dafür mit dem Leben zahlen muss. Keiner stirbt für sich allein. In der römischen Gemeinde, die sich zusammensetzt aus sich zum Messias Jesus bekennenden Juden und aus Christus-Bekennern aus den Völkern, treffen auch widerstreitende Positionen zu Fragen der glaubensgemäßen Ernährung aufeinander. Wie soll man richtig essen? Soll man sich an die Speisevorschriften vom Sinai halten? Oder ist alles erlaubt und jegliche Unterscheidung unwesentlich geworden durch Jesus, den Messias? Ja, Jesus Christus ist der Angelpunkt. Er ist der Bruder aller geworden und hat durch sein Leben und Sterben alle, die sich zu ihm bekennen, einander zu Geschwistern gemacht. Darum ist für unser Tun und Lassen das Wohl und Wehe der Schwester, des Bruders entscheidend. Keiner lebt für sich allein. Denn Jesus hat für mich und dich gelebt und ist für dich und mich gestorben.

ZWEITE LESUNG

Röm 14,7–9.10c–12

Ob wir leben oder ob wir sterben, wir gehören dem Herrn

Lesung aus dem Brief des Apostels Paulus an die Römer.

Brüder [*oder:* Brüder und Schwestern! *oder:* Schwestern und Brüder!]! Keiner von uns lebt sich selber und keiner stirbt sich selber: Leben wir, so leben wir dem Herrn, sterben wir, so sterben wir

dem Herrn. Ob wir leben oder ob wir sterben, wir gehören dem Herrn. Denn Christus ist gestorben und lebendig geworden, um Herr zu sein über Tote und Lebende.
Wir werden alle vor dem Richterstuhl Gottes stehen. Denn es heißt in der Schrift: So wahr ich lebe, spricht der Herr, vor mir wird jedes Knie sich beugen und jede Zunge wird Gott preisen.
Also wird jeder von uns vor Gott Rechenschaft über sich selbst ablegen.

RUF VOR DEM EVANGELIUM

Vers: vgl. Joh 6,39

Christus Sieger, Christus König, Christus Herr in Ewigkeit! – R
(So spricht der Herr:)
Es ist der Wille meines Vaters,
dass keiner verloren geht
von denen, die er mir gegeben hat,
sondern dass ich sie auferwecke am Jüngsten Tag.
Christus Sieger, Christus König, Christus Herr in Ewigkeit!

ZUM EVANGELIUM Das Schlüsselwort im heutigen Evangelium ist: alle. Alle, die zu Jesus kommen, sind angenommen. Niemand wird zurückgestoßen. Der Gott Israels sorgt für die Menschen. In seinem Sohn teilt er sein Brot an alle aus: damit sie das Leben haben. Über die vielen selbstgesetzten Grenzen, und über die eine, die letzte, die Todesgrenze hinaus.

EVANGELIUM

Joh 6,37–40

Die an den Sohn glauben, haben das ewige Leben, und ich werde sie auferwecken am Letzten Tag

+ **Aus dem heiligen Evangelium nach Johannes.**

In jener Zeit sprach Jesus zu der Menge: Alles, was der Vater mir gibt, wird zu mir kommen, und wer zu mir kommt, den werde ich nicht abweisen; denn ich bin nicht vom Himmel herabgekommen, um meinen Willen zu tun, sondern den Willen dessen, der mich gesandt hat.

Es ist aber der Wille dessen, der mich gesandt hat, dass ich keinen von denen, die er mir gegeben hat, zugrunde gehen lasse, sondern dass ich sie auferwecke am Letzten Tag.

Denn es ist der Wille meines Vaters, dass alle, die den Sohn sehen und an ihn glauben, das ewige Leben haben und dass ich sie auferwecke am Letzten Tag.

FÜRBITTEN

Gott ist treu und Gott tröstet. Er schenkt Leben und erweist sich über den Tod hinaus als gnädig. Deshalb rufen wir zu ihm, der unsere Hoffnung ist:

- Wir beten für die Opfer von Hass und Gewalt. V: Du Gott der Lebenden und der Toten. A: Höre unser Rufen.
- Wir bitten für die Menschen, die bei einem Verkehrsunfall einen jähen Tod fanden. V: Du Gott der Lebenden und der Toten. A: Höre unser Rufen.
- Wir beten für die vielen, die an Hunger und Durst sterben mussten. V: Du Gott der Lebenden und der Toten. A: Höre unser Rufen.
- Wir beten für die Menschen, die ein langes Leiden hin zum Tode durchlebt haben. V: Du Gott der Lebenden und der Toten. A: Höre unser Rufen.
- Wir beten für diejenigen, die Schmerz und Reue über ihr Leben empfunden haben. V: Du Gott der Lebenden und der Toten. A: Höre unser Rufen.
- Wir bitten dich für alle, die Kranke und Sterbende freundlich und liebevoll begleiten. V: Du Gott der Lebenden und der Toten. A: Höre unser Rufen.

- Wir bitten dich für alle, die trauern, und für alle, die ihnen in ihrer Trauer beistehen. V: Du Gott der Lebenden und der Toten. A: Höre unser Rufen.

Barmherziger Gott, du führst uns durch den Tod hindurch in dein Leben. Stärke unser Vertrauen, dass uns deine Liebe auch im Tod umfangen wird. So bitten wir durch Jesus Christus, unseren Freund und Erlöser.

EUCHARISTIEFEIER

GABENGEBET

Herr, unser Gott, schau gütig auf unsere Gaben. Nimm deine Diener und Dienerinnen auf in die Herrlichkeit deines Sohnes, mit dem auch wir durch das große Sakrament der Liebe verbunden sind. Darum bitten wir durch ihn, Christus, unseren Herrn.

PRÄFATION

In Wahrheit ist es würdig und recht, dir, allmächtiger Vater, zu danken durch unseren Herrn Jesus Christus. Denn er ist das Heil der Welt, das Leben der Menschen, die Auferstehung der Toten. Durch ihn rühmen dich Himmel und Erde, Engel und Menschen und singen wie aus einem Munde das Lob deiner Herrlichkeit: Heilig …

KOMMUNIONVERS

Joh 11,25–26

So spricht der Herr:
Ich bin die Auferstehung und das Leben;
wer an mich glaubt, wird leben, auch wenn er stirbt,
und jeder, der lebt und an mich glaubt,
wird in Ewigkeit nicht sterben.

SCHLUSSGEBET

Barmherziger Gott, wir haben das Gedächtnis des Todes und der Auferstehung Christi gefeiert für unsere Brüder und Schwestern. Führe sie vom Tod zum Leben, aus dem Dunkel zum Licht, aus der Bedrängnis in deinen Frieden. Darum bitten wir durch Christus, unseren Herrn.

FEIERLICHER SCHLUSSSEGEN

Die Gnade seines Segens schenke euch der Gott allen Trostes, der uns aus Liebe erschaffen und uns in Christus die Hoffnung auf die selige Auferstehung geschenkt hat. – A: Amen.
Den Lebenden gewähre er die Verzeihung der Sünden, die Verstorbenen führe er in sein Licht und seinen Frieden. – A: Amen.
Der Lebenden und der Toten erbarme sich Christus, der wahrhaft aus dem Grabe erstanden ist. – A: Amen.
Das gewähre euch der dreieinige Gott, der Vater und der Sohn † und der Heilige Geist. – A: Amen.

***

ABSCHIED

Wie hab ich das gefühlt, was Abschied heißt.
Wie weiß ichs noch: ein dunkles unverwundnes
grausames Etwas, das ein Schönverbundnes
noch einmal zeigt und hinhält und zerreißt.

Rainer Maria Rilke

31. SONNTAG IM JAHRESKREIS

3. November 2019

Der Glaube an Gottes Allmacht ist im Glaubensbekenntnis zentral: Gott hat alles geschaffen, so wird er sich auch aller erbarmen und in der Endzeit alle bei sich versammeln. Unter uns herrschen Erbarmungslosigkeit und Trennung und wir sehnen uns nach Erbarmen und Miteinander. Da ist das Ende der Tage in weite Ferne gerückt. Das heutige Evangelium lehrt, den Blick von den ganz großen Abläufen auf das Kleine zu wenden und Gottes Ankunft dort zu finden.

ERÖFFNUNGSVERS

Ps 38(37),22–23

Herr, verlass mich nicht, bleib mir nicht fern, mein Gott!
Eile mir zu Hilfe, Herr, du mein Heil.

KYRIE-RUFE

Herr Jesus Christus, du bist bei Sündern
zu Gast und hältst Mahl mit ihnen.
V/A: Herr, erbarme dich.
Du liebst die Sünder und hasst die Sünde.
V/A: Christus, erbarme dich.
Du bist gekommen, um zu suchen und
zu retten, was verloren ist.
V/A: Herr, erbarme dich.

Ehre sei Gott, S. 489 f.

TAGESGEBET

Allmächtiger, barmherziger Gott, es ist deine Gabe und dein Werk, wenn das gläubige Volk dir würdig und aufrichtig dient. Nimm alles von uns, was uns auf dem Weg zu dir aufhält, damit wir ungehindert der Freude entgegeneilen, die du uns verheißen hast. Darum bitten wir durch Jesus Christus.

WORTGOTTESDIENST

ZUR 1. LESUNG Der Weisheitsautor scheint einen Standpunkt außerhalb unseres Alltagsgeschehens einzunehmen, so weit und so klar ist sein Blick. Im Hinblick auf Gottes allmächtiges Erbarmen erscheinen sowohl die Sünde als auch das gesamte Schöpfungswerk winzig klein, oder, besser gesagt: Alles ist von Gott geliebt, weil er der Schöpfer von allem ist. Diese irdische Zeit ermöglicht menschliche Freiheit, vor allem aber ist sie Zeit der Umkehr, Zeit, sich Gott aus freiem Entschluss neu zuzuwenden. Biblischer Optimismus! Gott vertrauen. Und welch schönes Menschenbild begegnet uns hier; so schön, dass einem der Atem stockt und man es kaum zu glauben wagt.

ERSTE LESUNG Weish 11,22–12,2

Du hast mit allen Erbarmen, weil du alles liebst, was ist

Lesung aus dem Buch der Weisheit.

Herr, die ganze Welt ist ja vor dir wie ein Stäubchen auf der Waage, wie ein Tautropfen, der am Morgen zur Erde fällt. Du hast mit allen Erbarmen, weil du alles vermagst, und siehst über die Sünden der Menschen hinweg, damit sie sich bekehren. Du liebst alles, was ist, und verabscheust nichts von allem, was du gemacht hast; denn hättest du etwas gehasst, so hättest du es nicht geschaffen.

Wie könnte etwas ohne deinen Willen Bestand haben, oder wie könnte etwas erhalten bleiben, das nicht von dir ins Dasein gerufen wäre? Du schonst alles, weil es dein Eigentum ist, Herr, du Freund des Lebens.

Denn in allem ist dein unvergänglicher Geist. Darum bestrafst du die Sünder nur nach und nach; du mahnst sie und erinnerst sie an ihre Sünden, damit sie sich von der Schlechtigkeit abwenden und an dich glauben, Herr.

ANTWORTPSALM Ps 145 (144), 1–2.8–9.10–11.13c–14 (℟: 1a)

℟ Ich will dich rühmen, mein Gott und König. – ℟

Ich will dich rühmen, mein Gott und König, *
und deinen Namen preisen immer und ewig;
ich will dich preisen Tag für Tag *
und deinen Namen loben immer und ewig. – (℟)

Der Herr ist gnädig und barmherzig, *
langmütig und reich an Gnade.
Der Herr ist gütig zu allen, *
sein Erbarmen waltet über all seinen Werken. – (℟)

Danken sollen dir, Herr, all deine Werke *
und deine Frommen dich preisen.
Sie sollen von der Herrlichkeit deines Königtums reden, *
sollen sprechen von deiner Macht. – (℟)

Der Herr ist treu in all seinen Worten, *
voll Huld in all seinen Taten.
Der Herr stützt alle, die fallen, *
und richtet alle Gebeugten auf. – ℟

ZUR 2. LESUNG Der zweite Brief an die Thessalonicher ringt mit der großen Verzögerung. Steht das Ende der Welt doch nicht vor der

Tür, wie dies der Glaube an die Auferweckung Christi anfangs anzuzeigen schien? In den vielen Jahrhunderten nach Jesu Tod und Auferstehen haben wir Christen gelernt, dass mit jedem Leben eine Welt zu Ende geht. So ist es uns auferlegt, unseren Alltag zu meistern und unserer Berufung treu zu sein. Kraft dazu gibt uns das Bittgebet füreinander.

ZWEITE LESUNG

2 Thess 1,11–2,2

Der Name Jesu soll in euch verherrlicht werden und ihr in ihm

Lesung aus dem zweiten Brief des Apostels Paulus an die Thessalonicher.

Brüder! [*oder:* Brüder und Schwestern! *oder:* Schwestern und Brüder!] Wir beten immer für euch, dass unser Gott euch eurer Berufung würdig mache und in seiner Macht allen Willen zum Guten und jedes Werk des Glaubens vollende. So soll der Name Jesu, unseres Herrn, in euch verherrlicht werden und ihr in ihm, durch die Gnade unseres Gottes und Herrn Jesus Christus.

Brüder, wir schreiben euch über die Ankunft Jesu Christi, unseres Herrn, und unsere Vereinigung mit ihm und bitten euch: Lasst euch nicht so schnell aus der Fassung bringen und in Schrecken jagen, wenn in einem prophetischen Wort oder einer Rede oder in einem Brief, der angeblich von uns stammt, behauptet wird, der Tag des Herrn sei schon da.

RUF VOR DEM EVANGELIUM

Vers: Joh 3, 16

Halleluja. Halleluja.
So sehr hat Gott die Welt geliebt,
dass er seinen einzigen Sohn hingab,
damit jeder, der an ihn glaubt, in ihm das ewige Leben hat.
Halleluja.

ZUM EVANGELIUM Zachäus ist klein von Gestalt und kann Jesus darum nicht sehen. Vielleicht versperren die anderen ihm auch absichtlich die Sicht. Aber der Mann weiß sich zu helfen und klettert kurzerhand auf einen Baum, einen Maulbeerfeigenbaum, den man pflanzt, um darauf Seidenraupen zu züchten. Dabei wird aus etwas sehr Kleinem und Unscheinbarem etwas sehr Kostbares. Diese Verwandlung steht Pate für die Verwandlung des Zachäus, denn dieser will die erpressten Überschüsse nun verschenken und vervielfacht zurückzahlen. Reich Gottes ereignet sich im Unscheinbaren und vor allem dort, wo niemand es erwartet und vermutet.

EVANGELIUM

Lk 19,1–10

Der Menschensohn ist gekommen, um zu suchen und zu retten, was verloren ist

+ **Aus dem heiligen Evangelium nach Lukas.**

In jener Zeit kam Jesus nach Jericho und ging durch die Stadt. Dort wohnte ein Mann namens Zachäus; er war der oberste Zollpächter und war sehr reich. Er wollte gern sehen, wer dieser Jesus sei, doch die Menschenmenge versperrte ihm die Sicht; denn er war klein. Darum lief er voraus und stieg auf einen Maulbeerfeigenbaum, um Jesus zu sehen, der dort vorbeikommen musste.

Als Jesus an die Stelle kam, schaute er hinauf und sagte zu ihm: Zachäus, komm schnell herunter! Denn ich muss heute in deinem Haus zu Gast sein. Da stieg er schnell herunter und nahm Jesus freudig bei sich auf. Als die Leute das sahen, empörten sie sich und sagten: Er ist bei einem Sünder eingekehrt.

Zachäus aber wandte sich an den Herrn und sagte: Herr, die Hälfte meines Vermögens will ich den Armen geben, und wenn ich von jemand zu viel gefordert habe, gebe ich ihm das Vierfache zurück.

Da sagte Jesus zu ihm: Heute ist diesem Haus das Heil geschenkt worden, weil auch dieser Mann ein Sohn Abrahams ist. Denn der Menschensohn ist gekommen, um zu suchen und zu retten, was verloren ist.

Glaubensbekenntnis, S. 492 ff.

FÜRBITTEN

Über Zachäus wird getratscht und getuschelt. Jesus aber spricht nicht über ihn, sondern mit ihm. Er lädt sich bei Zachäus ein, dessen Ruf denkbar schlecht ist – und eröffnet ihm so die Chance seines Lebens. Wir bitten Jesus Christus, der wahrhaft barmherzig ist:

- Für alle, die schwierige und krumme Wege gegangen sind, dass sie Menschen finden, die mit ihnen umkehren. V: Jesus Christus, Freund und Bruder. A: Wir bitten dich, erhöre uns.

- Für alle, die nur ihren Vorteil suchen, dass sie die Freude des Gebens entdecken. V: Jesus Christus, Freund und Bruder. A: Wir bitten dich, erhöre uns.

- Für alle, die angefeindet und abgelehnt werden, dass sie Solidarität und Freundschaft erfahren. V: Jesus Christus, Freund und Bruder. A: Wir bitten dich, erhöre uns.

- Für alle, die versuchen, ihre Türe und ihr Herz zu öffnen für Menschen in Not, dass sie nicht entmutigt werden. V: Jesus Christus, Freund und Bruder. A: Wir bitten dich, erhöre uns.

- Für alle, die denen eine Chance geben, die verführbar waren, die Fehler gemacht, die gesündigt haben, dass ihr Großmut auch ihnen Segen bringe. V: Jesus Christus, Freund und Bruder. A: Wir bitten dich, erhöre uns.

Guter Gott, wie Jesus Zachäus nicht von sich gestoßen hat, so weist auch du uns nicht die Tür, wenn wir dich suchen. Du willst Gast sein auch im Haus unseres Lebens. Dafür danken wir dir und loben dich, heute und alle Tage.

EUCHARISTIEFEIER

GABENGEBET

Heiliger Gott, diese Gabe werde zum reinen Opfer, das deinen Namen groß macht unter den Völkern. Für uns aber werde sie zum Sakrament, das uns die Fülle deines Erbarmens schenkt. Darum bitten wir durch Christus, unseren Herrn.

Präfation, S. 504 ff.

KOMMUNIONVERS

Joh 6, 57

So spricht der Herr:
Wie mich der lebendige Vater gesandt hat
und wie ich durch den Vater lebe,
so wird jeder, der mich isst, durch mich leben.

SCHLUSSGEBET

Gütiger Gott, du hast uns mit dem Brot des Himmels gestärkt. Lass deine Kraft in uns wirken, damit wir fähig werden, die ewigen Güter zu empfangen, die uns in diesen Gaben verheißen sind. Darum bitten wir durch Christus, unseren Herrn.

***

Für eine Wort-Gottes-Feier:

ERÖFFNUNGSGEBET ZUR WAHL

Barmherziger Gott, du hast deinen Sohn in die Welt gesandt, um zu retten, was verloren ist. Schau auf unser Leben und wandle uns nach dem Beispiel deines Sohnes, damit wir zur ewigen Gemeinschaft gelangen mit ihm, Jesus Christus, der in der Einheit des Heiligen Geistes mit dir lebt und herrscht in alle Ewigkeit.

***

EIN NEUGIERIGER MENSCH

ein neugieriger Mensch
ein Mensch voller Sehnsucht

Jesus
will er sehen

der kommt vorbei
und pflückt
die reife Frucht
vom Baum

„In deinem Haus
muss ich bleiben!“

Zachäus
nimmt ihn freudig
bei sich auf

und ändert sein Leben

die Begegnung mit IHM
macht Kleine groß
macht Gewohntes neu
und verhärtete Herzen
macht er heil

Heinz Detlef Stäps

32. SONNTAG IM JAHRESKREIS

10. November 2019

Unseren Glauben leben. Die eigenen Überzeugungen zum Ausdruck bringen. Wie geht das? Der Alltag hat bekanntlich seine Tücken. Ständig müssen wir Entscheidungen treffen. Oft handeln wir aus Gewohnheit, würden aber anders entscheiden, hätten wir nur genügend Bedenkzeit. Wie kann es uns gelingen, im eigenen Leben ein Klima zu schaffen, das bewusstes Leben ermöglicht? Der Apostel schlägt uns hier das Gebet vor. Von diesem können wir nicht groß genug denken. Es sorgt nicht nur für Seelenhygiene, sondern lässt die Zuversicht entstehen, dass es das Leben gut mit uns meint.

ERÖFFNUNGSVERS

Ps 88(87),3

Herr, lass mein Gebet zu dir dringen,
wende dein Ohr meinem Flehen zu.

KYRIE-RUFE

Herr Jesus Christus, du verkündigst Gott
nicht als Gott von Toten, sondern als Gott
von Lebenden.
V/A: Herr, erbarme dich.
Du machst uns zu Söhnen
und Töchtern Gottes.
V/A: Christus, erbarme dich.
Du bist die Auferstehung und das Leben.
V/A: Herr, erbarme dich.

Ehre sei Gott, S. 489 f.

TAGESGEBET

Allmächtiger und barmherziger Gott, wir sind dein Eigentum, du hast uns in deine Hand geschrieben. Halte von uns fern, was uns gefährdet, und nimm weg, was uns an Seele und Leib bedrückt, damit wir freien Herzens deinen Willen tun. Darum bitten wir durch Jesus Christus.

WORTGOTTESDIENST

ZUR 1. LESUNG Ein grausiger Foltertext, der uns an eine tiefgreifende kulturelle Auseinandersetzung erinnert. Israel stand schon lange unter griechisch-hellenistischem Einfluss und so entbrannte die Frage, wie man in rechter Weise leben solle. In Zeiten der Unterdrückung gedachte man dann der Märtyrer, die für die überlieferte Lebensweise ihr Leben gelassen hatten. Man hielt einerseits an den Speisegesetzen der Tora fest (hier: Lev 11,7–8; Dtn 14,8), war aber andererseits bereit, auch neue Glaubens- und Denkweisen zu integrieren, so den Glauben an die Erschaffung der Welt aus dem Nichts und an die Auferweckung aus dem Tod. Auch heute streiten Vegetarier und Veganer, selten aus religiösen, aber doch oft aus ethischen Gründen, für andere Speisegewohnheiten. Der Mensch ist nicht einfach, was er isst, aber Nahrung und Identität gehören offensichtlich eng zusammen.

ERSTE LESUNG 2 Makk 7,1–2.7a.9–14

Der König der Welt wird uns zum ewigen Leben auferwecken

Lesung aus dem zweiten Buch der Makkabäer.

In jenen Tagen geschah es, dass man sieben Brüder mit ihrer Mutter festnahm. Der König Antiochus wollte sie zwingen, entgegen dem göttlichen Gebot Schweinefleisch zu essen, und ließ sie darum mit Geißeln und Riemen peitschen.

Einer von ihnen ergriff für die andern das Wort und sagte: Was willst du uns fragen und von uns wissen? Eher sterben wir, als dass wir die Gesetze unserer Väter übertreten.

Als der erste der Brüder gestorben war, führten sie den zweiten zur Folterung. Als der zweite in den letzten Zügen lag, sagte er: Du Unmensch! Du nimmst uns dieses Leben; aber der König der Welt wird uns zu einem neuen, ewigen Leben auferwecken, weil wir für seine Gesetze gestorben sind.

Nach ihm folterten sie den dritten. Als sie seine Zunge forderten, streckte er sie sofort heraus und hielt mutig die Hände hin. Dabei sagte er gefasst: Vom Himmel habe ich sie bekommen und wegen seiner Gesetze achte ich nicht auf sie. Von ihm hoffe ich sie wiederzuerlangen. Sogar der König und seine Leute staunten über den Mut des jungen Mannes, dem die Schmerzen nichts bedeuteten.

Als er tot war, quälten und misshandelten sie den vierten genauso. Dieser sagte, als er dem Ende nahe war: Gott hat uns die Hoffnung gegeben, dass er uns wieder auferweckt. Darauf warten wir gern, wenn wir von Menschenhand sterben. Für dich aber gibt es keine Auferstehung zum Leben.

ANTWORTPSALM

Ps 17(16),1 u. 3.5–6.8 u. 15 (R: vgl. 15)

℟ Dein Angesicht werde ich schauen,
wenn ich erwache. – ℟

Höre, Herr, die gerechte Sache, †
achte auf mein Flehen, *
vernimm mein Gebet von Lippen ohne Falsch!
Mein Mund verging sich nicht, †
trotz allem, was die Menschen auch treiben; *
ich halte mich an das Wort deiner Lippen. – (℟)

Auf dem Weg deiner Gebote gehn meine Schritte, *
meine Füße wanken nicht auf deinen Pfaden.
Ich rufe dich an, denn du, Gott, erhörst mich. *
Wende dein Ohr mir zu, vernimm meine Rede! – (℟)

Behüte mich wie den Augapfel, den Stern des Auges, *
birg mich im Schatten deiner Flügel.
Ich will in Gerechtigkeit dein Angesicht schauen, *
mich satt sehen an deiner Gestalt, wenn ich erwache. – R

ZUR 2. LESUNG Böses scheint uns manchmal zu überkommen und entstellt unser Tun in einer Weise, dass wir uns selbst nicht wiedererkennen. So gesehen ist es nur konsequent, wenn wir Gott den Herrn darum bitten, er möge uns vor dem Bösen bewahren. Oft zeigt sich dieses in den undurchschaubaren Beziehungsgeflechten, die uns mit unseren Mitmenschen verknüpfen. Wir wollen Gutes tun, bewirken aber Schlechtes. Hier hilft leider kein Beharren auf der guten Absicht, sondern nur die Hoffnung, dass der es zum Guten wenden wird, dem wir unser Heil anvertrauen und von dem wir Erlösung erhoffen.

ZWEITE LESUNG 2 Thess 2,16–3,5

Der Herr gebe euch Kraft zu jedem guten Werk und Wort

Lesung aus dem zweiten Brief des Apostels Paulus an die Thessalonicher.

Brüder! [*oder:* Brüder und Schwestern! *oder:* Schwestern und Brüder!] Jesus Christus, unser Herr, und Gott, unser Vater, der uns seine Liebe zugewandt und uns in seiner Gnade ewigen Trost und sichere Hoffnung geschenkt hat, tröste euch und gebe euch Kraft zu jedem guten Werk und Wort.

Im übrigen, Brüder, betet für uns, damit das Wort des Herrn sich ausbreitet und verherrlicht wird, ebenso wie bei euch. Betet auch darum, dass wir vor den bösen und schlechten Menschen gerettet werden; denn nicht alle nehmen den Glauben an.

Aber der Herr ist treu; er wird euch Kraft geben und euch vor dem Bösen bewahren. Wir vertrauen im Herrn auf euch, dass ihr jetzt und auch in Zukunft tut, was wir anordnen. Der Herr richte euer Herz darauf, dass ihr Gott liebt und unbeirrt auf Christus wartet.

RUF VOR DEM EVANGELIUM

Vers: Offb 1,5a.6b

Halleluja. Halleluja.
Jesus Christus ist der Erstgeborene der Toten.
Ihm sei die Herrlichkeit und die Macht
in alle Ewigkeit.
Halleluja.

ZUM EVANGELIUM Das heutige Evangelium enthält den mehr als bizarren Fall, dass sieben Brüder nacheinander die gleiche Frau ehelichen, um mit ihr Nachkommen zu zeugen. Die arme Frau. Die arme Familie. Ganz abgesehen von diesem verstörenden Bericht lernen wir aber, dass im Jenseits nicht mehr geheiratet wird. Dies ist kein Hinweis auf den Vorzug der Ehelosigkeit, sondern eine Frage von Leben und Tod. Unsere menschliche Liebe ist auf die vergängliche Zeit angewiesen, weil so jeder Moment unendlich kostbar ist und ich ihn einem anderen, einer anderen, schenken kann. Wenn nicht mehr gestorben wird, ist diese Form der Hingabe hinfällig, sodass die himmlische Hingabe von ganz anderer Art sein wird.

EVANGELIUM

Lk 20,27–38

Er ist kein Gott von Toten, sondern von Lebenden

+ Aus dem heiligen Evangelium nach Lukas.

In jener Zeit kamen einige von den Sadduzäern, die die Auferstehung leugnen, zu Jesus und fragten ihn:

Meister, Mose hat uns vorgeschrieben: Wenn ein Mann, der einen Bruder hat, stirbt und eine Frau hinterlässt, ohne Kinder zu haben, dann soll sein Bruder die Frau heiraten und seinem Bruder Nachkommen verschaffen.

Nun lebten einmal sieben Brüder. Der erste nahm sich eine Frau, starb aber kinderlos. Da nahm sie der zweite, danach der dritte, und ebenso die anderen bis zum siebten; sie alle hinterließen keine Kinder, als sie starben. Schließlich starb auch die Frau.

Wessen Frau wird sie nun bei der Auferstehung sein? Alle sieben haben sie doch zur Frau gehabt.

Da sagte Jesus zu ihnen: Nur in dieser Welt heiraten die Menschen. Die aber, die Gott für würdig hält, an jener Welt und an der Auferstehung von den Toten teilzuhaben, werden dann nicht mehr heiraten. Sie können auch nicht mehr sterben, weil sie den Engeln gleich und durch die Auferstehung zu Söhnen Gottes geworden sind.

Dass aber die Toten auferstehen, hat schon Mose in der Geschichte vom Dornbusch angedeutet, in der er den Herrn den Gott Abrahams, den Gott Isaaks und den Gott Jakobs nennt. Er ist doch kein Gott von Toten, sondern von Lebenden; denn für ihn sind alle lebendig.

Oder:

KURZFASSUNG Lk 20,27.34–38

Er ist kein Gott von Toten, sondern von Lebenden

+ Aus dem heiligen Evangelium nach Lukas.

In jener Zeit sprach Jesus zu einigen von den Sadduzäern, die die Auferstehung leugnen:

Nur in dieser Welt heiraten die Menschen. Die aber, die Gott für würdig hält, an jener Welt und an der Auferstehung von den Toten teilzuhaben, werden dann nicht mehr heiraten. Sie können auch nicht mehr sterben, weil sie den Engeln gleich und durch die Auferstehung zu Söhnen Gottes geworden sind.

Dass aber die Toten auferstehen, hat schon Mose in der Geschichte vom Dornbusch angedeutet, in der er den Herrn den Gott Abrahams, den Gott Isaaks und den Gott Jakobs nennt. Er ist doch kein Gott von Toten, sondern von Lebenden; denn für ihn sind alle lebendig.

Glaubensbekenntnis, S. 492 ff.

FÜRBITTEN

In Gottes ewigem Reich sind alle bedrückenden irdischen Verhältnisse aufgehoben. Doch hier und heute sind sie unsere Aufgabe. Nur mit Gottes Beistand kann unser Tun wirksam sein. Wir rufen zu ihm:

- Hilf der Kirche, dich, unsere Hoffnung, in Wort und Tat zu verkündigen. V: Du Gott des Lebens. A: Höre und erhöre uns.
- Stärke alle, die Entscheidungen treffen in Politik und Gesellschaft, dass die Würde des Menschen in jeder Lebensphase Beachtung und Schutz finde. V: Du Gott des Lebens. A: Höre und erhöre uns.
- Beschütze die Menschen, die in so vielen Ländern unserer Erde unter zerstörerischen Spannungen und Gewalt leiden. V: Du Gott des Lebens. A: Höre und erhöre uns.
- Wecke uns, die wir in Wohlstand und Stabilität leben dürfen, aus dem Schlaf der Sicherheit und ermutige uns, unsere Verantwortung für die Gefährdeten und für die Hungrigen wahrzunehmen. V: Du Gott des Lebens. A: Höre und erhöre uns.
- Nimm die Angst von den Menschen, die an der Schwelle des Todes stehen, und lass sie dein Angesicht schauen. V: Du Gott des Lebens. A: Höre und erhöre uns.

Auf dich, Gott unseres Lebens, richtet sich unser Hoffen im Leben und im Sterben. Dir sei Lob und Ehre, heute und alle Tage.

EUCHARISTIEFEIER

GABENGEBET

Gott, unser Vater, nimm unsere Opfergaben gnädig an und gib, dass wir mit gläubigem Herzen das Leidensgeheimnis deines Sohnes feiern, der mit dir lebt und herrscht in alle Ewigkeit.

Präfation, S. 504 ff.

KOMMUNIONVERS

Ps 23(22),1–2

Der Herr ist mein Hirte, nichts wird mir fehlen.
Er lässt mich lagern auf grünen Auen
und führt mich zum Ruheplatz am Wasser.

SCHLUSSGEBET

Wir danken dir, gütiger Gott, für die heilige Gabe, in der wir die Kraft von oben empfangen. Erhalte in uns deinen Geist und lass uns dir stets aufrichtig dienen. Darum bitten wir durch Christus, unseren Herrn.

***

Für eine Wort-Gottes-Feier:

ERÖFFNUNGSGEBET ZUR WAHL

Gott des Lebens, du hast den Menschen erschaffen, dass er Ruhe finde in dir. Stärke unseren Glauben, damit wir in Christus leben und in ihm die Erfüllung unserer Hoffnung finden. So bitten wir durch ihn, Jesus Christus, deinen Sohn, der in der Einheit des Heiligen Geistes mit dir lebt in Ewigkeit.

***

ES IST SCHWER

es ist schwer
sich vorzustellen
wie das ist
bei Gott

wie ich sein werde
dort
und wie die anderen

ich stelle mir vor
dass Gott
die Mitte ist
und auch der Rand
und alle Verbindung
in ihm ist

und er ist die Liebe

so werde ich mit allen
den Nahen und den Fernen
verbunden sein
in Liebe

was mir hier
nur ansatzweise gelingt
wird dort
alle
miteinander verknüpfen
in Gott

Heinz Detlef Stäps

33. SONNTAG IM JAHRESKREIS

17. November 2019

Wie wirklich ist die Wirklichkeit? Und was ist wirklich? Sind es die beinharten Verteilungskämpfe, die sichtbar oder unsichtbar schon so lange im Gange sind? Oder schon längst vorübergegangen und verloren oder gewonnen sind? Alt gegen Jung, Gesunde gegen Kranke, Steuerzahler gegen Steuervermeider, solidarische Menschen gegen die zynischen oder panischen Nimmersatts. Soll das denn immer so sein, und soll alles im Voraus entschieden sein? Wann greift Gott ein? Schlägt er endlich drein? Oder sendet er uns, mitten hinein?

ERÖFFNUNGSVERS

Vgl. Jer 29,11.12.14

So spricht der Herr:
Ich sinne Gedanken des Friedens und nicht des Unheils.
Wenn ihr mich anruft, so werde ich euch erhören
und euch aus der Gefangenschaft
von allen Orten zusammenführen.

KYRIE-RUFE

Herr Jesus Christus, du bist
der Erstgeborene der Toten.
V/A: Herr, erbarme dich.
Du hast Frieden gestiftet
am Kreuz durch dein Blut.
V/A: Christus, erbarme dich.
Du führst die Welt zur Vollendung.
V/A: Herr, erbarme dich.

Ehre sei Gott, S. 489 f.

TAGESGEBET

Gott, du Urheber alles Guten, du bist unser Herr. Lass uns begreifen, dass wir frei werden, wenn wir uns deinem Willen unterwerfen, und dass wir die vollkommene Freude finden, wenn wir in deinem Dienst treu bleiben. Darum bitten wir durch Jesus Christus.

WORTGOTTESDIENST

ZUR 1. LESUNG Das Buch Maleachi, um 500 vor Christus entstanden, spricht vom Gerichtstag des Herrn, den die Gottlosen fürchten müssen, die Gerechten jedoch froh erwarten dürfen: Über ihnen wird die „Sonne der Gerechtigkeit" aufgehen. Dieses Bild verweist auf altorientalische Traditionen. Sonnengötter, die alles in helles Licht tauchen, waren in Vorderasien und Ägypten die obersten Rechtsinstanzen. Ihnen konnte man die Aufdeckung dunkler Machenschaften zutrauen. Die Flügel der Sonne symbolisieren auch Hut und Geborgenheit: Nach Israels Überzeugung ist der Sinn von Recht und Gerechtigkeit der Schutz der Schwachen. Die Sonne bringt Klarheit, wärmt Erkaltetes und weckt in geschwächtem Leben neue Kräfte. Die Christenheit hat Christus als aufgehende Sonne der Gerechtigkeit begrüßt. Die biblische Sehnsucht nach ihrem heilsamen Licht ist bis heute lebendig geblieben: „Sonne der Gerechtigkeit, / gehe auf zu unsrer Zeit; / brich in deiner Kirche an, / dass die Welt es sehen kann. Erbarm dich, Herr." (GL 481,1)

ERSTE LESUNG

Mal 3,19–20b

Für euch, die ihr meinen Namen fürchtet, wird die Sonne der Gerechtigkeit aufgehen

Lesung aus dem Buch Maleachi.

Seht, der Tag kommt, er brennt wie ein Ofen: Da werden alle Überheblichen und Frevler zu Spreu und der Tag, der kommt, wird sie verbrennen, spricht der Herr der Heere. Weder Wurzel noch Zweig wird ihnen bleiben.

Für euch aber, die ihr meinen Namen fürchtet, wird die Sonne der Gerechtigkeit aufgehen und ihre Flügel bringen Heilung.

ANTWORTPSALM

Ps 98(97),5–6.7–8.9 (℞: vgl. 9a)

℞ Der Herr wird kommen, um die Erde zu richten. – ℞

Spielt dem Herrn auf der Harfe, *
auf der Harfe zu lautem Gesang!
Zum Schall der Trompeten und Hörner *
jauchzt vor dem Herrn, dem König! – (℞)

Es brause das Meer und alles, was es erfüllt, *
der Erdkreis und seine Bewohner.
In die Hände klatschen sollen die Ströme, *
die Berge sollen jubeln im Chor. – (℞)

Jauchzt vor dem Herrn, wenn er kommt, *
um die Erde zu richten.
Er richtet den Erdkreis gerecht, *
die Nationen so, wie es recht ist. – ℞

ZUR 2. LESUNG Auch in der Gemeinde von Thessalonich meinen einige, das Ende sei so nahe, dass die Mühen der Ebene, die Aufgaben des Alltags, zu vernachlässigen sind. Hat nicht auch Jesus Gottes anbrechendes Reich für das einzige gehalten, das zählt? Ja, antwortet der Brief, das Reich Gottes ist unendlich wichtig, es hat ein ganz anderes Gewicht als Hab und Gut und all unsere Interessen und interessierten Bindungen. Aber es darf kein Vorwand sein, die Hände in den

Schoß zu legen und der eigenen Verantwortung auszuweichen. Es geht nicht darum, die Gegenwart auszublenden und nur noch abgeklärt auf den großen Schalom zu warten. Der Herr des Friedens vermag Frieden zu schenken „zu jeder Zeit und auf jede Weise". Also auch mitten am Tag, und mitten im Getriebe des Betriebs. Alltag hört für Christen nicht einfach auf. Alles von Gott zu erwarten, bedeutet nicht, nichts zu tun, sondern alles zu tun – aus Gottes eigener Kraft.

ZWEITE LESUNG

2 Thess 3,7–12

Wer nicht arbeiten will, soll auch nicht essen

Lesung aus dem zweiten Brief des Apostels Paulus an die Thessalonicher.

Brüder! [*oder:* Brüder und Schwestern! *oder:* Schwestern und Brüder!] Ihr wisst, wie man uns nachahmen soll.

Wir haben bei euch kein unordentliches Leben geführt und bei niemand unser Brot umsonst gegessen; wir haben uns gemüht und geplagt, Tag und Nacht haben wir gearbeitet, um keinem von euch zur Last zu fallen.

Nicht als hätten wir keinen Anspruch auf Unterhalt; wir wollten euch aber ein Beispiel geben, damit ihr uns nachahmen könnt. Denn als wir bei euch waren, haben wir euch die Regel eingeprägt: Wer nicht arbeiten will, soll auch nicht essen.

Wir hören aber, dass einige von euch ein unordentliches Leben führen und alles Mögliche treiben, nur nicht arbeiten.

Wir ermahnen sie und gebieten ihnen im Namen Jesu Christi, des Herrn, in Ruhe ihrer Arbeit nachzugehen und ihr selbst verdientes Brot zu essen.

RUF VOR DEM EVANGELIUM

Vers: Lk 21,28

Halleluja. Halleluja.
Richtet euch auf, und erhebt euer Haupt;

denn eure Erlösung ist nahe.
Halleluja.

ZUM EVANGELIUM Am Ende der Zeiten wird kein Stein auf dem anderen bleiben. Das gilt sogar für Gottes Heiligtum auf dem Zion. Das Wann der Umwälzung hat zur Zeit des Lukas die Gemeinden bewegt und erregt. Doch der lukanische Jesus weist die Fragen nach Zeichen und Zeiten ausdrücklich zurück. Spekulationen sind nicht nur sinnlos, sie bergen auch die Gefahr, dass wir uns in unseren eigenen Systemen versteigen und vermauern. Der Menschensohn Jesus ist das einzige Zeichen. Es geht darum, seine Botschaft vom Gottesreich heute zu hören und ihr entsprechend zu leben. Das Zeichen seines Lebens müssen wir lesen lernen, damit auf unserer Erde die hausgemachte Apokalypse nicht stattfindet, damit wir den Mut haben, der drohenden Zerstörung der Lebensgrundlagen von Mensch und Natur entgegenzutreten, jetzt und hier.

EVANGELIUM Lk 21,5–19

Wenn ihr standhaft bleibt, werdet ihr das Leben gewinnen

+ **Aus dem heiligen Evangelium nach Lukas.**

In jener Zeit, als einige darüber sprachen, dass der Tempel mit schönen Steinen und Weihegeschenken geschmückt sei, sagte Jesus:
Es wird eine Zeit kommen, da wird von allem, was ihr hier seht, kein Stein auf dem andern bleiben; alles wird niedergerissen werden.
Sie fragten ihn: Meister, wann wird das geschehen und an welchem Zeichen wird man erkennen, dass es beginnt?
Er antwortete: Gebt acht, dass man euch nicht irreführt! Denn viele werden unter meinem Namen auftreten und sagen: Ich bin es! und: Die Zeit ist da. – Lauft ihnen nicht nach!
Und wenn ihr von Kriegen und Unruhen hört, lasst euch dadurch nicht erschrecken! Denn das muss als Erstes geschehen; aber das Ende kommt noch nicht sofort.

Dann sagte er zu ihnen: Ein Volk wird sich gegen das andere erheben und ein Reich gegen das andere. Es wird gewaltige Erdbeben und an vielen Orten Seuchen und Hungersnöte geben; schreckliche Dinge werden geschehen und am Himmel wird man gewaltige Zeichen sehen.

Aber bevor das alles geschieht, wird man euch festnehmen und euch verfolgen. Man wird euch um meines Namens willen den Gerichten der Synagogen übergeben, ins Gefängnis werfen und vor Könige und Statthalter bringen. Dann werdet ihr Zeugnis ablegen können. Nehmt euch fest vor, nicht im Voraus für eure Verteidigung zu sorgen; denn ich werde euch die Worte und die Weisheit eingeben, sodass alle eure Gegner nicht dagegen ankommen und nichts dagegen sagen können.

Sogar eure Eltern und Geschwister, eure Verwandten und Freunde werden euch ausliefern und manche von euch wird man töten. Und ihr werdet um meines Namens willen von allen gehasst werden. Und doch wird euch kein Haar gekrümmt werden. Wenn ihr standhaft bleibt, werdet ihr das Leben gewinnen.

Glaubensbekenntnis, S. 492 ff.

FÜRBITTEN

Auch im Blick auf die letzten Dinge und die letzten Tage dürfen wir Christen hoffen. So können wir unser Augenmerk auf alle richten, die schwere Lasten zu tragen haben, und rufen zu Gott:

- Wir beten für alle, die im Verkünden deiner Botschaft mutlos und müde geworden sind, dass sie deine Nähe erfahren. V/A: Herr, erbarme dich.
- Wir bitten für alle, die gerne glauben würden, deren Zweifel und Unsicherheit jedoch groß sind, um zugewandte Glaubensgeschwister. V/A: Herr, erbarme dich.
- Wir beten für Familien, in denen die Verbindungen zueinander abgerissen sind, um den Mut zum ersten Schritt aufeinander zu. V/A: Herr, erbarme dich.

- Wir beten für alle, die ihre Heimat, ihre Arbeit, ihre soziale Existenz verloren haben; lass sie erfahren, dass sie gebraucht und respektiert werden. V/A: Herr, erbarme dich.
- Wir bitten dich für die Menschen, deren Leben zu Ende geht, und für alle Toten, dass ihnen dein helles Licht heimleuchte. V/A: Herr, erbarme dich.

Du, treuer und barmherziger Gott, bist bei uns in allen Irrungen und Wirrungen des Lebens. Lass uns deine Nähe erfahren, wenn wir im Dunkel sind. Darum bitten wir durch Christus, unseren Herrn

EUCHARISTIEFEIER

GABENGEBET

Herr, unser Gott, die Gabe, die wir darbringen, schenke uns die Kraft, dir treu zu dienen, und führe uns zur ewigen Gemeinschaft mit dir. Darum bitten wir durch Christus, unseren Herrn.

Präfation, S. 504 ff.

KOMMUNIONVERS

Ps 73(72),28

Gott nahe zu sein ist mein Glück.
Ich setze mein Vertrauen auf Gott, den Herrn.

SCHLUSSGEBET

Barmherziger Gott, wir haben den Auftrag deines Sohnes erfüllt und sein Gedächtnis begangen. Die heilige Gabe, die wir in dieser Feier empfangen haben, helfe uns, dass wir in der Liebe zu dir und unseren

Brüdern Christus nachfolgen, der mit dir lebt und herrscht in alle Ewigkeit.

***

Für eine Wort-Gottes-Feier:

ERÖFFNUNGSGEBET ZUR WAHL

Ewiger Gott, du bist der Ursprung und die Erfüllung unseres Lebens. Schenke uns deine Gnade, damit wir standhaft bleiben im Glauben und Zeugnis ablegen für dich. Darum bitten wir durch unseren Herrn Jesus Christus, deinen Sohn, der in der Einheit des Heiligen Geistes mit dir lebt und herrscht in Ewigkeit.

***

DASS DER TOD

Wir bitten dich, Herr,
für alle, die Trauer drückt,
Einsamkeit bitter macht.
Für alle, die am Verlust
eines vertrauten Menschen leiden:
sich quälen mit dem „Warum?".
Für alle, die nicht mehr glauben können,
dass du es gut mit ihnen meinst.
Für alle, die mit der Hoffnung
die Freude am Leben verloren haben.
Lass sie und uns alle spüren,
dass der Tod nicht trennen kann,
was zusammengehört.

Eleonore Beck

CHRISTKÖNIGSSONNTAG – HOCHFEST

24. November 2019

Israel hat keinen König. Wofür auch. Es hat ja GOTT. Wo Not wächst, wächst das Rettende auch. Da lässt Gott uns einen Retter erstehen. Und so geschieht es, Mal um Mal. Und doch. Einen König haben, einen zum Anfassen. Einen, der es packt. Der ihn packt. Den Feind, wenn er nach uns greift. Einen König wie ein Licht in der Nacht, aber am besten eines zum Anknipsen, wenn man es braucht. Und zum Ausknipsen. Saul ist der Mann, David ist der Mann. Hoffnung und Heil, über Saul, ja sogar über David hinaus. Gerechtigkeit und nicht Selbstgerechtigkeit. Sanftmut, nicht Härte, noch Hochmut. „Er ist gerecht, ein Helfer wert. / Sanftmütigkeit ist sein Gefährt." (GL 218,2)

ERÖFFNUNGSVERS

Offb 5,12; 1,6

Würdig ist das Lamm, das geschlachtet ist,
Macht zu empfangen,
Reichtum und Weisheit, Kraft und Ehre.
Ihm sei die Herrlichkeit und die Herrschermacht
in Ewigkeit.

KYRIE-RUFE

Herr Jesus Christus, du bist der König
des Himmels und der Erde.
V/A: Herr, erbarme dich.
Du wirst jede Macht, Gewalt
und Kraft entmachten.
V/A: Christus, erbarme dich.

Du wirst dich dem unterwerfen,
der dir alles unterworfen hat,
damit Gott alles in allem sei.
V/A: Herr, erbarme dich.

Ehre sei Gott, S. 489 f.

TAGESGEBET

Allmächtiger, ewiger Gott, du hast deinem geliebten Sohn alle Gewalt gegeben im Himmel und auf Erden und ihn zum Haupt der neuen Schöpfung gemacht. Befreie alle Geschöpfe von der Macht des Bösen, damit sie allein dir dienen und dich in Ewigkeit rühmen. Darum bitten wir durch Jesus Christus.

WORTGOTTESDIENST

ZUR 1. LESUNG Um David werben, wie man um eine Braut wirbt. „Wir sind doch dein Fleisch und Bein." Wir sind doch aus dem gleichen Holz geschnitzt. Wir gehören zusammen, sind vom gleichen Stamm. Nordreich und Südreich, wir sind eins. Wir sind blutsverwandt. Sei unser König. Sei unser Hirt. Um einen Herrscher werben, wie man um eine Braut wirbt. Unser heimlicher Wunsch. Das ist unheimlich. Die Bibel setzt König David ins rechte Licht. Und schneidet darum seinen Schatten nicht aus dem Bild heraus.

ERSTE LESUNG 2 Sam 5,1–3

Sie salbten David zum König von Israel

Lesung aus dem zweiten Buch Samuel.

In jenen Tagen kamen alle Stämme Israels zu David nach Hebron und sagten: Wir sind doch von deinem Fleisch und Bein. Schon

früher, als noch Saul unser König war, bist du es gewesen, der Israel in den Kampf und wieder nach Hause geführt hat.
Der Herr hat zu dir gesagt: Du sollst der Hirt meines Volkes Israel sein, du sollst Israels Fürst werden.
Alle Ältesten Israels kamen zum König nach Hebron; der König David schloss mit ihnen in Hebron einen Vertrag vor dem Herrn und sie salbten David zum König von Israel.

ANTWORTPSALM

Ps 122(121),1–3.4–5 (℟: 1b)

℟ Zum Haus des Herrn wollen wir pilgern. – ℟

Ich freute mich, als man mir sagte: *
„Zum Haus des Herrn wollen wir pilgern."
Schon stehen wir in deinen Toren, Jerusalem: †
Jerusalem, du starke Stadt, *
dicht gebaut und fest gefügt. – (℟)

Dorthin ziehen die Stämme hinauf, die Stämme des Herrn, †
wie es Israel geboten ist, *
den Namen des Herrn zu preisen.
Denn dort stehen Throne bereit für das Gericht, *
die Throne des Hauses David. – ℟

ZUR 2. LESUNG Wie das Leben Jesu mit seinem Tod am Kreuz endet und doch nicht endet, so beginnt sein Leben in Nazaret und *doch nicht* in Nazaret allein. Der Kolosserbrief spricht über Christus, den Sohn, wie die Bibel sonst über die göttliche Weisheit spricht. Er ist „der Erstgeborene der ganzen Schöpfung. Denn in ihm wurde alles erschaffen." Wenn jemand so lebt und so stirbt wie Jesus, dann muss er mit der Schöpfung auf eine besondere Weise verbunden sein: „Er ist vor aller Schöpfung, in ihm hat alles Bestand." Jesus hat nicht verbissen um sein Terrain, um seinen Platz an der Sonne, gekämpft. Sonne und Mond, Himmel und Erde bestehen ja durch ihn. Diese Verbindung ist einzigartig, doch wenn wir uns mit Christus verbinden lassen, haben wir an ihr Teil. Auch wir werden dann anders leben und anders sterben; das ist uns zugesagt. Durch ihn befreit, sind wir so frei.

ZWEITE LESUNG Kol 1,12–20

Er hat uns aufgenommen in das Reich seines geliebten Sohnes

Lesung aus dem Brief des Apostels Paulus an die Kolosser.

Brüder! [*oder:* Brüder und Schwestern! *oder:* Schwestern und Brüder!] Dankt dem Vater mit Freude! Er hat euch fähig gemacht, Anteil zu haben am Los der Heiligen, die im Licht sind.

Er hat uns der Macht der Finsternis entrissen und aufgenommen in das Reich seines geliebten Sohnes. Durch ihn haben wir die Erlösung, die Vergebung der Sünden. Er ist das Ebenbild des unsichtbaren Gottes, der Erstgeborene der ganzen Schöpfung. Denn in ihm wurde alles erschaffen im Himmel und auf Erden, das Sichtbare und das Unsichtbare, Throne und Herrschaften, Mächte und Gewalten; alles ist durch ihn und auf ihn hin geschaffen.

Er ist vor aller Schöpfung, in ihm hat alles Bestand. Er ist das Haupt des Leibes, der Leib aber ist die Kirche. Er ist der Ursprung, der Erstgeborene der Toten; so hat er in allem den Vorrang.

Denn Gott wollte mit seiner ganzen Fülle in ihm wohnen, um durch ihn alles zu versöhnen. Alles im Himmel und auf Erden wollte er zu Christus führen, der Frieden gestiftet hat am Kreuz durch sein Blut.

RUF VOR DEM EVANGELIUM Vers: Mk 11,9.10

Halleluja. Halleluja.
Gesegnet sei, der kommt im Namen des Herrn!
Gesegnet sei das Reich unseres Vaters David,
das nun kommt.
Halleluja.

ZUM EVANGELIUM „In ihm hat alles Bestand." Dem dieses Wort gilt, der hängt halbtot am Kreuz, gepeinigt und aller Welt peinlich, atemlos, Atemnot, und wird verhöhnt und ausgelacht. Seine Lage teilt er mit den Gewaltopfern auf der ganzen Welt. Müsste er nicht. Müsste er jetzt nicht seine Macht erweisen und herabsteigen? Und draufhauen, endlich und endgültig dreinschlagen? Doch Gottes Macht ist anders. Einer von denen, die mit Christus hingerichtet werden, vermag, was nicht menschenmöglich ist: Er kann an die Macht der Ohnmacht glauben.

EVANGELIUM

Lk 23,35–43

Jesus, denk an mich, wenn du in deiner Macht als König kommst

+ **Aus dem heiligen Evangelium nach Lukas.**

In jener Zeit verlachten die führenden Männer des Volkes Jesus und sagten: Anderen hat er geholfen, nun soll er sich selbst helfen, wenn er der erwählte Messias Gottes ist.

Auch die Soldaten verspotteten ihn; sie traten vor ihn hin, reichten ihm Essig und sagten: Wenn du der König der Juden bist, dann hilf dir selbst!

Über ihm war eine Tafel angebracht; auf ihr stand: Das ist der König der Juden.

Einer der Verbrecher, die neben ihm hingen, verhöhnte ihn: Bist du denn nicht der Messias? Dann hilf dir selbst und auch uns! Der andere aber wies ihn zurecht und sagte: Nicht einmal du fürchtest Gott? Dich hat doch das gleiche Urteil getroffen. Uns geschieht recht, wir erhalten den Lohn für unsere Taten; dieser aber hat nichts Unrechtes getan.

Dann sagte er: Jesus, denk an mich, wenn du in deiner Macht als König kommst.

Jesus antwortete ihm: Amen, ich sage dir: Heute noch wirst du mit mir im Paradies sein.

Glaubensbekenntnis, S. 492 ff.

FÜRBITTEN

Jesu Hoheit liegt darin, dass er die Erniedrigung annimmt und die Peiniger in seine Barmherzigkeit hineinnimmt. So ist er das Ebenbild des barmherzigen Vaters. Wir rufen zu ihm und bitten ihn:

- Für die Geschundenen, für die Opfer politischer, religiöser und rassistischer Verfolgung. V: Kyrie, eleison. A: Christe, eleison.
- Für die von Naturkatastrophen Getroffenen. V: Kyrie, eleison. A: Christe, eleison.
- Für die Trauernden. V: Kyrie, eleison. A: Christe, eleison.
- Für alle, die keine Lebenschance mehr in ihrer Heimat sehen können und gefahrvolle Wege auf sich nehmen. V: Kyrie, eleison. A: Christe, eleison.
- Für alle Politikerinnen und Politiker, die sich für einen Frieden in Gerechtigkeit einsetzen. V: Kyrie, eleison. A: Christe, eleison.
- Für die Frauen, Männer und Kinder, die an ihrem Lebensort Signale des Friedens und der Versöhnung senden. V: Kyrie, eleison. A: Christe, eleison.
- Für die jungen Menschen, die sich in Freiwilligendiensten für Verständigung und Gerechtigkeit einsetzen. V: Kyrie, eleison. A: Christe, eleison.
- Für Menschen, die die innere Freiheit haben, anderen zu verzeihen. V: Kyrie, eleison. A: Christe, eleison.

Christus, du bist der König mit der Dornenkrone, du hast dich für immer zu uns herabgebeugt. Dir sei Lob und Ehre, mit dem Vater und dem Heiligen Geist, heute und in alle Ewigkeit.

EUCHARISTIEFEIER

GABENGEBET

Herr, unser Gott, wir bringen das Opfer deines Sohnes dar, das die Menschheit mit dir versöhnt. Er, der für uns gestorben ist, schenke allen Völkern Einheit und Frieden, der mit dir lebt und herrscht in alle Ewigkeit.

PRÄFATION

In Wahrheit ist es würdig und recht, dir, Herr, heiliger Vater, immer und überall zu danken. Du hast deinen eingeborenen Sohn, unseren Herrn Jesus Christus, mit dem Öl der Freude gesalbt zum ewigen Priester und zum König der ganzen Schöpfung. Als makelloses Lamm und friedenstiftendes Opfer hat er sich dargebracht auf dem Altar des Kreuzes, um das Werk der Erlösung zu vollziehen. Wenn einst die ganze Schöpfung seiner Herrschaft unterworfen ist, wird er dir, seinem Vater, das ewige, alles umfassende Reich übergeben: das Reich der Wahrheit und des Lebens, das Reich der Heiligkeit und der Gnade, das Reich der Gerechtigkeit, der Liebe und des Friedens. Durch ihn rühmen dich Himmel und Erde, Engel und Menschen und singen das Lob deiner Herrlichkeit: Heilig …

KOMMUNIONVERS

Ps 29(28),10–11

Der Herr thront als König in Ewigkeit.
Der Herr segne sein Volk mit Frieden.

SCHLUSSGEBET

Allmächtiger Gott, du hast uns berufen, Christus, dem König der ganzen Schöpfung, zu dienen. Stärke uns durch diese Speise, die uns Unsterblichkeit verheißt, damit wir Anteil erhalten an seiner Herrschaft und am ewigen Leben. Darum bitten wir durch ihn, Christus, unseren Herrn.

FEIERLICHER SCHLUSSSEGEN

Num 6,24–26

Der Herr segne euch und behüte euch; der Herr lasse sein Angesicht über euch leuchten und sei euch gnädig; er wende euch sein Antlitz zu und schenke euch seinen Frieden. – A: Amen.
Das gewähre euch der dreieinige Gott, der Vater und der Sohn † und der Heilige Geist. – A: Amen.

***

Für eine Wort-Gottes-Feier:

ERÖFFNUNGSGEBET ZUR WAHL

Allmächtiger, ewiger Gott, dein geliebter Sohn hat uns durch seinen Tod am Kreuz erlöst. Du hast ihn zum Haupt der ganzen Schöpfung gemacht, um durch ihn alles zu versöhnen. Wir bitten dich: Lass nicht zu, dass wir falschen Lehren dienen, sondern stärke unseren Glauben an Christus, der unser wahrer König ist und der in der Einheit des Heiligen Geistes mit dir lebt und herrscht jetzt und in Ewigkeit.

***

ICH WEISS, DASS MEIN ERLÖSER LEBT

Den Herrn
im Blick

Lebe ich mein Leben

Gehe ich
in den Tod:

Streck deine Hand aus

Und ruf mich
aus dem Tod

In dir
ist Leben.

Heinz Detlef Stäps

VERZEICHNIS DER SCHRIFTLESUNGEN

ALTES TESTAMENT

GENESIS

EXODUS

NUMERI

DEUTERONOMIUM

JOSUA

1 SAMUEL

2 SAMUEL

1 KÖNIGE

2 KÖNIGE

NEHEMIA

2 MAKKABÄER

SPRICHWÖRTER

KOHELET

WEISHEIT

JESUS SIRACH

JESAJA

JOHANNES

1 THESSALONICHER

2 THESSALONICHER

1 TIMOTHEUS

2 TIMOTHEUS

TITUS

PHILEMON

HEBRÄER

2 PETRUS

1 JOHANNES

OFFENBARUNG

VERZEICHNIS DER PRÄFATIONEN

VERZEICHNIS DER FEIERLICHEN SCHLUSSSEGEN

STICHWORTVERZEICHNIS ZU DEN MEDITATIONSTEXTEN

VERZEICHNIS DER AUTOREN UND IHRER EINFÜHRUNGEN UND TEXTE

FLORIAN BRUCKMANN, Apl. Prof. Dr. theol., geboren 1974, Studium der Katholischen Theologie, arbeitet im Bischöflichen Ordinariat Dresden–Meißen; Publikationen zum christlich-jüdischen Dialog, zur Christologie und zum Gespräch mit philosophischen Positionen der Gegenwart.
Einführungen: Oktavtag von Weihnachten – Hochfest der Gottesmutter Maria – Neujahr; Erscheinung des Herrn – Hochfest; 23. Sonntag im Jahreskreis; 24. Sonntag im Jahreskreis; 25. Sonntag im Jahreskreis; 26. Sonntag im Jahreskreis; 27. Sonntag im Jahreskreis; 28. Sonntag im Jahreskreis; 29. Sonntag im Jahreskreis; 30. Sonntag im Jahreskreis; 31. Sonntag im Jahreskreis; 32. Sonntag im Jahreskreis.

KIRA BUSCH-WAGNER, geboren 1961, Studium der Evangelischen Theologie und Judaistik, Pfarrerin in Karlsruhe, Vorsitzende des Studienkreises „Kirche und Israel" der Evangelischen Landeskirche in Baden; theologische Bildungsarbeit, Veröffentlichungen in Fachzeitschriften und Presse.
Einführungen: Pfingsten – Hochfest – Am Vorabend; Pfingsten – Hochfest – Am Tag; Pfingstmontag; Dreifaltigkeitssonntag – Hochfest; Hochfest des Leibes und Blutes Christi – Fronleichnam; 12. Sonntag im Jahreskreis; Heiligstes Herz Jesu – Hochfest; Geburt des heiligen Johannes des Täufers – Hochfest.

RENÉ DAUSNER, PD Dr. theol. habil., geboren 1975, Studium der Katholischen Theologie, Germanistik und Erziehungswissenschaft; Publikationen zum jüdisch-christlichen Dialog, zum Verhältnis von Theologie und Literatur sowie zur Theologie und Philosophie der Gegenwart; Akad. Rat am Lehrstuhl für Fundamentaltheologie an der Katholischen Universität Eichstätt-Ingolstadt.
Einführungen: Aschermittwoch; 1. Fastensonntag; 2. Fastensonntag; 3. Fastensonntag; Heiliger Josef, Bräutigam der Gottesmutter Maria – Hochfest; Verkündigung des Herrn – Hochfest.

KATRIN GROSSMANN, geboren 1980, Studium der katholischen Theologie in Tübingen und Jerusalem, Dipl. Theol., Beauftragte für den Dialog mit den nichtchristlichen Religionen im Bistum Osnabrück.
Einführungen: Weihnachten – Am Morgen; Weihnachten – Am Tag; Heiliger Stephanus, erster Märtyrer – Fest; Fest der Heiligen Familie.

TOBIAS LICHT, geboren 1962, Studium der Katholischen Theologie, Dipl. Theol., Leiter des „Karlsruher Foyers Kirche und Recht", Leiter des Bildungszentrums Karlsruhe (Bildungswerk der Erzdiözese Freiburg), Katholischer Beauftragter für privaten Hörfunk in Karlsruhe, umfangreiche Tätigkeit im publizistischen und im Bildungsbereich, Beirat für theologische Fragen der Zeitschrift MAGNIFICAT.
Texte: Kyrie-Rufe.
Einführungen: 22. Sonntag im Jahreskreis.

SUSANNE SANDHERR, Dr. theol., geboren 1960, Studium der Katholischen Theologie, Philosophie, Germanistik und Erziehungswissenschaft, Professorin für Systematische Theologie an der Katholischen Stiftungsfachhochschule München, Abt. Benediktbeuern, Schwerpunkte: jüdisch-christlicher Dialog, Gespräche zwischen Theologie und Literatur; Theologie und Philosophie, Theologie und Therapie. Redakteurin der Zeitschrift MAGNIFICAT.
Einführungen: Taufe des Herrn – Fest; 4. Fastensonntag; 5. Fastensonntag; Palmsonntag; Gründonnerstag – Hoher Donnerstag; Karfreitag – Die Feier vom Leiden und Sterben Christi; Die Feier der Osternacht; Ostern – Am Tag; Ostermontag; 2. Sonntag der Osterzeit; 3. Sonntag der Osterzeit; 4. Sonntag der Osterzeit; 5. Sonntag der Osterzeit; 6. Sonntag der Osterzeit; Christi Himmelfahrt – Hochfest; 7. Sonntag der Osterzeit; Pfingsten – Hochfest (Einführung); Allerheiligen – Hochfest; Allerseelen; 33. Sonntag im Jahreskreis; Christkönigssonntag – Hochfest.

DOROTHEE SANDHERR-KLEMP, geboren 1960, Studium der Katholischen Theologie, Germanistik und Erziehungswissenschaft; Staatsexamen; Redakteurin der Zeitschrift MAGNIFICAT, Herausge-

berin und Autorin, Geistliche Beirätin des Bundesverbandes des Katholischen Deutschen Frauenbundes.
Texte: Fürbitten.

SCHWESTER LYDIA SCHULTE-SUTRUM OSB, geboren 1982, Studium der Theologie in Münster und Rom, Dipl. Theol., Benediktinerin im Kloster Burg Dinklage.
Einführungen: 1. Adventssonntag; 2. Adventssonntag; Hochfest der ohne Erbsünde empfangenen Jungfrau und Gottesmutter Maria; 3. Adventssonntag; 4. Adventssonntag; Weihnachten – Am Heiligen Abend; Weihnachten – In der Heiligen Nacht.

STEFAN VOGES, Dr. theol., geboren 1978, Studium der Geschichte, Journalistik und Katholischen Theologie; Referent bei missio in Aachen, Autor.
Einführungen: Hl. Petrus und hl. Paulus, Apostel – Hochfest; 13. Sonntag im Jahreskreis; 14. Sonntag im Jahreskreis; 15. Sonntag im Jahreskreis; 16. Sonntag im Jahreskreis; 17. Sonntag im Jahreskreis; 18. Sonntag im Jahreskreis; Verklärung des Herrn – Fest; 19. Sonntag im Jahreskreis; Mariä Aufnahme in den Himmel – Hochfest.

REGINA WILDGRUBER, Dr. theol., geboren 1976, Bischöfliche Beauftragte für die Weltkirche im Bistum Osnabrück.
Einführungen: 20. Sonntag im Jahreskreis; 21. Sonntag im Jahreskreis.

MARC WITZENBACHER, geboren 1971, Studium der Evangelischen Theologie und Altphilologie, Pfarrer, Referent der EKD in der Ökumenischen Centrale der ACK in Deutschland.
Einführungen: 2. Sonntag im Jahreskreis; 3. Sonntag im Jahreskreis; 4. Sonntag im Jahreskreis; Darstellung des Herrn – Fest; 5. Sonntag im Jahreskreis; 6. Sonntag im Jahreskreis; 7. Sonntag im Jahreskreis; 8. Sonntag im Jahreskreis.

VERZEICHNIS DER SCHRIFTLESUNGEN AN DEN WOCHENTAGEN

1. ADVENTSWOCHE

Mo.	3. 12.	Jes 2,1–5 oder Jes 4,2–6 I Mt 8,5–11
Di.	4. 12.	Jes 11,1–10 I Lk 10,21–24
Mi.	5. 12.	Jes 25,6–10a I Mt 15,29–37
Do.	6. 12.	Jes 26,1–6 I Mt 7,21.24–27
Fr.	7. 12.	Jes 29,17–24 I Mt 9,27–31
Sa.	8. 12.	siehe Seite 21 ff.

2. ADVENTSWOCHE

Mo.	10. 12.	Jes 35,1–10 I Lk 5,17–26
Di.	11. 12.	Jes 40,1–11 I Mt 18,12–14
Mi.	12. 12.	Jes 40,25–31 I Mt 11,28–30
Do.	13. 12.	Jes 41,13–20 I Mt 1,7b.11–15
Fr.	14. 12.	Jes 48,17–19 I Mt 11,16–19
Sa.	15. 12.	Sir 48,1–4.9–11 I Mt 17,9a.10–13

3. ADVENTSWOCHE

Mo.	17. 12.	Gen 49,1–2.8–10 I Mt 1,1–17
Di.	18. 12.	Jer 23,5–8 I Mt 1,18–24
Mi.	19. 12.	Ri 13,2–7.24–25a I Lk 1,5–25
Do.	20. 12.	Jes 7,10–14 I Lk 1,26–38
Fr.	21. 12.	Hld 2,8–14 oder Zef 3,14–17 (14–18a) I Lk 1,39–45
Sa.	22. 12.	1 Sam 1,24–28 I Lk 1,46–56

4. ADVENTSWOCHE

Mo.	24. 12.	2 Sam 7,1–5.8b–12.14a.16 I Lk 1,67–79

WEIHNACHTSZEIT

Di.	25. 12.	siehe Seite 72 ff.
Mi.	26. 12.	siehe Seite 88 ff.
Do.	27. 12.	1 Joh 1,1–4 I Joh 20, 2–8
Fr.	28. 12.	1 Joh 1,5–2,2 I Mt 2,13–18
Sa.	29. 12.	1 Joh 2,3–11 I Lk 2,22–35
Mo.	31. 12.	1 Joh 2,18–21 I Joh 1,1–18
Di.	1. 1.	siehe Seite 106 ff.

Mi.	2. 1.	1 Joh 2,22–28 | Joh 1,19–28
Do.	3. 1.	1 Joh 2,29–3,6 | Joh 1,29–34
Fr.	4. 1.	1 Joh 3,7–10 | Joh 1,35–42
Sa.	5. 1.	1 Joh 3,11–21 | Joh 1,43–51
Mo.	7. 1.	1 Joh 3,22–4,6 | Mt 4,12–17.23–25
Di.	8. 1.	1 Joh 4,7–10 | Mk 6,34–44
Mi.	9. 1.	1 Joh 4,11–18 | Mk 6,45–52
Do.	10. 1.	1 Joh 4,19–5,4 | Lk 4,14–22a
Fr.	11. 1.	1 Joh 5,5–13 | Lk 5,12–16
Sa.	12. 1.	1 Joh 5,14–21 | Joh 3,22–30

1. WOCHE IM JAHRESKREIS

Mo.	14. 1.	Hebr 1,1–6 | Mk 1,14–20
Di.	15. 1.	Hebr 2,5–12 | Mk 1,21–28
Mi.	16. 1.	Hebr 2,11–12.13c–18 | Mk 1,29–39
Do.	17. 1.	Hebr 3,7–14 | Mk 1,40–45
Fr.	18. 1.	Hebr 4,1–5.11 | Mk 2,1–12
Sa.	19. 1.	Hebr 4,12–16 | Mk 2,13–17

2. WOCHE IM JAHRESKREIS

Mo.	21. 1.	Hebr 5,1–10 | Mk 2,18–22
Di.	22. 1.	Hebr 6,10–20 | Mk 2,23–28
Mi.	23. 1.	Hebr 7,1–3.15–17 | Mk 3,1–6
Do.	24. 1.	Hebr 7,25–8,6 | Mk 3,7–12
Fr.	25. 1.	Apg 22,1a.3–16 oder Apg 9,1–22 | Mk 16,15–18
Sa.	26. 1.	2 Tim 1,1–8 oder Tit 1,1–5 | Mk 3,20–21

3. WOCHE IM JAHRESKREIS

Mo.	28. 1.	Hebr 9,15.24–28 | Mk 3,22–30
Di.	29. 1.	Hebr 10,1–10 | Mk 3,31–35
Mi.	30. 1.	Hebr 10,11–18 | Mk 4,1–20
Do.	31. 1.	Hebr 10,19–25 | Mk 4,21–25
Fr.	1. 2.	Hebr 10,32–39 | Mk 4,26–34
Sa.	2. 2.	siehe Seite 153 ff.

4. WOCHE IM JAHRESKREIS

Mo.	4. 2.	Hebr 11,32–40 | Mk 5,1–20
Di.	5. 2.	Hebr 12,1–4 | Mk 5,21–43
Mi.	6. 2.	Hebr 12,4–7.11–15 | Mk 6,1b–6
Do.	7. 2	Hebr 12,18–19.21–24 | Mk 6,7–13

Fr.	8. 2.	Hebr 13,1–8 I Mk 6,14–29
Sa.	9. 2.	Hebr 13,15–17.20–21 I Mk 6,30–34

5. WOCHE IM JAHRESKREIS

Mo.	11. 2.	Gen 1,1–19 I Mk 6,53–56
Di.	12. 2.	Gen 1,20–2,4a I Mk 7,1–13
Mi.	13. 2.	Gen 2,4b–9.15–17 I Mk 7,14–23
Do.	14. 2.	Apg 13,46–49 I Lk 10,1–9
Fr.	15. 2.	Gen 3,1–8 I Mk 7,31–37
Sa.	16. 2.	Gen 3,9–24 I Mk 8,1–10

6. WOCHE IM JAHRESKREIS

Mo.	18. 2.	Gen 4,1–15.25 I Mk 8,11–13
Di.	19. 2.	Gen 6,5–8; 7,1–5.10 I Mk 8,14–21
Mi.	20. 2.	Gen 8,6–13.15–16a.18a.20–22 I Mk 8,22–26
Do.	21. 2.	Gen 9,1–13 I Mk 8,27–33
Fr.	22. 2.	1 Petr 5,1–4 I Mt 16,13–19
Sa.	23. 2.	Hebr 11,1–7 I Mk 9,2–13

7. WOCHE IM JAHRESKREIS

Mo.	25. 2.	Sir 1,1–10 I Mk 9,14–29
Di.	26. 2.	Sir 2,1–11 (1–13) I Mk 9,30–37
Mi.	27. 2.	Sir 4,11–19 (12–22) Mk 9,38–40
Do.	28. 2.	Sir 5,1–8 (1–10) I Mk 9,41–50
Fr.	1. 3.	Sir 6,5–17 I Mk 10,1–12
Sa.	2. 3.	Sir 17,1–4.6–15 (1–13) Mk 10,13–16

8. WOCHE IM JAHRESKREIS

Mo.	4. 3.	Sir 17,24–29 (20–28) I Mk 10,17–27
Di.	5. 3.	Sir 35,1–15 I Mk 10,28–31

ASCHERMITTWOCH BIS SAMSTAG

Mi.	6. 3.	siehe Seite 206 ff.
Do.	7. 3.	Dtn 30,15–20 Lk 9,22–25
Fr.	8. 3.	Jes 58,1–9a I Mt 9,14–15
Sa.	9. 3.	Jes 58,9b–14 I Lk 5,27–32

1. FASTENWOCHE

Mo.	11. 3.	Lev 19,1–2.11–18 I Mt 25,31–46
Di.	12. 3.	Jes 55,10–11 I Mt 6,7–15

Mi.	13. 3.	Jona 3,1–10 | Lk 11,29–32
Do.	14. 3.	Est 4,17k.17l–m.17r–t (4,17n.p–r.aa–bb.gg–hh) | Mt 7,7–12
Fr.	15. 3.	Ez 18,21–28 | Mt 5,20–26
Sa.	16. 3.	Dtn 26,16–19 | Mt 5,43–48

2. FASTENWOCHE

Mo.	18. 3.	Dan 9,4b–10 | Lk 6,36–38
Di.	19. 3.	siehe Seite 234 ff.
Mi.	20. 3.	Jer 18,18–20 | Mt 20,17–28
Do.	21. 3.	Jer 17,5–10 | Lk 16,19–31
Fr.	22. 3.	Gen 37,3–4.12–13a.17b–28 | Mt 21,33–43.45–46
Sa.	23. 3.	Mi 7,14–15.18–20 | Lk 15,1–3.11–32

3. FASTENWOCHE

Mo.	25. 3.	siehe Seite 252 ff.
Di.	26. 3.	Dan 3,25.34–43 | Mt 18,21–35
Mi.	27. 3.	Dtn 4,1.5–9 | Mt 5,17–19
Do.	28. 3	Jer 7,23–28 | Lk 11,14–23
Fr.	29. 3.	Hos 14,2–10 | Mk 12,28b–34
Sa.	30. 3.	Hos 6,1–6 | Lk 18,9–14

4. FASTENWOCHE

Mo.	1. 4.	Jes 65,17–21 | Joh 4,43–54
Di.	2. 4.	Ez 47,1–9.12 | Joh 5,1–16
Mi.	3. 4.	Jes 49,8–15 | Joh 5,17–30
Do.	4. 4.	Ex 32,7–14 | Joh 5,31–47
Fr.	5. 4.	Weish 2,1a.12–22 | Joh 7,1–2.10.25–30
Sa.	6. 4.	Jer 11,18–20 | Joh 7,40–53

5. FASTENWOCHE

Mo.	8. 4.	Dan 13,1–9.15–17.19–30.33–62 | Joh 8,1–11 oder Joh 8,12–20
Di.	9. 4.	Num 21,4–9 | Joh 8,21–30
Mi.	10. 4.	Dan 3,14–21.49.91–92.95 | Joh 8,31–42
Do.	11. 4.	Gen 17,1a.3–9 | Joh 8,51–59
Fr.	12. 4.	Jer 20,10–13 | Joh 10,31–42
Sa.	13. 4.	Ez 37,21–28 | Joh 11,45–57

KARWOCHE

Mo. 15. 4. Jes 42,5a.1–7 | Joh 12,1–11
Di. 16. 4. Jes 49,1–6 | Joh 13,21–33.36–38
Mi. 17. 4. Jes 50,4–9a | Mt 26,14–25
Do. 18. 4. siehe Seite 299 ff.
Fr. 19. 4. siehe Seite 310 ff.

OSTEROKTAV

Mo. 22. 4. siehe Seite 377 ff.
Di. 23. 4. Apg 2,14a.36–41 | Joh 20,11–18 oder Mt 28,8–15
Mi. 24. 4. Apg 3,1–10 | Lk 24,13–35 oder Joh 20,11–18
Do. 25. 4. Apg 3,11–26 | Lk 24,35–48
Fr. 26. 4. Apg 4,1–12 | Joh 21,1–14
Sa. 27. 4. Apg 4,13–21 | Mk 16,9–15

2. WOCHE DER OSTERZEIT

Mo. 29. 4. 1 Joh 1,5–2,2 | Mt 11,25–30
Di. 30. 4. Apg 4,32–37 | Joh 3,7–15
Mi. 1. 5. Apg 5,17–26 | Joh 3,16–21
Do. 2. 5. Apg 5,27–33 | Joh 3,31–36
Fr. 3. 5. 1 Kor 15,1–8 | Joh 14,6–14
Sa. 4. 5. Apg 6,1–7 | Joh 6,16–21

3. WOCHE DER OSTERZEIT

Mo. 6. 5. Apg 6,8–15 | Joh 6,22–29
Di. 7. 5. Apg 7,51–8,1a | Joh 6,30–35
Mi. 8. 5. Apg 8,1b–8 | Joh 6,35–40
Do. 9. 5. Apg 8,26–40 | Joh 6,44–51
Fr. 10. 5. Apg 9,1–20 | Joh 6,52–59
Sa. 11. 5. Apg 9,31–42 | Joh 6,60–69

4. WOCHE DER OSTERZEIT

Mo. 13. 5. Apg 11,1–18 | Joh 10,1–10
Di. 14. 5. Apg 11,19–26 | Joh 10,22–30
Mi. 15. 5. Apg 12,24–13,5 | Joh 12,44–50
Do. 16. 5. Apg 13,13–25 | Joh 13,16–20
Fr. 17. 5. Apg 13,26–33 | Joh 14,1–6
Sa. 18. 5. Apg 13,44–52 | Joh 14,7–14

5. WOCHE DER OSTERZEIT

Mo.	20. 5.	Apg 14,5–18 | Joh 14,21–26
Di.	21. 5.	Apg 14,19–28 | Joh 14,27–31a
Mi.	22. 5.	Apg 15,1–6 | Joh 15,1–8
Do.	23. 5.	Apg 15,7–21 | Joh 15,9–11
Fr.	24. 5.	Apg 15,22–31 | Joh 15,12–17
Sa.	25. 5.	Apg 16,1–10 | Joh 15,18–21

6. WOCHE DER OSTERZEIT

Mo.	27. 5.	Apg 16,11–15 | Joh 15,26–16,4a
Di.	28. 5.	Apg 16,22–34 | Joh 16,5–11
Mi.	29. 5.	Apg 17,15.22–18,1 | Joh 16,12–15
Do.	30. 5.	siehe Seite 429 ff.
Fr.	31. 5.	Apg 18,9–18 | Joh 16,20–23a
Sa.	1. 6.	Apg 18,23–28 | Joh 16,23b–28

7. WOCHE DER OSTERZEIT

Mo.	3. 6.	Apg 19,1–8 | Joh 16,29–33
Di.	4. 6.	Apg 20,17–27 | Joh 17,1–11a
Mi.	5. 6.	Apg 20,28–38 | Joh 17,6a.11b–19
Do.	6. 6.	Apg 22,30; 23,6–11 | Joh 17,20–26
Fr.	7. 6.	Apg 25,13–21 | Joh 21,1.15–19
Sa.	8. 6.	Apg 28,16–20.30–31 | Joh 21,20–25

10. WOCHE IM JAHRESKREIS

Mo.	10. 6.	siehe Seite 472 ff.
Di.	11. 6	Apg 11,21b–26; 13,1–3 | Mt 5,13–16
Mi.	12. 6.	2 Kor 3,4–11 | Mt 5,17–19
Do.	13. 6.	2 Kor 3,15–4,1.3–6 | Mt 5,20–26
Fr.	14. 6.	2 Kor 4,7–15 | Mt 5,27–32
Sa.	15. 6.	2 Kor 5,14–21 | Mt 5,33–37

11. WOCHE IM JAHRESKREIS

Mo.	17. 6.	2 Kor 6,1–10 | Mt 5,38–42
Di.	18. 6.	2 Kor 8,1–9 | Mt 5,43–48
Mi.	19. 6.	2 Kor 9,6–11 | Mt 6,1–6.16–18
Do.	20. 6.	siehe Seite 607 ff.
Fr.	21. 6.	2 Kor 11,18.21b–30 | Mt 6,19–23
Sa.	22. 6.	2 Kor 12,1–10 | Mt 6,24–34

12. WOCHE IM JAHRESKREIS

Mo. 24. 6. siehe Seite 630 ff.
Di. 25. 6. Gen 13,2.5–18 | Mt 7,6.12–14
Mi. 26. 6. Gen 15,1–12.17–18 | Mt 7,15–20
Do. 27. 6. Gen 16,1–12.15–16 | Mt 7,21–29
Fr. 28. 6. siehe Seite 639 ff.
Sa. 29. 6. siehe Seite 647 ff.

13. WOCHE IM JAHRESKREIS

Mo. 1. 7. Gen 18,16–33 | Mt 8,18–22
Di. 2. 7. Zef 3,14–18 oder Röm 12,9–16b | Lk 1,39–56
Mi. 3. 7. Eph 2,19–22 | Joh 20,24–29
Do. 4. 7. Gen 22,1–19 | Mt 9,1–8
Fr. 5. 7. Gen 23,1–4.19; 24,1–8.62–67 | Mt 9,9–13
Sa. 6. 7. Gen 27,1–5.15–29 | Mt 9,14–17

14. WOCHE IM JAHRESKREIS

Mo. 8. 7. Gen 28,10–22a | Mt 9,18–26
Di. 9. 7. Gen 32,23–33 | Mt 9,32–38
Mi. 10. 7. Gen 41,55–57; 42,5–7a.17–24a | Mt 10,1–7
Do. 11. 7. Spr 2,1–9 | Mt 19,27–29
Fr. 12. 7. Gen 46,1–7.28–30 | Mt 10,16–23
Sa. 13. 7. Gen 49,29–33; 50,15–26a | Mt 10,24–33

15. WOCHE IM JAHRESKREIS

Mo. 15. 7. Ex 1,8–14.22 | Mt 10,34–11,1
Di. 16. 7. Ex 2,1–15a | Mt 11,20–24
Mi. 17. 7. Ex 3,1–6.9–12 | Mt 11,25–27
Do. 18. 7. Ex 3,13–20 | Mt 11,28–30
Fr. 19. 7. Ex 11,10–12,14 | Mt 12,1–8
Sa. 20. 7. Ex 12,37–42 | Mt 12,14–21

16. WOCHE IM JAHRESKREIS

Mo. 22. 7. Hld 3,1–4a oder 2 Kor 5,14–27 | Joh 20,1–2.11–18
Di. 23. 7. Gal 2,19–20 | Joh 15,1–8
Mi. 24. 7. Ex 16,1–5.9–15 | Mt 13,1–9
Do. 25. 7. 2 Kor 4,7–15 | Mt 20,20–28
Fr. 26. 7. Ex 20,1–17 | Mt 13,18–23
Sa. 27. 7. Ex 24,3–8 | Mt 13,24–30

17. WOCHE IM JAHRESKREIS

Mo.	29. 7.	Ex 32,15–24.30–34 ǀ Joh 11,19–27 oder Lk 10,38–42
Di.	30. 7.	Ex 33,7–11; 34,4b.5–9.28 ǀ Mt 13,36–43
Mi.	31. 7.	Ex 34,29–35 ǀ Mt 13,44–46
Do.	1. 8.	Ex 40,16–21.34–38 ǀ Mt 13,47–52
Fr.	2. 8.	Lev 23,1.4–11.15–16.27.34b–37 ǀ Mt 13,54–58
Sa.	3. 8.	Lev 25,1.8–17 ǀ Mt 14,1–12

18. WOCHE IM JAHRESKREIS

Mo.	5. 8.	Num 11,4b–15 ǀ Mt 14,13–21
Di.	6. 8.	siehe Seite 705 ff.
Mi.	7. 8.	Num 13,1–2.25–14,1.26–29.34–35 ǀ Mt 15,21–28
Do.	8. 8.	Num 20,1–13 ǀ Mt 16,13–23
Fr.	9. 8.	Est 4,17k–m.17r–t (4. 17n.p–r.aa–bb.gg–hh) ǀ Joh 4,19–24
Sa.	10. 8.	2 Kor 9,6–10 ǀ Joh 12,24–26

19. WOCHE IM JAHRESKREIS

Mo.	12. 8.	Dtn 10,12–22 ǀ Mt 17,22–27
Di.	13. 8.	Dtn 31,1–8 ǀ Mt 18,1–5.10.12–14
Mi.	14. 8.	Dtn 34,1–12 ǀ Mt 18,15–20
Do.	15. 8.	siehe Seite 722 ff.
Fr.	16. 8.	Jos 24,1–13 ǀ Mt 19,3–12
Sa.	17. 8.	Jos 24,14–29 ǀ Mt 19,13–15

20. WOCHE IM JAHRESKREIS

Mo.	19. 8.	Ri 2,11–19 ǀ Mt 19,16–22
Di.	20. 8.	Ri 6,11–24a ǀ Mt 19,23–30
Mi.	21. 8.	Ri 9,6–15 ǀ Mt 20,1–16a
Do.	22. 8.	Ri 11,29–39a ǀ Mt 22,1–14
Fr.	23. 8.	Rut 1,1.3–6.14b–15.22 ǀ Mt 22,34–40
Sa.	24. 8.	Offb 21,9b–14 ǀ Joh 1,45–51

21. WOCHE IM JAHRESKREIS

Mo.	26. 8.	1 Thess 1,1–5.8b–10 ǀ Mt 23,13–22
Di.	27. 8.	1 Thess 2,1–8 ǀ Mt 23,23–26
Mi.	28. 8.	1 Thess 2,9–13 ǀ Mt 23,27–32
Do.	29. 8.	1 Thess 3,7–13 ǀ Mt 6,17–29
Fr.	30. 8.	1 Thess 4, 1–8 ǀ Mt 25,1–13
Sa.	31. 8.	1 Thess 4,9–11 ǀ Mt 25,14–30

22. WOCHE IM JAHRESKREIS

Mo.	2. 9.	1 Thess 4,13–18 I Lk 4,16–30
Di.	3. 9.	1 Thess 5,1–6.9–11 I Lk 4,31–37
Mi.	4. 9.	Kol 1,1–8 I Lk 4,38–44
Do.	5. 9.	Kol 1,9–14 I Lk 5,1–11
Fr.	6. 9.	Kol 1,15–20 I Lk 5,33–39
Sa.	7. 9.	Kol 1,21–23 I Lk 6,1–5

23. WOCHE IM JAHRESKREIS

Mo.	9. 9.	Kol 1,24–2,3 I Lk 6,6–11
Di.	10. 9.	Kol 2,6–15 I Lk 6,12–19
Mi.	11. 9.	Kol 3,1–11 I Lk 6,20–26
Do.	12. 9.	Kol 3,12–17 I Lk 6,27–32
Fr.	13. 9.	1 Tim 1,1–2.12–14 I Lk 6,39–42
Sa.	14. 9.	Num 21,4–9 oder Phil 2,6–11 I Joh 3,13–17

24. WOCHE IM JAHRESKREIS

Mo.	16. 9.	1 Tim 2,1–8 I Lk 7,1–10
Di.	17. 9.	1 Tim 3,1–13 I Lk 7,11–17
Mi.	18. 9.	1 Tim 3,14–16 I Lk 7,31–35
Do.	19. 9.	1 Tim 4,12–16 I Lk 7,36–50
Fr.	20. 9.	1 Tim 6,3b–12 I Lk 8,1–3
Sa.	21. 9.	Eph 4,1–7.11–13 I Mt 9,9–13

25. WOCHE IM JAHRESKREIS

Mo.	23. 9.	Esra 1,1–6 I Lk 8,16–18
Di.	24. 9.	Esra 6,7–8.12b.14–20 I Lk 8,19–21
Mi.	25. 9.	Esra 9,5–9 I Lk 9,1–6
Do.	26. 9.	Hag 1,1–8 I Lk 9,7–9
Fr.	27. 9.	Hag 1,15b–2,9 I Lk 9,18–22
Sa.	28. 9.	Sach 2,5–9.14–15a I Lk 9,43b–45

26. WOCHE IM JAHRESKREIS

Mo.	30. 9.	Sach 8,1–8 I Lk 9,46–50
Di.	1. 10.	Sach 8,20–23 I Lk 9,51–56
Mi.	2. 10.	Neh 2,1–8 I Mt 18,1–5.10
Do.	3. 10.	Neh 8,1–4a.5–6.7b–12 I Lk 10,1–12
Fr.	4. 10.	Bar 1,15–22 I Lk 10,13–16
Sa.	5. 10.	Bar 4,5–12.27–29 I Lk 10,17–24

27. WOCHE IM JAHRESKREIS

Mo.	7. 10.	Jona 1,1–2,1.11 I Lk 10,25–37
Di	8. 10.	Jona 3,1–10 I Lk 10,38–42
Mi	9. 10.	Jona 3,10b; 4,1–11 I Lk 11,1–4
Do.	10. 10.	Mal 3,13–20a I Lk 11,5–13
Fr.	11. 10.	Joël 1,13–15; 2,1–2 I Lk 11,14–26
Sa.	12. 10.	Joël 4,12–21 I Lk 11,27–28

28. WOCHE IM JAHRESKREIS

Mo.	14. 10.	Röm 1,1–7 I Lk 11,29–32
Di.	15. 10.	Röm 1,16–25 I Lk 11,37–41
Mi	16. 10.	Röm 2,1–11 I Lk 11,42–46
Do.	17. 10.	Röm 3,21–30a I Lk 11,47–54
Fr.	18. 10.	2 Tim 4,10–17b I Lk 10,1–9
Sa.	19. 10.	Röm 4,13.16–18 I Lk 12,8–12

29. WOCHE IM JAHRESKREIS

Mo.	21. 10.	Röm 4,20–25 I Lk 12,13–21
Di.	22. 10.	Röm 5,12.15b.17–19.20b–21 I Lk 12,35–38
Mi.	23. 10.	Röm 6,12–18 I Lk 12,39–48
Do.	24. 10.	Röm 6,19–23 I Lk 12,49–53
Fr.	25. 10.	Röm 7,18–25a I Lk 12,54–59
Sa.	26. 10.	Röm 8,1–11 I Lk 13,1–9

30. WOCHE IM JAHRESKREIS

Mo.	28. 10.	Eph 2,19–22 I Lk 6,12–19
Di.	29. 10.	Röm 8,18–25 I Lk 13,18–21
Mi.	30. 10.	Röm 8,26–30 I Lk 13,22–30
Do.	31. 10.	Röm 8,31b–39 I Lk 13,31–35
Fr.	1. 11.	siehe Seite 822 ff.
Sa.	2. 11.	siehe Seite 831 ff.

31. WOCHE IM JAHRESKREIS

Mo.	4. 11.	Röm 11,29–36 I Lk 14,12–14
Di.	5. 11.	Röm 12,5–16a I Lk 14,15–24
Mi.	6. 11.	Röm 13,8–10 I Lk 14,25–33
Do.	7. 11.	Röm 14,7–12 I Lk 15,1–10
Fr.	8. 11.	Röm 15,14–21 I Lk 16,1–8
Sa.	9. 11.	Ez 47,1–2.8–9.12 oder 1 Kor 3,9c–11.16–17 I Joh 2,13–22

32. WOCHE IM JAHRESKREIS

Mo.	11. 11.	Weish 1,1–7 | Lk 17,1–6
Di.	12. 11.	Weish 2,23–3,9 | Lk 17,7–10
Mi	13.11.	Weish 6,1–11 | Lk 17,11–19
Do.	14. 11.	Weish 7,22–8,1 | Lk 7,20–25
Fr.	15. 11.	Weish 13,1–9 | Lk 17,26–37
Sa.	16. 11.	Weish 18,14–16; 19,6–9 | Lk 18,1–8

33. WOCHE IM JAHRESKREIS

Mo.	18. 11.	1 Makk 1,10–15.41–43.54–57.62–64 | Lk 18,35–43
Di.	19. 11.	2 Makk 6,18–31 | Lk 19,1–10
Mi.	20. 11.	2 Makk 7,1.20–31 | Lk 19,11–28
Do.	21. 11.	1 Makk 2,15–29 | Lk 19,41–44
Fr.	22. 11.	1 Makk 4,36–37.52–59 | Lk 19,45–48
Sa.	23. 11.	1 Makk 6,1–13 | Lk 20,27–40

34. WOCHE IM JAHRESKREIS

Mo.	25. 11.	Dan 1,1–6.8–20 | Lk 21,1–4
Di.	26. 11.	Dan 2,31–45 | Lk 21,5–11
Mi.	27. 11.	Dan 5,1–6.13–14.16–17.23–28 | Lk 21,12–19
Do.	28. 11.	Dan 6,12–28 | Lk 21,20–28
Fr.	29. 11.	Dan 7,2–14 | Lk 21,29–33
Sa.	30. 11.	Röm 10,9–18 | Mt 4,18–22

NAMENSTAGSVERZEICHNIS

Die mit (H – Hochfest), (F – Fest), (G – gebotener Gedenktag) und (g – nichtgebotener Gedenktag) gekennzeichneten Heiligen und Seligen sind entsprechend ihrem liturgischen Rang im römischen Generalkalender bzw. deutschsprachigen Regionalkalender erwähnt.

Achilleus 12. 5. *(g)*
Adalbert von Prag 23. 4. *(g)*
Adam 24. 12.
Adelgund 30. 1.
Adelheid 16. 12.
Adolf Kolping 4. 12. *(g)*
Agatha 5. 2. *(G)*
Agnes 21. 1. *(g)*
Agritius 19. 1.
Albert der Große 15. 11. *(g)*
Alexander 10. 7.
Alfons Maria von Liguori 1. 8. *(G)*
Alfred 28. 10.
Aloysius Gonzaga 21. 6. *(G)*
Ambrosius 7. 12. *(G)*
Anastasia 25. 12.
Andreas, Ap. 30. 11. *(F)*
Andreas Dung-Lac 24. 11. *(G)*
Andreas Kim Taegon 20. 9. *(G)*
Angela von Foligno 4. 1.
Angela Merici 27. 1. *(g)*
Anna 26. 7. *(G)*
Anna Katharina Emmerick 9. 2.
Anno 5. 12. *(g)*
Anselm 21. 4. *(g)*
Ansgar von Hamburg 3. 2. *(g)*
Antonius, Abt 17. 1. *(G)*
Antonius Maria Claret 24. 10. *(g)*
Antonius Maria Zaccaria 5. 7. *(g)*
Antonius von Padua 13. 6. *(G)*
Apollinaris 20. 7. *(g)*
Arbogast von Straßburg 21. 7.
Arnold 18. 7.
Arnold Janssen 15. 1.
Athanasius der Große 2. 5. *(G)*
Augustinus 28. 8. *(G)*
Augustinus von Canterbury 27. 5. *(g)*
Augustinus Zhao Rong 9. 7. *(g)*

Bantus 28. 7.
Barbara 4. 12. *(g)*
Barnabas, Ap. 11. 6. *(G)*
Bartholomäus, Ap. 24. 8. *(F)*
Basilius der Große 2. 1. *(G)*
Basin 23. 9.
Beatrix 30. 7.
Beatus 28. 7.
Beda der Ehrwürdige 25. 5. *(g)*
Benedikt Josef Labre 16. 4.
Benedikt von Nursia 11. 7. *(F)*
Benno 16. 6. *(g)*
Bernadette Soubirous 16. 4.
Bernhard von Baden 15. 7.
Bernhard von Clairvaux 20. 8. *(G)*
Bernhardin von Siena 20. 5. *(g)*
Bernward 20. 11.
Berta 28. 11.
Bertold 14. 12.
Birgitta von Schweden 23. 7. *(F)*
Blasius 3. 2. *(g)*
Bonaventura 15. 7. *(G)*
Bonifatius 5. 6. *(F)*
Bonosus 17. 2.
Britto 6. 5.
Bruno 6. 10. *(g)*
Bruno von Köln 11. 10.
Bruno von Querfurt 9. 3. *(g)*
Burkhard 14. 10.

Cäcilia 22. 11. *(G)*
Carl Lampert 13. 11. *(g)*
Charlotte 17. 7.
Christian 4. 2.
Christine 24. 7.
Christophorus 24. 7. *(g)*
Christophorus Magallanes 21. 5. *(g)*
Clemens August Graf von Galen 22. 3.
Cyprian 16. 9. *(G)*
Cyrill (Konstantin) 14. 2. *(F)*
Cyrill von Alexandrien 27. 6. *(g)*
Cyrill von Jerusalem 18. 3. *(g)*

Damasus I. 11. 12. *(g)*
Damian 26. 9. *(g)*
Damian Deveuster 15. 4.
Daniel 21. 7.
David 29. 12.
Detlev 23. 11.
Diana 10. 6.
Dietmar 5. 3.
Dietrich I. 7. 9.
Dionysius 9. 10. *(g)*
Dominikus 8. 8. *(G)*
Dominikus Savio 9. 3.
Dorothea 6. 2.

Eberhard 22. 6.
Edith 8. 12.
Edith Stein (Theresia Benedicta vom Kreuz) 9. 8. *(F)*
Edmund 20. 11.
Eduard 18. 3.
Ekkehard 28. 6.
Eleonore 25. 6.
Elfriede 20. 5.
Elisabeth von Portugal 4. 7. *(g)*
Elisabeth von Thüringen 19. 11. *(G)*
Elmar 28. 8.
Engelbert von Köln 7. 11.
Ephräm der Syrer 9. 6. *(g)*
Erhard 8. 1.
Erich von Schweden 10. 7. *(g)*
Ernst 7. 11.
Eucharius 9. 12.
Eusebius von Vercelli 2. 8. *(g)*
Euthymia 9. 9.
Eva 24. 12.
Ewald 3. 10.

Fabian 20. 1. *(g)*
Fabiola 27. 12.
Felix I. 30. 12.
Felizitas 7. 3. *(G)*
Ferdinand III. 30. 5.
Fidelis von Sigmaringen 24. 4. *(g)*
Florian von Lorch 4. 5. *(g)*
Franz von Assisi 4. 10. *(G)*
Franz von Paula 2. 4. *(g)*
Franz von Sales 24. 1. *(G)*
Franz Xaver 3. 12. *(G)*
Franziska von Rom 9. 3. *(g)*
Fridolin von Säckingen 6. 3. *(g)*
Friedrich 3. 3.

Gabriel 29. 9. *(F)*
Gallus vom Bodensee 16. 10. *(g)*
Gebhard von Konstanz 26. 11. *(g)*
Genovefa 3. 1.
Georg 23. 4. *(g)*
Gereon 10. 10.
Gerhard 24. 9.
Gerold 19. 4.
Gertrud von Altenberg 13. 8.
Gertrud von Helfta 17. 11. *(g)*
Gertrud von Nivelles 17. 3. *(g)*
Gilbert 4. 2.
Gisbert 7. 11.
Gisela 7. 5.
Godehard von Hildesheim 5. 5. *(g)*
Gottfried von Kappenberg 13. 1.

Gregor VII. 25. 5. *(g)*
Gregor der Große 3. 9. *(G)*
Gregor von Nazianz 2. 1. *(G)*
Gregor von Utrecht 26. 8.
Gudula 8. 1.
Guido 4. 5.
Gunther 8. 10.
Gunthild 21. 2.
Gustav 10. 3.

Harald 1. 11.
Hartmut 23. 1.
Hartwig 5. 12.
Hedwig 16. 10. *(g)*
Heimerad von Meßkirch 27. 6.
Heinrich II. 13. 7. *(g)*
Heinrich Seuse 23. 1. *(g)*
Helene 18. 8.
Hemma von Gurk 27. 6. *(g)*
Heribert 30. 8.
Hermann Josef 21. 5. *(g)*
Herta 12. 4.
Hieronymus 30. 9. *(G)*
Hieronymus Ämiliani 8. 2. *(g)*
Hilarius 13. 1. *(g)*
Hildegard von Bingen 17. 9. *(g)*
Hildegard Burjan 12. 6. *(g)*
Hildegund 6. 2.
Hiltrud 27. 9.
Hippolyt 13. 8. *(g)*
Hubert 3. 11. *(g)*
Hugo 1. 4.

Ida von Herzfeld 4. 9.
Ignatius von Antiochien 17. 10. *(G)*
Ignatius von Loyola 31. 7. *(G)*
Ingeborg 30. 7.
Ingrid 2. 9.
Irenäus 28. 6. *(G)*
Irene 1. 4.
Iris 4. 9.
Irmengard 16. 7.
Irmgard von Aspel 19. 2.
Irmgard von Süchteln 4. 9.
Irmina 3. 1.
Isaak Jogues 19. 10. *(g)*
Isabella 22. 2.
Isidor 4. 4. *(g)*

Jakobus der Ältere, Ap. 25. 7. *(F)*
Jakobus der Jüngere, Ap. 3. 5. *(F)*
Januarius 19. 9. *(g)*
Jean de Brébeuf 19. 10. *(g)*
Jeanne d'Arc 30. 5.
Joachim 26. 7. *(G)*
Johanna Franziska von Chantal 12. 8. *(g)*
Johannes, Ap. u. Ev. 27. 12. *(F)*
Johannes I. 18. 5. *(g)*
Johannes Baptist de La Salle 7. 4. *(G)*
Johannes Bosco 31. 1. *(G)*
Johannes Capestrano 23. 10. *(g)*
Johannes Chrysostomus 13. 9. *(G)*
Johannes von Damaskus 4. 12. *(g)*
Johannes Eudes 19. 8. *(g)*
Johannes von Gott 8. 3. *(g)*
Johannes von Kety 23. 12.
Johannes von Krakau 23. 12. *(g)*
Johannes vom Kreuz 14. 12. *(G)*
Johannes Leonhardi 9. 10. *(g)*
Johannes Maria Vianney 4. 8. *(G)*
Johannes Nepomuk 16. 5. *(g)*
Johannes Paul II. 22. 10. *(g)*
Johannes der Täufer 24. 6. *(H)*
John Fisher 22. 6. *(g)*
Josaphat 12. 11. *(G)*
Josef von Calazanz 25. 8. *(g)*
Josemaria Escrivá de Balaguer 26. 6. *(g)*
Josefa Stenmanns 20. 5.
Josefine Bakhita 8. 2. *(g)*
Joseph 19. 3. *(H)*

Juan Diego/Johann Didacus 9. 12. *(g)*
Judas Thaddäus, Ap. 28. 10. *(F)*
Judith 29. 6.
Julia 22. 5.
Justin 1. 6. *(G)*
Jutta 22. 12.

Kajetan 7. 8. *(g)*
Kalixtus I. 14. 10. *(g)*
Kamillus von Lellis 14. 7. *(g)*
Karl Borromäus 4. 11. *(G)*
Karl der Große 28. 1.
Karl Leisner 12. 8.
Karl Lwanga 3. 6. *(G)*
Kasimir 4. 3. *(g)*
Kaspar 6. 1.
Kastor 13. 2.
Katharina von Alexandrien 25. 11. *(g)*
Katharina von Siena 29. 4. *(F)*
Kilian von Würzburg 8. 7. *(g)*
Klara 11. 8. *(G)*
Klaudia 18. 8.
Klemens I. 23. 11. *(g)*
Klemens Maria Hofbauer 15. 3. *(g)*
Knud von Dänemark 10. 7. *(g)*
Kolumban 23. 11. *(g)*
Konrad von Konstanz 26. 11. *(g)*
Konrad von Parzham 21. 4. *(g)*
Korbinian 20. 11.
Kordula 22. 10.
Kornelius 16. 9. *(G)*
Kosmas 26. 9. *(g)*
Kunibert 12. 11.
Kunigunde 13. 7. *(g)*

Lambert von Maastricht 18. 9. *(g)*
Landelin 22. 9.
Laurentius 10. 8. *(F)*
Laurentius von Brindisi 21. 7. *(g)*
Leo der Große 10. 11. *(G)*
Leo IX. 19. 4. *(g)*
Leonhard 6. 11. *(g)*
Leopold III. von Österreich 15. 11. *(g)*
Liborius 23. 7.
Lioba 28. 9. *(g)*
Liudger von Münster 26. 3. *(g)*
Liutwin 23. 9.
Lorenzo Ruiz 28. 9. *(g)*
Lothar 29. 12.
Lubentius 13. 10.
Ludwig IX. 25. 8. *(g)*
Ludwig Maria Grignion
de Montfort 28. 4. *(g)*
Lukas, Ev. 18. 10. *(F)*
Luzia 13. 12. *(g)*
Luzius 2. 12. *(g)*

Magdalena Sophie Barat 24. 5.
Magnerich 27. 7.
Manfred 28. 1.
Marcel Callo 19. 4. *(g)*
Marcellinus 2. 6. *(g)*
Margareta 20. 7. *(g)*
Margareta Maria Alacoque 16. 10. *(g)*
Margarete von Schottland 16. 11. *(g)*
Maria 12. 9. *(g)*
Maria Droste zu Vischering 8. 6.
Maria Goretti 6. 7. *(g)*
Maria Magdalena 22. 7. *(G)*
Maria Magdalena von Pazzi 25. 5. *(g)*
Marina 17. 7.
Marius 19. 1.
Markus, Ev. 25. 4. *(F)*
Marta 29. 7. *(G)*
Martin I. 13. 4. *(g)*
Martin von Porres 3. 11. *(g)*
Martin von Tours 11. 11. *(G)*
Martina 30. 1.
Maternus 11. 9.
Mathilde 14. 3. *(g)*
Matthäus, Ap. 21. 9. *(F)*
Matthias, Ap. 24. 2. *(F)*

Mauritius 22. 9. *(g)*
Maximin 29. 5.
Maximilian Maria Kolbe 14. 8. *(G)*
Mechthild 26. 2.
Medard 8. 6.
Meinrad von Reichenau 21. 1. *(g)*
Melanie 31. 12.
Melitta 15. 9.
Methodius 14. 2. *(F)*
Michael 29. 9. *(F)*
Mildred 13. 7.
Modesta 6. 11.
Modoald 12. 5.
Monika 27. 8. *(G)*

Natalie 1. 12.
Nepomuk Neumann 5. 1. *(g)*
Nereus 12. 5. *(g)*
Niels Stensen 25. 11.
Niketius 3. 10.
Nikolaus 6. 12. *(g)*
Nikolaus von Flüe 25. 9. *(g)*
Norbert von Xanten 6. 6. *(g)*
Notburg 15. 9.

Odilia 13. 12. *(g)*
Olaf von Norwegen 10. 7. *(g)*
Olga 11. 7.
Oliver 11. 7.
Oswald 5. 8.
Otmar von St. Gallen 16. 11.
Otto von Bamberg 30. 6. *(g)*

Pankratius 12. 5. *(g)*
Patrick 17. 3. *(g)*
Paul Chon Hasang 20. 9. *(G)*
Paul vom Kreuz 19. 10. *(g)*
Paul Miki 6. 2. *(G)*
Paulinus von Nola 22. 6. *(g)*
Paulinus von Trier 31. 8. *(g)*
Paulus, Ap. 29. 6. *(H)*
Pelagius 1. 9.
Perpetua 7. 3. *(G)*
Peter Chanel 28. 4. *(g)*
Petronilla 31. 5.
Petrus 2. 6. *(g)*
Petrus, Ap. 29. 6. *(H)*
Petrus Chrysologus 30. 7. *(g)*
Petrus Claver 9. 9. *(g)*
Petrus Damiani 21. 2. *(g)*
Petrus Fourier 9. 12.
Petrus Julianus Eymard 2. 8. *(g)*
Petrus Kanisius 27. 4. *(g)*
Pierre Chanel 28. 4. *(g)*
Philipp Neri 26. 5. *(G)*
Philippus, Ap. 3. 5. *(F)*
Pirmin 3. 11. *(g)*
Pius V. 30. 4. *(g)*
Pius von Pietrelcina 23. 9. *(G)*
Pius X. 21. 8. *(G)*
Polykarp 23. 2. *(G)*
Pontianus 13. 8. *(g)*

Rabanus Maurus 4. 2. *(g)*
Rafael 29. 9. *(F)*
Raimund Nonnatus 31. 8.
Raimund von Peñafort 7. 1. *(g)*
Regina 22. 8.
Reiner 14. 1.
Reinhard 7. 3.
Reinhild 30. 5.
Remigius 1. 10.
Renate 22. 5.
Richard 30. 12.
Rita 22. 5. *(g)*
Robert Bellarmin 17. 9. *(g)*
Roland 15. 9.
Romuald 19. 6. *(g)*
Rosa von Lima 23. 8. *(g)*

Roswitha 5. 9.
Rudolf 17. 4.
Rupert 24. 9. *(g)*
Ruth 1. 9.

Sabina 29. 8.
Scharbel Mahluf 24. 7. *(g)*
Scholastika 10. 2. *(G)*
Sebastian 20. 1. *(g)*
Severin von Norikum 8. 1. *(g)*
Sigfrid 15. 2.
Sigismund 2. 5.
Silvester I. 31. 12. *(g)*
Simeon von Trier 1. 6.
Simon, Ap. 28. 10. *(F)*
Sixtus II. 7. 8.
Sophia 15. 5.
Stanislaus 11. 4. *(G)*
Stephan I. von Ungarn 16. 8. *(g)*
Stephanus 26. 12. *(F)*
Susanna 11. 8.

Thea 25. 7.
Thekla 23. 9.
Theodor 19. 9.
Theresia von Jesus (von Avila) 15. 10. *(G)*
Theresia vom Kinde Jesus 1. 10. *(G)*
Thomas, Ap. 3. 7. *(F)*
Thomas von Aquin 28. 1. *(G)*
Thomas Becket 29. 12. *(g)*
Thomas Morus 22. 6. *(g)*
Timotheus 26. 1. *(G)*
Titus 26. 1. *(G)*
Tobias 13. 9.
Turibio von Mongrovejo 23. 3. *(g)*
Trudpert von Breisgau 26. 4.

Ulrich von Augsburg 4. 7. *(g)*
Ulrich von Zell 14. 7.
Ursula 21. 10. *(g)*

Valentin von Rätien 7. 1. *(g)*
Valerius 29. 1.
Vera 24. 1.
Verena von Zurzach 1. 9.
Veronika 4. 2.
Viktor 10. 10.
Viktoria 23. 12.
Vinzenz 22. 1. *(g)*
Vinzenz Ferrer 5. 4. *(g)*
Vinzenz Pallotti 22. 1.
Vinzenz von Paul 27. 9. *(G)*
Virgil 24. 9. *(g)*
Vitus 15. 6. *(g)*
Volker 7. 3.

Walburga von Tauberbischofsheim 25. 2. *(g)*
Walter 17. 5.
Wendelin von der Saar 20. 10. *(g)*
Wenzel 28. 9. *(g)*
Werner 19. 4.
Wilfrid 24. 4.
Wilhelm 28. 5.
Willehad 8. 11.
Willibald von Eichstätt 7. 7. *(g)*
Willibrord 7. 11. *(g)*
Willigis 23. 2.
Wiltrud 6. 1.
Wolfgang von Regensburg 31. 10. *(g)*
Wolfram 25. 1.

Xystus II. 7. 8. *(g)*

Zacharias 15. 3.

QUELLENNACHWEIS

S. 20, 29, 37, 44, 51, 62: © Lisa F. Oesterheld.
S. 71: aus: Andrea Schwarz, Kurz & Gott, © 2016 adeo Verlag in der Gerth Medien GmbH, Asslar.
S. 78: © Fulbert Steffensky.
S. 87: Christ wird geboren, aus: Geburt in der Höhle. Das Weihnachtsfest in der Überlieferung der Ostkirche, hrsg. und eingeleitet von Irenäus Totzke, HB 1662, © Verlag Herder, Freiburg im Breisgau 1989.
S. 105, 133, 366, 376, 830, 863: © Eleonore Beck.
S. 113, 121, 438, 446, 459, 480, 772, 789, 797, 805, 813, 821, 846, 855, 872: © Heinz Detlef Stäps.
S. 152: Herr, wir hören auf dein Wort. Text: Maria Luise Thurmair, © Verlag Herder, Freiburg.
S. 162: Sieh, dein Licht will kommen. Text: Maria Luise Thurmair, © Verlag Herder, Freiburg.
S. 171: © Verlag C.H.Beck, München.
S. 180: © Strube Verlag, München.
S. 188: Dehm Verlag, Limburg.
S. 298, 404: © Kurt Weigel.
S. 309: Rose Ausländer, Pessah II. Aus: dies., Im Aschenregen die Spur deines Namens. Gedichte und Prosa 1976, © S. Fischer Verlag GmbH, Frankfurt am Main 1984.
S. 329: Hilde Domin, Ecce Homo. Aus: dies., Sämtliche Gedichte, © S. Fischer Verlag GmbH, Frankfurt am Main 2009.
S. 412: © Marc Witzenbacher.
S. 428: Huub Oosterhuis, Unsichtbar zugegen. Aus: ders., Du Atem meiner Lieder. 100 Lieder und Gesänge, © Verlag Herder, Freiburg im Breisgau. Neuausgabe 2018.
S. 471: aus: Schalom. Eine Zeitschrift für evangelische und katholische Jugend, 6/1983, © 1983 Schriftenmission Verlag, Neukirchen-Vluyn.
S. 606: aus: Manuel Goldmann: Zwischen Bekenntnisfloskel und Arkandisziplin: Neue Zugänge zum alten Sinn der Rede vom Drei-Einen Gott. Diskussionsthesen für ein Werkstattgespräch, S. 289 u. f., in: Studium in Israel e. V. (Hg.), Plus-Punkte. Neues Denken mit der Schrift, Berlin 2018, © beim Autor/Verlag Studium in Israel.
S. 687: aus: Claude Rault, Die Wüste ist meine Kathedrale, © 2011 EOS Verlag, S. 144.
S. 745: © Alfons Gerhardt.
S. 753: © Libreria Editrice Vaticana.

Die Rechte an den übrigen namentlich gezeichneten Texten liegen bei den Verfassern/Verfasserinnen.

Wir sind bemüht, jeweils die genaue Quelle anzugeben. Trotz intensiver Recherche war dies nicht in allen Fällen möglich. Für entsprechende Hinweise ist der Verlag dankbar.